国家出版基金项目
NATIONAL PUBLICATION FOUNDATION

战役卷 中

淮海战役史料汇编 ②

淮海战役纪念馆 编

国家图书馆出版社

目录

第三篇

围歼黄维兵团　合围杜聿明集团

（1948 年 11 月 23 日—12 月 15 日）

战役第一阶段结束后，国民党军在淮海战场的总兵力损失约四分之一。为挽救岌岌可危的局势，国民党军统帅部决定，以徐州邱清泉、孙元良兵团，蚌埠李延年、刘汝明兵团会同由豫南来援的黄维兵团南北对进，三路会师，打通徐蚌交通线。中共中央军委采取南北阻击、中间围歼的方针，将第二阶段的作战目标指向远道而来、孤军冒进的黄维兵团。

11月23日，黄维兵团沿蒙（城）宿（县）公路及其两侧向南坪集、宿县方向攻击前进，先头部队渡过浍河后发现进入中野预设的袋形阵地，遂缩回浍河南岸。中野趁黄维兵团向后收缩混乱之际，全线出击，猛力合围，于11月25日将其包围在双堆集地区。为确保全歼黄维兵团，华野及中野一部坚决阻击徐州和蚌埠国民党军的增援。徐州国民党军南进受阻，又恐孤城难守，于11月30日放弃徐州，总司令刘峙率"剿总"机关部分人员撤至蚌埠指挥李延年、刘汝明兵团北进，副总司令杜聿明则率邱清泉、李弥、孙元良3个兵团沿萧（县）永（城）公路向西撤退以迂回解救黄维兵团。12月1日，战略要地徐州获得解放。华野集中兵力昼夜迅猛追击，于12月4日拂晓将杜聿明集团近30万人马合围在陈官庄地区。孙元良兵团在突围中被歼。在杜聿明集团和黄维兵团同时被包围的态势下，总前委决定立歼黄维兵团，围困杜聿明集团，阻击李延年、刘汝明兵团。经23昼夜激战，至12月15日，黄维兵团全军覆灭，杜聿明集团被压缩在以陈官庄为中心的狭小地域内，遭受重挫的李延年、刘汝明兵团，被迫撤回蚌埠。

淮海战役第二阶段是整个战役承前启后的关键，自11月23日开始至12月15日结束，中野、华野密切协同，全歼黄维兵团，合围杜聿明集团，歼灭了企图突围的孙元良兵团，给予李延年、刘汝明兵团以沉重打击。共歼灭国民党军2个兵团部、6个军部、16个师（含1个师起义、1个师投诚）、1个快速纵队，计20万余人，解放了战略要地徐州，攻克灵璧，收复了淮阴、淮安，使淮河以北除杜聿明集团所据河南永城地区小块据点外，均获解放，为夺取战役全胜奠定了坚实的基础。

第一章　全线出击　包围黄维兵团

中野在浍河一线进行顽强阻击并予黄维兵团以沉重打击后，决心于 11 月 23 日晚放弃南坪集，诱其北渡进入预设之袋形阵地，利用浍河天然屏障，隔断第十八军与其他 3 个军的联系，分割聚歼黄维兵团。24 日，黄维兵团前卫部队强渡浍河，发觉处于背水作战的不利态势，随即向后收缩。中野集中 7 个纵队的兵力乘机发动全线出击，猛力合围，至 25 日晨，将黄维兵团包围在宿县西南以双堆集为中心的纵横约 7.5 公里地区内。此次浍河出击合围战，迫使黄维兵团由进攻仓促转入防御，为围歼黄维兵团造成了有利态势。

中共中央军委完全同意先打黄维致刘伯承、陈毅、邓小平等电
（1948 年 11 月 24 日）

刘、陈、邓并告粟、陈、张：

梗廿二时电悉。

（一）完全同意先打黄维；

（二）望粟陈张遵刘陈邓部署，派必要兵力参加打黄维；

（三）情况紧急时机，一切由刘陈邓临机处置，不要请示。

军委

廿四日十五时

摘自《淮海战役》，解放军出版社 1991 年，第 185 页

▲ 淮海战役总前委常委驻地——安徽省濉溪县小李家村。该村距国民党军南北重兵集团仅约 30 公里。刘伯承、陈毅、邓小平在此居住月余，靠前指挥，临机处置

战史摘要

中野围歼黄维兵团第一阶段作战经过（1948 年 11 月 18 日至 24 日）

由 18 日至 24 日系阻击作战，为作战之第一阶段。18 日黄昏该敌进抵蒙城地区后，19 日以十八军、十军、十四军各一部沿蒙城东西之线向我一纵队阵地进攻，当时因敌进攻正面很宽，我一纵队防御纵深薄弱，且我军主力尚未赶到，更兼涡河、涧河间地区狭窄，不便大军作战，故我决在涧河、浍河之间歼灭敌人。21 日夜我主力全线转移至浍河北岸布阵，各纵队只以小部接敌进行移动防御，以求消耗迟滞敌人，创造战机。23 日敌以十八军一部向南坪集我四纵队阵地猛攻竟日，敌伤亡甚大，其主力则猬集于芦沟集以东，南坪集、东坪集之线及其以南地区。23 日夜我决再放弃南坪集阵地，诱敌深入。以四纵队十旅在浍河以北布成囊形阵地，待敌主力十八军进入我之阵地后，则利用浍河隔绝敌人，以便我四、九两纵队钳制十八军，以一、二、三、六、十一等 5 个纵队分由东西两侧出击敌人，求得先歼十四军、十军、八十五军等部。但敌 24 日上午进入我预设之囊形阵地后，发现形势不利，乃于当日下午即开始向浍河南岸退缩，我则乘敌混乱撤退之际，于当日黄昏全线出击，猛力合围，将敌压缩于以双堆集为中心纵横 15 华里的地区内，形成了对该敌的全部包围。

摘自中国人民解放军第二野战军司令部《淮海战役中双堆集歼灭战初步总结》，1949 年

徐蚌战报

北上兵团渡过涧河

【中央社徐州 22 日电】由皖北北上兵团，继续击溃刘匪之沿途顽抗，渡过涧河，于今午进入浍河南岸，距宿县西南 45 里之南坪集。由津浦北上兵团，同时亦已迫近宿县东南之西寺坡，两大兵团日内即可会师宿县。

摘自《中央日报》1948 年 11 月 23 日

北上兵团先锋进迫宿县

【中央社徐州25日电】徐州基地空军，今晨冒恶劣气候，飞徐南路助战，当在宿县南10公里处支援渡浍河北上之地面部队与匪激战。另一强大机群，今日下午在徐州南方20公里处若干村落，炸毙匪甚众，其中有一村落名刁家屯者，传为陈匪三纵队司令部，亦中弹毁灭。

摘自《中央日报》1948年11月26日

【中央社徐州26日电】徐州基地空军，今飞徐州南路助战，在宿县南25公里及西南20公里处发现国军北上兵团正与大股南窜之匪发生遭遇战，空军当即猛烈向匪后续部队轰炸，摧毁匪方工事甚多，并炸毙匪二千余人。

摘自《中央日报》1948年11月27日

一、坚守南坪集　预设口袋阵

11月23日晨，黄维兵团以十军在左，十四军在右，十八军居中，八十五军殿后，在空军和坦克掩护下，向浍河南岸之南坪集中野四纵阵地猛烈进攻。在陈赓司令员指挥下，第四纵队坚守阵地，背水作战，顽强阻击，予敌重创。当晚，依照总前委精心部署，为利用浍河分割歼灭黄维兵团，决定放弃南坪集，转至徐家桥、朱口、伍家湖、半埠店一线，在浍河北岸让出一块地方，诱使黄维兵团进入预设在宿县西南的袋形阵地。

刘伯承、陈毅、邓小平致中央军委、华野电文摘要
（1948年11月23日）

粟、陈、张并报军委：

今（梗）日敌十八军从上午九时到黄昏，在坦克廿余辆掩护下，向我南坪集阵地猛攻竟日，我虽伤亡较大，但未放弃一个阵地。

刘、陈、邓
梗廿二时

摘自《淮海战役》，解放军出版社1991年，第177页

▲ 指挥部队坚守南坪集的中野
第四纵队司令员陈赓

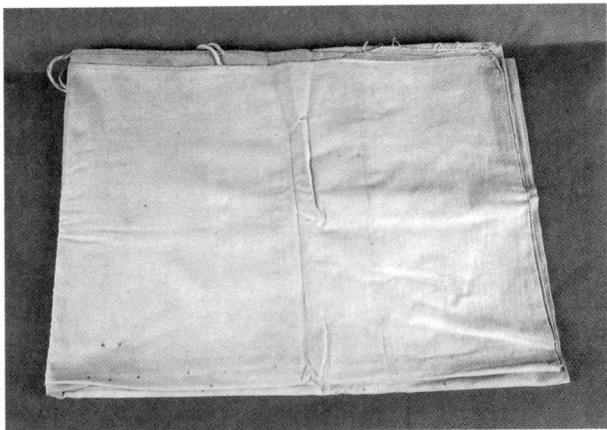

▲ 陈赓司令员使用过的褥子套

简介

中原野战军第四纵队

中原野战军第四纵队辖第十、第十一、第十三、第二十二旅，约 3.2 万人，由八路军太岳军区"抗敌决死第一旅"等部队发展而来。1945 年 10 月，太岳纵队改编为晋冀鲁豫野战军第四纵队。1948 年 5 月，改称中原野战军第四纵队。曾参加上党、吕梁、宛西、宛东、郑州等战役。淮海战役时参加牵制邱清泉、孙元良兵团和坚守南坪集、合围会攻黄维兵团等作战，共歼灭国民党军约 1.7 万人。1949 年 2 月，第十旅、第十三旅和豫西军区第三、六分区部队一部，合编为中国人民解放军第十三军；第十一旅、第二十二旅和淮海战役中起义的国民党军第一一〇师合编为中国人民解放军第十四军，隶属于第二野战军第四兵团。

编者整理

战史摘要

中野四纵南坪集及浍河两岸的阻击作战与对敌第十二兵团的合围

敌十二兵团由于装备笨重，必须沿阜阳至宿县公路前进。18 日夜，该敌于蒙城展开，向我第一纵队进攻。刘邓首长鉴于涡河及淝河间地区过于窄狭，加以敌军展开正面较宽，我军主力尚未全部到达，为此，乃于 20 日决定放敌进至淝河及浍河之间而歼灭之，遂命令本纵队于南坪集沿浍河东、西之线组织阻击，以消耗敌人，打破其北进企图，并创造战机。

本纵队受命后，即以一个团向前伸出，实施战斗警戒和侦察，并移动阻击，迟滞敌人；以主力第十及十一旅即在徐家桥经朱口、南坪集，东迄东坪集之线，依浍河实施阻击；以二十二旅及十三旅（欠战斗警戒团）担任预备队，配置在半埠店及以北地区。

敌在我第一纵队节节阻击下渡过涡河，21 日又渡过浥河。22 日与我战斗警戒部队接触，入夜抵近南坪集。23 日 7 时开始，敌以炮兵和搜索部队在南坪集东、西 5 华里的正面上实施威力侦察。同时，并以前卫十八军的 3 个团，附坦克 20 辆，在 4 架飞机引导下，于胡庄、范庄地区集结后，随即向我南坪集阵地首先进行火力准备，继即发起冲击。但在我南坪集守备部队十一旅三十一团及三十二团第一营（共 4 个营的兵力）的顽强阻击下，伤亡惨重，攻势受挫。12 时，敌复以十八军之十一师及一一八师向杨庄及南坪集东侧攻击；杨庄方向敌军集中了 12 辆坦克及大量炮兵，首先以炮兵进行猛烈轰击，继而步兵即以密集战斗队形，在坦克掩护下实施轮番冲击；敌一一八师则于南坪集东侧倾其全力进行攻击。激战至 14 时，敌仅在杨庄突破我军前沿部分阵地，南坪集我军正面阵地屹立未动，敌军则在我阵地前弃尸遍野。

敌在其第二次进攻失败后并未甘心，继又整顿队形，发起第三次进攻。敌军此次进攻利用了其在杨庄突破我阵地前沿的成果，集中优势兵力、兵器，并以 6 架轰炸、冲击机对杨庄、南坪集轮番轰炸扫射。其冲击部队则多由冲锋枪手及火焰喷射器加强。敌在猛烈的炮火准备后，将我杨庄阵地突破。此时，我两侧部队连续实施三次反冲击均未奏效，敌则猛力向我纵深扩展，一时南坪集阵地有被全部突破的危险。在此战斗紧张时刻，我三十一团团长梁中玉亲率团预备队第二连，并结合两侧部队进行顽强的反冲击，与敌展开白刃格斗。当时，三十一团负伤的营、连指挥员均坚持战斗，不下火线，沉着指挥，并带头冲击，因而部队士气高昂、沉着坚定，在杨庄与敌逐屋争夺，终将敌击退，并恢复了阵地前沿。

敌在第三次攻击再次受挫后，乃改变计划，以主力由南坪集东、西两面实施迂回，企图由两侧突破浍河，包围南坪集。由于我在南坪集以东守备兵力薄弱，致使敌于 17 时 30 分在李家庄地段突过浍河，并向邵家方向迂回。此时，我原决定以纵队预备队实施反冲击，以击退敌军，但因时近黄昏，敌畏夜间孤立被歼，遂自动缩回浍河南岸而未成。与此同时，向南坪集以西迂回之敌军，以一个团的兵力，企图由闵家方向突破浍河。由于十旅及时以一个营的兵力加强该处，敌军企图未逞。

23 日，敌十二兵团继续依靠其优势的炮兵、坦克、空军以及火焰喷射器等新式步兵火器，向我军连续进行了四次攻击。但是，不仅其北进企图未能实现，而且在战斗中其主力第十八军遭到了沉重的打击，该军至少有二至三个团丧失了机动能力。

23 日夜，中原野战军刘邓首长决定以下述计划歼灭敌十二兵团：以本纵队继续钳制敌十八军，并诱其渡过浍河以北，尔后利用浍河对敌军的隔绝，以主力一、二、三、六及十一纵队由东、西两个方向上向浍河以南地区突击，首先歼灭敌第十、十四及八十五军，尔后再歼灭十八军。

本纵队为执行上述计划，乃于 23 日夜撤出南坪集阵地，并以十及二十二旅在徐家桥、朱口、伍家湖、半埠店之线再次构筑囊形阵地，组织阻击。24 日，敌军更换第十军充当前卫。该敌渡过浍河后，即在飞机及重炮配合下，并使用坦克轧压我军堑壕工事等手段，向伍家湖、半埠店我军阵地进攻，曾一度在伍家湖东侧突破我十旅阵地，进抵徐家，但在十旅部队顽强阻击与不断实施反冲击下，终将敌击退。尔后，敌军即在朱口至半埠店一线，与我军胶着对峙。

截至 24 日上午为止，本纵队已达成了钳击敌十二兵团前卫的任务，但敌由于其十八军在进攻南坪集战斗中受到沉重打击而更换第十军任前卫，同时，在 24 日 12 时以后，敌十二兵团司令官黄维发觉其处境不利，乃迅速停止进攻，并急向浍河以南收缩，因此，我利用浍河隔绝敌人的歼敌决心已不易实现。有鉴于此，我战役指挥上立即改变计划，命令我军主力向南坪集及其以南猛烈进击。24 日夜，对敌十二兵团达成了合围。

摘自中国人民解放军昆明军区司令部《中国人民解放军第四兵团第三次国内革命战争战史》（中），1957 年，第 248—252 页

▶ 中野四纵十一旅指挥员在涡河边察看地形

▲ 中野四纵十一旅三十一团二营在坚守南坪集核心阵地杨庄战斗中，顽强抗击黄维兵团的进攻，全营伤亡 170 人，不怕牺牲，誓与阵地共存亡，无愧于"钢铁防线营"称号。此为该营（左起）副营长李亥生、教导员杜守信、营长祁大海、副教导员王崇德于 1949 年 2 月部队由淮海战役前线到河南休整时在漯河合影

▲ 十一旅三十一团二连排长曹国华，在南坪集阻击战中，不顾个人安危，率队支援友邻，不幸被敌弹击中负伤。荣获中野四纵十一旅"战斗英雄"称号

中野四纵十一旅三十一团南坪集战斗经过概况

蒋匪黄维兵团之十八军（十一师、一一八师，及快纵之坦克 20 辆、榴炮 10 余门）于 11 月 22 日晚抵南坪集西南 10 里之芦沟集及其东西之线，当以远射程炮（山野炮）向南坪集轰击，其目的在防我袭扰，并掩护构筑次日攻击南坪之依托阵地。团奉旅令于当夜派三营副营长孙国荣同志率第七连附侦察员一班、骑兵通讯员一组抵近敌人，其目的一方面掩护我于当夜继续加强工事，另一方面在次日敌人进攻时，打移动防御迫使敌过早展开，疲劳敌人增加其伤亡，消磨其时间和弹药。23 日拂晓，二营派一个排进至其右前方 3 里处之范庄，一营派一个排进至其正前方 3 里处之大王家，其目的同前。23 日晨 7 时，敌以汽车牵引山炮，装载其搜索部队一部向我南坪阵地之东西两翼 5 里至 10 里之范围内地区行威力搜索。此时我三路警戒部队均先后与敌接触，前哨战开始，战约 2 小时，敌之搜索营向我凸出之阵地（二营杨家阵地之西南角）展开试探性的进攻，敌之主力在飞机坦克掩护下，十一师之一个团进入胡庄（南坪正南一里半路），一一八师之一个团进入范庄（杨家西南 3 里），一一八师之另一个团进入任围子（南坪西 3 里），继以各种炮向我阵地进行稀薄之试射（前后左右都进行射击），并以坦克分两路（每路

三四辆不等）：一路迫近杨家二营阵地前沿，一路迫近南坪集东南侧之三营阵地停止侦察，达到其目的后速返范家、胡家两地。13 时许主力战展开，敌分三路向我左侧之三营七连、十二连、八连阵地，中央之二营六连、十一连阵地，一营之三连阵地，在 8 架飞机、20 辆坦克和浓密的炮火掩护下开始了进攻。激战约 1 小时，经我各营部队之沉着顽强应战，敌在我有效的交叉火力阻击之下伤亡惨重，三路攻击均告失败。二、三、一营均阻敌于前沿之外，虽有坦克迫近我阵地前沿不断摧击我各个火力点，但步兵再也不敢前进，敌人被交叉的机枪火力限制的紧紧的趴在地平面上，既不能前进又不能后退，坦克都形成了光杆活动，但是我们的工事和火力也全部暴露了。敌人再组织他的后续部队继续进攻，胡庄的敌人准备继续攻击三营，进在一营前面之敌除一部仍限制在正面不能动外，后续的部队即靠近了范庄与范庄之敌作二次合攻杨家阵地之准备。二次攻击开始了，这次的攻击主要是二营、三营两个方向。14 时许，三营阵地仍屹立不动，进攻之敌又遭到和第一次一样的结局。二营杨家西南角六连一排之阵地，因为自动火器全部被打坏，人员伤亡大半被敌突破。因为阵地是由几个小的集团工事组成环形阵地，敌突破一点也只能占一点，右翼五连和左翼的十一连集团工事，四连之机动部队仍屹立未动，除有效之侧射火打断敌后续部队外，曾进行了数次的反冲锋，虽未击退敌人，但迟滞了敌人继续进攻的时间。此时敌之一一八师倾全力继续进攻，用 12 辆坦克停止在其步兵之两翼，专门对付我十一连阵地和六连三排之阵地，使我前沿形成割裂状态。三次进攻开始了，三营正面也展开激烈战斗，六连政指尤学文不沉着，曾一度将三排撤离阵地（但敌未占），形成我防线中右翼火力之漏洞，敌乘机突入村中，十一连、五连阵地被敌已插断，但仍屹立不动沉着应战，适二连赶到，在十一连、五连两侧火力支援下，二连全部、四连张天祥排进行了有力的反击，打退了敌人，恢复了阵地。俘敌副连长以下 19 人，并缴其喷火器，敌人的攻击信心被打下去了。三营正面的进攻也停止下来，敌在坦克掩护下迅速遗尸向后撤退，南坪阻击战至此结束，黄匪十一师碰得头破血流，一一八师经这次战斗后打成头等残废。

摘自《中野四纵十一旅三十一团南坪集阻击战斗的总结》，1949 年 1 月，第 1—3 页

◀ 中野四纵十旅二十九团十连修补
南坪集浍河桥，保障炮兵通过

▲ 中野四纵南坪集炮兵阵地

▲ 中野四纵十一旅司令部 1948 年 12 月 22 日编
印的《南坪集阻击战斗初步总结》，内容为战
斗概略叙述、对敌战术研究、我阻击战中诸问
题检讨、主要的经验教训等四个方面

战术研究

对黄维兵团攻击战术之研究

　　敌黄维兵团是以十八军、十军、十四军、八十五军编成，人员充实，装备优良，战斗力较强，反共成见很深，思想一贯反动，未受过完全歼灭的打击，尤以十八军称为五大主力之一，故其官兵特别骄傲自负，该敌之攻击，通常以空、战、步、炮协同作战，其特点如下：

　　甲、严密搜索

　　1. 拂晓后以摩托化学炮兵至我阵地两翼实行威力搜索，如 23 日南坪集战斗前，敌先以芦沟集远射程炮，向我南坪轰击，晨 7 时后，以汽车 8 辆载山炮及侦察部队向南坪东西两侧 5 里至 10 里地区行威力搜索之炮击，又如 24 日敌向我查旅[①]七里桥、半埠店、黄家庄阵地及周旅[②]伍家湖阵地之攻击，均首以浍河沿岸南坪之炮兵先行轰击，以求发觉我之阵地。

2. 继炮兵威力搜索之后，以步兵搜索营接近我阵地，反复侦察，南坪战斗敌继炮击之后，即以搜索营向我两翼杨家阵地西南角及南坪东南侧我接合部行试探攻击后，复以坦克 4 辆，至我阵前侦察返回后始行发起正式攻击（时已 14时）。

3. 部队搜索后，以其所有炮火对我前沿与纵深阵地普遍射击，掩护坦克向我攻击。

乙、步兵与战车、空军协同攻击

1. 以战斗机及各型轰炸机，昼夜连续向我阵地及后方交通投掷巨型炸弹，与机枪扫射，夜间向我阵地投掷多数照明弹，攻击时向我阵地纵深低空炸射。

2. 攻击前以坦克由正面及两侧接近我阵地，发现我阵地之薄弱部分后，即引导步兵前进，坦克进至我阵地前百米以内，对目标显明的阵地（大部为我机关枪阵地）行依次逐个摧毁射击，步兵接近后坦克即转至我侧后封锁交通，拦阻我出击部队，并由侧后向我前沿阵地射击，但发现我爆炸物、燃烧物或伪装阵地，则不敢前进，而行迂回运动，遇我浅窄单线之交通壕，即将积土推至壕内超越而过。但对我较复杂较宽深之壕沟，则一般不敢轻易突入，只作火力摧毁。

3. 其步兵之攻击精神极差，与坦克协同不好，往往经坦克几次接引，才敢前进，前进时队形密集，行动迟缓，坦克掩护进入我阵地后，又多数人蜎集一处，发展极慢，遇我反冲锋，只以火力射击，不敢肉搏。先头部队携有火焰喷射器，随同步兵冲锋，亦因攻击精神不旺盛，而未能发挥此种兵器之效能，不如防御时使用得当。

4. 其攻击时采取迂回包围，以一部担任钳制，主力则采取步、炮、战、空协同作战向我攻击。

摘自中野四纵司令部《淮海战役第二阶段作战总结》，1949 年 1 月，第 8—10 页

---

① 编者注："查旅"为中野四纵二十二旅。

② 编者注："周旅"为中野四纵十旅。

▲ 火焰喷射器

▲ 解放军缴获的火焰喷射器

对国民党第十八军攻击特点之所见及分析

（一）根据敌整个的攻击活动过程来看，敌人在进攻前、攻击中搜索是非常严密的，指挥和动作是非常稳慎的，如先用汽车载炮和搜索部队行宽正面的、特别向翼侧的搜索和威力侦察，用搜索营进行试探性的进攻，以诱我暴露阵地、暴露火力，然后再用坦克迫近阵地抵近侦察，最后才开始正式攻击。因此他的好处是达到了部署适当，三个攻击点有两个是选择到我阵地方薄弱部。对二营攻击是选择在凸出之一角，对三营攻击之敌选择在我三营和三二团一营之结合部上，那里我们的工事也比较弱些，但另外它也带来缺点，这就是细致和时间的矛盾，把绝大部分的时间放在搜索战斗上，真正协同有效攻击的时间很短，再加上冬季白昼时间短，我们只要能够有效的打垮其一次至两次进攻，再要重来组织进攻即受到时间上的限制。比如这次杨家阵地被突破后，二次突入村中，最后被我反击下去，按当时敌之兵力、火力、坦克之集中来看，充分有再组织进攻之可能，但在时间上来说，快要黄昏即不允许其再组织进攻了，天黑后其唯一的依靠，如飞机坦克炮火即减弱甚至失掉其作用，只好收兵回营。这里有一个经验就是在阻击战斗中除了做好工事，发扬火力杀伤敌人外，多方的派出精干有力部队沿敌前进路阻止敌人，有意的消磨其时间是非常重要的，在某种程度上来说是可以时间换取空间的。

（二）正面以小部队作钳制性浮动，主力迂回两侧作钳形攻击，此处不成速转他处。此次敌攻南坪集时沿公路前进到南坪南 10 里处，即分两路，以公路为界，以西为一一八师，分两个头，一路约一个团绕至南坪以西之任围子，以任围子为依托向一营北窑以西阵地进攻。一路约一个团至范庄，以此为依托向二营杨家阵地进攻，但地形对敌不利，迅速集兵范庄合攻杨家。公路以东之十一师，亦分两路，一路以胡庄为依托，攻我三营和三二团一营之结合部，一路向三二团之阎家、李家阵地进攻，至于正面之公路只派少数部队作钳制性的攻击，经验告诉我们愈是侧翼愈要注意，不但要加强工事，而且要控制一定的机动部队于侧翼。

（三）以重炮（如山野炮、榴弹炮）轰击我纵深阵地和高出目标，以迫击炮六〇炮坦克炮等，轰击我前沿阵地。此次战斗中对我杀伤最大者还是步兵，所带物之轻便炮，它可以抵近射击命中精确，又可以随时机动转移射向，特别是坦克炮对地堡摧毁较多，重炮因为距离较远，射击准确性差，一旦瞄准那个目标，即死板的老打那个目标。此次南坪集阻击中，因南坪集村庄较高，目标明显，又加以开始我二营在南坪村中和村沿作了些交通壕，后来部队到杨家附近重新构筑工事，该阵地形成了空心，此阵地为敌发现，敌之重炮终日射击未停，在一天射击中未转换目标，对我杀伤较少。因此今后不能在明显目标附近构筑阵地，多放部队和火器，阵地应作在村外百余公尺处，不宜过高过厚，只要能防八二炮、六〇炮之杀伤即可。

（四）坦克活动，根据南坪集作战来看有以下几种活动：

一、在步兵未攻击前，坦克四五辆不等为一组，抵近我阵地前沿侦察我阵地配备。

二、当发起攻击时，掩护步兵运动迫近阵地，数辆一组互为依托，停止于阵地前100公尺左右，以炮摧毁我火力点，并以机枪封锁我交通壕。

三、当敌占领我一部阵地时，坦克即活动于该阵地之两侧，对我其他集团工事射击，掩护步兵继续前进，并控制交通壕防我反击。当敌一部已占领我村沿时，坦克即绕到村之侧后向村中射击，封锁我村中之运动，并以炮摧毁房子，当其退却时坦克又掩护其步兵撤退。

（五）步兵之进攻和冲锋，在进攻阶段中还能伴随坦克，到我火力有效射距即全部脱离坦克不敢前进，冲锋动作不算猛烈，不敢白刃战，遇反击即向后溃退，但善于使用轻机枪、手提冲锋枪及火焰喷射器，最先头之步兵进到我阵地前沿50公尺左右密集扫射。今后在防守中或反击时，应组织使用我之近射自动火器，手提汤姆枪等，杀伤其冲锋部队及先头带喷火器的射手或打坏其喷火器。南坪出击中，我二、四连之出击部队曹国华排和张天祥排以手提机枪将敌之喷火器装油器打破使其失效。

摘自《中野四纵十一旅三十一团南坪集阻击战斗的总结》，1949 年 1 月，第 3—5 页

中野四纵三十一团战斗之优点

一、经过了昼夜不停的侦察地形和分析研究，在阵地选择和编成上，我们认为一般是正确的。特别是杨家阵地（要点）的占领，八连一排所控制的公路咽喉坟墓，三连控制了北窑以西、浍河以北之高地，使我们在整个防御配备上，控制要害，取得了主动，把不利于敌人开阔地让给敌人，使敌人不得不过早展开暴露在我火力之前，在我们方面说来，可以节约兵力减少伤亡。

二、在阵地编成上，做到了以小型的三角集团据点组成为大的环形阵地，形成了纵深设备，增强了抵抗力，纠正了过去一线的单纯一面一方的防御配备，达到了一点被突破，两点钳击，使进入我阵地之敌被歼于阵地之内的目的。

三、火网编成上：

（1）发扬短促的、突然的、浓密的、交叉的侧射火。依据我们的射击技术和弹药状况，我们要求不过早开火，不零星开火，把敌放进我们浓密的火网里猛烈的歼灭之。

（2）低伸的与远射的配合，直射的与曲射的配合。我们把轻机枪的低伸射击与重机枪、迫击炮的远距离射击互相配合起来，这样在远近距离上、在平坦地与沟道中使敌人无隙可钻，完全暴露在我火网下面，杀伤敌人于我阵地前面。

（3）大部分机枪除有一个掩盖的地堡外，还有一个预备的广射阵地，既可以机动射击又可以消灭死角。

（4）随着纵深阵地的配备，我们在火力上也同样有纵深配置。即是在纵深的阵地中，同样也有火力点，以支撑纵深战斗。

（5）每个据点中的火网是环形编成的，就是能打四面，唯有这样子才充分的发挥据点独立战斗的精神。

（6）对炮兵火力，提倡突然的集火，就是发现有利目标，几门炮同时开火，打排子炮袭击之。

（7）清扫射界，标定射向，测定距离，这一套射击准备工作，在战斗前大体

上作了一个准备。

总之，这一次的火网编成，我们基本上依据以上精神进行的，战斗中证明是收到了一些实际效果，我们给予敌人以大量杀伤，我们依靠火力在各方面阵地上都打退了敌人几次猛攻，我们更依靠火力打退了伴随坦克的步兵，使得坦克在我阵地前裸体跳舞。

四、反坦克准备上，虽然我们还缺少这种经验，但也有了一些必要之准备，部队都知道对付坦克唯一办法是沉着不乱动，以火力杀伤伴随之步兵，除此以外各连、排组织了反坦克小组，构筑了反坦克阵地，在坦克可能来路上设置了拉雷，把战防武器设置于阵地一侧专对坦克来路，当坦克接近后，路口上烧火，因此，虽然没有打坏坦克，但使坦克不敢近我工事。

五、全体人员上下一致，发扬了高度的顽强性，做到了寸土必争与阵地共存亡。比如：

（1）八连张小旦排，经敌两次进攻后，排班干部都伤亡了，战士们自动代理，坚持阵地。重机枪副排长贾德义三次负伤仍能鼓励大家顽抗。卫生员给大家喊话，带领大家作战。

（2）十一连政指张建文同志负重伤后，派担架去抬他三次不离开阵地，并且喊话鼓励大家，他回答上级说：只要还有一个人阵地就失不掉。

（3）二营副营长李海生同志很早就负了伤，但是他始终坚持着第一线的指挥，也没有告诉上级，直到战后才知道他负伤。

（4）轻重机枪和火力干部他们的火器打坏了，能即时修理好继续射击，没有离开自己阵地。二营机炮连三班的重机枪被坦克三次打坏三次修好，在交通壕里机动射击，第四次坏的厉害了，才停止射击。机枪排长杨希贞同志在机枪打坏后，向后勤组领了几箱手榴弹，领着战士们投弹，他们的一角仍坚持抵抗了一个钟头，敌人始终不能前进，直到自己牺牲为止。

（5）七连副连长李庆文同志在敌坦克抵近时，为了稳定战士心理，自己亲自拿上燃烧瓶到最前线准备打坦克，因此战士也沉着敢打了。

（6）二连高凤山班在出击中正、副班长都伤了，战士们前仆后继不停的用刺刀杀敌人。

摘自《中野四纵十一旅三十一团南坪集阻击战斗的总结》，1949 年 1 月，第 5—8 页

作战地区地形概述

一、淮河地区，河流纵横，到处形成水网，尤以涡河、泚河、浍河三条较大河流，在此次战役中形成攻击中的障碍。我曾利用此河流，在敌开始攻击前进时作为依托，阻敌六日，达到消耗迟滞之目的。敌在企图向东南突围时，亦拟利用作为依托掩护撤退，但被我一举突破。

上述河流，河幅不宽，流速不急，水浅处可以徒涉，虽障碍不大，但在此次作战中，不但起了迟滞消耗敌人之目的，且因敌选择公路桥梁以通过辎重及重武器，非走南坪集不可，亦为其不愿改变路线造成失败原因之一（据十四军参谋长供称）。

二、淮河地区村落尚称稠密，但颇不均匀，双堆集附近，西部村庄稠密，西南部则较稀散，地形低洼，挖地一公尺即可出水，土工作业相当困难。村庄都很小，且多为数户至十余户，分散独立互不连贯之家屋组成，敌即利用此筑成防御核心，火力互相交叉，村与村亦均能火力联系，村中树木均为敌砍作鹿砦，村南部大多有水池，村周皆有洼沟围绕，形成自然战壕，村四周平坦开阔，不易接近，实际村落地名，多与图上地名不符，重名的村庄甚多，如双堆集附近有十八个杨庄，战争起后，村民逃避一空，造成作战许多困难。

摘自中野四纵司令部《淮海战役第二阶段作战总结》，1949 年 1 月，第 6—7 页

宿怀县情况略述

（一）地区的创建

宿怀县原属苏皖八分区，是新四军四师彭［雪枫］师长于 1940 年在此开辟的，1941 年撤离该区，1944 年秋复为我四师光复。人民解放战争开始后（1946 年 10 月），我又撤出，1947 年 7 月我即插入干部 30 余及一个武装班，经过一年多的艰苦斗争，地武壮大了，恢复并扩大了局面。现约 40 余万人口，属中原豫皖苏行署第三行政区。这个地区的群众没有普遍的发动过，只在中心区进行过双减，在三个区里（双桥、两县、看町）进行过土改，此次恢复后又进行过一次复仇运动，但均不很彻底。

（二）地形与物产

本县东及东北均为津浦路，西北与西为宿蒙公路，南面为涡河，水较深，宽达百余米远，只有界沟移村可徒涉，中间还有 3 条河均从东南至西北，横贯其境，一为泚河，很宽，西边最狭为百余米远，可搭船桥；一为澥河，很小，但西马桥至

何集，因水较深搭桥才能通过。最北是浍河，亦很窄，固镇至南坪较深，搭桥可通过。公路除宿蒙路外，还有东面的蚌固路（怀远至固镇段）。本县湖田很薄，5 亩至 7 亩始能养活一人，沿河两岸地较肥。主要出产为小麦、高粱、黄豆等（今年麦收不好，秫秫为主要口粮）。

（三）货币与物价

本地以中州币为本币，银元与铜元在市面亦可流通（禁止出口）。一个大铜元相当一元中州币，一块银元相当于 200 元中州币，故群众有以银元、铜元计算物价的。除此还流通冀钞、华中币、北海币，这三种币值相同，均以 50 元相等于中州币 1 元，群众照常通用。

原物价很平稳，自我大军来后，货价较高，据 11 月 30 日在双桥集的了解：猪肉（斤）35 元、洋火（盒）5 元、香油（斤）32 元、食盐（斤）20 元、豆油（斤）38 元、白菜（斤）3 元、鸡蛋（个）3 元、小麦（斤）10 元、高粱（斤）4 元（均以中州币计算的，每元相当于北海币 50 元，但此物价不能是固定不变的）。

摘自华野七纵《武装》（战地版）1948 年 12 月 5 日

二、出击、合围黄维兵团

中野决定撤离南坪集，在浍河以北布置袋形阵地，以第四、九纵队诱使黄维兵团就范，集中第一、二、三、六、十一纵队从两翼包围，予以攻歼。11 月 24 日，黄维兵团先头第十八军、第十军各一部强渡浍河，进入袋形阵地后，发觉处境极为不利，遂向浍河南岸收缩。当日黄昏，中野趁其撤退混乱之际，集中 7 个纵队及陕南十二旅、豫皖苏军区独立旅等部，全线出击，猛力合围，至 25 日晨，歼其数千，将黄维兵团包围在宿县西南的双堆集地区。在包围圈外的第十八军四十九师，被歼灭在大营集地区。

战史摘要

中野四纵 11 月 24 日夜至 27 日出击战斗

一、敌情

24 日午，黄维发觉我大军迂回其侧后，形成合围，处境危殆，即仓皇向南撤退。

至 26 日被我大军压缩包围于浍河以南，南坪集、双堆集，周围不足 20 华里之窄小地区，连续突围均未得逞，27 日调整部署，以十四军位其左侧（东平集、忠义集、三官庙之线），八十五军位其右侧后（三官庙以西之线）掩护十八军及十军向东南突围，复遭我全线出击，敌图未遂。

二、战斗经过

（一）24 日 14 时，敌开始南退，我一、二、三、六、十一纵，自东、南、西全线向敌侧钳形合围。我四、九纵一部坚守阵地至 17 时，以周、查两旅向正面大王庄、孙庄、马庄之敌出击，将敌向南压缩，敌以战车掩护交换撤退，至 22 时仍与敌对峙于浍河北岸之邵家、王庄、肖［兰］家之线，夜拟歼肖［兰］家之敌，因时间太晚未果。

（二）25 日，我继续向留置浍河北岸之敌压缩，入夜除七十五师与我周旅对峙于邵家、王家、顾家之线外，查旅、秦纵[1] 均已进抵李家庄、三官庙、东平集之线。26 日 8 时，邵家一线之敌亦在战车掩护下向南撤退，我周旅尾敌急追，9 时我即全部控制朱口至东平集、浍河沿岸村庄，并作强渡浍河准备。

（三）26 日，中司令我一、二、三纵向东，六纵、十一纵固守阵地堵敌南逃或东南逃，我四、九两纵则强渡浍河向南，统一于 17 时 30 分向被围之敌发起全线攻击。我当以周旅一部由闵家渡河，主力则由正面强渡浍河，直攻南坪集，查旅由三官庙强渡向南攻击，刘旅[2] 随查旅跟进。

周旅 16 时开始攻击，16 时 30 分由闵家渡过一个营，17 时主力突过浍河，攻占南坪集，守敌东逃，我尾敌急追，21 时克胡庄，歼敌机炮连一，22 时克丁庄，歼敌六十八团一部，24 时攻入王小庄，遭敌反扑受挫。

查旅 18 时由三官庙强渡成功，21 时克许家寨、乐［禾］庄之线，守敌溃逃，刘旅亦跟进至浍河北岸，万家之线，秦纵亦由东平集强渡成功，克刘庄、李寨、陈庄，歼敌十四军一部。

（四）27 日，敌以密集队形向东南运动，图调整部署，实行突围。当时我估计敌为全线溃退，即令周、查、刘旅不惜一切全力向东南猛扑。17 时当面之敌十四军遭我四、九纵全力猛击，全线混乱，遗弃辎重武器，向南溃退。我查、刘旅及

---

[1]　编者注："秦纵"为秦基伟司令员指挥的中野九纵。

[2]　编者注："刘旅"为中野四纵十一旅。

周旅之三十、二十八团即尾敌猛追，连克敌杨庄、王小庄、杨老庄、李八集、李围子、小高庄等十余设防村庄。16时我已贯通纵深与十一纵取得联络，是时与敌激烈混战，击溃敌十四军军部，俘该军军长熊绶春、军参谋长梁岱（后熊乘机逃脱，梁伪称秘书被释）。17时我先头攻至沈庄、杨围子、张围子之线，因建制混乱，部队拥挤，队形密集，无统一指挥，复遭敌纵深火网阻拦、坦克反击，因伤亡甚重，即退守于李八集、杨庄之线。

周旅之二十九团亦于14时攻入杨大庄歼敌一部后撤出。

摘自中野四纵司令部《淮海战役第二阶段作战总结》，1949年1月，第14—16页

中野九纵突破浍河

敌第十二兵团（司令黄维）为蒋匪之精锐，下辖第十、第十四、第十八、第八十五等4个军，共11个师及1个快速纵队，总兵力约125000人。其第十八军号称"五大主力"之一（其他为整编第七十四师、第五军、新编第一军、新编第六军）。总前委决心乘第十二兵团未与刘汝明、李延年两兵团会合前，集中主力将其歼灭于浍河、浍河间。我纵奉命协同四纵于浍河北岸，正面阻击北犯之敌，并相机转入反突击。敌第十二兵团遭我坚强阻击后，被迫转入防御，其第十四军十师二十九团，依托浍河南岸河堤构筑防御阵地，企图阻我渡河。浍河水深2米，河幅宽约50米，河床宽约150米，两岸均有堤坝高出水面。11月26日21时，阴云密布，天空漆黑，我第二十六旅七十六团二营七连秘密地修补好被敌人破坏的浍河桥后，突击队（第七十六团二营），在轻重机枪火力支援下，5分钟即突破敌防御前沿，击退敌反冲击，抢占了浍河南岸的刘庄，并连续攻占敌小王庄、潘楼阵地，该团二梯队第三营，乘胜突入李寨。敌依托村西北房屋顽抗，连续向我实施3次反冲击，均被击退。此时，该旅二梯队第七十七团投入战斗，协同第七十六团全歼李寨守敌一个营，并乘胜攻占了陈庄。与此同时，我第二十七旅之七十九团九连张连长从群众口中得知上游敌岸陈家渡口有3条木船，他发动战士自愿报名，从中挑选出勇敢机智而又熟悉水性的朱三保、刘学五、毛洪盘、邓新成和高振起等5勇士，脱下衣服，跳进将要结冰的河水里，秘密地泅到对岸，悄悄地解开绳索，拔起铁锚，把3条木船拖过来，尔后把突击队送到对岸。同时，该团工兵连跳进刺骨的水中搭成浮桥，因而该团迅速渡河，攻占了浍河南岸马庄、王庄敌据点，尔后协同第二十六旅攻占了张庄，控制了刘庄至张庄段浍河南岸阵

地。此时，我豫皖苏独立旅和四纵亦突破浍河敌防御阵地，敌处于不利态势，遂集中 4 个师，在坦克 20 余辆，飞机 200 多架次和大量火炮掩护下，开始向双堆集东南方向突围，遭我友邻坚决阻击。此时，第八十五军之一一〇师在廖运周师长率领下举行战场起义，使敌内部顿呈混乱状态。27 日 7 时，在总前委统一号令下，全线向敌突击。我纵不顾敌机轰炸扫射英勇战斗。第二十六旅连克杨老庄、李围子、李八集、白庵诸据点，第七十七团冲击至大韩庄，协同友邻部队歼敌第十四军山炮营，缴获山炮 2 门。第二十七旅连克宋庄、阎庄、白大庄、大小韩庄，并逼近张围子、苇子湖敌据点，击溃敌第十师特务营。该旅第七十九团歼敌第八十五师山炮营，缴获山炮 5 门、步兵炮 3 门。

27 日我全线大出击，予敌痛击。敌四面突围均未得逞，10 余万人蜷缩在以双堆集为中心，横宽约 7.5 公里，纵长不足 8 公里的狭小地区内，形成大集团防御，我继续突击不利。我纵奉命除包围监视敌人外，主力集结于李寨、白庵、白大庄之线待机。是日，我纵队共歼敌 2700 余名，缴获各种炮 17 门、轻重机枪近百挺，攻占了敌军外围据点，为继续突击创造了有利条件。

摘自《空降第十五军战史简编》，1994 年，第 26 页

中野六纵堵塞缺口　断敌退路

23 日，纵队召集各旅首长进一步传达了中野首长的决心，研究了纵队参加围歼黄维兵团的任务。一致认为：纵队首次参加这样大规模现代化的作战，以劣势装备围歼蒋介石的精锐兵团，必须树立坚定的决心，发扬勇敢顽强的精神，充分作好各项准备工作，才能取胜。会后，各级根据纵队指示，反复深入地进行了动员。全纵干战由于深刻认识到围歼黄维兵团，关系到整个战役的进展，对解放全中原从而加速全国革命的胜利，有着极其重大的意义，情绪十分高昂，纷纷表示决心，不惜牺牲一切，坚决歼灭黄维兵团，争取在淮海战役中为人民立大功！

24 日，我纵并指挥陕南十二旅，奉命自擅城集（蒙城北）南北地区向板桥集、赵集之间出击，与左翼十一纵合拢，截断敌南逃退路，协同兄弟部队完成战役合围任务。当日下午开始行动，我以十七旅和十二旅，向双堆集地区推进，是夜，进至赵集、火神庙地区。25 日，我与准备南逃之敌八十五军一部接战后，即控制了双堆集以南周殷庄、小周庄、杨庄一线，并与十一纵协力将东南方向缺口堵塞，完成了合围任务。合围时南逃之敌四十九师，经我十八旅一部跟踪追击，于 26 日

夜在大营集歼其一部，残部为我地方武装歼灭。

摘自《中国人民解放军陆军第十二军军史》，1981 年，第 92 页

▲ 中野某部攻击黄维兵团

▲ 中野将黄维兵团包围在以双堆集为中心
纵横 7.5 公里的地区内

◀ 中野乘黄维兵团收缩之机
发动全线攻击

陕南十二旅参加合围黄维兵团

11 月 19 日，三十五团于西阳集以南与由太和北上之敌十二兵团接触后，为寻求机会歼灭该敌，我旅奉令归六纵指挥，北渡涡河，绕敌左侧，转移至蒙城西北 30 里之小涧镇地区，三十四团、五十一团于齐山红城子又与敌侧卫保持接触。为诱敌深入便利寻机歼敌，21 日我又西移约 20 里之侯家，23 日当敌十二兵团（先头）进至南坪集地区后，经四纵予正面阻击不能前进。19 时，旅由现地出发，于 24 日进至芮津、唐家集、狼山三角地区，进行各项准备与作战动员，布置任务。17 时，以战斗姿态分头东进，五十一团由浍河以南，三十五团由浍河以北相机包围板桥，旅率三十四团、郧白团东进包围罗集，因该两地无敌，25 日 10 时，两路部队赶至关庄会合后，12 时协同六纵由火神庙向北推进，并配合中野其他各纵主力，至晚将敌包围于双堆集地区。

摘自中国人民解放军步兵第五十五师《淮海战役经过》

▲ 解放军机枪手猛烈射击来犯的黄维兵团

▲ 中野某部用重迫击炮向国民党军轰击

战术研究

黄维兵团撤退时作战主要特点之研究

1. 有计划有纵深设防的交换撤退，如十四军正面主力被击溃后，沈庄（十四军十师之三十团）、杨围子（十四军军直及二五五团）、张围子（十军一一四师全部）之线仍有强固防线为敌坚守并遂行纵深之反扑，给我以相当杀伤，阻止了我之攻击，挽救了敌整个战局之危机。

2. 撤退之前以猛烈炮火轰击我阵地，造成我之错觉，撤退中亦以纵深火力掩护撤退，如 24 日敌 14 时已开始南撤，但 16 时仍在向我阵地轰击，致我不能随尾追击。

3. 撤退时亦以战车断后，担任掩护，阻我追击，并以一部主力配合战车，向我行局部攻击，以保障其撤退。如 23 日南坪，24 日伍家湖，及其 25 日总撤退，均以战车断后，25 日敌撤退前，邵家之敌曾以坦克 5 辆向我攻击。

4. 敌掩护撤退之飞机群主要目标在轰炸我二梯队及重火器，使我后续部队及重武器不能紧随先头部队加入追击。如 27 日敌大撤退，我一梯队密集部队并未遭敌机空袭杀伤，而浍河两岸之二梯队及重火器则被敌机 20 余架连续轰炸所阻不能前进。

摘自中野四纵司令部《淮海战役第二阶段作战总结》，1949 年 1 月，第 16—17 页

◀ 中野九纵司令员秦基伟在给部队作报告

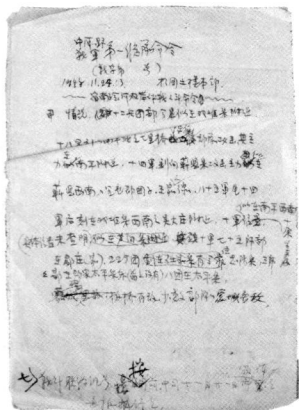

▲ 中野一纵浍河作战命令草稿

史志节选

中野九纵二十六旅大事记

10 月 31 日

奉命七八团由陈副旅长率领留任郑州城防，旅直、七六团、七七团于当晚先后坐郑汴火车乘胜东进，参加淮海大战，士气空前高涨，迄 11 月 13 日抵达安徽宿县北津浦路西侧梅家一线，胜利地完成了连续 15 天长距离行军的光荣任务。

11 月 19 日

为确保全歼黄、李、邱、孙 4 兵团的胜利，我纵奉命沿津浦线南下阻击北援之李延年兵团，经两夜行军，17 号抵达固镇以北地区隐蔽集结，19 日敌蠕动前进，被我军阻击在任桥一线不能前进，战斗由 10 时开始，19 时结束，敌发动几次猛攻都被我击退，是役我杀伤敌千余人。

11 月 20 日

旅首长联名向上级和纵委表示我旅参加淮海大战的态度，表态书中说："在纵委领导下，我旅能参加这一决定蒋介石命运的伟大战役斗争，深感无限的兴奋与光荣，为取得这一战役的全部胜利，我们特表示决心：坚决执行纵委一切指示；不叫苦，不埋怨，完成一切艰巨任务；虚心向友邻学习，协同作战；坚决执行党的政策纪律；加强党的工作，发扬干部的积极性责任心和保证部队政治情绪的饱满……"。在首长这种影响下，各团与旅直及其所属营连也都纷纷向上级和党进行了文字表态。这一运动是立功运动的新发展，是政治工作的新创造，比起单纯的订计划更为慎重、深入和普遍，对于保证淮海大战中每次战斗任务的完成与取得最后的全部胜利，起了重大作用。

11 月 26 日

我旅在浍河北岸对黄维兵团两天的有力阻击，使其不能前进一步。响亮的回答了上级"寸土必争，与阵地共存亡"的号召。26 号我旅担负了"突破浍河扭住敌人"。这一光荣任务落在七六团全体指战员的肩上，该团七连担负了架桥任务，副连长梁民忠、二排副张小狗、四班长张振华等 12 位英雄，自报奋勇数分钟架好了一座浮桥，该团六连仅 4 分钟就突过了 10 余丈长的桥，击溃了敌人，占领了桥头堡垒，七七团跟随渡河后，协同七六团三营打下李家砦，歼敌一个营，其余敌不支溃退，我当即占领刘庄、潘一楼、小王庄等村。是役变敌人前进阵地为我之前进阵地，使敌陷入我各路大军包围中。

11 月 27 日

敌八十五师企图作试探性的突围，我各路大军遂发动了大出击，我旅接连打下大小韩庄和杨庄等村，七七团并缴获山炮、战防炮各一门，这一出击粉碎了敌人的突围企图，对缩小敌包围圈起了重大作用。当天战斗中我七七团二营政教黄鹰同志为缴获山炮与敌奋战中光荣牺牲。

11 月 28 日

七八团由郑州胜利归建，参加淮海大战，并带来 700 名郑北解放战士参加了我军。

摘自《生长在太行，壮大在中原——九纵二十六旅二届群英会纪念册一分册》，1949 年 2 月，第 41—43 页

▲ 对黄维兵团压缩包围期间，中野九纵某部白庄夺炮胜利归来

▲ 解放军突破浍河，揭开围歼黄维兵团的序幕

战地报道

中野九纵强渡浍河　胜利揭开大战序幕

26 日晚，我旅强渡浍河的成功，胜利揭开了歼灭黄维兵团大战的序幕。

工兵同志以隐蔽敏捷的动作架好了桥，等待部队突进。

完成了各种火力的布置，逐一的检查了火力组织突击部队。9 时 20 分红色信号弹掠空而过，各种火力一齐开火，山炮、化学炮准确的打出连珠炮，压制封锁了敌人的地堡，机枪封锁了敌人的一切枪眼，使敌人根本打不出枪来，这时神勇的突击队，5 分钟突破敌阵，像飞一样就冲到对岸占领了桥头阵地，后续部队两个营在 15 分钟内完全渡过浍河，迅速向纵深发展，一举歼灭了十四军十师十九团第三营全部，巩固了我军在河南岸的立足点。

准备时间充分和火力组织的精密准确，是此次神速突破的成功因素。

亲临前线指挥的谢政委，看到我英勇指战员在敌机照明弹闪烁下，在我猛烈炮火爆炸的火花中，英勇神速的越过浮桥跃步前进，欣喜的连声赞说："好！好！"

（向守芝 [①]）

摘自中野九纵《战场报》第 26 期 1948 年 11 月 29 日

武昌 [②] 工兵连战胜寒冷发扬硬骨头架成浍河桥

武昌工兵连接受了光荣的架桥任务，为强渡浍河，保证战役的胜利开始开创道路。26 日夜在连长赵振、政指梁战中同志带领下，在敌情紧张中，全连 40 多人，冒着冬季河水的寒冷，下水一个多钟头，搭成 6 丈多宽的浮桥。曾在浍河架桥中钻在水里一黑夜，完成架桥任务的五班耿计中同志，和互助组长郭成喜首先渡过河对岸，就在寒风中站哨警戒敌人，接着在八班长田树振、三班长姬宏小、七班副吕二德、副排长杜其祥、一班长赵小四、七班长齐尊六、五班副王贵小、战士陈思夫、□同义、杨庭山等同志带头下，都跳下冰冷的水里，刚架成一节被水冲走，陈义新同志赶紧追上几丈远抢回来，敌人的照明弹在头上发亮，飞机在周围掷弹，子弹在头上飞过，他们毫不畏缩，反而利用照明弹的亮光帮助我们照明，不需要

---

　① 编者注：该文作者为中野九纵二十六旅旅长向守志，"守芝"为其曾用名。

　② 编者注："武昌部"为中野九纵二十七旅七十九团。

在黑夜摸索，飞机和枪声掩护了架桥时的声音免被敌人发觉。

摘自中野九纵《战场报》第 25 期 1948 年 11 月 28 日

突破涣河

我们追的紧急，敌人退到涣河南岸，惶张地破坏了桥梁，企图隔河顽抗。我北海部二营，在 150 米的河面，划开了敌我，弧形的河岸，布满了敌人的火力点。"突破涣河就是胜利"，但必须先要架好河上的浮桥，为歼灭黄维兵团开辟前进道路。七连马上接受架桥的光荣任务。

夜色渐渐地昏暗下来，涣河水流哗哗的响，对岸敌人地堡里，不时打出枪来，我们的山炮机枪，在压制着敌人。副连长梁民忠率领 12 名架桥英雄，抬着梯子桥板，悄悄地扑到河堤，张小狗、张振华、陈家庆、于兴成、范保太和副连长共 6 个同志，立刻脱掉棉衣，跳入丈来深冰冷的河水中，攀着残留的桥桩，渡到对岸，架上了桥板。在敌人鼻子上，栓了一根铁绳，他还不知道，还叫喊："你敢过来！？你敢过来！？"战士们笑了，"你等着吧！"

9 点钟攻击开始，红色的信号引起了一片轰隆的炮声，刘庄、李砦立刻变成了火海，我们的火网，压的敌人抬不起头来。桥已经完全架好了，可走两路纵队，张小狗、于兴成还不放心，在桥上蹦了一蹦觉得十分牢固，然后跑回叫突击队。副排长张喜元带领突击队，飞跑到对岸河坎，一排子手榴弹，就占领了右翼地堡。这时敌机投下个照明弹，把桥左桥右照的明晃晃，我二梯队趁着光亮跑过桥去。刘庄敌人反扑，杨副营长带领五连，将敌击退，不到 10 分钟，二营全部过了河，于是后续部队源源涌上去。我们占领了刘庄、王庄、李砦，又推进到潘楼，巩固了桥头阵地，突破了敌人的涣河防线。

（李钟玄[①]）

摘自中原军区、中原野战军政治部《人民战士》第 12 期特大号 1949 年 1 月 15 日

张全来火线入党

追击敌人时，三营长在鹿砦里负了伤。五班长张全来，马上带了一个组，冲向前去，接近了敌人的火力封锁网，他让别的同志隐蔽在坟包后面，一个人摸到

---

① 编者注：该文作者为中野九纵二十六旅七十六团团长。

鹿砦跟前，敌人的机枪小炮雨点一样的落下来，张全来的眼睛，都被尘土烟雾迷糊的啥也看不见，他只摸到一支手枪回来了。黄昏时候，他又二次去摸，爬到阵前面，看见一个人躺在那里，背回来看了看，却不是营长，是十二连的卫生员。

敌人的坦克，在阵地上来回乱闯，张全来又三次摸去，路上发现了三个伤员，他冒着炮火，一趟一趟的把伤员都背了下来。在搬运伤员的路上，又遇到友邻的三个伤员，他带了一个组把他们统统抬下来。战斗后，全连军人大会上，给他评了特等功，支部通过他火线入党，大家都羡慕的说："张全来火线立功又入党，真是无上光荣。"

（十一旅徐敬文）

摘自中原军区、中原野战军政治部《人民战士》第 12 期特大号 1949 年 1 月 15 日

阵中日记

中野一纵阵中日记

11 月 22 日　于周土楼

一、情况：十二兵团部仍位八里杨，其八十五军 21 日宿营于中村集，今抵蒙城。八十五师搜［索］营至罗集北 40 里，主力进到罗集、陈集附近。

吕科长来报：敌搜索部队沿张集向徐町集及其东北方向搜索。

二、杨司令于下午去中司开会回来谈：

我军决心歼击黄兵团，我集中一、二、三、四、六、九［纵］及华野一部于宿南西、东、南地区，使敌向我正面攻击一二日，消耗其力量后，开始分割敌人。我纵以大田家、王家、大李家（含三纵）以南出击割裂，待完成割裂后，选择歼灭之，继而各个歼灭。

三、当即通知各旅侦察地形及出击道路。

11 月 23 日　于周土楼

一、情况：十二兵团部在板桥附近，十军似在孙町集以南、界沟以东地区，十四军似在罗集以北、蕲县以西地区，十八军似在南坪集以南地区，向我南坪集攻击未逞，八十五军在吴大店。

二、督促各旅了解出击道路，作一切出击的准备工作。

11 月 24 日　于周土楼至三家

一、情况：敌黄维兵团部似在双堆集，其十八军主力在南坪集附近，十军似在

芦沟集附近，十四军在双堆集以西南地区，八十五军尾十四军后，似在大吴庄周围地区，板桥有其小部队。

二、我奉令于今下午4时开始开进割裂敌人。

11月25日　于三家

一、敌人大概部署：

1. 四十九师（没调）于黄昏由赵集、王大庄向南坪集方向运动。俘供：PR部（黄维）在南坪集，八十五军在芦沟集以东，四十九师在芦沟集以北。

另了解，十四军在东坪集及以北、以东地区，十军在南坪集西北地区，十八军位置尚不明。

2. 我决以二十旅与三纵七旅、二纵一个旅向芦沟集以北、南坪集以南公路两侧村庄攻击前进，以割裂敌南坪集与芦沟集、南坪集与双堆集之联系，二十旅以杨庄、张庄、前铺子、小马庄为攻击目标，黄昏后开始。

摘自中野一纵《1948年9月至12月阵中日记》

黄维兵团工兵营某军官的日记

11月26日　阴　礼拜五　"走进了口袋"（在十二兵团的行列中）

校长关麟征给我们讲授过《共军的战法——口袋战术》。我兵团此次从确山来，过正阳后便进入共区，一直只有小抵抗，到阜阳后才有较大之战争，皆以我兵团强大，很迅速的排除了抵抗。从蒙城起，便开始了大规模的战斗，蒙西二十里板桥之后，我十军伤亡不少，敌以涡河为背水阵，工事坚强，虽经我炮、空联合射击，敌仍阻止我一日夜。

过板桥，更感共军阻力之强大，一尺一寸得来均不容易。尤以三日前南坪集一役，我攻了一日夜，敌虽退过河还凭河据守，我们攻过河，他们又凭庄子阻击，此时共军由铜山下来三个纵队向我包围，而原阻我之三、六、九三个纵队，更反身猛扑，从昨夜以来便四周枪声紧密，然尚在十华里外，但合围我之势已成定论。

共军又加上由亳州南下之二纵队，其兵力已较坚强，故我昨将八十五军增加上去，掩护我十八军退却，敌之包围圈更加缩小，从此我们已入口袋底子。炮、空昼夜轰，但敌仍竭力紧缩口袋子。今晨我南面二里地庄子既为敌所攻，我们又作了鹿砦工事，忙乱得无以复加。

周围的枪炮声没有停，现在也没有停，而且飞机、大炮自天亮后便大显神通，然而四周的共军仍不停的向我进攻。

八十五军已由南坪河之线撤回来了，在三里宽的圈子里已无他们立足之地，他们密集在中间空场里，我空军以为好目标，连投 3 枚炸弹，死伤数十人，而共军的炮兵倒甚是不客气的吊来几炮，又报销了十数人。

摘自王争《戎马生涯——从战士到军长》，远方出版社 2005 年，第 248—249 页

第二章　压缩作战　准备总攻

　　黄维兵团被围后，在坦克、炮火和飞机的援助下，集中兵力向双堆集东南解放军阵地进行轮番持续攻击，企图突围。廖运周师长在突围中率部起义。黄维兵团多次突围无望，被迫转入固守待援。中野为了达到在态势上的完全有利和准备最后总攻，采取稳扎稳打，逐点攻击，攻占一村巩固一村，"以地堡对地堡，以战壕对战壕"的战法，实施压缩作战。进行了工程浩大的近迫作业，将千百条堑壕逐步延伸到国民党军阵地前沿，构成完整的进攻阵地。大力推广并普遍使用了被国民党军称为"特大威力炮"的炸药抛射筒，以弥补中野炮火的不足，为转入总攻创造条件。

战史摘要

中野围歼黄维兵团第二阶段作战经过（1948 年 11 月 25 日至 12 月 2 日）

　　25 日晨我对敌完成包围形势后，我西线右翼之六纵队与东线左翼之十一纵队迅速靠拢，将东南方一个缺口完全阻塞，敌发现我包围阵势形成以后，即企图向东南突围，乃于 26、27、28 等三天中，集四个主力师（即十八军之十一师、一一八师、十军之十八师、八十五军之一一〇师）在坦克、大炮、飞机掩护下，向双堆集东南之杨庄、李庄、周庄、葛家庄之线我六纵队及十二旅阵地猛攻，并采取轮番的持续不断的攻击，均被我击退。敌鉴于突围不成，一一〇师又在突围中起义。28 日以后，即调整防御部署，采取固守待援的方针。我军则取继续压缩并完成严密封锁包围阵地之方针，继续向敌压缩攻击。在战术上采取攻占一村巩固一村的稳进原则，这种措施直到 12 月

▲ 廖运周（1903—1996），安徽淮南人，黄埔军校五期毕业，1927 年秘密加入中国共产党，淮海战役时任黄维兵团第八十五军一一〇师师长，突围中率部起义

2 日为止，包围圈更形紧缩。敌只有以双堆集为中心纵横约 10 华里之狭小地区。但他在这几天内亦完成极坚固的防御阵地。

在压缩包围作战中，敌之大部战斗单位已被我们打的残破不全，能作机动和突击力量的只有七、八个团了。这就造成我们第三阶段中向敌发动总攻的有利基础。

摘自中国人民解放军第二野战军司令部《淮海战役中双堆集歼灭战初步总结》，1949 年

一、廖运周率部起义

为摆脱被围困境，11 月 27 日，黄维兵团集中第十八军第十一师、第一一八师，第十军第十八师，第八十五军第一一〇师共 4 个主力师，在飞机、坦克、炮火掩护下，向双堆集东南方向中野第六纵队、陕南十二旅阵地，发动持续猛烈的攻势，实施突围。第一一〇师师长廖运周乘突围之机率部 5000 余人起义。

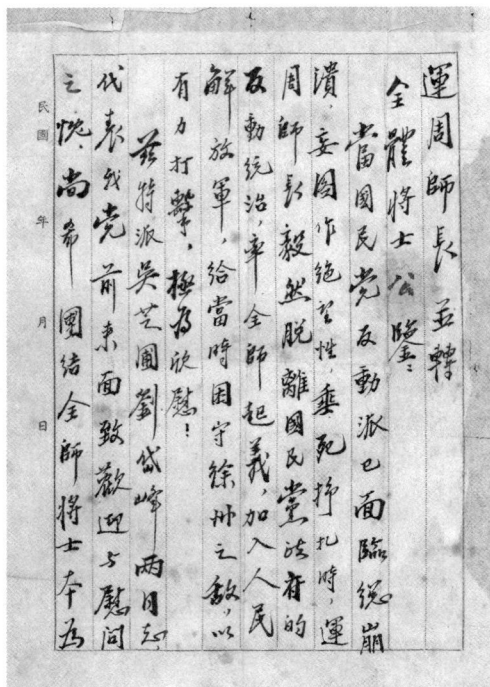

▲ 中共中原中央局 1948 年 12 月 12 日给廖运周师长并转全体将士的信，对廖师长率部起义加入人民解放军表示慰问与嘉勉，并派吴芝圃、刘岱峰两同志面致欢迎

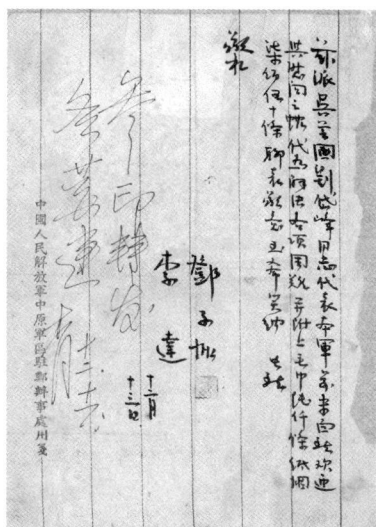

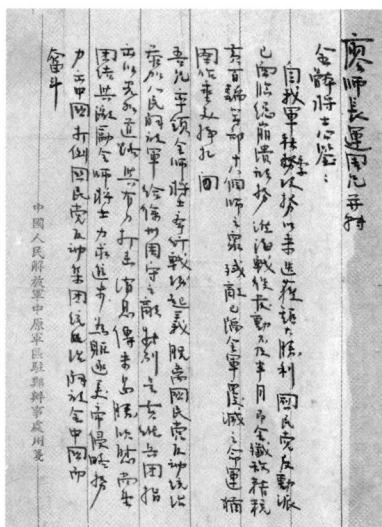

▶ 中野副政委邓子恢、参谋长李达1948年12月13日致信廖运周师长并转全体将士，勉励廖运周率全师将士战场起义的义举，并慰问起义部队

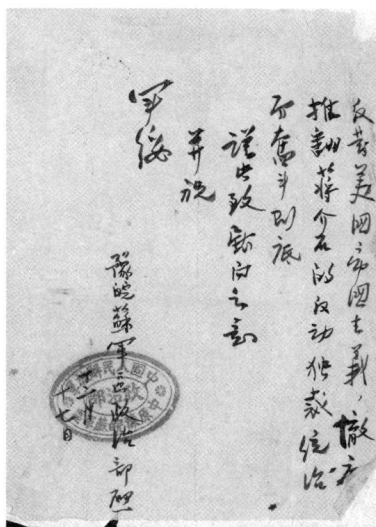

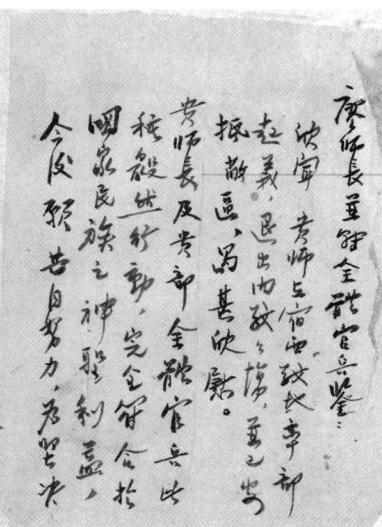

▶ 1948年12月17日，豫皖苏军区政治部给廖运周师长并转全体官兵的慰问信，对其率全体官兵毅然举行战场起义表示欢迎，并望为推翻蒋介石的反动独裁统治而奋斗到底

文件选编

邓小平、张际春向中央军委的报告摘要

我利用了原有的关系，争取了廖师之起义，而起义的时间选择在敌人以4个主力师（包括廖师）平行地向我出击及敌人攻击最高峰的时候，收效颇大，给敌人在精神上打击不小。

摘自《歼灭黄维兵团作战总结》，1949年1月3日

廖运周将军等致毛泽东主席、朱德总司令电

毛主席、朱总司令：

国民党反动派丧权辱国，甘为美帝国主义充当侵华走卒，实行独裁，摧残民主，发动内战，屠杀人民。运周等本中国人之良心，不忍再为国民党反动派祸国殃民之罪行，作无谓牺牲。特于11月29日在双堆集战场毅然高举义旗，率全师官兵加入人民解放军，全师官兵精神振奋。今后，在中国共产党及毛主席、朱总司令和刘、陈、邓诸首长领导下，坚决为人民服务，积极为推翻国民党反动派统治，解放全中国而战。谨电致敬，听候指示。

原八十五军——〇师师长廖运周、副师长杨柳营率全体官兵12月1日叩

摘自《大众日报》1948年12月26日

毛泽东、朱德贺廖运周、杨柳营率部起义电

廖运周、杨柳营两将军并转——〇师全体官兵：

12月1日来电阅悉。你们在双堆集前线举义，脱离黄维兵团，加入人民解放军方面，极为欣慰。你们是国民党嫡系部队，你们可以看到我们对待你们将和其他起义部队一样，和一切人民解放军一样，获得平等的待遇。希望你们团结一致，力求进步，在部队中施行革命的政治工作，改善官兵关系与军民关系，和人民解放军一道，为完成全国革命任务而奋斗。

毛泽东　朱德

1948年12月21日

摘自《人民日报》1948年12月26日

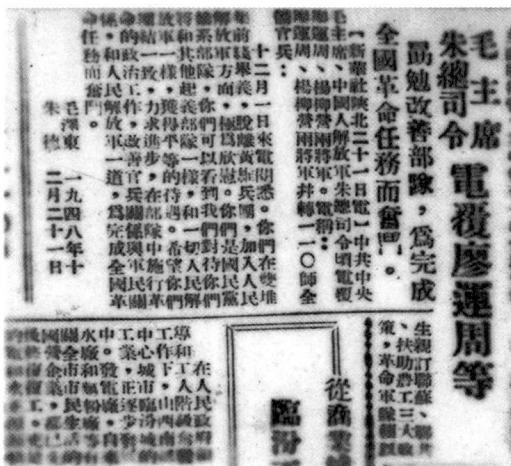

▲ 毛泽东主席、朱德总司令电复廖运周等的报道

◀ 新华社 1948 年 11 月 29 日电：英勇粉碎黄维
兵团四个主力师的突围

前国民党军一一○师发表起义宣言

【新华社淮海前线 21 日电】前国民党军第八十五军一一○师发表起义宣言，全文如下：

溯自孙中山先生亲订联苏、联共、扶助农工三大政策，革命军队赖以建立。其后本此方针，兴师北伐，无坚不摧，无攻不克。孰意蒋介石及其反革命集团窃夺国柄，冒革命之名，行反动之实，制造"四一二"大屠杀，使此次大革命归于失败。十年内战，荼毒生灵，出卖国权，引狼入室。日寇侵入，初犹略作抵抗，随即消极观战。及日寇投降，全国人民方冀休养生息，而国民党反动派，竟完全违反民意，勾结美帝国主义，倒行逆施。其始藉口受降，进兵解放区，引起战端。其后又撕毁政协决定，发起全面内战，杀人盈城遍野，国民党反动派之罪恶，至此乃达登峰造极之地步。本军原属国民党嫡系，装备较为优良，受反共反人民教育之毒害亦较深。然士兵均系人民子弟，军官多为军校青年，中国人之良心，并未完全泯灭，是非善恶，尚有不少人能知分辨。国民党当局虽摇唇鼓舌，时而曰"统一救国"，时而曰"戡乱建国"，但吾人所耳闻目见，则为国民党政府签订辱国之中美条约，拥护美国扶持日寇复兴，美货则充斥市场，美军则控制海港，豪门则贪污腐化，人民则无以为生。反观解放区则上下一心，军民一体，政治廉洁，经济繁荣。国民党以非正义而进攻正义，以无理而进攻有理，此民心之所以背离、财政经济之所以总崩溃、后方之所以千疮万孔、官兵意志之所以低沉、军纪之所

以败坏、战争之所以屡战屡败。国民党军队纪律废弛，民心丧尽。不发主食则翻
仓倒柜，不发副食则偷鸡盗狗，大军所至，村舍为墟，民怨沸腾，军心厌战。此
均吾人两年余内战以来，所亲临目睹，而日夜所焦虑于中者。运周等为国家利益
计，为人民生存计，为自身前途计，特于 11 月 29 日在宿县西南双堆集地区毅然
脱离反革命营垒，高举义旗，加入人民解放军。今后誓在中国共产党毛主席、人
民解放军朱总司令，及中原刘、陈、邓诸首长领导之下，为彻底推翻国民党反动
统治、建立人民民主共和国而奋斗。运周等起义以来，备受解放区军民热烈欢迎、
多方爱护，可见解放军对国民党军之政策只要是真正革命分子，毫无嫡系杂牌之
分。一切尚被羁绊于国民党军中之有理性的军人，一切爱国男儿，当此紧急关头，
必须分清是非利益，或毅然举义，或举旗投诚，始为自救救人之唯一出路。国民
党统治即将最后灭亡，人民解放军即将完全胜利，何去何从，幸速抉择。前国民
党军陆军第八十五军一一〇师师长廖运周副师长杨柳营，率全体官兵同叩。

1948 年 11 月 29 日

摘自《大众日报》1948 年 12 月 26 日

廖运周将军率部战场起义后　发表告黄维兵团官兵书
指出该部局势已临绝境　应及早停止抵抗放下武器

【新华社淮海前线 4 日电】国民党军黄维兵团之八十五军一一〇师师长廖运周
将军，率该师于战场起义后，发表告国民党军黄维第十二兵团官兵书。原文如下：

陈参谋长转黄司令官、吴副司令官、熊军长、杨军长、覃军长、黄师长子华、
张师长国斌、谭师长俊明诸兄暨全兵团全体官兵钧鉴：

此次浍河南岸战斗，以精锐装备之师 10 余万之众，5 日苦战，不能渡过浍河，
会师宿县。11 月 24 日、25 日、26 日三天，决策动摇，致陷重围，虽一再冲杀，
不但毫无进展，而包围圈刻逐渐缩小至双堆集、金庄、杨围子、三官庙。东西不
满 10 里，南北不到 5 里，仅 10 余个村庄，麇集 10 余万大兵，车兵杂沓，弹尽粮绝，
饥寒交迫，悲惨啼号，惨不忍睹。此种情况，诸兄身处其境，当有所感。现在处
在必死之地，突围已不可能，其原因乃是三军不愿用命，多数官兵已了解这种战
争违反民意，不肯再替国民党反动派拼命流血，虽有严格命令，亦无丝毫效果。
如丁庄、三官庄之被夜袭，周围子、许砦之被攻占，其损失何等重大？又如以坦
克大炮之威力，屡次企图往贾庄突围均未获任何进展。一切事实，证明大势已去，

无可挽回。为诸公计，应念及自身与部属之死活，遵守明哲保身之古训，勿作无谓牺牲。济南、锦州、长春、沈阳均有坚固城砦，尚不能保。徐东碾庄之战，邱、李两兵团相距咫尺，黄百韬兵团仍不免覆亡。双堆集临时布阵，无险可守。诸公以增援宿县，即陷重围，更有何部队能解诸公之围？刻徐蚌全线溃退，京沪岌岌可危，北援之李延年、刘汝明两兵团，已南撤蚌埠以南，南援之邱、李、孙三兵团，已弃徐州西逃，彼辈自身尚难保，何暇兼顾诸公。应知局势已临绝境，任何挣扎，必致全部牺牲。本师官兵，有鉴及此，乃于 11 月 29 日，毅然举行起义，加入人民解放军。当蒙解放区军民热情爱护，并无任何歧视。本师官兵已步入光明，精神自由愉快，回念诸公处境，曾所身受，□念 10 余万官兵，均属多年袍泽，于公于私，均难坐视。为国家民族多保存一份元气计，特向兄等迫切陈词。势已危急，希望诸公及早停止抵抗，放下武器，人民解放军政策早已见证实效，诸公生命必获绝对保障。匆匆。不尽所言。

廖运周敬启

11 月 30 日

摘自《大众日报》1948 年 12 月 6 日

战史摘要

中野六纵粉碎敌人突围　接受第一一〇师起义

26 日，得悉敌决心组织其精锐部队四个师，于 27 日集中向东南方向突围。当日晚，敌第一一〇师派人向我约定趁突围机会，举行战场起义。纵队根据中野首长的指示，一面动员一切力量，坚决粉碎敌人突围；一面采取谨慎措施，接受一一〇师起义。27 日晨，大雾弥漫，一一〇师按指定路线，进入我规定地区。敌认为一一〇师已"突围"成功，即以飞机掩护后续部队跟随一一〇师涌进。我立即以猛烈火力，向后续突围之敌射击。敌遭我火力封锁，遂展开全部炮兵，掩护步兵以坦克为先导，向我十二旅三十五团阵地猛攻。第三十五团杨庄阵地失守，李庄阵地亦遭敌 8 辆坦克和优势兵力的四面攻击，情况十分危急。我急调第十八旅及第十六旅驰援。此时，十二旅三十四团和我五十一团各一部，迅速投入战斗，奋勇反击。我四十六团也及时投入了战斗。激战至黄昏，恢复了杨庄阵地。

摘自《中国人民解放军陆军第十二军军史》，1981 年，第 93 页

▲ 国民党第一一〇师起义后，经涡阳城开往集
结地

▲ 起义部队开赴罗集地区

◀ 率部起义的廖运周将军在集结
地罗集留影

▶ 起义的第一一〇师副师长杨柳
营

◀1948 年 12 月 3 日，师长廖运周
（左）与参谋长洪炉青在罗集合影

喜悦和欢笑——记蒋军一一〇师战场起义

"好啊！都来看呀！四路纵队过来了！"

"骑着黑马走在最前面的就是国民党一一〇师师长廖运周。"

27日早晨，在双堆集前线阵地上，出现了黄维兵团一一〇师的战场起义。漫长的行列，带着他们的大炮，枪支、弹药和脱离卖国贼蒋介石的喜悦，成四路八路的急速向西开进，向解放区的后方前进。行列中对空联络的大块白布闪着白光，五六架蒋记美造飞机盘旋在高空，"忠实"的掩护他们前进。这时，在各个村头和阵地上，人民解放军的千万双眼睛，看着这光荣起义的行列，听着这愚蠢的飞机声，人群中和战壕里飞传着喜悦笑声。

"哎呦！奴才吴绍周的'宝贝'队伍也起义了！"

"真好！光荣起义的高兴；咱们欢迎起义的高兴；飞机完成了它的'掩护'任务也高兴！？但是，不要半天时间，蒋介石又该哭鼻子吐血了。"

"哈哈哈哈"……

（战防）

摘自中原军区、中原野战军政治部《人民战士》第12期特大号 1949年1月15日

▲ 宿蒙县民主政府马县长慰问光荣起义的国民党第一一〇师官兵

▲ 在支前百忙中，群众组织旱船队慰问光荣起义的国民党第一一〇师官兵

◄ 1949 年 1 月 14 日（左起）谢富治、陈赓、刘有光在李集会见率部起义的廖运周

我们不再是土匪了——廖运周师长访问记

在前线上，我们去访问刚刚率部起义的蒋军廖运周师长。他正在一间简洁的民房里起草宣言，桌子一角，放着中原和华东人民解放军首长的贺电，墙上挂着徐州周围的军用地图，一架报话机放在另一张桌子上。

廖是安徽凤台人，今年 46 岁了，高大的身材，黑黑的脸，穿着一件褐绿色的大衣，军帽上的国民党帽徽已不见了。

他谈起一一〇师起义的经过时笑着说："头一天晚上，黄维还两次找我，商量怎样突围，第二天我们起义到解放军来，蒋匪 4 架飞机还来掩护我们哩！"他还告诉我们，起义后，他就整天忙着干好多新事情：向上级请示，和友邻部队联络接洽，会面和答复来欢迎和慰问的群众，到各团各营去点验和讲话。有一次他对二三〇团二营的官兵们说："过去我们在国民党军队里说要救民，救得怎么样呢？我早说过'扫荡扫荡，杀鸡捋羊'，当国民党军就是当土匪，我们过去就是土匪，所以老百姓骂我们，恨我们，假如我们再当土匪下去，再替四大家族少数人打仗，以后打死了连狗都不吃。"每天晚上，他都专门收听新华社口语广播，当他听到广播他自己起义的消息时，高兴的和听广播的人们说："全中国人都知道我们起义了，我们不再是土匪了！"

（史超、翼振）

摘自中原军区、中原野战军政治部《人民战士》第 12 期特大号 1949 年 1 月 15 日

起义的廖运周将军所部受到解放区军民欢迎

【新华社中原 12 日电】在淮海前线战地举义的廖运周将军所部一一〇师，受

到解放区军民的欢迎。该部于上月30日安抵解放区后方。豫皖苏军区特拨大批面粉供给该部，并发给起义官兵慰劳费。驻地群众携带物品前往慰劳，并组织高跷及秧歌队，轮番到该部各驻村表演。起义官兵充满兴奋情绪。师部的一位副官愉快地说：解放军和老百姓真是一家人，要是中央军来，老百姓早就跑完了。在他身旁的一个老太太笑着说："你们现在不同了，参加了解放军，咱们还跑什么。今天你们吃的面就是我们给磨的。"

摘自《大众日报》1948年12月15日

二、紧缩包围圈

黄维兵团被围后，中野对其战力消耗和混乱状态估计过高，对其防御能力估计不足，实行过于猛勇的突击，伤亡大则收效小。面对强手，中野及时改变战术，采取稳重攻击，"坚持缩紧敌人于狭小范围以困饿之"办法，利用黄维兵团突围或出击，给其以极大消耗。参战各部英勇顽强，艰苦围攻，逐步压缩当面之敌，构筑了严密的封锁包围阵地。战至12月3日，歼灭黄维兵团约3万人，迫使其收缩成纵横约5公里的防御阵地，处于人乏弹缺粮绝、只有固守待援的境地。

邓小平、张际春向中央军委的报告摘要

对付敌人每一次的出击，我们都要付出相当的代价，对付敌步、炮、空、坦克的联合进攻实属艰苦。

摘自《歼灭黄维兵团作战总结》，1949年1月3日

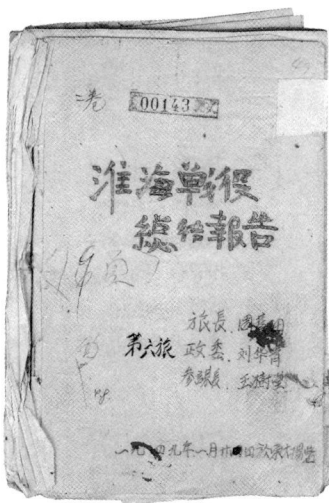

◀ 中野二纵六旅于1949年1月20日写的《淮海战役总结报告》。该报告总结了六旅在淮海战役第二阶段歼灭黄维兵团战斗，由包围黄维兵团到转为阻击李延年兵团战斗经过和战斗检讨等。封面有六旅旅长周发田、政委刘华清、参谋长王树堂的署名

▲ 中野某部战士用缴获的美制火箭筒打坦克，击退黄维兵团突围，缩紧包围圈

▲ 新华社 1948 年 12 月 1 日电：包围黄维兵团，10 万人陷绝境，第一一〇师战场起义

战史摘要

中野二纵参加围歼黄维兵团经过

11 月中旬，蒋匪黄维兵团集结驻马店、确山一带，不久即东出阜阳，目的在策应其东线作战。我军在两千多里长征后，接获参加淮海战役的光荣任务，即兼程北上并向徐州方向前进，由于我之迅速动作，得以最先与黄维匪部对战，使黄维匪部长驱急进的企图，遭到阻扰，因而陷入双堆集的包围圈内。

敌去阜阳集结后，拟经阜阳，出宿县，向东北前进，18 日至涡河北岸西阳集、小涧镇之线与我布防部队发生战斗，是役毙敌 200 余人。之后又去芮津集一带阻击敌人。11 月 24 日下午即配合兄弟部队开始了割裂围歼黄匪的巨大军事行动，我纵沿卢内集、赵集之间地区向东北攻击前进，形成包围黄维匪部的强力一环，并向双堆集以西及西北地区攻击。

我二四部队一个营曾袭入草八里庙附近，俘敌八十五军参谋处长等人，攻占前后周庄等地。

29 日，敌开始向我阵地反击，与我争夺前后周庄，至 12 月 1 日，敌曾以十八军一个师以上兵力，附坦克 10 辆，首先向宋庄四〇部队阵地猛攻，继之向顿庄十一团阵地攻击，自晨至暮，连续攻击五六次，给敌重大杀伤后，改在另一阵地堵击敌人……

（王蕴瑞 [①]）

摘自中野二纵政治部《淮海一月》，1948 年 12 月，第 2 页

中野二纵四旅压缩包围圈

25 日，我四面大军开始压缩包围圈，战役进入了第二阶段。

这时，我旅已进到敌背后，攻占卢沟集、赵家集，配合兄弟部队封住了"袋子口"。8 时，敌八十五军向东缩拢，调整部署，我十团、十一团抓住敌撤退之机，猛打猛追，将敌一直追到平谷堆、胡庄、草八庙和后周庄，在平谷堆战斗中，十团五连连长杨茂林同志亲自带领一、三排深入敌人心脏——双堆集。当一、三排被敌人火力压缩在一条小河的危急时刻，该连二排长杨连宗即刻动员全排向平谷堆之敌攻击。五班在前，刚接近山下的沟里，便遭到敌人火力杀伤，仅剩下一人。这时，杨连宗同志毫不犹豫的冲向前去，单身跳过小沟，跃至半山腰便高喊："六班跟我冲呀！"随手一颗手榴弹扔在敌机枪工事里。伤敌 2 人，其余敌人提着机枪逃跑，他拼命追击，敌人跑到山上的小庙附近和山上守敌合并，准备负隅顽抗，杨连宗同志机智地转到敌侧翼，又一枚手榴弹扔去，炸死一人，伤敌 2 人，缴获机枪一挺。六班随后冲上山头，解决了其余的 14 个敌人，保障了一、三排的安全。这时，连长杨茂林同志果断的带领部队夺取了敌人平谷堆制高点，歼敌一个排。由于部队主动出击，打乱了敌人队形，活捉了敌八十五军副参谋长以下 20 余人，受到纵队通令表扬。是日夜，我十二团伸至马家楼、周围子一带构筑阵地。我十团进至大小宋庄、周庄、杨庄。十一团仍在马围子地区集结，为旅预备队。旅直移至王庙子。

26 日 15 时，敌八十五军一个团，在 7 辆坦克支援下，向我十团阵地周庄冲击，被我杀伤百余而退。18 时，我十团接替了六旅在王四庄、金庄、孙牌坊、王围子的阵地。我十二团集结在后周圈，准备协同一纵围攻平谷堆之敌。

敌人被我围困后，从 26 日起拼命突围，均遭我迎头痛击。27 日敌一一〇师宣布起义，敌八十五军零星人员约 30 余人，也携械向我十团投诚。22 时，我十团将阵地移交十七团后，转至大小宋庄、杨庄一线；我十一、十二团集中到后周庄，奉命在 3 日内将会攻平谷堆、双堆集的交通沟和火力阵地修筑完毕。

[①] 编者注：该文作者为中野二纵参谋长。

28 日 12 时，敌十八军十一师两个营的兵力，向我十团阵地小周庄冲击 3 次，均被击退，死伤百余，至 18 时停止进攻。

29 日 15 时，敌十八军十一师以两个团的兵力，分两路。在炮兵、航空兵、坦克 10 余辆的协同下，向我十二团腰周圈猛攻数次，均被我用手榴弹、刺刀击退。17 时 30 分，敌又转向我侧翼六连阵地，进行迂回突破，敌我展开了逐步争夺的激战，经两小时，我杀伤敌 50 余人。20 时，我奉命主动撤出腰周圈。该战斗曾受纵队表扬。

是日 16 时，敌十八军一一八师一个团，在 4 辆坦克、10 多架飞机掩护下向我十团阵地宋庄进攻，被我击退。该团五连连长杨茂林同志，在坚守宋庄时始终在阵地最前沿指挥战斗，固守着阵地，当部队转移时，他指挥全连阻击敌人，保证了全营的安全转移，战后他荣立甲等大功。该连副政指杨连宗同志亲自带领六班，夺回了四连三排的已失阵地，战后被评为大功功臣。五连被评为大功连，获"寸土必争"锦旗一面；该连二排被评为大功排，六班为大功班。八班为特功班。19 时，我旅奉命停止向双堆集土工作业，立即转入构筑宋庄、顿庄之核心阵地。

12 月 1 日 8 时，敌十八军十一师，集中火炮 20 余门和飞机 10 架，进行一小时火力急袭后，在 14 辆坦克掩护下，以肉球战术向我宋庄反击。经 3 小时激烈战斗，我击退敌连续 5 次冲击，击毁敌坦克 2 辆，毙伤敌约 300 余。敌遭受严重损失后，即对我进行破坏性袭击，至 12 时许，我大宋庄阵地全部被摧毁，村内数处起火。13 时，我奉命撤出大宋庄，敌即占领。因通讯员将命令传错，小宋庄部队也同时撤出，故敌曾一度占领小宋庄。14 时，我令十团一营及十一团四连，由顿庄向小宋庄实施反冲击，经 20 分钟激烈战斗，收复小宋庄；残敌逃至大宋庄及腰周圈之线。该敌于 14 时，又组织两个团的兵力，向我十一团阵地顿庄冲击。在 4 小时的激烈战斗中，敌前后组织 7 次冲击、4 次突入我鹿砦内，少数敌人窜入我阵地内，均被我猛烈的短促火力，英勇的短距离出击及肉搏战所击退。19 时，敌又发起冲击，我即令十一团全部坚守顿庄、小周庄，经两小时战斗，给敌人重大杀伤，确保了阵地安全，与敌形成对峙。18 时，敌约一个团，配合顿庄之敌向我十团阵地小宋庄进攻。战斗 1 小时后，因我弹药耗尽，敌又占领小宋庄。21 时，我旅接到撤出顿庄的命令后，即令十二团占领马家楼，东西王庄；令十团一个营守备马围子，其他阵地交给六旅；令十一团和十团两个营进至赵集地区进行整顿。21 时 30 分，我移交完毕后，撤出顿庄。敌于 22 时占领该村。该日战斗中，我旅击退了敌人连续的疯狂进攻，毙伤敌 600 余名。我各团发挥了高度的顽强战斗精神，削弱了敌人主力的有生力量，确保了我阵地安全，打下了歼灭黄维兵团之基础，因而受到纵队首长通令表扬和慰问。

2日9时，敌约两个营，向我十二团阵地马家楼实施试探性的进攻，被我击退。该敌又转向我周围进攻，被我痛击，伤亡80余名，即窜回。14时，我旅接纵队命令全部撤至赵集地区进行整顿。22时许，我将全部防地移交六旅后，即撤出战斗。

3日，我旅十团奉命赴涡阳以西地区，护送一一〇师起义部队。

在此战役第二阶段中，我旅共毙伤敌1290名，击退了敌人多次连续的疯狂冲击，粉碎了敌人的突围企图，杀伤了敌人的有生力量，这为我军全歼敌人奠定了有利基础。

摘自《千锤百炼——中国人民解放军陆军第二〇五师简史》，1981年，第99—102页

▲ 中野各纵向黄维兵团发起冲击

▲ 坚守在杨大庄的解放军机枪阵地

中野三纵九旅坚守杨大庄

黄维集团被我军包围后，曾连续组织向东、向南及向西南突围，均遭惨败，阵地逐步缩小；我纵向马围子延伸之工事，已对该村守敌形成三面夹击之势。敌为破坏我之进攻，扩大阵地，在该兵团副司令胡琏的亲自策划下，以其主力十一师等共4个团的兵力，于12月3日先我发动了进攻。

当日9时许，敌飞机10余架次和大量炮兵火力开始向我杨大庄阵地狂轰滥炸，坦克12辆随窜至我一营阵地前行抵近射击。敌火力准备持续了1小时，我工事大部被填平，汽油弹在我阵地上遍地燃烧，上下联系顿时中断。10时许，敌十八军之十一师及十军部队分由大王庄、马围子成3路北犯。来自马围子之敌约一个营，先向我二营阵地冲击，被我阻于阵地前，双方成胶着状态；来自大王庄之敌十一师第一梯队约一个多团的兵力，分两路扑向我一营阵地。其左路由我一、二营结合部插入指向九连，猛攻未逞；其右路在坦克的掩护下倾全力突击我一营阵地中部。

此时我一营已预感到将是一场恶战，立即号召全营"坚决守住阵地，决不能让黄维集团从北面跑掉！"全营干战从尘土中一跃而起，在与敌人短兵相接的距离上展开了激烈的搏斗。部队以大无畏的精神，用手榴弹、枪刺、枪托与窜入我阵地的敌坦克、步兵进行了殊死的斗争。20分钟后，敌大量步兵楔入我阵地中部，敌后续梯队亦陆续赶至，因坚持于我不利，我一营遂主动撤守村沿二线阵地。敌随以坦克五六辆从我与四纵结合部迂回杨大庄村北；步兵则跟踪绕至村东向村内猛攻；原被阻于九连阵地前之敌亦趁机以一部转至我村南攻击。我撤守村内之一营部队及原配置在村西头之七连、三营机炮连一部，先与敌僵持在村沿，继而通屋争夺。终因敌楔入兵力过大，先后被敌人夺去村子的三分之二，我仅剩西南一角。此时，敌迂回之坦克已切断我前后联系的唯一交通沟，配合正面步兵对我形成三面包围。在此情况下，我二十六团部队显示了高度地坚定顽强的战斗作风，发挥了最大的潜力：战斗分队全力以赴；追击炮以高弹道发射；团指挥员率机关、直属分队在阵地上的全部人员投入了战斗，不断组织反击，给敌以大量消耗和疲惫，在左邻四纵和右邻八旅的积极主动支援下，制止了敌人的扩张，使敌处于进退维谷的境地。13时许，团派遣之侦察员终于和团预备队八连、旅及纵队取上了联系。

当日14时，纵队首长令已集中进入阵地准备进攻的三个纵队的炮兵一齐发射。我突然而猛烈的炮火，立即切断和打乱了敌人的后梯队。我二十六团三连和临时抽出的四、六连各一个排，乘势发起反冲击。八连分三路勇猛冲进杨大庄与敌展开白刃格斗，顿使本已疲惫之敌，惊惶失措，纷纷后缩。我八连跟踪追击，在我密集的火力掩护和八旅二十三团一个连从敌侧翼出击的支援下，给溃逃之敌以沉重打击。敌尸横遍野，狼狈南逃。顷刻我尽复一营阵地。

将敌人驱逐后，八连趁间隙进行了火线编队。并率一营返回阵地之十余人，重新调整了部署，加修工事。干部分工到各阵地分别对部队作了再战的动员，坚定了部队坚守信心，并从敌人遗尸堆中搜集了大量械弹，随时准备着迎击。

敌进攻受挫后，于当日15时到17时，在炮火及坦克的掩护下，以一个连至一个营的兵力，先后攻击3次。由于我已有准备，敌企图始终未逞。黄昏，敌一无所获，乘夜幕窜向沈庄，战斗遂告结束。计毙伤敌约1500人，毁其坦克2辆，我二十六团伤亡500余名。

杨大庄之战，敌以劲旅十一师等部约4个团的兵力，重点攻我一个团，但混战终日，寸土未进，却伤亡千余。此不仅粉碎了敌人企图，更严重地打击了敌人士气。此次战斗，战前对敌北犯可能性估计不足，集中精力于准备进攻；我二十六团一营兵力兵器摆成了一线；阵地构筑，无纵深防御设备和交通壕内战斗准备；故一营阵地一度失守。但部队对粉碎敌人反突击企图，保证战役胜利的认识明确，决心坚定。先以全力巩固了村西南阵地，继而选择了反冲击的有利时机，施以突然而猛烈的反击，发挥我近战之所长，故能在上级和兄弟部队的支援下，挫败敌人的攻势，大量消耗其有生力量，转危为安，转败为胜。

摘自《中国人民解放军陆军第三十三师第三次国内革命战争战史》，1961年，第56—57页

中野四纵压缩攻击黄维兵团

由11月29日起，我中原野战军在合围敌十二兵团的作战中，为了达到在态势上的完全有利和准备最后总攻，乃开始向该敌实施压缩攻击。

30日，我纵队以十旅两个团附榴弹炮及野炮5门分别向沈庄及小郭庄攻击，并预期得手后再合攻李围子。19时，经火力准备后开始冲击：小郭庄之敌主动撤走，该村当即为我占领；向沈庄冲击的部队由于未能压制敌军火力，在敌军阵地前遭受敌火力重大杀伤，致冲击受挫。23时，开始向李围子冲击，但亦由于上述原因，致使攻击再次受挫。上述两次攻击均未成功的原因，主要是没有认识到敌军重兵集团被合围于狭小地区后，其兵力、火器密度必然显著增大的特点。例如：沈庄、李围子均为10户左右的小村庄，按照以往的经验估计，该两村庄最多只能容纳敌军一至两个连，但是，实际上敌军仅在李围子即配置了一个师指挥所、两个步兵团又两个连的兵力。由于我未能及时掌握这一特点，以致两次冲击不仅未能成功，反而使突击部队遭受到重大伤亡。

由于我军实施合围的诸纵队较普遍地未能掌握敌军防御兵力密度增大的特点，因而乃在形式上表现出敌军的顽抗。针对此一情况，我战役指挥上曾拟采用下述战法歼灭十二兵团，即：将合围圈放开一个缺口，诱敌进入我预设阵地内以在运动中割裂而歼灭之。但又考虑到敌兵团司令官黄维在指挥上较狡诈，如果放开一个缺口，敌必将采取进一村巩固一村的"逐步滚进"战法，如此，将便于敌军利用我军工事组织防御及不断获取居民食物而进行顽抗，有鉴于此，我战役指挥上乃放弃了这一企图，而最后决定采取压缩敌人于狭小地区，以困饿、围攻的手段歼灭该敌。由此，到12月2日为止，我军在压缩攻击中，经过极为艰苦、紧张的战斗，

终将敌尚有 9 万余众的十二兵团压缩在以双堆集为中心、纵横约 10 华里的狭小地区内，从而造成了在时机和条件上均便于我军实施最后总攻的有利态势。

摘自中国人民解放军昆明军区司令部《中国人民解放军第四兵团第三次国内革命战争战史》（中），1957 年，第 257—258 页

▲ 中野四纵十三旅三十八团一营营长张英才率领全营坚守小张庄，击退国民党军两个团的 6 次疯狂进攻。一营指战员以手雷、炸药抛射筒轰炸坦克，与突入阵地的国民党军展开白刃搏斗，激战竟日，歼其 600 余人，荣获纵队授予的"钢铁营"称号和"智勇结合寸土不让"奖旗

▲ 中野四纵十三旅三十八团"钢铁营"营长、特等功臣、战斗英雄张英才

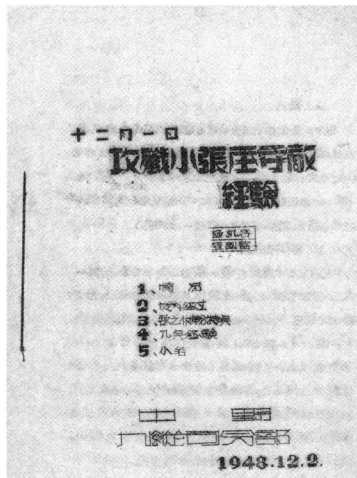

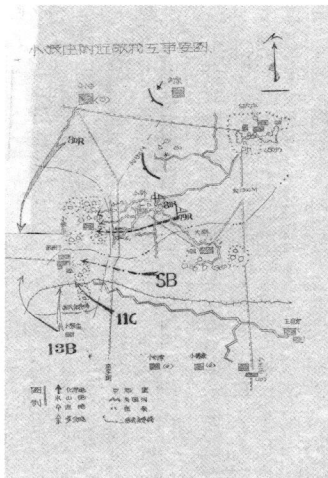

▲ 1948 年 12 月 2 日中野九纵司令部关于攻歼小张庄守敌经验的书面总结。内容有情况、战斗经过、敌之作战特点、几点经验、小结等共五个方面

▲ 中野四纵十三旅三十八团一营，在小张庄战斗中创造了辉煌战绩，荣获旅党委会授予的奖旗

◀ 中野四纵二十二旅六十五团二营六连一排，在歼国民党第十二兵团阻击战中，以一个班的兵力，由副班长丁光彦率领，阻击了敌人的突围，并俘敌30余名，丁光彦荣立一等功，团委会授予一排"勇猛机智"奖旗

中野九纵层层剥皮

敌第十二兵团突围不逞，遂以双堆集为中心，依托居民点连日构筑野战工事，固守待援。总前委于 11 月 29 日指示：被围之敌突围无望，企图坚守待援，我不易一鼓攻歼，决心首先攻歼其外围，削弱敌人，采取稳步的攻坚战，构筑纵深坚强的攻、防阵地，攻占一村巩固一村的作战原则。并确定以陈赓司令员统一指挥四纵、九纵、豫皖苏独立旅、十一纵和华野特种兵一部为东集团；以陈锡联司令员统一指挥一纵、二纵、三纵为西集团。两大集团，东西对进，同时开刀。战士们说：这是刘邓首长的"剥皮战术"。根据总前委和陈赓司令员指示，我纵队由双堆集东北方向实施突击，首歼小张庄之敌，尔后向敌纵深突击。小张庄仅有 8 户居民，敌依托该地构筑工事三层：第一层，从房屋向外构筑交通壕，与房屋外面之地堡相联贯；第二层，距房屋 60 米处构筑环形堑壕，并用交通壕与村缘地堡相联。环形堑壕的四角突出部构筑集团工事，其中心为一大地堡，配置重机枪 2 至 3 挺，周围有 2 至 3 个小地堡，各配置轻机枪 1 至 2 挺。两集团工事间每隔 30 米左右，筑有小地堡和射击掩体；第三层，在环形堑壕前百米处设鹿砦、铁丝网，并有少数前伸地堡，以交通壕相联贯。环村周围 150 米左右，地堡密集，壕沟交错，并构成交叉火网。但敌连日遭我打击，物资供应断绝，饥寒交迫，士气低落。我纵队决心以第二十七旅主力向小张庄之敌实施突击，以第二十六旅为二梯队。第二十七旅受领任务后，召集各团指挥员及炮兵指挥员实施现地勘察，并研究战术，认为决定胜利的关键在于缩短在敌炮火下运动的时间，保存生动力量与敌近战。为此，决心将交

通壕向敌方抵近，经两昼夜艰苦作业，筑成3条抵近至敌鹿砦前70米左右的交通壕，开辟了良好的突击道路。以班、排为基础，经过适当调整，组成坚强的突击队。配备冲锋枪、炸药包、手榴弹等短兵火器。战斗前，隐蔽地进入冲击出发地区。

12月1日17时，我炮火准备持续30分钟，将敌前沿工事及其副防御物大部摧毁，开辟了两条宽约30米的通路。当炮火进行最后一次急袭后，我第八十一团突击队（第一、第二两营）立即发起冲击，他们利用炮火急袭后的弹幕，采取后三角队形，边打边进。当冲击至鹿砦前10米处，遭敌火力拦阻，伤亡较大，但指战员们前仆后继，一举突入敌交通壕，完成了突破任务。后续部队及时投入战斗，他们以小兵群战斗队形沿交通壕发展，连续攻克6个地堡。第七十九团突击队（第三营）突破敌前沿阵地后，迅速向西南发展，连续打退敌人反冲击。在兄弟部队协同下，攻克村西及西南两处集团工事共8个大小地堡，缴获机枪10余挺。战斗至22时，守敌大部被歼。2日5时许，将西南交通壕内敌迫击炮连歼灭后战斗结束。此次战斗，计歼敌第三四一团（欠两个连）1200余名，缴获迫击炮5门、轻重机枪30挺。并取得了对依托村落构筑野战工事之敌进攻的经验，学会了依沟夺沟，依堡夺堡的打法及抵近作业、组织火力的战术手段。

摘自《空降第十五军战史简编》，1994年，第28—29页

中野十一纵进击与压缩企图突围之敌

11月27日据各方情报，敌即向东南突围，拂晓后敌曾集力猛攻我左侧六纵之杨庄阵地，我赶调十三旅增援。7时，忠义集敌开始向大小白庄、苇子湖运动，我当令三十一旅及三十二旅九十七团坚决地扼守阵地防敌东窜。以三十二旅之九十四团沿大小白庄、苇子湖线向进敌侧背尾击。

8时，苇子湖守敌一一四师五十四团附榴炮8门、山炮3门，在1小时的排炮轰击后向我冯庄九十二团二营六连阵地猛犯。经该连（后又增加两个排）英勇反击，歼敌第二营大部（俘56，毙百余）后，敌全部溃退。九十二团就乘势追击溃敌进逼苇子湖。当时六纵复传来消息，谓敌突围之先头部队一一〇师趁机起义，其部队正涌向六纵阵地，至此我乃全力出击，令三十二旅主力（欠九十七团仍扼守阵地）沿大小白庄线，三十一旅沿冯庄、韩庄线，十三旅沿沟头王、王草屋线，3路并头向西攻击前进。

因部队出击仓促，缺乏经验，轻敌乱撞，又加之与友邻纵队无明确战斗分界，

无协同规定，无统一指挥，当时部队极为混乱。九十四团走错了路，3 个营跑到 3 个地方，九十七团、九十二团仓促强攻苇子湖未克，入夜，苇子湖一地即为六纵队一个团、豫皖苏独立旅一个团、三十二旅九十四团一个营、三十一旅九十二团一个连四面包围，因缺乏统一指挥与密切协同，两次攻击未奏效。张围子为三十一旅九十一团及九纵部队包围，亦因无法统一动作而未能乘敌混乱实施攻击。十三旅曾插至张围子以南小张庄、小杨庄，企图攻击杨围子，因力量单薄，时间仓促而作罢。为澄清混乱，重组攻击力量，并防止次日敌再度突围，乃于拂晓前调整部署，各部除留少数部队于新占之村庄监视敌人外，主力均返回原阵地，继续加强工事。当日九十八团、九十四团伤亡较大，九十二团、九十七团、九十六团次之，九十一团及十三旅伤亡较微。

11 月 28 日，苇子湖守敌因被割断曾向我九十二团乞降，后又该师部来人未果，当日黄昏即向师部住地（张围子）进窜，为我截歼其后尾一部，苇子湖乃为我占领。

摘自中野十一纵《歼灭黄维兵团战役总结报告》，1949 年 1 月 28 日

◀ 黄维兵团被围后，即组织兵力企图突围，小李庄和杨庄一线是主要进攻地段。坚守小李庄的是陕南十二旅三十五团一营。在营长李更生带领下，全营 200 多人不顾国民党军坦克已绕至阵地侧后的危险，沉着应战，与突入阵地的敌人展开白刃格斗，打退了国民党军十余次进攻，坚守住了阵地，毙敌千余。全营 200 多名指战员最后只剩下 40 余人。这是十二旅旅委会授予该营"坚守李庄 稳如泰山"的奖旗

◀ 陕南十二旅一营二连先后攻歼了防守刘庄、杨庄两个阵地的国民党军一个加强营，在李庄村南又击退敌坦克掩护的进攻，打退敌 4 次冲击。两次作战共歼敌 300 余人。战后，团委会授予该连"战斗猛勇 以少胜多"奖旗

文件选编

社论：配合中原大军为全歼匪黄维兵团而奋斗

我们于胜利地阻歼匪邱、李兵团，保证全歼黄匪兵团后，接着毫无休息地即连续走了几晚三四百里路程，为的是与中原大军配合，要全歼匪黄维兵团。我们已打了半月的仗，又连续强行军几百里，确实是有些疲劳的，可是我们应该说这是"胜利的疲劳"，我们这样飞速的进入新区，给养确实是有些困难，可是我们应该说这是"胜利的困难"，全纵指战员必须认识，忍受一时的疲劳、艰苦，而换得多歼几个敌人机动兵团，争取提早解放战争胜利，是最光荣的，最伟大的！

现在我们已胜利地赶到，要参加歼灭匪黄维兵团了，我们这次是与中原大军配合的战斗，我们该迅速准备，努力争取打个漂亮的大胜利的围歼战，我们是有绝对把握胜利的。因为一方面匪黄维兵团原是从中原豫南地区赶来企图增援徐州敌人的，他已跑了十余天路，比我们还疲劳，而现在已被我们中原大军紧紧包围在十几里的范围内，四五天了，十几万人的粮草非常困难，比匪黄百韬兵团还要困难，固守待毙，突围不易。而另方面我们北面有强大兵团对付邱、李兵团，东边有强大兵力对付李延年兵团，蒋匪再没有力量来增援匪黄维兵团，使我们可以安心来全歼他。

胜利是肯定的，但胜利还必须努力做好一切准备工作，并使我们付出代价可以较少，这里，我们要特别指出的：

1. 敌人尚有强大兵力，我们将是像歼灭碾庄圩黄百韬兵团一样，逐村、逐村去解决敌人。因此，我们不能急躁，而是既稳又猛的动作。

2. 敌人的士气是低的，已经有八十五军一一〇师向我们起义了，这是给我们开展政治攻势的有利条件，但同时又应防备敌人的假投降来反扑我阵地（据闻匪十军、十四军两个营被我打得不支的时候，派一个副官来假投降，当我们预备接受投降时，他想趁机反扑了）。

3. 我们是在中原大军指挥下作战，故我们特别更注意做到服从命令听指挥，同时特别要注意协同动作，团结一致，尤其不应自骄自大，争夺胜利品等。

最后，我们还应忍受艰苦，同志们缺油盐、缺袜子，我们都知道的，但应一时供应不及，我们只有迅速歼灭当面敌人，使交通运输便利，才能解决困难。

为全歼匪黄维兵团而努力、而奋斗！

与中原大军团结一致而去全歼匪黄维兵团！

摘自华野七纵《武装》（战地版）1948 年 11 月 30 日

战术研究

中野九纵八十一团小张庄的战斗经验初步整理

27 日大出击，黄维兵团遭我严重打击后，即全部猬集于以双堆集为中心等十余村庄之狭小地区内，并依托各村庄构筑以沟堡为主要防御手段之野战工事，从村沿到工事前沿约 50m 之周围，地堡密集，沟道贯通，其火力到处可以相互支援，形成一种刺猬式的环形叉网阵地，且该处地形开阔，出击非常困难。

27 号下午我团进入大小韩庄一线，对小张庄之敌曾发动一次攻击失利，于 12 月 1 日下午 5 时又开始对该敌发动攻击，于 2 日早 4 时解决战斗，打开了几天来全线之胶着局面。

这次成功的主要因素：

（一）掌握了敌人特点，明确的执行了以沟对沟、以堡对堡的歼敌办法。

在第一次攻击小张庄失利后，上级即提出沟堡对策，我们亦作了详细检讨得出：

①未能突破之原因：主要为出击道路太远（300m）。一方面战士体力来不逮，另方面于长远的开阔地内进行冲锋，在敌火下运动时间长遭受杀伤必大，要求突击成功必须缩短冲锋距离。

②对占领野战阵地，以地堡交通沟为主要防御手段之敌的进攻，因其纵深与前沿组成严密的火网，各处均可相互支援，欲求在一点突破成功必须进行雄厚的火力压制，以摧毁突破点的敌前沿及纵深工事，为步兵开辟冲锋道路打开缺口。

秉着这样一个对策：

A. 动员了全团挖掘交通沟，一直接近到离敌人 50m 处，计共挖 3 道沟，每道约长 250m。

B. 组织了强大的火力队，计迫击炮 18 门、山炮 5 门、化学炮 3 门、战防炮 2 门、六〇炮 14 门、重机枪 12 挺（其他轻火器不在内），集中对小张庄东北纵横 100m

之区域内进行摧毁射击。

（二）战前的准备充分，研究深刻，计算精确。

①第二次攻击前，我们召开了 3 次团委会，对敌情及部队情况作了详细的研究，干部进行了明确分工，提出了后勤保证办法及火力组织，成功与不成功的各种部署，对交通沟之挖掘进行了专门座谈会及技术指导。

②各种火器于攻击之前一日即进入了阵地，对射击地区作了详细的观察。

③对用炮火摧毁一个地段，每米达须多少炮弹，这个地区内有多少地堡，须多少山炮弹，均作了精确计算。当时计算摧毁突破口纵横 100m 地区须用 300 发迫击炮弹、山炮弹 200 发，才能完成任务（六〇炮弹、反化学炮弹尚未计算在内）。

按弹药之计算数目均如数发给，并于 30 号即运进了火力阵地内，对这次任务完成作了有力保证。

（三）对突击队进行了长时间的组织和培养。

①第一次洛阳战斗后，团按上级提出的号召，即有意识的培养了一、三、六、七连，为团今后完成攻坚任务之基干连队，不论人员的补充与武器、干部的调剂，以及平时的训练，均作了重点的培养。

②三连在 9 月份部队南下时即开始组织了突击队，以三排七、八班为基干，另外在二排挑选了三个老战士参加，连两挺机枪，突击队共计 15 人，均约是河北老战士，内有班长、副班长各二，党员占 2/3，每个突击队员都经支部进行了审查，有空时即进行专门演习，直到打小张庄，突击队仍是按原有组织无什么变更……①

摘自《中野九纵八十一团小张庄战斗初步总结》，1949 年 1 月 13 日，第 1—2 页

发扬军事民主随时总结经验　依沟夺沟占领地堡打退反扑

用智慧与顽强完成了小张庄主攻任务的武昌九大队二中队，在总攻任务动员后，全排展开了热烈的军事民主，根据攻击小张庄敌人的经验，讨论出宝贵的对策六条如下：

（一）接近敌人时，要利用交通沟，首先把交通沟挖好，一步一步的前进，队伍不宜太多。

（二）突破前沿工事时，要猛，从我们的工事，猛一下扑到敌人的工事，用短

---

① 编者注：因资料残缺该文引用不完全。

兵武器，把工事里的敌人扫尽，或把敌人赶出消灭在地上，占领工事后，利用敌人的工事夺取敌人的地堡。

（三）占领敌人工事后，要很快的把敌人对付我们的地堡改造成对付敌人的地堡，组织火力，巩固阵地，防备敌人的反扑。同时要准备攻击第二道防线与向纵深发展，即使敌人反扑也等于敌人攻我们的坚。

（四）对付反扑办法：远时用我们所有火力大量杀伤敌人，近时就发挥我们的短兵火器炸药手榴弹、炸药包、手提冲锋枪猛的一打，另外专门有一个排和敌人拼刺刀，组织手榴弹打敌人的纵深，或者从侧翼迂回反扑的敌人。在这时候保证队（即二梯队）非常重要，不仅要保证突破缺口而且要保证把反扑的敌人打退。

（五）指挥火力：团的首长提出突击部队指挥后边的火力，用颜色手电为记，指示突击部队位置、火力方向及停止火力，大家认为这个办法很好，这样炮兵也不容易打伤自己人。

（六）根据小张庄战斗的教训，在突破口要注意搜索，以防隐藏在战壕里的敌人在屁股后捣乱。

经过热烈的讨论，一致的决心说：只要我们多费脑子，多想办法，任何困难都能克服，任何任务都能完成。

（刘海江）

摘自中野九纵《战场报》第 33 期 1948 年 12 月 8 日

▲ 中野九纵某部机枪连在小张庄战斗中用此重机枪连续发射 6000 多发子弹，击退国民党军数次反扑

▲ 解放军战士对空射击

冯庄堵击战几点体会

敌军三师五十四团的第一、第二两个营（原十一师、一一八师拨出），配置榴弹炮8门、山炮3门、战防炮2门、迫击炮8门进攻我冯庄，掩护其十四军向东南进窜。我二中六连坚守冯庄阵地达6小时，尔后得到五连二排及八连一排之增援及友部火力援助，以4个排兵力，反击敌两个营，并打乱八十五师行列。体验如下：

（1）指挥统一，下级服从命令。赵副营长负伤，李参谋担任指挥，而后王副教导员上来，指挥统一无分歧，八连虽非同一建制，都服从命令无折扣。（2）组织火力好。使用4挺轻机，1挺机动，2挺封锁东进南进之敌，2挺封锁西进西南之敌，重机、六〇炮封锁敌出发地，步枪到近距离才放。（3）援兵及时。敌人接近前沿时，轻机子弹打光，步枪弹快完了，援兵两个排4挺轻机赶到。（4）注意防炮。在敌炮击时，每班留一人监视，余留在防炮洞，援攻机枪增加火线，突击班隐蔽在战壕里，准备出击。（5）掌握出击时机。敌人在我阵地前沿被杀伤陷于动摇，我即乘机反击，并趁敌八十五师撤退，遂决心截击敌主力部队。（6）干部亲自掌握部队，按指定方向截击。如王连长跟着部队即缴获多，杨连长未跟上部队，部队跟敌大部队向西跑插不进去，吃不掉。（7）缺点是：出击时未明确指示火力跟上截断打乱敌人行列，致使我单薄兵力插入困难。

此外，在政治工作上及时鼓动，紧张时政指提出：是英雄是好汉就在这时候看！但堵击时有伤亡，未能及时整理组织，以致出击时力量分散，难以收拢。

（李松蒲）

摘自中野十一纵《前卫报》第145期1948年12月5日

警惕敌人狡计

昨天（26日）四中二连压缩敌人，当我们攻入村内，敌人狼狈逃窜之时，发现敌人故意将手榴弹线系到枪柄上，或栓到米袋上，当我们去拾枪或拿米袋时，不留心就会炸伤，今后在追赶逃敌时要特别注意，最好先头部队不要拿敌人丢掉的东西，坚决向前追击，后边或负责打扫战场的部队，看见手榴弹和别的东西（武器衣服等）在一块时，要小心看清再拿，不要上了敌人的当。

（张效珠）

摘自中野十一纵《前卫报》第141期1948年12月1日

战地报道

三位新解放英雄胜利归来 表现了人民战士高度光荣觉悟

27日，武汉部队①分作七八路向浍河南岸猛攻，才编到南昌②七大队二班4天的宿县解放战士王学智，入伍还不到一个月的郑州解放战士陈远相和班长冲在最前面追山炮。王学智缴获一挺冲锋枪、一支中正式，一共9个人直往前追，部队停止了攻击他们还不知道。

他们据守在一片开阔地的两个坟包里，敌人两个营向他们开火，3个同志负了伤。敌人向村里集中时，他们用缴获的冲锋枪、步枪向敌人射击，并截住后尾捉了6个俘虏，立即安慰俘虏说："我们也是才过来的，现在是为自己干！"最后只剩王学智、陈远相和另一个郑州解放战士黄金礼3个人没有挂彩。

王学智等3同志认清了人民解放军是自己的队伍，坚决要回到人民解放军来，他们把3个重彩的俘虏安慰后放走，动员俘虏架上负伤的同志，自己扛着10支枪负责押送。找到友邻部队，立刻要了担架去抬留下的两个重伤员。晚上住下后，他们擦拭武器，做饭招呼俘虏，找了3天，到一村问一村，直到第三天带着两个俘虏，8支步枪、2挺冲锋枪，找到了原部。首长和同志们都纷纷慰问他们，11月30日，纵队首长亲自接见他们，并提议给他们记功。

（培才、马恩歧、韦奇）

摘自中野九纵《战场报》第29期1948年12月3日

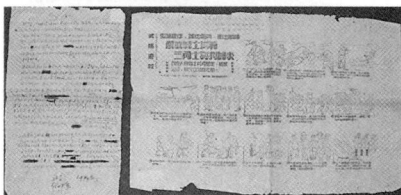

◀此为3名解放战士和刊登他们事迹的《战场画报》。战役第二阶段的一次战斗中，中野9纵某部有9位战士与部队失去联系，其中有3名解放战士——王学智、程远相和黄金礼。在四面受敌的情况下，他们沉着应战，英勇机智与敌周旋，共抓俘虏6人并劝其加入解放军。为了找到部队，他们和俘虏一起背着伤员和枪支，走了好几个村庄，经近4天的流离战斗，终于找到了部队。战役中，解放军采取随俘随补、即教即战的政策，争取了很多解放战士，他们很快地成长为优秀的人民子弟兵。王学智（右一）于宿县战斗解放入伍，20天中连立三功，升任班长

① 编者注："武汉部"为中野九纵二十七旅。

② 编者注："南昌部"为中野九纵二十七旅八〇团。

中野十一纵某部旅委通令表扬刘明同志侦察致胜

八中队侦察参谋刘明同志，于 25 日夜奉命到敌方侦察情况，路上遭遇敌侦察队的问他："你是九团的吗？"刘明同志机动的回答"是的"。并对敌人说："你们不要吵嚷，叫敌人发觉了。"敌人走后，继续前进侦察，到敌人住村苇子湖捉住哨兵一名，询明情况，立即回来，带着六连突入该村，将敌人一个连全部歼灭，旅委特通令表扬，并号召全体指战员向他学习。

摘自中野十一纵《前卫报》第 140 期 1948 年 11 月 30 日

苇子湖敌两个营投降　我一支队已占领该庄

（军息）困守苇子湖之敌十八军两个营，28 日向我军 × 纵投降。另我纵一支队追歼敌十四军八十五师一部，俘敌十余名，缴重机两挺。我一支队已占领苇子湖。

摘自中野十一纵《前卫报》第 140 期 1948 年 11 月 30 日

中野十一纵某部冯庄之战

冯庄战斗，二中六连和五连二排、八连一排等 4 个排，沉着应战勇猛出击，完全打垮敌两个营的拼死进犯，粉碎敌人突围的梦想。27 日上午，蒋匪第十军新三师五十四团以两个营兵力，配合榴弹炮 8 门、山炮 3 门、战防炮 3 门、迫击炮 8 门，向我不满 20 户人家的冯庄阵地拼死进犯，企图掩护其主力十四军向东南突围。二中六连的勇士们在"沉着点打""狠着点打"的口号下，不慌不忙沉着应战，一颗炮弹打在济南解放战士刘继才的工事上，把他埋在土里，刘继才爬起来抬起枪，仍利用交通沟继续射击。战壕不时传出"看我又打倒一个！""又一个！"战士们互相鼓励，互相比赛。敌人迫近到阵地前三四十米了，左翼敌人占领了西北角的独立家屋，离我前沿地堡只剩有 20 米远，负责封锁交通沟的美式机枪子弹打光了，二排战士要求反击，连长说："不要慌，再叫他近一点！"正在这时，五连二排、八连一排带着 4 挺轻机赶来，在统一指挥下，生力军加入了战斗。敌人开始动摇了，冲锋号一响，八连三班、六连六班首先跳出了工事，向敌人猛扑过去，八连一排在王连长率领下，直冲入敌八十五师向西北撤退的大队行列里，三班长冯幸福伸手就夺下 1 挺重机枪，战士罗太福、陈可浩两人又夺下 1 挺，王连长一把夺过 1 挺轻机枪，掉转头来向敌人纵深行列猛扫，同时高喊："过来的不打！"当时就从混乱的敌群里跑过来 20 多个。在我五、六、八连 4 个排战士的有力反击下，敌人溃不成军，狼狈撤回。

（雷声）

摘自中野十一纵《前卫报》第 149 期 1948 年 12 月 9 日

中野二纵某部打退了坦克的六次进攻——腰周庄战斗记事之一

29 日下午 1 时，蒋匪主力十八军之一一八师一部，在大炮、坦克掩护下，向我四二部队八连阵地——腰周庄进攻，企图打开一条逃路。

当敌坦克进到阵地前 100 多米远时，勇士们即喊出："坦克不可怕！""放过坦克打步兵！""争取打坦克英雄！"的口号！接着左右两翼一齐展开了火力猛烈射击。排副刘庆山同志单人掩体被打毁，受了伤，他不顾一切擦了擦枪上的泥土，一枪打死两个敌人。一班周池华同志的机枪掩体被打毁后，机枪架在平地上打，把坦克后面的敌人全部消灭，坦克也被打的窜了回去。

当 5 辆坦克回来作二次进攻的时候，勇士们早已准备好了迎接的礼物，将六、七个手榴弹捆在一起，把弦用绳子连起来，在壕沟前一二十米埋好，再用裹腿作拉火绳，敌坦克刚进到设防网内，一声巨响，烟土横飞，怕我军乘机爬上坦克，坦克又窜了回去。接连三次、四次、五次的进攻来了，二班邵继友同志见坦克来到跟前，他大声怒骂道："××××，你们的连长都被打死了，你还敢来！"接着扔上个 3 公斤的炸药包。二班副陈万琦同志将 4 个手榴弹捆在一起也扔了上去，都一次又一次的被打回去。

狗熊般的坦克，反复五次的进攻失败后，又自右翼绕过来，从侧面作第六次的进攻，刚过来又遇到勇士们"打呀！争取打坦克的英雄！"的喊声和一阵猛烈的痛击，缩到坟堆后面左右乱窜，再也不敢前进。

黄昏，敌人的坦克不见了，八连胜利的完成了阻敌任务，获得了纵队首长的表扬。

（陈本志）

摘自中野二纵政治部《淮海一月》，1948 年 12 月，第 12 页

坚决守住阵地！——腰周庄战斗记事之二

腰周庄阵地的四二部队第九连，在四一部队三营最前边。战士们已三天两夜没有休息。29 日上午，政指高清云同志在交通沟里召集了吸收排干参加的支委扩大会，他说："敌人今天可能突围，我们应有充分准备，如果从我们这里跑，我们要坚决堵住！"

炮火不断向阵地打来，排长和支委们在烟雾中分头动员，三排副庞万春 27 号头部就挂彩了，还没有顾得上药，他仍然去鼓动大家："如果三排有任务，就要坚决完成，保持我们打刘村镇的荣誉！"

天空的敌机由一架增至十几架，炮火打的更紧迫，敌人坦克已在正前方隐约出现。战士们早把手榴弹捆在一块，三班副雷洪庄首先跳出工事。三分钟内，全连完成了埋弹任务。

坦克被八连打走后，又向九连阵地冲来，七班战士兰国兴瞄准敌人，不慌不忙的打着机枪。他号召大家放过坦克打步兵，他的机枪子弹在猛扫敌群。韩子信同志挂彩两次，仍然和敌人拼手榴弹，排副直催他下去，他很急的说道："流点血怕啥，死了也得守住阵地！"

天黑了，敌人在钢铁阵地前面，碰的头破血流，狼狈的跑回去了，高清云和他的同志们完成了任务。

（杨根深）

摘自中野二纵政治部《淮海一月》，1948 年 12 月，第 13 页

中野三纵杨大庄之战

被紧紧包围在宿县西南双堆集附近的黄维兵团，连日向南、向东突围不成，狗急跳墙，最后将蒋匪最后王牌十一师的三十一、三十二等 3 个主力团中抽出几个较完整的营、连，共约 5 个营的兵力，由一一八师师长尹钟岳亲自指挥，于 3 日一天，藉 10 架飞机、12 辆坦克与猛烈炮火掩护，分 3 路向北疯狂反扑 3 次，但在杨大庄遭到我解放军某部之顽强抗击，敌人死伤 1600 余，被我击毁坦克 3 辆，敌人疯狂的反扑，连一寸土地也未夺去。我军固守住自己阵地，更压紧了对敌的包围圈。

此次战斗一开始即带有极紧张的性质。敌人十几门炮一齐开火轰击，10 架飞机轮番轰炸，我某部二连的阵地全被摧毁，交通壕被填平。烟雾尘土障蔽了一切，电话线被一米、一米地打断，联系极难保持。然我神勇的战士们沉着地迎击敌人，

被土掩埋了，爬出来再继续打，决不退让一寸土地。某部罗营长站在最前线，负伤后，头脸流血，仍坚持指挥，亲自替战士运送手掷弹。我勇敢的电话员则在炮火弥漫中，继续不断地来回接线，保持了电话联系。当炮火最密的时候，有些干部与战士失去联系，则是人人各自为战，表现出解放军战士高度觉悟的品质。午时战斗进入高潮，敌人坦克企图从侧翼迂回到我某部后方时，我某团团长、副团长、副政委、政治主任距敌仅二三十米，都亲自拿起冲锋枪与战士一道来消灭敌人。战士们勇猛地冲上去，向坦克投掷炸药，与敌人步兵拼手掷弹。副班长李世凯则让坦克轧过自己所在的交通壕，待坦克过去，从战壕里跃出扫射跟进的步兵。战士们子弹、手掷弹打完了，炮弹也快打光，我某部指挥员就号召大家上起刺刀与敌人拼，战至最后一人，亦不让出寸尺土地。战士们是响应了这一号召，勇敢坚定地守住自己阵地。当敌人一辆坦克开到某部交通壕上时，我英勇机智的侦查员齐昌小、程林科沿着交通壕往敌人坦克底下钻过去，带上来了第一班人。他们端起刺刀，跑步上来，一股劲将敌人压下去，同时，我准确的炮兵接连击毁敌人三辆坦克。至此，敌人已流血殆尽，慌乱退却，满野乱嚎，一如敌人开始反扑时之混成一团，恰使得我强大的炮火，极为得手，予敌以重大杀伤。交通壕里已被敌尸填平，杨大庄村外，敌尸遍野，敌人这次反扑的失败，就使得敌人任何突围的想法，将永远是幻想，注定了敌人最终的被歼灭。

摘自中野三纵政治部《会战纪实》第5辑，1948年12月30日，第1—2页

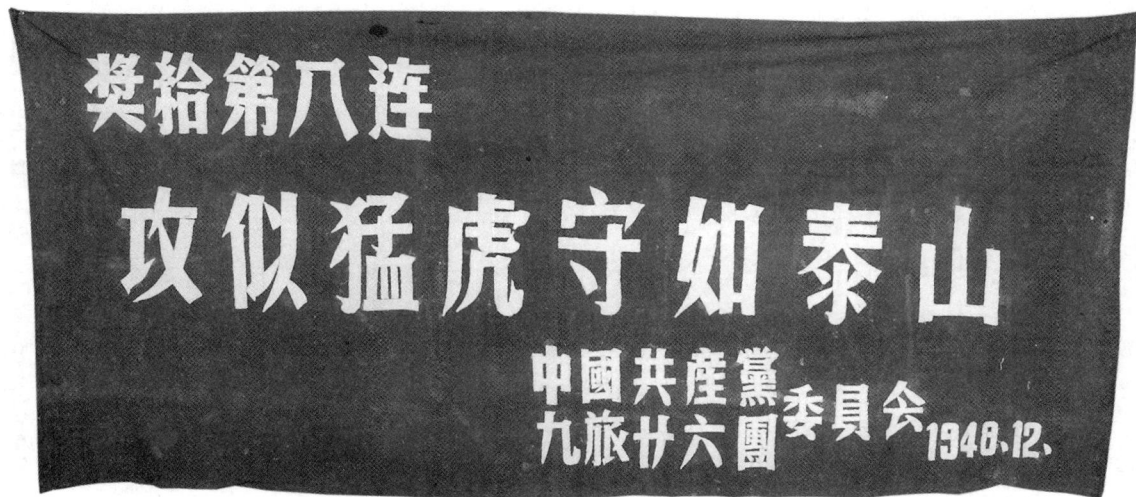

▲ 中野三纵九旅二十六团党委会 1948 年 12 月授予在杨大庄战斗中荣立战功的八连的奖旗

从敌人口中看杨大庄之战

蒋匪十一师师长王元直在被押解到我司令部后，即问我们："那天杨大庄是哪个部队打的？"我立即告他："我们××团的两个营。""两个营？！"他一听，忽地从床上坐起来，连声地喊道："打的好，打的好，说句良心话，我很佩服。"我反问他："你估计我们多少兵力？"他慢吞吞地讲道："我想你们是两个团，你们的部队英勇，真了不起，真了不起！"

摘自中野三纵政治部《会战纪实》第5辑，1948年12月30日，第3—4页

学习一中队绷带所的经验：转运快，包扎彻底

27日夜追击战中，一中队绷带所对伤员的转运快，包扎和换药都很彻底，其主要经验如下：

（一）转运问题：由团到旅共28副民夫担架，其路程是6里到12里，由营到团的11副担架（团担架排），路程是2里到10里，完成任务快的原因是：（1）全体担架员自觉的完成任务精神好。如：担架员一班的丁连文同志在沟头王庄北时，敌人封锁的很厉害，他不怕一切困难的把伤员背下来。二班副冉孟德（睢杞解放）救护伤员上下担架毫不畏缩，有任务自动前去，一次在10里路程上抬了五六趟，又在2里路程上抬了两趟。另外赵修用、徐贵琪每次也都能很快的完成任务。民夫担架五连三班不但快，对伤员上下担架还很细心，先问伤员的伤在哪里，并把自己的被子给伤员铺上，棉袄给伤员盖上，尤其是刘保臣同志，50岁了，没有掉过队，反复完成任务。（2）干部带头。如：担架排长周继春和政指董玉珍两同志，每到一个生疏地方，每一趟都要亲自带着去。并积极负责的指挥担架员如何度过封锁口，哪里需要走快，抬到哪里去，使担架员很快抬到地方。再如：民夫担架连钱连长、刘政指都是来回带领担架。（3）采取了放下伤员就走的方式，不等换担架也不等挨次换完药再走。如：民夫担架抬到旅换药来不及，政工队吕改成同志想办法住旅的绷带所驻地，自己带头打扫好房屋，铺好铺草，把伤员安置好，自己再带着回来抬第二趟，这样接连不断。

（二）治疗问题：（1）分工明确，个人都专心负责。看护班共分两个组，每组6个人（2个擦血烧水，2个端灯，2个换药打绷带），他们都普遍下了决心，订了计划，保证不漏一个伤员，不论在什么情况之下都要彻底交换绷带。魏敬兴、刘金百同志，为完成烧水任务，行军七八里路，亲自提着桶和罐子。（2）开展竞赛，

奖罚严明。开会检讨了两次没争到第一的原因，是由于粗心大意，漏掉一个伤员（受了处罚），下决心与二、八大队比赛，所以此次争取了全旅第一，换药最彻底，运送伤员最快。（3）事先组织了司号班负责照顾轻伤员（先给重伤员换药），因此付德昌、刘文玉、刘占禄、王家礼等4位同志，都在照顾伤员中立了功。

（刘惠民、陈护）

摘自中野十一纵《前卫报》第146期1948年12月6日

阵中日记

中野一纵阵中日记

11月26日—29日上午8时

由24日至26日，为对黄维兵团作割裂包围阶段，业已完成任务。

由26日至29日午8时，各方对敌实行紧缩，采取稳扎稳打，村村逼近。

29日8时，召集各旅干开会，研究作战方法。我们主要任务扼守双堆集、平堌堆以西十八军之攻击主力，分别歼灭以东之敌，会议精神详见记录及战斗纪要。

29日下午，调整布置，选择要点，筑坚固工事扼守。

一旅扼守周围子、肖庄、胡庄为第一线阵地，肖大庄、葛庄至马王庄为第二［线］阵地，芦沟集为第三线阵地，以纵深配备。

二十旅以小郭庄、杨巷为第一线，草八里庙、小马庄为第二线，马庄至王庄为第三线，亦纵深配备。

各旅并作核心工事。

二旅移到忠阳集以西休整，为预备队。二纵位我右翼，扼守大小宋庄，顿庄为第一线。

11月30日

1时40分，敌占领前后周庄正赶修工事中，（10.15）敌约两个连占领李围子。

估计敌人以逐村攻击企图突围，严令各旅赶修工事，扼守阵地。

12月1日—3日

一、敌于1日18时15分攻陷我二纵阵地大小宋庄后，于其日（2）11时20分向我周围子及二纵周尹家、杨庄阵地作试探性攻击。

二、现敌内部情形，据俘供称：

昨晚（3）日，我一旅七团警戒小部队活动于李围子，捉敌两个，当即给予1小时教育，放回不到一时工夫，即有其排长率领13人投诚过来。其谈现周围守备的是八十五军（西面）、十军、十四军，十八军在中间作突击力量。他们吃不饱饭，昨天能吃一顿饭红薯，晚上吃一点红薯稀饭，今天只吃一顿红薯稀饭，空投些大米都为十八军吃了，为抢米而发生开枪打架事情，北方人最动摇。

三、二十旅报告，小型飞机可以降落，2日17时30分，有三架落平埠堆东五里洼地里。据息：胡琏已来此。

摘自中野一纵《1948年9月至12月阵中日记》

中野六纵阵中日记摘录

11月25日

一、十二、十七旅于14时以一个营一个营稳步向敌进击，十二旅应向火神庙之敌攻击，十七旅向双堆集之敌攻击，十八旅为十二旅、十七旅之预备队，我拟住杨庄。

11月26日

一、部队先头（十八、十二两旅）于黄昏前进到王家园、马庄、葛家庄、李庄、杨庄、椿树庄一线及以南地区，现以十七旅在康庄至马庄一线赶修第一线工事，他们拟在葛家庄至赵庄构筑第二线工事，东北与华野十一纵切取联络。

11月27日

一、昨23时有一一〇师内部我之工作人员出来联络，谈及一一〇师拟于明日晨乘敌十二兵团突围时实行火线起义，特规定联络记号为臂捥白毛巾，按指定联络线进至大吴庄地区，后尾过完时举白旗为记，我部队即将此口封锁。

五、1时30分，令李科长爱峰侦察队出发至葛庄、周庄地区，向魏家、大吴庄方向摆设路标，并负责架设张盛庄以南山河之桥梁，以便令火线起义之一一〇师通过。

六、一一〇师于今早8时起义，进至大吴庄地区宿营。

七、敌向我十二、十七［旅］阵地猛攻数次，企图突围，但均未得逞。北面我军已全将此敌压缩至双堆集以北、以东、以南的狭小地区。

八、今晚友邻部队拟分割十二兵团，先歼其十四军。我纵队不动，主要先堵击此敌不准他逃脱一人。

11月28日

一、敌今未走动，唯有1000余敌向四十九团阵地马小庄进攻，并有坦克12辆。

二、转达邓政委命令：

①这个死敌人外无援兵，内无粮草一定要消灭的。

②敌人有两个活门，一个是拼命突围，已突围了两三天未成功；另一个是坚守阵地，做比较坚固的工事。因敌建制已打乱还不是溃退，我们打法：稳扎稳打。昨天建制混乱，今晚不大搞，各部把地形看好。了解敌情，我伤亡数目，俘敌数目番号，及内部情况。即日敌人向我进攻8次。

三、首长已通知各部，并由政委转告王秉章与张副师长。

12月1日

二、今晚十一纵配合九纵打张围子，我十八旅派一个连配合。

12月4日晚（由6时至5日8时）

一、一纵杨司令员转军区电令：着二纵今（4）日晚进至小营集地区，应注意南面情况，并派干部去包家集附近，去找六纵联络（华野），并令二纵由六纵指挥部队到达小营集后，应尽量争取一二日之时间休息一下为佳。

三、敌今日晚24时向我四纵之小张庄、小郭庄发动攻击，碰了下即撤退了。

四、敌发现我十八旅在小干庄挖工事，以机枪、炮盲目的射击了30余分钟。

摘自中国人民解放军档案馆藏《中野六纵淮海战役阵中日记》

三、工程浩大的近迫作业

在压缩包围圈，削弱国民党军力量的同时，为减少在火力下运动的伤亡，中野普遍推广了近迫作业的壕沟战术，以地堡对地堡，战壕对战壕，开展了"地平线下的战斗"。各部队冒着严寒，不怕疲劳，在开阔的平原地区，冒着绵密的火力封锁，夜以继日进行工程浩大的近迫作业，从四面八方将纵横交织的千百条堑壕逐步延伸到黄维兵团阵地前沿几十米处，构成了完整的攻防阵地。据统计，双堆集战场解放军的主要交通壕长达12万米，可绕纵横5公里的包围圈7圈半。为总攻黄维兵团创造了有利条件。

邓小平、张际春向中央军委的报告摘要

为了紧缩敌人，并对付敌之突围或攻击，我必须构筑纵深的严密的坚强防御

体系，每个村与村之间，阵地与阵地之间，均须有蜘蛛网式的交通壕以联系之。为了给下一步的攻击作准备，必须逐步地向敌人延伸工事（交通壕和地堡），每延伸一步，均须对付敌人的破坏和反击。

攻击阵地之编成极端重要。……阵地的编成必须是无数的交通壕和地堡网，或单人的散兵坑，平行和纵横交织地从四面八方向敌人阵地前进，我们的工事迫近敌人愈近，就愈易奏效和减少伤亡。

摘自《歼灭黄维兵团作战总结》，1949 年 1 月 3 日

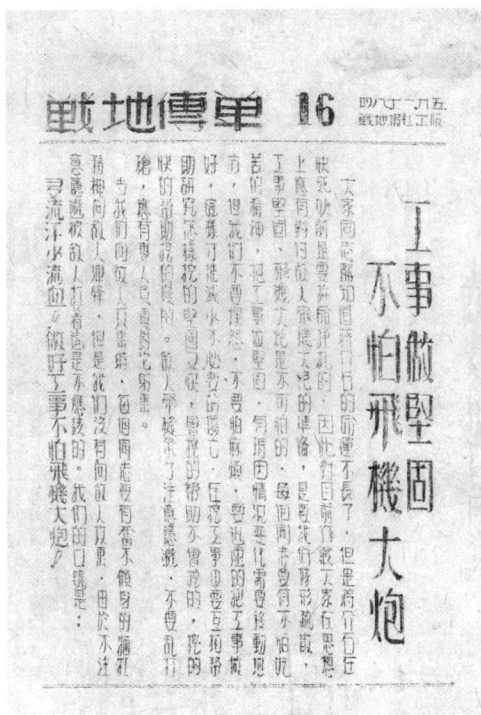

▲ 解放军交通壕直通黄维兵团的心脏

◄ 中野三纵于 1948 年 11 月 25 日出版的第十六期《战地传单》。本期内容有：工事做坚固，不怕飞机大炮

◄ 双堆集战场，解放军将交通沟挖到国民党军据点前沿

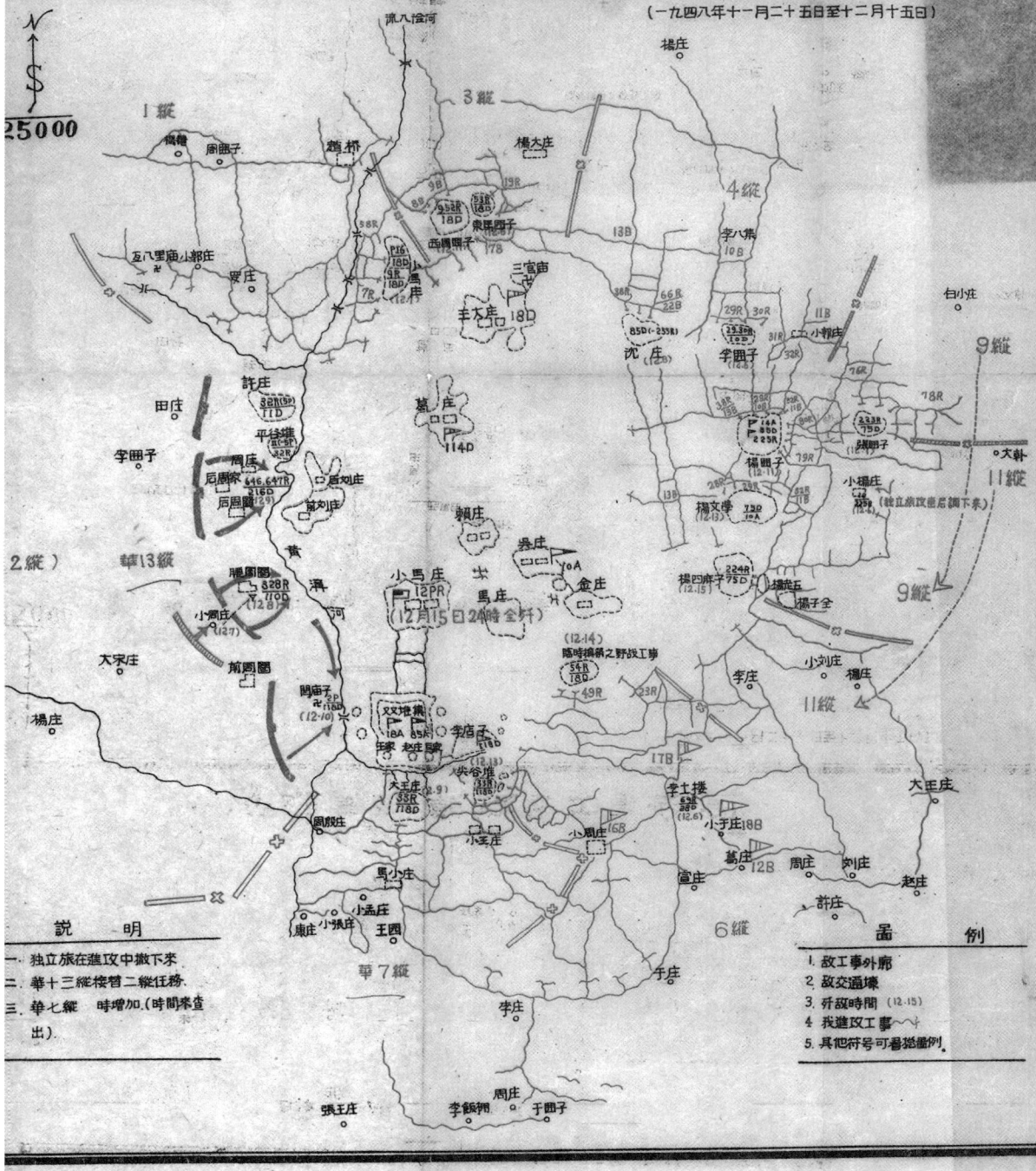

▲ 此为中国人民解放军第二野战军司令部《淮海战役中双堆集歼灭战初步总结》中的"双堆集作战敌我工事全图"

战史摘要

中野三纵夜以继日开展近迫作业

各部队夜以继日地开展了近迫作业，首先派出警戒部队监视敌人，以机枪封锁敌火力点，掩护部队作业，然后部队面向敌方，拉开距离，第一步挖单人掩体，成浅沟，逐步加深，把浅沟挖成卧射、跪射、立射的交通壕，逐步向前延伸；第二步完成火器发射阵地；第三步加修交通设备，构筑隐蔽部和厕所。壕与壕之间纵横贯通。突击队的第一道战壕距敌前沿五六十米，既要逼近敌人，又能挖到敌人的侧后，力争形成包围态势。通过紧张、艰苦的作业，在较短的时间内，构成了纵横交错的进攻阵地。

摘自《中国人民解放军晋冀鲁豫军区第三纵队、第十一军第三次国内革命战争战史》，1988 年，第 71 页

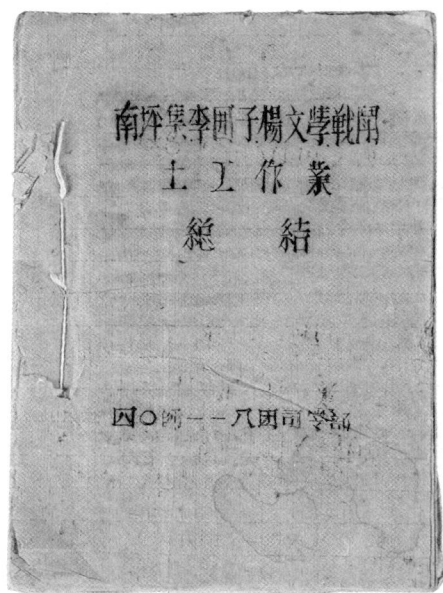

▲ 中野四纵某部南坪集、李围子、杨文学战斗土工作业总结

▲ 中野四纵某部八连，在围歼黄维兵团战斗中，发扬了坚韧顽强的精神，冒着敌人的炮火，克服困难完成了艰巨的土工作业任务，荣获师党委授予的"坚韧顽强完成战前准备筑城模范连"奖旗

中野六纵进行攻击准备

纵队根据中野首长的指示，迅速扭转了部队中某些"轻敌速胜"的思想，在围困、削弱敌人的同时，进行攻击准备。根据战场地形开阔，敌人守备严密，难于接近的特点，我采用"以地堡对地堡、以战壕对战壕"的战术，逐步向敌延伸工事，以缩短在敌火下运动的距离，避开敌人优势火力，减少伤亡，发挥我军近战威力，同时，借交通壕隐蔽地机动兵力和运送物资、伤员。为此，纵队进行了工程浩大的近迫作业。部队连夜突击抢修工事，无数条交通壕迅速逼近敌人鹿砦之前，深入敌人据点之间，引起了敌人极大的恐慌。敌人不断采取飞机炸、大炮轰、坦克压和毒气袭击等手段，阻止我作业，破坏我阵地。为制止敌人的破坏，我前沿各部队广泛开展军事民主，集中群众智慧，采取了多路并进的作业方法，使敌不能兼顾；加强了警戒和火力掩护，阻止敌人破坏；同时发动群众，以炸药包、手榴弹、汽油燃烧瓶等，积极与敌坦克作斗争。

经约一个星期的时间，全纵共完成堑壕、交通壕5万米，地堡3000余个，构成了纵横交织的野战阵地，为总攻创造了有利的条件。

摘自《中国人民解放军陆军第十二军军史》，1981年，第94—96页

中野六纵围歼黄维战役交通沟、地堡、器材统计（1949年1月22日）

部别 \ 数量 \ 类别	交通沟长径	盖地堡数目	用木杆	用门板	备 考
纵 直	1300	18	54	90	（一）地堡数包括指挥所在内。
十六旅	11360	486	15800	1065	
十七旅	17986	2136	8016	16417	（二）表上数字不够精确，只供参考。
十八旅	14923	555	7451	6528	
合 计	45569米	3195个	31321根	24100块	

摘自《战役总结汇集》（卷二），1949年6月

战术研究

中野一纵战术手段之一近迫作业

在围攻中所运用的近迫作业，已发展成为战术手段。它是利用夜间，依托村落，指派分队实施的。其手段是：依据地形首向敌方挖二至三道交通壕，附设战斗工

事；继而在正面及两侧构成三角形地堡群及多点工事，形成环形阵地；再以交通壕纵横交织，使各阵地连接成一体，尔后加修隐蔽部、弹药所、生活设备及转送交通壕。这种近迫作业，步步推向敌之前沿，使在进攻战斗中：第一、便利于突击分队迅速而秘密地集中与展开，保存了突击力量与缩短了冲锋距离，在炮火的直接掩护下，能突然地发起冲锋，充分发挥了近战的特长。第二、便利于各种直接支援火器（轻重机枪、迫击炮、发射筒）及炮兵的隐蔽与展开，能有力地迫近敌人前沿，有效地直接支援步兵冲锋。尤其能发挥炸药发射筒近距离的轰击威力。第三、便利于第二梯队的展开和投入战斗，以及前后的运送。

　　这种手段在对敌围攻的连续作战中日益发展，形成连绵的、大纵深的坚固的攻防阵地，是较为完整的据点式与堑壕式相结合的体系，达到了防空、防坦克、防炮的要求与符合隐蔽和出击的原则。我纵队对敌小马庄和独立家屋阵地之攻击，即是以近迫作业手段实施的，由罗庄、赵桥向敌阵地构筑了 4 条交通沟，隐蔽地迫近敌前沿约 50 公尺处为冲锋出发地位。

摘自《中国人民解放军第十六军第三次国内革命战争战史》，1960 年，第 46 页

◀ 中野各部大力开展土工作业，步步迫近敌人，为总攻作准备。他们的鼓动口号是"多挖深一寸就多一分安全，多挖宽一寸就多一分方便"

◀ 中野广泛采取以地堡对地堡，以战壕对战壕的战法，进行工程浩大的近迫作业，战士们紧张地挖掘战壕

中野二纵四旅阵地构筑的经验与体会

各级干部重视阵地构筑，并能以身作则带头干，因而加强了部队的守备力，保障了我军的有生力量。如我十团一营（330 人），在一夜内完成了 1816 公尺的标准战壕、150 个掩体和 35 个地堡，构成了连续的纵深的复杂阵地。又如我十团在坚守大宋庄时，敌 40 分钟的火力急袭仅伤我 3 人。再如我十一团在坚守小田庄时，经 6 小时激烈战斗，只伤 9 人。这次战役提高了我旅干部和部队土工作业的能力，丰富了我旅大规模的阵地构筑经验。

经验与体会：

（1）我旅对大规模的阵地构筑缺乏经验，筑城知识差，作业不熟练。这次战役使我旅在这些方面得到了提高和改进，如阵地愈修愈快，愈坚固，减少了部队在战斗中的伤亡。具体经验如下：

①阵地选择：前沿阵地以距村庄 50 至 200 公尺较适当。这样便于我组织浓密火网和发扬火力，使我阵地有依托，有纵深，同时利于我防空、防炮。在利用地形地物时，应避开显著目标，以防敌炮火的破坏。鹿砦应设置在阵地前 30 至 40 公尺，即在我短促火器和手榴弹控制范围内为宜；否则，远了会影响我射击和观察。

②阵地构筑：各级指挥员应勘察地形、统一规划，作有重点的构筑；并应细密组织、严格检查、明确任务和提出具体要求。阵地应点、线相连，有层次纵深；即使是一个村，一个连或一个营，也应有纵深。所设的阵地，必须以火力阵地为骨干，以散兵坑和地堡纵横交错地构成防御体系，才能完成逐村战斗、寸土必争的持久坚守任务。

③不分前方后方力求人人有掩体，有防空、防炮、防坦克等隐蔽的伪装阵地。各种火器最少要有 2 至 3 个阵地。所有工事阵地要低要坚固，才能保存我军有生力量和发挥各种火器的威力。

摘自《中国人民解放军步兵第二十八师第三次国内革命战争战史》，1956 年，第 112—115 页

中野九纵的交通沟斗争

对凭恃平原开阔野战阵地而能充分发挥其优势火力之敌进攻，如不改造地形，

不但增加伤亡且难以达成歼灭该敌之任务，此次在围歼敌十二兵团的战役中，我们接受了碾庄战役经验（在进攻部署与步骤上，对团集平原之敌必须首先注意以近迫作业分割敌人而逐步压缩歼灭之），与根据本身薄弱弹药不足的特点，注意了抵近的交通沟斗争，并于实战中逐步克服了对交通沟斗争认识不足的轻敌思想，因而弥补了我之弱点，减少了突击中的伤亡，发扬了所有火器的总威力，保证了每次攻击的顺利成功，以达到缩短全战役进行的时间。

小张庄一个连 60 米突击距离伤亡 12 人，另一个连 150 米突击距离，全连仅留 12 人，张围子第一次伤亡 200 余攻击失利，及最后 15 日我抵近的交通沟伸至三棵树，守敌不战而降。8 次主要攻坚作战中，由于交通沟的逐渐抵近，伤亡亦逐渐减少，甚至突破敌人前沿而无一伤亡，这些经验充分说明了交通沟越抵近，胜利的保证越大。不要害怕交通沟斗争中付出一定的、有意义的代价，这代价较之突击距离过远所遭受的杀伤或攻击失利的损失要合算得多，不能轻敌只凭猛冲或怕疲劳而简单从事，的确，交通沟斗争是极其艰苦困难的斗争，由于我们排除了困难，重视了友邻及自己逐次战斗的经验近迫作业，因而也就保证了战役的全部而迅速的胜利，根据本战役交通沟斗争经验，特提出如下几点：

一、作业组织与领导

1. 交通沟斗争是个具体的组织工作，各级必须根据上级意图，自己的任务，发展方向，阵地编成，有步骤的制定作业计划，依部队人力、工具明确分工，宽窄、深浅具体要求，并严格规定完成时间（据我们经验，一人一工具，中等土质一夜可挖 3 米左右）。

2. 在领导上应注意组织发动，互相挑战，组织互助，提高工作效率，干部以身作则参加作业，随时表扬、鼓动，督促检查。

3. 工具的好坏与多少影响任务之完成。营以上单位应注意集中使用，或者向外部筹借，把好工具给最前沿部队使用，以便提高速率减少伤亡。

4. 所需大量之门板、木料及铺草，除部队本身进入阵地携带一部分外，大部分必须组织人员于后方筹借，送达阵地之后，设专门人员负责收发保管，依重要、次要统一分配。

5. 几种挖的方法：

（1）换班挖：人休息，工具不休息，这适宜于工具少及在敌火激烈下作业。

（2）剥皮挖：先一人挖四十生的，后一人再挖四十生的，最后一人专修理，可以分班为单位。

（3）同时挖：全体排成蛇形散兵线，先挖成卧射时掩体，然后改成跪射、立射，最后贯通成沟，以此方式为最快。

（4）炸药炸：此方式需在紧迫情况极紧张下行之，但不大经济而暴露目标。

二、建设要求

交通沟逐步抵近敌人，敌人必设法以兵力、火力进行反扑破坏，因此，我们交通沟编成不但要能进攻，而且要能防御，应纵横交织成蜘蛛网式，须支出更多横的沟，横沟应先短后长连为纵横交错，便于梯级的纵深的配备火器及隐蔽屯兵，抵近敌人出口更应挖横沟，以便突击队同时突击，反防敌封锁。如交通沟是斜方向，到一定程度须要摆直，以免妨碍我火力发扬，必须有两条以上干沟，以免二梯队投入战斗或伤员转运拥挤一沟影响战斗。干沟应宽一公尺，深一公尺六，可通行两人及运动担架，积土分两面，以蛇形最适宜，支沟应宽八十公分，以电光形最好，被弹面小，越抵近敌人应越深，以便我纵深火力发扬，在可能条件下尽量增设盖沟，支沟内应有掩蔽部、避弹室、储弹室、救护所及厕所之设备。

三、交通沟斗争

敌人采取 4 种手段，来破坏我以交通沟之进攻。一、组织冷枪、冷炮射击；二、火力袭击；三、小组夜摸反扑；四、白天坦克掩护步兵反扑。我们办法是：

1. 以冷枪冷炮，对冷枪冷炮。组织特等射手，专门射杀敌人，特别注意发觉敌冷枪位置，然后集中火力，或冷枪射杀最有效，冷炮应是瞄准准确后，专门摧毁敌人地堡杀伤密集之敌，镇压妨碍我土工作业之敌纵深炮火，但忌与敌形成炮战。

2. 预设火力网，组织值班部队、值班干部和观察员。值班部队应多准备好手榴弹等短兵火器，挖好出击沟，干部亲自观察并须有预定方案，如敌火力袭击以少数部队监视大部隐蔽。如敌兵力反扑，则实施短促火力，或短距离出击消灭之，如敌进入我交通壕，则组织火力隔断其后续部队，利用依沟夺沟办法歼灭之。

3. 夜间作业部队应于左右前方派出警戒，并力求静肃，遇敌火力反扑，最好不还枪，可采取疏散队形继续作业，或于侧翼组织向敌射击，吸引敌人火力，保障作业部队安全。

4. 占领敌交通沟后应立刻改造工事，开横沟并迅速打通与我交通沟之联系，如我暂不前进，可将通敌之交通沟堵绝，或以火力封锁之，敌之地堡一般不宜利用（因敌已有标定）。

5. 为防坦克，在我前沿构筑反坦克壕并埋设地雷、炸药，堆积柴草，配置反坦克武器。

6. 规定交通沟纪律，建立良好秩序，注意隐蔽，除前哨外，切忌随便暴露目标（看地形例外）交通沟内挤满人乱打枪等，以减少不必要之伤亡。

摘自中野九纵司令部《淮海战役第二阶段歼灭黄维兵团战术总结报告》，1949 年 1 月 20 日

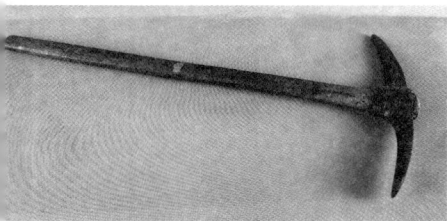

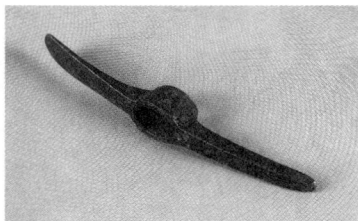

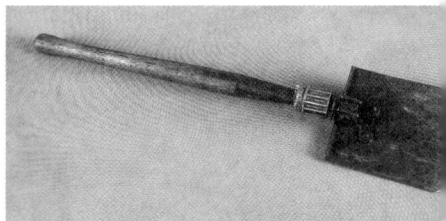

▲ 中野某部土工作业工具

勇敢与土工作业结合

小张庄及其他的几次战斗，都一次又一次的证明"挖好工事，多流汗少流血。"这一宝贵经验正确。尤其是在敌人利用火力和飞机企图固守的现在，更需要我们学会勇敢与土工作业结合，做好工事，减少伤亡，歼灭敌人。

要用战斗检讨、评伤亡、干部切实检查等各种方法，克服不注意做工事的现象。发动指战员研究修筑工事的办法，力求坚固省力，便于互相配合和出击。

把工事变成进攻敌人的武器，用坑道分割包围敌据守村庄。迫近敌人，利用工事进行喊话，及在工事前沿布置标语，对敌展开政攻。作战时一出工事就能冲锋。

工事做得较宽些，便于隐蔽和休息。

适当进行战壕中的文化娱乐活动，读报、小传单，讲解胜利消息与英勇故事等，使战场生活获得调剂。

摘自中野九纵《战场报》第 30 期 1948 年 12 月 5 日

三查三评的工事修筑法

【淮海前线 16 日电】解放军某部在修筑野战工事中，采用了干部三次检查，战士三次评定的三查三评办法，这个办法是上月下旬在宿县西南南坪集阻击黄维兵团的时候使用的。当部队到了防地以后，干部先看地形，分配阵地，布置火力和突击部队位置、出击道路等，这是干部第一查。战士就位修筑的时候，一边做，

一边讨论，看靠着工事射击是否能防止敌人利用凹道和隐蔽地形等，这是战士第一评。接着就由干部检查，不适合的马上修改，这是干部第二查。在盖门板以前，战士们互相参观，试一试深浅或宽窄，然后再盖，这是战士第二评。在工事做完以后，各人全部武装进去试一试，站在顶上用脚踏一踏是否牢固，这是战士第三评。最后干部再来检查，看还应增加什么工事（像隐蔽工事、伪装工事、纵深工事等），研究如何排除障碍，测量距离，选择突击道路等等，这是干部第三查。做完以后，又进行一次总评定，总演习。

摘自华野九纵《胜利新闻》第 92 期 1948 年 12 月 22 日

战地报道

血汗筑成的战壕

从宿县西南跨过清澈的浍河，一条又深又宽的战壕横贯在平漠的田野里。一个人站在里面，稍一弯腰就可以完全隐蔽。战壕两侧每隔四五步挖有宽阔的避弹室，里面铺着黄亮的麦秸。战壕绵延达 20 里，直通到黄维匪部最后的中心据点双堆集附近四五十米达处。解放军从战壕跃出就能向敌人冲锋。

这条工程浩大的 20 里战壕，它每一步都是勇士们的血汗凝成的。一位亲身参加修筑的同志追述这段英勇而艰苦的经历说：黑夜用机枪封锁了敌人的火力点，部队就以每人五步的距离，迅速直向前跑，卧倒在敌人阵地前，赶快挖成卧式工事，再加深挖成跪式，最后挖成齐胸的立式，然后拼力向前挖，两人一组，互相打通，一夜之间，几百米达的交通沟就这样挖成了。最紧张的一次是在白天，在敌人火力下，他们全班执着洋锹洋镐，一面向前爬，一面把面前的平地铲成只能隐蔽一个卧着的身体的沟壕，紧跟在后面的第一名战士又加深了一锹土，接着第二名第三名逐渐挖深，就这样一个接一个爬行挖土。敌人的子弹打在钢盔上唰唰地响。他们一个班在一小时内挖成了 20 米达长、一人深、一米达宽的战沟。一点钟后，又换上一个班，又挖 20 米。如此继续着直到全部完成。

有了这一条战壕，解放军终于胜利地走向双堆集，使黄维匪部全军覆灭。

（吕梁）

摘自《淮海前线通讯》，华中新华书店 1949 年，第 15 页

四、"飞雷"显神威

在总攻准备中，中野各部队发扬军事民主，集中广大指战员的智慧和力量，普遍推广在战前试制成功的"飞雷"（也叫"土飞机"），即炸药抛掷筒。就是用20公斤左右的炸药制成状如西瓜的"飞雷"，以抛掷筒射击，射程可达150米左右，威力很大。国民党军称之为"特大威力炮"。炸药抛射筒在战斗中的普遍使用，对弥补解放军炮火的不足起了重要作用。

毛泽东主席论断摘要

我们的飞机坦克比你们多，这就是大炮和炸药，人们叫这些做土飞机、土坦克，难道不是比较你们的洋飞机、洋坦克要厉害十倍吗？

摘自毛泽东《敦促杜聿明等投降书》，1948 年 12 月 17 日

邓小平、张际春向中央军委的报告摘要

因我炮火较弱，我们曾大量地使用了土造的炸药抛射筒，收效极大。这种武器须要制式化起来，大量制造，携带亦极便利。在全战斗过程中，敌人浓密的炮火对我威胁颇大，我们指定若干炮火（主要是迫击炮），专门对付敌人炮兵，以压制其炮火，收效良好。

摘自《歼灭黄维兵团作战总结》，1949 年 1 月 3 日

简介

炸药发射筒

炸药发射筒是在解放战争时期，步兵中强大的摧毁武器。它具有携带方便，能在各种地形上运动和运用；造价低廉，威力强大的优点。是群众发明创造的硕果之一。

它在 1947 年至 1948 年的历次战役战斗中起了巨大的作用，不仅能摧毁一切工事，而且能反坦克，抛射手榴弹时能杀伤暴露的散兵群。敌人曾称之为"原子炮"。

口径：40 至 100 cm。

可发射炸药量：25 至 40 市斤（最大口径的发射过 100 公斤，在淮海战役中攻击小马庄战斗时使用了一次，效果良好）。

射程：100 至 200m。

炮身长：1 至 1.3m 的不等（均系用汽油桶铁皮做成）。

发射盘：依口径而定。

发射药：黑色发射药包，依射距和炸药重量而定。

角度：15°至 45°（以标示法赋予射向）。

摘自《中野一纵创造的炸药发射筒的说明》

◀ 此为中野各部使用的炸药发射筒。炸药发射筒构造简单，将汽油桶锯掉顶盖，把桶埋入土中指向敌方阵地，桶身与地面呈 45 度角，在桶的最底部装填黑火药或低威力炸药作为抛射药，中间用一块圆形厚木板绑上炸药包并加入延期雷管，点燃导火索后，火药的推射力将炸药包抛入对方阵地后落地起爆，一次可发射炸药 20 至 100 公斤，射程可达 100 至 200 米，能把周围 10 多米的地堡、鹿砦炸毁，震死敌军。国民党军把它叫作"特大威力炮"和"原子炮"。毛泽东则称它们是"我们的飞机坦克"

土造"原子炮"

我军在淮海战役战斗中所使用的炸药发射筒，是技术革新中的一项较突出的成果，是步兵近战中威力最大的摧毁武器，具有运用灵活造价低廉的特点。初试口径一般为 25 公分，每次可发射 15-20 斤炸药，射程最大为 150 公尺，命中和爆炸的准确性很好。在战役过程中，由于群众性的技术革新运动大力开展，使发射筒不断得到新的成就，口径增加到 30-40 公分，我纵二十旅还大胆的使用大汽油桶制成发射筒，一次发射炸药 100 公斤，同时部队还巧妙地使用发射筒发射迫击炮弹、手榴弹，不仅在摧毁敌人地堡工事上起了重要作用，而且在反坦克、反冲锋和杀伤敌人步兵的集团冲锋上也起到重大作用，使敌人闻之丧胆，疑称为"原子炮"。

　　如我纵一旅七团一营和旅特务连，配合五十八团于 1948 年 12 月 12 日 16 时
30 分向敌小马庄和独立家屋阵地发起攻击，此次战斗集中了 30 余个炸药发射筒，
在 10 分钟内发射出 2000 斤炸药，在我炮火压制与炸药发射筒的猛轰下，敌工事
全被摧毁，全歼守敌十八师工兵营和第三四二团，敌三四二团第一营大部被炸死
和震昏。

摘自《中野一纵创造的炸药发射筒的说明》

▲ 为弥补兵器不足，解放军指战员赶制迫击炮
　炸药弹

▲ 解放军创造的可容纳 150 斤重炸药的发射筒

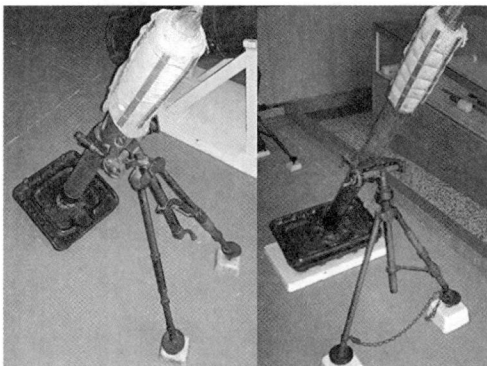

▲ 解放军发射炸药用的六〇、八二迫击炮

战术研究

火力组织

　　现代的战争是一种钢铁比赛，但我军装备向来取之于敌手，不但炮数不足而

弹药极缺乏，加之技术低劣，当战役开始前我纵只有 3 门山炮，炮弹区区有数，在与蒋匪之主力十二兵团作战其困难更多，斗智想办法，发挥我纵已有火器的威力，补足我火器弹药不足，就成为极重要指导思想之一。

……我们的新式武器——炸药炮及发射筒。炸药炮是我们的土飞机上之无限而有效之炸弹，这种武器之使用既简便又节省，更便于大量制造及大量携带，在敌人方面来说，对我们这种武器使用最感头痛，最无对策。如在张围子、杨围子战斗中，俘敌高级军官反映是，他们最怕有二：一是飞雷炸药（即炸药炮），二是多路交通壕，后者还可找出对策，前者根本无法应付。但我纵对于这种武器之使用，固然该武器在部队中进行教育提倡是从去年 7 月禹县练兵中，正式有组织有计划推行，但此次战役初期不少干部对炸药炮之使用不感兴趣，而将炸药炮放在后方和太行炮在一起，或怕出危险，经我八十团配合四纵参加杨围子，我七十七团配合华野［中野］十一纵 [①] 参加杨子全等战斗后，深深体会到炸药炮之作用及其威力，才引起了各级干部在思想上的重视及全体战士的好感，如我们部队中流行的歌谣来看：

炸药炮、炸药炮，

敌人防御设备挡不了，

敌人有生力量跑不掉。

炸药炮，威力大，

任何抵抗力量都不怕，

敌人官长看见无办法，

敌人士兵一听就害怕，

威力大、威力大，

攻坚战斗离不了它。

的确，就以七十七团杨四麻子战斗中使用炸药炮之例子来言吧，该团共射发弹 128 发，其中摧垮敌人鹿砦只用了两发，另一发打中敌人一个集团地堡内。连人带木料都抛于半空中，这比起我们山炮、迫炮威力不知大了多少倍。当然值得我们提及的，由于该武器不是一定工厂经过科学研究精密计算而是由群众中发明的，其原理计算偏差尚难保持准确性，故难免不出危险，所以截至今日止还有个

---

① 编者注：中野十一纵原隶属华野指挥。

别干部对炸药炮信心不大，这种思想是错误的，务必打消，今后炸药炮应在部队成为固定编制，作为一种专门课程进行教育，使全体同志都会使用，至于如何保证不出危险或少出危险，以及保持准确命中是今后各级首长、人员，各级司令部需用大力研究急待解决的问题。

摘自中野九纵司令部《淮海战役第二阶段歼灭黄维兵团战术总结报告》，1949 年 1 月 20 日

解放军制造的飞雷在淮海战场大显神威。该图片展示了制造飞雷的过程。

①选用坚硬木材制作飞雷弹

②在木盘上钻孔安装导火线

③用烈性炸药、生铁碎片及雷管等组装弹体

④用土布和电线捆扎飞雷弹

⑤制作完成放入发射筒

开展四大技术

1. 学会使用炸药包炸药炮：提倡发扬这种土武器发挥其威力，要普遍学会又快又准的来使用，工兵应多研究炸药炮及炸药包的用法。

2. 除熟悉步机枪外，要学习汤姆式冲锋加拿大［轻机枪］，使我们在战场上得到敌人这样武器，使每个战士拿着敌人的武器就会打敌人。

3. 学会土工作业挖沟做工事。

4. 学会普包，自己绑扎伤口。

摘自《九纵二十六旅参加淮海战役歼灭十二兵团作战总结报告》，1949 年 1 月 13 日

中野九纵二十六旅关于使用迫击炮送炸药炮杆的经验

我们团于杨自全、杨四麻子战斗中使用迫击炮送炸药，杨自全战斗以 4 门炮射击送出 60 余发，杨四麻子战斗以 6 门炮送炸药，规定发射 200 发，打了 128 发，一般百分之九十以上命中，摧毁效力良好，不仅爆开鹿砦突破缺口，有的还把地堡爆塌，地堡门板、尸首抛上半空，对突击队以极大鼓舞，增强了战士的信心，成为阵地攻坚中有力火器，两天战斗中有以下几点经验：

1. 炸药杆可送至 8 公斤炸药，事先未周密秤称弹体重量，故射程远近很难掌握，不够准确。

2. 我们炸药炮杆是以平射撞针撞响弹翅，由弹翅把炸药推出，发射时先点火，尔后拉撞针，推出炸药杆。推出以后，还要把炮筒倒过来倒出弹翅，有时因木质不好，还有些碎木屑，须要擦炮，再装弹翅、再点火、再打，因此速度很慢，平均 3 分钟才能打一发。

3. 打几发后，平射撞针易发故障。

4. 战斗前拉火管未准备充分时间久的都坏了。因此还要用点火方法较为保险，但点火较困难，而且太慢，炮兵连四班长点着火了，撞针未拉响他忙着剪导火索，结果又拉响了，致炮弹射击时不注意把脸都烧坏。

5. 炸药炮杆构造不好，旅后方作的沙木杆根本不能用，一打就坏了，团后方麻绳铁片，都确实捆好，增加战斗中的困难，据华野首长谈，他们用的炮杆都是工厂造，全部柳木（以免木头变形），拉火管都是工厂制发，免得拆毁。炸弹危险这一点要议，上级可统一设法才好。

6. 炸药炮射击一般可以 3 门炮为一个集团，向同一目标集中射击，便于指挥

及摧毁，射手必须平时多加演练，免得战时手忙脚乱。

7. 华野用迫击炮弹取掉引信头与弹体内炸药，安置炸药杆于弹体内用曲射连炮弹一齐打出，经试验准确程度较好，可普遍收效。

8. 不论何种炸药炮均与突击队摆在第一线（正面及侧翼均可）较好，免得把炮弹掉到突击队交通沟里去。

炸药炮的前途很大，尚须努力研究提高。

摘自《九纵二十六旅参加淮海战役歼灭十二兵团作战总结报告》，1949 年 1 月 13 日

第三章　徐南阻击战

黄百韬兵团被歼后，蒋介石为挽救国民党军危局，改变战场不利态势，于11月23日在南京召见刘峙、杜聿明，决定以徐州邱清泉、孙元良兵团向符离集进攻，蚌埠李延年、刘汝明兵团及已到达南坪集地区的黄维兵团向宿县进攻，以求"三军会师"打通徐蚌线。为确保中野围歼黄维兵团，华野集中8个纵队组成西、中、东3个阻击集团，形成大纵深、梯次防御体系，在徐州以南正面宽100多公里的防线上构筑阵地，阻击由徐州南进的邱清泉、孙元良兵团。经过7天激战，击退了邱、孙两兵团数十次进攻，毙伤4000余人，使其平均每天仅推进约1.5公里，被迫止步于褚兰、四堡、孤山集一线。徐南阻击战的胜利，使国民党军徐州、蚌埠集团与黄维兵团"三军会师"的企图宣告失败。

一、徐州国民党军增援黄维兵团

11月23日，蒋介石在南京召集国防部官员及刘峙、杜聿明等研究作战对策。决定以分别位于徐州、蚌埠和南坪集地区的三大作战集团，从南北两个方向对进夹击，打通徐、蚌间的津浦铁路交通，以利尔后作战。当日，刘、杜飞返徐州，部署邱清泉、孙元良两兵团分别沿津浦铁路东、西两侧向宿县方向进攻。黄维兵团北进受阻被困后，徐州"剿总"共投入7个军共17个师（旅），在空军、坦克配合下实施增援，一周内约前进5至15公里，最终被迫放弃南援计划。

◀ 南京蒋介石官邸会议室旧址

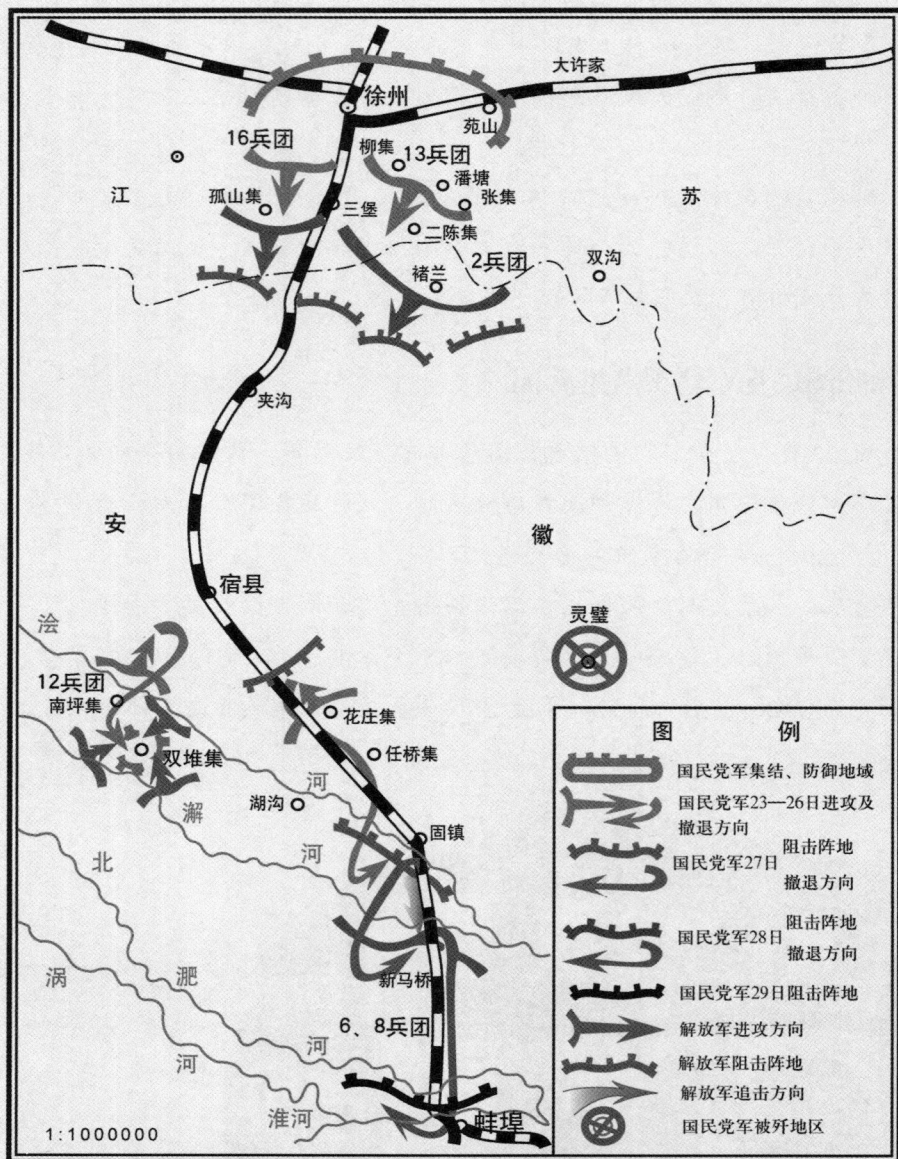

▲ 徐州 "剿总" 打通津浦路徐蚌段战斗要图（1948 年 11 月 25 日—28 日）

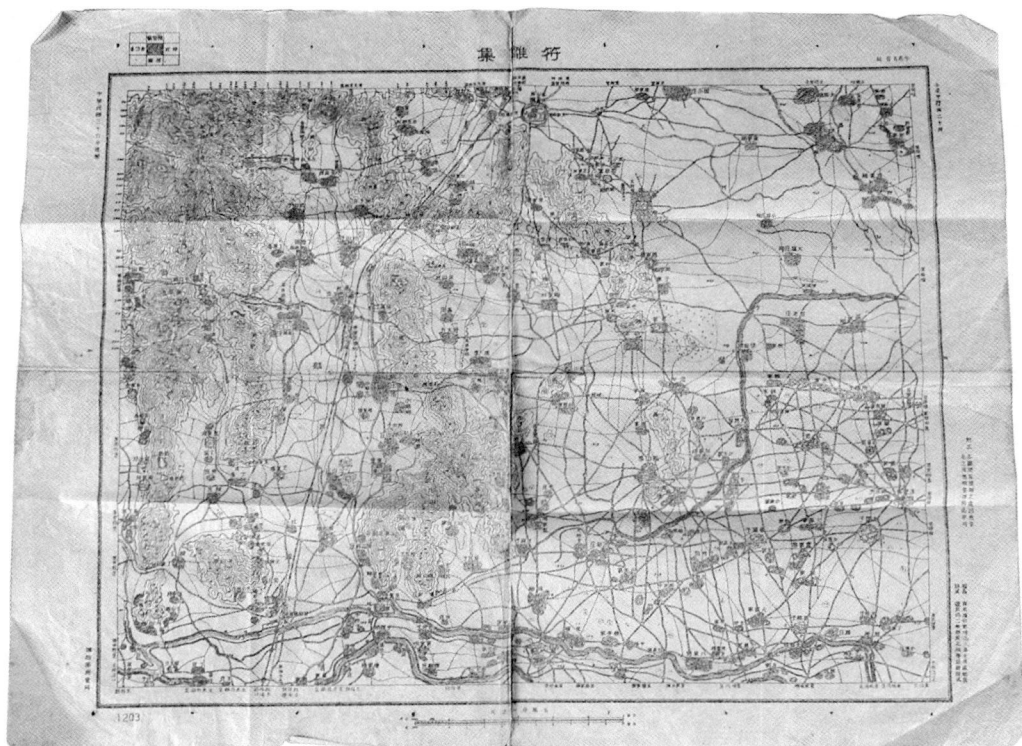

▲ 国民政府国防部测量局绘制的符离集地区军用地图

征程回忆

国民党徐州"剿总"中将副总司令杜聿明回忆——打通徐蚌间交通

23日，蒋介石要刘峙和我到南京开会。大概是10点钟前后，我们到达蒋介石官邸的会议室。首先由郭汝瑰报告作战计划，他说："我军以打通津浦路徐蚌段为目的，徐州方面以主力向符离集进攻，第六兵团及第十二兵团向宿县进攻，南北夹击一举击破共军，以打通徐蚌间交通。"蒋介石采纳这一案，对我说："你回去马上部署攻击。"我说："这一决策我同意，但是兵力不足，必须再增加五个军，否则万一打不通，黄兵团又有陷入重围的可能（其实黄维这时已被围，而我尚未知道）。"我并建议调青江浦附近之第四军、南京附近之第八十八军及第五十二军等部队迅速向蚌埠集中，参加战斗，另外再设法抽调两个军。蒋介石说："五个军不行，两三个军我想法子调，你先回去部署攻击。"

我当时认为蒋介石这一决策尚有一线"希望"。当日午后即同刘峙飞返徐州，准备作垂死的挣扎。飞机经过第十二兵团上空时，我与黄维通话，黄说："当面敌人非常顽强，应想办法，这样打不是办法。"我说："今天老头子已决定大计，马上会对你下命令的，请你照令实施好了。"

23日午后，我同刘峙返徐州后，即决定以第十三兵团守备徐州，第二兵团及第十六兵团担任攻击，当晚并就攻击准备位置。第十六兵团当日乘解放军不备，先攻占笔架山。晚间蒋介石的正式命令亦到。

25日，正式开始攻击，当时并有美记者数人来观战。这一天在步、炮、战车配合下，集中兵力火力，机声隆隆，火光冲天，向解放军进攻，而解放军则英勇反击，双方火力及肉搏战，都发挥到最高度，逐村争夺，寸土不让。国民党军依赖空军及炮火掩护，白昼攻击。但空军及炮火并不能压倒解放军，解放军战士个个政治觉悟高，善于短兵相接、打肉搏战；国民党军则是受令前进，层层督战，士兵拥挤一团，以致空军及炮火失效，伤亡惨重。

这一天，第十六兵团在美记者视察下攻占白虎山、孤山集及纱帽山；第二兵团前进约5华里左右。当晚调整补充后，26日继续攻击前进。在解放军纵深坚固的阻击阵地前，国民党军屡攻屡挫，一连三日，进展甚少。27日，两兵团先后建议，如此强攻，伤亡重而战果少，无法持久作战，必须增加空军轰炸及炮火，以火力为主攻。我原则上同意他们的意见，但由于国民党军的炸弹、炮弹基本上都已消耗净尽，亦不可能大量补充。28日我仍令各兵团攻击前进时，蒋介石又来电令我到南京开会。至晚各兵团仍停止于孤山集、四堡、褚兰之线。入晚，第十六兵团在孤山集遭解放军的反攻而溃退，蒋介石并未照他原来的决策抽调兵力增援；第六兵团攻击未成而向后退缩；黄维兵团被围，越围越紧。

摘自《淮海战役亲历记（原国民党将领的回忆）》，文史资料出版社1983年，第26页

国民党第十六兵团少将副参谋长熊顺义回忆
——妄想南北夹攻，打通津浦交通

23日上午，刘、杜飞南京请示，午后返徐，召集各兵团司令官传达蒋介石南北夹攻、打通徐蚌交通的决策。决定部署如下：

1. 打通徐蚌交通、南北夹击刘伯承部后，以有力之一部阻止徐州以东共军，主力速向符离集方向进攻。

2. 第十三兵团守备徐州，占领柳八集、荆山铺、九里山、卧牛山地区阵地，掩护主力军向南进攻，特别注意其左侧背之掩护。

3. 第二兵团（附战车兵团），展开于女娲山、潘塘镇之线，沿津浦路东侧地区，向符离集挺进。

4. 第十六兵团展开于华山、三堡之线，沿津浦路（含）以西地区，经孤山集、夹沟向符离集方向挺进。

5. 攻击于 23 日夜间进入准备位置，24 日拂晓向当面之共军发起攻击，限 27 日到达符离集东西之线，再向宿县之共军攻击。

6. 第七十二、一一五军为总预备队，置于中央后。

孙元良返回兵团司令部后，决定采用钻隙迂回，囊括席卷的战法，当即下达攻击命令，其大意如次：

1. 共军刘伯承主力在宿县西南地区与黄维兵团战斗中，陈毅主力已经由褚兰向固镇方面转移。

2. 徐州"剿总"以南北夹击歼灭陈、刘二部，打通津浦路交通为目的，李延年、黄维兵团即由固镇、南坪集之线，向宿县前进；邱兵团在津浦路以东向符离集攻击前进。

3. 兵团为右翼攻击军，即向孤山集、官桥、符离集地区之共军攻击前进。

4. 第四十一军当夜展开于王庄以西之线，突破孤山集共军阵地后即速向符离集之线挺进。

5. 第四十七军（欠第一二七师）当夜展开于三堡附近，突破官桥之共军阵地后即向符离集之线挺进。左与邱兵团部队密切联系。

6. 两攻击军发起攻击时，应采多纵队楔入法，迅速插入共军阵地内然后左右席卷，突破当面共军纵深阵地。到达符离集线后，稍事整顿，即乘势向宿县攻击前进与北上兵团会师。

攻击重点保持于孤山集方面。

7. 第一二七师与第七十七军之一部为预备队，置于右翼军后。

国民党军官兵鉴于黄百韬兵团在徐州以东被歼，徐州又被包围，情绪都非常紧张，一听向南出击的消息，都以为有了一线生机，有跳出包围圈的希望。

24 日黄昏，第四十一军攻击部队展开后，第一二二师第三六五团即刻袭占孤山集以北高地解放军警戒阵地，随即楔入笔架山解放军主阵地而占领之。是夜，第四十七军第一二五师也占领官桥以北高地，解放军警戒部队即向官桥、清凉山方向撤退。

25 日，第四十一军第一二四师攻占白虎山、孤山集。第一二二师乘势进攻孤山集东南纱帽山高地，遭受解放军三纵队的坚强抵抗。该师第三六四团在军师炮兵猛烈火力掩护下，也几次被英勇顽强的解放军所击退。当两军激战形成拉锯之时，蒋介石所派的另一慰问团及中外记者十余人来到前线。刘峙、杜聿明趁机鼓动，打电话要各兵团迅速转告全体官兵，说明慰问团来慰问，必须打个样子给他们看看。孙元良除将刘、杜等人意见转告前线官兵之外，还将配合第四十一军攻击重点的兵团所属重炮兵及总预备队第一二七师的山炮，第四十七军方面的野炮、山炮、化学炮全部集中轰击纱帽山解放军主阵地。当慰问团和中外记者登上第四十一军白虎山指挥所时，五六十门大炮雷鸣般地齐轰，飞机也凌空投掷燃烧弹，发射化学炮，顿时燃烧弹的火光和炮火硝烟笼罩了整个纱帽山头。在炽盛的炮火攻击下，解放军第三纵队守军暂时向纱帽山以南山地转移。左翼第四十七军的第一二五师也攻击了纱帽山以东一些高地和四堡车站。

孙元良虽然看到各军未按原定的"钻隙迂回，囊括席卷"的战法突破解放军纵深阵地，求得迅速进展，但是对今日获得的一些战果，为尔后继续南进似乎打下了初步基础，以为仍然可以如期打到符离集、宿县，与黄维、李延年兵团会师。他令各军加紧调整部署，整顿部队，准备次日继续大战。

26 日发起攻击之后，不料当第四十一军第一二二师之第三六五团进至卢村砦和第三六四团进至园山时，突然遭受以逸待劳的解放军猛烈反击。这天各军虽发起冲锋五六次，但是每次都以失败告终。直至 28 日，战况仍然是进进退退，形成沉重的拉锯战。第四十七军的突破线也无大进展。此时，孙元良开始悲观了，他看到了解放军纵深阵地的英勇顽强回击，正是陈毅东线兵团逐步转移到南线的结果。如此旷日持久，不仅不能与黄维、李延年兵团会师，打通津浦，与陈、刘主力决战取得胜利，而且徐州三四十万国民党军也将逐日堕入团团包围之中，有重蹈黄百韬、王耀武覆辙的危险。战局已经发展到千钧一发的紧急关头，兵团上下惶恐不安之情已达到顶点。又听说第二兵团也无进展，于是，悲观哀叹之声弥漫了整个国民党军的徐州南线。

27 日，孙元良急忙将他的最后资本兵团预备队第一二七师，也增加到第四十一军的右翼，妄图从一翼打开缺口，突破解放军纵深阵地，迅速到达符离集、宿县与黄、李兵团会师。殊不知第一二七师向孤山集西南龙山攻击，又遭到解放军的严重打击，激战终日，无大进展。这天南京政府立法委员到战地慰问、观战，逼得第四十一军第一线部队又不得不再次向卢村砦作拼死攻击。当攻击部队在炮火掩护下，进至卢村砦墙下突击准备位置时，即被解放军奋勇反击打了回来。他们看到这种反复肉搏的惨烈场面，都为之胆战心惊，表现出解救无望之感，匆匆飞返南京去了。

摘自《淮海战役亲历记（原国民党将领的回忆）》，文史资料出版社 1983 年，第 416 页

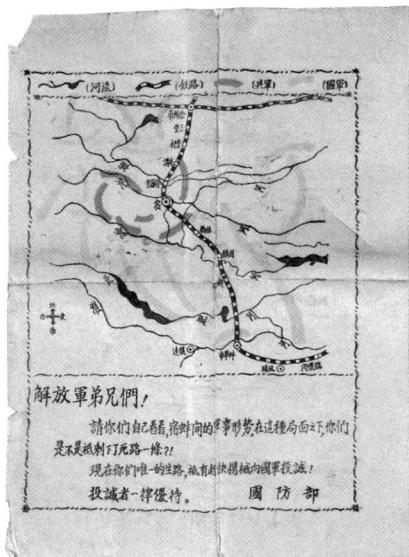

▲ 国民政府国防部为策反解放军印发的"宿蚌间军事形势"传单

▲ 1948 年 12 月 2 日《大刚报》载"徐蚌国军南北夹击，歼灭战顺利进行"

国民党第二兵团第七十军九十六师少将师长邓军林（后充升军长）回忆——南攻被阻

黄百韬兵团在碾庄圩被歼以后，徐东战局发生变化。黄维兵团亦被解放军阻击，不能北进。第二兵团当时的任务，是向徐州以南攻击，企图打开一条道路与黄维会师，但也被解放军阻击，攻击困难，进展很慢。

褚兰是通向夹沟与符离集的要道，当时已被解放军占领。11 月 25 日，军长高吉人命令第九十六师向褚兰攻击。我根据地形作出部署：派第二八八团配属战车 4 部先攻褚兰以西约 10 华里某村的解放军阵地。在炮兵和战车协同作战下，经过两

次激烈战斗，当日下午3时解放军向褚兰镇撤退，×村阵地为我师第二八八团占领，俘虏解放军战士十余名（其中4名负伤），缴获步枪十余支，阵地遗有尸体六七具，第二八八团死伤达百余人。第二八七团乘势抢占了附近两个村庄。

26日，第二八七团在战车掩护和炮兵火力支援下攻击前进，使用大量燃烧弹，黄昏时占领褚兰西3华里之村头阵地，解放军后撤。第二八七团伤亡七八十人。

27日上午7时，我令第二八六团及第二八七团在战车协同下，从西、南两面向褚兰镇攻击，以猛烈的火力于8时许攻下褚兰镇，俘获迫击炮两门，骡马4匹，战士六七名。部队到达褚兰后，军长高吉人命令各部队在此休整，构筑工事，这次战斗，由于解放军战斗力坚强，第九十六师进展异常缓慢，凭借炮火猛攻，才迫使解放军后撤。由于部队战斗力一天天消弱，所以我感到困难重重，与黄维兵团会师，恐将成为幻想。解放军歼灭黄百韬兵团后，士气旺盛，主力进攻徐州，将更难对付。国民党军形势已显然向不利方向发展。

30日正午，军长高吉人来褚兰第九十六师阵地。他告诉我，杜聿明在"总部"召开会议，认为部队南进很困难，决定退出徐州，从徐西绕道与黄维兵团联络后再行反攻。他还要我严守秘密，白天不行动，带不动的弹药先用汽车运走，黄昏后部队开始撤离，留一个营掩护。徐州后方第九十六师及快速纵队的留守人员，他已通知作撤退准备。情况如此紧急，我即按照他的指示作撤退部署：令第二八六团第三营营长贺万志率情报队担负掩护任务，配备无线电台切取联络，带不了的弹药用汽车运走。我既恐计划暴露，被解放军发觉跑不了，又顾虑掩护部队撤不出去，会遭受损失，于是下令各部队迅速行动，于黄昏后开始撤退。经过潘塘镇时，发现第九十六师运输弹药的汽车陷在泥淖中，由于铁路沿线第八军掩护部队枪声四起，部队不明情况，以为解放军来了，只顾前奔，这辆汽车也没人管了。我与副师长田生瑞命士兵将部分弹药埋入地下，部分扔到水塘中，破坏了汽车。12月1日天明，第九十六师到达徐州市郊休息，与掩护部队电台取得联络。据报在撤退中并未发现解放军行动，掩护部队亦开始撤退。

摘自《淮海战役亲历记（原国民党将领的回忆）》，文史资料出版社1983年，第356页

国民党第二兵团第七十四军中将军长邱维达回忆——向宿县方向进攻

这个战斗基本上是第一个战斗的继续，只是战斗状况有所不同，作战地区并

未更动。

11 月 22 日，黄百韬兵团被歼以后，会战形势急转直下，悲观失望的阴云笼罩着整个国民党军。他们都明白，下一步就会轮到徐州，能否固守，大家都没有信心。这时，刘峙的徐州"剿总"要搬到蚌埠。由于首脑指挥部乱作一团，更使徐州市人心惶惶，逃的逃，溜的溜，一片混乱状态。

23 日，杜聿明飞南京请示。返徐后，遵循蒋介石的意图，决定以一部兵力防守徐州，主力沿津浦两侧地区向宿县方向进攻，企图与蚌埠北上兵团（第六、十二兵团）会师，打通津浦路。执行向宿县进攻任务的是第二、十六两个兵团的主力。第十六兵团展开于铁道以西地区，第二兵团展开于铁道以东地区，并肩向宿县方向进攻。

25 日晨，第七十四军接受邱清泉向宿县进攻的新任务后，决定如下部署：

（一）以第五十八师配属炮兵一个营、工兵一个连为右翼展开于刘塘东西地区，右与第七十军、左与第五十一师协同向阚疃、宿县以东地区重点突击；

（二）以第五十一师（欠第一五一团）配属山炮兵营、工兵一个连为左翼队，展开于张集以东地区进行突击，该师左侧自行保障；

（三）以第五十一师第一五一团配属工兵一个连为预备队，在第五十八师后机动前进；

（四）榴弹炮营在张庄占领阵地，以主火力支援第五十八师，一部支援第五十一师战斗。

8 时左右，第一线部队准备完毕，依兵团规定信号，向当面解放军阵地发起攻击，战斗机群在上空穿梭掩护。待国民党军接近阵地时，双方展开激烈的争夺战。冲锋、反冲锋，发展到最高度。逐点逐村争夺，寸土不让。甚至在一个小据点中就拉锯四五次，有的达六七次之多。因此国民党军遭受解放军火力杀伤也特别惨重。经过一天战斗，前进仅 3 公里。入晚，略事调整补充，准备次日再发起冲击，但当晚第五十一师第一五二团有一个营受到突入阵地内的解放军袭击，营长易学勤被击毙。

26 日晨，仍以原来态势继续发起进攻，由于前日部队伤亡惨重，战斗能力大为减弱。邱清泉还一再用电话催促："要不顾一切牺牲，要拼命攻！这是最后一着。"尽管我亲自到第一线指挥督阵，经过一天的苦战，才前进了 1 公里。

27 日，"剿总"仍强调要执行蒋介石的意图，继续向预定方向进攻。但第一线部队已经呈现精疲力竭状态。午后 2 时，第七十军军长高吉人来电话联络，他说：

"老邱，你军打得怎么样？"我反问他："你们呢？"他说："第一天还打下几个庄子，第二天简直打不动了。"我明知自己部队战斗力已经不行了，但对友军还不敢示弱，故作有把握的口吻说："我准备还要继续前进，今天如果能再前进十来公里，再有 3 天，我们就能会师了。"高听我这么一吹，也只好连声说："好吧，我们并肩前进吧。"不到一小时，又听到第七十军方面响起一阵隆隆的炮声和机枪声。这时忽接第五十八师师长王奎昌报告说，第七十军昨天就停止前进了，今天只有炮击，部队没有行动。第七十四军当日虽曾发起进攻一次，但没有进展。入晚，第五十一师左翼阵地，发现解放军"冀纵"一部，乘空隙突入刘塘阵地内，一时引起混乱，后经预备队进入战斗，至天明始将其击退，恢复阵地。

28 日，第二兵团第一线各军仍停止于四堡、石官庄、褚兰、张集地区，再也无力前进了。此时，从"剿总"通报得知蚌埠方面李延年兵团受到解放军第三野第二、六两个纵队阻击，前进受挫，已向淮河南岸撤退，黄维兵团进攻顿挫，也已向后撤退，被围于双堆集附近。至此，国民党军企图南北夹击，在宿县会师的目的，又成为泡影了。

摘自《淮海战役亲历记（原国民党将领的回忆）》，文史资料出版社 1983 年，第 390 页

徐蚌战报

南下国军两路推进

【中央社徐州 27 日电】军息：徐州南方国军，今分由津浦两侧向宿县攻击前进，东路击溃匪鲁中南纵队四六、四七两师之顽抗，攻克三堡东南之数十村落。西路击溃匪两广纵队及土共金绍山部之顽抗，攻克孤山集，刻正乘胜向南齐头并进。

【中央社徐州 27 日电】徐州南方国军，昨开始向宿县攻击前进，颇为得手。记者今晨 9 时曾访该线指挥官，承告一捷讯。该兵团某部于今晨拂晓正式收复孤山集，前锋离宿县约 120 里，是役毙伤匪八百余名，俘二百余，我伤亡不足一百人，当面之匪为陈毅两广纵队与一独立旅。记者继又驱车前往另一阵地观战时，当面之匪盘踞于纱帽山，我炮兵连续发弹轰击纱帽山匪之山围工事，自望远镜中，可见弹弹均落要点，同来观察之外籍记者，亦表钦佩。正午 12 时许，记者在汪军[①]

---

① 编者注："汪军"为国民党第十六兵团四十七军，军长汪匪锋。

前哨连阵地，亲见国军跃出战壕冲锋前进，山顶之匪创伤颇重，余匪不支，向山后退去，该山即告克复。

摘自《中央日报》1948 年 11 月 28 日

津浦两侧南下兵团越过四堡钳攻夹沟

【本报讯】沿津浦线两侧南下之孙元良、邱清泉两兵团，于 27 日午分别攻克孤山集、三堡以后，当晚推进约 20 华里，克复 70 余村庄，至昨（28）日中午，两军齐头并进，已越过四堡、褚兰南下，迫近夹沟。现两兵团正分由东西两侧推进，采取钳形攻势，夹沟指日可下。

【军闻社徐州 28 日电】南线国军孙元良兵团，连日以破竹之势，连克两半山、老山口、纱帽山等据点，毙匪三千余人，虏获无算，刻该路国军前锋已越四堡南进，津浦路抢修工程车 27 日已随军南进抢修中。

【军闻社徐州 28 日电】我邱清泉兵团，配合强大炮兵，昨（27）日以钳形攻势，分路向南追击溃匪，于河东庄等地，与匪鲁中南纵队第四十六、四十七两师遭遇激战，匪虽竭力顽抗，但在我炽盛炮火下，终遭击溃……

摘自《中央日报》1948 年 11 月 29 日

两慰劳团今返京

【中央社徐州 29 日电】慰劳总会第一、二两团，刻已完成对徐州附近驻军邱、孙、李三兵团及徐州基地空军之慰劳。定 30 晨联袂乘机返京。又来徐访问之沪记者团一行 11 人，已于 28 日晚 10 时许飞京转沪。

【中央社徐州 29 日电】全国慰劳总会第一、二慰劳团，今分两组出发劳军，第一组由张道藩率领前往徐州以南第一线，慰问孙元良兵团全体战士。第二组由方治率领，慰劳李弥兵团、徐州城防部队及此间空军。该组于上午 10 时赴飞机场慰劳空军，11 时许访问李弥兵团司令部及战车第一团，正午赴冯治安驻徐办事处慰劳。

摘自《中央日报》1948 年 11 月 30 日

二、徐南阻击邱、孙兵团

华野以位于津浦路西的第九、两广纵队、冀鲁豫军区部队组成西路阻击集团，归九纵聂凤智司令员、刘浩天政委统一指挥。以位于津浦路东的第一、四、十二纵队组成东路阻击集团，归四纵陶勇司令员、郭化若政委统一指挥。以津浦路及其两侧的第三、八、鲁中南纵队组成中路阻击集团。以上3个阻击集团统一在山东兵团政委谭震林、副司令员王建安的指挥下，弧形部署在徐州以南津浦铁路两侧，在孤山集、后官桥、四堡、褚兰一线，利用地形依托工事顽强阻击由徐州向南进击的邱清泉、孙元良兵团。经11月24日至30日的7天阻击，连续击退数十次进攻，将其阻止于四堡以北一线地区，粉碎了徐州国民党军南下打通徐蚌线的计划，保障了南线中野围歼黄维兵团的作战。

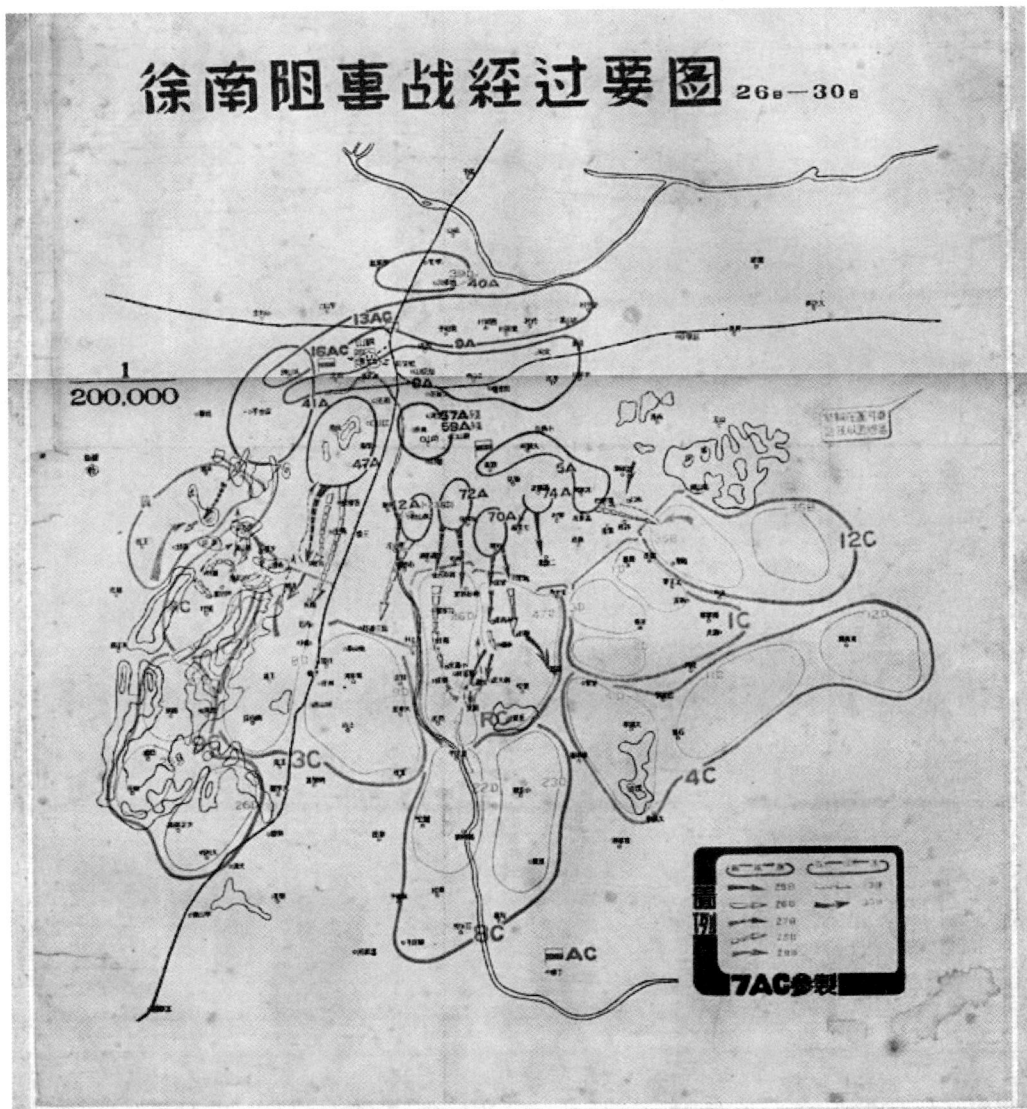

▲ 徐南阻击战经过要图（1948 年 11 月 26 日—30 日）

文件选编

山东兵团作战命令

（11 月 28 日于丁楼本部　华作字第十九号）

一、匪黄维兵团正被我中野全部及华野一部分割包围于南坪集、双堆集、东坪集之间地区，现八十五军一一〇师已于双堆集附近起义，并已歼其四九师两个团，十八军亦分股陆续投降，现正继续歼击中。我华野一部（二、七、十、十三、六纵、江淮独立旅）现已开始包围固镇李延年兵团之九九军、三九军。邱、李、孙 3 个兵团现正集中兵力，企图沿津浦线两侧由徐南援黄匪或乘机南逃。详细情况见第三十九号情况通报。

二、为保证南线部队歼黄、李兵团作战之安全，我奉命集中第一、第三、第四、第八、第九、第十二、鲁中南、两广、渤纵等 9 个纵队及冀鲁豫两个独立旅，担任坚决阻击南援之敌，并寻机歼敌一部。造成下一步歼灭邱、李、孙兵团之有利条件。为此兹将各部任务区分如此：

甲、第三纵队、鲁中南纵队、第八纵队担任正面阻击之任务。直归本部指挥。

第三纵队担任第一线守备任务，控制秤砣山、天门山、资河之间铁路两侧阵地。阻击沿铁路南援之敌。该纵右与鲁中南，左与两广纵队切取联系。

鲁中南纵队与第三纵队并肩担任第一线守备任务，控制资河与宝光寺之间阵地，坚决阻击沿铁路东侧南援之敌。该纵右与一纵，左与三纵切取联系。

第八纵队担任第二线守备任务，控制奎河两岸阚疃、纪家湖一带阵地有重点的构筑防御工事，并随时准备配合右翼、左翼部队出击南援之敌。

乙、第一纵队、第四纵队、第十二纵队组成阻击东南兵团，统归第四纵队陶司令、郭政委指挥，该部控制二陈集、褚兰、关帝庙、青冢湖以东地带。一面担任坚决阻击可能沿铁路以东由西北向东南前进之敌，一面随时准备配合我正面守备部队由东南向西北出击。求得歼敌一部。目前应以第一纵队担任正面阻击，十二纵队位于一纵右侧。四纵队为第二梯队。其具体部署由陶、郭决定之。

丙、第九纵队、两广纵队、冀鲁两个独立旅组成阻击西路兵团。统归第九纵队聂司令、刘政委指挥。该部控制秤砣山、天门山、皇藏峪、龙爪峪以西地带。担任坚决阻击沿铁路以西向西南前进之敌，并随时准备策应我正面部队由西南向东北出击，求得歼敌一部。目前应以两广纵队及独立旅担任正面阻击，九纵队为第二梯队。其具体部署由聂、刘决定之。

丁、渤海纵队以一部控制茅村镇、荆山镇、运河车站，其主力目前控制宿羊山地带，其侦察部队向徐州方向逼近。

三、为争取 20 天至一个月守备时间，保证南线作战完全胜利，我军必须以积极防御动作不断的适时组织反击，以达到争取时间并消灭敌人一部之目的。并决定构筑三道防线：以张集、玫瑰山、宝光寺、衣桥、潘家楼、四堡、官桥、秤砣山、龙山、锦屏、肖县为第一线阵地。以房村、褚兰、杨庄、官山、长山、天门山、凤凰山、浮干山、青石山为第二线阵地。以双沟、古城、金宝山、铜山、凤凰山、小集子、女儿山、鹰咀山、尖山、朔里店为第三线阵地。各部务须争取一切时间构筑坚固防御工事。

四、战斗分界线：（附图）

甲、二陈集、宝光寺、褚兰、高墙、关帝庙、椿树王、卢家刘、青冢湖线（含）以东属东路兵团。以西属鲁中南纵队、第八纵队。

乙、资河线以东（不含）属鲁中南纵队，以西（含）属第三纵队。

丙、褚兰（不含）夏疃、马山头、王蔡园、谢小庄线（含）以北属鲁中南纵队以南属八纵。

丁、贾桥、徐庄、阻沟寺、马家楼、张庄、小路湖、李庄、接家桥、许家桥、所园子、小马园、刘园子、土楼子、刘楼线（含）以东属八纵，以西属三纵。

戊、秤砣山、圣人场、天门山、皇藏峪、堎沟、扒头山、四顶子、龙爪峪、钓鱼台、冯庄、擅山子、白龙山、海子庄、杜山子、梁庄线（含）以西属西路兵团，以东属三、八纵。

五、后勤规定详另纸。

六、电话架设：

甲、四纵搭游集总机，并派员负责控制之。

乙、鲁纵、三纵搭拦捍集本部总机，八纵向本部架设。

丙、九纵与本部以长途电话线对架夹沟，由九纵派出总机。

七、我们在时村西北之丁楼一带指挥。

此令

政治委员　谭震林

副司令员　王建安

参谋长　李迎希

副参谋长　陈铁君

摘自《许谭兵团淮海战役命令》，1948年11月28日

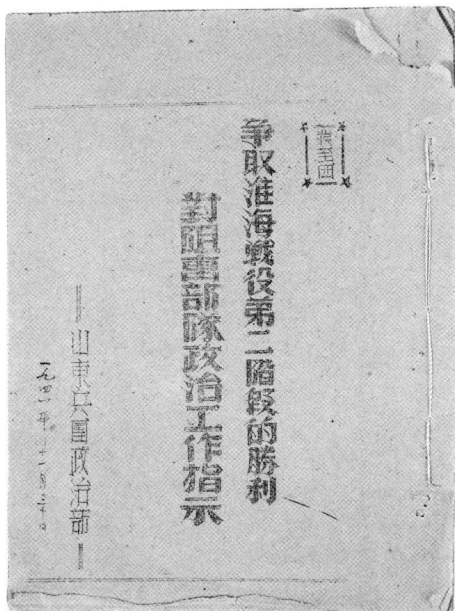

◀ 山东兵团政治部于1948年11月29日颁布发至团一级的《对
　 阻击部队政治工作指示》，要求部队提高对阻击作战的认识，
　 统一作战意志

▲《麓水报》是华野三纵队政治部机关报，以该部原八师师长王麓水烈士命名。本期主要内容为纵委会11
　 月21日发表的《为迎接新任务告全体指战员书》

华野三纵为迎接新任务告全体指战员书

亲爱的全体指战员同志们：

淮海战役第一阶段业已胜利结束，第二阶段即将胜利展开。

在第一阶段中，我们消灭了敌黄百韬兵团司令部及其所属的二十五军、四十四军、六十三军、六十四军及临时附属的一○○军等 5 个军全部，一○七军的大部，五十五军一八一师全部，给邱清泉、李弥、孙元良 3 个兵团以严重的打击，消灭徐匪继泰、王匪洪九等土匪武装各一部，计共歼敌十数万人，并争取了五十九、七十七两个军的起义，拒绝投降的三十七师一部干脆被歼。收复与解放了商丘、砀山、虞城、鱼台、丰县、萧县、邳县、峄县、郯城、海州、灌云、宿县等 12 座县城及临城、马头、新浦、枣庄、新安镇、连云港等数十个镇，扫清了徐州外围，解放了广大的土地与众多的人民，孤立与包围了徐州，兴奋了全国人民，促进了蒋匪统治的崩溃。

在这一时期中，我纵歼敌 2500 余人，内生俘 1700 人，扫清了徐西据点，辅助兄弟部队歼灭了一八一师，打击了孙元良兵团，配合了歼灭黄兵团的胜利，大体上完成了前委及野战军指挥部给我们的任务。

但战役还未结束，敌人还在挣扎，蒋介石正抽调黄维、李延年两个兵团由武汉兼程北援，图解徐州之围，我们必须给该敌以歼灭性打击，大量歼灭敌人，而我纵配合其他几个兄弟纵队，则担负了光荣的阻击任务，我们要用最大努力不放敌人过去，以保证南线的胜利，为此，我们必须认清当前战役的意义与特点，提高胜利信心，下定斗争决心，接受经验教训，加强纪律性，战胜一切困难，完成任务。

（一）中央已经指出，国民党"丧失徐州等于丧失整个长江以北，等于丧失国民党军队的最后脊骨"，徐州战场，成为中国当前的最主要战场，战役的彻底胜利，将发生基本上解决蒋介石的伟大作用，徐州战场上国民党匪军的崩溃，意味着国民党匪军主力的崩溃，就给我们实现中央提出一年左右根本打倒国民党反动统治的口号以可靠的保证，我全体共产党员、英模功臣、指挥员、战斗员、战勤工作人员必须足够认识这一问题，为响应中央号召缩短战争进程而百倍奋勇，加紧努力。

（二）战役的胜利，我们有充分的把握：我兵力空前集中，各个能征善战，加以全国的胜利形势，士气更加高涨；敌则一败再败，士气消沉，兵力虽也不少，但多已残破不全。我地形较熟，又是以逸待劳，且得广大群众的热烈支援；敌远道来援，兵力疲惫，且失掉人民支持，势必困难重重，我们又有刘邓陈粟首长的英明指挥，凡此种种，都是敌必败我必胜的主要因素。但是，我们却绝不能由此得出敌人会轻易的战败，我们会轻易的获胜的结论，不是的，绝不是的，正因为敌人要最后失败了，正因为当前徐州战场对蒋匪来说是个致命的战场，他就一定要拼命挣扎，有什么本事拿出什么本事来，因此战斗必然是残酷的、复杂的、连续的、长期的。我们对此必须有明确的认识，并从思想到工作上做具体的周到的准备，任何的疏忽大意，都必造成损失。我们必须不怕困难，不怕饥寒，不怕伤亡，不怕建制打烂，坚持连续作战，一直坚持到最后胜利。在我们执行阻击任务中，也必须有同样的认识。一方面，要认识我们的胜利条件，充满胜利信心，我们好几个兄弟纵队手牵手作战，我们已有了一些阻击经验，我们事先有准备，敌人已被我们打得残破不全，敌人处处被动；另方面必须认识困难，提高斗争决心，克服一切困难。我们的困难基本上是在主观方面，有两个主要问题：一个是不愿意打阻击战；一个是不善于打阻击战。对这两个问题，我们必须以领导与群众的力量来解决，而这两大问题的解决，也就是我们克敌制胜的主要条件。

（三）要战胜敌人，完成任务，除以上的问题外，希我全体同志——特别是共产党员务必做好下列各事：

〈一〉打通思想，认识当前战役的伟大意义，胜利条件，特点及种种困难，熟知取得胜利的办法，放弃不愿阻击的思想，愉快地肩起这一光荣而艰巨的任务来，人人自觉，个个努力。

〈二〉修好工事，提高战术，迅速接受郾漯、睢杞、徐南三次阻击的经验教训，细心熟悉情况，精密计划准备，改进防御设施，提高反击本领，学会组织撤退，节约弹药，准确射击，提倡大胆迂回机动顽强的战斗精神，大量歼灭敌人，创造各种英雄！

〈三〉加强纪律性，这是决定性的环节，目前首先是丝毫不马虎的执行三大纪律，其中尤其应放在前面的是一切行动听指挥，这就是说，必须坚决而准确的执行命令，不准有任何的借口，服从命令完成任务是军人的天职，是革命军人对党对人民具有高度负责精神的表现，不服从命令不完成任务是革命纪律所不能容许的，以往犯的必须改正，今后不准重复。

其次是正确实行新区政策，不拿人民一针一线，做好八项注意，特别做到买卖公平，进出宣传，说话和气，借物归还，动物归原，在修筑工事中，尽可能做到减少群众的损失，有些部队的严重违犯纪律政策，必须迅速纠正。

最后是一切缴获要归公，研究俘虏政策，开展对敌政治攻势，瓦解敌人！

同志们，光荣而艰巨的任务落在我们的肩上了，我们有泰安、许昌、洛阳、开封等英雄事业传统，我们有林茂成、郭继胜、洛阳营、得胜连等英雄主义传统，在我们各个工作战线上，都有许多的贡献，今天是考验我们的时候了，共产党员们，英雄模范功臣们，指挥员们，战斗员们，政工人员们，战勤工作人员们，动员起来，为迎接新胜利而英勇作战！

纵委会
11 月 21 日

摘自华野三纵《麓水报》第 389 期 1948 年 11 月 22 日

正确认识阻击，坚决完成任务
——华野九纵刘政委①在纵直排以上干部会报告摘要

淮海战役第一阶段我们已经胜利的完成了中央所给我们的任务，全歼黄百韬兵团（胜利战绩及其影响略），我们取得胜利的原因在哪里呢？

〈一〉在客观上：①首先是这次战役上级的组织与指挥的正确。如果被黄百韬兵团跑到徐州与邱、李兵团会合，我们就不可能在这样十几天的工夫全歼其 5 个军。②归功于截击黄兵团及阻击邱、李兵团的部队，保证了我攻击部队侧翼的安全。③我们攻击碾庄圩及其周围据点之敌，取得其他许多兄弟部队的配合，在外围大量的歼灭了敌人，保证我们及早作业。

〈二〉在主观方面：①我们发挥了最大的艰苦性。这表现在每天走路，走得很远，但大家意见还不多。另一方面表现在连续战斗，有许多部队连续打了二三次仗。再一方面就是能克服困难，如徒涉过河……等。②进入新区作战能够迅速接受经验。如：苏北村庄多为集团家屋组成，水多……等特点。开始我们用老一套的打法就吃了些亏，后来迅速的研究接受了经验，伤亡就减少了，时间也缩短了。③我们的组织纪律性的初步整顿起了很大作用，全军上下都表现了高度的集中与

---

① 编者注："刘政委"为华野九纵政治委员刘培善。

统一，自觉性逐渐提高，特别是二十六师值得表扬，打大小院上时，上午决定不打，下午又告诉打，但他们毫无意见，愉快而坚决的完成了任务。④在作风上开始有些转变，经过强度行军后，到达即投入战斗，而领导机关都能及时了解下面情况，掌握部队思想，进行领导。

现在战役的第二阶段已经开始，并已取得重大胜利。这一阶段的目的和任务就是全歼黄维兵团，力争大部或全部歼灭李延年兵团，南线是主要的。北线的任务阻击邱、李、孙兵团的南援，并大量杀伤歼其一部，缩小其守备面积，为下一阶段全歼该敌造成有利条件。这是把敌人全歼在江北起着决定作用的阶段。

我纵的任务就是阻击敌人，保证南线的顺利歼敌。我们对这一任务必须有正确的认识，因为过去每一次战役我们都是主攻，因而使我们对阻击战的认识不足。任何部队要能别人阻击自己主攻愉快，而自己阻击别人主攻也愉快，因为阻击战是任何一次大战役的组成中不可缺少的一部分，只有主攻与阻击结合，才能圆满的完成一个战役任务。因此，不愿打阻击是缺乏整体观念的表现，这一次接受任务将对我们是一个考验。

以什么条件来考验我们是否完成任务呢？（1）确实阻住敌人，保证南线歼敌胜利，但不是消极的防御，而是严守阵地的向敌人进攻，杀伤歼灭敌人。（2）减少自己的伤亡，达到保存有生力量，其基本条件就是要有巩固的阵地和坚固的工事，抓紧战机出击。（3）一切都是向敌人进攻的，单纯防御，消极防务，挨打的姿势都是错的，要达到以上目的就要做几个工作：①首先重要的是阵地，要作工事，阵地的构筑是我们的重要战斗任务。②广泛开展学习运动，过去我们是打主攻，对防御战中阵地的构筑、火力配备是不熟的，而时间又允许我们学习，所以支部干部必须好好领导这一工作，开展敌前学习运动，迅速学会打援、阻援本领，新提的干部学会指挥与工作。③广泛开展政治攻势，有计划的写标语、喊话、撒传单等。④必须十分重视战地群众纪律，一些物资器材的筹备都要有手续。

我们所具备的胜利条件：〈一〉邱兵团以五军为主，而五军经过睢杞战役伤亡极大，此次与李弥兵团援黄百韬又被我打的很重，孙元良兵团根本缺乏进攻精神，整个敌人内部十分混乱。〈二〉地形于我有利，利于守而不利于攻，山地本身就是很好的地形，而我们部队又是擅长山地作战的。〈三〉我们部队士气越打越高，大家都在想如何把两天的买卖一天作完，早些打倒蒋介石，全党同志对战争积极性是高的。

但是我们还要警惕，不能轻敌，对整个敌人要鄙视，对具体敌人则要好好研究。另一方面，我们没有经验，要迅速研究、总结、接受经验。

摘自华野九纵《胜利新闻》第 71 期 1948 年 12 月 1 日

华野政治部社论摘要：坚决完成阻击任务！

阻援作战的基本任务，是与敌人争夺时间，并在争夺时间中大量消耗敌人，歼灭一部敌人。在战术上，不使干等挨打，而是不怕艰苦疲劳，认真修好工事（在这一点上应向敌人学习），大量杀伤敌人在阵地前沿，尤其要积极主动地组织出击，出敌不意，歼灭小股敌人。守备时，没有命令，决不后退。但我们又不是死守，而是在达到大量消耗敌人与迟滞敌人前进的目的后，即作有计划的撤退，然后又适时组织勇猛的反击，争取歼敌一部。这就是又能攻，又能守。该守的坚决守住，该退的灵活退出，该反击的勇猛反击。要选拔大批的小炮手、射击手，准确地射杀敌人；要准备必要的工事与器材，毁灭敌人的坦克。这一积极防御的战术思想，必须在全体同志中弄通，使每个人都懂得应当怎样最模范地去完成自己的任务。

摘自山东兵团《华东前线》第 59 期 1948 年 12 月 2 日

华野一纵阻援口号

1. 坚决阻击围困敌人，不让敌人南逃！
2. 加强工事、改造地形、坚守阵地！
3. 积极反击，大量杀伤敌人！
4. 不怕伤亡、不怕牺牲，忍受饥寒，克服困难！
5. 发扬坚决顽强沉着勇猛的战斗精神！
6. 坚决完成任务，积极援助友邻！
7. 新老同志团结起来，完成阻击任务！
8. 老同志带头示范，新同志复仇立功！

纵队政治部
1948 年 11 月 25 日

摘自《阻击邱、李兵团南窜的政治工作指示》，见《中国人民解放军第二十军第三次国内革命战争战史资料选编》，1963 年，第 172 页

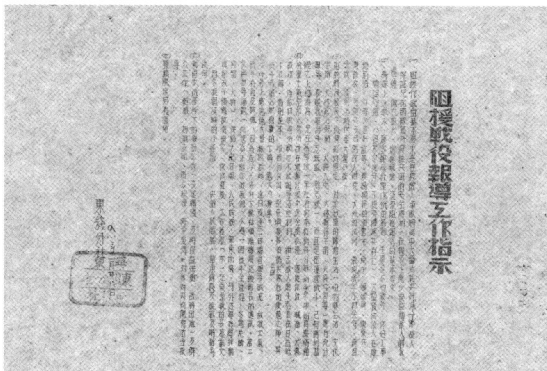

▲ 华东东线分社于 1948 年 11 月 28 日转发的新华社关于淮海战役阻援及报导工作指示

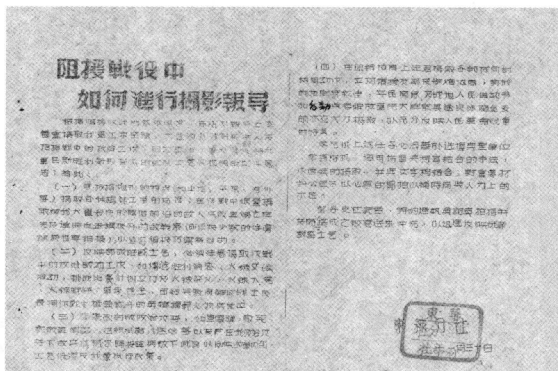

▲ 新华社华东东线分社发出关于"阻援战役中如何进行摄影报导"

◀ 华野九纵七十六团首长向转入徐南作战的部队进行形势教育

访谈实录

华野九纵聂司令员 [1] 谈：淮海战役形势及我纵目前任务

经几日连续行军，我纵已奉命进至津浦路西，接受新的作战任务。本报记者特就目前华中战场形势及我们的任务，于 27 日深夜请示我纵聂司令员，承其答复如下：

问：现在我纵到津浦路西来的任务是什么？

答：总的方面，我们是坚决执行党中央指示，把江北的敌人全歼在江北。目前淮海战役已进入第二阶段，我纵的任务是配合兄弟部队来消耗邱李孙三兵团，造成第三阶段歼灭邱李孙三兵团的有利条件及保证南线兄弟部队顺利歼灭黄维、李延年兵团，并在发展过程中逐渐紧缩邱李孙三兵团的守备面积，在一定情况下变

———————

① 编者注："聂司令"为华野九纵司令员聂凤智。

成围困该敌，待南线全歼黄维、李延年兵团后，第三阶段就要配合北线各兄弟部队全歼该敌，解放徐州。

问：目前我们所进行这个战役的伟大意义在哪里？我们都有哪些胜利条件？是否有困难。

答：这是很明显的，只有争取这个战役的彻底胜利，才能缩短战争时间，才能实现中央的估计——一年左右基本上打倒国民党反动政府。所以这次战役的胜利不但是解决了中原问题，而且将从基本上解决了中国问题，我们在江北作战比在江南好，无论人力、物力、地形都对我极端有利；敌人是被分割的，易于歼灭，我们则有华东、中原两大野战军，空前的集中，将近百万人马，在高度的统一、集中指挥下，发挥出伟大的力量。而敌人经过一连串被歼，其兵无斗志日益严重，以至高级军官亦皆无信心。所以说，我们有把握、有条件全歼这个敌人，战役第一阶段已经证明中央的决心是完全正确的，而战役的第二阶段眼看已将证明其百分之百的正确。

我们是不是没有困难？有的，但这是在胜利发展中的困难，是可以克服的。如战役的连续性，大兵团作战的整体协同，目前已进入严寒的冬天，在新地区作战……但这些困难只要我们努力，事实证明都是可以克服的。克服的办法就是：全党努力，提高阶级觉悟，发扬光荣传统，不管如何胜利或在个别情况下受挫，要始终清醒，虚心研究学习，贯彻党中央的决心，能如此，只有胜利不会吃亏的。

问：既然我们此次所担负的任务这样重要，那么我们在此次战役中所采取的方针是什么？

答：我们执行阻援消耗以至最后围困敌人所采取的方针是积极进攻的而不是防守的，在阻援过程中要积极主动歼敌有生力量，无论是阵前反击或向敌固定点的进攻，都要求战必胜、攻必克、打必歼，能吃一个连就歼一个连，能吃一个团就歼一个团……所以是进攻的又是歼灭的，不是单纯防御消耗，争取时间保证南线歼敌全胜是一方面，而主要的是消耗敌人、杀伤敌人、一定数量的歼灭敌人，造成下一阶段全歼该敌的有利条件。这样，我们就必须在阻援过程中选择弱敌大量歼灭，慢慢的使较强的敌人也变成弱敌。另外在守备上我们不是单纯死守，而是以积极扩展我之守备面积来争取时间，但能够达到我有利歼敌的一定点的死守是必要的（如在两侧歼敌，正面死守），一定地方的放弃也是为了找战机歼灭敌人，所以我们既不是硬拼，也不是逃跑。

问：是不是对部队不提出什么具体要求？（此时叶副参谋长在旁，当即传达聂司令员的指示）

答：为了完成中央及前委所给予我们的任务，对部队提出如下要求：①确实完成阻援时间。②凡出击一定歼灭，是积极的主动的。③保存自己，可避免之伤亡要坚决避免，但为确保一定阵地，即使伤亡大一点也要坚守。④照顾团结（上下、友邻）。⑤作风上要深入，了解自己，了解敌人，虽然不是要求事事看到作到，但对于关键性的问题一定看到作到。

问：在战术上应掌握些什么问题呢？

答：在战术上应掌握以下几个问题：

（一）阵地的编成与筑成是纵深的、不规律的梅花形的、三角形的，到处是单个子母堡，但又有核心点，并要周密的构筑火力网，哪里有结合部，都应有与友邻配合的方案。我们的阵地应该是整体的，工事的构筑要求坚固低下，但能发扬火力。不把重点放在村落，应离开村落一定距离，村落的四角应构筑阵地，村里村外应有交通沟联系，所有工事都要伪装如自然地一样，一定地区可作假工事，吸引敌火。

（二）守备问题。守备时特别要求沉着，敌人不至有效射程内不开火，要提倡独胆与小分队行动，可采取以下办法：一个营的守备面积放一个连，每一子母堡放3人至5人，其余准备反击。敌炮击时要彻底隐蔽，敌步兵进攻时，出击不要过早应沉住气，一定要敌近到阵前才出击，做到一排手榴弹后乘烟幕出击。二梯队应注意隐蔽，不要放在炮击目标，而应放在目标的侧翼，各部队应掌握相当的预备队，准备随时抓住战机主动反击。另一方面在阵地前应实行短距离的反击，应是分散守备，集中反击，有组织、有准备的歼敌有生力量。反击部队运动之道路应事先选择，既不要出击过早，而出击时又能拿得出去，要求坚决与敌人步兵搏斗，以刺刀对刺刀。

（三）火力使用。防御阵地应配置火网，山炮用之于压制敌炮火，九二步兵炮以下之火器除对敌密集队形与出击时压制敌火外，一般不应过早射击，浪费弹药，但一定的消耗不要顾惜。火力一定有组织与明确使用，射击标定与射击计划应预先作好，还要一定数量火力与友邻构成火网。

（四）转移应是有组织、有计划的，是为了寻机歼敌，宁肯花一定代价反击，也不能被迫转移，如万一无法坚守时，也应从翼侧撤下，决不能由正面后撤。转移时一定要注意交替转移，不要在一条线上拥挤，转移为了歼灭敌人，因此要求在转移中要乘机歼敌。

最后聂司令员又反复的叮嘱全纵同志说："大家在事前对中央的意图应细心研究，具体而艰苦的作好准备工作。战斗开始后，全军在高度为党、为人民负责的精神下，发挥我们的勇敢性、顽强性，使我们高度的技术显现在敌人面前，我们一定能完成任务，能胜利。我们在攻坚战中，要成为强有力的部队，在阻击战中，也要成为强有力的部队，才是名副其实的攻守出色的全面部队，才是'攻如猛虎，守如泰山'的有雄厚战斗力的党军"。

摘自华野九纵《胜利新闻》第 70 期 1948 年 11 月 30 日

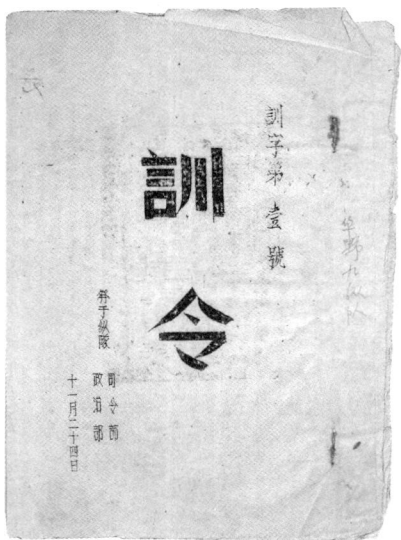

▲ 华野九纵司令部、政治部 1948 年 11 月 24 日颁发的关于遵守群众纪律的训字第一号《训令》

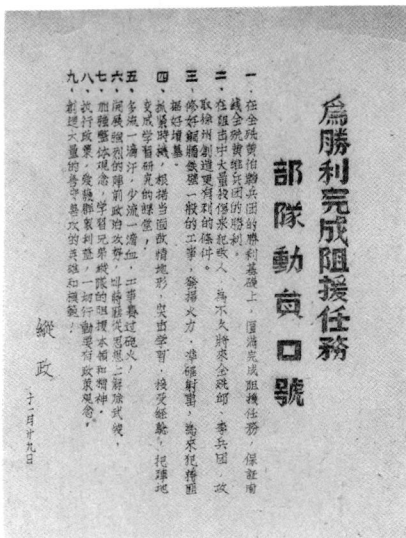

▲ 华野九纵政治部为胜利完成阻援任务颁发的部队动员口号

◀ 率部参加徐南阻击作战的华野两广纵队司令员曾生（右二）、政治委员雷经天（右一）等领导

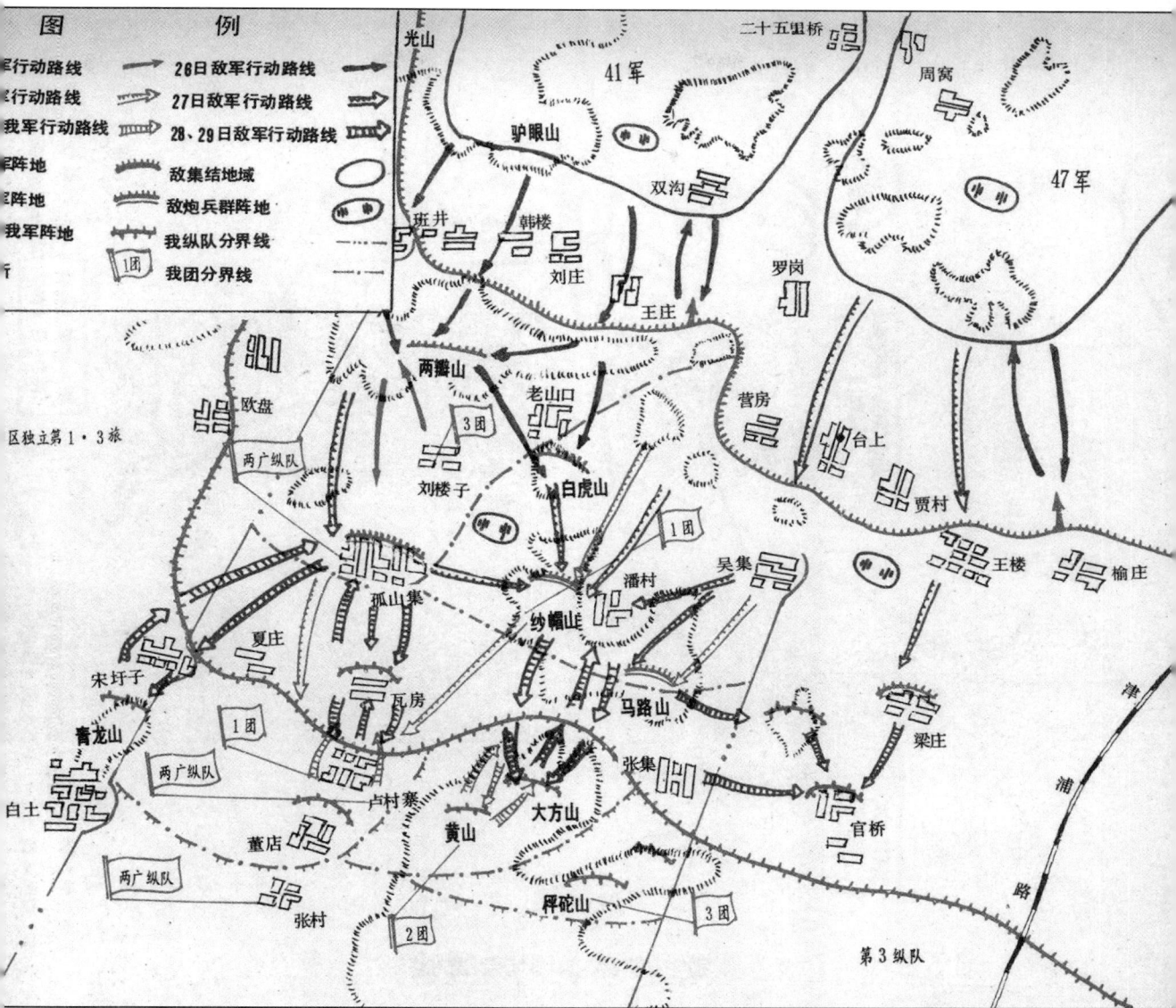

▲ 两广纵队参加徐南阻击战示意图

简介

华东野战军两广纵队

1947 年 8 月 1 日，以北撤的广东人民抗日游击队东江纵队为基础，在山东省惠民成立两广纵队，辖 3 个团，共 3600 余人，隶属华东野战军。曾参加南麻、临朐、豫东、济南等战役。淮海战役时约 5500 余人，主要参加了徐南阻击孙元良兵

团、追击围歼杜聿明集团等作战，共歼国民党军 2000 余人。1949 年 3 月转隶第四
野战军，隶属于第十五兵团。

编者整理

▲ 华野某部构筑阻击工事

▲ 华野某部在三堡一带构筑工事，阻击邱、孙
兵团

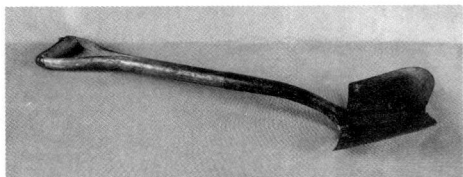

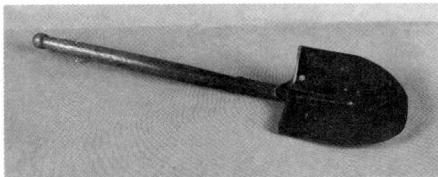

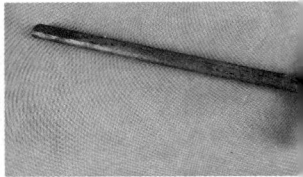

▲ 徐南阻击战中华野某部构筑工事用的铁锨和镐头

战史摘要

华野司令部徐南阻击战小结

敌邱孙两部于 24 日正式开始由津浦路东西地区逐步南犯，迄 30 日止共历 7
天，敌曾图乘我主力在徐州以东未及转移，及一部南下作战，在我薄弱的部分沿
津浦线两侧南犯，妄图寻找我弱点乘机突进，但在此 7 天中敌前进约 30 里至十余
里，遭我强力反击退回约十余里［至］三五里，实际敌人前进仅只 20 余里至 10 里。
平均每天进展 3 里至 1 里稍多（均为华里）。故杜聿明所辖之邱、李、孙兵团，倾
巢南犯，图沿津浦线取捷径南下靠拢黄维，以便在李延年兵团策应下合股南撤江
防之企图，遭严重打击，已使该敌由津浦南下之决心信心动摇，故敌舍此而取道
萧、永南进，于 30 日即开始撤弃徐州，仓皇西窜。至此我各部则即开始对敌急追，

以求阻截敌人，保障中野对黄维作战安全。

摘自《华东野战军司令部关于淮海战役经过概述》，1949 年 1 月

两广纵队阻击孙元良兵团的战斗

两广纵队奉命在两瓣山至吴集一线 11 公里宽的正面和 10 公里纵深的地区组织防御。右邻是第三纵队，左邻是冀鲁豫军区独立第一、第三旅。

两广纵队受领任务后，立即在孤山集召开了纵队党委扩大会议。会后，纵队首长即向各团下达了口述命令：第一梯队为第一、第三团，沿下班井（不含）、两瓣山、营房、吴集（含）构筑纵队第一道防线。第一团为主要防御方向团，前沿位于营房至吴集一线小山，主阵地位于白虎山、纱帽山、马路山；第三团为次要防御方向团，前沿位于两瓣山前及其以东的小山，主阵地位于两瓣山。以第二团为第二梯队，于瓦房、卢村寨、黄山、大方山构筑纵队第二道防线。

11 月 24 日，徐州敌杜聿明集团开始向南进行试探性进攻。25 日，敌黄维兵团陷入我四面包围。26 日，敌杜聿明集团为了救援黄维兵团，全线向南发动猛烈进攻，其邱清泉兵团在铁路以东，主要突击方向指向鲁中南纵队防区；其孙元良兵团在铁路以西，主要突击方向指向两广纵队防区，企图突破后迂回到第三纵队侧后，攻占曹村、夹沟，达成其第一步目标。

26 日下午 5 时，敌孙元良兵团第四十一军第一二二师倾巢出动，在第一二四师配合下，由二十五里桥、双沟向两广纵队第三团两瓣山东部阵地进攻。该团第二营英勇地把敌人打了回去。待至黄昏，敌人一路从正面偷袭该团两瓣山前的前沿阵地；另一路绕经下班井从该团与冀鲁豫军区独立第一、第三旅的接合部袭占了两瓣山主阵地。该团组织了两次反扑，由于敌众我寡，敌人又占据地形，加之该团刚重建不久，干部战士间还不很熟识，战术配合还不熟练，故伤亡了数十人而未奏效。拂晓前，该团两瓣山阵地和第一团白虎山阵地均被敌人占领，两广纵队第一道防线为敌人突破。

这时，两广纵队首长根据当前敌我兵力对比，认为要夺回两瓣山阵地已无可能，于是决定放弃第一道防线，集中兵力固守第二道防线。随即命令第一团退守纱帽山、马路山主阵地，第三团撤回卢村寨，掩护第二团和纵队直属队加强第二道防线工事。

27 日拂晓，敌第四十一军以两个团的兵力，在两个野炮营和两个山炮营支援

下，并得到敌第四十七军一部的配合，三面夹击第一团第一营防守的纱帽山阵地。该营进行了顽强的抗击，打退了敌人3次冲锋，在阵前杀伤敌200余人，终因敌众我寡，多面受击，而且纱帽山又是石头山，难以构筑野战工事，在敌人猛烈炮击下（敌人发射了1000余发炮弹），我伤亡较重，被迫于下午3时撤出阵地。

疾风知劲草，激战显英雄。第一营第三连曾发班长（因为他年小机灵，同志们都亲切地叫他"曾发仔"）率领全班掩护撤退，他腿上负了伤，这时敌人正在往上冲，情况很危急，班里两个战士要背他走，他怕拖累同志，毅然命令战士们快撤，说："你们快走，我自有办法！"只见他趴在只有齐膝高的堑壕里，沉着地用冲锋枪扫射冲上来的敌人，直到子弹打光。这时敌人已冲进堑壕，他宁死不当俘虏，待敌人向他靠近时，拉响了仅有的两颗手榴弹，把敌人炸倒，他自己也壮烈牺牲。消息传出后，同志们都很受感动和鼓舞。两广纵队首长号召全体同志学习曾发同志的革命英雄气节，坚守阵地，坚决堵住敌孙元良兵团南逃。

经过两天激战，两广纵队及时总结了第一道防线由于兵力分散，因而未能很好坚守的教训，决心集中兵力坚守第二道防线。决定以第一团集中防守卢村寨及其前方的瓦房村；以第二团集中防守大方山、黄山，并保障第一团右翼的安全；第三团防守秤砣山，并保障第二团右翼的安全，该团另以一部位于卢村寨西侧，保障第一团左翼之安全。要求部队在部署调整完毕后，连夜加修工事，迎接即将来临的、更加艰苦的战斗。

南逃心切的敌人，因占领了我纱帽山阵地而冲昏了头脑，不惜拿出更大的本钱，企图一击成功。28日，从上午7时开始，敌孙元良兵团集中了主要兵力，在猛烈的炮火和航空兵的支援下，又疯狂地向两广纵队第二道防线发起冲击。

敌第四十一军首先集中兵力向我第一团第二营防守的瓦房阵地进攻。敌人的第一次冲锋，在该营的有力抗击下，很快就失败了。接着敌人增加了兵力，又组织了第二次冲锋，在猛烈的炮火准备后，分两路从瓦房的东面和北面进行夹击。该营分兵顽强阻击，经过30多分钟的激烈战斗，因伤亡过大，于8时20分撤出了瓦房。第一团乘敌人立足未稳，旋即以第二营为主，第一营配合，组织了反击，于8时30分夺回瓦房，歼敌40余人，缴获轻机关枪2挺，余敌溃向孤山集。但第一团考虑到瓦房村子小，态势又突出，不利于防守，于是在9时将部队撤回，集中全力坚守卢村寨。

敌人重占瓦房后，9时30分，同时猛烈炮击大方山和卢村寨。炮击过后，敌第四十一军倾其全力，同时对大方山和卢村寨发起了猛烈进攻，企图一举突破我第二道防线。

在大方山方向，敌人首先攻击左侧山脚由我第二团第四连防守的前沿阵地。敌人的第1次冲锋很快被该连击溃。敌人又立即集中炮火向该地猛轰，并再度集中兵力实施冲锋。该连工事全部被毁，人员伤亡很大，连长、政治指导员均负伤，不得不撤出了阵地。第二团即着令第二营统一指挥第一连和第四连进行反击，但未能奏效，我伤亡20余人，其中第四连副政治指导员刘观胜牺牲、第一连副政治指导员负伤。敌人站稳脚跟后，以猛烈炮火实施逐次延伸射击，掩护其步兵于10时20分夺占了大方山主阵地。

大方山是卢村寨的屏障。这时，敌人正在猛攻卢村寨，如果敌人占住大方山，就可以居高临下，从卢村寨的侧翼实施夹击。卢村寨一旦失守，两广纵队的防御就有崩溃的危险，敌孙元良兵团就可以直指曹村、夹沟，协同从东边南进的敌邱清泉兵团，夹击我第三纵队，打开敌杜聿明集团南进的缺口，从而影响战役的全局，后果不堪设想。为了不让敌人的企图得逞，两广纵队首长立即命令第二团组织兵力夺回大方山。纵队雷经天政治委员亲自给第二团政治委员陈一民打电话，指示第二团必须不惜一切代价夺回大方山，并不惜一切牺牲守住它。

第二团迅速组织了第一、第二、第四、第五连的兵力，以第五连为主要突击连，在团营炮火和第一、第三团的侧翼火力支援以及第一团第一营的侧击配合下，向占领大方山的敌人进行强有力的反击。经过40分钟的激烈战斗，终于在11时20分夺回了大方山，并歼敌副营长以下百余人，余敌溃向纱帽山、马路山，从而挽救了危局，稳定了防线。在反击中，各连的干部身先士卒，战士们像猛虎出山，奋勇地扑向敌人。冲在最前面的第五连曾福连长，负伤后不下火线，坚持到完成任务；副连长陈玉麟光荣牺牲，另外还有3个连级干部也负了伤。

敌人不甘心失败，整个下午，继续在猛烈炮火掩护下，一次又一次地向大方山冲击。第二团接受上午的教训，采用积极防御战术，在敌人炮击时，防守部队隐蔽在棱线后的死角，待敌炮火向我纵深延伸，敌步兵向我冲锋时，迅速抢占棱线，居高临下，以轻机关枪、冲锋枪和手榴弹猛击敌人，一次又一次地把敌人打了下去。敌人的尸体布满了大方山的北山坡。直到阻击战结束，我第二团防守的大方山阵地岿然不动。

在卢村寨方向，敌人的第一次冲锋，在我第一团的英勇抗击下失败了。10时

40分，敌人在夺占大方山后，又进行了第二次冲锋，但又被第一团击溃。午间，敌人为了增调兵力攻势稍停。14时许，敌在增兵瓦房后，又以一个团的兵力，在强烈炮火支援下，与进攻大方山的行动相配合，发起了集团冲锋。第一团在正面以轻重机关枪和步枪的密集火力及连续投掷手榴弹，给敌人大量杀伤后，从翼侧实施阵前出击，敌人不支溃回瓦房。

接二连三地吃了败仗的敌人，像输红了眼睛的赌棍，恼羞成怒，不惜孤注一掷，集中了更多的炮兵，并连续出动野马式战斗轰炸机，对卢村寨实施了轮番轰炸。仅半个小时，卢村寨前沿阵地所有工事全部被摧毁，全村房屋着火，村子几乎全被炸平。纵队指挥所也遭到敌人炮火的猛烈轰击，一度中断了指挥。

18时许，敌人紧接着炮火轰击之后，出动了两个团的兵力，铺天盖地扑来，妄想一口气踏平卢村寨。我第一团的指挥员们伏在敌人轰击后只剩半公尺深的堑壕里，眼睛紧紧盯住前方，决心给猖狂进攻的敌人以迎头痛击，绝不让敌人南逃的企图得逞。这次，敌人采取了波浪式的轮番冲锋，第一波被打垮了，第二波继续涌来；第二波被粉碎了，第三波又冲上来。第一团的同志们与敌人进行了激烈的交锋，前沿阵地多次失而复得。在拼杀中，指战员们表现出惊人的英勇顽强。第六连有一个班，与冲上来的敌人展开了肉搏战，全班壮烈牺牲。不少战士带着多处的枪伤或刀伤，仍然坚守在阵地上，拒绝撤下火线。有些战士腿被打断，双眼被打瞎，双耳被震聋，但仍坚持帮助战友装子弹，投掷手榴弹或呼口号。第一营一个台湾籍的排长（原是莱芜战役解放过来的战士），腰骨和双腿被炸断了，全身血肉模糊，他对前来抢救的卫生员说："我不行了，你去抢救别的同志吧！要消灭国民党反动派，为阶级兄弟报仇！"说完才咽下了最后一口气。在敌人的火网下，男的和女的卫生人员背着急救药箱到处奔跑，哪个阵地打得最激烈，就冲到哪里去救护伤员，伤员鲜血染红了他（她）们的衣裳。为了保证通信联络的顺畅，电话兵也是前仆后继地去抢修被敌人炮火炸断的电话线，有的同志为此流尽了最后一滴血，嘴里还牢牢地咬着两边的电话线头。

英勇的第一团的同志们，就是这样一次再次地粉碎了敌人的进攻。在我阵前数十米内，敌人遗尸累累。而经过几番恶战，该团伤亡也很大，仅营连干部就伤亡了13人（第一营政治教导员曹洪负伤，机炮连连长霍桐在指挥重机关枪射击时牺牲），全团除一个连还有一个比较完整的排外，其他各连只剩1至2个班，而且还是临时合编的，战斗力大为减弱。为了确保阵地，两广纵队党委号召全体指战员即使战斗到最后一个人，也要坚守在阵地上，要坚决与阵地共存亡。曾生司令员亲自给彭沃团长打电话，指出卢村寨的作战已到了最严重的关头，今天要和敌人决一死战，坚决不让敌人踏进卢村寨。纵队首长的号召给了第一团的同志以巨大鼓舞。纵队首长还及时决定把纵队直属的警卫连、侦察连、文工团以及所有能抽调得出来的司令机关和后勤人员拨归第一团指挥，以加强卢村寨的防御和后勤力量；并派出纵队参谋长姜茂生到第二团、纵队参谋处长邝强到第一团加强指挥。警卫连和侦察连于 20 时 30 分到达卢村寨前沿时，正值敌人又一轮的冲锋开始，他们立即协同第一团第二营把敌人打了下去，并实施了反击，使敌人遗尸数十具。我警卫连和侦察连亦伤亡 28 人（侦察连连长和副政治指导员负了伤）。经过这次打击后，敌人锐气大减，不得不停止进攻，在我阵地前七八十米处挖壕据守。我第一团也因伤亡过大，机关枪大部分被打坏，弹药剩下不多，也需补充调整。双方暂时处于僵持状态。

华东野战军首长鉴于徐州以南阻击战的战况激烈，为了确保防线，命令担任第二梯队的第四、第八、第九 3 个纵队，迅速从参加歼灭敌黄百韬兵团后进行的休整地区调过来，加入山东兵团，以增强阻击力量。山东兵团于 28 日作了如下的部署：以第三纵队、鲁中南纵队、第八纵队组成中路阻击兵团，由兵团部直接指挥；以第一、第四、第十二纵队组成东路阻击兵团，由第一纵队统一指挥；以第九纵队、两广纵队和冀鲁豫军区独立第一、第三旅组成西路阻击兵团，由第九纵队统一指挥。

这时，在两广纵队的防守正面，从 28 日 20 时以后至 29 日晨，敌人又集中炮火通宵达旦地对卢村寨作毁灭性的轰击，企图阻挠我军加固阵地，并 4 次出动小分队，利用夜间向我偷袭，企图夺占我前沿阵地。但我第一团指战员严阵以待，敌人的每次偷袭均被我潜伏分队和短促突然的火力击溃，并歼其一部。在这个晚上，第一、第二团为了迎接第二天更加艰苦的战斗，都抽出团部直属机关和连队的战士，补充到战斗连队去，并调整班、排组织，以保持战斗力。各团的后勤干部带领民工，利用敌人炮兵射击的间隙，把弹药和干粮送到阵地上去。各战斗连则利用一切时机加紧抢修工事，和修理被打坏了的枪枝，并派人到阵前敌人的尸体上搜集弹药。

29 日晨，敌人在更猛烈的炮火和航空兵配合下，又开始了对两广纵队防守的大方山和卢村寨阵地的轮番冲锋，企图继续达成其战役目标。

在大方山方向，我第二团全力投入防守，敌人虽数次冲击，但在我强有力的反击下，不但未能攻上我大方山主阵地，而且连山脚的前沿阵地也无力攻占。

在卢村寨方向，敌人一开始就把进攻的主要矛头，指向第一团第二营第五连防守的寨西北角的两块柏树林和小坟堆。这里是敌我争夺的焦点，敌人要进占卢村寨，就必须先夺取该地，因而敌人进攻卢村寨伊始，这里战斗就一直很激烈。自晨至午，敌我双方数次争夺该地。第五连与前来增援的纵队直属警卫连并肩战斗，一次又一次粉碎了敌人的冲锋，敌人死伤以百计。第五连第一排林权排长，一天多来率领本排一直坚守在柏树林中，经过几番苦战，全排剩下不到一个班的人数，柏树也几乎全被敌炮火击倒，所剩无几。敌人的又一轮冲锋开始了，林权排长摸到敌人的特点，沉着地等待敌步兵接近到几十米时，指挥全排同时猛烈开火。他亲自用轻机关枪射击，扫倒了一片敌人；随之他又一口气打了十几个手榴弹，杀伤敌人百余人。敌人溃退了，林权排长一声令下，率领全排战士跳出堑壕，配合友邻的出击部队，勇猛地冲向敌群，不幸被敌人的侧射火力击中，但他仍握着手榴弹向前追击，由于伤势太重，冲到阵前 20 米的坟堆时跪倒下去了。他牺牲时，手中仍握着手榴弹作投掷姿势。

上午 9 时许，敌人以第四十一军在进行正面进攻的同时，又以其兵团预备队第四十七军第一二七师，从卢村寨西侧夏庄方向实施迂回。当时从卢村寨往西约 2000 米地带无兵防守，而两广纵队首长手上又无机动兵力可以调动，情况十分危急。幸而在这关键时刻，第九纵队先头营及时赶到，并立即投入战斗，与第一团和纵队直属警卫连、侦察连协同作战，以猛烈的正射和侧射火力，大力杀伤从正面向我进攻的敌人，并抓紧时机以纵队直属侦察连为主实施阵前出击，将敌人击溃。从左侧迂回的敌人，遭到我冀鲁豫军区独立第一、第三旅顽强抗击，被阻于夏庄、青龙山一线。由于第九纵队后续部队不断增防，我防御力量大为增强，士气更加高涨。敌人虽然一再作垂死的进攻，但每次都以在我阵地前死伤遍地而告终。战至黄昏，敌人再也没有能力进攻了。但敌人的炮火，直到 30 日晨仍不停地对卢村寨进行轰击。

30 日 5 时，卢村寨阵地全部由第九纵队接防。两广纵队由于伤亡过大（平均每营只剩下百余人），奉命集中防守秤砣山、大方山、黄山。此时，徐州以南的阻击战亦已接近尾声，两广纵队的阻击任务也宣告胜利完成。

徐州以南的阻击战是两广纵队成立以来，担负任务最重，作战最激烈、最艰苦的一次战斗。两广纵队以劣势兵力和火力，在第一道防线被敌袭占，伤亡严重而又无机动兵力的极端困难情况下，依靠纵队首长的正确指挥和全体指战员的旺盛斗志，顶住了敌孙元良兵团优势兵力和火力的猛烈进攻，从 26 日 15 时至 30 日 5 时，连续与敌激战近 4 昼夜，终于守住了敌人南进的主要通道之一的卢村寨和大方山阵地，从而和参加徐州以南阻击战的其他兄弟纵队一起，粉碎了敌杜聿明集团向南突围的企图，使蒋介石三路会师宿县、打通徐州至蚌埠铁路线，退守淮河以南，屏障南京的打算成为泡影，并为尔后全歼敌黄维兵团和敌杜聿明集团创造了有利条件。

摘自《两广纵队史》，广东人民出版社 1988 年，第 75—86 页

华野四纵参加北线阻击作战

我纵奉命参加北线阻击作战，统一指挥友邻一纵及十二纵，组成东路阻击集团，控制徐州东南水口、二陈集、关帝庙一带阵地，向西及西北构筑工事，配合友邻坚决阻击徐州南援之敌，并随时准备由东南向西北出击。

11 月 27 日，我纵以十师接替友邻位于褚兰、营里一带的防御阵地。28 日晨，该师以二十八团二营向褚兰开进，以便提早接替友邻阵地。12 时，该营刚到褚兰时，友邻已撤，敌七十军九十六师两个团已迫近该庄，并在坦克 8 辆配合下向我展开攻击，该营当即就地展开迎击，虽击退敌两次冲击，毁敌坦克 1 辆，但由于仓促应战，在敌第 3 次攻击时，被迫后撤。此时，我二十八团主力进至褚兰以南山区，当即展开，阻止了该敌的前进。

摘自《中国人民解放军第二十三军第三次国内革命战争战史》，1960 年，第 69 页

华野一纵水口地区阻敌南援

华野为保障围歼黄维兵团，决心以 8 个纵队和两个独立旅在徐州以南津浦线两侧 50 公里的宽大正面上，阻敌南援。

我纵奉命在水口、宝光寺、褚兰地区组织防御，为防御集团之最右翼。左邻第十二纵队位杨家洼、张集地区，并肩向北防御。我纵于 21 日到达上述阵地，以纵深梯次配备组织防御。确定以第一师在水口、小店、下洪一线，担任第一线防御；第三师在玫瑰山、赵家洼一线，担任第二线防御；第二师在宝光寺、褚兰以南地域担任第三线防御。

纵队政治部根据上述任务，为了加深战斗动员，进一步认清战略决战的胜利形势，发出了阻击邱、李兵团南窜的政治工作指示，号召部队坚决阻住敌人，保

证南线兄弟部队全歼黄维兵团。部队经过加深动员后，明确了阻击任务的重大意义，纠正了打一仗歇一歇的老观念，确立了不怕艰苦、连续作战的思想。特别是通过毛主席关于《中国军事形势的重大变化》一文传达以后，大家看到"再有一年左右的时间，便可能将国民党反动政府从根本上打倒了"。全纵上下大为振奋，誓为坚决守住阵地，争取淮海战役彻底胜利而奋斗！

我担负第一线防御任务之第一师，以第三团防守水口要点；第一团在水口以东之小店组织防御；第二团为预备队，在下洪、孙宅、郝庄构筑纵深阵地；以师属山炮、重迫击炮各一个连，配置于小店西北河堤，支援第一、第三团作战。

水口是一个位于旧黄河南岸长约 1500 公尺的大庄子，和尖山、狼山之敌仅一河之隔。南岸有高堤，可作屏障，利我向北防守，且因旧黄河干涸无水，北岸地势开阔，亦有利于我发扬火力。

我第三团当时只有 6 个步兵连，兵力是不足的。但由于充分发扬了军事民主，做到了从实际地形出发，有重点有纵深的组织防御阵地。在兵力配备上，各以两个连配置在水口东西两侧，另两个连为预备队，并派出侦察排至北岸顺山一带严密监视敌人行动。在阵地编成上，以堤埂为依托，构筑野战工事，向北前伸若干地堡群，地堡群前又设置单个地堡和散兵坑，并以交通壕连接，构成了以地堡群为骨干的防御体系。在火力组织上，将八二、六〇迫击炮、轻重机枪组成两个火力队，分别设置于堤上，以便集中火力于敌人主要进攻方向。

23 日，南犯之敌第七十军和我前哨接触。次日即以一个团兵力向我水口阵地进攻，其先头一部为我猛烈火力击退，即在河北构筑工事，作为继续向我进攻之依托。入晚，我向该敌实施两次反冲击，杀伤其一部，迫敌撤回尖山。同日黄昏，敌攻占我友邻杨家湟阵地，我水口左翼受到严重威胁。第一师即调师特务营两个连归第三团指挥。第三团即将原守备在水口东侧的两个连，加强西侧防御，原东侧防御阵地由特务营两个连接替。此外，纵队又令第三师第八团一部至前赵庄一线组织防御，以保障水口左侧之安全。25 日，杨家湟之敌分两路向我猛攻，一路在攻占我友邻张集阵地后，包围了我第八团第二连前赵庄阵地。该连连续打退敌 6 次进攻，阵地仍屹立未动。入晚在第一连接应下胜利转移。另一路敌向我水口连续猛攻，并曾攻占我阵地西南角地堡数个，经我几次反击，将敌驱回。同日下午，第一团侦察员发现刁泉、张庄之敌约一个团翻越中山向南运动。第一师待其进至城西头集结时，集中全师炮火进行突然猛烈的轰击，敌伤亡惨重，慌忙向马山方向逃窜。敌经我 3 天顽强阻击，攻势受挫，乃调整部署，陆续在杨家洼地区集中了约一个师兵力。26 日，我第一师奉命将下洪阵地移交友邻接替后，为加强侧后及纵深防御力量，遂调第二团至周楼、杨楼地域。28 日，我侦悉敌约一个团在前赵庄集结，即集中炮火，予敌以严重杀伤，迫敌无法很快组织进攻。直至 15 时，敌才得以重新组织一个营兵力，分两路向我水口阵地进犯，我又集中火力打敌主要一路，迫敌撤回。由于水口防御部队坚守阵地观念明确，运用了多种积极防御手段，步炮紧密协同，不断组织阵前反冲击，先发制人，大量杀伤敌人，阵地始终屹立未动。当日 23 时，我第一师奉令将水口、小店一线移交友邻第十二纵队接替，该师南移至郝庄、杨楼地区组织防御。

摘自《中国人民解放军第二十军第三次国内革命战争战史》，1963 年，第 118—119 页

战术研究

阻击战经验十四条

一、按我们现有条件尽量做到三面设防，因敌攻击特点一般先在我正面阵地进行猛攻，目的在使我们把两侧部队拉到正面来，然后敌进行侧翼猛攻，突破我阵地。如李岗、清凉寺、马道府等失守都是被敌人从侧翼突破的，敌人进行两侧攻击时间多数在天黑后，且在侧翼攻击时，正面也采取激烈的佯攻，使我疏忽两侧守备。

二、要设立假工事，配备纵深工事，这样可使敌火力分散，不易摧毁我真工事。另外即使敌突破我第一道阵地后，我们还可凭藉纵深工事进行抵抗或反击，不致很快就失守了整个阵地。（如这次我们没有纵深工事，故第一道被突破后，部队没有工事，无法抵抗而形成纷乱，如清凉寺、徐庄、马道府均因此而失守了）。

三、要达到防御的争取主动，应有相当大的预备队控制，以便及时准备反击，如敌几次攻击徐庄、清凉寺为我反击出去，且给敌人很大杀伤，这主要有有生力量，但以后由于伤亡大，没有预备队，故当敌进行攻击即无法反击，造成阵地失守。（如反击部少，可进行短距离、短时间的反击）

四、与友邻部队的结合点（空隙处），不能相互依赖，要构筑工事防守。如这次清凉寺的为敌人迂回突破阵地，马道府间的沙包失守，影响周砦失守，主要由于互相依赖。

五、射界必要的打扫和鹿砦的设备，还是重要的。射界打扫后，不易使敌接近，有了鹿砦可延缓敌攻击时间，使敌不能很迅速进到阵地前，且有了鹿砦，当敌人上来停留于鹿砦前时，可集中火力大量杀伤敌人，这次防御战役敌很迅速的进展到阵地前，主要没有把射击界打扫，又没有鹿砦的阻碍。

六、两个建制的部队守备一个庄子时，其接合点如有大路或空隙地较大，一定要派警戒或设临时与固定的联络兵（在紧急时要派固定联络兵）以免敌从空隙中插入，这次我三营清凉寺的失守，由于大路上没有警戒及联络兵，以致敌摸进庄子还不知。

七、反击时间的选择：反击的时间要在敌刚占领庄子后，部署还未布置好，炮火还未组织好时进行反击，如我二连董楼反击的成功，歼敌一个排，而只伤亡 7 人，就是在这种情况下进行反击的，同样特务连马道府的二次反击均未成功，而伤亡大，主要由于时间过早，选择的不适当。

八、火力的配备及支援：要有纵深及侧翼的配备，且炮位可分散，火力要集中，炮兵阵地和前哨部队要架电话指挥射击目标，以便能及时射击，并发给炮兵简单地图使炮兵了解射程及方向，火力相互支援很重要，尤其是自动的支援友邻，这次阻击战中，火力配备上没有做好，故在徐庄战斗，六〇炮没有起到支援作用。

九、防御战时各级指挥上要留有一定的火力，连要留一个机枪组，两挺或三挺机枪，营要留重机及六〇炮各一，侧射火力不要多，只要能保持经常射击支援（因火力是远距离的支援）如这次阻击战中把武器全部拉上去用了，看到敌人上来时，轻重武器一齐开火，这样使弹药浪费了，作用起得不大，最好要交换开火可节省弹药，并能保持长时间的射击，而且当某个阵地吃紧时，能马上机动的把火力增援上去。

十、观察情况与报告情况要正确，使指挥上对情况了解了，能够机动明确的掌握指挥，即使情况多变，指挥上可及时处理或改变，如这次阻击战中，有的不报告情况，有的重报情况，使指挥上很难掌握。

十一、团领导上要有充分的时间给部队做工事，这次阻击战由于时间太仓促，因此，工事普遍的做得不牢固，一经敌炮击后，工事即被摧毁，因此，也便于敌人突破我阵地。

十二、筑工事应先集中力量筑交通壕，后盖地堡。因先筑好交通壕，即使发生情况，我们就好运动部队，并能临时凭交通壕进行抵抗，如这次阻击战，由于没有先做交通壕，故我在运动部队时受到了伤亡。在盖地堡前，干部要进行检查。这次阻击战中，三机和一机连因未检查，故地堡盖顶后，不能发扬火力，因此影响了对前哨部队的火力支援。

另附：在地堡枪眼前要用草盖好，不使机枪射击时，沙灰飞进枪管而发生故障，在枪眼周围不可用砖砌成，以免敌子弹射在砖上，使砖破四射，而使工事内同志受到不必要伤亡。

十三、根据敌多次攻占我庄子后的经验，他占了我庄子后二三小时内，不再向前发展，故今后我们庄子失守后，应有组织的把部队埋伏在庄子的两侧，等敌人在庄上集结时，可先以炮火射击，使敌混乱后，再以步兵反击上去，这样可夺回阵地，并能捉俘虏缴枪。

十四、对付敌晚上攻击，在阵地前燃烧照明柴，并须派出小组在阵地前警戒，这样可使敌不易接近，即使上来，使我防御部队能提前发觉可作反击，或火力射击准备。

（转载华野四纵《战地》）

摘自华野九纵《胜利新闻》第 70 期 1948 年 11 月 3 日

华野四纵某部二连董楼反击五军成功经验介绍

我们二连在董楼反击五军中歼灭敌人一个多排，活捉俘虏 14 个，缴到了机枪、步枪、汤姆、卡宾等武器 17 支，自己反击部队没有一个伤亡，这是什么道理呢？

抓到了反击时机。

反击的时机是怎样造成的？第一、敌人轻敌。他与我二连前面的三营打了一阵，见我三营部队撤下去了，敌人就盲目追击，接着向我二连阵地董楼前沿前进，没想到我还有强大的二线阻击部队。第二、敌我双方靠的很近，敌人的炮火就无法发挥。第三、敌人一个排从大路上大摆架子向我阵地前进，离我们八九十公尺，我们还认为是自己三营部队，后来看到戴小帽子，里面有戴大帽子的，背支卡宾枪，我们连忙开火，敌人已只离我们一、二十公尺了，给我严密的火力一压，敌人就动弹不得了。

严密发扬火力，执行三不打！

我们正面 5 个地堡的火力是交叉的，指定两挺重机专打纵深，两门六〇炮对付前面的小庄子，两个弹筒专打前进中敌人，其他轻机、汤姆、卡宾都分工布置好，告诉每个掌握武器的人，敌人进到什么地方该打什么武器，并严明战场纪律做到三不打，结果执行得很好，火力都严密发扬，敌人在这样场合下，炮火又不能配合，弄得进退不得，个个伏在地上不敢动。

开展政治攻势与战场鼓动。

当一个排的敌人被我们火力压倒后，后面高粱田里的敌人就不敢上来了，朱教导员喊："大家打活靶！"大家都瞄着敌人打，战士又向敌人大喊："过来呀！交枪优待你们！"大家还鼓掌欢迎投诚，黄营长说："一班快跳出交通壕去捉俘虏。"当时一排副犹豫了一下，但在连长身旁的小号兵蹦一下跳出工事，大叫："有种的跟我来！"当时一班长就带个班出去，敌人除了打死、打伤的外，都做了俘虏，我们反击的同志一无伤亡。

摘自华野九纵《胜利新闻》第 71 期 1948 年 12 月 1 日

▲ 阻击部队与国民党援军展开激战

▲ 华野某部高射机枪向国民党军飞机射击

战地报道

华野十二纵在一天的胜利阻击后孙李、王李团 ① 反击获胜
歼敌 1300、缴机枪 8 挺

【本报消息】25 日，我纵击退邱匪兵团 3 个师的进犯，并乘胜反击小张庄、仁和村及二陈集，击垮敌一五三团团部，歼其一个连大部。25 日晨 6 时，邱匪兵团纠集七十军之一三九师与七十四军之五十一、五十八师共 3 个师之众，以数十门

① 编者注："孙李团"为华野十二纵三十六旅一〇六团，"王李团"为三十五旅一〇三团。

山炮、榴弹炮及十余架飞机掩护下，向我张集、二陈集阵地进犯。从晨 6 时至晚 9 时，敌 8 次猛烈冲锋均为我顽强击退。是晚 7 时许，我孙李团即组织强有力的反击部队，将为敌突破之张集西北之小张庄、仁和村收复，并在该地击垮敌七十四军五十一师一五三团团部，又歼其一个连大部，我仅伤亡 8 人。我王李团亦于是日反击二陈集，五连二排首由该庄东北角插进，机智地迷惑敌人，打入敌人心脏，并击退敌反扑，战斗历 3 小时，我伤亡甚微，在完成袭击任务后便主动地撤出。这天共毙伤敌 1200 多名，俘敌人 80 余，缴获马克沁重机枪 1 挺，轻机枪 7 挺，汤姆式冲锋机 6 支，枪弹筒 6 个，步枪 36 支，六○炮 1 门，电话机 4 架，子弹万余发，其他军用物资甚多。

摘自华野十二纵《战号》第 47 期 1948 年 11 月 29 日

华野三纵二十二团特务连坚守龙头山歼敌 300

【立训站讯】28 日，二十二团特务连冒着敌人疯狂的炮火坚守住突击阵地龙头山，打垮敌两个营两次冲锋，给敌人以很大杀伤。27 日中午，敌人占领了我马龙山阵地后，特务连据守的龙头山就更加孤立了。当晚在兄弟连队协助下，加修了工事，补充了弹药，全连决心坚守。28 日拂晓，经过一番激烈的排炮之后，在浓烟的掩护下，一个营的敌人分三路向山顶冲锋了，特务连的同志们沉着的准备好了武器，待敌人进至鹿砦跟前，短促火器一齐开火。一个班冲到三班地堡跟前，王国宾一梭子快发，敌人倒下了 5 个，三班长燕叶来又加上一个手榴弹，一个班的敌人完蛋了。西边一路敌人绕道占领了离营指挥所四五十米的地堡，唐教导员又灵活的组织了反击，二排长刘永成喊一声："看谁是反击的第一名，哪个勇敢赶快冲！"带起了四班冲上去！接着五六班也迂回到敌人左翼，一连短促火器，敌人一个连垮下去，二排长又鼓动大家："敌人垮了，赶快追呀！"随着这一路溃退，敌人其他两路也都垮了，山头上敌人扔下了百多具死尸。过了一会，敌人又在两架飞机的掩护下发起了二次冲锋，对着来势更凶的敌人，各班的机枪也更起劲的扫起来。王国宾的机枪打红了一根筒再换一根筒，手都烙起了泡，仍然坚持着。一股敌人涌到了二班的地堡跟前，二班拉响了一包炸药，十几个敌人滚下山去。这样，经过了两个多钟头的激战，又杀伤了敌人 150 多。黄昏才顺利转移。

（刘克）

摘自华野三纵《麓水》（号外）第 103 期 1948 年 12 月 1 日

▲ 新华社 11 月 25 日电：有力配合阻援部队，出击邱孙兵团侧背，歼敌三千余

▲ 徐南阻击战中的解放军机枪手

顽强战斗在龙头山上　记二十二团特务连龙头山守备战

在敌人连续的炮击、冲锋、飞机扫射下，特务连守的龙头山更加紧张了。两天来，全连除了三排在山下喝了点开水以外，再没有一个同志有汤水进口。饿极了的同志们嚼一把干粮袋里的干馒头，但大家仍然互相鼓励着："我们受点苦，为了南线的胜利！"工事被敌人重炮打塌了，他们冒着炮火再抢修起来，八班的碉堡被打垮后，全班将背包垒起来做掩体；敌人打来了瓦斯弹，他们掩住口鼻挨过去再打。在激烈的战斗中，全连 24 个同志负伤不下火线，一排长郭继才带领战士张立福、□太庆，被敌人隔在山下坡地堡里，3 个人都负了伤，在危急的情况下郭继才提出："山上一定会反击的，我们一定要坚持！"终于坚持下来。19 岁的吴仲连全身负了 5 处伤，子弹打穿了左臂，炮弹崩破了肩膀，仍然一声不哼并鼓动大家："上级告诉我们一年就可以打倒国民党，我们要打好这一仗就可以过江啦！"建制打乱了，他们利用空隙迅速合编，重新指定，继续坚持。战斗中他们不是单纯的死守，在敌人二次攻击时，在三排长率领下展开了反击，四班副共产党员李风喜第一个跑在头里，打垮敌人的冲锋，战斗结束了，全连情绪仍然高涨，三排长在第二天早晨领导全排战士擦枪，准备再战。

（雪雁、张麟）

摘自华野三纵《麓水》（号外）第 103 期 1949 年 1 月 12 日

◀ 华野三纵在徐南梁庄阻击战中使用的轻机枪

"两广"同志们的友爱精神深深教育了我们

徐州守敌逃窜前夕，我九纵队与两广纵队在孤山集一带并肩担任阻击任务；他们伟大的团结友爱精神，深深地教育了我们。

上月 30 日，"潍县团"的收容组和弹药所准备安在孤山集南二里许的一条东西沟里。到了那里时，沟的两旁已挖了防炮洞，放着大衣、背包，我们连问也没问的就进去了。有的洞里还有人，才知道是两广纵队的同志（大部分同志去挖交通沟了）。每个防炮洞只能容一个人，他们很乐意和我们挤在一起。一会儿，两广纵队挖交通沟的同志回来了，他们问我们："哪一部分？"我们有的同志回答："七区队，干什么？"有的甚至说："管谁的洞，怎么的。"态度非常蛮横，但他们却很和蔼的又另找地方去另外挖洞。

后来，我们搬到吴大庄去，庄上驻了两广纵队的一个警卫排，他们一听说我们去，就自动倒房子，让出庄北头两间西厢，给我们收容伤员；当团政又去住时，警卫排长连忙动员两个班："……老大哥来了，他们很辛苦……"后虽经我们再三辞谢，终于乘我们不注意时收拾出一大间房子给我们。

同日深夜，我纵王方团一连进驻前卯山庄，又和两广纵队的一个营部驻在一起。第二天早晨，他们热情的对一连刚补充来的粤籍解放战士进行教育，他们说话听得懂，解放战士都听得津津有味。一连政指请他们来给解放战士作报告，政教张斌同志慨然答应并亲自前来，他的讲话中除介绍了两广纵队的斗争历史外，并针对解放战士入伍时的思想情况，有力的教育了刚补充的粤籍解放战士和全体同志。

（隋光）

摘自山东兵团《华东前线》第 64 期 1948 年 12 月 17 日

◀ 在徐南阻击战中集体立功的冀
鲁豫军区独一旅十五团二营

阵中日记

华野一纵作战科科长的日记

11 月 23 日（第二阶段开始）

①仍在李楼，情况：知黄［百韬］部昨晚全部解决，南面黄［维］兵团到蒙城，李［延年］在蚌固线。

总部决心：主力南下打击黄李，以我们阻杜邱。

②工作：1. 上午参加直属党委会，对过去及目前工作提了些意见。

2. 下午与总部通了电话，调整了纵队部署。

11 月 24 日

①情况：南线黄维部已抵蕲县集、南坪集，与刘邓开始作战。李延年之九十九军抵任桥集，后续部队仍在固蚌线，亦已与我接触。北线杜邱将面向南以 8 个师并头南下黄河边，形势紧张，但据上讲并无大举进攻讯。

②任务：决以张集、大郝庄段，黄河沿岸为阻击阵地。纵指由李楼南进程庙子。

工作：1. 上午开全科小组会，特别提出了团结问题的重要……

晚写作战命令，第四号，但能不能发不得而知。

11 月 25 日

①情况：鼓山、黑山敌已后缩，主要攻势在张集、二程集一带展开。入晚，一师反击余楼，搞一晚，十二纵反击二陈集等反而有些收效。另知黄维兵团已包围，二三八师已歼灭。

②部署：因谭王已来，我们改守水口、玫瑰山一线。重新决定部队部署，很伤

脑筋。

③纵队传达谭王指示，有几点很值得学习：

1. 将我们作二个师兵力用，是有备无患。

2. 叫不要去进行无把握的反击，要反击就全兵团有计划搞，否则反了一下，又损失，不如用防御来大量杀伤敌人。敌人是防御有经验的。

3. 防五军：工事不要正规，多做地堡（敌炮火是正规射击的）。近战，仍用小组动作。

11 月 26 日

①情况：当面知邱抵柳集，十二军在石龙桥，七十军潘塘，敌企图是向东而南，但徐州这个背包丢不了。

②重调部署，三师守玫瑰山一线，一师自孙楼至班庄圩、小番，我们至陆湾。

11 月 27 日

①情况：孙兵团沿铁路西南下已占孤山。

邱兵团沿铁路东南下，已占石龙桥、刘庄。

十三兵团守徐。

黄维十军［八十五军］一个师已起义，十八军已搅乱，敌已乱，李缩固镇。

②部署：九纵、两广、冀旅为一单位，在左侧。鲁、三、八纵为一单位在正面。一、四、十二纵为一单位在右翼。

纵队今日未变，纵指仍在陆湾。

③工作：整日召开会报会议，汇报窑湾、鼓山战斗。

会后便于解决写点滴经验介绍。

晚召开处务会，对此次防御大家意见：1. 少总计划。2. 未重地形。

11 月 28 日

①情况：南面十八军已乱，十军大部解决，估计日内可解决，李兵团皆缩于蚌，正面敌以四个头南下已抵褚兰线。

②部署：一师由十二纵接，三师宝光寺一线由六团接，敌全部在我西边了，纵司仍住陆湾。

③工作：1. 上午研究窑湾战斗经验，由周起草。

2. 下午研究鼓山战斗经验，准备起草。

3. 下午去湖山看地形。

4.晚上张向我提出节约，行政与党关系问题很好。

5.上午研究图表问题。

11 月 29 日

①情况无大变化，晚三、九纵反击孤山及官庄，敌皆缩。

部署亦无大变化，入晚二师控制营里，与四纵相连。

②上午四纵转来兵团命令，但是大体已过时，故未写下。

③下午研究下阶段科内工作问题。

11 月 30 日

①情况：比较明确了，十六兵团在路西，二兵团正面一突，而其主力五军、十三兵团可能向东南突围，但入晚敌一调动，又变了，又判不明。

②上午开科务会议，解决了以下几个问题：

情通问题：基本要求1.将当面情况及时介绍，日日通报。2.紧紧掌握敌人意图，综合判断。

图表问题：是一种军事部署特殊格式。不但是技术好，而且必须以军事眼光来做。

经验介绍：是对部队的指导又是本身的学习。

为明确具体情况，必须全程搞，有计划的搞，有基本态度，整理研究。

会中，张提出过去作风是头痛医头，脚痛医脚，是很对。

③晚上大家研究战况部署，总觉得不够很好，不沉着。

摘自华野一纵作战科科长唐椊的日记

华野四纵十二师作战科科长的日记

11 月 29 日　团干会议　于钱家庙（徐南阻击）

（一）目前国民党政治情况……

（二）当面军事情况：

当我歼灭黄兵团，敌集中了8个兵团，现在已被歼灭两个兵团。黄维兵团二三日内即将被歼灭，所剩下只有5个兵团（邱、李、孙、刘、李）共不到40个师之兵力。

李兵团已向蚌埠退却，我已有5个纵队追击，中央决心连蚌埠包围，歼灭他，不让一兵一卒逃出淮河以南。

中央对我华野、中原野战军之任务：

1. 坚决歼灭国民党在中原之主力，不让他退回去，要在淮河以北完全歼灭他。

2. 中央对我第一阶段之胜利分析：A. 对黄兵团歼灭是估计到的。对拆断——徐蚌路之拆断，是未估计到的。这是超出任务的。

3. 这次决心：先歼灭黄、李二兵团。以 5 个纵队歼灭李兵团；以 9 个纵队阻击邱、李兵团；以刘邓部队及我二、十一纵队歼灭黄维兵团。

现敌之战斗：

路西，孙兵团两个军；正面，七十二军、十二军一个师；东七十军、七十四军、四十一军。邱之主力仍在柳集，李兵团在邱后固守徐州。我之任务：第一步，阻击他。如李、黄兵团歼灭，我们北进，将他逼退至徐州。敌这次进攻部队之战术手段：A. 敌现采取飞机大炮轰击一点，用步兵冲锋。B. 敌也用作业逼近我们，以碉堡对碉堡。C. 敌有时也将用空隙进行夜袭。

我之对策：

A. 加强侦察。B. 步炮协同要做到好。C. 加强近迫作业。

4. 开展有力政治攻势，最后中央提出战耕合一。

（三）目前我们所要做的工作：

1. 准备接受一纵阻击任务，首先要担任第二线阵地构成。

2. 我们要在战术上作研究。上次战斗我们战术上几个改进的特点：A. 近迫作业好。B. 步炮协同有进步。C. 小群动作上有进步。D. 炮上炸药用处很大。其缺点：占领一阵地后，后续部队太拥挤、太多，易造成伤亡太大。

11 月 30 日　天晴

晨 7 时许与黄参谋长乘骑至双沟镇察看地形，因敌欲向东南突围，我师奉命从双沟至新三楼子一线担任阻击来犯之任务，该镇原有敌 66 师之 66 旅做过工事，铁丝网均俱全，故只须稍加修理即可成一个阵地。但该镇北之小吕庄、观音堂太接近我阵地，这是不利的。这在我们阵地上来说是一个重点。

该镇因日前有敌机曾无故轰炸数次，投弹数十枚，倒塌房屋很多。据该镇居民谈，过去此镇市面很好，最近因受战事影响，市民均已躲入乡村，已闭门不出。总之战争所带给人民灾难是太大了，一天打不倒蒋介石反动之武装，不会有太平的。

至夜 8 时许方归，今天因欢送毛参谋下团工作，搞了几只〔个〕菜，吃了两碗大米饭，一碗鸡。虽不多，倒是吃一个痛快。

记于钱家庙

11 月 31 日［12 月 1 日］

双沟镇之阵地，今天开始构筑，至下午 5 时，得悉敌已向西逃窜，并已放弃徐州。我军即欲向西追击，执行中央命令，不让敌人一兵一卒逃出中原，要在淮河以北全歼灭他。

下午 5 时我们继续向西行动，以达到追歼敌之任务。

几天来房东大嫂太疲劳了，日夜给我赶做了一双棉鞋，这是一个急需，解决了一个目前很大困难。为了谢谢大嫂，无物赠送，特将旧衬衣一件送给大嫂，以资酬谢。

至夜 12 时许才抵目的地。

摘自华野四纵十二师作战科科长陈震的日记

第四章 徐州解放

在华野强大兵团阻击下，徐州国民党军南进无望，孤城难守。在中野的全力围困下，黄维兵团处境日趋困难。11 月 28 日，蒋介石于南京再次召见杜聿明商讨对策，决定放弃徐州。以总司令刘峙率"剿总"机关部分人员撤退至蚌埠指挥李延年、刘汝明兵团北进，副总司令兼前进指挥部主任杜聿明则率邱清泉、李弥、孙元良 3 个兵团绕道永城南下，袭击中野侧背，以解黄维兵团之围。11 月 30 日，杜聿明率部撤离徐州，沿萧（县）永（城）公路蜂拥而下，交替掩护，向西南方向集团滚进。12 月 1 日，人民解放军进入徐州城，宣告徐州解放。

◀ 刘峙（1892—1971），字经扶，江西吉安人，曾任黄埔军校教官，国民党陆军二级上将。1948 年 6 月任国民党徐州"剿总"总司令，11 月 29 日，率"剿总"机关部分人员由徐州迁移至蚌埠，指挥李延年、刘汝明两兵团北援

一、国民党军撤出徐州

11 月 30 日，杜聿明指挥邱清泉、李弥、孙元良 3 个兵团，以及徐州地区党政人员和裹胁的部分学生共约 30 万人，沿徐州、萧县至永城公路向西南方向撤退。撤退前，大肆焚烧地图、档案，破坏仓库及公用设施，分发库存武器、弹药、粮食和油料，当晚开始大规模撤退，担任掩护任务的部队不待命令，擅自放弃掩护阵地，各部队争先恐后，混乱不堪，夺路而逃。刘峙率"剿总"机关部分工作人员早于 29 日乘飞机至蚌埠，设立指挥所，指挥李、刘兵团北进，接应杜聿明集团和配合黄维兵团突围。12 月 1 日，国民党军全部撤出徐州。

徐州 "剿总" 退却计划要图
（1948年12月1日）

Withdrawal Plan of Xuzhou "Bandit Suppression" Headquarters
(December 1, 1948)

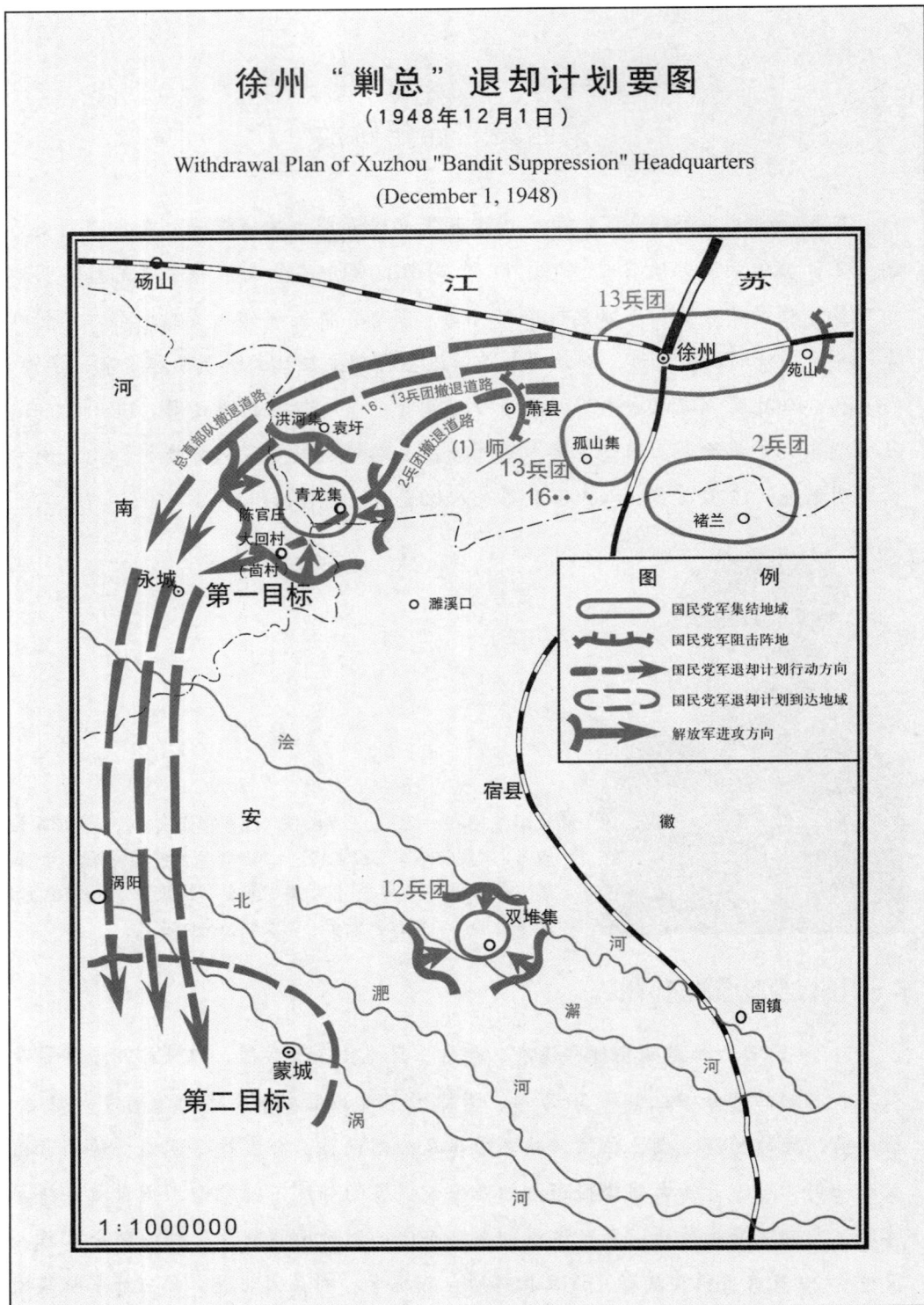

▲ 徐州 "剿总" 退却计划要图（1948 年 12 月 1 日）

▲ 国民党陆军总司令徐州司令部军官收训队各级主官合影

国民党总统府少将参军战地视察官李以劻回忆
——徐州放弃前与撤退开始的慌乱景象

徐州市区，自 11 月 22 日黄百韬兵团被歼后，溃兵伤兵纷纷窜入，人心已开始不安。从 23 日至 30 日一周之中，我听说将级军官未经许可擅自勾结陆军总医院王院长化装伤兵潜逃者有邹公瓒等 7 人；校级军官化装伤兵及贿赂飞机驾驶员擅离职守者达数十人；一般富商用黄金勾通军站利用陈纳德运输公司的运粮回头机逃出者则不胜其数。有钱能使鬼推磨，在当时一定条件下是办到了的。美国人开的飞机中，在 11 月 27 日这一天有 3 个银行经理及面粉厂老板各花了 10 两金子才逃上飞机溜走。在临撤前 3 天，几十万人麇集在市内，有顶房卖屋的，有拍卖家具衣物的，有在街头抢劫的，有在戏院放手榴弹捣乱的，徐州市府有烧公文的。在 30 日，徐州"剿总"有烧公文与地图的，整日车辆滚滚，人心惶惶，大有大难临头之势。一般说来，人们（军人与商人）对共产党政策不明白，有些害怕。29 日，天尚未黑，商店已关门大吉。30 日，散兵游勇、流氓地痞、土豪恶霸在街上横行，将领官吏各色人等拥拥挤挤，汽车轧死市民，无人过问。这是我 30 日夜逃离徐州前所目睹的国民党统治崩溃时的状况。在 30 日，杜聿明率徐州地区各兵团及"剿总"直辖各特种部队撤出徐州时，是以孙元良兵团为一路向西转南先行；另一路以邱清泉兵团先行，方向也是西南，"剿总"及直辖部队则在邱兵团之后行，接着是李弥兵团，非正规的战临部队则放在最后行。当时的行进除邱兵团基本上还能按命令路线外，其余都没有遵守命令，秩序甚乱。30 多万人的大军，在补给无保证条件下行动，"大军所至，生灵涂炭"。在刘峙南逃后，这种祸国殃民的责任便落在杜聿明身上，这也是杜临危受命必然的结果。杜 11 月 10 日到徐州，28 日接替刘峙的前敌指挥，12 月 1 日即开始放弃徐州向南逃窜，因而南窜计划是非常不周密的。

摘自《淮海战役亲历记（原国民党将领的回忆）》，文史资料出版社 1983 年，第 82 页

国民党第二兵团七十军三十二师某部排长的回忆——暂别徐州

民国三十七年的十一月底，我这小部队在大王庄的附近，日夜不停的进行攻击行动，虽然困难重重，但是都有进展，我们期望战车的协助，大军集结，一举攻取夹沟，下宿县，直达蚌埠。

战车始终都没有来，大部队也不见踪影，只能在原地滞迟不前，犹疑不定，传令兵跑来通告，叫我率领连队，连夜的急行军，直达九里山。我一时错愕，呆在当地，传令兵叫我要赶快，他说所有的部队都走了。我一时气愤填胸，心想怎么会有这样的事？原以为大军会直下夹沟、宿县，到蚌埠。为什么反而向西北走？我就是怎么想都不明白。

途经徐州，只见民众慌乱，不见有兵，徐州成为一座空城。被弃的军需物资，破损的军用器材随处可见。部分的仓库、厂房正在着火燃烧！事实告诉我徐州已经被放弃了，只是想不到"自古彭城列九州，兵来将往几千秋"的古代名称，如今比起诸葛亮的西城，差的那么远，孔明如果有灵，看到如此的景象，只怕也是会感慨万分！

九里山是兵略要地，通路星罗棋布，到处兵荒马乱，残敌败将，伤兵云集，

难民携家带眷，扶老携幼，汽车、马车、牛车、公鸡车等等，塞满了道路，一望无际都是动弹不得。我看状况不对，找营长探查前进的目的地和行进的路线。叶春说："走萧县、王寨、永城。我建议全营舍马路走野地、走捷径，要走就要快，不能喘息！"我们一天一夜从九里山到王寨走了将近 200 华里。我检点人数，全连只有 47 人，个个倦容满脸，被服弃尽。士兵慷慨死，大军被人追，是我那时最大的感慨！

摘自林精武《烽火碎片》，1991 年，第 71 页

战地报道

徐州逃敌的狼狈相 匪首刘峙藉故坐飞机逃走
街道上到处遗弃枪弹粮食

【徐州 6 日电】徐州蒋匪军弃城溃逃时，表现了极度的混乱狼狈。当蒋匪黄百韬兵团被歼，我各路解放军强大矛头正围歼黄维兵团并迫近匪巢徐州之际，尽管匪当局还强迫市民放鞭炮庆祝"胜利"，但匪首刘峙却以"剿总迁蚌"为名，坐飞机逃走。飞机场每天都挤满了准备搭机逃走的官太太和金元、皮箱。上月 30 日，蒋匪李弥兵团从黄集车站西逃时，连军用电线都未及收起，天桥车站堆满了运不走的米面，他们高喊："给钱就卖，一元一袋。"敌第八军四九七团团长王德印并命令部署所有的军官，每人要准备一套士兵军装。以防"不测"。混乱之中，匪军又肆行抢劫，匪正规军先抢头遍，还乡团抢 2 遍。敌八军四九七团五连连长沈同林边抢边说："我现在有 1 两 6 钱金子，凑够 4 两我就不干了。"溃退途中士兵逃风益炽，仅敌八军四九七团战炮排，走出徐州西南 5 里路的下店便逃亡了 25 人。这支仓皇逃命的匪军，连掩护溃退的两辆坦克也弃于城东的公路上，其中一辆电门都未关，马达声突突的响了一夜。东关里两门带着崭新炮衣的山炮，被扔在楼房檐下，都成了解放军的胜利品。市内街道上，到处都有匪军遗弃的枪支、弹药、米面等。成群结队的伤兵已被逐于路上。匪第九军伤兵王福元说："这次一说走，屁股后面老觉得像有八路似的，团部走在头里，营拉下了五六里地，他还一点也不知道"。

摘自《大众日报》1948 年 12 月 10 日

蒋匪逃窜前的徐州

【淮海前线 18 日电】解放军强大的淮海战役攻势发动后，徐州蒋匪即陷于恐慌混乱中。11 月 22 日蒋匪黄百韬兵团于碾庄地区被歼灭，徐州国民党党部为掩饰败迹，虽然叫各报馆出号外，制造所谓"徐州会战大捷"，并勒令市民张灯结彩，鸣放鞭炮，征收"慰劳品"祝"捷"，但同时全市却盛传黄兵团被全歼的消息。驻守在徐州东郊大庙的匪李弥兵团官兵，亲眼看到被解放军大批释放的匪黄兵团伤兵走回徐州便问道："不是咱们这边打胜吗？"伤兵们接着就大骂道："他妈的还大胜，都完啦，我们受伤没人管，幸亏人家（指解放军）给上了药。"这一下就把这个"大捷"神话给砸破了。接着又传来了黄维兵团在南坪集被围的消息，兵心立即慌乱，满街是匪军军用大卡车和匪官的小汽车穿梭不停。市民们拒绝用蒋币，物价暴涨，白菜每斤由金圆券 4 角 1 分上涨到 4 元。26 日起全市已买不到粮食，整条坝子街，只有一家水馆开门。全城陷入闭市状态，只有匪军匪官们在街上大拍卖抢来的衣物，偷盗仓库物资，准备逃跑。29 日联勤司令部也拍卖仓库里的白面，最后来不及要钱就逃了。这时，又传来了匪李、刘兵团在固镇以南被打败南逃的消息，全市更加慌乱。许多匪官都换上了士兵服装，军衣、军帽乱抛路旁。蒋匪并在城内大肆抓车抓夫，英士街摆小摊子的孙竹川，走在路上被抓走换上军装。海州巴山一尤姓妇女到徐州来寻找丈夫，也被抢走。许多匪军伤兵拦路向军用卡车哀告："行行好，请带我坐一坐，坐一坐！"都被卡车冲散，伤兵于是就索性坐下来破口咒骂。30 日蒋机轰炸飞机场和火车站，匪军趁势抢掠商店居民。当晚徐州匪军部队机关只接到个"经萧县永城撤退到滁县"的简单通知，就立刻出发，没有划分撤退区、撤退路线及行军序列，有的连滁县这个目的地都还不知道。徐州"剿总"机关首先带头跑，许多部队也不集合拉起就跑，"剿总"军官教训队在徐州西门外集合时，已没有人指挥。13 个队只到了 5 个队就跑了。"剿总"直属的军官收容队和匪第八军二三七师七一一团的留守处都被丢掉不管了。匪七十七军军长王长海仓促得把他驻徐部队——工兵营、通讯营、特务营集合起来，没头脑的讲了两句"赶紧走""赶紧走"，说罢掉头就跳上汽车。徐州外向西南的大路上，田野里人仰马翻，乌鸦鸦数不清的一片。这个找不着那个，那个找不着这个。一〇〇军和七十四军的伤兵，第二天清晨醒来时一看医院里的护士与看护兵都不见了，到开饭的时候还不见回来，只得起床一拐一跛的出去看，哪知院内的药品、器材都空了。才发觉是已经逃走了。现在这批伤病员已由解放军徐州军管会照料着他们的生活与医疗。

摘自《大众日报》1948 年 12 月 20 日

▲ 杜聿明集团撤离徐州的慌乱情形

▲ 停放在徐州机场的国民党军飞机

◀ 徐州"剿总"撤离时丢弃的部分文件

徐州前线敌迅速崩溃　南京小朝廷危如累卵
国民党匪帮争先逃亡　美军顾问团 200 军官奉命离宁

【新华社陕北 5 日电】由于国民党军在徐州前线的迅速崩溃，南京小朝廷危如累卵，国民党匪帮正在争先恐后地逃亡。合众社南京 20 日消息称：国民党政府五院都正在匆忙制定"撤退计划"。国民党空军总司令部已被命令于十日内移往台湾，海军司令部也在准备迅速迁移。外交部等机关正在包装档案和用具准备运走，许多官员已奉命准备南下赴广州或台湾。伪国防部所属各机关疏散眷属时，竟到处"抢车扣船"，造成市面混乱。与此同时，南京美军联合军事顾问团 200 名军官已奉令离开南京。

摘自《大众日报》1948 年 12 月 7 日

中央社吹嘘"徐州大捷"成了一出讽刺剧

【徐州电】中央社所吹嘘的徐州"大胜利"的滑稽戏，随着徐州的解放，已变成一出讽刺剧。当解放军于徐州外围展开强大攻势，相继收复开封、郑州、海州等地，并全歼黄百韬兵团的时候，匪首刘峙还以"徐东'匪军'（指人民解放军）总崩溃"、"徐州大捷"，要徐州市民"祝捷"，命令市民燃放爆竹。各报社赶印号外，开"祝捷"会。但当徐州在放"祝捷"爆竹的时候，东郊的炮声已经震动全市了。在中央社吹嘘下，国民党匪帮在上海、南京大举进行强迫"劝募劳军运动"，以张道藩、方治为首的所谓第一、第二两个"徐州前线慰劳团"于 25 号来到了徐州，对刘峙的"胜利"大捧一场，什么"策国有方"、"半月将匪主力击溃"，中外记者徐州前线访问团也随着来了。第二天（26 日）记者团、"慰劳团"乘车到第二兵团访问，但当天刘峙在"剿总""迁蚌埠"名义下坐飞机逃了。记者团与"慰劳团"也惊慌的于 27 日、28 两日乘机飞走。就在这时，徐州飞机场的人拥挤不堪，争先恐后，秩序大乱，中航机上的洋人们左一脚，右一脚的从机门上踢下"不守规矩"的人。身历其境的"慰劳团"、"访问团"，尝到了"匪军总崩溃"的味道。

摘自《大众日报》1948 年 12 月 15 日

徐蚌战报

国防部政工局局长邓文仪谈徐州会战

【本报讯】国防部政工局长邓文仪最近自徐州返京，昨（2）日出席记者招待会，对徐蚌会战发表谈话：国军邱孙李三大兵团在杜聿明副总司令指挥下，已自徐州南下进迫宿县之刘伯承匪部，以与我宿县以南之黄刘李 3 大兵团收南北夹击之效，目下匪势已呈动摇，有逃出战场避免歼灭之模样。邓氏否认已放弃徐州，并称杜聿明将军之司令部尚在城内。至南下各兵团已至何处，渠则未予说明。在徐州外围，匪军番号虽有数纵队发现，然皆系残余兵力，不足以进犯徐州。至此，邓氏指出在徐州会战初期，确曾有冯治安将军部之第七七、五九两个师一度叛变，惟该两师仅系指挥官附匪，故除两个团外，其余百分之八十之官兵均已返回原阵地，现并已编入孙兵团建制，参加战斗。邓氏谓渠此次在徐曾与该两师官兵相晤，如新闻界有人怀疑，则可由政工局送往前线与该两师晤谈。最后，邓氏并答记者问时称：会战迄今为止，国军死伤约 7 万人，失踪及被俘者约 2 万人，而共匪则倍之。

关于黄百韬兵团 7 万余人中，阵亡 2 万，伤约 3 万，突围者 1 万余，该兵团四军长中，陈士章突围抵徐，另两名负伤，一名失踪。黄百韬司令本人已与其他方面失去联络，迄无消息……

摘自《中央日报》1948 年 12 月 3 日

阵中日记

国民党军某部副官的日记

1948 年 11 月 30 日　星期二

今日午前，忙于领钱……现在我们已经配属给三十三兵站支部，将有所行动。午后我只领到副官（12 月份）400 余元。

晚上营长和我们研究此次出发什么东[西]该携带，什么东西该丢弃，看情形我们由此去何日返徐不知，并且徐市亦可看出有放弃的模形[样]。

……

1948 年 12 月 1 日　星期三

时候大概有 2 点，我被吴连长的喊叫声惊醒，详细听听他一面叫王技术员（其连技佐）一面叫传令兵，其声音充溢着惊慌样子。

后来于连长又叫着，并且说谁不起来枪毙谁！

我起来了，衣服未穿好，有电话铃响，看守电话兵接电话，来请营长。我问："哪一个来的电话？"他说是团长。我推测，情形是有一点紧张起来，于是起床。

营长接完电话未对我讲什么，到团长公馆去。回来，营长叫我催他们起床，我喊过官兵等，但营长毫[无]恐慌神气。现在把昨晚的计划和准备完全推翻，现在是除了必须拿的东西以外完全丢弃，两张写字台和一千多斤煤完全放在原地未动。

营部只有卡车一部，勉强的把必要中又必要的装上车去。

5 点开完了饭，6 点我们到三十三支部去听令出发。

10 点多过庆云桥，奔西关外小辛庄、刘庄、□庄一带，我们一营虽不能说先头到达小辛庄，但比我们犹快的实不多……

从现在开始，我们就在不知目标和目的地的情形之下跟随前进。

在崎岖不平之路上整走了一夜，途中有许多翻的车抛锚的车，行车毫无次序，争先恐后的跑，类似突围，并不像到某地会师。

摘自国民党徐州"剿总"直辖部队辎汽第二十四团一营副官徐夕夫的日记

国民党军某部军官的日记

徐州经萧县至大王集　1948 年　12 月 1 日星期三

经昨夜整夜之工作出发准备，于今晨 4 时即告完成。以营长又派蒋队附至连催促出发之故，5 时早饭完毕，5 时半天尚未亮前，即开始出发。车至云龙山时天即明矣。6 时一刻到达营所在地归还营之建制一同行动。

余昨夜至街市购买材料时，即见各部队机关均已束装待发，余当时颇为惊异，决未预料徐州竟如此轻易而放弃也。以入夜后方开始之故，10 时后街市戒严，故民众尚未有惊惶之状态。今晨离徐州时各街道之警察宪兵及警备部队已不复见，云龙山下已有数处烟火。余则绝未料及即放弃之预兆也。

到连营所在地后，军部又拨卡车一辆与本连运载材料，于 8 时左右继续出发，方向向西。第一步至肖县附近之陶楼寨，沿途车马部队摊塞于途，形成大撤退之情势。即以各部分之各式车辆而言，即蜿蜒至数十里不绝，为余生平所罕见。下午 1 时左右到达陶楼寨，晚饭后 6 时左右又复出发，至大王集后即因步兵不能赶上之故，停止前进。余至 12 时以后方始入睡。

摘自国民党第二兵团第五军某连军官的日记

二、徐州解放

徐州，历来为兵家必争之地，是蒋介石进行反革命内战的巨大军事基地，是屏障国民党首都南京的门户。12 月 1 日，杜聿明集团撤出徐州，当晚，渤海纵队进占徐州，宣告徐州解放。翌日，成立了徐州警备司令部和军事管制委员会，颁布解放军入城守则，安定社会秩序，宣传组织群众，恢复发展生产，修复铁路，发动市民、工人和学生，将在徐州缴获的 170 余门火炮、12 万余发炮弹、1300 多万发子弹、13.5 万斤炸药以及各种物资 120 余万件运往前线，对保障淮海战役胜利发挥了重要作用。

文件选编

中共中央祝贺解放徐州电

刘伯承、陈毅、邓小平、饶漱石、张云逸、粟裕、谭震林、陈赓诸同志及华东野战军、中原野战军全体同志们：

庆祝你们解放徐州的伟大胜利。徐州是南京的门户，是匪首蒋介石进行反革命内战的巨大军事基地，徐州的迅速解放，对于全国战局，极为有利。尚望继续努力为全歼当面匪军而奋斗。

中国共产党中央委员会

1948 年 12 月 2 日

摘自《人民日报》1948 年 12 月 6 日

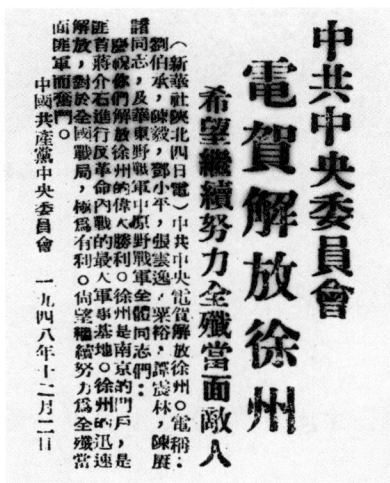

▲ 中共中央电贺徐州解放的报道

▲ 华中五分区出版的《盐阜大众》1948 年 12 月 7 日刊载徐州解放的胜利消息

华东局、华东军区电贺我军全歼七兵团及解放徐州伟大胜利

【本报讯】华东局、华东军区顷电贺淮海前线我军全歼蒋匪黄百韬兵团（七兵团）及解放徐州的伟大胜利，原电如下：

刘伯承、邓小平、陈毅、粟裕、谭震林、陈赓、谢富治诸同志并中原、华东野战军全体指战员同志们：

庆祝我军歼灭蒋匪黄百韬兵团，及在继续扩大战果中解放徐州的伟大胜利。这一胜利表示国民党反动统治根本垮台的时间日益迫近。我华东党政军民正努力壮大第二线兵团，加强生产，组织充分的人力物力，以支援前线，配合我军英勇前进，继续追歼残敌，为争取淮海战役彻底的胜利，及解放全华东全中原而奋斗。

华东局

华东军区

12 月 2 日

摘自《大众日报》1948 年 12 月 5 日

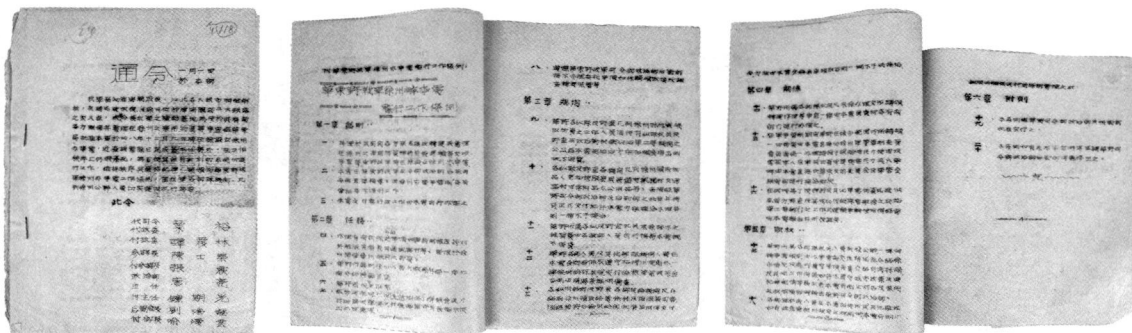

▲ 1948 年 12 月 9 日，经华东局批准特在徐州设立华东野战军徐州办事处。此为华东野战军徐州办事处暂行工作条例，共六章二十条

华东野战军徐州办事处暂行工作条例

第一章　总则

一、为便于与有关各方联系接收转运与处理在徐州之军用物资弹药前后运输等交涉事宜，华东野战军特在徐设立徐州办事处。

二、本处在华东野战军司令部政治部后勤司令部直接领导下与徐州市军事管制委员会指导下进行工作。

三、本处之日常行政工作由本处自行办理之。

第二章　任务

四、办理有关部队之补给事项，如弹药财粮医药材料被服装备装具通讯器材等（仅限于徐州军管会所缴获之物资）。

五、华野所属到徐州人员之联系并经一定机关介绍照顾食宿。

六、华野前后方之联系。

七、经常与驻徐支前机关联络了解粮食民力与油盐供应情况并根据华野首长指示提出办理意见。

八、遵照华东野战军司令部政治部后勤部指示办理委托事项，如采购领取接收调查转运保管等。

第三章　规范

九、华野各纵队及野直凡到徐州采办或领取物资之工作人员，须持有纵队机关及野直司政后勤供卫兵站军工等机关之公函，经本处接洽后，方能照顾食宿，否则概不照管。

十、各纵队及野直各机关凡到徐州领取物品（包括被服装具装备电讯器材交通器材日常用品办公用品等）者须经华野司令部政治部及后勤部之批准并持有正式支付证件，本处方能接洽办理，否则一律不予接洽。

十一、华野所属各纵及野直机关来徐采办之采买费由各该部人员自行携带，本处概不借贷。

十二、华野各部人员及其他部队机关人员在本处食宿者，除应遵守招待所规则外，一律按供给标准、规定付给粮草票与菜金，否则必须写条证明备查。

十三、各纵供给部及野直各部供给机关凡介绍到徐州领取经费粮秣及被服装具者，须经华野后勤供给部批准并取得支付令，方准由本处介绍仓库领取，否则一概不予与接洽。

第四章　关系

十四、华野所属各部队机关凡来徐办理交涉请领转运修理等事宜，一律由本处负责向各有关部门进行办理之。

十五、在军事管制期间，华野在徐市范围内所请领一切物资由本处直接向徐州军事管制委员会，负责统一办理，请领手续临时民力使用及零星军人乘车与物资车运需要民力与火车时，由本处直接向华东支前委员会及军管会铁道部进行接洽解决。

十六、在战时为了使弹药及其他军需物资迅速供应前方，野直及其他兵团纵队暂驻徐之兵站军工等部门之工作，与运输车辆使用得经常向本处报告并听从调度。

第五章　职权

十七、华野所属各部队机关人员到徐公干，一律向办事处报到，由办事处指定住宿地点，介绍徐市情况及应行遵守事项，负责介绍有关采购及其他工作关系，如有不遵守城市政策及违犯纪律事情发生者，本处有制止劝告及禁闭之权，但须即时报告华野司令部政治部。

十八、各部队机关人员在本处招待所或其他驻地如有故意违犯所规定之规则时，本处有制止说服与驱逐或押送原部处理之权。

第六章　附则

十九、本条例经华野司令部政治部及后勤部批准实行之。

二十、本条例如有未尽事宜时得呈请华野司令部政治部后勤部同意修正之。

摘自《华东野战军徐州办事处暂行工作条例》

简介

徐州介绍之一

国民党反动派进行反革命内战的最大军事基地和重要战略枢纽徐州城，已在1日晚10时被解放军所占领。守敌丢城西逃，解放军正追击中。徐州是中国人民解放军继11月2日占领沈阳后所占领的最重要的战略城市。徐州是南京北面的大门，是江苏、安徽、山东、河南四省的要冲，也是整个中国北部和中部的要冲。徐州自古为兵家必争之地。古时候名叫彭城，秦朝灭亡后项羽曾经在这里建都。自三国以后，就为徐州□地。清朝设徐州府，另外置铜山县，以县境东北有铜山得名，所以民国以来还叫铜山。徐州在成为津浦、陇海两铁路的交点以后，不但在军事上而且在商业上也有了重要性，人口逐年增加，现在已有40多万。蒋匪介石在发动反革命内战以来，一直把徐州当做南线最大的屯兵场，曾经先后设置"陆军总部徐州司令部"、"徐州绥靖公署"、"徐州剿匪总司令部"，由国民党主要匪头前国防部参谋总长陈诚、陆军总司令顾祝同及薛岳、刘峙等相继坐镇。1947年初，蒋介石曾在徐州地区集中八十几个整编旅（师），实行对华东战场的"重点进攻"，妄想将华东人民解放军逐到黄河以北，再进行打通津浦路。这一狂妄计划彻底失败以后，徐州战场还是南线最重要的战场。一直到今年11月，人民解放军发动淮海战役，蒋介石又在徐州地区集中66个师，实行所谓"重点防御"。但是他的"重点防御"比"重点进攻"破产得还要快。在何基沣、张克侠部起义，黄百韬兵团被奸，黄维兵团被包围，李延年、刘汝明两兵团被击溃以后，蒋匪终于被迫退出徐州。

新华社

摘自《盐阜大众》1948 年 12 月 7 日

徐州介绍之二

徐州又名铜山，古为彭城，西楚项羽曾建都于此。位于江苏省西北部，当津浦、陇海铁路之交，扼苏、鲁、豫、皖四省交通咽喉，北通济南、天津，南达南京、上海，并可经蚌埠接淮南铁路至合肥、芜湖，东抵海州、连云港，西经开封、郑州、洛阳、西安可通甘肃之天水。城北有九里山，南有云龙山、太山、奎山，东有子房山、骆驼山，黄河故道绕城东北。形势易守难攻，自古为"兵家必争之地"。

抗战期间，日寇以徐州为控制华北、进占华中的战略基地。伪政府并曾划淮河以北豫、皖、苏各一部为淮海省，省会即设于徐州。日寇投降后，徐州复成为国民党匪军进犯我华北、华中各解放区特别是重点进攻山东解放区的战略出发点，曾先后设置"徐州绥靖公署"、"陆军总部徐州司令部"、"徐州剿匪总司令部"，国民党政府国防部参谋总长陈诚、陆军总司令顾祝同及薛岳、刘峙等匪首相继坐镇，但都避免不了一次一次的惨败。

徐州由于交通发达，已成为京、沪各大城市的工业品与内地土产品交换的驿站。人口已增至 40 余万。名胜古迹有云龙山、子房山、快哉亭、燕子楼等。

摘自《大众日报》1948 年 12 月 4 日

华东野战军渤海纵队

华东野战军渤海纵队辖第七、第十一师，约 1.9 万人。1947 年 9 月底，由渤海军区部队在山东省博兴县组建而成，隶属华东野战军山东兵团。曾参加潍县、龙章、济南（担当攻坚）等战役。淮海战役时参加进占徐州市、蚌西北阻击战和围歼杜聿明集团等作战。1949 年 2 月，与在贾汪起义的国民党第五十九军一部合编为中国人民解放军第三十三军，隶属于第三野战军第九兵团。

编者整理

▲ 率部进驻徐州的渤海纵队司令员袁也烈（左）

▲ 人民解放军进入徐州城，宣告徐州解放

▲ 解放军进入徐州市区

▲ 解放军某部骑兵进入徐州市

▲ 渤海纵队从济南乘火车开赴战场

▲ 渤海纵队通过台儿庄运河桥向徐州挺进

战史摘要

华野渤海纵队进占徐州

11月21日奉华野电令，本纵即归野司指挥，配合野战兄弟部队，参加淮海作战，扩大战役胜利。当即下达作字第九号命令，部署如下：十一师及纵直于22日下午4时到达车站登车（十七、十八、十九3个团在南货场车站，师直及纵直在黄台车站），23日到达兖州以东以东南地区集结待命。七师和炮兵营于23日下午4时在黄台车站及王舍人车站登车，24日到达兖州东北地区集结待命。纵队、后勤、补充团于26日下午4时在黄台车站登车，27日到达兖州以东地区集结待命。

各部抵兖后，沿津浦铁路步行南下，26日到达徐州东北西仓地区附近时，黄兵团已于22日黄昏全歼于碾庄以东地区，由涡（阳）蒙（城）北移之黄维部十二兵团已进至蚌埠以西蒙城宿县之间，我中野正向该敌包围，新组之李延年六兵团也由蚌埠沿津浦路北犯，图保持徐、蚌连系。

我山东兵团奉命于23日晚转兵南下，直趋徐南宿县、夹沟段津浦路两侧地区，截断徐州敌之后路，阻击邱李孙兵团南窜，保证中野围歼黄维兵团安全。

匪徐州剿总司令刘峙，发现我军南下，黄维在宿蒙之间被围，即以其东援黄百韬之邱李兵团自大许家南北一线西撤，并首以邱兵团与孙元良兵团沿津浦路两侧南犯，企图击坏我军阻击，而达成其摆脱徐州包袱，并求得与被围于宿县之黄维兵团会师。刘匪本人则已于20日逃飞蚌埠，所有部队机关约25万人留归杜匪聿明指挥。

我纵奉命有掩护运河北岸及东岸之交通，压迫敌退缩徐州之任务。决以十一师（欠十七团）由原地出发，经韩庄迅速控制茅村、荆山铺等渡口，协同当地地方兵团，打击可能北窜之敌。纵直率七师全部及十一师之十七团迅速到达宿羊山以北及运河车站，接替四纵防务，压迫敌西撤。以上各部于28日拂晓，到达指定地点，部署完毕。

沿铁路南犯之敌，自26日至30日，经我英勇抵抗，进展甚缓。此时敌发现我在津浦路两侧，已完成纵深工事，继续南犯，必不可能。并判断我华野部队在围歼黄百韬及阻援时，伤亡惨重；刘伯承部队则为黄维兵团所吸，其间空隙很大，遂决心全部撤离徐州，取道萧（县）永（城）西窜。

我纵原奉令归山东兵团指挥，进至徐州南单家集、吴家桥带设防，构筑阵地，以运动防御，坚决阻击可能向东突围之敌于运河以西地区；旋又奉命转进东南山区，防敌向两淮突围，尚在研究计划部署中，又奉兵团电示抢占徐州。即于30日午后5时，先率第七师以强行军前进，于24时进入徐州，担任警戒。十一师原在徐城东北40里毛河带接鲁中南部队任务，30日午前示该师开来徐州东南单家集地区，待机执行攻徐任务。奉兵团进占徐州军令时，该师已出发途中，连络中断，故未与纵队主力同时进城，至12月2日始尾随入城。以上各部防务部署如下：七师全部在西关南头及南关桥以北地区，师部位西关。十一师全部（附骑兵连）在后北门外及南关桥以北地区，师部位东阁街。纵直除炮营骑兵外，全部进入大同街，司令部位交通银行，另由七师派一个营担任中心街道警戒巡查，及控制机关仓库物质。

摘自中国人民解放军第三十三军《淮海战役总结》

战地报道

徐州市军事管制委员会分设十五部门进行接管工作
各警备分区正积极进行治安工作

【徐州12日电】（迟到）徐州市军事管制委员会委员傅秋涛、方毅、冯平、

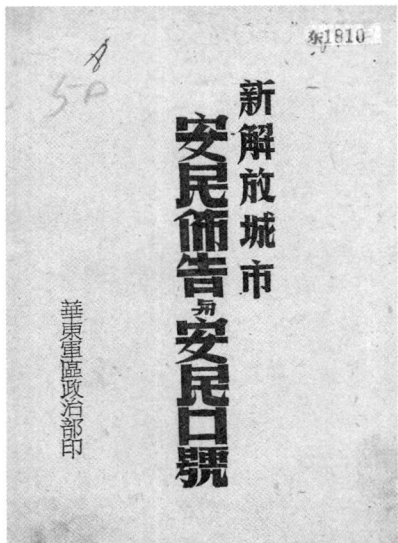

◀ 华东军区政治部1948年12月19日印制的《新解放城市安民布告与安民口号》。内容：①华东军区关于约法七章的布告。②军管会关于入城守则的布告。③军管会关于确立革命秩序、保障社会安宁的布告。④根据约法七章所拟定之安民口号

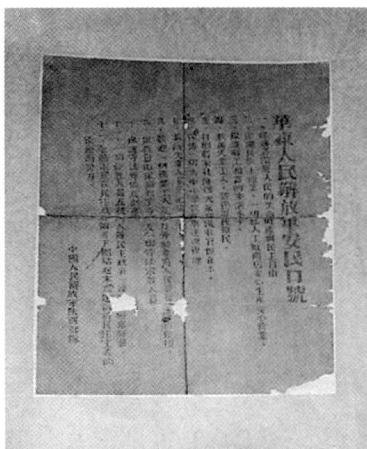
▲ 华野渤海纵队进驻徐州印发的
"华东人民解放军安民口号"

▲ 徐州特别市军事管制委员会使用
的臂章、封条

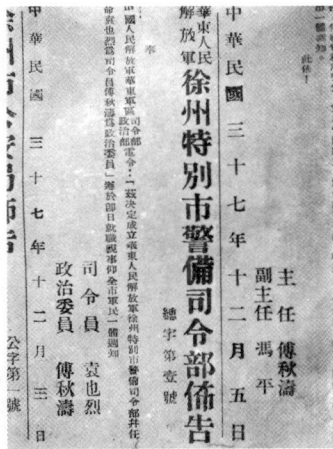
▲ 1948 年 12 月 3 日关于成立
华东人民解放军徐州特别市
警备司令部并任命袁也烈为
司令员、傅秋涛为政治委员
的布告

◀ 1948 年 12 月 1 日华东军区徐州特别市军事管制委员
会布告

周林、袁也烈、华成一等同志均已先后到职视事，并于徐市解放第二日即开始完成接管工作，为安定秩序，恢复生产起见，除令刘平若同志为秘书长外，并分设金融部、工商部、财粮部、军械部、实业部、文教部、生产部、军实部、青委会、铁道部、邮电部、公路运输部、出版部、无线电部、公安部 15 个部门分别进行接管工作。

【又讯】本市军事管制委员会成立后，为严明我机关部队人员入城纪律，彻底执行保护城市政策，并颁布了入城守则 11 条。

【又电】徐州市警备司令部奉华东军区命令于本月 2 日正式成立。袁也烈任司令员，傅秋涛任政治委员，均已到职视事。全市共划为 4 个警备分区。现各警备分区正积极进行如下工作：（一）实行戒严，清剿散匪，收容伤俘，保护市民财产安全，稳定秩序。（二）搜集散枪武器弹药，破除交通障碍。（三）收容蒋匪遗散物资，看管资财。（四）保护一切公共场所和文化学校机关。（五）宣传解释我党我军政策，安定民心，动员复工复课复业。

摘自《大众日报》1948 年 12 月 14 日

用行动来庆祝！本报印刷厂赶印捷报

2 号的半夜，本报电台收到"徐州解放"电讯以后，随即译出送交编辑部，编辑同志也就喜欢的忘记了夜冷，披衣起来编排捷报送工厂排字房赶排付印；排字工人听说排"徐州解放"的捷报，虽然昨夜工作做到半夜，但为了祝贺前线的胜利，天不亮又爬起来拆字拼版，赶送机器付印。机器工为了早把捷报赶印出去，加上这种伟大胜利的鼓舞，在踩机的时候也特别来劲加快，天一亮，住地王桥集街上已贴满了红红的捷报。报社机关其他部门的同志被胜利消息欣喜得几乎忘记了吃早饭，一簇簇的围在机器房里抢捷报。通讯部同志更为了把这个极惊人的消息早些给其他同志知道早舒心早庆祝：早饭一吃，每个同志都带了一大把捷报分头向四周机关集镇飞传去了。同志们都说："我们要用行动来庆祝这个伟大的胜利！"

摘自《盐阜大众》1948 年 12 月 7 日

徐州解放万民欢腾　宣传卡车昨夜分头出发　市民起床开门争听捷音

徐州解放的胜利消息，给济南市的人民，带来了无限的兴奋与狂欢。昨晚 9

▲ 徐州解放捷报

▲ 徐州军民祝捷游行

▲ 徐州市民欢庆解放

▲ 华东人民慰问团在徐州进行淮海战役
胜利宣传

◀ 徐州各界庆祝解放

时许，市府和邮政管理局的 3 辆汽车，载着人民剧团的歌咏队和腰鼓队，沿着经二路缓缓前进。

胜利的歌声和锣鼓掠过济市的夜空，已熄的灯亮了，店门开了，成群的人们，从大街小巷铺子里涌向街道。"徐州解放啦！"车上的欢呼像电流似的通过了人的海潮，群众在欢呼，在鼓掌！

"徐州解放啦！"人民的呼声，从宽广的二大马路传向四方。新市场门前的灯光，照耀得如同白昼，文聚祥南纸店临时在楼窗前装上了耀眼的电灯。无数群众挡住了汽车的道路。挤着、拥着，小孩爬上车头，汽车给人的海潮倒推回去。

"快报告好消息！"

"同志，有捷报吗？"无数群众的手伸向汽车。

广业南纸店的 65 岁的周大娘披着一件外衣，挤向人群，她一边在催着提着裤子的孙儿说道："这仗打得好！好！俺更有盼头啦！"

"啊……打腰鼓的下车啦！"很快的这腰鼓队被狂欢的人们紧紧地包围起来，"扭得好！""再来一个！"被胜利所鼓舞起来的人们，从远处赶来，一层一层又把腰鼓队围得更紧了。"对不起，请你们让开吧！我们还要把胜利的消息带给更多的人们！"经腰鼓队同志反复的解释，群众才慢慢的让出了一条道路。

宣传车上的歌声与"庆祝徐州解放，我们要加紧生产，支援前线"等的口号声飘扬过普利门、西城门，在院西大街上，恩德顺菜馆的刘凤仪先生兴奋的说："徐州解放了，再也不会变天啦，济南可安稳啦！"

宣传车经南门沿趵突泉街出杆石桥门，在经七路上，当人民剧团的同志朗读完胜利的消息后，路上有人惊奇的喊起来："呵！太快啦！徐州真的解放了吗？今天早上国民党特务还在造谣，说什么徐州是打不下来的？"

在大观园门前，又扬起了胜利的歌声与欢呼声。经过中山公园时已 11 点钟多了，当我们归来的路上，初冬的夜风浸透了棉袄，可是在二大马路两旁明灯下面，还有不少人们探询着解放徐州的胜利消息。

【又讯】华东大学师生一听到"徐州解放了"，有的兴奋的跳起舞来，预科部的走廊里有不少学生在边舞边唱，上徐州去的几个干部从楼梯上走下来，经过这群狂欢的学生群里，马上被包围住了，互相握手庆祝："上徐州去，嗯，咱们见面还在南京！"在铁路大厂里，机车场、锅炉场、锻工场等处的工人兴奋的说着："徐州解放了，南京也不久，加油干，把铁路修到徐州去！"锅炉场的工人崔清海跳起来，喊着："好，徐州收复得真快！"

摘自《新民主报》1948 年 12 月 3 日

解放后的徐州

一、鸟瞰古彭城

站在相传为张良吹箫的子房山，或云龙山鸟瞰，这拥有 40 余万人口，方圆 45 里的古彭城，中国古今的军事要冲，华北华中交通枢纽的徐州市，便映在记者的面前。向四外眺望，只见东北、西北及东南土山环卧，西南面则丘陵连绵，徐州就被怀抱在这宽阔的盆地里；津浦、陇海两大铁路纵横交叉而过，形成为一个伟大的"十"字。市内楼舍高耸，池水点布；旧黄河从西北穿市静流蜿向东南；发电厂、宝兴面粉厂的烟囱，耸入云霄，吹放着浓烟，马路上人车交织……；解放仅仅几天的徐州，已经开始恢复了安宁的秩序，呈现着新生后的活跃。

二、津浦车站上

记者从天桥路走到津浦车站，这里，一切都是安静如常。成列的车厢井然的接排着，庞大的机车分散的停卧在轨道上，几位工人从上面跳下来和我们谈话，司炉曾全忠、司机王世琦等告诉我们：大部工友们都去抢修铁路了，他们是奉军管会铁道部的命令，各按职守在此看管的。当谈到解放军对待工人的态度时，引起了他们对过去的愤慨的回忆，他们说："国民党在这里时，把我们看成沦陷区的工人而加以歧视，11 月份每人只发给 100 元金元券，可是买一斤吃粮就要十数元，够干什么呢？"蒋匪在逃窜前曾强迫工人破坏，叫司机对碰车头，可是工人们各自散躲起来，大家一致的决心是："火车就是我们的饭碗，决不能破坏！"因此，全站资财均完整无损。他们对解放军到后马上进行员工登记，暂借薪金照顾工人生活等措施，表示满意的称赞。

三、蒋匪暴行下的陇海站

在陇海车站上，却是一片蒋匪穷极破坏的残迹。著名的陇海铁路工厂，被蒋匪在逃走的那天下午，将工人赶出，用炸药轰毁；数辆机车和厂房被弄得东倒西歪，残片狼籍。

当记者走进被轰破的铁路厂房时，翻沙工李德臣，正痛心的徘徊在他过去工作的大机器间里，他激动愤恨的说："× 他娘，他（国民党）把这厂破坏了，叫我们一千多工人怎样吃饭？"但是他并没有懊丧，接着又坚定的有力的告诉记者："完全可以修复，工人们有的是办法！"

在许多散停着的车厢上，和道旁用木板搭成的宿棚里，住着铁路员工和他们的家眷，这是蒋匪从洛阳、郑州、开封、商丘逃走时，欺骗和逼迫他们开车来徐的。一位商丘的工务段工人说："来的时候他们说如何好，如何照顾，可是来了以后，走又不叫走，什么也不问，好在现在解放了，一通车后我们就可以回去了。"

四、宣传车和解放的人民

市内宽阔的马路上，奔驰着车辆和往来着行人，解放后的警察已在负责指挥交通，市场上摆满了摊贩、理发店、饭馆已经开市。

4日上午，解放军某部开着刚截获的一辆十轮大卡车，出现在街头，这是一辆富有吸引力的宣传车。车厢上贴着各种标语、宣传画和秋季攻势形势图，悬挂着毛主席朱总司令的巨像，红旗在随风飘扬。军乐队在车上高奏着熟练的"解放区的天"、"八路军进行曲"、"青年进行曲"。当宣传车沿着每一条宽阔的街道缓缓开进时，各种宣传品不断的在车上飘舞下来，成群的人们紧围着在半空捕捉，争相阅读。有一位60多岁的老先生接连追捕四五次，都被别人抢去，但他还是紧追着缓驰的汽车，非要得到一张不可。当宣传车在每一个十字路口停下时，立刻男女老幼从四面八方涌上来；在拥挤的人堆中，高伸着无数的长臂，拍着手索取宣传品。后面的人就往车前面挤，围着毛主席和朱总司令的巨幅画像。宣传员们讲解着为什么要暂时实行军事管制和戒严："这是为了清除屠害人民的蒋匪特务分子，使大家得到安定的生活……"一位抱孩子的大娘说："对，这戒严可不和国民党戒严一样。"当宣传们讲解到解放军的约法七章，告诉大家迅速复工、复业、复课时，听众们有的在互相交耳低语点头称赞。讲到全国胜利形势，东北全部解放，黄百韬兵团全部被歼，匪黄维及邱、李、孙兵团全部被围或被歼等伟大胜利时，观众们不约而同的发出欢腾的阵阵鼓掌。

五、人民渴求着真理

"国民党不敢叫我们懂得真理！"这是徐州知识分子在蒋匪长期统治下，亲身体验的结语。过去，他们得不到自由，看不到进步的书籍、报纸，因而徐州解放后，他们渴求着对进步书报的阅览。当青联在原空军俱乐部设置了阅览室后，就吸引着无数的男女青年、知识分子、商人，宽敞的五六间房屋里，竟日挤满了渴求新知识的读者。他们在细心的阅读。当他们看到过去久已闻名的《新民主主义论》、《论联合政府》时，许多青年感慨的说："可惜我们看得太晚了！"

在解放军某部所设的阅览室里的墙壁上悬着一幅解放军大进军的色彩画图。终日吸引着观众。有的读者在意见箱上写着："屋子太小，书报也嫌少，几个人围在一起看很费力，最好能多设几处"。这充分的反映了徐市人民渴求新的知识，渴求思想解放。许多青年知识分子问："新华书店什么时候能来，我们好购买新的书籍。"他们已深切的感到解放区的书籍报纸都是真实的消息，是他们渴求的真理。

（转载《新徐日报》 孟千、舒人）

摘自《中国人民解放军淮海大捷纪实》，中原新华书店1949年，第105—108页

▲ 解放军向刚解放的市民宣传前线胜利消息

▲ 徐州解放后，首批入城的解放军战士被市民围着问长问短

▲ 徐州国民党军丢弃的复员军人要求解放军给予登记

▲ 中央军委给潜伏在国民党徐州"剿总"内部的中共地下党员钱树岩的嘉奖密函。密函是在蒋管区货币"关金券"上用米汁写的，用碘酒擦后可看清原文。上写"林山送来情报受到中央军委电报表扬，希你继续努力"。林山是钱树岩的化名，他冒着生命危险，为解放军传递了大量有价值的军事情报

▲ 1948年12月2日，徐州市人民政府成立

▲ 钱树岩，中共地下党员，淮海战役时任国民党徐州"剿总"少尉司书

▲ 华野特纵工兵团某部在战役中研究新的起雷方法

扫除徐州城郊蒋匪地雷阵　华野特纵工兵团三连受群众热烈欢迎

徐州城郊 10 里至 30 里周围，蒋匪军逃窜前，密布地雷阵，使该地群众遭受无辜的损伤。徐州解放后，工兵团三连奉命前往扫除地雷，仅二班 5 个钟头便扫雷 487 枚，受到该地群众热烈欢迎，并向我扫雷同志控诉蒋匪罪行：一个 70 多岁的老大爷拉着扫雷同志亲切的说："同志，你们是挖地雷来的！？真好极啦！咱们这条小沟里也埋有地雷，我带你们去。"一边说着一边带领着走，他还告诉同志们说："过去'国军'的工兵营住此，到处埋地雷，已炸死好几个老百姓，有一天一个年老人拾狗粪，就被地雷炸得粉碎。"到刘家窝庄，老百姓一听说我们去挖雷，大娘连忙烧水送茶，并说："咱村上有个'国军'的伤兵，会起地雷，请他挖一个雷就要 5 元伪金圆券，还要供他吃饭，同志们到咱这里来挖雷，连茶都不喝咱的。"

扫雷的同志认真配合当地群众，在不到 3 个钟头共起踏雷、拦雷 186 个，第二天去距城 30 里之郭庄扫雷，一个多钟头就挖出地雷 301 个，王培进一个人就起了 50 多个，从此老百姓也可大胆来往了。

（陆元民）

摘自华野特纵《特种兵》第 87 期

匪首杜聿明等败逃中残忍遗弃 3 万伤兵　我徐州军管会大量收容

【淮海前线 16 日电】据被解放的国民党军下级官兵控诉，匪首杜聿明、邱清泉、李弥对其 3 万左右伤病员弃置不顾，残忍万分。杜匪等 1 日晚弃徐州西逃前，将其一〇〇军和七十四军的伤兵遗弃于医院，2 日晨伤兵醒来时，即不见护士与看护兵，药品器材亦空空如也，才知医院人员已随匪军西逃。据徐州"剿总"办公厅少尉文书周汉波谈称：11 月初旬徐州被围时，国民党军伤病员在徐者约 4 万人左右，月底曾运南京约 1 万人。杜匪聿明率部逃出徐州时。有 1 万多的伤员随行，伤兵沿途所受惨痛待遇，目不忍睹。有的被推下车为车辆碾死，有的滚在路旁，七倒八歪，有的血淋淋在地上爬，有的饥寒而死。而国民党官员的大小老婆，则坐上汽车夺路先走了。又据一一五军三十九师一个负伤的少尉附员任森生控诉说："被包围后，我看到 1 万多伤兵，都躺在河沟里与田野里，每天仅给他们吃一顿山芋，四五天不给换药，伤员叫喊嚎哭声老远就听得到。在一夜露营中，冻死了 30 多人"。

【又讯】徐州解放后，解放军徐州军管会收容和治疗敌逃跑时所遗弃的大量国民党军伤病员。

摘自《大众日报》1948 年 12 月 17 日

徐州军管会在市民协助下搜获大批军械供应前线
包括各种炮 170 余门，炮弹 12 万余发，各种物资 120 余万件

【徐州电】本市军管会军械部、军实部与公路运输部，在接管工作中，搜集大批军械军实供应淮海前线。军械部在"一面接收，一面支前"的口号下，全体同志发挥了高度的工作责任心。如挖掘埋在粪坑里的武器时，同志们不嫌脏地把带尿的许多箱武器都起出来。在寒风冷雪之日，仍从水里捞出了各种武器。在搜集各种零散子弹时均经过拣、擦、分类、上夹、装箱等六七次手续。为了要把弹药赶运前方，常常工作到夜间十一二点钟才休息。在搜集弹药中，原国民党后勤总司令部三〇三军火库所长吴德昌与居民赵锡祥带领着 11 个库员保护了该库，二〇三弹药库的蒋津卿协同商贩子星三也保护了一大批的弹药，均获得了军管会的巨额奖金。由于军械部全体同志努力，在市民及被国民党遗弃的人员协助下，共收获榴弹炮 2 门、野炮 6 门、山炮 1 门、九二步兵炮 5 门、高射炮 12 门、三七战防炮 1 门、各种迫击炮 149 门、高射机枪 14 挺、喷火器 8 部、各式轻重机枪及各式步枪、冲锋枪共 24000 余支、地雷 3000 余个、刺刀 16000 余把、导火线点火具 5000 余个、发烟筒 8000 余发、信号弹 7000 余发、照明弹 4000 余发、爆破器 2000 余个、各种炮弹 12 万余发、子弹 1357 万余发、各种手榴弹、掷弹筒、枪榴弹、炮弹引信等共 26 万余发、炸药 135000 余斤、导火线 7 万余米、各种飞机炸弹 7000 余个、各种防毒披甲 1000 余套。军实部计清理了各种物资 177 种，其中被服类共 16 种计 45 万余件；衣物类共 24 种，计 34 万余件；武器附属品类共 24 种，计 20 万余件；用具类共 24 种，计 3 万余件；马用具共 35 种，计 18 万余件；其他 30 种，计 1 万余件；防毒面具 1000 箱零 252 个，以及破烂物品 13 万余斤。公路运输亦接收大批运输器材供应前线，共接管与集中了各种油类 19600 余桶、破毁汽车 240 辆（已修好 34 辆）、各种机车 8 辆（修好 5 辆），此外并搜集了大批汽车零件器材等。

摘自《大众日报》1949 年 1 月 23 日

我于徐州获坦克34辆

逃匪遗弃于徐州之物资甚多，现已发现其中有34辆坦克，为我缴获。

摘自山东兵团《华东前线》第61期1948年12月8日

遣散在徐州的国民党军官兵等700余名登记自新
"剿总义勇纵队"少将司令蔡介时率支队长以下30名集体登记交出武器

【徐州电】蒋匪自徐逃窜时，许多国民党军官兵及党政机关人员，不愿随其走上死路而留徐，徐州解放后，自动向我登记自新，听候处理。5至10日5天中，已登记者有尉官以上774名，并有很多官军报出蒋匪物资，交出武器。除国民党军三十七师炮兵营中尉书记张忠堂报出步枪200余支及其他武器，已志本报电讯外，又有国民党"剿总义勇纵队"少将司令蔡介时率其支队长以下30名，集体向我登记，并交出全部武器。

【又电】我军收容大批蒋匪所遗弃的伤兵，并予以治疗。10日止，3个收容所已收容1700余名，并组织原有医生、看护、职员进行治疗。这些伤兵都感激解放军，而痛恨咒骂蒋介石。

摘自《大众日报》1948年12月20日

已移交完毕伪"徐报"报社等

【本报讯】为职员工友积极保护的本市前各伪报社之电台、印刷等器材，已完整的向我军管会出版部移交完毕。并有120余名员工自愿参加新民主主义的新闻事业。蒋匪军撤退时市内极度混乱，原"徐报社"之员工即将大门紧闭，分班轮流守卫，我军入城后，该社铅印厂即于2日复工，承印各种布告与宣传品；电台于2日晚即开始收抄新华社电稿，3日即向出版部接洽移交。伪"群力报社"在混乱中亦赶出数次打破门窗企图趁机抢劫之流氓分子。伪"正义日报社"的机器，已被蒋匪运到车站，准备南迁，后因铁路不通，工友们当即运回保存。我军入城后，各社即先后办理移交，至10日止，伪"徐报社""群力报社""正义日报社"等6个报社，及伪"中国文化服务社铜山支社""大陆印刷厂"等已将全部器材移交完毕。

（黎明）

摘自《新徐日报》1948年12月13日

▲ 解放军在徐州机场缴获的飞机

▲ 在徐州机场缴获国民党军美造霸王式重型运输机

▲ 国民党撤离徐州后，解放军缴获的汽车之一部

▲ 解放军把缴获的水陆两用汽车开往后方

▲ 解放军缴获的国民党军日式战车30辆

▲ 解放军在清理国民党军从徐州逃跑时丢弃的轻重武器

▲ 解放军解放徐州时，在子房山附近缴获的迫击炮弹

▲ 徐州解放，解放军缴获国民党军大批美造500磅重炸弹

▲ 徐州弹药库的大批物资弹药，成为解放军的战利品

▲ 解放徐州缴获的汽油之一部

▲ 解放军在徐州机场缴获大批汽油

徐州人民自己的报纸《新徐日报》创刊 新华社徐州分社同时成立

【徐州 11 日电】徐州市人民大众自己的报纸——《新徐日报》，已于本月 10 日创刊（新闻四版）。新华社徐州分社同时成立，正式对外发稿。

摘自《大众日报》1948 年 12 月 15 日

华东新华广播电台正式开始播音

【华东 20 日电】华东新华广播电台于本月 20 日正式播音。该台呼号为 XNEC，波长 31.58 公尺，9500 千周；48.2 公尺，6222 千周；60 公尺，5020 千周。前曲是"解放区的天"，终曲是"大路歌"。每天播音时间两次：第一次 6 点 30 分到 8 点，第二次是 17 点到 21 点。播音节目如下：6 点 30 分，对华东战场国民党军广播，主要内容有在华东战场放下武器的国民党军军官介绍、书信、讲演及文章，有华东人民解放军对国民党军的文告、讲话等。7 点到 8 点，对华东人民解放军广播，主要内容有军人家属、后方情况报道，战斗英雄人物、单位、事迹的表扬，部队中的文化娱乐材料等。17 点到 18 点，对京、沪、杭、闽、台等地国民党统治区广播，主要内容是新闻、言论、华东解放区介绍等。18 点到 21 点，转播陕北新华广播电台节目。华东新华广播电台在筹备期中，为了配合前线人民解放军作战，曾经在 9 月 21 日到 10 月 3 日专门进行对济南广播；在 11 月 12 日到本月 20 日，专门进行对淮海战场国民党军广播每天一小时，和对淮海前线人民解放军广播每天半小时，并且有在山东放下武器的国民党军将领和军官王耀武、陈金城、霍守义、罗辛理、晏子风、刘士玲、尹锡和、李玉和等人向淮海战场国民党军，特别向邱清泉、李弥及其所部广播讲演，劝他们交枪投降。

摘自《新徐日报》1948 年 12 月 22 日

▲ 解放后的徐州市秩序井然

▲ 徐州解放后，电话局工作人员大部被留用

▲ 徐州解放后的庆云桥自由贸易市场兴隆景象

▲ 淮海战役时期的徐州火车站

▲ 解放后的徐州车站售票处

▲ 徐州解放第二天，铁路即通车

▲ 解放后的徐州车站

▲ 火车站人头攒动

市府关怀贫民疾苦拨发救济粮 15 万斤
发放办法已决定　强调救济要与组织生产相结合

【本报讯】人民市政府关怀市民生活疾苦，决定拨粮 15 万斤救济本市贫苦市民。为此，市府于本月 22 日召开各区、文教、工会、妇女等部干部会议，讨论发放救济办法，当即决定：在各部门密切配合下，以区为发放单位，以户为救济单位，以人口为计算单位；教职员则以学校为单位救济。要求在 12 月底，全部发放完毕。在救济中，基本上可分为三等，军工烈属及贫苦市民生活实无办法者为一等救济户；能想出点办法，但目前生活不能维持过半数者为二等救济户；能想出办法，但因劳动力较少，目前生活暂不能全部维持者为三等救济户；特殊困难情况者，可酌予照顾。发放办法为：各区组织救委会，由各部门选举代表一人组成，以区长为主任委员，具体领导救济工作的执行。具体分配粮食数字为：一区 45000 斤，二区 38000 斤，三区 20000 斤，四区 37000 斤。在决议中强调提出：此次救济工作，要与发动群众组织生产工作密切结合起来，反对单纯的"恩赐"及任务观点。现在各区正积极调查救济对象，准备发放中。

（彦、修、锋）

摘自《新徐日报》1948 年 12 月 26 日

本市部分学校合并　成立第一第二中学
十处公私立小学已复课　三千余名学生入学读书

【本报讯】军管会文教部为了集中力量办好学校，又因为本市原公私立中、小学校舍有一部遭到蒋匪的摧毁，短期无法复课，特将原省立徐中、原省立连云中学合并为徐州市立第一中学，原铜中、原市立徐中、原女子师范附中合并成为徐州市立第二中学，并将筹划成立徐州师范学校。第一、二中学复课筹备委员会已成立，现正进行合并事宜中。在文教部领导与帮助下，已有 10 处公私立小学复课，原教职员 102 人照常执教，现到校学生已有 3792 人。其他各校正在呈请登记中。

（钊）

摘自《新徐日报》1948 年 12 月 22 日

本市青年学生集会纪念一二·九　周市长亲临讲话

【本报讯】新获解放的本市青年学生，庄严的集会纪念"一二·九"。是日兴高采烈的青年学生们从各个角落里涌向前空军俱乐部大会场。周市长亦亲临演讲，开会后，徐市民主青联筹委会主任刘坤同志，首先向长期被蒋匪统治残害的徐州全体青年进行亲切慰问。并介绍了解放区民主青联各种活动，及在抗日与自卫战争中的伟大贡献。接着筹委会副主任鲁沿华同志沉痛的叙述了"一二·九"运动和"一二·一"惨案中青年学生为反对独裁卖国，争取民族自由、独立、民主而英勇斗争的史迹。至此周市长以兴奋的口吻讲解了解放军正在围歼徐州逃敌的胜利消息，他说："肯定的答复还在怀疑的人们，蒋匪是永远不会来的了；如果说是回来的话，大家去看吧，他们已经当了俘虏"。引得全场哄堂大笑，继而周市长号召徐市青年要学习"一二·九"学生的为民族争自由英勇的斗争精神，积极向市民宣传胜利消息，及办好学校。徐市民主青联筹委会主任刘坤同志向大家报告：为满足今后徐市青年学生求学等各种要求，将陆续筹办图书馆、俱乐部、书店、及青年学校，为大家服务。下午1时，在活泼愉快的气氛中开始了自由演讲，很多同学兴奋的说："这次会议是有生以来的第一次，过去别说全市学生集会，就是在学校里也不准成立自治会，怕学生们"图谋不轨"。王亚路同学是浙江人，他从蒋匪国立第三战时中学，流浪到扬州中学，后又流浪于河南省，现在又来到徐州，他愤恨的说："我过了6年的流浪生活，在我所进过的几个学校，看到的不是老师为生活困难罢教，就是学生为争自由罢课，所以学不到什么。"他马上又愉快的说："现在徐州解放了，我的求学就业问题可得到解决了。"

（黎明）

摘自《新徐日报》1948年12月12日

军管会宣布伪币处理办法　即日起以北币为通用币

【本报讯】蒋匪为掠夺民财，进行内战，以推行"币制改革"为名，滥发金元券，以致通货膨胀，物价飞腾。我军为保护人民利益，稳定金融起见，本市军管会宣布自即日起，一切交易、借贷契约、收付计数、账目登载皆以北海银行发行之北海币为通用货币（华中币与冀南币均按一比一等价流通使用）。另对伪钞作以下处理办法：（一）所有伪金元券自12月11日起到12月17日止限期兑换，逾期停兑，并即禁止流通。（二）凡数目折合北海币5万元以上之伪金元券，迅速向本市工商局登记，经检查后，发给证明文件，准其包封携带出境，换回物资。（三）持有伪金元券票面一元以上，数目折合北海币5万元以下者，准许向本市北海银行及其附设之兑换所兑换。兑换办法及牌价，由北海银行随时公告。

摘自《新徐日报》1948年12月17日

山东华中货币通用　固定比价为一比一

【本报讯】山东、华中两地区货币已固定比价通用。山东省政府特发出布告，原文如下："由于人民解放战争胜利进展，山东、华中两解放区已经在广大地区上连成一片。为便利两地物资交流，发展生产起见，特与华中行政办事处商定两区货币固定比价，互相流通，规定办法如下：一、北海币与华中币固定比价，从本年11月15日开始，在山东与华中两解放区内互相流通。二、北海币与华中币固定比价为一比一，就是北海币一元等于华中币一元，以后两解放区内所有完粮纳税及一切公私收支，均须按此比价，流通使用。三、不论军民人等，如有私定比价或拒绝使用者，一经查获，定依法严厉处分。"

摘自《新徐日报》1948 年 12 月 21 日

本市萧宿永战地蒋灾救济委员会致谢全市各界书

此次淮海战役中，蒋匪杜聿明等部临死亡前，在萧宿永地区犯了滔天罪行，实行了胜于日寇的"五死六光"政策，所作所为不如禽兽，萧、宿、永地区 700 余村，15 万灾民惨遭浩劫，都处于无衣无食无住的苦境。加之瘟疫流行，死亡日多，灾民引领四望，嗷嗷待哺；灾民代表马立涛等，来本市呼吁求救，本市义不容辞，首先成立了徐州市萧宿永战地蒋灾救济委员会，发起捐赠；一个月来各机关、团体、部队、学校及全市各界父老兄弟姊妹，本"多捐一斤粮，多救一条命"的精神，节衣缩食，慨解义囊，踊跃输捐，本会已接到大批粮、款、柴及衣物、家具等，除即陆续转送灾区，并登报公布外，本会特代表萧宿永战地 15 万灾民，向各界父老兄弟姊妹们致以忠诚的敬意和感谢。

从这一次救灾募捐运动中，证明了解放区人民是一家人，在共产党毛主席领导下，充分表现了团结友爱同舟共济的精神。在大家的努力下，顺利的完成了北币十亿多元（包括衣物粮柴等）的巨大数目。这是大家的光荣。

本会所接收之物资，现已一针一线送交萧宿永灾区政府，并保证登送至灾区灾民手里。

全国解放的日子不远了，萧宿永灾民报仇的日子也为期不远了，愿我们共同努力支前，支援解放大军过江，解放全中国，活捉蒋介石，把全中国变成人民的天下。

徐州市萧宿永战地蒋灾救济委员会
摘自《新徐日报》1949 年 3 月 25 日

萧宿永战地灾民代表致谢本市各界书

淮海战役胜利结束以后，我们扶老携幼回到了自己的家里，院子内和地堡里躺满了蒋匪的死尸，祖祖辈辈传下来的家具都没有了，连老坟也都变成了战壕。我们用柴草捆起了被蒋匪残害死的爹娘、兄弟、姊妹、老婆、孩子的冻僵了的尸体，用一块血布盖上他们的脸，埋在残缺的祖宗墓旁。这个血海深仇我们早晚要报的。

共产党人民政府解放军来了以后，马上清理战场，发给我们粮食，安慰我们，解放区的人民都是一家，都自动募捐救济我们，使我们有了活的希望。我们曾派代表来到了徐州，一面控诉蒋贼惨无人道的兽行，一面呼吁救济。

徐州市首先成立了救灾募捐委员会，在各机关、部队、学校、工人弟兄以及广大的父老兄弟姊妹们的共同努力下，共给俺募来了北币十亿多元，吃的、喝的、穿的都有了，我们永远忘不了徐州市各界及父老们的恩情。

蒋匪留下的仇恨记在心里，擦干眼泪，把家里死的人埋葬起来，领着大人孩子，我们把战壕平了，把屋子再盖起来，买家具再买牲口种地。东西是人制的，我们相信在共产党、人民政府领导下，总还会把日子过好的。我们绝不坐吃懒做，我们要更加劲的生产，把家园重新耕种起来，蒋匪是毁灭不了我们的。

最后告诉大家，这个血海深仇，我们一定要报，我们只有支援前线，支援解放军过江，一直到解放全中国，活捉蒋介石，使全中国变成咱老百姓的天下为止。

萧宿永战地蒋灾民代表马立涛、李世善、关继升、朱世礼、李发福、尹书田、陈金科、缪仲刚代表 15 万灾民敬上

摘自《新徐日报》1949 年 3 月 25 日

阵中日记

新华社山东分社记者的日记

11 月 11 日

徐州攻势战已开始了 4 天，昨日上级确定南下接收徐州工作任务。今日晚饭后匆忙准备即刻到火车站等车，今晚即前开往徐州前线去，回忆到济南迄今才 20 天又因新的工作任务即匆匆离济了。

11 月 14 日

陇海前线我陈刘大军于本月 7 日发动攻势对徐州进攻，至 10 日已在徐州外围及陇海东段攻克海州、新浦、连云港、峄县、枣庄、台儿庄、邳县、丰县、砀山、商丘等城 10 座，并解放徐外围重要据点 20 余处，现我军正向徐州围攻中。在徐州前线开始进攻的第二日即有原西北军冯治安部两个军三个师另一团向我投诚〔起义〕，另消灭蒋军二万以上，在此胜利攻势中，徐州指日可下了。

南下徐州情况又有变化，今仍住党家庄休息未动。

11 月 20 日

淮海前线，我军对徐州外围进攻战正在顺利进展中，据前新华社发表一周战讯，已消灭蒋军 9 个整师，15、16 两日又攻占徐州南段宿县县城，切断津浦南段并控徐〔蚌〕埠间 190 里之铁路线，徐州东之碾庄围歼战已消灭黄百韬兵团大部，现大战正在顺利进展中。

东北战场最后收复葫芦岛、锦西，至此东北告完全解放了。于 × 日热河我军收复热河省会承德，至此热河全省已告解放。近来中原我军配合淮海战役切断平汉南段，收复汝南，豫西克南阳，大别山区再克商城、固始，连前克复金泉寨、（立煌）岳西、经扶，现已据控 5 城。西北我军再克部阳歼敌 2000 余。

住党庄车站已有一个多礼拜，昨听冯平同志报告称不日即要南下，现仍住此待命出发。

11 月 30 日

淮海前线，徐州以东 80 里碾庄圩围歼战于 22 日胜利结束，全歼黄百韬兵团 5 个军 10 个师，连在徐州外围其他地区歼灭及蒋军起义之 3 个多师共消灭蒋军达 18 个整师，已胜利结束之第一阶段。在第一阶段之进军中还收复攻克徐州外围及陇海、津浦两线之商丘、砀山、海州、郯城、峄县、邳县、鱼台、单县、曹县、丰县、沛县、虞城、睢宁、雪枫（永城）、宿县、萧县、灌云、夏邑等 18 座县城，及台儿庄、枣庄、新安镇、临城、韩庄、任桥、固镇等处及连云港，控制陇海铁路东西两段 720 里，津浦铁路南北两段 350 里，在此南线胜利攻势下，华北我军于 20 日解放河北省会保定城。西北我军于 26 日在蒲城、大荔之间歼敌一个军。淮海前线于 26 日攻克淮北灵璧县，全歼守敌一个师。在人民解放军大规模秋季攻势下，11 月初已完全解放东北。在我第三年的解放战争第一个秋季攻势 4 个月即消灭蒋军 100 万人。11 月 10 日人民解放军总部发表根据军事情势之发展再有一年左右即可基本上打垮蒋介石的专制统治。

在此军事攻势形势下，蒋介石政府处于摇摇欲坠的时候，又急求美国爸爸援助，并要求美军保上海与移交青岛政权给美国统治，我中共中央特就国美两方企图奴役中国人民发表声明，反对美国无耻援蒋阴谋。

在淮海前线军事发展情况，蒋介石调集了 8 个兵团 66 个师，企图在徐［蚌］埠前线作最后一次的垂死挣扎，这一会战带有持久性的决战，取得彻底消灭蒋匪仅能最后一次的顽抗，在华东军民全体动员起来争取淮海战役之彻底胜利。

因前线战局带有持久性歼敌，我们南下迄今仍未动身，住此学习待命出发中。

12 月 3 日

12 月 1 日下午 10 时，徐州解放，敌邱清泉、黄维［孙元良］、李弥三兵团向西南逃窜，现我正追击中。今下［午］3 时开饭，饭后即整装自觉家庄车站上车。

站上车今夜 6 时即开始赴兖州。

12 月 4 日

今早 4 点多钟车开达兖州，在兖州东关休息一日，准备下午 4 点多钟即乘汽车赴徐州接收胜利果实工作任务。并为建设新徐州而努力。

回忆前年 12 月底从苏北撤退到山东，北方生活过了两周年，今晚又要离开山东返回苏北，两年来解放战争形势之转变，真使人兴奋难以回顾。

12 月 5 日

今早 8 点钟即乘汽车到达徐州北郊，因水、汽车不便直通徐州市，即步行到徐，下午即交谈有关工作问题，即晚即开始工作。

徐州是古来战争要地，挟苏鲁豫皖交通咽喉，津浦、陇海两铁路交叉点，现在属于人民的城市了。这次淮海徐州会战因蒋匪大部被我军消灭于外围，城市幸未受战争炮火摧残，市面方告平稳，解放今天将逾 3 日，全城秩序逐渐恢复，现我华东军管会正待分头接收工作中。

12 月 12 日

到徐州已过去一个礼拜了，初步接［收］已告结束，现正布置安定一切工作制度和秩序。

追歼由徐州西南逃窜之邱、黄［李］、孙三兵团，前日前线消息已歼灭孙元良兵团两个［军］殆尽，另邱黄［李］两兵团已被［歼］甚多，现追歼战正在进行中。东北部队进关后一路占领山海关，继续沿北宁路前进，一路由平沽路向北平进行中，前已攻占密云。平绥线同时对张家口也发动进攻，攻占万全、宣化，把张家口傅匪东西退路已切断，现正向张垣市区紧缩包围中。

西北我军在 ×× 地区歼灭胡宗南匪部六十九军一四四师和三军十七师大部，共 10 个整团近 3 万人，大捷。

苏北继徐州解放于 3 日解放淮阴，守敌向淮安逃去。

摘自新华社山东分社记者吴智扬的日记

第五章　追击、合围杜聿明集团

华野在查明徐州国民党军西撤行动后,当即部署第一、二、三、四、八、九、十、十一、十二、鲁中南、两广纵队和冀鲁豫军区部队等 11 个纵队的兵力,以多路多层尾追、平行追击、迂回拦击与超越截击相结合的战法,排除万难,昼夜兼程,勇猛追击由徐州向西南方向撤退的杜聿明集团。杜聿明在西撤途中奉蒋介石手令,改变撤退路线,向南攻击前进,遭华野反击未逞并损兵约 2 万人。华野经 3 昼夜的勇猛追击,至 12 月 4 日拂晓,将杜聿明集团全部合围于西距徐州 65 公里之陈官庄、青龙集、李石林地区。6 日晚,孙元良兵团突围被歼。华野遂采取三面突击,一面堵击的战法,展开攻击压缩作战,激战至 15 日,国民党军未能突破堵击阵地,华野则攻取其已占村落数十处,将李弥兵团歼灭近半,邱清泉兵团歼灭三分之一,使包围圈愈加紧缩。

一、集中全力飞兵追击

华野追击部队在"路标就是路线,枪声就是目标,追得上就是胜利"、"不让敌人逃向江南,彻底干净消灭它"等口号的有力鼓舞下,分别采取平行追击、超越拦击和尾追,不顾天上飞机轰炸,不怕地上坦克阻拦,不顾疲劳,不怕伤亡,忍饥耐寒,昼夜兼程,日行百里,勇猛追击。经过 3 昼夜追击,歼国民党军约 2 万人,于 12 月 4 日拂晓,将杜聿明集团全部包围在永城东北的陈官庄地区。继黄百韬兵团被歼,黄维兵团被围之后,淮海战场第三个包围圈形成。

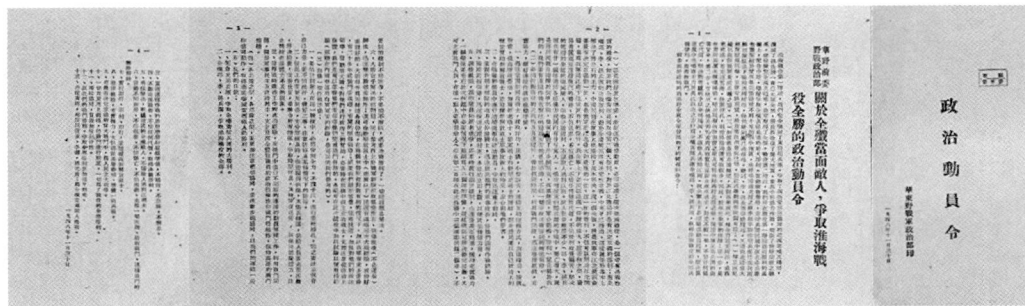

▲ 华野政治部 1948 年 11 月 30 日颁发的《关于全歼当面敌人,争取淮海战役全胜的政治动员令》

战史摘要

杜聿明集团逃窜及华野追击部署

敌十二兵团为我中野围困于双堆集地区正歼击中，图配合十二兵团由蚌北犯之六、八两个兵团被我压缩至曹老集以南及蚌埠地区，徐州敌二、十三、十六3个兵团除以小部于津浦两侧向南袭扰外，主力集结徐州分携积存物资，"剿总"机关人员连日向京空运。30日，徐机场仓库大肆破坏，敌倾巢南窜之企图已明，但逃窜方向尚未判定，直到1日中午发现敌二兵团主力抵徐西南地区，依此情况判断，徐敌有乘我主力南下进歼六、八兵团之际，弃徐西窜，出我不意，图沿萧、永南靠十二兵团，再会同六兵团退守江防，阻我渡江作战。

我为保证中野歼敌十二兵团之安全，与全歼二、十三、十六兵团于永城地区，除以六纵留南线监视阻击蚌埠方向可能再次北援之敌，以七、十三纵继续协同中野围歼敌十二兵团外，决定追歼杜聿明所率3个兵团之部署如下：

1. 渤纵由大许家、宿羊山地区，立即沿陇海路向徐州急进，占领徐州，尔后以一个师控制徐市外，主力向萧县跟踪追击前进；

2. 十二、一、四纵分由泮塘、张棋杆、褚兰、双沟、朝阳集地区，经徐南四堡之间并列平行向徐萧间兼程急进，尾敌侧击追歼；

3. 九、八、三纵，鲁中纵经由城阳、桃山集、永固砦、杨庄、栏杆集、路町、夹沟地区向瓦子口、濉溪口、五户张集、祖老楼、张寿楼急进截歼逃敌；

4. 十纵由蒿沟、卢庄镇之间经宿县向永城急进；

5. 苏北兵团率二纵由固镇地区经宿县向永城急进，成为二线截歼部队；十一纵由固镇西南地区向涡阳、亳州急进，成为第三线迂回部队。

6. 冀独二个旅及广纵控制原阵地待命出击。

摘自《华东野战军司令部关于淮海战役经过概述》，1949年1月

包围牵制杜聿明集团的作战经过

12月1日晚至4日拂晓完成对弃徐西窜敌（杜部）之包围。

杜匪集团于1日19时全部撤离徐州，窜至萧县及其以西南、西北地区，徐州当即为我十二、一纵侦察营占领，22时渤纵亦随后进入徐市；2日，敌先头窜至大回村以北张庄砦、王白楼（邱兵团）地区，后尾亦缩至王砦、祖老楼（李兵团）

袁圩、洪河集（孙兵团）地区；3日晚，敌窜至芒砀山、薛家湖、大回村、青龙集、张寿楼之间地区。似图集团轮番掩护，交替前进战法向西南及南突窜。我各部经3天追击，4日拂晓前，九纵已达永城以北埋子集、薛家湖地区，并继向芒砀山攻击前进，八纵达永城、苗桥地区，鲁中纵达青龙集以南，三纵达祖老楼、王砦（歼七十军三十二师个团）地区，四纵达张寿楼、张新楼地区，一纵达袁圩，广纵及冀独二个旅达张新楼附近及洪河集地区，十纵进至大回村以南，二纵达永城附近地区，十一纵进至涡阳以北地区。至此，我已完成对杜集团之合围。3天追击过程中，敌混乱异常，狼狈不堪，遗弃汽车物资遍地皆是，歼敌近两万人。

摘自《华东野战军司令部关于淮海战役经过概述》，1949年1月

▲ 华野某部追击杜聿明集团，途经徐州

▲ 华野某部经过徐州追击西撤的国民党军

▲ 华野各部日夜兼程，勇猛追击杜聿明集团

▲ 华野不分昼夜追击西撤的杜聿明集团

追击杜聿明集团战斗中解放军各纵队追击的距离和速度

1.时间：从1948年12月1日晚开始追击，至4日拂晓完成合围。历时共为3天。

2.各纵队追击距离和速度：

渤海纵队由大许家—徐州，35公里；敌开始撤退后约5小时进入徐州。

第十二纵队由潘塘镇—红庙以东，45公里；第一日进至王门24公里，后两日与敌接触。

第一纵队由陆湾—袁圩，75公里；第一日进至大张庄33公里，第二日与敌接触，第三日前进30公里。

第四纵队由朝阳集—张寿楼，90公里；第一日进至桃山集以西33公里，第二日进至瓦子口30公里。

两广纵队及冀独立旅（两个）由孤山集、马头山—张新楼、洪河集，36—50公里，该两部于第二日开进的。

第九纵队1日晚40公里，2日晚35公里，3日白天以1个师前进20公里到达封闭口，全程95公里。由城阳—薛家湖65公里，两天行军后即进入战斗。

第三纵队由固台子—祖老楼，45公里；第一日进至瓦子口以南27公里，以后与敌接触。

第八纵队由路疃—苗乔，1日晚45公里，2日晚45公里（3日到达）（永城北）90公里；平均每日为30公里。

鲁中南纵队由周家砦—青龙集，54公里；第一日30公里。

第十纵队由卢庄镇（灵璧县西北）—大回村100公里；平均每日33公里。

第二纵队由固镇西北—永城南侧105公里；每日平均35公里，作为第二线包围。

第十一纵队由姚集—涡阳以北100公里；每日平均33公里，作为第三线包围。

总合以上情况，根据各纵队进入战斗先后之不同，一般约为每日行程30—35公里。

摘自《关于淮海战役中几个问题的说明》，1958年，第1—2页

华野二纵北上截击

12月1日，已知刘峙"剿总"飞转蚌埠，徐州之敌统归杜聿明率领弃城西窜，

妄图以迂回行动与黄维兵团会师。野指除留一部监视刘李两兵团外,我纵与其他各纵分路兼程北上,截击杜集团。由于敌人在逃跑中情况多变,我纵的截击任务也跟着多变。当日上午受令:"限两日进到濉溪口",下午因查明敌人向西南逃窜,又改为:"急赶亳州担任二线截击"。我纵当晚由固镇飞兵疾进,一天两夜赶到张弓店时,进程已达200余里,大部分人脚上打了泡,沿途常有部队饭没做熟便丢下出发,以致后队常吃前队的饭,部队十分疲劳。3日晚先受令"转向濉溪口"接着又改为"继续向亳州进发"。起程后,先头进到岳集,纵直进到临焕集时,突然接到"停止前进"的号令。指导员都想乘机作点鼓动工作,可是战士们已顾不得风寒霜重,大都沉睡在路旁,只能提出"执行命令就是胜利"的口号,来代替千言万语。最后改向东北,赶到赵集、铁佛寺地区,在数小时内竟三易方向。5日,野指按照对杜集团"先围后打"的方针,令我纵进到大茴村,于当晚在十纵和八纵之间加入战斗。部队虽然疲劳,可是一旦听到枪声,看到敌人,又精神抖擞了。

摘自《中国人民解放军陆军第二十一军军史》,1988年,第279页

华野三纵追击杜集团

12月1日晨我方发现敌人向萧县方向逃跑,野司即令各部向西平行追击,我纵配合各兄弟纵队,当日18时向西前进。匪巢徐州于同日20时为渤纵进占。

2日晨10时先头九纵进至永城东70里之大回村一线,予敌孙元良兵团以迎头严重打击,俘敌近万,同时八纵先头也抢占永城,并控制永城以东之铁佛寺、大回村地区;鲁纵先进至五户张集以南之线,至此敌逃路已为我兄弟纵队截断。我纵尾后追击,2日晨5时进至瓦子口、平山口附近地区,当悉敌邱兵团先头进至祖老楼一带,李兵团先头已达大回村以北地区,后续正运动中。当部署以八师即攻占瓦子口,并向王砦方向前进,由王砦西向北插,截断敌前进道路,力求将王砦敌一部歼灭;九师以两个团兵力展开向祖老楼攻击,占领该地后视情况向北插进。

2日晨八师进抵瓦子口东南地区,途中截俘敌辎重连50余人,缴辎重车20余辆,因未能及时查明情况,迟延至黄昏始将瓦子口敌驱退。3日清晨3时,八师二十四、二十二团紧紧掌握战机,尾随逃敌至王砦,并迅速攻入庄内,6时结束战斗,全歼敌三十二师九十六团,俘800余名,又在王砦以东截获敌汽车30余辆,在张寿楼南歼敌八军一个连,俘百余人。14时悉:八军四十二师师部率一二五团在张寿楼,一二六团在胡楼,七十军一个团(归五军指挥)在孙楼。当即部署八

师除留少数部队控制王砦外，以 2 个团攻歼胡楼之敌；另以两个团攻歼孙楼之敌。首以一个团肃清外围，尔后全力攻歼之，上述任务达成后，继向西攻击前进；九师 2 日早进达陈将山以东，白天受敌空袭迟阻前进，先头仅一个团抵达平山口，亦顾虑敌强大未大胆出击，15 时全师始进至平山口西之许庄、周围子、丁楼、周新庄一带，黄昏该师之二十七团攻范庄、刘庄、毙俘敌五军四十五师 200 余人，并插进至黄岳店、高窑带，二十五团一营于午夜 24 时攻占祖老楼，俘敌 10 余人，因三营摸错方向，致一营三面受敌威胁而撤出，该村又为由北撤来之敌骑兵旅重占。3 日 12 时该敌西撤，二十五团一营立即出击毙敌一部，该团也因队形密集，遭受部分伤亡，即在西板桥休息整理并监视刘楼之敌；二十团同日向良楼插进，与敌遭遇，当被我击退。此时敌五军四十五师全部退缩于香山庙、孙庄、刘楼、杨小楼地区。纵队得悉，当认为敌人逃跑，斗志不高，即令九师迅速包围该敌，并乘其立足未稳肃清外围，尔后待八师调来两个团协力攻歼之。

　　3 日晚，八师二十三团首于王砦西之杨集歼敌一个营，继即肃清胡楼外围歼敌一个连，并将胡楼敌一二六团包围，决于午夜 24 时发起攻击。当因友邻四纵也准备攻歼该敌，我又未能严密包围，致敌乘隙逃窜。孙楼敌也在我部队接近时逃走。同晚 22 时，九师配合友邻鲁纵完成对香山庙敌四十五师之包围后，动作迟缓，至 4 日清晨方开始肃清香山庙外围，又因对情况了解不足，错认外围村庄敌兵力不多，因此在部署上是多点同时攻击，分散了兵力。二十五团负责攻歼刘楼之敌一三三团，该团经杨山头守备战及旧滕家砦反击战后，人员建制均不充实，战斗发起前其二、三营又他调，任务接受仓促，第一次选择之突破口不适当，该团一营只占领庄外一集团家屋。此时二、三营也已赶到，以二营配合一营作第二次突击，6 时突入庄内 7 个连，占领该庄东北角，因兵力单薄，又无后续部队投入支援，团干未能跟入指挥，突入部队呈形混乱，在火力上我仅以团迫炮支援，压不倒敌火，突入之 7 个连凭少数房屋与敌四十五师一三三团反复冲锋，杀伤敌数百名，但我占阵地均被敌炮火摧毁燃烧，我也伤亡 500 余人，不能坚持，终于 10 时左右撤出战斗。二十团攻击杨小楼，攻入两个连，被敌反出。二十七团以一个营控制黄岳店防敌西逃，团主力攻孙庄，6 时攻入庄内，也因天明对战斗不利，重又撤出该庄，与敌对峙。4 日晚，友邻鲁纵接替九师阵地，该师即撤至陈将山以东傍王山砦补充整理。同时敌四十五师也因伤亡过重，无力固守，向西逃窜。

摘自《中国人民解放军第二十二军解放战争战史》，1952 年，第 275—278 页

华野四纵参加合围杜聿明集团

总前委及华野首长及时查明了敌人此一行动，当即以十一个纵队的兵力，向西穷追猛打。我纵与第一、第十二纵队由潘塘镇、褚兰、朝阳集地区经徐州以南向萧县、永菌寨方向急进。追击中，纵队政治部颁发了《为全歼敌邱、李、孙三个兵团，对政治工作贯彻两大要求的指示》，要求全纵指战员充分认识敌人总退却、总崩溃的形势，发扬"三猛"精神，不让敌人喘息，积极歼灭敌人；加强政治攻势，大力瓦解敌军。号召全体同志"克服一切疲劳和困难，就地歼灭邱、李、孙三个兵团！"各级政治机关普遍组织了政工指挥所，随作战指挥所一道行动，加强了战场政治工作领导。连队党支部充分发挥了战斗堡垒作用，边走边传达华野前委的政治动员令，边走边进行宣传鼓动。全体指战员以坚韧不拔的革命意志，不顾敌机袭扰，不顾饥渴疲劳，克服种种意想不到的困难，日夜兼程，迅猛追击敌人。有的部队连续的行军 130 余里。后勤工作人员和支前民工，在部署多变和部队急速行动的情况下，紧紧跟上作战部队，保证粮弹供应和伤员的后送。经过几昼夜奋勇追击，我纵和友邻纵队于 12 月 4 日拂晓，将杜集团全部包围在萧县、永城之间的陈官庄、青龙集、李石林地区。

我纵逼近西逃之敌后，为了不给敌人以喘息之机，当即展开攻击。12 月 3 日晚，我第十师第三十团一举歼灭张寿楼之敌一个连，从俘虏中得知郝汉楼为敌第八军据守，但数量不详。该团首长当即令第三营攻歼郝汉楼守敌，以保障主力后续部队继续前进。八连副连长率一步兵排和两个火力排从正面截敌，副营长黄浩同志率第七、第八连（欠一个排，向郝汉楼南侧迂回）。第七连在进至距敌三四十米时，猛然发起冲击，迅速突入敌阵，占领了部分工事和房屋，缴获九二步兵炮和战防炮多门。第八连也全部突入，与敌人展开了近战。此时，从俘供中得知郝汉楼有敌 1 个师指挥所及两个团建制的 3 个步兵营、1 个炮兵营等。该营指挥员在敌我兵力悬殊的情况下，冷静地进行了分析，认为敌兵力虽多，但仓促转入防御，惊魂未定，士气低落，工事不坚，建制混乱。且对我之情况不明，而我则士气高昂，长于近战、夜战，只要坚决打下去，就有可能取胜，决心坚决打到底。于是一面向团里报告，请求团预备队投入战斗，一面动员部队，积极组织继续攻击。接着，敌向我第七、第八连实施猛烈反击，企图夺回阵地。我利用房屋和简易工事，坚决抗击敌反冲击，武器打坏了，子弹打光了，就收集敌人的武器弹药打击敌人。指战员们以压制一切敌人的英雄气概，打退了敌人多次密集队形的反冲击，阵地岿然未动。临近拂晓，第九连和团警卫连进入战斗。该团 4 个连队，紧密协同，互相支援，向敌发起了猛烈冲击，激战到 4 日晨，守敌大部被歼；一部向张小阁子突围，为第三十团第二梯队歼灭。此战，我以 4 个连队全歼敌第八军第四十二师指挥所及 3 个步兵营、1 个炮兵营，俘敌副师长以下 1800 余人，缴获山、野炮 11 门，创造了以少胜多的范例。

12 月 4 日凌晨，我第十师第二十九团第二营，与第三十团攻克郝汉楼之同时，攻占阎阁，歼敌一部。敌第八军即以一个团兵力在坦克 5 辆支援下，向我阎阁疯狂进行反扑，全村被敌燃烧弹打得到处起火。该营顽强抗击，最后弹药几乎打完，部队伤亡很大。战士们在"有二营就有阎阁！"的口号鼓动下，与敌人展开了近战搏斗，一个班、一个组、甚至一个人地利用草堆、墙角、土坎等地物与敌人血战。第六连战士曹金明守一个门口，当敌人冲到离门口十几米时机枪故障，他用空枪吓退敌人后，用手榴弹打垮了敌人的冲锋。第四连战士曹培生一个人消灭十多个敌人，顽强坚守阵地。第六连弹药打光了，连长一声喊："拼刺刀！"同志们端起枪刺猛冲过去。正当情况十分危急之际，我友邻两广纵队第三团第一连副连长带一个班、第五连连长带两个排，主动由阎阁以西向敌侧后突然出击，适时有力地支援我第二十九团第二营作战，击溃了敌人，使我守住了阵地，并乘胜攻占了刘楼。友邻两广纵队第三团这种积极主动支援友邻作战的精神，受到华野首长的通令嘉奖。我纵队首长除号召全纵向两广纵队学习外，特对第二十九团第二营以通令嘉奖，并号召全纵各部队学习该营顽强战斗的好作风。

摘自《中国人民解放军陆军第二十三军军史资料》，1978 年，第 157—160 页

华野八纵追击、合围杜聿明集团

12 月 1 日晨，我山东兵团令各纵立即向杜聿明集团追击，以我纵、九纵担任先头追击部队，由敌翼侧迅速抢占永城，阻歼该敌于永城东北地区。

当日午后，我纵从徐州以南阻击阵地出发，日夜兼程，经夹沟、濉溪镇，直插作战区域。2 日午后，我先头部队抢占了永城，黄昏纵队主力到达该地，将敌迎头阻截于永城东北地区。

3 日，我积极向敌实施压缩，在李石林、陈庄、孟集、五集地区对峙，阻止其向西突进。4 日，我友邻各纵队全部逼近此地，该敌被我合围。

摘自《中国人民解放军陆军第二十六集团军军史》，1989 年，第 217—218 页

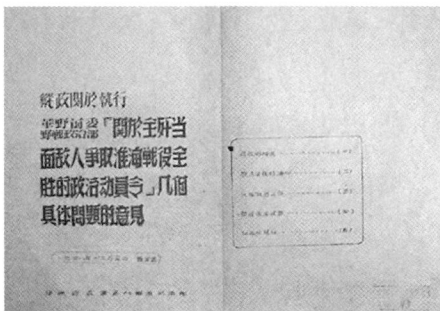

▲ 华野八纵政治部关于执行华野前委、政治部《关于全歼当面敌人，争取淮海战役全胜的政治动员令》几个具体问题的意见

▲ 华野三纵在追击途中于萧县瓦子口附近截获国民党军装满粮弹物资的汽车30余辆

◀ 徐州国民党军倾巢西撤后，华野特纵坦克大队待命追击

▲ 炮兵紧随步兵追击杜聿明集团

▲ 解放军某部发现敌情进入阵地

文件选编

淮海战役追击战中华野一纵队党委给各师、团党委的信

各师政委转师委、团委全体同志：

根据前委的指示以及两天来我们的动作和敌人溃窜的情况，我们特提出如下意见：

（一）敌人沿途抛弃辎重和武器弹药，部署混乱，惊惶失措，饥饿疲劳，不顾一切只求逃命，慌乱之状是有目共睹的。

（二）前委指示我们应不顾一切牺牲，勇猛追歼敌人，大胆插入纵深，打乱敌人的队形，要把对运动中的敌人（特别是狼狈逃窜之敌）和坚守中的敌人作不同的打法。事实上，现在五军、八军、九军，早已远逃，摆在后面作掩护的只是战斗力很弱、武器不全、饥饿疲劳、士无斗志的敌人。因此我们必须彻底改变现在的状况（首先从思想上转变），坚决执行前委指示，实行猛打猛冲猛追，不为小敌所迷与牵制，大胆插入和迂回，勇猛排除一切小敌的阻碍，否则，我就不能完成任务，就要犯严重错误。

（三）为此，纵委特责成你们，立即传达全党，特别是对各级指挥员说明，克服一切疲劳，不怕伤亡，迅速、大胆、勇猛的前进。

纵队党委会

1948 年 12 月 3 日 2 时

摘自《中国人民解放军第二十军第三次国内革命战争战史资料选编》，1963 年，第 172—173 页

华野三纵号召：前进！歼灭逃敌

徐州敌人跑了！整个敌人是退却了！我们无论如何不能叫他跑掉，一定要把他干净消灭！

从 1 日开始，敌邱、李、孙 3 个兵团丢下徐州，滚肉蛋一样的向西南逃窜，妄想穿过我辽阔的解放区逃到武汉去，但很快即被发觉，我各路大军正以风驰电掣之势，勇猛直追。敌人日夜奔逃，吃不上饭，睡不上觉，前无去路，后有追兵，拦腰被切成数段，首尾难以相顾，车马自相践踏，只恨他爷娘给他少生两条腿，一天只能走有限的路程。同志们！万事俱备，全歼这个敌人，就全靠我们全体同志配合我各兄弟纵队的最大努力了。

为全歼这个敌人，同志们，我们必须发扬三猛战术，猛打、猛冲、猛追，不怕疲劳、不怕困难、不被少数敌人缠住、不顾一切的冲向指定位置，切断敌人、打乱敌人、歼灭敌人，多捉俘虏，多缴枪炮。如果我们对运动中、溃败中之敌，

采取对驻止之敌的打法，我们就一定犯错误，但我们也绝不能轻敌麻痹，粗心大意，我们动作要猛，考虑的要周到，特别当敌人无路可走而不得不死拼、死守的时候，我们就更要谨慎，但无论如何我们要迅速、勇猛，坚决执行命令，彻底歼灭敌人！

在歼敌战斗中，我们要猛烈开展政治攻势，用喊话、用写信、用递通牒、用释俘等办法来瓦解与争取敌人。敌人是散兵、是退兵，军心大乱，士气败坏，这给我们开展政治攻势以空前有利的条件，我们一定要大量争取敌人，创造政治攻势的英雄模范。

同志们！时机太好啦！在伟大的进军中勇猛前进！在伟大的进军中立功创模！我们要向兄弟部队学习！我们要和兄弟部队竞赛！我们要学习九纵135里急行军而毫不叫苦的伟大精神，要学习四纵泅水追击敌人的英雄气概，要学习八纵一个营歼敌一个团而自己很少伤亡的高度机智，要学习二纵积极主动配合友邻作战的崇高的阶级友爱精神与坚强的战役观念。响应前委、野政的号召！徐州解放啦，全华东、全中原就要解放啦，一年左右根本打倒国民党政府有把握啦！敌人主力的被歼灭就在我们的面前，努力啊！同志们！

祝同志们的胜利！

（孙继先、刘春、丁秋生、马冠三[①]）

摘自华野三纵《麓水》（号外）第 105 期 1948 年 12 月 2 日

▲ 华野追击杜聿明集团时使用的路标盒。连接盒子的是一个装满石灰的布口袋，盒子上面钻有箭头形状的小孔及部队代号，追击途中遇到岔路，把路标盒子向下用力一撮，地面上就会留下一个白色的箭头标记。路标就是路线，战场上，它用无声的语言指引着部队前进的方向

---

① 编者注：该文作者孙继先为华野三纵司令员，丁秋生为政治委员，刘春为政治部主任，马冠三为副参谋长。

战地报道

华野三纵二十二、二十四团猛追逃匪　王寨歼敌九十六团大部
擒少将分监王锡町　缴获汽车 25 辆

【前线 3 日急息】今日（3 日）拂晓 4 时，我八师二十四团一营配合二十二团三营先后向逃至王寨之匪邱兵团七十二军三十二师九十六团发起攻击，5 时王寨外围即为我全部占领，5 时 30 分钟二十四团一营自东门、二十二团三营自西门向据守围内之敌发起总攻，敌措手不及当被我突破，仅一小时战斗，即将匪九十六团大部歼灭，详细战果正清查中。

【又讯】为我二十四、二十二团歼灭匪九十六团之战俘中，现已查出匪第三绥区联勤总部第十一兵站少将分监王锡町。另息：缴有汽车 25 辆。

（麟）

摘自华野三纵《麓水》（号外）第 108 期 1948 年 12 月 3 日

华野九纵"济南第一团"　30 分钟歼敌两个营

济南第一团于 3 号拂晓的进击途中，与逃窜之敌遭遇，他们克服了连续追击行军的疲劳，迅速的把部队展开，立即向敌人发起了勇猛的冲锋，以 30 分钟即全歼敌两个营。

天快亮了，该团的后卫部队———一营自东向西走到十字路，正在前进中，忽然发现自北面跟跟跄跄的走来一支队伍，等靠近 30 米左右时，团部孙参谋跑过去，向走在前面那个问道："你们是哪一部分？""我们是五十九军，你们是哪一部分？"敌人反问。孙参谋一听是敌人，便机动的说："是十二军"，他一面应付着敌人，一面跑回来报告了走在一营的王主任，王主任立即向部队发出接敌的警报。几天连续行军，连续打仗的战士们，忘记了这一切疲劳，正在前进的各连队，立即向左向右的展开了。与此同时，敌人也发觉我们不是"自己人"了，他们其中的一个，一面叫喊："自己人哪！不要误会！"一面把火力摆开，轻重机枪一齐向我们开了火。不利的地形一时使部队抬不起头来，但是，当敌人火力略一中断时，一连即向敌猛冲过去，一排长杜华夏、二班长李照祥冲在最前面。三连也从右翼一涌而上，将大队的敌军一斩两段。机枪班长王永昌把机枪挂在肩上，一面把着，

一面打，碾庄解放战士在战斗中情绪很高涨，一连解放战士一面追击射击敌人，一面向敌人喊口号，三连解放战士赵春山紧跟在班长的后面，积极向敌射击。我们的火力展开了，突击部队一排一排的冲了上来，敌人溃败了，四处乱跑，在水沟里，在村沿上，一群一群的向我们交枪了。战场上乱七八糟的丢满了物资弹药，走在后面的敌人就没命的向后跑，这时，"济南英雄连"自北插来，将逃敌迎头堵住，敌人熊了，跪下来了，高高的举着双手，嘴里喊着："我们交枪，我们交枪！"

（王华民）

摘自华野九纵《胜利新闻》第 75 期 1948 年 12 月 7 日

华野九纵连日猛追徐州逃匪　现已将敌完全截住
匪五军四十六师被歼殆尽

11 月 30 日晚，匪二、十三、十六兵团全部自萧县企图西窜雪枫城（永城）。12 月 1 日上午 8 时，我军由张村、南庄、芦村寨一带向西阻截，经 80 里之强行军，于 2 日拂晓到达五户、张集一带，窜匪当为我先头部队截住，敌军惊慌万状，混乱异常，各兵团互相拥挤，乱窜乱插，序列大乱，形同群鸦，无法指挥。经一天激战后，敌不支，夺路西窜，我军继续昼夜追击，萧谭部[①] 于当晚 12 时进至埋头集一带，"济南第一团" 仅以 10 分钟于翟庄一带歼敌五十九军三十八师两个营，俘敌 400 余人。张张部[②] 于 3 日拂晓，进至大回村、丁集一带，王宋团于杨楼东南将匪七十七军军部解决，俘其正、副军参谋长以下 260 余人。孙刘部[③] 进至陈集、丁集一带，于张庄、方庄俘敌 200 余。3 日晚 6 时许，我萧谭部占领薛家湖后直插韩道口、芒砀山之间，另路王方团亦进至芒砀山一带。4 日拂晓 5 时半，我 "潍县团"、李张团先后攻克前后丁楼、刘松园、宋庄、陈楼，歼敌二兵团独立旅全部及第五军四十六师两个营及土顽王洪九部一部，俘敌旅参谋主任以下 4000 余。我王方团于同日上午 10 时左右打下芒砀山，俘敌徐州 "剿总" 机关、二兵团机关，及七十七军残部等千余人。入晚（4 日晚），匪五军四十六师一三八团一营长吴左英率其一营 300 余人起义。同日晚，我 "潍县团"、李张团于倪阁、倪双楼俘匪五军四十六师之一三七团、

---

① 编者注："萧谭部"为华野九纵二十五师。
② 编者注："张张部"为华野九纵二十六师。
③ 编者注："孙刘部"为华野九纵二十七师。

一三八团等 1300 余人。现西窜之敌除徐州"剿总"机关一小部分向西窜夏邑东太平集一带，正为我张张部一部跟踪追歼外，余均为我各兄弟部队团团包围歼灭中。

（温国华）

摘自华野九纵《胜利新闻》第 74 期 1948 年 12 月 5 日

抓紧战机，猛打猛插！

本月 4 日"潍县团"不顾连续追歼敌人的疲劳，又奉命向被包围在倪阁的五军四十六师一三七团攻击，一营二连从西北角攻击，仅 3 分钟即突入村内。当二连迅速秘密运动到距村沿五六十米时，被右翼小茔盘里敌人哨兵发觉，敌人马上到处点起了照明柴，二连姜副连长趁敌人混乱，马上命令二排两挺机枪卧倒在平地向敌人开始猛烈的射击，五班长带领五班趁敌人惊慌之际，手提冲锋枪边跑边打，首先驱逐了小茔盘里的哨兵，六班副张喜生发现茔盘里的哨兵向村里跑，接着领全班跟着敌人逃跑的哨兵越过了鹿砦，穿过两个地堡，直追至围墙插入敌人心脏，二排、三排、一排也一齐突入，敌人在二连勇士的神速勇猛动作下已吓得惊慌失措，全连在敌人两个相距不足 10 米的地堡之间突过时，地堡里的敌人吓得连动不敢动，姜副连长发现突入围墙（很矮）的突破口有敌地堡，马上向地堡打了两枪，缴下敌人的一挺重机枪。突入墙内的二排和被吓得乱窜的敌人混在一起，八班长吴喜所一个人插到敌人侧后，见敌人仍在打枪，上去就卡着一个敌人的脖子，扭下了敌人的枪，其余 10 多个敌人吓得一齐跪下直叫饶命，吴喜所一个人闯进敌人的一个屋子，一见里面有 4 个军官，还有一部电话机，他用冲锋枪指住，把 4 个军官也一同押送到俘虏队了。一排连续占领了几幢房子又打出了围子，三班副彭启榜首先打到了炮阵地，缴下敌人的 3 门迫击炮和 9 门六〇炮，他又马上命令敌人的炮兵掉转炮口向敌人的师部连发 3 炮，敌人在二连迅速勇猛的动作下已被弄的蒙头转向，两个电话兵一面跑一面喊："二班长，二班长，电话不通了吗？"一班长李京言一听就知道是敌人的电话兵，他马上机动的说："可不是不通了，你快来接吧！"敌人的电话兵还信以为真的说："师长叫我来看看你们打的怎么样？"敌人刚到一班长李京言眼前，李京言一手卡着一个的枪就夺了下来。一个机枪射手扛着一挺机枪跑进围墙，姜副连长问："谁？"敌人回答说："我是王兴友，王兴友！"敌人靠近了，姜副连长一把夺下敌人的机枪。

战斗已进行到近 1 点钟，二连已控制了东西近 50 米、南北近百米的地带，并俘敌 300 余。敌人这时也发觉了我们打进村的人不多，因此便集中力量四面向二连反扑。正在这最危机的时候，二连发扬了军事民主，三排第一副排长建议坚守已得的地堡掩体阵地，防止敌人打着了房子无法坚持，并建议把兵力组织起来，分开区域坚守起来，姜副连长接受了三排副的意见，把全连仅剩下的 20 几个人组织了起来，划分了区域坚守了起来，把负伤的同志掩藏在地堡里、房子里隐蔽了起来，并把俘虏集合在屋子里看了起来，三排副搜集了缴获敌人的 3 挺机枪安放在正东敌人反击最猛的地堡里，并从俘虏中挑选了 5 个较好的俘虏，动员他们组成了一个班作后备力量。

敌人连续从东面的 4 次反击全被组织的 3 挺机枪打了回去。九班长带领着刚解放的新战士赵红欣看着敌人弹药库，打断了敌人的弹药补给。敌人不断的反击，被二连全打了回去，这时大家的子弹、手榴弹也打光了，战斗组长王新斋冒着敌人的封锁爬上敌人的弹药库连扛了两蹚子弹、手榴弹，大家一面互相吩咐着："节省着打，看不见不打，打不死不打！"一面到处搜集敌人丢下的弹药打，大家就这样顽强的坚守了 6 个钟头，直到亮了天，和各攻击的部队全歼了敌人，胜利的会合了！

（黎明、杨振铎）

摘自华野九纵《胜利新闻》第 82 期 1948 年 12 月 13 日

▲ 华野九纵二十七师七十九团二连在倪阁战斗中英勇顽强，战果辉煌，荣立集体二等功，这是九纵二十七师司令部、政治部奖给该连的奖旗

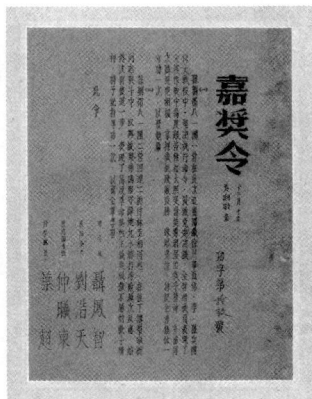

▲ 华野九纵 1948 年 12 月 10 日嘉奖二十七师八十一团的有功单位和个人的嘉奖令。嘉奖一营在追击围歼杜聿明集团战斗中掌握战机歼敌致胜，特记全营集体一等功

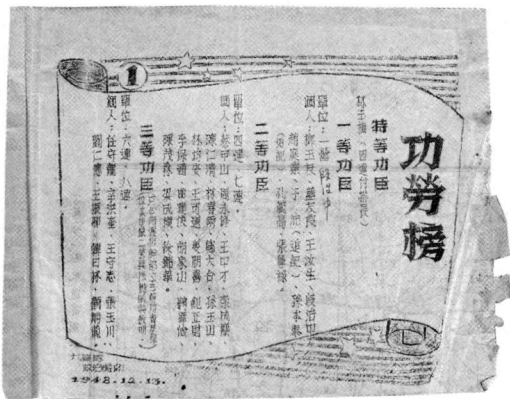

▲ 华野九纵二十七师八十一团 1948 年 12 月 13 日印发的功劳榜，特等功臣林玉梅榜上有名

孤胆！顽强！林玉梅坚守小茔 9 个钟头

4 日，李张团① 四连二排副林玉梅带着一个机枪组和六班奉命坚守后丁楼西南角的小茔盘。在开始运动时，六班即被敌人密集炮火隔断和伤亡在后面，只有二排副和机枪班副林钧安及两个新战士张民和老陈 4 个人抢占了茔盘。企图西窜的敌人组织了一个营的兵力，在密集炮火掩护下，分两路以孙庄为依托沿着两条大沟，一个连向正前方攻击，一个连由右侧向着小茔盘攻击。当林钧安联系六班未成的时候，排副林玉梅把仅有的 4 个人组织了起来坚守阵地，他们只有 400 发子弹的一挺机枪和 10 几发子弹的一支步枪和 3 个手榴弹。当敌人未靠近时，林玉梅就督促大家做工事隐蔽，并告诉林钧安："要节省弹药，敌人不靠近不打，能打准再打！"又把新同志老陈组织起来压子弹，敌人渐渐靠近了，又连续占领了我阵地前的两个茔地。林玉梅自己接过机枪，向运动的敌人进行准确的射击，敌人一个一个的应声倒下。

敌人组织了一挺重机、两挺轻机拼命的向小茔盘射击，小茔盘被打得尘土飞扬，林玉梅掩体上的泥已被敌人打去一截，敌人渐渐的三面包围上来，林玉梅仍沉着的安慰着大家："沉住气，不要怕，好好监视敌人，上来就用手榴弹把他打回去。"正东敌人一个机枪射手站起来，找林玉梅的机枪阵地，林玉梅瞄准了，一枪就结果了他。下午一点钟左右，他正在向敌人射击时，敌人一梭子弹打过来，打坏了机枪烽火帽，又打掉了机枪的托地板，他的右肩挂了彩，鲜血从袖子里流向手腕，林钧安问他是否挂了彩，他怕影响大家情绪说："没有挂彩，你好好监视敌人，放心吧！打济南就我一个人用一挺机枪坚守，敌人一个团都未攻上来，这会，他更不敢攻上来！"敌人的机枪扫得周围的泥土飞扬，几次迷了他的眼，他搓一搓，仍注视着敌人。新同志老陈负伤了，他拿出自己负伤未用的救急包给他包好，把他送在洞子里，并安慰他说："好同志，你忍耐一点！敌人打退了，担架就来抬你下去休养。"

自上午 10 时开始，直坚持了 4 个小时，子弹也快打完了，肚子也饿了，耳朵嗡嗡直响，眼也发花了，但他仍用力的瞪着眼，注视着离他不足 30 米的敌人。这时，小茔盘里只剩下他和机枪班副林钧安、新同志张民 3 个人了，后来张民也不

---

① 编者注："李张团"为华野九纵二十七师八十一团。

知到哪去了，他再三的动员嘱咐着林钧安："千万好好注意着敌人，只管沉着点，有我在这里，保险没有事！"林钧安在排副的动员下，坚定了信心，对排副说："放心吧排副，我一定和你坚持到底。"他拿着两个手榴弹监视着敌人。

下午3点钟左右，敌人开始组织向小茔盘攻击。这时机枪只有30粒子弹了，敌人在一阵冲锋号响后，约一个班的兵力一路纵队冲过来，林玉梅迅速瞄准敌人前面的一个就是两枪，敌人应声倒下了，其余的跑了回去。敌人第一次的冲锋失败了，又组织第二次。吃了亏的敌人又采取了个个跃进的办法，运动到离我们阵地15米远处便卧倒作业，林钧安叫林玉梅打，林玉梅说："不要紧，等一等。"林钧安估计到是没有子弹了，就问："没有子弹了吗？"林玉梅马上对他说："沉着点！别叫敌人听见，等上来多了可打！"敌人跑出了3个，都〔在〕离十五六米的地方卧下作业了。林玉梅怕敌人一鼓冲上来，便把仅有的十几粒子弹向敌人打了两发，正在作业的敌人腿直蹬哒的叫娘，其余的两个拉腿向后跑了。林玉梅怕打坏机枪，拿下梭子让气烟冒一冒，再数一数子弹，只剩下7粒了，他仍想从子弹袋里再找一粒两粒的，但子弹袋却空了。敌人最后又组织了一次反击，当被林玉梅打倒了两个后，又跑了回去，敌人一次次的进攻都被打了回去，后面冲锋号吹得要炸了，但再也没有敢前进的了，只好以密集的火力向小茔盘扫射一顿来发泄一下。天已黄昏了，敌人偷偷的跑了回去，前面小茔盘里40多个敌人只跑回去了十五六名，林玉梅的机枪也仅有3粒子弹！自上午10时到晚上7时，他足足的坚守9个钟头。

纵队首长发了一道嘉奖令，给林玉梅记了个特等功。

（正平、黎明）

摘自华野九纵《胜利新闻》第83期 1948年12月14日

永城东北战地周围道路上俘虏群逐日移动
集中番号之多兵种之杂前所未有

【淮海前线15日电】永城东北战地周围的许多道路上，逐日移动着大量俘虏的行列，他们服装异杂，面色灰黄，其番号之多，兵种之杂，超过以往任何一次战役，他们正陆续向解放军指定的地点集中。随着大围歼战的逐日发展，解放军已准备收容空前巨大数字的战俘机构。据前线记者报道：某一俘管处收容的第一批俘虏中，除有大量的国民党军各级指挥官与士兵外，还有以下四种特色：第一、国民党军家属甚多，解放军给她们单独组织单位，进行收容与遣送回籍。她们说："徐州以前是我们（指国民党军家属）最安全的地方，这一次是连老窝也给坑了。"她们纷纷讲述逃跑时慌乱的景象并愤愤不平。敌孙元良兵团四十七军一二五师军官队上尉队员李子玉的妻子李春芳说："大官的眷属坐飞机早跑了，我们飞又飞不掉，走又走不了，到 11 月 30 日晚上，什么也不知道就跟着跑了。有门路的可以坐汽车，我们就只能跟着步行。3 天没吃饭，累也累死了。"她们几乎大部蓬头散发，面无人色。有的妇女穿着国民党军士兵的衣服，有的还穿着单衣，许多人丢了孩子和丈夫，狼狈不堪。提起刘峙，她们都骂不绝口。经我军收容后，已逐渐安定。第二、机关后勤人员多，其中包括了驻徐州之匪联勤第二十一分监部及其隶属的全套机关人员，及第一兵站部、铁道兵团、交通兵团、辎重第四团等官兵。通讯八团少尉报务员张运友说："作战部队不许我们跟在后面，靠近了就打枪，晚上只好睡在露天里。"第三、充满悲观失望情绪，许多人深以早被俘为幸。匪联勤辎重第四团修理所上尉管理员于振海说："1 号天明，我看见许多汽车烧了，又听说蚌埠走不通，又往西南走，就知道完了。那时就悄悄通知同行的别走了，在这儿等着解放军吧。"另一个军官说，他们直到被俘后才吃上一顿饭，因而把解放军当了救命恩人。第四、许多是二次被俘的人员。敌"徐州剿总"尉官收训大队上尉队员孙一照是第二次开封战役被解放过来的，这次被解放时距离他被我军第一次解放的时间仅一个多月。匪通讯八团少尉报务员张运友也是二次被俘，他带了许多的东西，别人叫他丢了罢，他说："怕什么，解放军的纪律我是知道的。"

摘自《大众日报》1948 年 12 月 17 日

徐州逃敌二十多万被我完全包围

【新华社淮海前线 7 日电】由徐州向西南方向溃窜的国民党军邱清泉、李弥、孙元良 3 个兵团共 22 个师及大批由徐州逃出的蒋匪党政军机关人员，已在萧县、永城、砀山三角地区陷入我军的重围。自 2 日至 4 日午后止，我军已歼该敌达 2 万，内生俘 14000 余人，缴获榴弹炮 2 门、山炮 3 门、汽车 300 余辆、坦克 5 辆、装甲汽车 5 辆。该敌连日奔逃，粮弹两缺，饥寒交迫，混乱不堪。如不迅速投降，必然全军覆没。

摘自《新华日报》（华中版）1948 年 12 月 9 日

阵中日记

华野一纵作战科科长的日记

12月1日

①敌已放弃徐州，向萧县方向逃窜。这个情况我们事先都未判断到。入晚，我几路同时西进，我们进抵闫寨西之下搬井等，一师正面，二师毛营子，三师后备。

②敌人内部极其动摇。

③今日体验到集中精力搞一点的重要，我在工作上是缺少这一点，所以容易一事无成。

12月2日

①晨一师进至闫寨线，发现萧县有大敌通过，即防御之，入晚无收获，拼力向西过任乔，纵司位杜老楼（在萧县住了一大夜），此次我们没有解决大胆追击的问题。

12月3日

晨抵杜老楼，只二师通电话。敌只二兵团走萧永路，十三兵团在南路，十六兵团北路，现集中永城东北王庄地区。

三纵在王寨解决敌三十二师九十六团，即向袁圩攻击。我纵决以一师攻张新集（敌一〇六师），二师插张小阁子，三师自动向袁圩。

12月4日

①一师在袁圩向张庄砦正面四十二师、三师攻击，二师六团占张庄，四、五团向芒砀山插，三师调回。

②昨日起体验到组织战斗的重要，"组织"战斗就是指挥战斗，一切只有组织才能掌握。

③傍晚，写"对行将到来之村落攻击战要点"，内容主要是掌握战机，组织成功的突破，用炮火炸药及突击打击敌人，并要做好战场整编工作，军政攻势同时开展五点。

④晚值班改周、陈二人之稿，陈已进步。

摘自华野一纵作战科科长唐棪的日记

二、进退之间陷入重围

国民党军近30万人的西撤队伍十分庞大，混乱不堪，各种辎重、车辆、人马拥挤一团，行动迟缓，指挥联络时常中断。杜聿明决定12月2日在萧县西南停留整顿一晚。3日，杜聿明率部正向永城进发中，接到蒋介石令其停止向永城前进，迅速转向濉溪口，取捷径解救黄维兵团的命令。经召集各兵团司令官商讨，决定服从命令。国民党统帅部如此朝令夕改，坐失良机，为华野包围该军赢得了宝贵时间，注定了杜聿明集团无法逃脱覆灭的命运。

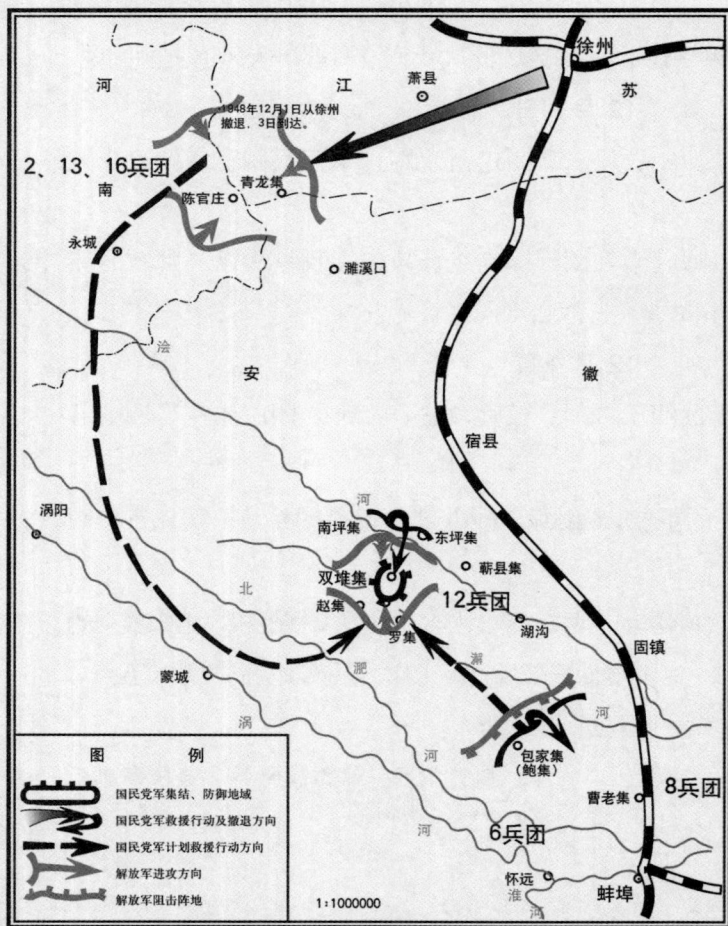

徐州"剿总"救援第十二兵团战斗计划及战斗要图
（1948年12月1日—16日）

Plan of Xuzhou "Bandit Suppression" Headquarters for Rescuing and Reinforcing the 12th Corps & the Course of the Operation

(December 1-16, 1948)

▲徐州"剿总"救援第十二兵团战斗计划及战斗要图（1948年12月1日—16日）

征程回忆

徐州"剿总"中将副总司令杜聿明的回忆——撤退经过

12月1日，我在大吴集除与第二兵团联系外，其余各兵团未直接得到联系。晚上继续撤退。12月2日午前我到达孟集附近，接到邱、李两兵团报告，得悉各部队在撤退中十分混乱，孙兵团尚未取得联系。按照原定计划是2日晚继续向永城撤退。午后接到第七十四军转来空军的一份通报，说发现解放军有大部队由濉溪口南北地区向永城前进，同时两兵团也要求稍加停息，整理部队。我因与孙兵团未取得联系，又顾虑夜间行动可能与解放军发生穿插混乱的情况，即决定当晚在孟集、李石林、袁圩、洪河集附近停息休整一晚，3日白天向永城继续前进（这已经是一个错误）。决定后我即亲往李石林和袁圩的邱、李两兵团司令部视察。我问李弥昨晚为什么不到指定位置联系，李说他未收到命令，查明系其参谋长受令后未交李弥，我对其参谋长加以指责。这时瓦子口的骑兵旅已撤退，青龙集以北第五军第四十五师掩护部队与解放军接触，在红庙附近担任掩护之第十三兵团一部亦与解放军接触。我即面令该师必须掩护至3日午后主力撤退后再行撤退。

3日午前4时左右，孙元良经过洪河集，与我通了电话，说他昨晚未能赶到这里，是因部队两日未休息，走不动，现在正照命令向永城继续前进中。我要孙休息几个钟头前进，邱、李兵团也是昨晚休息，今日白天向永城前进。我将解放军的情况告孙并给他将电话架好。

3日上午10时前后，各兵团部队正向永城前进。当各司令部尚未出发之际（因乘汽车待先头部队到达永城后再出发），忽然接到蒋介石空投一份亲笔信，说："据空军报告，濉溪口之敌大部向永城流窜，弟部本日仍向永城前进，如此行动，坐视黄兵团消灭，我们将要亡国灭种，望弟迅速令各兵团停止向永城前进，转向濉溪口攻击前进，协同由蚌埠北进之李延年兵团南北夹攻，以解黄维兵团之围……"我看了之后，觉得蒋介石又变了决心，必致全军覆没，思想上非常抵触。我先认为"将在外，君命有所不受"，准备即向永城出发；但再一想空军侦察的情况，认为如果照原计划撤退到淮河附近，再向解放军攻击，解了黄维之围，尚可将功抵过。但是万一沿途被解放军截击，部队遭受重大损失，又不能照预定计划解黄兵团之围，蒋介石势必迁怒于我，将淮海战役失败的责任完全归咎于我，受到军法裁判。这样，我战亦死，不战亦死，慑于蒋介石的淫威，何去何从，又无法下决心。

当即用电话将蒋介石信中要旨通知各兵团，令部队就地停止，各司令官到指挥部商讨决策。孙元良很快来到，李弥本人未来，派了两个副司令官（陈冰及赵季平）来，邱清泉因传达各军停止命令，迟至午后2时左右才到。大家看了蒋介石的命令，都十分惊慌，默不发言。我分析了当时的情况，认为照原计划撤，尚有可能到达目的地，但大家应对蒋介石负责；如果照命令打下去，不见得有把握。这时邱清泉说："可以照命令从濉溪口打下去。"接着邱就对陈冰等大发脾气，说第十三兵团在萧县掩护不力（事实上是第十六兵团掩护部队撤退过早），致后方车辆遭受重大损失，并骂第十三兵团怕死不打仗。陈冰不服气，就同邱吵起来。我为他们排解后，问孙的意见，孙见邱的气焰嚣张，也不敢说退，只说："这一决策关系重大，我完全听命令。"邱清泉见我还在犹豫不决，怕我泄气，就说："总座，可以照命令打，今天晚上调整部署，明天起第二兵团担任攻击，第十三兵团、十六兵团在东、西、北三面掩护。"我说："大家再把信看看，考虑一下，我们敢于负责就走，不敢负责就打，这是军之生死之地、存亡之道，不可不慎重。"大家再将蒋介石的信看了一遍，都感到蒋的指示十分严厉，不能不照令迅速解黄维之围。于是决定服从命令，采取三面掩护、一面攻击、逐次跃进的战法，能攻即攻，不能攻即守，不让"敌人"把部队冲乱（其实正是陷入重围）。当晚即调整部署……

摘自《淮海战役亲历记（原国民党将领的回忆）》，文史资料出版社1983年，第33页

▲ 国民党第二兵团司令官邱清泉在指挥调动部队

▲ 国民党《中央日报》1948年12月13日报道：总统嘉慰邱兵团

战地报道

这样的队伍为什么不垮

作者是刚由匪李弥兵团投奔解放区的一个下级军官，他以自己的笔写出他的亲身经历，材料自然确实可靠。从这里，我们可以看出匪军在失败前的残暴兽行和他们是如何的狼狈慌乱，这也就是敌人为什么一定要灭亡，人民一定要胜利的有力根据。（编者）

我随蒋匪军逃窜于绵延数百里的徐州战场上，我要向全世界人民控诉匪军残害人民的暴行，揭露匪军逃出徐州后的狼狈相，叫人人知道蒋介石反动统治是如何覆灭的？

12月1日晚上，我们慌慌张张的逃出了徐州，满山遍野拥满了忙于逃命的人群，汽车推着汽车，士兵挤着士兵，谁被挤倒了，车辆就从身上碾过去，是死是活没有人问。一说住下了，别管它什么旷湖荒野都得"原地休息"，立时，你可以听到粗野的喊叫声，失望的哭泣声和四周传来的炮声、机枪声。这时连长找不到营长，营长找不到团长，我看见第八军一七〇师特务连只剩下连长与连副，我问他们"你的部下呢？"他俩哭丧着脸："唉，全跑光了。"一七〇师的留守处吵着找不到师部了。很多的士兵找不着自己的连队。我碰见四十七军三十二团三连的士兵常献远，他说军部4门野炮都丢光了。

队伍跑乱了也没关系，苦的是没有东西吃，身上虽然也有一袋米，但哪里找锅与柴呢？我们几个人用面盆在野地里煮饭，你知道寻找一口水和几根柴又是如何困难啊！就这样，大家还抢着这个临时安上的"锅灶"，孬孬好好一天总算吃了一顿饭。

一袋子米总会吃光的，这就得向老百姓开刀，豆子弄来煮，红芋生着吃，鸡鸭牛羊更不要提，还不是走一处光一处。悲惨的故事接着来了：在一个属于萧县的村子里，他们都进屋子里翻箱倒柜，一位老先生舍不得自己血汗换来的东西被人抢去，进屋拦挡，被迎头一枪打得脑浆迸裂，一家大小哭成一片……在飞机场南边一个小庄上，遇到5个老人缩在场中草堆里，我问他们为何住在这里，泪水马上从老年人的眼睛里流出来："唉，什么都被中央军抢光了，房子也住不成。"我当时说些同情他们的话，他们才哽咽着说："先生，你不要在这队伍里干了……八路军来了就好啦！"

3 号，我们已进入永城（即雪枫县）边界，这支惶恐慌乱的部队更不像样了，休息时，三三两两的挤在一起议论着，我跑来跑去听他们说些什么。一个士兵说："哦，怎么老上八路窝里走，不是找倒霉吗？"另一个士兵说："上哪里不是八路窝？四面八方都是八路呀！"一个少尉向我说："老潘，不准备便衣才是傻子啦，你以为突过江南就有办法了吗？中央政府已准备搬家了呀！"一位从来提起共产党就骂的少校先生说："这次冲出去我也要回家了。"大家都在谈论如何找解放军去，有的人还害怕会"活埋"，被解放军释放的士兵说："不，人家（指解放军）才好呢！管叫你见了不想走。"惊人的逃亡与投降像瘟病似的在部队中流行开了，互相警告着"某某人带多少枪投八路了"，"某某人叫民兵捉去了"。有一个士兵跑回来诉说一件这样的事：他们约三四百人，和解放军一个连碰上了，对方打头一炮，他们都卧倒；打第二炮，他们都扔枪；打第三炮，齐喊："不要打，我们缴枪了"。

现在我逃出来了，这支慌乱的队伍也要全部覆灭了，我不知还困在重围的国民党军官兵们正作何打算？

（介和　12 月 8 日于雪枫城）

摘自《中国人民解放军淮海大捷纪实》，中原新华书店 1949 年，第 109—111 页

▲ 国民党军的前线指挥官

◀ 杜聿明率 30 万人携带 7 日给养、500 公里油料和弹药，采用滚筒战术，逐次掩护行进，蜂拥至萧县附近

◀ 撤退中的国民党军

投诚我军的敌司书李文彬叙述杜匪聿明逃命狼狈情形
整天不离汽车，拼命催促司机要逃得快

【淮海前线 10 日电】徐州西南萧县、永城间被解放军包围中的国民党匪军最高指挥机关徐州"剿总"前进指挥部的警卫营营部准尉司书李文彬，于 4 日在孟集（永城东北）东北 10 余里的地方乘着押大车的机会，逃奔解放军阵地投诚。他叙述杜聿明逃命的狼狈情形说："杜聿明坐着黑色乌龟样的小汽车，夹在指挥部汽车团中间开来开去，还不如步兵跑得快，急得杜聿明光催司机开快；一直到 4 日我逃出来时，杜聿明一步未下汽车，光喝开水、吃栗子充饥，睡觉也在汽车上，发生'情况'就发急，拼命催着要逃得快，也不如在徐州神气了。日本式的胡子也格外长了，今回一定跑不了，等逮住了他，我来认。"又说："自从逃出徐州以来，警卫营逃风很盛。营长杜宝惠是杜聿明的亲侄子，寸步不离杜聿明左右。全营行动就坐汽车，但谁也不想干了，光侦察连从徐州逃出来两天内就逃跑了 20 多个，携带走了两挺机枪；营部的伙夫都跑光了，弄得饭都吃不上。"

摘自《大众日报》1948 年 12 月 13 日

徐州逃敌慌乱狼狈　公文国民党证辎重车等遍地丢弃
坦克汽车人马夺路逃奔自相残踏

【新华社淮海前线 5 日电】解放军正猛追由徐州向西南夺路逃窜的国民党匪军。据随军记者报道：在徐州西南的萧县到皖北亳州的公路上，遍地丢弃着匪军的公文、花名册、书籍和国民党员证，许多匪军丢弃的辎重车和十数辆完好无损的美造大卡车也因不及开走，在公路上被我军缴获。在许多匪军丢弃的背包中，发现了他们刚从老百姓家中抢来的地瓜（即山芋）、高粱窝窝。匪五军骑兵独立团四连士兵年超尤被慌乱逃跑的坦克车压断了腿，他说："我们已两天没有做饭吃了，只是没头没脑地逃命！"他说："一路上，匪军坦克、汽车、人马夺路逃奔，自相残踏。"他指着路旁一具死尸说："也是被坦克压死的！"在我军跟踪追击下，匪军纷纷缴枪投降，在萧县西南帽山脚下，我军某部"洛阳营"营长张明同志，率领一个班与匪军两个连遭遇，该敌全部就地跪下，恭顺缴枪。

摘自《大众日报》1948 年 12 月 7 日

徐州逃敌沿途残害人民

【淮海前线电】面临覆灭的徐州逃匪，在徐（州）萧（县）永（城）沿途显露了穷凶极恶相，犯下滔天罪行。逃匪所至，大肆抢掠，十室九空。三堡车站以西刘庄一位老大娘说："俺家的锅、盆、灶台、水缸均被匪军砸碎，山芋被抢光，吃不完的就丢进水沟，全庄粮食被吃光，鸡子没有留下一只。"沿途村庄到处飞散着鸡毛，横七竖八躺着被杀的猪驴牛羊残骸，来不及吃的牲畜也被匪大批抢走。萧县西南 18 里铺花村一位老大爷家两头驴均被匪骑走逃命。蒋新楼全村牲口均被劫走，该庄李大娘说："中央（指匪）拿了我的一条裤子，我说这是女人穿的，你不犯污吗？他拿起就走了。"匪军沿途凡遇青壮年甚至老弱残疾，即强迫拉走。在萧县岱山口附近一个被拉的十七八岁青年，挑不动了，匪军说："挑不动，就叫你在这里休息吧！"当即将该青年击毙道旁。另一被拉的老大爷走不动了，匪军说："走不动靠在一边。"老大爷刚靠一边，即被枪杀于路沟。另据刘庄、赵破楼等村逃回的村民诉说：许多农民被匪拉去后，即被换上军装驱使抵挡炮火。兽性的匪军更无耻的强奸妇女，1 日匪军逃至萧县东南 18 里的村庄，即强奸妇女 10 余人。萧永地区广大人民对匪军暴行愤恨达于极点，纷纷帮助解放军带路追击。当他们听到匪军已陷重围时，兴奋得叫起来："那再好没有啦！"前线解放军政治部为此特发表文告，向战地同胞宣布：逃匪已全部被围，我军誓为人民复仇。并号召人民奋起助战，捕捉散匪，全歼逃敌，重建家园。

摘自《大众日报》1948 年 12 月 20 日

五军已成烂葡萄

蒋匪五军于西逃途中，沿途为我追击扭打，至为狼狈。该军二〇〇师五九八团特务连一班 13 人（2 人于途中失掉联系）由班长季永丰率领下，携冲锋枪 3 支、匣枪 2 支、步枪 6 支，于本月 5 日在孟集一带向解放军投诚。据该班长谈：二〇〇师屡次遭受我军严重打击，伤亡惨重，现多为在鲁西南一带抓来之壮丁，有 48 岁老头，也有 11 岁之小孩，半年伍龄者即为老兵，该特务连共 70 余人，睢杞战前的老兵仅有七、八人。特别此次淮海战役援救黄百韬兵团，在徐州东南遭到我军极大杀伤，该团二营营长换了 3 次均被打死，一营换了两次副营长亦均毙命，该团一连仅剩下排副一名是留在家里没上前线的，其余都光了。自黄口东去援黄兵团至放弃徐州西逃，20 余天中未曾在屋内睡觉，经常弄不到饭吃，士兵情绪极坏，逃窜途中争相逃命。此次该班长即系持我散发之"蒋军官兵招待证"来归者。当日蒋匪所谓"五大主力"之一者，而今亦溃烂不堪矣。编者按：大家看后不要轻敌，在具体战斗中还要谨慎，可据此情况开展政治攻势。

（勃）

摘自华野九纵《胜利新闻》第 77 期 1948 年 12 月 9 日

▲ 从徐州西撤的杜聿明集团到达青龙集听到解放军的枪声便仓皇弃车步行渡河逃跑

▲ 弃城而撤的杜聿明集团，在萧永路上沿途所弃的汽车

▲ 华野于 12 月 4 日拂晓将杜聿明集团全部包围在永城东北的陈官庄、青龙集、李石林地区。图为被围之国民党军

当面二十余万蒋匪军陷我二十余里包围圈中

【新华社淮海前线 6 号消息】人民解放军在 4 号拂晓在永城东北 40 余里的孟集、李石林、王伯楼地区，完成对敌人邱清泉、李弥、孙元良 3 个兵团的完全包围，这 3 个兵团由敌徐州"剿总"副司令杜聿明指挥，一共有 9 个军 22 个师和其他特种部队，后方机关共约 20 余万人，到今天中午为止，解放军歼灭敌人的数目已经增加到 3 万多人，现在敌人已压缩在以李石林为中心的纵横约 20 余里的狭小地区，陷于孤立无援境地，等待被歼灭的命运的到来。（按：孙元良兵团已被全歼，现仅剩邱、李两兵团，亦均伤亡惨重。）

摘自华野九纵《胜利新闻》第 77 期 1948 年 12 月 9 日

阵中日记

国民党军某部副官的日记

1948年12月2日　星期四

我们到某地，天已7点多。而营长的701车据说已于2点左右到达。停好车后煮饭去了，一部分人在这儿整理汽车，因为栏板昨天一来因未上装妥当，二来因司机技术或者因为心里太慌了，把车右的栏板碰坏，勉强的用绳子捆着。东西将下去还未整理好的时候，营长命令"快开饭！快装车！马上出发"，米未下锅整个带回，已切之菜送人。

军队的事就是机密，今天的目标地我们仍旧不晓。

中途经过的地方有的无人，有的有人。有时问他这是什么地方，不是他听不懂我的话，就是我听不懂他的话。

争先恐后的跑了一天。快到袁圩的地方和中路部队会合。牛车道上更觉得窄了许多。到袁圩，太阳已西下了，因路基软泥，一段不满十公尺的路各部过了数小时。营部交通车也因过来了这一段路，熄火再也无法发动，电力不足应用，车上的人无不心慌，恐怕真正于八路打来的时候来这么一下，真是整个的完了。

后来用九连的及姆西拖发动了。

我们现在越加顾虑着电瓶的问题。

营长在袁圩说，这是第八军的宿营地，我们在前方不远。结果，我们向前走了十数里，因与前方联络中断，中途停车，又因据说前方有河流不易渡过，又折回来了，住在涂大场（？）。在我由梦中清醒过来时快天明，昨天在停车时吃了一顿饭和面汤，看着我们吃涎流如滴者颇有人在，而趁火打劫的也不少，其中就有一个被我捉住了，我很不客气的说了他，当时真给了他一个难为情也。

1948年12月4日　星期六

1日—4日，天气快晴，风微。

昨日午前，团部的汽车还和我们在一块儿。出发时已不晓得他们是什么时候向什么方向走的。

今天在这王楼停车中看不到他们。炮枪声自昨夜未休息的打。拂晓时飞机正在天空，有数架飞绕着向四周扫射着敌人，一天没什么休息。

　　我们烧了些白菜吃，又煮了两锅面疙瘩，饱飨后听候动作。营长去探路时，王楼的房子起了火。据说是别部弟兄们烧饭，一听出发，弃而回走，火由宅出并烧了房子。在火光冲霄时，许多车辆都夺路而出，乱极一时。

　　营长回来后，未几，司令部又整理行车序列。和昨天的次序同，我们的后面是弹药车，其次是粮油车，再其后是杂车。

　　今日的目的地是李祠岭，距此地是 8 里路。

　　李祠岭已有部队驻扎，据说兵团部住其内。

　　我住在李祠岭的西南田地上，车辆散开停着。天已快黑，今日在此宿营是无问题的。我们的行军锅因昨夜行军太快跑掉，不得不在老百姓家拿一个锅来埋开饭。

　　黄昏时枪声又开始响了。管不了这些，今天要好好的睡他一觉，洗洗脸就在车上打开行李睡了。夜半（2-3 点时），紧急的枪声震醒了我，我不喜欢听，把大衣盖在头上，愿意能再继续睡去。

1948 年 12 月 5 日　　星期日
半阴　风微　似东风　温

　　大衣盖不住紧急的枪声，我不得不起来看看，做一个前或后的准备。行李捆起来，望望天空三星过午，约有 2-3 点钟，北极星看不到，因为被云气遮住了，北斗七星不远方向犹分别出来。

　　这时停车场的北东角上起了阵嘈杂声，后被某某压住。

　　和营长时常卧在一起的傅科长（我究不清他是姓傅抑是副官之副字）也打电话给副司令说，"副司令！西面打得很厉害，您晓得吗？我们是在围子外面的西南角上，可别忘记了我们，请副司令要指教"。

　　由语气中可看出他的恐慌来。这阵紧急声过去了，无什么变化，我又穿着大衣睡下，但枪声稀稀的由西北而北，北而东南的转着！

　　天明了，约 7 点，现在已可燎火烧饭，我们现在吃的水是坑里的水，不但不清而且有来往游动的小虫，据说，比帝邱店被包围时吃的水还好吃。

　　没有一点教育的士兵们在这种情况下每天就不讲次序了，吃饭睡觉等处都可以看出来……

　　傍晚的时候我去李石林周围看了看，有装甲汽车 10，战车 2。

　　据人传说共军有数千人已被包围，说不定这是一种愚人自慰，若真的共军有千余人，二个兵团打不出去，实在叫人不相信国军这样无用。

1948 年 12 月 6 日　星期一

晴

人人在最苦闷的时候来了个消息，也可说没什么根据的消息，听了只好给自己一点安慰。这消息就是，昨日所记载的，共军仅数千已被我包围云云。

1948 年 12 月 7 日　星期二

半云疏星，时有 3 点，无风。兵团部军械处副处长突然来喊营长，我睡在车上亦醒。未几营长来喊我说："枪弹、炒米袋告诉每人都带好了。"判断当时的营长说话的情形似有马上就徒步突围撤退的样儿，所以每个人除了这几样的东西以外别的谁也顾不得了，我忙着下车分饼给各人。一下车因天黑地不平，我心中也觉得慌些，把左脚崴了一下，当时觉得好痛，叫孙百训给我用手活动活动，同时口中分外觉得渴，又叫他倒了一杯水来喝下，精神镇定了些再起来做这些乱事。

等了半天，人差不多都整顿好了听候出发，然仍无动静。于是我想起我那买来尚未穿过一次的罗斯福呢大衣、军便服夹克等，应当把它带着，就叫刘纪法把皮箱拿下，无论是皮鞋（新）、衬衣等一概把它捆包起来。

上海海良代我做的人字卡祺皮中山服，我只穿了两次，想了一会也把它丢掉了。刘纪法说带着好了，他就把它捡起来。

柳条包内的许多物件中，我只记得需要一床美国军毯。

这时书记官看见刘干事上车找东西，说："哎呀，还翻什么，丢了算了，还能带得了吗？"

天快明了，仍无出发的样儿。范书记也觉得自己似应带上一二样，他第一个也是带他在四川时做的呢军制服，大概又带了些零碎物件。

太阳出来了，既无出发令就做饭吃。今朝做的粉疙瘩。饭刚好共军的炮打到停车场内，一二三的打来了，步弹也嗖嗖的在你耳边头上响着，大家喊了声，进入防空壕，终因沉不下气，有的向南跑，有的汽车也开始出发了。营长也由防空壕内跑出乘吉普车去了，我们也上了汽车，将驶出数十米，汽车熄火。开车的驾驶兵到连上去玩未回，开这车子的是小车上（营长车）技工郑振洲，因技术不行，他看火熄了弃车而逃，我们也跟着带几样东西去了。

中途上的步弹诚如弹雨，炮跟着我们左右的落了数个，当时我判断，一定是共军攻了进来。

我背的军毯和呢大衣散了无法携带，丢了。棉大衣穿着跑不开步也想脱了，想了想见兜内没什么东西也脱下丢了。看见一部及姆西，速度并不快，有机可乘，但手提包于乘车不便也丢了。我几步抢上了车，右弯左拐到了河边，一部装甲汽车拦住了去路，不许再向前冲，手中拿着手枪。我于是下了车看见了营长，车上也坐了很多人。

后来车辆都不许过河，第二兵团也不许你过（二兵团在河那边），大家都停在河堤下。须要埋锅做饭，因炊具一概丢光，卡车虽于枪火稀疏后又开来，但东西大部丢光，不得不再开车去找炊具，再至原地什么都光了，在归途上找了些烧柴和一口锅等回来。将把灶做好又出发了，向北走一里半停在田地中间，又烙了几张饼，说是再移动车场至东方一里许路之田中。又想煮饭，又有移动的消息。天黑了车辆不许开灯，在月亮被云遮住了的余光下，开到孔庄，一面做饭一面做工事，5 把钢锹现剩了一把，12 点才吃饭，才把工事做完。

大衣丢了只在车上捡了一个棉套，工事中只能睡一人，营长在里睡。这一夜或坐或走的混了一夜，冻冷之味足矣。

1948 年 12 月 9 日　星期四
半晴，阴　微风　东南

枪声的教训使士兵们自动的构筑工事，伙夫们自己也掘了个掩蔽部，特务班看见了也把散兵坑加强了起来。可惜的，傍晚时，又奉命移动了位置，就是由这面移动至沟的那边。

车子过去了，东西搬完了后官兵轮流构筑工事直至夜半。最感困难的是钢锹一把不敷应用，想去借然又无一处可以借给你，因为他们都在用着无一闲着。

1948 年 12 月 10 日　星期五
阴后快晴　西北，北风

汽车都住在村庄外面，一切都感不便，其中最困难的是无烧草，一顿饭需几个小时才行。

早晨和士兵一同到南方小庄旁砍了些容易烧的柴和芦草，可惜芦草丛中有水无法大量收集。

想去第二次，因飞机在丢食物，周围戒严不能通过。

朝饭前营长要过河，几日来跟我们行动并且吃喝都找我们的通信排，今天也用车子把他们送过去。

营长回来时，拖来一个牛车准备做柴烧，此外又带来了 3 个人，就是袁晓勤、曹荣湘、吕敬德，不过他们是后乘第三连汽车来的。赵连长拿来一份报来给我们看，是 9 日国民党《中央日报》。

1948 年 12 月 11 日　星期六
朝半阴　夜小雨　东风微

营长已坐车去司令部时，我们都希望他能带来好的消息来。黄昏后三十三支部长来请营长，他已休息，叫我代问有什么事。我见支部长手中拿着地图，以电筒照了照，说："将有行动！"我立即回报营长。一会儿营长回来，对我们别无指示，只告诉传令兵把他的行李捆起来，我们判断这种情形后立刻也捆行李，收拾炊具，装车，汽车也开出防空壕，准备出发。

营长回来了，说："哪一个叫你们把车子开出来！退回去睡觉。"原来，据司令部可靠的消息共军已撤退。

昨夜（9 日）共军由北而西一点一点只打到天明，即在 10 日的昼间也未尝休息。昨日午后四五点钟时，还打了几炮，打在我们的北面数百米，即左方 100 公尺处，也落了一颗炮弹。黄昏时骤然枪声稀疏了。共军如不是换防，而后撤的消息恐是确实的。

汽车一响（发动）人心被影响得慌慌，故支部长下令禁止汽车发动。

我们的汽车既已开出壕外，现在只好向后推，20 余人结果也未有把它推进防空壕上。除了营长以小篷布遮遮露水，睡在壕内外，我们有的睡在车子上散兵坑内，我睡在今天才掘好的掩蔽部内，我也第一次（自出发以来）把上衣脱下来，皮鞋本来也脱下来了，但又恐怕如果夜间敌再打来时穿鞋不便，于是又把鞋穿上。

这一夜算是很痛快的睡了一觉，睁开眼睛天已明，急忙的把行李捆好，时营长已经乘车大概往司令部去了。

急忙催他们煮饭，这一顿早饭又烧 3 个多钟头，柴湿灶不好不易烧，固然是问题之一，但这一群老幼弱残兵真真也不行。中国人那种火上房子仍不着急的劣根性实在也无办法。

营长回来后我们开饭，饭后营长又去司令部，回来后立即出发，方向是里半路的东南角河堤下边。车子靠在高高的堤下，就堤挖灶挖防空壕，河中细流清清倒也是个好地方，太阳也露出光明来，温度、暖感一时我们也忘记了是在战场上。

汽车停下来我顺堤上往，不远遇三十二师某排卫兵陈满堂，安徽人。他告诉我在什么地方可以找到柴。我就派了 3 个人跟他们弟兄们前往后，我和他谈了几分钟的话。他已入伍一年有余，到过丰县山东等地。他兄弟三人，他行二，未入伍前曾一度被共军俘去。他们的排长为了抢敌人的机枪，被敌人的侧防阵地的机枪射死，排附为了想把排长的尸首抢下埋葬不幸也身亡，这是 3 个月以前的事情。现在的排长是由第一连调来的，年轻性暴好打人，他们都有些受不了。

陈满堂带着十足一副老诚的农家子弟的样儿。他对我讲，他们现在已无吃的，有的把老百姓的麦子都吃了。他知道老百姓很可怜，没一点当兵的臭习气。我可怜他而恨战争——这内乱。

9 日的国民党《中央日报》上，杜总统定今晚宴蒋夫人。看样子蒋某于日前到了美国，现在还未见杜鲁门。

南京计划疏散人口。

蚌埠一度吃紧。由其戒备时间延长，现在缩短。

河堤甚高，车停在堤旁。恐怕天气下雨，所以我决定睡在车上。和我都睡在车上的有刘干事夫妇，地方虽然狭窄然而不像壕内那样潮湿。这一夜比自徐州出来以来的哪一夜都痛快，尤其在小雨阵阵打着篷布的时候，给我增加了多少舒适呀，但同时听见外面嚷着下雨及忙着遮盖的声音，使我不由的安睡不下，我又想到那睡在车上而无有篷布的车子上的伤兵，他们又是怎样的过呀！

1948 年 12 月 12 日　星期日
阴后渐晴　西南风

昨夜南方枪声未息，直继续到今天十一、二点钟左右，炮声最烈，同时亦有数弹落在南方的里许处。

朝起，饭后三十三支部长来找，和营长商议修理河上道路，本营已准备派所有士兵及所有工具参加工作。

营长自河对方住在剿总部左右的团长处带来的消息是：1. 黄维兵团已将八路包围，刘伯承亦在内。2. 至前方输送弹粮的辎汽二十六团车辆回来说，他们已看见铁路。我们的团长颇抱乐观。

我们自由李石林被围以来，每日每顿饭时都有数个伤兵或者被打散的士兵围着向我们要饭吃，我们已快在粮绝的情况下挣扎着，对他们亦没办法。

营长带来一本画报，我们围着看了一遍，给予我们精神上不少的刺激，其中有一段因内战，安乐的家园直至流离失所，家园破落的几幅图画，使我们也向往着，也凄惨着了。

又有一段是，后方农业在增加生产的画面，旁边写着前后方紧密的合作，使我想起来我哪里适于在前线参加战斗的人员，不如快些回到后方去吧，尽其所能。

据说黄维兵团与李延年兵团已会师，我军距黄维兵团尚有 30 千米。

午后东南角上战事似很激烈，除由枪炮声可以这样的判断外，并且由于小吉普车和战车之来往不绝亦可推知。

太阳西下时敌人炮弹落于吾等后方里路之小村庄上近 10 颗，该村庄部队密集，伤亡可想而知。

后勤机构简直就是乌合之众，寄生虫于战争无何补益而且是带累，敌人之所以打炮，还是因为没一点战斗观念不晓得厉害的官兵群站在的河堤观念［战］所招来。

1948 年 12 月 13 日　星期一
大雾　傍午天较晴　南、西南风稍强　寒

河道昨日已修完，但今日仍无过河前进模样，然许多部队已过河前进了。

方连长今日午前来，在剿总得来的消息，我军已与黄维兵团相距 50 华里（25千米）。

午后天气快晴。

炮兵由东北方来而复返。

晚饭前，三十三支部由剿总取来很多的报纸，我们也要了两份来，都是 12 月12 日的《中国时报》。

蒋夫人 10 日初次与美杜鲁门总统会谈，约半小时，内容拒绝发表。

美将与日合约，采取临时合约办法，首先解决汇率问题。

黄维与李延年兵团确已于南坪集南双堆集会师。

昨夜被炮声惊醒，起来欲进防空壕，然后炮声渐缓且距我停车场尚远，故又上车入睡。

露水很大有如小雨，自篷布流入，刘干事夫妇嚷着防水。

左足崴了以后，昨日脱鞋一看有点肿，因精神作用今日愈觉不舒适，并且已有难于行路之感。故取棉花（脱脂棉）以酒精擦之。

1948 年 12 月 14 日　星期二
晴　西风夜起强　寒

鲁庄——晚饭后移驻鲁庄，也算我们向前推进了 3 里路。

青龙镇——十三兵团司令部驻地，什么时候到这地方我不知道，大概也是在今天，青龙镇就在我们鲁庄的东北，约里许。

汽车停在鲁庄外的北面，营长要我们去找一个地方住下，多少天我们都和村庄脱节了，大家都愿到庄子里去住下。我第一个目标注意井，我的意思住在鲁庄的西外边。营长说现在这部队虽然走了，定还有部队来接防，我们不如就住在司令部指定的地点田地里吧。

我们需要找几把钢锹、十字镐及炊具，并夜间睡觉用的干草。营长、赵连长、我同时进了村庄。草是有的，立刻叫传令兵多喊几个人来搜集，是难找的东西。百闻不如一见，住在村外见不［到］村内的一切遭遇，今天我们进了村庄，所给我们的是"战争的残酷表现"。

一个受伤的兵尚有一息存在，部队走了把他丢在那儿——室外——颜色苍白，还能听见呼呼的声音。

室内室外满铺着麦草，满布着交通壕和掩蔽部，掩蔽部用的材料是牛车、米囤和新砍倒的树木。

每个室内的角上都被挖了很多的深坑，那都是老百姓藏的衣物粮食等的地方。我们进村庄时国军已出村庄，然而尚有一部在村内多处乱挖，看样子是自卫队一类的部队。

部队所吃的不是大米，是小麦小米高粱等物，无疑的这都是老百姓的。

院子的角落里有牛头、骡腿，有血迹。

每个屋子里看不到有什么，已十室十空。

一间房子里坐着一壮年妇人围着四五个孩子，以外有一四十几岁的妇人立在那儿，我问："老乡，你们为什么不跑呢？"她们说："跑什么，跑也是死，那么不如死在屋子里好些！"一种惨酸的声音，充满着草房内。

一个老太太坐在已破的大门口下叫天叫地的哭着，我听着她说："叫我们怎过呀。"旁边还有两个老太太说："哭有什么用。"我向一个老太太说："部队在这儿住了近半月，吃的烧的已尽光，未来的日子不好过了。"

1948 年 12 月 15 日　星期三
晴　东南风稍强　寒，冰

前夜大风忽起，吹得车上篷布哗哗的响，使你睡不得。我起来把篷杆都取下，重把篷布捆紧，这样风小了，车子里也暖和了许多，将就到天明。

我们围观一张国防部给共军的传单上画国共部队对峙的形势，共军都被我们包围着，共军被包围在徐州来的部队及由蚌埠北上的部队以及久在宿县西南奋战的黄维兵团包围着。

传单下栏附有几句话，就是告诉解放军的弟兄们，共军已被我们包围，只有死路一条，快快携械投诚。

12日以后的报纸空军未有带来，大家盼望着营长自剿总回来，不但报纸未有带来，而且也没有什么好消息带给我们，只是说国军南北饶有进展。

晚饭刘干事范书记到第三连去雀战，雀战我对于它一点兴味都未有，所以现在我更无心思去旁观。和营长坐在驾驶室内默默而坐，引不起我们想谈的，营长除了喝水吸纸烟整理他那两只脚以外，就是叹气，我陷于沉思里。

自至李石林后我每夜都梦在故乡，亲友们都在梦中相见过。

近日梦不见故乡的事物，不过有时还梦见海良等知友。

做梦回家，年来很稀少有的事，唯数日尽是这样的梦着，但不知是因为我现在所遭遇的困难所致呢，还是有其他的先兆？是不是这次的被困就是我回家的机会？

刘干事范书记都很不高兴的回来了，原因是他们雀战失败，于是我又和他们谈了一回，赌博不但不能消遣而是有许多害处，我所以不赌即因此。

傍晚时，大家站在车子旁边闲谈，一颗子弹由我们的旁边过去，吓得最厉害的是谭司书。

夜里因为炮弹有一颗打到我们的停车场的东边，我和刘干事大家下车到防空壕内躲了一会儿，没什么我们又上车睡了。唉，没一夜可以使你安睡。

摘自国民党徐州"剿总"直辖部队辎汽第二十四团一营副官徐夕夫的日记

国民党军某部军官的日记

12月10日星期五　1948　张庙堂

昨晚之战事较为沉寂，仅东北传来零乱之枪声，炮声亦稀。西面自昨日战车将共军阵地摧毁以后，战事亦归沉寂。东南方向不闻有组织之枪炮声，可见所传闻共军粮弹缺乏之消息为不误。本来在此种实力相当之大兵团战事中谁能支持最后五分钟谁即有得最后之希望。现国军之目的在求华中各兵团之总会师，然后作有组织有计划之行动。但共军之目的则在一举击破国军于长江以北，不使有喘息整补之机会。但以共军现在之实力恐不易达到理想也。今日下午有共军由济南增加一个纵队援兵之消息，可见其企图矣。但共军每战必竭泽而渔，虽尽力增援恐为数亦有限也。故今后之行动或不致受威胁也。

自清晨 7 时起即有大批飞机飞临上空投送粮食，自晨迄晚不息。整日中恒有十余架飞机盘旋于上空。投送弹药时，白伞之外杂以红绿各色，美式降落伞纷纷飘舞，甚为美观。据云今日投送之弹药共 400 吨之多，当可救国军之急也。但投送时之连络及地点未尽得法，应加改善也。

阅 9 日国民党《中央日报》一份，知李延年、刘汝明兵团现正由蚌埠北进中，黄维兵团则被困于宿县附近，与徐州南进之各兵团遭同一命运。但如此三处之兵力能互相呼应，缩短距离，则徐蚌之战事决不致失败也。又闻 7 日混乱情形系孙兵团单独突围之所致云，此则不良之现象也。

摘自国民党第二兵团第五军某连军官的日记

三、孙元良兵团突围被歼

为迅速脱离华野的包围，避免重蹈黄百韬兵团之覆辙，12 月 6 日，杜聿明再次召集兵团司令官会议，主张放弃南进解救黄维兵团作战计划，于当晚分路向西、西北、东北方向突围。之后经过侦查，邱清泉、李弥认为解放军各部密集，突围无望，遂取消了当晚的突围计划。只有孙元良率部向西南方向突围，大部被华野八纵和冀鲁豫、豫皖苏等地方武装歼灭，残部缩回包围圈内，孙元良及少数随从逃脱，第四十一军军长胡临聪、第四十七军军长汪匣锋、副军长陈远湘、李家英等被俘。

◀ 孙元良（1904—2007），国民党第十六兵团司令官。四川成都人，时年 44 岁。1924 年，孙元良在北京大学预科学习，投笔从戎，考入黄埔军校第一期，后赴日本军校留学。1948 年 8 月，第十六兵团组建，孙元良任司令官，并兼徐州"剿总"前进指挥部副主任，辖 2 个军。战役发起后，孙元良率部由蒙城北返徐州，担负守备徐州的任务。撤离徐州后，被包围在陈官庄地区。12 月 6 日晚，孙元良率部向外突围，遭解放军歼击。孙元良化装潜逃，后到台湾

简介

国民党第十六兵团司令官孙元良

孙元良，40 余岁，四川成都人。黄埔军校第一期、日本士官学校二十一期毕业，曾任团长、旅长、八十八师师长、军校教育处长、高教班主任、重庆警备司令等职。现任第十六兵团司令官（本年 8 月组成者）。

个性敏捷、骄傲自负，作战勇敢，指挥果断，但甚平庸，统驭部下爱用手法，以封建关系团结四川部队，爱用逢迎下流之辈，其处事甚为精细，在蒋匪反动集团中颇具声望。

属蒋嫡何应钦派，与何及顾祝同历史较深，为孙震之侄，生活奢侈，讲求享受，贪污，爱铺张，特好女色。身材高大，无明显特征。

摘自华北军区解放军官教导团第一团编印《敌军高级军官初步调查》，1948 年 11 月，第 164 页

永城东北首先被歼的孙元良兵团介绍

【淮海前线 10 日电】在永城东北李石林地区首先被歼的国民党匪军孙元良第十六兵团，下辖四十一、四十七两个军，原均为四川系部队。四十一军原由田颂尧之二十九军改编而成，抗战期间曾在蒋贼指挥下封锁我中原解放区。（民国）35 年 6 月整编为四十一师，蒋贼发动反人民内战后，该部即被驱上内战前线，屡遭解放军歼灭性打击。（民国）35 年 9 月定（陶）曹（县）之役曾歼其一二二旅大部，10 月滑（县）濬（县）之役又歼其一二四旅全部，生俘旅长杨显明（按该旅后于襄樊重建为后调旅，又于今年 7 月为我全歼），去年 6 月我又于豫北歼该师一部，今年 4 月于洛阳歼其一二四旅 1 个团。四十七军系邓锡侯部四十五军及李家钰四十七军一七八旅并编而成，（民国）35 年 6 月整编为四十七师，被驱上内战前线后，在鲁西定（陶）曹（县）与滑濬两役该师曾被歼大半，去年 4 月豫北淇县之役又歼其一二七旅之三七九团，今年 5 月于密县以西再歼其一二七旅大部。去年底解放军南下中原，蒋贼为加强郑州防御，乃收拾残兵败将，成立孙元良兵团，该二师即正式隶属其序列，今秋又恢复为军的番号。济南战役后，孙元良兵团被迫慌忙弃郑州东窜，图加强徐州防御。淮海战役发起后，我中原解放军复在夹沟地区（宿县北）歼灭其四十一军军直属队一部 3000 余人，此次孙元良兵团随邱清

泉、李弥两兵团弃徐州西逃，行至永城东北之李石林地区即被我完全包围，7 日孙兵团企图向永城突围，乃被我聚歼殆尽。这是继淮海战役第一阶段国民党匪军四十四军被歼后，又一川系杂牌匪军为蒋贼效命而必然得到的悲惨下场。

摘自《大众日报》1948 年 12 月 12 日

战史摘要

华野八纵阻歼孙元良兵团

杜聿明集团被围后，蒋介石急令该敌三面掩护，一面攻击，坚决向东南方向突围，并令刘峙指挥蚌埠地区之敌前来接应，我与敌针锋相对，采取三面围攻，一面阻击之方针，紧紧将敌围住，不使其南逃西窜。

12 月 5 日，我纵改归苏北兵团指挥，当日奉韦国清司令员、吉洛副政委之命，迫近魏小窑、右岩、刘集一线构筑坚固的纵深阵地，阻击可能由此突围之敌。

6 日 19 时，敌孙元良兵团由刘集、右岩我第二十二师、二十三师阵地结合部地段向西突围，我第一线阻击部队当即以突然猛烈的火力和纵深炮火的急袭，将敌突围队形打乱，接着向突入黄瓦房、四头寺、吴楼之敌发起冲击。经 2 小时激战，歼敌大部，少数突出我包围圈，被友邻部队聚歼，孙元良漏网潜逃。此次战斗，我纵俘敌第四十一军少将副军长陈远湘、第一二七师师长张光汉以下 5700 余人。杜聿明集团组织的这次突围彻底失败。

孙元良兵团的覆没，使杜聿明集团更加惶恐不安，千方百计寻机突围，逃脱被歼命运。我军为防止敌人再次突围，一面坚决扼守现有阵地，一面向敌步步紧逼，压缩合围圈。这期间，我纵以主力坚守阵地，以一部兵力每天选择敌一、二个点实施攻击，迫使敌人不断后缩，至 15 日，我军将杜聿明集团紧紧压缩到东西 10 公里、南北 5 公里的狭小区域内。

摘自《中国人民解放军陆军第二十六集团军军史》，1989 年，第 218 页

战术研究

歼突围之敌的胜利是怎样得来的？

我以极少代价，俘敌 4000 余人的伟大胜利是从哪里来的？每个同志都应作正

确的认识：

（一）这是由于兄弟纵队从四面八方给敌以严重打击、压缩、包围，特别是给孙元良兵团以致命的打击之后，在紊乱的突围中，才受我军歼灭的。这就说明：兄弟部队的胜利是造成我们胜利的因素，而我们的胜利也是全局胜利的一部分。前几天，有部分同志因为没有缴获就认为是白辛苦、白跑路，这是不对的，而现在有这样大的缴获也不要忘记这是全体参战兄弟部队的功劳；当然我们也是不可分开的其中之一。

（二）是由于指挥的正确。当敌人向我突围时，上级即命令：前沿的部队不准抓俘虏，应该有秩序的守住工事，后边的部队与机关造成层层的封锁，因此在敌人突围时，才不致造成紊乱，才使敌人难以逃脱，才能抓到这样多的俘虏，这是军事上一个重大的成就。

（三）是由敌内部的分崩离析，互相倾轧。邱兵团自己开火打突围被阻回窜的孙元良兵团，而在这种敌人非常紊乱、士无斗志的时机下，我及时的开展政治攻势，瓦解敌人，而使敌人几百成千的放下武器，这也是这次成功的主要方面。

但是我们每个同志，对于当前的敌人，还应该有正确的认识，即是一方面敌人已被我重重包围，包围圈越缩越小，孙元良兵团基本上消灭了，内部失败情绪更加增涨；另一方面，敌人的主力李、邱兵团还未受到致命打击，仍然保持着一定的力量，特别是不能把孙元良兵团迅速崩溃而就认为李、邱兵团已到了不堪一击的地步。事实上，敌人还可能突，在突围失败以后还可能要困守，并且会更狡猾、更毒辣的不择手段，以便做垂死的挣扎，这是完全可能的。因此仍然希望同志们在胜利中要保持清醒的头脑，越是胜利越是不能轻敌，这样才能保证全战役圆满的胜利。

摘自华野八纵《战旗报》第 225 期 1948 年 12 月 8 日

◀ 华野特纵骑兵追歼突围的孙元良兵团

▲ 华野特纵骑兵团一大队于 1949 年 1 月在河南夏邑县会亭集李楼合影

▲ 华野特纵骑兵团一大队队长孟昭贤使用的文件包

战地报道

追歼孙兵团残部之战我骑兵队勇猛迅速 80 勇士歼敌 1000 余

【淮海前线 28 日电】前线通讯员报道人民解放军骑兵部队勇猛迅速，追歼突围之蒋匪孙元良兵团等残部，俘敌千余的经过称：11 月 8 日晨，担任分头搜剿蒋匪溃兵的解放军骑兵一部，接到有蒋匪的二三百向西突围逃窜的报告，骑兵们即勒转马头，由小马牧（永城西北 30 余里）配合追击的民兵向西猛追。50 余里的追击途中，民兵和马队赛跑，沿途群众欢欣鼓舞，纷纷指示方向。逃匪原定由永城东北以 3 天行程逃至蚌埠，但拼命跑了 3 天，才跑到亳县东 45 里的刘集（亳县、永城公路上）。上午 11 时，我铁骑即跟踪追上，迅速攻占了刘集及小夏楼。我机警的指挥员即命令机枪手向小刘集退却的敌人猛击，掩护左右两支骑兵冲锋。小刘集西南的聂庄、小张庄即被我占领，侧击着敌人的退路。攻击刘集南小朱庄的骑士，被壕沟所阻，区队长王永风即命令用手榴弹打退企图抵抗的敌人，占领了该村。公路旁的骑兵以猛烈火力，迫使敌人向路旁的水沟滚去。逃匪企图利用与公路相距很近的 3 座小桥掩护退却，勇士萧传祥当即在马上将敌重机枪射手击毙，副班长张友田、上士夏移山、通讯员吴韩福便冒敌密集火力，首先冲入敌阵，占领敌据守的桥梁，夺得 1 匹战马、3 挺重机枪。匪指挥官连喊："散开，散开。"骑士们即下马徒步攻击，班副侯守体负伤不下火线，三区队的 10 多个同志，不等命令下达，机智地在稠密的敌机枪火力下攻占了前小张庄。同时一、二区队攻占孙桥，击伤敌指挥官一二四师师长严翊，将全部敌人压缩在殷桥。在开阔的敌阵地前沿，勇士们匍匐前进。匪三四十挺轻重机枪和数门六〇炮齐放，勇士们直达东沟前沿。四边来助战的民兵更多了，我另支轻骑队亦赶到，敌炮火这时遂为我压制。强有力的政治攻势开始了："你们还打什么，解放军和解放区的人民早已布好天罗地网，你们是跑不掉的，解放军宽待俘虏。"胆怯的敌人，不断从工事里伸头探望，有的就站起来说："我们愿意投降……"接着一个小矮子手摇着帽子跑来接洽投降，张大队副即命令他们有秩序的放下武器，不准破坏，我们保证不杀不辱。下午3时，蒋匪十六兵团千余官兵乃一齐缴械投降。归途中，骑士们伸出大拇指说："千把个人，叫咱80个人弄的光光的。"被俘后的孙匪四十一军军官队上尉队员任长和说："我们离小庄子只有200公尺，你们（解放军）的骑兵离小庄子还有1000多公尺，而骑兵们先占领了，可见甚神速。"蒋匪徐州"剿总"军官收训队上校队员冉苍说："解放军的骑兵，真是兵强马壮，训练有素。"冉又说："骑兵对我们的态度很和气，没有见到一个骑兵搜我们的腰包。"战后初步统计，俘虏匪孙元良兵团四十七军副参谋长陈重时、一二四师师长严翊、该师政工室主任阚焕然、副团长袁光汉等以下军官170名，士兵862名，毙伤敌35名，共歼灭蒋匪徐州"剿总"一部、十六兵团部、四十一军军部、四十七军军部及其所属各师团的残部1067名，缴轻重机枪38挺、八二迫击炮2门、六〇炮5门、司登、汤姆、卡宾30支、步马枪191支，骡马44匹，其他军用品甚多。

摘自《大众日报》1949年1月3日

孙元良兵团大部就歼　我活捉一副军长一师长

【前线讯】我纵从6号晚7点钟到7日上午8点钟，在强大军事压力与政治攻势有力配合下，于黄瓦房、黄庄之间，一举歼灭企图突围的匪孙元良兵团司令部一部、"剿总"军官大队一部、四十一军军部及所属一二二师全部、一二四师一部，四十七军军部及所属一二七师大部。据初步统计：俘敌四十一军少将副军长陈远湘、一二七师少将师长张光汉、上校参谋长倪继臣以下5000多名（其中已查清尉以上军官321名）。

按：孙元良兵团曾在津浦路和芒砀山被我歼灭5000多；同时6号夜兄弟部队也歼灭它一部。该兵团已基本上被消灭了，仅剩残余已失掉战斗力。这对继续全歼邱、李兵团大大有利。

摘自华野八纵《战旗报》第226期1948年12月8日

孙元良部就歼殆尽　匪五军被歼近四团　五军一个炮兵营投诚

【新华社淮海前线 6 日电】人民解放军于 4 日拂晓在永城东北 40 余里之孟集、李石林、王伯楼地区完成对敌邱清泉、李弥、孙元良 3 个兵团之完全包围。该 3 个兵团由敌徐州"剿总"副总司令杜聿明指挥，共辖 9 个军，22 个师，及其他特种部队、后方机关共约 20 余万人。迄今日午时止，解放军歼敌数字已增至 3 万余。其中整个团以上被歼者，已查明有第二兵团之独立旅（现已改为四十四师）全部，第五军四十六师之一三七团、一三八团全部，七十军三十二师之九十六团全部，第八军四十二师之一二五团全部。解放军攻势猛烈，敌军士气低落。4 日解放军某部在郝汉楼以 4 个连兵力，仅历 1 个小时战斗即歼敌四十二师 4 个整营。同日敌四十六师之一三六团一个营起义加入解放军，一三七团一个营向我投降。5 日，继续有敌第九军所属 1 个营又 5 个连在马楼及王伯楼向我投降。其他零星在前线向我投降、溃散及化装逃跑者不计其数。现敌已被我压缩于以李石林为中心，纵横约 20 里之狭小地区，陷于孤立无援的绝境，等待着被歼命运的到来。

【新华社淮海前线 9 日电】被解放军围在徐州、萧县西南、永城东北李石林地区的国民党军 3 个兵团，其中孙元良第十六兵团，已经大部被解放军歼灭了。十六兵团共 2 个军（四十一军、四十七军）4 个师（一二二师、一二四师、一二五师、一二七师）。自从逃出徐州以后，军心慌乱，在连续战斗中伤亡极重。6 号晚上孙元良带领突围，到 7 号早上，就被解放军歼灭的差不多快完了。活捉了敌人四十一军副军长陈远湘、一二七师师长张光汉以下 1 万多人。剩下的少数敌人已经溃不成军。又解放军从 6 号起，对李石林地区被围的敌人紧缩包围，到 7 号正午，攻占了孟集、刘河、赵庄、前平庄等 10 多个村镇，歼灭了敌人第五军二〇〇师的五九九团全部（缺两个连）、五九八团一部，第八军一七〇师的五一〇团全部。现在，被围的敌人走投无路，解放军正在加紧围歼中。

【本报 9 日消息】兹根据"战况通报"及兄弟纵队报纸，将前线战况零星汇集如下：

自 1 日至 3 日三天中，九纵大胆插入敌人心腹，俘匪"华东剿总"、二兵团等后方机关及独立旅共万余人，缴获物资无数。晋［冀］鲁豫独一旅、独三旅自 1 日至 3 日三天中，共俘匪军 1200 人。

九纵于 4 日晚在倪双楼、倪阁两地歼灭匪五军四十六师一三七、一三八两个团全部，并迫使其一三八团一个营在战场集体投降（连大部被歼之五九九、五九八团在内，匪五军被歼已达4个团）。

2日晚，三纵某团于祖楼东北之苏竹楼一带截击敌人，缴获满载各种炮弹（内有野炮弹1500余发）之汽车20余辆。

三纵一部于3日在王寨歼灭七十二军二十二师一个团，俘敌700余，下午又歼敌一个多营，俘敌300余。

匪五军一个炮兵营（内一个炮兵连、4门九二步兵炮，2个步兵连）向我八纵投诚。

一纵一部于7日晚攻占李石林以北之王园，歼匪九军一个营，该纵另一部攻占李石林西南发庄，歼匪九军一六六师一部，详细战果正清查中。

一纵一部8日攻占李石林西北蒋庄等地，歼九军三师八团团部及两个营俘敌500余。

摘自华野十纵《前哨报》第37期1948年12月10日

▲ 孙元良兵团突围被歼，大批俘虏被押送后方

▲ 豫皖苏三分区配合作战，孙元良兵团被歼，攻克李石林等报道

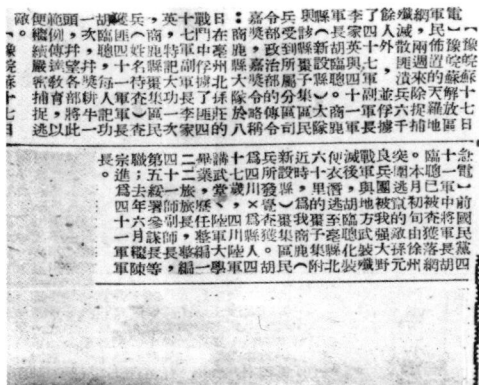

◀ 1948年12月22日《开封日报》关于豫皖苏地方武装俘虏国民党军长、副军长各一人的报道

一支新生的武装——豫皖苏三分区战斗通讯

7日天还未明，在我们的东北方向，响了一阵机枪声，西江大队第二营迅速进入了阵地。发现东边大路上一长列模糊的人影，向前移动着，徐营长马上命令五连、六连快步向前截击，"要是敌人，坚决消灭他！"六连一个排猛扑上去，五连见一股敌人向西南逃跑，也很快的追上去。374名敌人慌乱的放下武器，其余敌人看事不妙，退缩到胡楼、张庄，企图顽抗。

"坚决攻下胡楼"的任务交给了二营。五连一排长冯国贤向全排动员说："今天就是我们为人民立功的时候了，这股敌人是咱主力部队打垮下来的，大家别害怕。"攻击开始了，四连由北，五、六连由东南，向村内突击。机枪班长宁德友，端着机枪从200米的地方，一气冲到敌人跟前；战士刘建华的眼睛被尘土迷的睁不开，但他用沟里水擦了一把，又提上枪冲进去；杨安宁冲到最前面，唤叫大家快上来；一排把敌人压到一个院子，缴了2挺重机枪，1挺轻机枪，2支汤姆式，2支日本盒子，俘虏敌人50多名。这时连长张化更带领四连，通过200米的开阔地，也冲了进去，他们包围了东北角一所院子，赵如海、梁清田只打了一个手榴弹，敌人一个排全部放下武器。四连接连解决了4个院子，共缴轻重机枪7挺，步枪60余支，电台2部，俘虏100多。六连一班长郑青山，缴了敌人一排人的枪，残余敌人准备向西南突围，六连打了一梭子机枪，十几个敌人应声倒下了。一个家伙在混乱的人群中高喊："我是团长，把枪交给解放军吧！"接着，蒋匪四十七师〔四十七军一二五师〕师部，和所属的三七五团740余人，全部放下了武器。

一营把敌四十七军军部700多人，包围在张庄，敌人虽然组织了数次反冲锋，结果都被一营的勇士们打退了，最后敌人被迫的缴了枪。经过11个钟头的激战，被我主力围歼漏网的蒋匪四十七军副军长李家英以下1600多名，全部干净的解决了。

（同善、文彬、展腾）

摘自中原军区、中原野战军政治部《人民战士》第12期特大号1949年1月15日

匪孙元良兵团覆没　我俘匪一万数千人

6日至8日之战况如下：三天来我继续围歼匪邱、李、孙3个兵团，已将匪孙元良兵团（十六兵团）基本上歼灭，俘虏其一万数千人。3天来逐日进展状况为：

6 日晚，攻占孙庄、刘河，歼匪五军二百师之五九八团；攻占前平庄、双阁庄、王庄、刘庄等地，歼匪八军一七〇师之五一〇团；匪孙元良兵团向西突围，遭我截歼，俘虏其一万数千人，现该兵团基本上已被我解决。7 日晚，攻占王园、蒋庄，歼匪九军之一个营；攻占高窑，歼匪七二军之一个连，并重创夏砦守匪九军一六六师之一个团；匪五军炮兵营（2 个步兵连，1 个战防炮连，共 400 余人）由周楼西逃，我军一部当即出击，该匪向我投降。8 日晚，我再攻占蒋庄，歼匪九军三师之八团团部及其两个营（系曹八集被歼重建者），其工兵九团之一个营亦被歼；攻占望庄子，歼匪五军二百师六百团之一个营；攻占板凹，歼匪七二军三十四师一〇二团之 4 个排，并杀伤陶庄之匪三十九师约一个营之兵力。

摘自山东兵团《华东前线》第 62 期 1948 年 12 月 11 日

胡临聪被抓回来以后

12 月 14 日，商鹿县民兵抓来了一个企图偷逃的蒋军军长，我跑去想看一看这位蒋家四十一军中将军长胡临聪的"尊容"，见他是一个小矮胖子，身上穿着一件破蓝粗布棉袍，头戴一顶黑绒线帽，脚上穿着白粗布袜子和一双旧黑布鞋，一个小团团脸上，摆着两只暗淡无光的眼睛，没有一点"威风"，倒像一个没有见过市面的乡下人。

在他谈话中，显然他对蒋介石抱有不小的"忠心"。但是说到这次徐州会战，他却又公然大骂起来，说："蒋介石是个蠢才，大蠢才！"问他为什么？他说："国民党军事上就垮在背包袱上，光是背着大城市的包袱，结果队伍垮了，城市也保不住！"我问："那么，现在放弃徐州不背包袱不就好了吗？"他沉默了一会说："晚了，当国民党和共产党学会时，人家早不用又打起阵地战来了。一句话，你们的办法我们学不会。"提到蒋介石宣传的"徐州会战大捷"，他苦笑了："这一套谁还不知道，也许现在'中央社'还正在说我们'追击共军'呢！"

我告诉他国民党飞机已开始给邱、李兵团投给养，他干脆的说："那就快完了，根据许多经验证明，飞机一来送给养，就是已经入了你们的天罗地网，凭飞机能送多少东西，何况又常常投到你们阵地上呢！"我问他和解放军作战还有什么经验，他说："很简单，我知道几个兵团一被贵军分割，就没法联系上，一被贵军包围，就一定被歼灭！"

最后我又谈到他这次被查获的事，他长叹一口气："唉！想逃出解放区是不容易的啊！太难了，几乎没有可能。"

（艾枫）

摘自中原军区、中原野战军政治部《人民战士》第12期特大号1949年1月15日

▲ 被俘的国民党第四十七军军长汪匣锋（左）与第四十一军中将军长胡临聪

▲ 被俘的国民党第四十一军少将副军长陈远湘

大胖子迟到了——陈远湘被俘记

经过6号一夜的战斗。太阳一杆子高的时候，我六大队侦察班正在战场上打扫胜利品；从东南来了个大胖子，穿着蒋军的士兵军服，肥大的脑袋上紧紧地戴着尖顶的士兵帽，两条裤腿脚湿了半截，沾满了黄泥，像经过油滋一样。侦察员柳安寅看了看，就打趣的招呼他说："你迟到了！"便命令他走进了俘虏群，一齐送到了俘管处。

这个胖子俘虏，和一般的俘虏士兵显然不同，第一是走起路来文质彬彬。第二是脸色夹红，营养充足，在一群饿鬼似的俘虏群里好像是个老阎王。特别是穿了一身四不像的士兵服，像小孩子玩的枕头娃娃。俘管处苏平同志问他："你姓什么？在哪一部份？干的什么？""姓包，叫包德成。"接着便用粗肥的手指写了一通说："是在四十一军军部……不过是在副官处打打杂。""……"苏平同志就这样三番五次追根到底的问下去。停了一会，他指着嘴唇表示又饥又渴，苏平同志从粮袋里拿出一块挺硬乌黑的高粱锅盔递给他，便狼吞虎咽的吃起来，雪白的牙和乌黑的锅盔黑白分明。

苏同志便又解释了我军的俘虏政策，和谈了一下当前形势；但他总是说："我已经告诉你了，是写写字，打打杂的。"俘虏集合了，准备送往后方。苏同志最后严肃的对他说道："瞒是瞒不住的，还是老实一点说实话吧！"他走得很慢，低垂着头，最后走了几步，猛的又站到路旁，来一个立正姿势，难为情的说道："既然如此，我就是四十一军副军长陈远湘，远远的远，湖南的湘。"

（李蔚生）

摘自华野八纵《战旗报》第 231 期 1948 年 12 月 11 日

徐蚌战报

孙元良突围已抵达汉口

【中央社汉口 6 日电】孙元良兵团由萧县、永城一带突围，孙氏已率部千余人，武器齐全，抵达豫南驻马店附近，陆续尚有集合。孙氏本人 5 日晚到汉，当晋谒白总司令，报告突围经过，刻正电统帅部请示驻地及整补计划中。

摘自《中央日报》1949 年 1 月 7 日

孙元良将军畅谈突围经过

【本报讯】第 ×× 集团军司令官孙元良将军，前（7）晚 5 时自汉口飞抵南京，昨晨晋谒总统，报告其自宿永地区突围之经过。孙氏系上月 6 日奉命从萧县永城一带率部突围，经 29 日之战斗始抵信阳……

摘自《中央日报》1949 年 1 月 9 日

四、压缩包围杜聿明集团

为阻止杜聿明集团向南突围，保障中野作战，华野针对国民党军三面掩护，一面攻击，逐次滚进的战法，采取南面阻击，东、西、北三面攻击的方针，逐步缩小包围圈。位于包围圈南部鲁楼、郭楼一线阵地的华野第十、第二纵队处于杜聿明集团突围方向的最前沿，顽强抗击一批又一批国民党军的疯狂进攻，毙伤其数千以上。华野各部与杜聿明集团反复争夺村落据点，经过激烈战斗，至 12 月 15

日，将该集团压缩在东西约 10 公里、南北约 5 公里之狭小地区。

战史摘要

华野十纵鲁楼堵击

4 日拂晓，邱、李、孙 3 兵团逃至徐州西南 130 里的陈官庄地区，完全按照前委的安排，坠入我军在萧（县）永（城）砀（山）三角地带布下的天罗地网之中。杜聿明惧怕被歼，当即采取三面掩护，一面突围，逐次跃进的战法，集中炮火坦克，在空军掩护下，拼命向南突围。邱清泉兵团作为开路先锋，沿引河突围，我鲁楼阵地，成为敌首当其冲的攻击目标。

鲁楼，是个小村庄。西枕引河堤，与敌河西胡庄、乔庄相望；西北即杜聿明集团总部陈官庄；正北千米，是敌屯有重兵的陈楼、王烈庄、刘庄。鲁楼是敌解黄维兵团之围的必经之路，一旦突破鲁楼，很快就可以与被围困于双堆集的黄维兵团靠拢。粟裕代司令员指示，一定要守住鲁楼，说："守住了鲁楼，就等于堵住了引河的口子，活捉了杜聿明、邱清泉。"故小小之鲁楼，顷刻成为敌必克、我必守的要点。奉命扼守鲁楼阵地的，是我纵二十九师八十五团。该团于 4 日拂晓进入堵击位置，抢占有利地形，争分夺秒构筑工事，准备迎接一场殊死搏斗。

12 月 5 日上午，鲁楼堵击战开始。邱清泉兵团第七十军一三九师，沿着引河向我进犯，企图乘我立足未稳，一举拿下鲁楼。我八十五团在团长陈景三、政治委员张维滋的指挥下，三营陴村南，二营守村西河堤，一营在村东、北，特务营的两个炮连分散配置于各营阵地上，展开了顽强堵击。敌人在大批坦克掩护下，渐渐逼近鲁楼。指战员见敌坦克冲上阵地，毫不畏惧，有的向步兵猛烈开火，切断敌步坦联系；有的用炸药包和手雷炸坦克；有的用迫击炮和火箭筒对准坦克抵近射击。冲在前面的几辆坦克被击中，后面的掉头回窜。步兵完全暴露在我枪口下，阵地上一个反冲击，把敌人压了下去。从上午到深夜，敌连续攻击，屡遭挫败。

6 日拂晓，战斗一打响，就显得格外激烈。敌人集中了百余门大炮轰击鲁楼，大部土木工事被炸塌，堑壕被夷平，整个鲁楼笼罩在炮火硝烟中，两个师的敌人，配合着数十辆坦克和大批轰炸机，在离我 3 华里的刘庄外，摆开了决战的架式，采取宽正面、多批次向我集团滚进。我钢铁战士临危不惧，从塌陷的工事里、堑壕中跳出来，从炮弹翻起的焦土中钻出来，从血泊中站起来，顽强抗击着一批又一批数倍于我之敌。与敌展开白刃格斗，刺刀捅弯了，枪托拼烂了，就用石砖砸，拳头击，牙齿咬。整个鲁楼阵地，到处血肉横飞，腥风血雨。八十五团五连连长、三级人民英雄石洪贞，带着两个排 3 次冲入敌群，3 处负伤不下火线，多次击退登上该连阵地之敌。一股敌人乘混战之机，偷袭我侧后，楔入鲁楼村内。该团一营立即组织后勤人员和伤病员，把敌人逐出村外。另一股敌人靠 5 辆坦克开路，突进我北门"兰封连"阵地。六班副班长、共产党员薛登平，一跃而起，飞身靠近第一辆坦克，拉响了集束手榴弹，炸断了履带。敌步兵在我强大火力反击下，大部被歼，少数逃命。

8 日之激战，是最残酷的一天。战斗从 9 时 30 分开始，邱清泉像输光了血本的赌徒，孤注一掷，除七十军外又增调来二〇〇师，并亲自督战叫嚣："打下鲁楼回南京，打不下鲁楼别要命！"敌人在其主子的金钱利诱和督战队枪口威逼下，靠 7 架飞机和 12 辆坦克助阵，拼死向我扑来。这是一场罕见的决斗，激战在所有阵地上同时展开。该团五连和七连阵地上，敌我在战壕里，激烈争夺着每一寸土地。特等功臣尚立民跃出战壕，挺枪直刺，连续捅死 8 个敌人，最后中弹多处英勇牺牲。鲁楼村北阵地几次失而复得，整个战场烟雾遮天。3 个小时过去了，血战还在继续。坚守鲁楼阵地的我八十五团，大量杀伤敌人，也受到了前所未有的重大伤亡。六连阵地上，只剩下指导员蔡同田和 3 名战士在浴血苦战，左冲右杀，寸土不让。在此战斗最严峻的时刻，团政治处主任陈焕，组织团机关人员、伤病员、勤杂人员赶上增援。八十七团副团长雷英夫带着一、二营跑步赶来增援，立即投入战斗。他们并肩作战，反复与敌拼杀。13 时许，敌人又发起大规模进攻，当敌步兵和坦克冲进八十五团七连阵地时，八十七团一营营长赵明奎和八十五团三营营长刘振泽指挥部队，向敌人反冲击，夺回了阵地。八十七团一连连长朱宝林，带领全连像一把钢刀插向敌人侧翼，配合正面反击的两个营作战，狠狠地夹击敌人。战斗危急时刻，该连三排谢副排长，拉响了集束手榴弹，与一辆敌坦克同归于尽。伟大的献身壮举，激励着全体指战员奋勇杀敌。8 日这天的战斗，一直延续到 21 时，才以敌惨败我胜利而告结束。鲁楼堵击战，我八十五团、八十七团指战员顽强抗击敌 6 昼夜的疯狂进攻，杀伤敌 5000 余人，粉碎了杜聿明集团沿引河夺路南逃与黄维兵团靠拢的企图。

12月8日，在我顽强堵击最激烈的时候，华野粟裕、谭震林等首长通令嘉奖我纵。说："你们在淮海战役第一阶段，协同兄弟部队，以坚决顽强阻击动作，完成了光荣的阻击邱清泉、李弥兵团之任务。此次聚歼杜聿明、邱清泉、李弥、孙元良匪部，会战初期，你们贯彻了这种坚决顽强英勇奋斗的战斗作风，给予妄图夺路南窜之杜聿明、邱清泉匪之七十军以连续迎头痛击，毙伤敌数千以上，确保了鲁楼、李楼阵地，对于完成全歼杜匪任务，起着重大作用，特通令嘉奖。尚望不断检讨总结经验，改进战法，始终如一，贯彻此种顽强战斗作风，协同友邻各纵，共同争取此次决战大胜利！"战役中，为宣扬我纵堵击作战的辉煌业绩，中央电影摄影队，特来八十五、八十七团，拍摄了我指战员英勇作战的场面。上级的鼓励，使全纵指战员受到巨大鼓舞和鞭策。

鲁楼堵击的同时，我八十二团攻克板凹，歼敌一个连。我八十七团一夜之间连续攻克董窑、魏湾、郭窑、溪窑、彭楼、左寨、刘楼等7个村镇。12月12日拂晓，敌以重炮轰击常凹阵地，八十六团坚决反击，将攻入村内之敌歼灭半数以上，并缴获重机枪4挺。战斗至上午，予敌以重创后，主动撤离阵地。八十三团在张庄、于小庙一线，击退了两个团及4辆坦克的进攻。

摘自《中国人民解放军陆军第二十八军军史》，1985年，第152—155页

▲ 华野前委于1948年12月13日颁发的争取迅速、彻底、干脆歼灭邱、李兵团，完满完成中央作战任务的指示，该指示发至营级单位

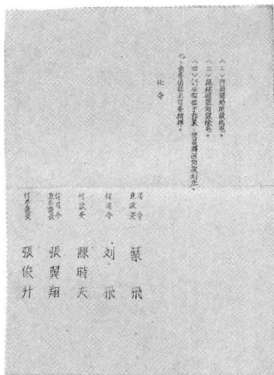

▲ 华野一纵关于继续紧缩包围圈，分割歼灭十三兵团的攻击命令

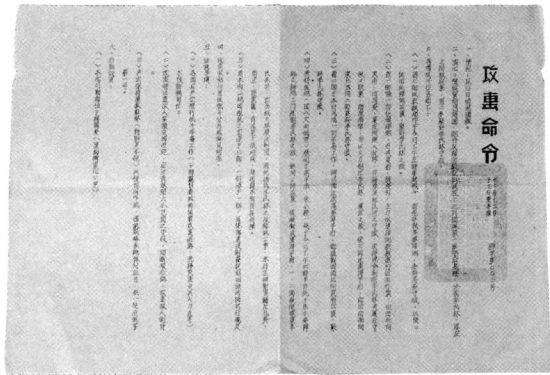

▲ 杜聿明集团采用集团滚进战术向南突围，华野在鲁楼、郭楼一线实施堵击

▲ 在鲁楼战斗紧要关头，八十七团一营赵维明营长率部自动接受八十五团团长的指挥，当即投入战斗。图为八十五团团长指告赵营长前面战斗情况

华野二纵坚守郭楼

12 月 9 日，邱兵团集中力量向右邻正面的鲁楼、窦洼猛烈攻击，经过反复争夺后，12 日我撤离这两个村庄。敌人进而向右邻李楼进攻。李楼在郭楼东面，一旦失守，郭楼就三面受敌。而且郭楼仅距杜总部陈官庄 4 华里，是阻敌南跑的要冲，必然为敌人进攻的主要目标。郭楼的得失，将影响着战役的进程，野指首长极为重视，直接电话指示六师吴师长："你们的阵地一定要寸土必争，不准后退一步。"我纵遂即调整部署，确保郭楼，决不许敌人跨过一步。

这时我纵从前沿到纵深，已经筑成堑壕和支撑点结合的绵密阵地，不但前沿各村中堑壕交通壕连成整体，火力点栉次鳞比，成为坚强的环形阵地，而且村庄之间都有交通壕相互连接，并在横向交通壕上构筑小据点和侧防火力点。郭楼工事更加完整，在主要方向上的副防御设施完成了三道鹿砦，还构筑了防坦克壕。11 日晚，纵队决定六师用十七团接替十八团坚守郭楼。令其立即熟悉阵地，重点增补工事。该师令垌上的十六团用一部兵力在郭楼左方建立侧防阵地，加强火力，以一个营进入郭楼到杨庄的交通壕内。十四团紧接在后，十八团配置在郭楼到孙庄的交通壕中准备反击。除六师的火炮外，又将二线师、团的迫击炮配置在郭楼侧后，我纵炮兵团和特纵的大口径炮两个营，编成纵队炮兵群可以随时呼唤火力，在郭楼前沿前构成大纵深的火制地带。这样，在郭楼方向，我集中兵力 3 个多团，八二迫击炮以上的火炮 100 余门。在后勤保障上，受降一〇七军的 30 多辆 10 轮大卡车，发挥了重要作用，昼夜不停地从徐州运来缴获的弹药。一切准备完毕，严阵以待。

12 日，敌人猛攻李楼，进入激烈的争夺战。13 日上午，右邻弃守李楼，下午七十军九十六师二八八团依托王庄向郭楼西北角展开进攻。该敌在浓密的炮火和 7 辆坦克的支援下，攻击前进。霎时枪声如疾风骤雨，炮声似巨雷轰鸣，把喊杀声完全淹没了。当我连续打退敌人两次猛烈的冲击后，已是暮色苍茫，枪声渐稀了。突然敌人既不炮击，也无坦克掩护，兵分两路用密集队形冲了过来。冲到鹿砦近前，大部被我炽盛的火力杀伤，有 30 余人钻进鹿砦，也被全部歼灭。余敌利用夜暗偷偷地溜走，弃尸成堆，武器狼藉满地。不久又发现敌人在我阵地前 200 米处，用坦克掩护来构筑冲击出发阵地，为第二天攻击作准备。

经过半日激战，郭楼的房屋只剩下残垣断壁，大部工事被炸毁，交通壕也堵塞了。为了次日粉碎敌人更猛烈的攻击，我纵除令六师加修郭楼阵地外，又令四师十二团进到郭楼后面，十六团一个营归建，十四团仍在原地，准备反击。当夜令十四团、十八团各以一部兵力从郭楼两侧出击，驱逐构筑出发阵地的敌人，歼其一部，填平了工事，作好了翌日再战的准备。

14 日，杜聿明已知黄维兵团危在旦夕，深恐失去南逃的跳板，变成瓮中之鳖，就不惜一切拼命挣扎，集中精锐夺取郭楼，倾九十六师全部和三十二师一部实施攻击。以二八六团从李楼南，对郭楼东面佯攻，保障翼侧；以二八七团依托李楼，在坦克掩护下，主攻东北角；以二八八团依托王庄，配属坦克攻西北角；三十二师一部为预备队。上午 11 时，激烈的战斗再次展开。双方炮火的密度，战斗的激烈程度都胜过 13 日，敌人有一个营刚展开，就被我炮火杀伤过半。邱兵团中号称"战将"的七十军军长邓军林，竟然乘坦克进到郭楼阵地的鹿砦内，强令部下连续冲击，却一次一次地被我炽盛的火力射杀在前沿前，始终未能得逞。激战至午后，郭楼东北角阵地吃紧，十二团一营适时加入战斗，稳定了阵地。黄昏将敌击退，敌仍留一部在郭楼北挖掘壕沟。当夜十二团用两个营出击，歼敌一部，平毁敌工事。天明，郭楼前沿前到处躺满了敌人的尸体，武器扔得满地都是。邓军林说："郭楼战斗惨败，我完全丧失了打出包围圈的信心。"（他在淮海战役回忆录中写的是王庄，实际是郭楼。）

我郭楼坚守部队在枪林弹雨中英勇顽强。

13 日下午，十七团四连在接连打退敌人 3 次猛攻后，有 20 多人带伤继续战斗。其中战士朱文强在坦克迫近时，他右臂炸断，头部、胸部都有伤，忍着剧痛，用左手投掷燃烧弹，将敌坦克打退。战士王言超自动带 1 箱手榴弹越过反坦克壕进到鹿砦附近，连续打退敌人 1 个排。14 日十七团七连，协同友邻在炮火支援下，连续打垮敌人 4 次坦克引导步兵的冲击，坚守阵地 6 个半小时中，伤亡 25 人，歼敌 500 余。五班长张自力奉命代理排长时，正当敌人再次发起冲击，他面部负伤，一手捂住伤口，一手投弹，并说："只要我能动，就保证不丢阵地"。第二次臂上又负伤，仍继续战斗。第三次腿被打断了，还坚持爬到前面去指挥，直到把敌人打退。十二团副营长，英雄姜先仁率一部兵力，据守郭楼右侧的据点，当敌坦克冲到第二道鹿砦时，战士看到枪弹打不进有些急了。他无比地沉着，指挥部队集中火力打步兵，把敌人的步兵打退了，坦克也无可奈何地退了回去。

敌人在 14 日惨败后，再也没敢发起攻击。16 日由十六团接守郭楼阵地。由于交接中警戒疏忽，让敌人向我方挖了一道长沟。17 日夜间，十六团用一部兵力出击，驱逐了沟中的敌人，俘敌 60 余名，将沟填平。至此整个战场暂时沉寂下来。

摘自《中国人民解放军陆军第二十一军军史》，1988 年，第 280—283 页

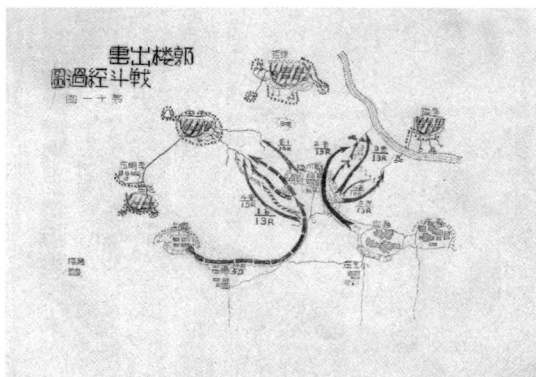

▲ 郭楼出击战斗经过图

▲ 华野二纵六师颁发的郭楼战斗
嘉奖令

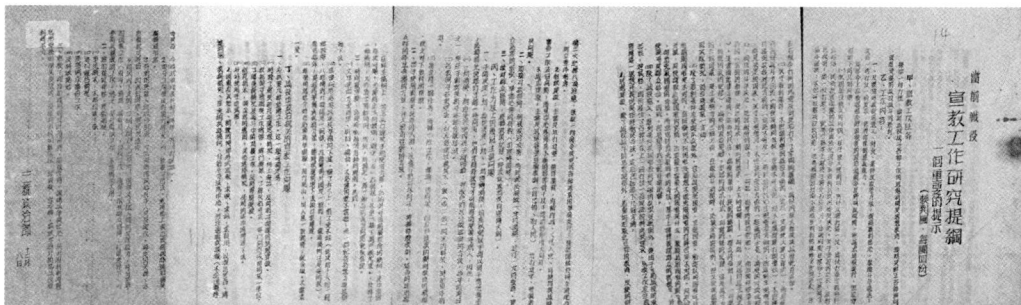

▲ 华野三纵政治部于 1948 年 12 月 8 日颁发的《当前战役宣教工作研究提纲》，内容为：甲、宣教工作任务；乙、工作内容；丙、工作方法上的几个主要问题；丁、战役中政治机关的宣教工作问题

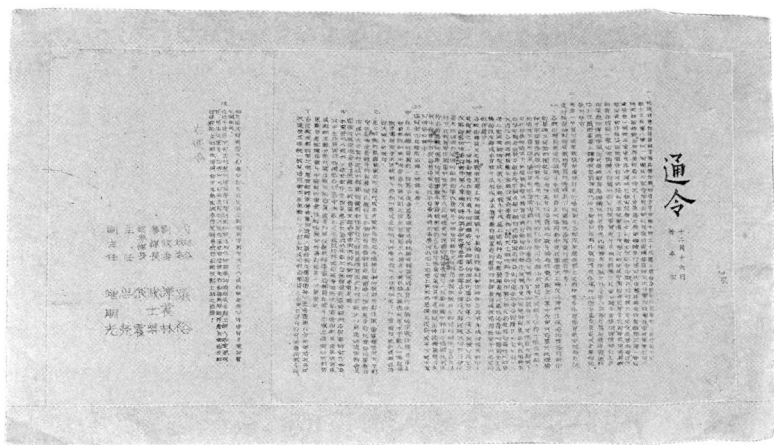

► 华东野战军粟裕、谭震林等首长于 1948 年 12 月 16 日颁发的对两广纵队某部在歼击李弥兵团的阎阁战斗中主动出击支援友邻部队嘉奖通令

两广纵队参加追歼敌杜聿明集团

12 月 4 日中午，两广纵队第三团由参谋长何通带领第一、第四、第五连进抵马庄时，发现小阁子敌人突围，立即进行追击，在阎阁西北截住了敌第四十二师一个团，经第四连和第一、第五连各一部围攻，敌人乱作一团，侥幸没有被打死的，驯服地当了俘虏。计共歼敌 300 余人，缴迫击炮 4 门、轻机关枪 7 挺、长短枪一批。第一连一个排和第五连两个排，追击溃敌至屈楼时，发现敌正向阎阁友军阵地猛烈攻击，他们即主动向枪声最激烈的方向冲去。并当即查明，是敌第八军为掩护退却，以一个团的兵力，在 5 辆坦克配合下，对位于阎阁的我第四纵队第十师第二十九团第二营进攻，该营击退敌人 3 次猛烈的冲锋后，伤亡甚大，阵地被敌炮火和坦克摧毁，全村房屋着火，敌人又开始了第 4 次冲锋，坦克开到了阵地前沿，情况十分危急。第一连和第五连的同志一面主动和友军联系，接受友军指挥，一面从阎阁以西向敌翼侧猛攻。由于他们的出击动作勇猛快速，迅即将冲锋之敌击溃。但敌人不甘心失败，又以坦克掩护其步兵进行反扑，我第一、第五连和及时赶到的第四连顽强抗击了 3 个多小时，击退敌人多次冲锋，使敌人遗尸百余具，我并乘胜攻下阎阁西南之刘楼，俘敌一部，从而解除了阎阁友军之危。当天，第四纵队陶勇司令员即向华东野战军首长报告，为两广纵队第三团第一连和第五连请功。

华东野战军首长及时发出了嘉奖令，指出两广纵队第三团第一连和第五连主动向敌出击，配合友军作战的事实，"充分表现与发扬了我军作战中勇猛顽强、积极主动、互相策应的传统作风，除我两广纵队部队应继续保持并发扬此种优良作风外，全军各部队亦应开展学习，从政治上及战斗素养上继续提高，发挥战斗中主动协同友邻作战的优良作风。特此通令嘉奖并责成全军向此范例学习"。

摘自《两广纵队史》，广东人民出版社 1988 年，第 92—93 页

华野四纵郭庄、前平庄战斗

（一）情况：

我纵正面之敌十三兵团部驻李石林，其八军位于郭庄、前平庄、土楼一线，并控制成河。敌正在积极加强工事，妄图以郭庄、前平庄为据点，以成河堤为屏障，阻止我军向南攻击。

郭庄位于成河南约 150 公尺处，守敌为八军一七〇师五〇九团之二营全部，前平庄位于郭庄西南约 500 公尺处，守敌为五〇九团（欠二营）。该两庄各有居民三、四十户，四周地形开阔。敌已构筑有集团堡群及设置了大量鹿砦，但工事不坚。

（二）任务、决心：

为迅速打开缺口，楔入敌十三兵团战斗队形之内。我纵决以十师附炮兵、坦克一部，乘敌工事尚未构筑完毕时，迅速攻占郭庄、前平庄。占领有利的攻击阵地，以便尔后的攻击。

十师决以二十九团附坦克 3 辆、山炮 4 门，首先攻占成河堤，尔后分两路攻占郭庄，得手后，确加控制，并继续对前平庄实施攻击。

（三）战斗经过：

十师二十九团经短促准备后，以一营在坦克掩护下，向成河堤攻击前进，中午（12 月 6 日）一营攻占河堤，歼敌一个多排，二十九团主力即进至成河堤一带，部署对郭庄的攻击。16 时，我二十九团在各种炮 21 门支援和坦克 3 辆的引导下，向郭庄守敌发起攻击，我炮兵猛烈压制了敌火，坦克准确摧毁了敌堡，步兵当即一举突入，经 30 分钟激战，我攻占郭庄，全歼守敌。

此时，我攻击部队估计前平庄守敌约为一个营，二十九团当即以第三营继续攻击，由于准备不足，爆破未成，且未严密组织火力压制敌防坦克火器，致攻击未成，我 2 辆坦克为敌击伤。此时，我察觉敌守备兵力在 2 个营左右，当即停止攻击，再次组织战斗。并调三十团第二营参战由西北攻击，以二十九团二、三营分由东、东南、东北攻击，立即进行近迫作业，拟由拂晓 6 时再攻。

7日5时许，我攻击部队发现敌有调整部署的征候，师即令提前攻击。5时45分，我炮火突然向敌猛烈射击，三十团二营当即勇猛发起冲击，突击队冲至敌鹿砦边，爆破未成受阻，当即机动拔除鹿砦，突入了敌阵地。与此同时，二十九团二营部队亦突入庄内，当即向纵深发展猛攻，以不停息的连续攻击，直逼敌团部，并迅速突入敌团部固守的大院，歼敌大部，残敌200余人，狼狈向西南逃窜，当被我二十八团部队全部截歼，战斗于7时胜利结束。至此，郭庄、前平庄全部为我攻占，我全歼敌八军一七〇师五〇九团，俘敌714名，我共伤亡316名（伤228、亡88名）。

摘自《中国人民解放军第二十三军第三次国内革命战争战史》，1960年，第75—76页

文件选编

粟、谭、陈、唐、张、钟诸首长通令嘉奖华野十纵完成阻击任务并勉励全体同志始终如一协同友纵争取决战大胜利

宋司令、刘政委、吴参谋长、陈主任、张副主任并转十纵全体指战员：

你们在淮海战役第一阶段，协同兄弟部队，以坚决顽强阻击动作，完成了光荣的阻击邱清泉、李弥兵团之任务。此次聚歼杜聿明、邱清泉、李弥、孙元良匪部，会战初期，你们又贯彻了这种坚决顽强英勇奋战的战斗作风，给予妄图夺路南窜之杜聿明、邱清泉之七十军以连续迎头痛击，毙伤敌数千以上，确保了鲁楼、李楼阵地，对于完成全歼杜匪任务，起着重大作用，特通令嘉奖。尚望不断检讨总结经验，改进战法，始终如一，贯彻此种顽强战斗作风，协同友邻各纵，共同争取此次决战大胜利！

粟　裕　唐　亮

谭震林　张　震

陈士榘　钟期光

12月8日

摘自华野十纵《前哨报》第38期1948年12月11日

◀ 华野十纵顽强抗击国民党军6昼夜疯狂进攻，歼灭5000余人，此为八十五团干部在阅读华野首长颁发的嘉奖令

战术研究

鲁楼阻击战经验

我团经4天急行军之后，4号拂晓接守了鲁楼之防地，在准备向敌进攻与防敌南窜的任务下，坚守了鲁楼阵地共5天时间，激战了3日，阵地虽数次被敌突破，但经前后数次反击，始终将敌击溃。鲁楼的胜利，主要是兵力集中与全体指战员沉着勇猛奋不顾身的向敌反击，和兄弟部队的配合（八十四团），及后方弹药的即时供应，才取得了胜利。根据此次战斗的经验，提出几点以供大家参考：

（一）敌进攻的特点：

1. 敌以肉弹战术连续冲锋。当战斗第2天的拂晓，敌即向我阵地猛攻，敌一天的连续攻击至黄昏才被击溃，我鲁楼阵地曾两次被敌突破，经数次反击才恢复了原来阵地。同时，战斗的第3天，敌自上午9时开始攻击，11点突破我村落阵地，我们连续7次反击，至黄昏才将敌击退。以上两天战斗中说明了敌人进攻是连续的，同时敌向我冲锋时，第一梯队被反击出去，第二梯队即马上反扑上来，倘若我们无强大突击队，难以击溃敌人的连续冲锋。

2. 坦克进攻的特点：敌进攻之先，先用坦克向我阵地侦查及摧毁我阵地，在进攻中，敌坦克带领步兵冲锋，待敌突破我阵地后，敌坦克即堵我反击部队。如战斗第2天，我阵地大部被坦克摧毁，当八十四团一营配合反击时，被敌5辆坦克堵住沟口，战斗第 3 天敌坦克将我阵地摧毁后，有 7 辆坦克带领步兵向我冲锋，攻占我六连之阵地，即用坦克堵我二营之反击，并用 5 辆坦克迂回我村之西南，以防我顺河坝反击，这说明了敌之坦克有三大任务：①侦察与摧毁我之阵地。②掩护部队进攻。③堵截我反击部队。

3. 集中炮火摧毁与制压我守备部队，形成烟雾掩护部队冲锋。因这是敌五军进攻一般的特点，不必多述。根据敌人的战斗特点，提出以下几点：

（二）阻击战的几点意见：

1. 选择要点、控制要点：阵地上选好要点外，应加修工事，要决心控制要点，这样才能节约兵力，又防止处处被动，特别是在敌进攻方向与敌必经之道路上，筑成野外坚固阵地，设好障碍，以死不退的硬打到底的决心坚持下去，使敌攻击碰壁，失去信心，我们才能胜利。

2. 兵力集中：敌进攻我鲁楼阵地时，以 6 倍于我的兵力向我阵地猛扑，我若以分散的守备部队向敌进攻，再多强大之堵击队则有失利的可能，我们必须以集中对集中，加强其纵深配备，胜利才有保证。这次鲁楼阻击中，我团事先较分散，而后在反击时全团集中，并有兄弟部队之配合，才将敌人击溃。

3. 阵地连接：敌多寻找我接合部作为突击点，因接合部是两不管的地方，是我阵地的弱点，此次鲁楼几次被突破，便是六连和七连的接合部。为此，营与营之接合部由团负责配置，连与连之接合部由营负责配置，同时村落阵地与野外突击阵地防止孤立无援，应互相联系起来，加强其纵深配备与火力的保证，才能击溃敌人，同时也减少守备部队之顾虑。

4. 沉着勇猛大胆向敌反击：数次防御战斗的经验，证明了干部只要有决心勇敢沉着，战士就勇敢沉着，不怕个别战士胆小，就怕干部无勇气不沉着。此次鲁楼战斗中特务连副连长命令部队撤退，被丢在阵地的一个班，坚守了战地，完成了任务，伤亡还小，而受命撤退的班、排伤亡较大，这说明了部队顽强与否是在于干部。鲁楼能连续反击，始终坚守了阵地，击退了敌人，主要是部队互相信任，沉着勇敢的向敌反击，如第一、二天战斗中，一营阵地被敌突破，第三天六连阵地被突破，其他营、连坚守阵地不动，以侧射火力杀伤敌人，并有阵地的向敌反击，将敌击溃。

5. 工事的构筑：根据数次防御战的经验，与炮火强的敌人作战，立体工事是不合适的，特别是敌人以坦克向我进攻，我们必须以洞穴工事对付敌人。此工事的特点是敌人不易发现目标，而敌突入我阵地内则无地形可利用，可是我们突出部队，能向敌侧射及侧背后反击。多设障碍阻挠、滞迟敌之集团冲锋，给我守备部队以杀伤敌人之机会，即能打退敌之进攻。鲁楼战役中，第一天因障碍未设好，被敌突入村内，经数次反击才将敌人击溃，可是战斗第二、三天设有鹿砦突出之工事，敌数次进攻均被击退，而后敌人突入我六连阵地时，也难以扩大战果，经我连续反击，又将敌击溃，证明了障碍阻敌前进作用极大。

（陈经三[①]）

摘自华野政治部《人民前线》第 31 期 1948 年 12 月 23 日

华野二纵五师土工作业之主要体会

1. 白天观察与夜间侦察作业地形相结合。白天看好位置（反复的由侧面正面走着看），以天然地形、地物记忆标记，夜间再前往去侦察摸一道，纠正白天观察的出入，待作业前，带干部先以绳子或灰面做好路线，并明确区分部队的作业区分界线，然后再进行作业。

2. 部队作业前应很好组织工具。第一批前去作业的应每人一把锹，每连有几把锹，就去几个人。将空手者组织为第二批于隐蔽地休息，待第一批作业能隐蔽住人后，再令其上去，可以轮班换，替着去挖，换人不换锹的挖，此可以避免部队拥挤，减少伤亡，又可挖得快。

3. 在领导上要注意：

一、不轻易改变作业位置，于交叉挖才开始就应将工程计算好，免移动影响作业情绪。

二、在部队开进前往作业时，为达到肃静起见，干部带头不应走的快，免战士恐怕掉队而跑起来，反而不肃静，为敌发觉而开火致伤亡。

三、精确筹划器材，组织运输，若做阻击之小围子（支撑点），更应注意。

四、应注意检查免得误事。

五、先由前面向后边挖，若后面挖不通，还可白天继续挖，免得前面挖不到位置有误攻击。

4. 在作业技术与姿势上应视地形松硬（冻与不冻，一般应选择麦地里有雪地方去挖，土比较松，好挖）而采取之姿势高低，若遇冻地，先挖里面，再以尖头

---

① 编者注：该文作者为华野十纵二十九师八十五团团长。

木棒将冻的地层掘开，否则不易挖。

5. 根据做支撑点准备白天扼守起见，一般的所做成等边三角形的地堡群，每边 40 米为适宜，另挖一三角的防坦克壕，将挖的土向里堆，筑成一个小圩子，拐角的地堡应向外突出，以求得火力交叉，里面的交通沟与防坦克壕相距 2.5 米到 3 米，便于做单人散兵坑，拐角的地堡与防坦克壕同时挖，免积土堆起来了做地堡不牢固，除地堡应有预备之轻重机枪明掩体，除圩内一层工事外，防坦克壕的外沿也应做一层掩体与单人散兵坑，外面架鹿砦一道并埋设地雷。

6. 敌火下拖鹿砦较困难，运输伤亡大，故在作业之前白天先将鹿砦选好，一般选择硬而有刺的小树枝，可以一个人扛得起来的，在部队作业时陆续由地面运到小圩子附近（要肃静）待交通沟与防坦克壕挖好后，即很快由沟内扛着将它架起来，可避免伤亡，又快。

7. 在攻击作业前一天，先将要作业时敌人可能要炮击的位置，自己火炮架设掩护作业的位置，看好做好，在作业前将掩护作业的火炮架好，留专人负责指挥，可压制敌人炮火，减少我作业之伤亡，若部队作业时，炮火也去转移，而使我们挨敌人打，增加了伤亡，另作业前应严密派出警戒，监视敌人，免出意外。

附：战役作业统计表

成绩＼项目 部别	师直	第十三团	第十四团	第十五团	合计
交通沟 反坦克壕		20871m 1999m	23118m 205m	29018m 300m	73007 2504
地堡 三角地堡		150 个 9 个	237 个	354 个 22 个	741 31
鹿砦 敌火下作业		3730m 2530m	2755m	3296m	9781 2530
重机枪掩体 轻机枪掩体		54 个 25 个	45 个		54 70
单人散兵坑 隐蔽部		1440 个 1527 个	483 个 396 个		1923 1923
炮兵阵地		62 个			62
备注	此战斗详报写好后十四团的才送来，作业统计没有分轻重机枪工事，把四五个项在轻机枪内。				

摘自华野二纵五师《淮海战役详报》，1949 年 2 月 10 日

敌火下攻击作业伤亡统计 12 月 5 日—9 日晚

	5 日	6 日	7 日	8 日	9 日	总计
伤	7	15	3	1	76	102
亡	1			1	30	32
合计	8	15	3	2	106	134

摘自《二纵五师十四团淮海战役之军事总结》，1948 年

▲ 华野将杜聿明集团紧紧包围在陈官庄地区，就地加修工事

▲ 华野某部用国民党军遗弃的鹿砦构筑工事，围困被包围的国民党军

▲ 解放军某部构筑工事，庄庄相连，严密围困国民党军

▲ 华野某部构筑工事阻击杜聿明集团突围

郭楼两天守备战中敌攻击特点与我之对策

敌攻击特点：

（一）多路攻击：我阵地有几处暴露，敌就以几路攻击，并主攻、佯攻一齐配合，佯攻方向亦积极攻击，争取以成功为目的。

（二）连续攻击：一次接一次的攻，如几次未成，当最后一次时（多在黄昏）则尽力以集团攻击，成不成就在这一下子，而这种时机大多是在我已击退敌多次进攻以后，时间又多在黄昏前，我情绪易松懈疏忽大意时，敌则倾全力突然发起攻击，最易被他突破。

（三）偷攻：敌人在几次进攻失败后，就突然一声不响不打枪炮，待一发信号弹一打，即成群的拥上来，企图攻我之不备。

（四）坦克的使用：1.压平我鹿砦，如发现我地堡或火力点即加摧毁。2.迂回我阵地侧后，企图以此动摇我守备决心寻找我阵地缺点。3.掩护步兵冲锋，步兵冲锋未成功即以坦克在我前沿作近迫，但与后边不连易被我火力封锁和反击时被我分割消灭。

（五）敌之弱点：1.运动时因晚、慢，多在上午运动，中午攻击，减少攻击时间。2.缺乏破坏我附防御办法，坦克对我外壕无法，步兵对我鹿砦没法。3.敌攻击时，我阵地外一点可利用的地形皆利用，但易被我预先测量好的距离之炮火杀伤。4.坦克在危急时即不顾步兵而朝后跑，把自己步兵轧死很多。

我之对策：

（一）对付坦克：1.应有对付坦克工事准备，如外壕、陷阱等；2.应有打坦克火力准备；3.克服对坦克的恐惧心理，以具体办法增强战士信心；4.坦克进至前沿，机枪立刻撤出地堡，躲开正面，向坦克侧后步兵开火。

（二）对付敌攻击：1.掌握情况要确实，各级有专人负责、观察（从侧翼）。2.干部站在一定位置，并掌握机动兵力（连最少控制一个班）以便被突破时随时进行反击，伤亡大时随时增加有生力量，并达到保存有生力量。3.高度发扬远战火器作用。4.边打边调整以对付敌之连续攻击，如七连一排，连换5个干部，利用敌冲锋空隙进行调整，最后始终保持了指挥；指定代理时应当场通知各班服从，代理人则要向被指挥者提出保证，以增强下级信心和提高本人负责精神。5.组织强大侧射火力，切断坦克后之步兵，但必须注意用好机枪，位置要放在侧翼。6.集中短距离的曲射火力，杀伤正在集中冲锋敌人。

（马友理[①]讲　志侠记）

摘自华野二纵《拂晓新闻》第 109 期 1948 年 12 月 19 日

---

① 编者注："马友理"为华野二纵六师十七团副参谋长。

华野二纵李章团^① 七连在郭楼守备战中边打边整的实施和特点

【本报讯】李章团七连，坚守郭楼战斗中，连续打垮敌步兵与坦克的 4 次进攻，在战斗危急，伤亡增加的紧张情况下，真正做到不叫苦，不提困难，实行边打边整，始终坚持到底。

七连的阵地一直是敌人的主攻方向，他们在 6 个钟头的守备中，仅一排就连续换了 7 个指挥员，在班排建制上也由一个排合并成两个班，再由班缩成小组，直到同别的班排合并，但他们始终保持了有力的指挥和组织的不乱，在边打边调整的方法与效果上，表现了以下几个特点：

边打边整的方法和举例：

（一）在指挥员伤亡，组织打乱的紧急情况下，连的领导上及时迅速的指定代理人，调整组织。如敌一次冲锋正激烈时，一排的两个指挥员（连副和一排副）都打倒了，二、三班又伤亡的差不多了，这时连立刻指定二排长代理指挥，而二排的六班也立刻和一排的二、三班合并，这一切都在战斗正激烈时进行完毕，当第一次冲锋还未打下去时，营已接到该连的报告："请首长放心！我们组织已调整好了。"

（二）班与班合并时，为了使相互熟悉，便于指挥掌握，仍以原有的班缩成小组，再编到别排或班里。

（三）合编时，新战士（包括参军与解放）以老的为基础，适当配备开，更以各组的强弱不同，放置在主要与次要的位置上。

（四）边打边整与动员鼓动结合，并在交待任务时具体明确：如指定五班长张自力代理排的指挥时，因张是去年七四师解放的，六班长刘福礼却是四五年老骨干，连长怕大家对张不服从，就在指定张的同时又向大家动员："张自力现在就指挥你们，大家要好好服从。"刘福礼立刻保证说："请上级放心，只要是上级指定的，能够带我们打仗，就是伙夫我们也服从。"他又号召全班说："我们一定要听张自力指挥。"又如五班副高正制代理班长时，他向全班表示说："什么班长不班长，大家一齐干，守住阵地要紧！"九班长牺牲了，九班副于加山代理班长，一组长代理副班长，于加山又任命二十五师解放之陈方英为战斗组长，于向陈说："你现在就

---

① 编者注："李章团"为华野二纵六师十七团。

是组长，老徐、老董归你指挥！"陈立刻表示："班长放心，只要姓陈的不死，保证完成任务，人在工事在！"而陈方英当了小组长后，又向老董交待："老董！我要牺牲的话，老徐由你指挥，坚决守住！不能离开！"

对于上级边打边整，坚持到底，打到底的号召，七连同志完全以自己的英勇顽强行动作了坚决的回答，他们之所以作得这样好，除上述原因外，还由于：

成功的原因：

（一）战前就有边打边整的思想与组织准备，全连各级干部每个人都准备好了2个至3个代理人，并经支部会研究通过，所以即在战斗危急时也能有计划的应付，不会慌乱。

（二）各级干部有坚持到底、打到底的顽强决心，在紧急情况下不向上级叫苦，夸大困难，不向上级要干部，能够大胆提拔与使用战士中的积极分子，随时调整，坚持到底。

（三）干部对下面的情况掌握清楚、确实，战场上表现好的同志都被提拔使用，完满的发挥了他的作用。

（四）在危急情况下，指定谁为代理人时，即能挺身而出，并积极负责，真正担任起指挥的责任。

（张铁、白艾）

摘自华野二纵《拂晓新闻》[①]

◀ 华野二纵六师授予在郭楼守备战中荣立战功的十七团二机连一排"寸土不让"奖旗

---

① 编者注：因原件残缺，本文未著录期号及出版时间。

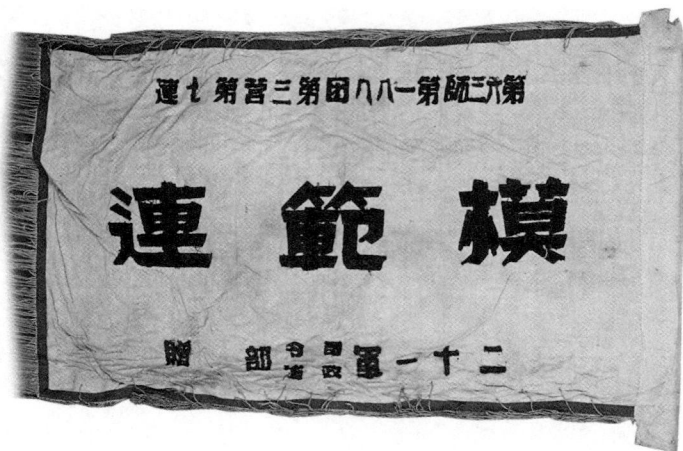

连范模

赠 部令司军一十二

◀华野二纵六师十七团（后改编为六十三师一八八团）三营七连完成了郭楼守备任务，并对企图突围的邱清泉部给予重大杀伤，守住了阵地，连续打退了国民党军主力6个营在7辆坦克掩护下的4次冲锋，取得以35人消灭敌人500人的胜利。战后，二十一军司令部、政治部赠给七连"模范连"奖旗

十七团在李村蒋楼郭楼战斗中战时鼓动工作的几个特点

李章团政工会议上，该团政治处肖主任对李村、郭楼的守备战及后蒋楼的攻击战中，发扬群众性的鼓动工作，提出了如下特点：①鼓动与指挥结合。如三连政指王岐当先一个爆破员完成任务时，总是对第二个爆破员说：同志，人家已经完成任务了，你也要好好完成。"高密班"班长杨廷相被炮弹震昏下来时，四连长张芳林对他说："同志，你是高密班长，你是高密英雄，现在怎么能下来呢？"杨廷相立即抓起汤姆枪回到阵地，战斗得更勇敢了。②鼓动与技术结合。在带领新战士作战中，我们的老战士都告诉新战士说："坦克不可怕，你们在防炮洞里把手榴弹盖揭了，弦子扣好，我喊一、二，你跳出来就打。"这样既减少了伤亡，很多新同志都在实战中学会了打手榴弹和小包炸药。③鼓动与立功结合。战斗紧张时很多同志都提出现在正是我们立功的时候！李村守备中，警卫连政指郑文友见一班长机枪打得很好，马上提出"下去我给你立功"。该班长情绪更高。④鼓动与情况结合。敌人攻击正紧时，司号员李怀山、通讯员张风岐等一面运弹药一面说：你们放心打，弹药多得很！十二团十六团来了，他们又说：同志们！一定要守住阵地，我们的增援部队来了！⑤鼓动与互相保证结合。从战士到各级干部越在紧张时，越向上级提出保证说：有我在，就有阵地在，请上级放心……九连听说七连完成任务，也向营表示说：我们也没有问题，直接增强指挥决心。⑥鼓动与干部模范作用结合。警卫连指导员郑文友一面鼓动大家，一面脱掉衣服和战士一起用手榴弹向坦克猛击，七连的战士也反映说：哪里危险，我们的连长在哪里。

摘自华野二纵《拂晓报》新年号 1949 年 1 月 1 日

华野八纵打坦克9个办法

1. 以3人为一小组，每组对付1辆坦克，隐蔽在坦克要经过的侧面，埋地雷和黄色炸药，坦克过来时就拉火爆炸。

2. 把炸药捆在爆炸杆上，坦克过来时就燃着导火线，推向坦克爆炸。

3. 用成束手榴弹（十来个）炸它的履带，履带一断，坦克就不能开动。

4. 在坦克拐弯的地方堆以乱草，或麻、细电线，使它的履带滑脱齿轮，坦克就不能转动。

5. 用燃烧瓶、汽油瓶或手榴弹炸燃它炮塔后边的放热窗，使它不能行动。

6. 攀登它不能运动的部分，爬到塔以上，以手巾或帽子把车上的潜望镜展望孔罩住，该车就成瞎子无法开动。或塞进榴弹。

7. 坦克来得紧急时，应跃进接近，用掷火瓶或煤油浸过的被子掷去燃烧，还可用石灰包丢进坦克的瞭望孔，迷住驾驶员的眼睛。

8. 组织一切自动火器，射杀尾随坦克的敌人步兵，逼他与坦克脱离，然后歼灭他。

9. 防御敌人的坦克，可在阵地面前挖一条深1.5米、宽2.5米的壕沟，或是挖一个坑口直径3米到4米，坑底1.2宽、1.5深的陷阱，伪装好，使坦克陷入。

摘自华野八纵《战旗报》第228期1948年12月10日

华野十一纵耿庄阻击战为什么得胜利的?

上月15、16两日，困敌七十军九十六师3个团兵力，配有坦克6辆，在7架飞机掩护下，向我四五大队耿庄阵地进犯，其中有两个多营兵力，向该部九连突击阵地攻击，两天中冲锋达8次，由于该连全体指战员发挥了英勇沉着顽强的战斗作风，以及友邻部队各种炮火支援，终于击退了敌人的每次冲锋，确保了阵地。这次激烈的堵击战斗的胜利，就九连本身主要有这样几个经验：

一、阵地火力兵力布置均较周密。该连阵地前沿共布有两道鹿砦，第一道鹿砦派有警戒小组监视敌人动态，在射击手段上，敌距较远的（500米至100米）则以优良射手冷枪射击为主，当敌进入100米以内阵地前沿时，则以突然密切火力全面射击杀伤敌人，敌已抵鹿砦时，则沉着以排子榴弹、小包炸药把敌人打垮下去。

二、班、排以及小组皆能沉着作战，互相协同动作，故敌虽数次突破鹿砦，也均为我班小组强烈反击所打垮。战斗前连即提出号召："敌人从哪里进来，就从哪里把他打出去！"15日午后敌第一次冲锋，有一个多排已进入我第一道鹿砦，堵守该缺口的八班副立即就带领全班反击，以榴弹、小包炸药向敌猛掷，各班火力同时发扬，迅速将敌人反了下去。敌第二次的冲锋，同样的又在全连的榴弹、炸药、刺刀的猛击下给打了下去，其后敌虽又连续组织"硬冲"但锐气尽挫，慑于我之反击，不敢上前，最后两次，只是虚张声势的火力攻击，人却是尾步不前了。战后统计，该连每人投榴弹平均即达50余个。

三、及时进行火线整编保证了战斗力的充实。如八班班干伤亡后，即并归九班指挥，九班又遭伤亡，余下的4个同志即编为一个战斗小组，指定组长，该组打到最后两个人，尚有小组建制。又如三排排干伤亡后，即调一排副去指挥，正、副连长负伤后，即指定由一排长代理连长职务。战中三排伤亡较大，即用一排合并建制再战。在敌人一次次冲锋下，该连始终未呈混乱现象。

四、一线部队不宜过多，但须二线源源不绝。以一个小组或半个班向前增加，这样保持了一线阵地部队之信心而战斗力始终充实。如该连首以八班在一线，其后则九班、二班、三班以一组或半班陆续支援，不断以小型有生力量投入战斗，保证了连续打垮敌人的"硬冲"。

五、这次堵击战中，该连干部伤亡较大，主要是轻敌所致。如该连三排八班阵地，仅能容一个八班，而连副、排长、排副统集于该地，致遭不必要的伤亡，个别干部在交通沟内不求隐蔽，遭敌曲射火器杀伤，这是一个很大教训。

（甘肃参谋处　杨醒）

摘自华野十一纵《战线新闻》第73期 1949年1月2日

▲ 华野十纵八十五团在鲁楼堵击战中加紧修筑工事

▲ 鲁楼堵击战中，华野十纵某部英勇反击国民党军

▲ 国民党第七十军九十六师及一三九师在战车的配合下向南突围，华野十纵昼夜激战，取得鲁楼反击战的胜利

▲ 鲁楼堵击战中华野某部重机枪手

战地报道

记鲁楼战斗中坚决自觉执行命令的范例

五大队的鲁楼战斗在最紧急情况时，许多战士表现了坚决执行命令的高度自觉纪律性的范例，当5日夜坚守突出独立据点阵地的兰封连二排在打垮敌人两次冲锋时，弹药就快打尽了，战士们问："怎么办？"龚副指导员说："坚决守着，咱手榴弹还不缺。"战士们立即表示固守阵地的决心说："你说怎么办就怎么办"，并准备起手榴弹来。机枪也节省弹药，打单发射杀敌人，等到敌人接近到50米时，机枪方展开扫射，手榴弹也一排跟一排扔出去，就很快打垮了敌人第3次进犯。6日下午，敌4辆坦克从他们阵前数米处通过时，另一辆绕到他们后面的交通沟上，龚副指导员又提出了号召："谁是模范共产党员，有决心为这次战役服务的，出去炸坦克"。六班副薛登平拿起一个手雷应声跳出工事，窜到30米的开阔地，将手雷送到坦克履带上爆炸，惜炸药量太少未能毁掉坦克，他自己又提出："给我5块20斤重的炸药，我豁上牺牲，去炸这5辆坦克"，表现了自我牺牲的伟大气魄。当庄西一连阵地为敌坦克摧毁突破时，该连二班长周明远奉命带一挺机枪与4个特务连战士坚守被突破点北面的另一突击独立据点阵地，眼看着后路就要被切断，但二班长周明远却明确的对大家说："没有命令不准撤"，并以步枪、机枪猛烈扫射被突破处的敌人，直到最后负重伤牺牲于阵地上。而特务连4同志就始终固守

着该点，未脱离阵地。被突破的部队向东后撤。经过北门以东的兰封连三排阵地，八班一见，连忙问："排副怎办？"三排副张振志坚决告诉他们："没有命令，剩下一个人也得顶住。"后接营部命令，全排坚守阵地，他立即带着九班向西投入八班阵地，自己领着打手榴弹，使五六十敌人到达北门以后，就无法再前进一步。

（黄平）

摘自华野十纵《前哨报》第 38 期 1948 年 12 月 11 日

五、七两大队密切协同再次击垮向鲁楼突围之敌毙伤敌两千余人

【本报讯】8 日上午 9 时许，敌复以两师之众在匪首邱清泉亲自指挥下，向我鲁楼一线疯狂突围，邱向其所攻部队提出："拿下鲁楼即能到南京，拿不下鲁楼不能到南京"。敌首先［以］一个团在数架飞机和 12 辆轻重坦克及各种炮火掩护下作疯狂性突击，当首与我五大队接触，在我重炮与阵地火器准确射击下，一次次击溃突围之敌，当场击伤坦克 4 辆。我西北角阵地被突破时，五、七两连在一条交通沟内，与敌相距十余米，展开手榴弹战，坚持半天，使敌在督战队监视下也无法前进一步。上午 11 时，我七大队一、二营在五大队统一指挥下，向敌展开反击，与敌反复 5 次冲锋，在我一营勇猛反击下将敌一个团全部打垮，不能再战。敌复又用一团兵力作二次反扑，战斗已进行至下午 2 时，我二营全部投入战斗，配合五大队又将敌二次反扑的一个团杀伤其两个营，战至黄昏，敌掩护仅剩的一个营狼狈溃退，当又遭我一阵杀伤，敌进攻的两个团只还能整理一个建制营。在整个反击中，我所有参战部队表现了无比的英勇顽强。七大队三连一排副邱文学只带 15 人的半个排与数倍于我之敌反复拉锯 3 次，最后一次与敌进行肉搏争夺战斗，在最后伤亡只剩 5 人的情况下，终于将敌人黄昏前最后一次绝望的反扑打垮。经将近一天战斗，敌伤亡 2000 人以上，到处尸横遍野，我缴获机枪、弹药等一部，以鲁楼为中心的战线不但确保，并逼迫残敌不得不向后收缩，邱匪清泉的口号只提对了一个，就是"攻不下鲁楼不能回南京了"。

（任振华、黄平）

摘自华野十纵《前哨报》第 39 期 1948 年 12 月 12 日

友邻二纵队主动向我联系以猛烈炮火支援鲁楼之战值得我们学习！

【本报讯】我五大队左翼阵地之兄弟部队二纵十八团不断主动向我联系，保持

密切协同，每天平均在 3 次以上。特别是在 8 日，敌以两师之众向我五大队鲁楼阵地作绝望性的挣扎侵犯时，他们来主动联系 6 次，并表示盼告射击目标，当以火力支援。他们以野炮 4 门、化学迫击炮 4 门、一个迫炮连依照我所告示之目标，向乔庄、穆楼、胡楼之间敌兵力运动集结地带猛烈轰击终日，予敌重大杀伤与威胁，并击中敌坦克一辆，支援炮火消耗达二个基数。又当我五大队请他们相机攻击敌兵力集结基地穆楼时，他们在没有出击道路的开阔地形下，仍派出一连兵力向穆楼积极佯攻，牵制敌人，直至鲁楼战斗结束时方停止。此种主动积极支援协同的精神，表现了曲阜会议以后，在团结协助上的重大成就，值得我们学习，现五大队已去信慰问致谢。

摘自华野十纵《前哨报》第 39 期 1948 年 12 月 12 日

七大队一营在鲁楼战斗中坚决服从五大队指挥表现团结协同的范例

八十七团一营为配合鲁楼之战归由八十五团指挥，表现积极主动坚决服从命令。该营营长、一级人民英雄赵明奎在连干会上表明该营态度说："不管任务如何艰巨，伤亡如何重大，坚决服从命令，听指挥，完成任务不打折扣，鲁楼不光是八十五团的阵地，是我们共同的。"赵营长与许副营长、田政教到达八十五团指挥所简要的表示："有任务即通知我们。"即带领全营在指定阵地上积极构筑工事，并且不顾疲劳的帮助挖沟 100 多米，整理沟 100 多米，其一连连长朱宝森更不断向其并肩阵地上的八十五团特务连取联系。6 日战斗结束后，该营又积极主动建议，自其阵地重挖一条至鲁楼阵地的出击沟，以便随时投入出击。8 日战斗，八十五团命令该营参加反击，赵营长迅速带领队伍投入战斗，其一连进庄后，见无敌人，便直接找到八十五团三营指挥所去，三营副营长要该连立即向西猛反与七连取得联系，该连连长朱宝森很干脆的接受命令说声"好"，便带领部队向西反击，个个勇猛，与三营战士一同将敌向后压缩，而朱连长以身先士卒，竟光荣牺牲于三营阵上。在鲁楼阻击战中，该营自上而下表现了自觉的坚决执行兄弟部队各级首长的指挥，不打折扣的英勇战斗，成为我纵部队之间自觉服从，团结协同作战的光辉范例。

（黄平）

【简讯】10 日午后，敌七十二军李庄前沿出动 5 辆装甲车、2 辆坦克，窜至我四六队阵前似有攻击模样，当为我小辛庄、王楼前沿炮兵配合三纵部队集中轰击，击伤敌坦克 1 辆，余即回窜。该部敌人是晚调动，换来部则不详，表现狡猾，不时有小部队活动。

（周迅）

二大队宣教股为帮助部队了解当前敌我态势，即发战时作战地图，用红笔画出敌人先占之狭小地区、兵力番号等，并注明我军所占领之村庄，使连队能根据此图讲明胜利消息，对连队帮助极大。

（路云）

纵队政治部机关同志，因伤员缺少被子，纷纷自动献被，宁让自己受冻不让伤员受冻，在两小时内，自团级干部到勤杂人员共凑集被子 97 床。

摘自华野十纵《前哨报》第 40 期 1948 年 12 月 13 日

鲁楼战斗已摄制电影

【本报讯】我纵于本月 5 日在鲁楼堵击蒋匪突围的光辉战斗，除了得到华野总部传令嘉奖外，并特派"中央电影摄影队"至主战之五大队、七大队制拍电影片，摄有我军指战员沉着指挥英勇作战，敌人狼狈溃退等场面，共摄制 1000 余尺片子，可放映 10 余分钟，这一光辉的战斗，不久将生动地映现在全国各地解放军和人民面前。

摘自华野十纵《前哨报》第 46 期 1948 年 12 月 24 日

华野二纵五师三科召开通干会议

五师三科于 25 日召开通讯干部会议，总结战役第一阶段工作，研究攻击前的步炮协同，防毒中的通讯联络，并对攻击前的器材准备、思想动员等进行检查，根据对工作的检讨，总结过去一个时期中工作虽有些缺点，但成绩和好的范例亦很多的。在较长时间的行军战斗中，步骑通讯员不论任何情况下均按时完成任务，而电话员同志则发扬了"随行随架，随架随通、随断随查"的顽强精神，保证了任何困难情况电话畅通。郭楼出击中，十三团晋参谋亲自带领着架前卫营的线，电线被炮火炸断两三次，九班长惠义全在几百米达开阔地上自报奋勇查了几次，终于查通。马山战斗，十四团张洪生带一个组向山上架线，没有土埋地线，即到另外地方弄土埋，没有水弄尿浇，电线在炮火下断了几次，他们用爬滚办法来回的接，保持了前后联络。四班长黄明在八九十里行军到宿营地后，为照顾大家疲劳，向师架线时，曾一个人扛了 4 盘线。十五团虽电线少，亦设法克服了困难，庞振昌为与师即时联络，曾一个人架通 8 里路的电线。师直电话排九班曾在半小时内完成将近 10 里路的向纵队架线，诸如此类范例甚多，会议并决定今后发现范例及经验，要经常向党报报导。

（新安）

摘自华野二纵《拂晓报》新年号 1949 年 1 月 1 日

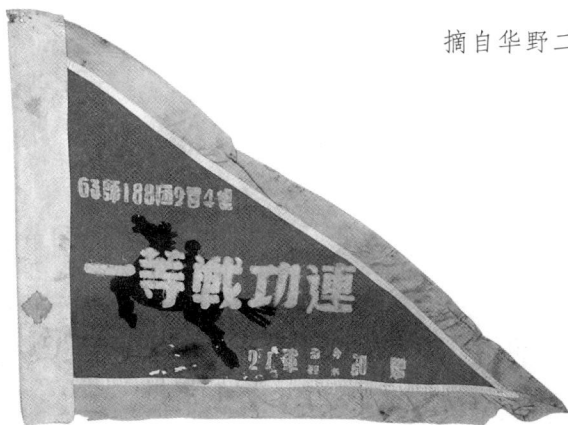

◀ 华野二纵六师十七团二营四连在淮海战役郭楼守备战中，英勇顽强阻击国民党军，连续打退其数次冲锋，胜利完成任务，被评为"一等战功连"。战后，二十一军司令部、政治部赠给四连奖旗

▲ 华野二纵十八团担架连在淮海战役蒋楼、王庄战斗，郭楼守备战中屡建奇功，被评为一等功连后的全连合影

郭楼守备中功勋卓著　李怀山张自立同志荣立特等功

【本报讯】李章团三营司号员李怀山及该团七连五班长张自立同志，在郭楼守备战中功绩卓著，纵队首长已批准他们为"特等功臣"。

司号员李怀山同志郭楼两天守备中，在极浓密炮火下，曾自动担任通讯员工作，在火线上来往通讯达 70 余次，虽然营长、团副、参谋长曾 4 次指定他休息，每次他都拒绝了。通讯中除传达情况清楚确实外，对各连战斗中弹药消耗及需要情形，弹药所位置等，记得非常清楚，回来马上向上建议并主动的将各连最急需的弹药，扛送上去，及时的供给了前沿部队的需要，在战斗中给指挥员极有力的帮助。敌人向三营阵地几次进攻之前，营首长都得到李怀山同志到各连问及亲自观察得来的情况报告，使营预先获得确实情况，发出的讯号准确及时。有次营接受他的建议，用六〇炮将运动到坟地集结准备进攻的敌人打散；当七连第一次打退敌人而部队伤亡较大，敌人又要组织另一次进攻时，他即主动建议应增加兵力，当二线×排在敌炮击下向后撤时，他发觉了即一面制止一面建议营长派人去组织一下，这一切意见都被营长加以采纳，而收到良好效果。在鼓励和稳定提高部队情绪上，李怀山同志亦有极显著成绩，他每次到连里时，都要告诉战士们如何节省弹药、准备射击，但当敌攻击激烈时，他立即鼓动大家："后面弹药多得很，大家好好打！守住阵地！"紧张时，他第二次去带友邻×连一个班上去，该连不愿意，但在他一再鼓动下终于同意上去了，当七连第一次打垮敌进攻向营表示："我们这里没有问题！"他到九连送信即向九连鼓动："七连已经打退敌进攻，并说守住阵地没问题！"九连长在他鼓励下拍着大腿说："告诉营首长，我们这里也保证没有问题！"李怀山的这一切行动，使三营长不断说："我太受感动了！"而他所起的作用，正如团副参谋长在评功时所说的："在阵地上我想叫他'小营长'，他对各种问题的照顾，对部队弹药位置的熟悉，是有些糊涂指挥员所不及的！"

七连五班长张自立同志，郭楼守备中，当连长指定他做一排长的第一代理人时，他即坚定的表示："一定守住阵地不让敌人冲上来！"打下敌人第一次冲锋时他已负了轻伤，但仍坚持到一排去指挥，当时一排伤亡较大，他即不慌不忙的调整组织，布置火力，敌人二次冲锋时以 7 辆坦克和猛烈炮火配合，向张自立同志指挥的十三四个人扼守的直径四五十米达宽的正面阵地猛扑，他沉着指挥大家坚守阵地，虽然一颗炮弹把他的头、腰、腿炸了三处重伤，他倒在地上咬牙继续指挥作战，直到把敌第二次冲锋完全打垮后，才从前沿爬到连指挥所向连长清楚负责的报告了一切情况："敌人的冲锋已打下去了，现在正在组织下一次冲锋，我们 14 个人伤亡了 5 个，赶快派人去继续指挥，我实在不能支持了！"

摘自华野二纵《拂晓新闻》1948 年 12 月 28 日

新解放战士王燕超单人击退敌人两次冲锋

王燕超被孙良诚抓丁当兵不久，就被我军解放过来了，当他知道这是自己的队伍，是为人民而干的军队，自他参加解放军那天起就表现得很积极。

郭楼西南角第七号阵地上，敌人成集团的分三路冲上来，四连二排只照顾到正面的二路，而敌人一个排却沿六、七号阵地结合部攻到鹿砦边了，就在这千钧一发的紧急关头，王燕超一面向班长报告："敌人上来了，我去打！"一面扛起一箱手榴弹越过外壕，窜上去了。来不及提防的敌人，被他一阵手榴弹打垮下去了，他高兴的回到班长跟前说："敌人真孬！我一阵手榴弹就打的乱七八糟了！"

"敌人又上来了！"王燕超看到一个排敌人又从原位置攻上来，他手拿起准备好的手榴弹又窜出外壕去，第二次单人将敌人打退了，保障了七号阵地的安全，由于此，王燕超成了光荣的一等功臣。

（大海）

摘自华野二纵《拂晓报》第 909 期 1949 年 1 月 1 日

▲ 华野某部前哨阵地顽强抗击企图突围的国民党军

▲ 华野四纵某部火箭筒手徐少青击毁国民党军坦克 1 辆，获"二级人民英雄"称号

▲ 解放军榴弹炮向李石林轰击，摧毁国民党军阵地

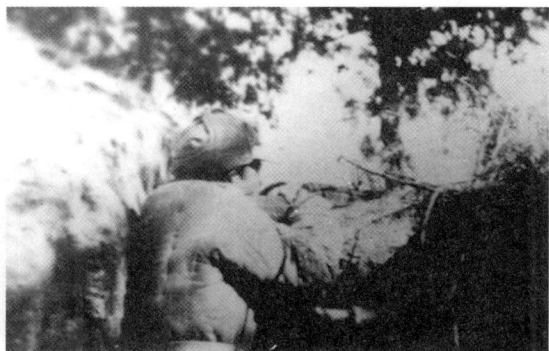
▲ 解放军神枪手严密监视敌人

五、六师卫生处同志积极研究为伤员保暖

郭楼战斗中天冷又下雨，伤员同志的衣服大部被淋湿，有的背包未带下来。五师卫生处同志们即将每班仅有的四五床棉被拿出给伤员盖上。年纪最小的招护员潘孝臣除将被子给伤员盖上，把棉袄也脱下给伤员盖了，自己穿着单衣在雨里忙个不休。二班孙学秀被子给一个没有被的伤员同志盖，转运时，情愿自己受冻也没有把被子拿下来。

现他们又研究出几种保暖办法：

1. 在病房的墙上挖一个盆口大的洞（不挖通，只挖一小洞出烟），在里面烧着木柴火，上面盖以铁板，以铁的传热使屋子暖和，只要每病房有两个，即可使全屋子暖和起来，一夜只须烧草 40 余斤。

2. 招护班、护理班的所有棉被均抽给伤员盖，其他两个排也抽出 11 床被子。

3. 伤员转运时，除每人给一至二块热砖外；还通知每派来之担架均附上两床棉被子，使伤员整个运转途中均不受冻。

六师卫生处对保暖工作很注意，他们的办公室专门组织了一个护理保暖组，事前准备了 500 余块土砖，每一个病房支起了一个木柴火炉，伤员入病房就进行引火了，使室内温暖，又可将烧好的热砖放在伤员腋下直接取暖，每一个重伤员都有两至三块，尤其在凡转走时的伤员都给二至三块热砖带走。赵国顺同志还时常的关心着途中带的砖是否会烙坏了衣服，转运纵队担架回来后，他都要问一遍，他领导的护理组已开三四次会，研究如何把保暖工作做好；工作时都争先恐后，他们的保暖工作使伤员非常的满意，尤其袁志浩的三病房搞得更好，室内引的柴炉子能使全屋子没有烟又暖，伤员同志说这比夏天还暖哩。

（广陵、大奎、石钧）

摘自华野二纵《拂晓报》第 910 期 1949 年 1 月 2 日

在步兵前沿阵地上特纵的战车出动了

被我追击压缩到萧县西南李石林一带的李弥兵团，正在一个团一个团的给我们"吃"掉。12 月 10 日，陶纵[①]三〇大队就准备"吃"掉围困在土楼里的敌

---

① 编者注："陶纵"为陶勇司令员指挥的华野四纵。

四十二师一二五团残部。

我们步兵的近迫作业离开敌人不到 100 米，重机枪正对着敌人的地堡，机枪手在喊话了："老乡，过来吧！缴枪不杀！""放下武器吧，我是六十三师解放的，这里优待俘虏！"……

地堡里没有动摇，断断续续的试探性的步枪声也不响了。

"轰！——"我们的炮阵地开始试射了，敌人还是没有动。

四点半钟，指挥所下达命令：准备攻击！

巨大的引擎声慢慢的开动过来，东南方向发出了密集的电光弹，前沿阵地里的机枪也吼叫起来了。

交通沟里的人探出头来："我们的坦克车来了！"

我们的美式 M3A3 轻型坦克出动了！ 3 架 B25 轻轰炸机一路紧跟着疯狂的扫射，但是坦克没有理它，一直冲到敌人的鹿砦前来了。

炮冒出几道火光，后面野炮、山炮也开始了摧毁性的抵迫射击，排炮声中，敌人的地堡群涌起了一股一股的浓烟，药包的爆炸把鹿砦完全轰垮。猛烈的攻击战斗开始了。一片紧急而嘹亮的冲锋号后，突击队的英勇战士就出现在西南方向的开阔地上，迅速地跃进到庄子里。坦克以重机枪的交叉火力掩护步兵向前突进，而且插进敌人侧背，压制西南陶楼敌人的侧射火力，从突击连跑下来联络的通讯员急急地报告好消息："我们步兵 4 个连已经完全突进，占领了庄子！"时间还不到五点半。

太阳开始往西落的时间，鹿砦里就钻出了三三五五的俘虏，他们一个跟着一个跑向我们交通沟，第一个跳下交通沟的蒋军四十二师士兵一面拍拍胸脯一面说："好了好了，这一下可逃出了命了！"一个和俘虏一同逃出到我们阵地的张大爷说："一听见你们要攻庄子，还有坦克大炮，狗入的吓得脑袋老只往地底里栽，再也吭不出气来了！"

天黑以后，我们的步兵同志扛起了两三支步枪，笑嘻嘻的说："这次第一次有坦克配合打仗，我们越打越有劲，胜利更快，伤亡亦少，我们他妈的真想一下干到李弥的司令部里去！你看，敌人坦克一出动就给咱打的变成了死乌龟，咱的坦克一到战场上，可就成了铁老虎了！"

（小黄）

摘自华野特纵《特种兵》第 71 期 1948 年 12 月 12 日

▲ 华野特纵坦克大队待命追歼西撤的国民党军

▲ 华野一纵二师授予五团四连为"王庄战斗模范连"，图为该连部分指战员留影

◀ 华野九纵二十六师七十六团九连在歼灭邱清泉兵团第五军二〇〇师五九八团的刘河战斗中表现了高度的战斗积极性和英勇神速的战斗作风，荣立集体一等功。这是师司令部、政治部赠给九连的奖旗

特纵坦克驾驶员黄仁坤火线入党

"眼看着很多同从鲁南解放过来的同志都入党了，我呢？"可是黄仁坤同志并不过于急躁，他只有埋头苦干。

行军打仗，他一有空就把技术教人家：如何驾驶坦克，怎样瞄准打炮，怎样用无线电，只要他知道的就会告诉你。他打仗很勇敢，此次打黄滩，他说："要是有好路我一定把车子开到庄子里去，打到敌人巢穴里去！"

这次前平庄战斗他勇敢向前，他的战车被敌人打中好几炮，他也受重伤了，同一战车的凌同志也受了重伤，一只腿被打断了，他不愿意作俘虏要自杀，黄同志耐心地安慰他："没有关系，我们的同志马上会来救咱的。"他自己也说："我对不起党，未完成党交给我的任务。车子我开去不能开回来，太惭愧了！"

黄同志去年立功运动时就立过四等功，消灭黄匪百韬兵团他又评为二等功，得到全坦克队的称赞，此次上级党批准他火线入党，并号召大家向他学习。

这消息传到医院黄同志耳朵里，他说："我觉得惭愧，对不起党，党对我这样爱戴，教育帮助我，等我伤口好了决心重归前线为人民立功劳来报答党！"

（常淼、原信）

摘自华野特纵《特种兵》第 81 期 1948 年 12 月 21 日

华野九纵的化学迫击炮

碾庄匪第七兵团司令部歼灭了，匪国防部炮十三团配属在这个兵团部里的美造化学炮同时也被我们缴获了。我们的炮手们很迅速的把它拭去泥土，马上将炮运动到新的阵地上，向黄匪最后顽抗挣扎的大小院庄排射轰击，卒于当晚协同步兵最后全歼了敌人。狼狈西进的匪邱、李、孙 3 兵团也在路上遭到我化学炮的严重杀伤。在萧县西南孟集一带，我强大步炮兵猛追逃敌，匪五军企图掩护逃兵西窜，黄昏时，敌人在孟集东南魏庄摆出了 4 辆坦克，想阻击我英勇步兵追击。化学炮手们很快的挖好了阵地，瞄好了准，第一发炮弹就落在坦克的周围，燃烧起来，山炮弹也在坦克的甲板上、履带上及附近爆炸着，敌人遗弃了许多尸体逃窜了，步炮兵仍然是紧紧的跟着。9 日的傍晚，×门化学炮试射望村村外一棵大树底下的敌人集团堡、独立房、村沿工事等 4 个主要目标，各炮领受了轰击区域后，当晚开始一齐发射，配合了步兵顺利的攻占了望庄，只打望庄东面×庄时，炮手胡玉民同志第一发试射就命中目标，首长又命连续打了 4 发，全部命中指定目标。敌人约有两个营的兵力向我步兵阵地反击了，这时各炮齐向预定目标轰击，25 磅多重的炮弹在敌人阵地上连续的爆炸着，连 500 米以外的工事都被震动的瑟瑟掉泥，反击的敌人丢掉尸体狼狈回窜。14 日晚上参加郭茔战斗的两门炮即发射了 70 多发，命中率为百分之九十以上。

（炮团 孙志方）

摘自华野九纵《胜利新闻》第 90 期 1948 年 12 月 21 日

华野八纵二十二支队苦战刘集歼敌一部

7 日夜，我二十二支队攻击刘集守敌七十四军五十八师一七三团，于 8 日拂晓攻入庄内，活捉敌人 100 多，敌人伤亡惨重。但正当我最后肃清残敌时，敌人从东北方向由坦克掩护拼死增援，我们于 8 日上午撤出战斗。希望受挫部队迅速整理组织，认识战役发展，检讨接受经验，不屈不挠的战斗到最后的胜利！

摘自华野八纵《战旗报》第 228 期 1948 年 12 月 10 日

华野八纵独眼勇士葛静廷

10 号，五大队四连忍受了一夜的疲劳，像一把钢刀一样，筑成坚强的运动壕，向刘集敌人逼近。11 日拂晓，匪二〇〇旅［师］一个营，配合 4 辆坦克向我阵地反扑。

当敌人进攻到五大队四连阵地前，九班班长葛静廷同志向全班提出："沉住气，不要怕敌人的坦克，瞄准打步兵！"敌人拼命的向我阵地扑来，九班的阵地被炮火摧毁；他们用排子手榴弹还击敌人。班长葛静廷同志被炮弹炸瞎了右眼，眼睛直向外流血，一时痛的晕了过去。这时全班只还有一个 17 岁的周桥林同志，一面向敌人打着手榴弹，一面给班长包扎。九班班长葛静廷同志握住小周的手说："你要坚持到底，完成任务！""放心吧！我牺牲不了，一定打到底！"表达着自己刚强的意志。说罢，九班班长葛静廷同志咬着牙连起 3 次，终于扶着沟墙，仰起了身子，贴着沟沿，连续用左眼瞄准，向进攻的敌人射击。连长几次命令他下去，他总是顽强的回答说："我还能打，要坚持到打退敌人！"他接连打了 20 多枪，又坚持了两个钟头。就在这战斗结束的时候，葛静廷同志便晕倒在壕沟里。战斗后，营特批准给他立了一等功。

（张华）

摘自华野八纵《战旗报》第 241 期 1948 年 12 月 19 日

在常凹抗击战中六大队向敌反复冲杀表现高度的英勇顽强

12 日，在常凹抗击邱匪军再次企图争路逃命的战斗中，我六大队指战员表现异常的英勇顽强。四连在第一次反击中，由于全连英勇顽强，动作迅速，杀伤敌人百余名外，并俘获敌 40 余名。接着该连迅速整理组织，编为两个排，又坚决打退了敌人。一排机枪班济南解放战士徐寿山，在战斗一开始即负了伤，但他仍坚决不下火线，沉着的掌握机枪，发扬火力，掩护部队反击敌人。并喊："同志们，沉着气，再一次把敌人反下去。"一排长（现在为代连长）温道武同志在完成第一次反击任务时身上二处负伤，包扎好，立即回排带领再次反击，坚持战斗到底。一排机枪班长宋宏均同志，当敌人反扑上来，他的机枪发生故障，他用步枪手榴弹杀伤敌人，把敌人打退下去，趁机迅速修好机枪，准备敌人的再次反击，最后把子弹打光了，他还从地上捡子弹继续着射击敌人。五连二排五班长李良田同志在反击时，脖子被敌弹打伤了，满面鲜红，指导员叫他下去，他回答说："为什么下去，我已说过重伤不哭，轻伤不下火线，一定坚持到底！"当敌人反扑上来占领了房子时，他一个人冲到敌人房子旁边，二十几个敌人一齐向他开枪，他马上向墙根一闪，随着一个手榴弹向敌群中投去，倒下了四五个。一排一班长吴化生同志，他看见敌人又一次约有一个连向五连阵地反扑，他从沟里摸出两个手榴弹，跃出工事，向敌人打去，他大声喊："一班同志跟我来，敌人被我两个手榴弹打退啦！"全班一齐冲上去，一排子手榴弹，把敌人打回去。接连敌人有三四次冲锋，吴化生的枪打坏了，他便丢下枪，用两个口袋装满手榴弹，手里又拿着几个，带头向反扑的敌人猛扑过去，敌人被压缩在沟里，这时他展开手榴弹向敌人投去，又把敌人打退了。连部文干王清山同志，在第 2 次反击时，左胳膊负伤，便用一只手打冲锋枪，咬着牙坚决的和大家一起向敌人反击。到第 4 次，最后实在坚持不住了，才被指导员迫着下去。在发起全团反击信号时，九连面临着一条深至腰部、宽约二三十米的水汪，但九连同志却下定决心不怕牺牲，不怕寒冷，冒着敌人密集火力封锁，勇猛涉水，迅速反击敌人。一连六班长（济南解放的）带领 5 个同志冒着敌人的炮火，把敌反击出 60 余米，完全占领了第二道阵地，敌人立刻又集合了两个连的兵力从正面反击过来，同样左边的敌人包插到了他们的后面，截断了归路，在这紧急情况下，六班副沉着的观察情况后，机动的带领全班向东胜利反击出来，又向敌人进行第 3 次反击。全班像猛虎似的又夺回阵地。

（李兵、王□、李价）

摘自华野十纵《前哨报》第 44 期 1948 年 12 月 19 日

华野一纵夏砦战斗英雄杨根思的英雄本色

15 日再攻夏砦，一大三连担负突破任务，一级人民英雄三排长杨根思，指挥 5 个班，机智顽强，连续夺取了 5 个暗堡。他首先带领八班爆破组，用成排的炸药榴弹，猛掷敌碉堡群。群踞在碉堡顶上及碉堡鹿砦左右的匪军，用密集的汤姆、轻重机枪火力对我猛扫，月明如画，很难接近爆破。敌人一个多班又反击来。杨排长一面迅速拉上二排的六班，用排子榴弹和十班倪明节的两挺轻机火力，把敌人压溃下去，一面组织 4 个组兵力佯攻正面，牵制敌人火力，指挥九班从左侧迂回。一刻钟内，连续夺下了蒋匪五军四十五师一三三团一个加强连所扼守的碉堡群 5 个碉堡，杀伤敌人四五十，缴来 1 挺重机、2 挺轻机、2 根汤姆、20 余支步枪和 2 万余发子弹。

站稳了第一个立足点，杨根思马上组织火力扫射第二个支撑点的溃退残敌。照明弹一亮，几十米外的鹿砦内外，都躺满了敌人尸首。接着杨根思又奉命坚固攻占阵地，他就以一、二排分两个头向正南、东南发展。我们的 5 挺轻机和七八根汤姆火力回答敌人胆怯的冲杀声。

敌人打来的炮弹，越来越密集。密得像连续的排子榴弹，双方对射各种火力交织成的巨声，把战士们的耳朵都震聋了，炮弹片把杨排长刚捡来的钢盔打了一道凹。杨排长除了用哨声指挥火力外，自己也用汤姆步枪、轻机扫射敌人。通讯员挂彩了，他自己到后面去组织部队上来。三连就是这样的坚韧战斗了七八小时。直到拂晓前奉命撤退，杨排长又协同储连长、李政指，沉着地指挥部队在火网下把伤员、武器装备、弹药，先后一批批抢运下来。

（张永）

摘自华野一纵《前锋报》（火线版）第 68 期 1948 年 12 月 19 日

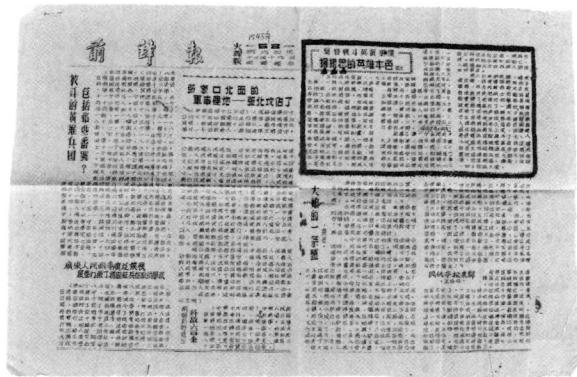

◀ 1948 年 12 月 19 日华野一纵政治部出版的火线版《前锋报》

华野十二纵王李团 ① 四连在陈阁战斗中打退敌 13 次反击

【本报消息】王李团二营四连，在陈阁战斗中，英勇击退敌两个营 13 次反击，

---

① 编者注：“王李团”为华野十二纵三十五旅一〇三团。

毙敌百余。三班刚突进大圩，敌人便猛扑过来，被我们4包炸药打回后，便又组织火力掩护步兵向三班阵地反击。一个排冲了4次，都打退了，死伤很多，第5次便是一个连，特等功臣、一排长葛继高一挺汤姆和一班副的机枪紧紧封锁着前面平坦路上，一连的敌人大部分都倒在这里了，接着又用小群动作向我接近，仍被我杀伤很多，敌指挥官急得吹哨子大骂，逼着士兵再冲，这样反复冲锋一小时。爆炸班坚守着一个缺口，敌人5次冲锋，班长刘希华带着杨礼安和沙宜才沉着地射击，每次都等敌人接近到十多米时才打汤姆枪和扔炸药，最后十几个敌人被他们一阵打得只剩4个跑回去。他们3人打退30多敌人5次反击，杀伤敌26名，始终坚守在缺口里。陈西富同志和一个炸药手两人伸出部队左侧监视敌人，这时敌人企图占领他们阵前20米处的一棵大树，以截断我正面部队的后路。他们一挺机枪两次把敌人打下去，第2次又企图迂回被他发觉将敌打退，5次共杀伤敌60余名，配合了右侧部队的发展。最后敌人进行全面反击，英勇的四连便反冲上去，将敌一个连击溃。坚持大圩缺口的四连，在11小时内共击退敌两个营的15次反击，毙敌百余。

（潘凤章、顾勇）

摘自华野十二纵《战号》第 62 期 1948 年 12 月 19 日

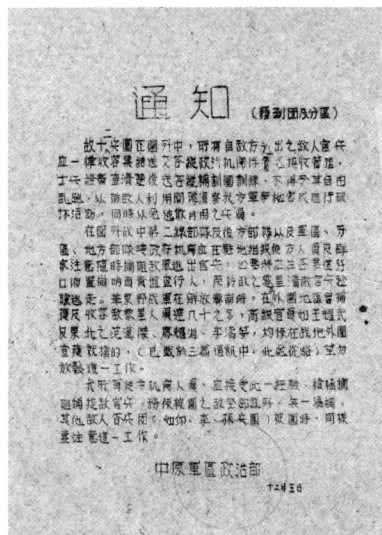

▲ 中原军区政治部于 1948 年 12 月 5 日下达的关于搜捕国民党军散兵的通知

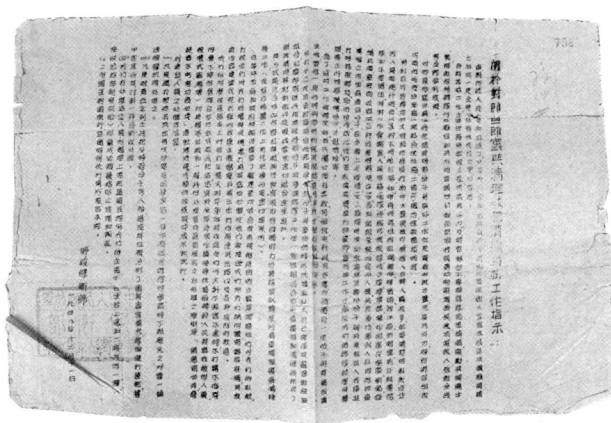

▲ 华东野战军政治部保卫部 1948 年 12 月 11 日印发的关于对即查即审与清理战犯，清除特务工作指示

我军已歼敌近三十个团　约为敌总兵力三分之一强

【本报讯】野司参谋处及兵团司令部参谋处顷发表情况通报，内称：自本月1日匪邱、李、孙3兵团20余万人自徐州西窜，经我追击围歼，至本月10日我已歼敌1个兵团部（孙元良兵团）、2个军部、5个师部，另外折合共约27个团（新华总社广播至8日已歼敌30个团以上）约为8万人左右（内俘约4万，毙、伤约2万，逃散约2万）。

【本报讯】东海部队于昨（12日）晚全歼匪八军两个团。

摘自华野九纵《胜利新闻》第83期 1948年12月14日

阵中日记

华野一纵作战科科长的日记

12月5日

①敌人位置大体上了解：二兵团李石林，五军孟集，十二军、七十军青龙集西之王庄，一三九师在其附近，四十五师在我正面。七十二军、七十四军位不明，十三兵团在王白楼、王柿园、张庄砦之线，十六兵团可能在孟集、王柿园间。

②一、四、广纵统由谭王指挥，以十三兵团、十六兵团为目标，我们自北向南，四纵由东向西，先求分割，九纵直取孟集，他们动作令人一致好评。

③入晚展开两个师，三师攻赵坡楼，敌南逃，二师向李楼迂回，总的是完成对王白楼之包围，纵指到张庄西之陈家湾。

④行动中考虑对杜邱的动作问题，为何撤退徐州问题，敌人能否再抽兵增援问题，体验到多思考多用脑筋的重要。

12月6日

一夜作战，三师占赵坡楼（敌逃），二师占杨楼、杨庄，并与七团攻占了储庙，敌有二百师一个排，其他为四十一军，其俘约六百余。下午敌分路南逃，二、三师跟踪追击，入晚占朱大楼及南一线，但却没有搞到东西，二师住孟家楼，三师王楼，纵司王白楼，九纵已占孟集。

敌人撤退时组织了高度炮火，打半圆形掩护。

12月7日

知孙兵团昨晚西突，为我二、八、九各纵各俘几千，而苏北十一纵竟俘虏一万一千多，孙仅率少数西逃，十六兵团至此全歼。

晚二兵团曾图猛犯大回村南二纵阵地，被击回，我们原拟追击，改攻击，三师八团解决了敌八团，一师打夏砦一六六师一个团，闻曾占，又因地形不利退回。

12月8日

昨七十四〔军〕向二纵鲁楼阵地猛攻，遗尸五千具，晚我三师七、九团克复闫庄，歼敌八团另两个营及工兵九团一个营，俘敌六百余。一师向夏砦做工事，未攻。

晚派陈、潘、何参谋下四团去收集材料。

12月9日

今日全线无战事，是为了调整部署，准备作战方案，刘首长也去开会了。

晚廖首长来讲些问题，其人经验丰富精明已极，深深感到自己对敌斗争的重要及不足。

12月11日

刘传达：①目前有黄、邱、李三个战场，决心是先解决黄，时间约一周（李距黄70里，可阻击7天。我们要调二个攻坚有经验纵队南下，三、十一、鲁纵已南下作二个纵队用，此方针正确）。还要迎接敌人新的增援。

②当面之敌，杜要守，蒋令其一周内打到宿县。我决心是南坚守（二、八、十、十二纵）北攻击（一、四纵是对十三兵团，九纵看守五军，后九纵歼五军，我配合），最后是总攻击。

③一旦作战是手牵手，战术上主要是准备好才打。几个纵队火力联系好，要求打歼灭战，技术上主要是近迫作业，火力组织好，准备一个个打。

12月14日

前几天部队都在做近迫作业，四纵却攻了魏家楼又打下吴庄，九纵要攻下苗庄望庄（敌收缩）。昨晚三师攻高楼，因对敌工事构筑缺少深入研究，也没有得力之对策，仍用炮击连续爆破等攻坚老办法，其实敌工事已不坚，但量多，故用老战法炮弹浪费多而未成。

昨写近日敌情研究，因"初步"性质未握紧，写得再吃力也没有了。内容还是一般化。

夜各部仍近迫作业，不过二、三师对调了。

12 月 15 日

①上午张首长召集我们研究问题，我提出目前主要解决"能不能插进去"的问题。

②下午写高楼战斗经验与第一次夏砦战斗同时付印。

③晚一师打夏砦又未成，原因：本作一个团打，结果打出 3 个团，另外敌施放毒气，只得改守（歼敌约 3 个连）。

④黄维昨下午 3 时分散突围，入晚全歼。

摘自华野一纵作战科科长唐棪的日记

第六章　蚌西北阻击战

在华野围歼黄百韬兵团之时，蒋介石即令蚌埠李延年、刘汝明兵团北上解围，拱卫徐州。为求歼由蚌埠北援的李、刘兵团，华野第二、六、十、十一、十三共5个纵队和江淮军区部队，先后分路南下。第十三纵队和江淮军区部队于11月25日攻占灵璧，歼灭国民党第十二军二三八师。华野主力一部南下后，李、刘兵团惧于被歼，撤回蚌埠。华野第六纵队于追击途中歼其后尾一部。尔后，为增援黄维兵团，李延年、刘汝明兵团又出动了8个步兵师、1个战车团，昼夜向解放军阵地实施连续攻击。担任蚌西北阻击任务的华野第六纵队、渤海纵队第十一师、中野第二纵队及豫皖苏军区、豫西军区部队，在固镇、新马桥、曹老集地区顽强抗击，坚守阵地，历时12天，歼灭国民党军1万余人，确保了围歼黄维兵团的胜利。

一、夺取灵璧　开辟南线战场

灵璧是国民党军部署在战区内的较大据点，也是华野南下开展大兵团机动作战的障碍。南下之第十三纵队和江淮军区部队于11月25日晨攻克灵璧。歼灭国民党第十二军二三八师等部5000余人。华野主力一部挥师南下，李延年、刘汝明兵团惧怕被歼，于26日星夜南撤，华野即部署追击，第六纵队与其交战，并于南岳庙地区歼灭李延年兵团后尾一部第三十九军两个团。为开辟南线战场，阻歼李、刘兵团作好了准备。

◀ 江淮军区部队积极配合野战军作战。图为军区司令员陈庆先（前中）、政治委员曹荻秋（前右）、副司令员饶子健（前左）

简介

江淮军区部队

江淮军区部队辖第三十四旅、独立旅。1948 年 5 月，由淮南、淮北军区部队合编而成。6 月至 9 月，部队转战于徐州以西的津浦、陇海路段两侧，牵制打击国民党军，配合华野进行开封、睢杞、济南战役。淮海战役时参与追击黄百韬兵团、攻克灵璧城、破击宁蚌路等作战。1949 年 2 月，与在贾汪起义的国民党第七十七军第一三二师合编为中国人民解放军第三十四军，隶属于第三野战军第八兵团。

编者整理

◀ 江淮独一团政治处印《战士报》之火线传单：打
灵璧一连保证书

战史摘要

华野十三纵灵璧城战斗

灵璧城守敌为第十二军第二三八师全部（该师于兖州被歼后又以地方顽杂部队拼凑而成）和一个新兵团，共 5 千余人。第二三八师鉴于被我江淮军区部队包围，即放弃部分外围据点，收缩兵力于城内，依托高大城垣和护城河抢修各种工事。城墙高约 10 至 12 米，底厚 8 至 10 米，顶厚 6 至 8 米。外墙为砖砌成。城墙上筑有地堡、单人掩体，并以交通壕连接。城西北角最高，可瞰制全城。西城门已倒塌，用砖石堵封。城外有水深 2 米左右的护城河绕城一周，河内岸构筑有明暗火力点，由城墙下暗道通往城内。城内街道巷口修筑各种掩体和火力点。该敌守备一般在我靠近其火力有效射程内突然开火，当我突破城垣时，多以火力、兵力同时从正面或两侧实施反击。

纵队决心以第三十七师全部、第三十九师两个团担任主攻，由西门南北两侧并肩突破；江淮军区部队由北门、东门突破；第三十八师为预备队；第一一六团于城西南山阳集、碾山头地区阻击可能来援之敌。各师攻击部署是：第三十七师以第一〇九团在左、第一一一团在右于城西门南侧并肩突破，第一一〇团为预备队；第三十九师以第一一五团在右、第一一七团在左于城西门北侧并肩突破，在江淮军区部队配合下全歼城内守敌；第三十八师以第一一三团进至城南地区策应攻城。

24 日 11 时前，各攻击部队完成攻城准备。17 时，开始炮火准备。18 时 30 分，第一〇九团三连迅速扫清障碍，并架好浮桥，不久桥身脱节倒塌。一连已进至护城河边，来不及重新架桥，即冒着敌人密集的火力和严寒跳下水壕，涉水爆破。该连一班在战斗模范隋传基带领下，首先登上城墙，连续攻下突破口左右两侧地堡，打开突破口，为营、连主力开辟了通路。第一一五团一营、第一一七团三营于城西门及其北侧均架桥未成。19 时，第一一一团三营九连于城西南角因遭敌炮火破坏，三次架桥未成，七连涉水爆破遭敌火杀伤。此时，第一〇九团一营全部登城，投入巷战，向东南发展，以策应第一一一团登城。由于第一一一团数次架桥未成，20 时 30 分，师令该团一营由第一〇九团突破口进入巷战。一营加入巷战后，沿城墙向东南发展进攻，连续打垮敌数次反击。21 时，第一〇九团全部投入巷战，向东、东北发展进攻。21 时 30 分，第一一一团三营在一营策应下突破登城，迅速肃清城墙及其两侧守敌，并向纵深发展进攻。二营随后登城，遭敌猛烈反击，四连连续打垮敌人 7 次反击，伤亡较大。在敌继续向突破口猛扑时，正值团指挥所向城内转移到达突破口处，团指人员迅速占据被炸毁的敌城头堡，用手枪、手榴弹阻击反扑之敌。在此危急时刻，团特务连赶到投入战斗，将敌击退。第一一五团一营和第一一七团三营数次架桥未成。22 时，纵队令第一一五、一一七团由第一〇九团突破口进城加入巷战。进城后，第一一五团二营沿西城墙向西门迂回攻击，一、三营沿大街两侧向北攻击。第一一七团二营越过大街沿城墙向西北角攻击，策应三营登城，并以一部向北门方向攻击。此时，第一一〇团一营归第一一一团指挥，由第一一一团突破口加入巷战，向东发展进攻；二、三营由第一〇九团突破口加入巷战。23 时 35 分，第一一七团八连在二营的策应下，登城加入巷战。

25 日 6 时 30 分，第三十七师肃清了东西大街以南守敌；第三十九师夺占西门及其大街以北，即向县政府东北攻击。第三十七师打开了东门，第三十九师打开了北门，接应江淮军区部队入城，将残敌压缩在城东北角。第三十八师第一一三团于南门外迫敌固守点一个连投降。至 8 时全歼守敌，战斗结束。俘敌 4460 余人。

摘自《中国人民解放军陆军第三十一军军史》，1979 年，第 114—115 页

◀ 华野十三纵在江淮军区部队配合下，歼灭国民党第二三八师 5000 余人，解放灵璧城

战术研究

华野十三纵"前进部"① 五连　战中发扬军事民主　巧妙办法打下地堡

灵璧战斗中，"前进部"五连在打入城内后，又接受了从城内打回西门解决门洞三层堡守敌的任务。在攻打中，才发现在三层堡前还有一个大地堡未解决，里面的敌人还正以密集的火力封锁着五连的攻击道路。五连在这仓促的情况下，最初未能仔细的观察地形和研究打法，杨副连长命令二排快攻，二排长就命令六班要马上打下来。

六班接到命令后，战士刘光平就去送第一包炸药，除有连的火力掩护，还有

① 编者注："前进部"为华野十三纵三十九师一一五团。

班里一支冲锋枪作抵近掩护，可是当刘光平顺着壕沟跑上去将要接近地堡的时候，却被敌人扔出的手榴弹打伤了。第一次爆破未成功，二排长就急躁的又命令六班长带全班进行强突，可是强突又被敌人打下来了，班副也挂了彩。

两次接连失利后，二排的战斗信心受了影响，有的便说是"敌人太顽强"，这时杨副连长却认准是因为我们指挥上盲动的结果。于是便立即带领二排长和六班长重新上前观察地形，原来敌人的地堡是构筑在地势较洼的交通壕上，我们的火力根本就封锁不到敌人的地堡枪眼，加上敌人的地堡构筑的又比较坚固，我们的炸药包小了就不能把它炸塌。了解好了情况，回来便共同研究出了巧妙的打法：以火力迷惑与压缩敌人，同时派一爆破员顺交通沟接近敌堡口，在适当的地方迅速将炸药拉弦投进地堡里，紧接着就端起冲锋枪突进去，不让敌人有一点喘息的时机，把敌人消灭。这一新的打法大家都同意，任务又交给了六班去执行。

六班虽然只有 3 个人，但对这一新打法都很有信心，六班长一手拿着炸药包，一手端着冲锋枪，站在班的前面带领着，当连里重新调配的火力开始掩护后，六班 3 个人就很快的按原定打法攻下了大地堡，俘敌一个整排，胜利的完成了任务。

（姜庆肇）

摘自华野十三纵《进军通讯》第 34 期 1948 年 12 月 8 日

弱敌要当强敌打！——灵璧战斗中"济二团"[①]致胜原因

从上至下克服自满情绪，虚心学习、研究情况、接受经验，是"济南第二团"在此次攻克灵璧之战中，获得光辉战绩的主要原因。

向陇海前线进军时，该团团委鉴于部分干、战认为进军就是"受降"的轻敌情绪，提出："我们不仅是胜利的进军，而且是战斗的进军！"使大家进一步树立了高度的战斗观念。在连续行军中，争取空隙，从团委开始，深刻检讨了自满情绪；对部队普遍进行了"加强纪律性"的教育。同时，又通过对功模、英雄的嘉奖，激发起全团上下革命英雄主义的竞赛心。

攻打灵璧的任务下达后，某些轻视当面敌人的情绪又逐渐滋长起来，团委乃再次号召："弱敌要当强敌打！"并颁发奖惩令，要求打个全面胜仗，作为战斗的具体目标。

---

① 编者注："济二团"为华野十三纵三十七师一〇九团。

23 日夜，部队到达灵璧城郊，便立即投入土工作业，经 6 个多钟头，挖成一长约 10 里的交通壕后，因攻击方向改在城西南，又冒雨做了 5 里长作业。整整两宿未睡，个个浑身都沾满泥水。"只要研究出敌人是什么战术就好对付"，是在围歼黄百韬兵团敌前学习中大家共同的体验。他们仍不顾疲劳，积极调查地形、研究敌情。二连连长 ××× 同志就在观察地形时牺牲。三连肩负架桥任务，经战士们观察研究，终将达三丈余的浮桥架成。该团在整个军事部署上，尤其火力组织则创造了以特等射手配备自动火器和规定信［号］发出后，步、炮、自动武器同时射击三个方面的办法。

25 日下午 5 时发起总攻。当友邻部队登城失利，该团浮桥结合部因踩分开，勇士们便在凛冽的北风中，涉过水深及胸的水壕，首先登城。在攻城战斗中，该团不仅表现了勇猛顽强的优良作风，同时有许多已经负伤的指挥员，仍然坚持指挥部队。一连三排长纪作志同志、一排副林仁丹同志、五班长宋孟学同志等均在前后负伤，有的腿负伤，有的耳朵被震聋，都不肯下火线。对于"济南第二团"在攻克灵璧战中再创光荣，起了很大作用。

（进军支社）

摘自山东兵团《华东前线》第 65 期 1948 年 12 月 20 日

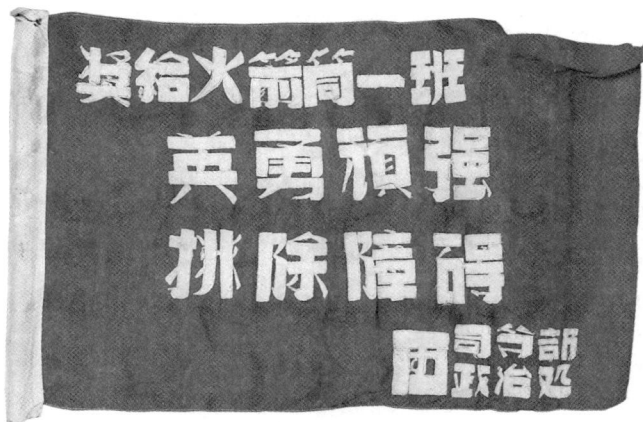

◀ 华野十三纵三十七师一〇九团特务连火箭筒一班，在攻克灵璧战斗中，射击准确，有力地配合了步兵的攻击。团司令部、政治处授予该班"英勇顽强　排除障碍"奖旗

战地报道

江淮军区支撑前沿五天五夜的八连

八连是一个比较新的连队，这次攻打灵璧城，他们首先担负占领城北关的任

务，并负责固守着，到现在已经五天五夜了，全连同志昼夜不得睡觉，严密注意着北门的敌人，饭也不得吃好（全是吃干粮），水更很少喝到，但他们在刘连长、周副政指领导下，全连同志没有一句怪话，刘连长光荣的负伤后，还坚持着工作，指挥全连。他们在北关，老百姓全跑光了，虽然几天来饭吃不好，但老百姓的白芋窖、萝卜窖一点未动，还有敌人在北关时，抢了老百姓大批的黄芽白菜，也都堆集在地上，这样多吃的东西，八连同志像没有看见一样的。坚持最前沿的八连，就是这样的回答上级首长给他们的任务。

（刘志新）

摘自江淮独一团《战士》第 108 期 1948 年 11 月 24 日

华野十三纵"徂徕山"工兵连灵璧战斗
勇敢积极完成任务　口号是为步兵服务

【本报讯】"徂徕山"部工兵连在灵璧战斗中全体同志们都表现了勇敢、积极、认真负责的精神。在越过陇海路南下进军中，他们共 4 次为步兵架桥渡河，此次攻克灵璧战斗中他们又日夜不休息的向火线运输器材，构筑指挥所。当部队打开突破口涉水渡入城内一部后，为了使后续部队能迅速入城和伤员、弹药转运的顺利，他们便接受架桥和挖大突破口的任务。一、二排科学分了工（一排扛门板，二排扛杆子和桥脚），在敌炮火封锁下，他们迅速前进。二排长尹祯泽鼓动大家："同志们，我们要好好完成任务，这就是我们为步兵服务的时候啦！"五班李耀堂同志，抬在最前面，四班副刘如松同志和别人争着抬大杆子。到了突破口的河边，五班李耀堂和陈举田架着杆子就跳到水里去，河水湿到腰，但他们毫不畏缩，很快架好了杆子，一排便迅速铺上门板，又铺上了高粱秸，不到 20 分钟架桥任务即完成，接着便继续去挖大突破口，五班的陈举田又争先爬上梯子，接着又爬上 3 个人，4 个人一齐动作，不足 20 分钟的时间已不用梯子可直接登城，这时继续向城内运动的部队、输送弹药时和从城内向外转送伤员的部队顺利由突破口和桥上来往。由于他们勇敢积极的完成任务，有力的帮助了战斗的迅速发展。

（郑树春）

摘自华野十三纵《进军通讯》第 31 期 1948 年 11 月 29 日

一个架桥组

当九二步兵炮、火箭筒向城西两侧突出堡轰击，掩护重新架桥的时候，战士张维信、孙文发扛着一节大浮桥跑上去，迎面是一道 3 丈多宽的水壕，子弹在水面上飞啸，有的触着水波，和手榴弹在水中爆炸而溅起的水泡，很明显，向下和伏在沟上是一条安危的分界线，但他们为了完成架桥任务，保证部队迅速登城，为了保持"济南二团"的光荣称号，没有想到这些，也没有想到壕水刺骨难忍的寒冷。伏在沟崖上观察地形的张维信同志便这样毫不犹豫的首先跃入没颈的水壕，忽然耳旁传来一连串"噗通"声，回头一看二节浮桥已推到水中来，但还不到沟东崖，还差一个相当的距离，他便返身爬上油滑的西沟崖，和张福昌去扛第三节大浮桥来接上。

第三节浮桥扛来了，他们又跳入水中来往的捆绑着，张维信同志拿着绳子向东崖去绑，子弹在他们的头上流星似的穿射着，忽然一颗打他的肩上穿过，他身后棉衣被打穿了两个窟窿，但他仍毫不犹豫的向前摸着，忽然摸到了一块大石头，他喜出望外，"这一下子可找着缠绳子的地方了。"他连忙把浮桥东头的绳索结结实实的捆在这个大石头上。探出头来向上一望，沟崖上是排结起插在地上参差不齐的树枝。

"这鹿砦用不着浪费一包炸药！"他想到这里，便动手去找，敌人一排手榴弹打来，火光炸花了他的眼睛，烟雾包围了他的全身，然而这道鹿砦终于被他扒开一条通道。好让部队顺利的登上城去。

爆破员突上去爆破，不久，城墙上便闪了一道迸烈的火花，架桥组张维信他们 3 个人见架桥组因伤亡难能完成任务，他们便又自动抬过一挂梯子，第一个架到城墙上，城墙上的敌人拼命的往下掀，孙文庆同志便用两手使劲按着不放，敌人接着扔过一排手榴弹来，他翻身滚到沟崖下隐蔽，因爆炸而激起的水花迎头抛在他的身上……

刚架好的桥又被激流冲坏了，别人扛过一节桥来接，他们——架桥组又跃入水里整理，然而登城部队突过来，又将浮桥压陷在水中，张维信、鲁集海便站在桥两旁，用手抬着让部队通过，然而他俩却被水底下的污泥越陷越紧，水淹到他们嘴边了。

突然有个小同志跌进水里，连头都没露，张维信上去一把抱住，架到崖上来，架桥组也走上来，一阵北风把他们吹得浑身发麻，双手僵硬，说不出一句话来，但胜利荣誉的信心——打响进军第一炮，保持住"济南二团"的光荣称号却鼓舞着他们、温暖着他们的心，隔着突破口望望战斗在城里的烟火，不约而同的咧开嘴胜利的笑了。

（杨荣民）

摘自华野十三纵《进军通讯》第 34 期 1948 年 12 月 8 日

▲ 华野十三纵在江淮军区部队配合下歼灭国民党军二三八师解放灵璧城

▲ 华野十三纵"济南第二团"一连一排一班在灵璧战斗中荣获的"登城榜样"奖旗

登城第一班

当我"济南二团"与兄弟部队一起歼灭灵璧守敌的时候，该团一营一连年青的一班长隋传基背包里已经保存放着第三面鲜红的奖旗，这是他们英勇的第一班在攻打齐家埠、掖县、兖州几次战斗中，首先登上城头，创造了英勇事迹，党与上级所给予他们的"荣誉"。

这次歼灭战的登城的光荣任务，又要一班的英雄们来完成，在班务会上，隋传基同志指着红旗对全班的同志说："我们要坚决的完成登城任务，可不能把这个丢了，从咱手里坏了第一班的光荣传统啊！"大家都响亮的回答说："保证登上城，丢不了红旗！"

临进入阵地，团的张政委又特别把他们召去问：

"准备得怎样？"

"都准备好了！"

"能不能完成任务呀？"

"能！决不能给咱济南二团丢脸，即便剩下一个也要登上城去！"

政委点了点头，又很关切的问：

"你们没有困难吗？"

"两支冲锋枪，就是一支有点毛病，能不能换换？"

"给你换两支，另外再配给你们两支，够吗？"

团政委这样亲切的关怀，使得英雄们的决心和信心更加充足了，都异口同声的说："保证！"

傍晚我炮兵猛烈炮击，炮声稍缓，三连已架好了桥，又送上一包炸药，随着一声巨响，只听连长一声：

"一班登城！"

登城的勇士们跃出了工事，冒着敌人稠密的炮火，向敌前沿冲过去，隋传基首先领头窜过木桥，扑向梯子，当第二个冲到桥中间，忽然桥断了，全班的勇士们奋身跃到齐脖的水壕，又不顾冷水浸透了棉衣。他们一直冲了过去。班副刚从水里爬出，被城上敌人打下的手榴弹炸伤了。但还是向梯子边爬去。

隋传基首先攀上梯子顶，往城墙里边一望，只见城上两边成群的敌人咋呼着："八路上来了……"反扑过来，隋传基一梭子冲锋枪扫过去，打倒了3个，再打时枪发生了故障，他接着投过一个手榴弹。正在这时敌人的手榴弹也直往城下泼，隋传基顺手从下边战士手中抓过一支枪，滚进去，打了一个手榴弹，迅速占了一个地堡，他带领全班向南发展，前面又是一个大地堡，上面盖着席，他便揭起了席盖，塞进个手榴弹，还未响，一个敌人钻出来，他跳上去，一把抓住敌人的枪，这时手榴弹响了，他喊"交枪"敌人还拼命挣扎，隋传基用力举起枪向敌甩去，将敌砸倒在地。一班勇士们又冲过一个地堡，一个敌人钻出来，刘庆坤和新解放战士刘克言用冲锋枪刺刀把他刺进去……英勇的一班已完成了登城巩固突破口的任务，但是班长隋传基还带着班里的同志，帮助向纵深发展的友邻部队送弹药。前边一个连队应付敌人疯狂的反扑，弹药奇缺，隋传基和他的战士一边转运，一边高喊"手榴弹到了四五箱！"鼓舞士气迷惑敌人，协助友邻不断的打退反扑的敌人。在歼灭城内敌人以后，团里面在讨论再送一个鲜红的奖旗，给第一班的英雄们！

（东分特派记者刘知侠作）

摘自华野十三纵《进军通讯》第 47 期 1948 年 12 月 24 日

江淮军区某部战士孙士福连立三功

围灵璧第 3 天，城壕里水还未弄清多深，敌人紧紧封锁，好几个负了伤，但水弄不清，首长就不好下决心，试水任务交给一连二班孙士福，他说："好，我就去！为人民是光荣的，坚决完成任务！"那天晚刮北风下小雨，冷得要命，他脱得精光，劝他穿袄，他说："要干干个痛快！"喝两口酒就去试水，对班长说："我负伤自己会回来，牺牲你也别管，替我完成任务！"他等城上火把一灭，滋溜窜下崖，因为快，敌人未发觉。他轻轻下水往南岸试，水腰深，完成任务心切，也不知冷了，看了深宽，从鹿砦下爬过去，一直到离城七八步远观察，城上敌人叽叽咕咕乱叫，左边地堡里敌人刷啦刷啦拉机枪，他一点也不在乎，看了 20 分钟才回来，敌人上面还喊"看着呀""你看的是你妈妈 ×！"他一气，到营首长跟前报告清情况后，才感觉一身冰凉，穿着衣服又向班长要求"明天爆头爆！"

24 晚上攻城，果然他爆第一爆，人家都穿着衣服，他又脱得只剩一条裤头，他扛起炸药一窜过大路，敌人机枪就对他扫起来，他一点不慌的往崖下一伏说："我还喘喘哩！看你枪眼高高的，总打不到！"子弹果然只在他头上飞，他掠过水，捡个交叉大木头靠好，拉了弦看冒火才回头跑，刚到大路边就轰隆一声，掀了个满身泥水，第一爆炸鹿砦任务完成了。炸城墙第二爆未成功，孙士福又自愿再爆城墙，说："小曾跟我来，我走头里！"两个人过了水泥滑滑的将 50 斤大包抬上了对岸，他说："小曾你回去吧，我自己来。"他扛起炸药，一个猛扑到了第一爆炸开的大缺口，城上的机枪只是从侧旁滑过，他靠紧弦子一拉说："叫你妈妈坐飞机！"刚到北岸只觉地一摇，轰隆一声，他借着烟火跑回来报告说："完成了，缴上弦子！"孙士福应评三个功，大家谈论着他。

（华晨）

摘自江淮独一团《战士》第 109 期 1948 年 11 月 28 日

▲ "济南第二团"在孔庙收缴国民党军武器　　▲ 华野十三纵———团将俘虏押出灵璧城

战胜困难热爱伤员

24 号下午，后勤医疗五队已经是一天一夜又没有闭闭眼了，忙碌了大半天，收容的准备工作刚做好，来了命令又要出发；待赶到目的地的时候，早已星光满天了。

攻灵璧城的炮声不断传来，时间是紧迫的，同志们放下背包，便奔忙起来，为了收容伤员，要借器材搭棚子，要把高粱秸子翻炒热装到袋子里，要借瓶子装上热水……可是在这不过 20 几户的小村庄哪能样样借得方便呢？伊傅昆、曹志勇两同志扛着外筹的杆子一步浅、一步深的往回赶着路，张序后、修英敏跑出 3 里路借到一张铁锹。没有蓆箔立刻找到高粱秸来代替，就这样一个一个的棚子掩了起来。可是到半夜以后，棚子又不够用了，于是六班 10 个同志，在半个钟头里，又为伤员搭好了 6 个小棚子。

战士们为给伤员保温，便不顾一切的寒冷，五班将全班的被子都送给伤员了。六班长胡瑞英和护士路秀英把自己的棉衣脱下来给伤员换下被血浸湿了的棉军装，杨成祥、于翠经同志为伤员洗血衣，手被冷水冻木了，就放到自己脸上暖一暖再洗。

当路秀英同志把烤干了的衣服送给伤员的时候，伤员们一面还给他的棉衣，一面感动的问："你们不冷吗？""冷什么？工作起来就好了。""怎么会不冷呢？"一个伤员像忽然想起来什么似的问："你是个共产党员吗？"路秀英同志笑着点了点头。

冷风、寒夜，伤员们躺在草棚里，心里是安静的，是温暖的。

（刘明月、谢郁彦）

摘自华野十三纵《进军通讯》第 38 期 1948 年 12 月 11 日

他们比父母还好

按：在前线的人常常挂念伤员在医院里的生活，现在我纵伤员董兆德同志，写了此稿，介绍他在医院里的生活情形，和医院同志怎样爱护伤员的故事。是很好的，希望连队同志把这故事读给战士们听，以激励再战士气。

我们由灵璧城战斗负伤下来，转到华野野战卫生部直属院的一队五号病房，这里的医务人员把我们当作家里的兄弟一样看待。他们怕我们冷，就想出办法克服物质的困难，把砖头放在火里烧热，搁在我们脚下取暖，把冰冷冷的脚烘得暖和和的；怕我们饿，常来问我们能否吃稀饭和馍馍；手不能动的，她们就喂给吃……日夜不断有人侍候，还时常问："要大小便吗？"她们都耐心治疗，终天不倦。她们亲切的安慰我们说："要安心休养啊。"有时间，又常来告诉我们一些前方的情形和胜利消息。她们是那样的热情体贴和照护我们，使大家都受到很大的感动。睡在我旁边的吴井升同志说："我若在家里病了，父母也不能这样的照看我，这里真比家里还好啦。"我们几个伤员在闲谈中，都说："这是无产阶级队伍里高度的阶级友爱的具体表现。"我们都决心伤好后回前方时，更勇敢、更顽强坚决的完成任务，来报答医院同志们的爱护。

（伤员董兆德）

摘自华野十三纵《进军通讯》第 50 期 1948 年 12 月 29 日

攻克灵璧战果公报

【本报讯】本月 24 日，我纵一部配合江淮军区部队进攻灵璧守敌，当日下午 6 时发起攻击，经 13 小时激战，于 25 日 7 时结束战斗，全歼守敌二三八师全部。此次战斗战果现已查明的，计：俘敌二三八师七一三团（六十二团）上校团长周礼税、七一四团（六十三团）上校副团长梁玉纯以下 4660 余人，毙伤敌 500 余，缴八二迫击炮 26 门、六〇炮 26 门、掷弹筒 8 个、重机枪 43 挺、轻机枪 54 挺、步兵枪 1232 支、冲锋枪 14 支、短枪 33 支、各种炮弹 300 余发、各种子弹 59900 余发、汽车 4 辆、骡马 30 匹、电话 7 部、电台 3 部、总机 2 部、其他军用品一部。

摘自华野十三纵《进军通讯》第 31 期 1948 年 11 月 29 月

灵璧战役江淮军区某团战绩

11 月 24 日，我团配合华野攻击灵璧，战绩如下：

俘敌 87 人、缴六〇炮一门、枪弹筒 4 个、重机枪筒 2 个、轻机枪 3 挺、步马枪 64 支、驳壳枪 3 支、手枪 4 支、炸弹 215 个、枪榴弹 37 个、迫击炮弹 142 发、六〇炮弹 14 发、各种子弹 20664 发，电话机一架，炸药一箱子。

摘自江淮独一团《战士》第 109 期 1948 年 11 月 28 日

▲ 华野六纵十六师四十七团八连在陆家湖阻击战中，连续作战 9 小时，击退国民党军多次进攻

▲ 南岳庙阻击战斗中的华野六纵五十四团三连一班机枪手

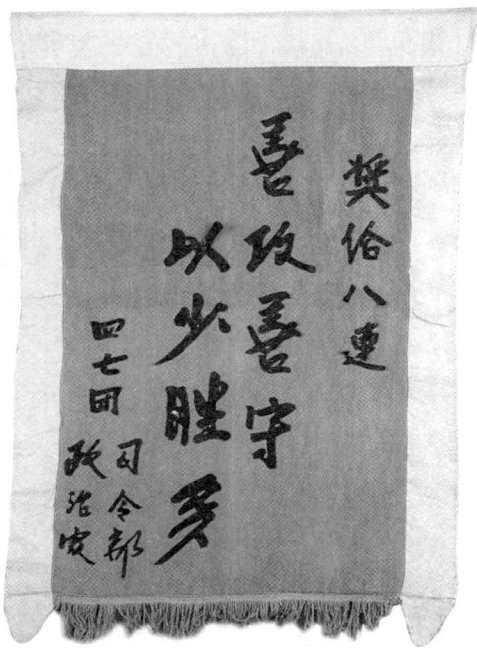

▲ 华野六纵十六师四十七团八连在王家集、陆家湖阻击战中荣获团司令部、政治处授予的"善攻善守　以少胜多"奖旗

华野六纵奋勇截击逃敌的四十七团第八连

28 日，四七团三营奉命配合兄弟部队，占领陆家湖（距铁路仅 3 里）截击向南进窜之李延年、刘汝明两兵团匪部。拂晓，八连急行军 60 里占领陆家湖阵地后，9 时便开始战斗，敌以三十九军一个独立团一个辎重团（改为步兵团）两个团的兵力，沿固镇以南的公路两侧，密集运动过来，当经过八连阵地正北乔庄，又迂回

着向西伸展时，敌人把一路纵队分成3股，接近八连阵地仅七八十米远时，3股敌人又分成9路，配合陆家湖东南不足一里的洪庄的敌人，成三面围攻之势。敌人东西之间相距不过300米，构成交叉火力，企图迅速占领陆家湖，解除逃窜威胁。但八连全体指战员，虽处于三面临敌的情况下，准备简单的散兵坑工事，都能沉着奋勇抗击，人人都具有：坚决守住阵地，寸土不让，大量杀敌，完成任务的战斗意志。教导员又曾数次亲到八连阵地作具体指挥战斗，大家倍为振奋，在敌优势的兵力火力下，忍饥忍渴，与敌展开激烈战斗。一天战斗中，一排的两挺机枪，带了六七次的"金箍子"，参军战士李财发却冒着弹雨寻找通条扫除故障，枪筒子都打得红了，射手邱步荣、睢炳生等，都不怕手脚疼痛，子弹打光了，大家解开了伤亡同志的子弹带，继续坚持；后路被敌人封锁了，子弹送不上来，轻重机枪便打点放，步枪便打冷枪，要准确有效的杀伤敌人。二班长肖友生一个人便接连使用着加拿大冲锋枪、汤姆枪、步枪3种火器，打了220余发子弹，手上带了花，还是坚持着打，子弹把帽子打掉，还是连续地瞄准好，接连打倒了4个敌人。全连每条步枪都平均射击了百发以上；运输子弹的同志，却也不怕伤亡，前面的伤亡了，后面的继续冒着敌火送上子弹，连里的文书、通讯员、司号员、卫生员，也都与战斗员一样，拾起步枪，顽强射击。朱成同志头上带了重花，也没叫喊一声，连长汤正发同志的胸部和臂上4处受伤，仍旧坚持战斗指挥部队。二排伤亡剩下韦成英一个战士还是坚决抗击。从上午9时坚持到了下午6时，连续击退三面敌人无数次的猛扑，眼看着一群群敌人垮了下去，一堆堆的死尸纵横田野，敌人长官一再迫令部队冲锋，但我纵把敌人压缩在开阔地上，不敢抬一抬头。4时左右，敌人曾打起燃烧弹，庄子烧起来了，但谁也没理睬，敌人继又打起烟雾弹，企图掩护攻击，连长立即命令，准备好榴弹，迎击敌人！大家便跳出散兵坑，拿出最后的几颗榴弹，揭开盖子，扣上弦子，严阵以待。当时敌人未敢冲杀，大家便又拿着步枪沉着射击。直到黄昏时候，两个团的敌人，在我八连的英勇抗击下，终未得逞，八连坚守住阵地9小时后，接防的兄弟部队赶到，并协助将敌击退（按：上述该敌已于11月30日下午，被我歼灭于津浦路侧南岳庙）。

（于庆礼）

摘自华野六纵《火线报》第250期1948年12月4日

▲ 李延年兵团第三十九军独立团 2000 余人投降后
向指定地点集结

▲ 华野某部抢渡固镇铁桥追击南逃的国民党第六、八
兵团

蚌埠前线我军追击南逃敌李刘兵团
歼其一部敌两个团投降　我军前锋直指蚌埠北郊

【淮海前线 1 日电】蚌埠以北解放军一部，于 27 日起追击由任桥、固镇地区向南逃窜之国民党匪军李延年、刘汝明两兵团，歼敌一部，并有两个团向我投降。两兵团原企图配合黄维兵团北犯宿县，以解徐州之围；当进至任桥、固镇地区时，即被我军将其与黄维兵团分割，迫黄维兵团在宿县西南地区陷入重围，该敌怕救黄不成，自己复被我围歼，即置黄维兵团于不顾，星夜向南逃窜，我军当即跟踪追击，沿途截歼其一部，当相继收复任桥、固镇、新桥等车站（均在津浦线宿县至蚌埠段上）。至 30 日上午，敌三十九军军部所属之一个辎重团、一个独立团（均改为美械装备）逃跑不及，被我包围于曹老集西北 10 里之南岳庙、钱家湖，除其两个营在突围时被我歼灭外，余敌 2400 余名于下午 6 时全部向我交械投降。现我军已占领曹老集车站（蚌埠北 30 里），前锋直指蚌埠北郊。

【新华社淮海前线 2 日电】国民党匪军李延年兵团三十九军之独立团及辎重团（现已改为步兵团美械装备）两个团全部 2000 余人，30 日黄昏于蚌埠前线向我截击部队投降。当上月 25 日李延年与刘汝明两兵团由固镇沿津浦线两侧开始向蚌埠狼狈逃窜时，命令这两个团担任掩护。在解放军迅速向南推进中，这两个团本身也因伤亡惨重，慌忙南逃，三天三夜未能休息，疲劳不堪。30 日逃至蚌埠西北 40 余里之南岳庙后，又为我截击部队切断归路，团团包围，战斗至黄昏，该敌独立团上校团长邓纠夫，及副团长杨涤飞、辎重团作战主任朱德昌等军官，鉴于大势已去，乃选择生路，率部放下武器。该两团官兵于放下武器受到宽大待遇后，欢欣异常，纷纷对我军诉说："国民党不能干了快倒台了，大官长抢在前面逃命，我们不愿意替他们当炮灰。"

摘自《大众日报》1948 年 12 月 4 日

二、蚌西北阻击李、刘兵团

当黄维兵团在双堆集战场与解放军激烈鏖战时，蚌埠李延年、刘汝明兵团集中 8 个步兵师在空军和战车团的援助下，于 12 月 4 日再次北援，向华野第六纵队阻击阵地曹老集及其东西两侧地区发动全线进攻。为确保围歼黄维兵团的胜利，解放军先后调集中野第二纵队、豫皖苏、豫西军区 5 个团，渤海纵队十一师位于津浦铁路两侧及以西地区顽强阻击、屏障援军。李、刘兵团昼夜进击，历时 12 天，其先头部队前进不足 35 公里，被歼 1 万余人，在闻悉黄维兵团覆灭后，仓皇回撤淮河以南。

◀ 蚌西北阻击战经过要图（1948 年 12 月 4 日—12 月 15 日）

战史摘要

钳制方向的作战

当我 11 月 24 日向敌黄维兵团全线出击之时，东线敌李延年兵团进至固镇任桥线，一部犯花庄集。我华野苏北兵团于 27 日夜向该敌出击，28 日夜该敌即回窜固镇以南，30 日我复克固镇，当歼敌三十九军两个团乃乘胜南下。此时敌全部即退缩蚌埠近郊淮河南岸。此后我苏北兵团主力则北上参加对杜、邱、李作战，华野六纵队即位曹老集以西负责钳制和阻击李延年兵团。

从 12 月 4 日起李延年即以五十四军、三十九军、九十九军等 3 个军 7 个师由蚌埠怀远之线越浍河北援，向我华野六纵队攻击，5 日夜敌进至仁和集以南（五十四军）、曹老集以西（九十九军）及苏集以北（三十九军）之线，此时我为保障歼灭黄维兵团作战之胜利，又增调中野二纵队、华野渤海纵队之十一师，及豫皖苏军区 3 个团，豫西军区 2 个团统由张国华指挥，赶往南线参加阻击李延年兵团之作战。二纵队于 6 日拂晓，渤海纵队之十一师及张国华部于 8 日均先后到达南线参加作战。这样我们在钳制方向有了足够的保障兵力（约 5.5 万人），对歼灭黄维作战之胜利便起了直接有利的作用。在我各部队坚决阻击之下，从 8 日以后，敌李延年兵团每日仅进展一二里至三四里、五六里不等。甚至竟日不能前进，且伤亡甚大。因此当我全歼黄维兵团之后，该敌即复仓慌退缩怀远、蚌埠、长淮集之线。

摘自中国人民解放军第二野战军司令部《淮海战役中双堆集歼灭战初步总结》，1949 年

华野六纵蚌北阻击，全力保障歼灭黄维兵团

12 月 1 日，我纵进至蚌埠以北的北浍河北岸，在东北起徐逞（曹老集东北约 10 公里）、西南至古城，东起曹老集，北至张集正面 70 公里，纵深约 50 公里地幅内，在一望无际的皖北平原上，依托少量沟渠、村镇，组织防御，阻敌北援。部队成两线展开：以十七师、十八师于第一线，分别部署于古城、周口、火星庙地域（十七师）；安台子、曹老集、尤家湖地域（十八师）；十六师则部署于丁家湖、界沟沿、宋店地域，作为预备队。此外，十八师以师团侦察分队配置在徐逞及其以东 4 公里之王家，担任阵前警戒。

2 日夜间，五十三团令一营抢占将军庙之线阵地，掩护曹老集阵地的左翼，并以六连由三营指挥用以增强曹老集车站地区的防御力量，同时，配属三营山炮、八二迫击炮各 3 门。

3 日起，敌李延年兵团九十九军在右，进攻我曹老集阵地；三十九军在左向我十七师阵地进攻，企图突破我阻击阵地后，继续向我纵深阵地进攻，提高北援速度。

3 日上午 8 时，敌在炮火掩护下，首先以两个连向曹老集以北约 800 米之高老家进攻，两次冲击均被我炮火及步兵击退，敌伤亡近百。15 时，敌又以猛烈炮火轰击高老家庄西南九连三排阵地大部被摧毁，敌分 3 路以密集队形发起冲击，阵地被敌突破。九连节节抗击并以九班反击，因敌兵力过大，乃退至营的阵地。此时，铁路以东之敌亦向我七连阵地冲击，遭我配属三营的炮火杀伤，进攻被阻。此时，团调六连、四连部分兵力，向高老家西南实施阵前反冲击，经十多分钟战斗，毙敌数十，恢复九连原阵地。敌攻击受阻，即以一个营迂回钱家湖，攻击将军庙我一营阵地，亦被击退。与此同时，敌三十九军一〇三师两个团，进攻周家口我五十二团三营阵地。五十二团以一个营反击，歼敌百余，敌被迫停止进攻，同时，到达临淮关之敌五十四军八师，企图迂回仁和集，攻击十八师侧后，被我击退。当夜，纵队命令十八师集中力量据守曹老集及其附近地区，加强仁和集守备力量，严防五十四军钻空子。师即以五十二团扼守曹老集铁桥与其周围地区。五十三团扼守仁和集、管营、黄家地区，五十四团扼守铁路东侧胡井子、小孟家、百郢村之线，各团以营为单位，利用村落、沟渠和铁路路基筑成纵深有重点的支撑点式的环形防御，准备击退敌人的再次进攻。4 日上午 9 时许，敌以仁和集、曹老集为重点，向十八师发起全线攻击，从正面进攻之敌九十九军，以两个营取密集队形，猛攻曹老集五十三团二营阵地，两次进攻均被击退。17 时，敌再次发动猛攻，突过铁路桥，我二营顽强抗击并组织 3 次阵前反击，杀伤敌 200 余人，将敌击退。右翼敌五十四军一个团，于 16 时经炮火轰击后，进至仁和集东北乔头张。5 日，敌 3 个军全面发动进攻。敌三十九军一四四师在两辆坦克和炮火支援下，展开 5 个营的兵力同时攻我十七师防守之石桥子、姜嘴子、安家桥、接驾桥阵地，几次进攻，均被击退。敌五十四军集中火力轰击仁和集、东岳庙，两地民房和我阵地工事大部分被敌摧毁。8 时，敌以 6 个营向仁和集攻击，至 9 时许，敌以密集队形突入仁和集前沿阵地，占我阵地东北角与东南角。我五十三团部队跳出工事，依托土围子进行抵抗，并连续组织两次反冲击。因敌太多，未能奏效。五十三团乃退守铁路西之护路沟预备阵地。与此同时，敌九十九军一个师，在飞机掩护下，突破五十二团曹老集铁桥阵地。五十四团阵地也为敌突破。全师退至预备阵地，与敌对峙。至此，经过3天阻击，十八师歼敌2100余人。当夜，纵队调整部署，全线退守二线阵地，继续阻击敌人。中野二纵适时赶来参战，在我左翼并肩抗击敌人。缩短了阵地正面。鉴于十八师经3天激战，打得十分疲劳，纵队研究后，决定：以十七师防守石桥子、东年家、前李家、前胡家地域，调十六师防守张后营、丁家湖、管巷子、界沟沿地域，后调十八师协同纵队机关和直属队人员构筑第三阻击阵地。

6日，敌在我正面，以3个军继续发动攻击，并置重点于左右两翼，企图以两翼突进达到包围孤立我中央防御部队，或逼我中央防御部队后撤，借以迅速提高其进攻速度。在我右翼，敌三十九军以一个团的兵力，在山炮掩护下，由方坝越清沟河向北攻击我五十一团九连阵地。当敌进至我阵地前，遭我九连各种火器杀伤，敌遗尸百余，仓皇退至清沟河边与我形成对峙。黄昏时，敌又增援一个营再度发动进攻。我九连指战员沉着应战，并以两个班向敌左翼进行侧击，配合正面反击，敌被迫退回清沟河南。7日，敌两个团继续对石桥子进行攻击，激战至下午3时，我九连在敌再度冲击前秘密撤出石桥子，回到营的主要阵地。敌三十九军另一个师，从左翼进攻我张八营（郢）阵地，被我火力阻止于小南郢、前顾家，形成对峙。

右翼敌九十九军分两路进攻我十六师阵地，着重进攻四十六团左翼韦店子和较为突出的界沟沿，及其纵深之陈集（陈油坊）。经2小时激战，敌相继占领界沟沿及其以南之管巷子。7日，敌向陈集发起进攻，当敌人主力进入我预设在陈集阵地前的火力圈（山炮、迫击炮、机枪火网及预埋炸药包等）时，四十七团拉响炸药包，并以炮兵火力和轻重机枪一阵猛打，瞬时毙伤敌500余人，以后敌数次进攻，均被击退，黄昏后敌被迫后撤。8日，该敌又向陈集反复攻击，均被四十七团顽强击退。当夜，四十七团奉命撤离陈集，向第三阻击阵地转移。

此时，中野二纵西调参加围歼黄维兵团。

第三阻击阵地南起新集，北至崔庄，位于沱河、浍河之间，正面约40公里，纵深4公里，是我阻击李延年兵团的最后一道阵地。上级命令：不得后退！为增强我纵阻击力量和防意外，华野前指于9日又调来渤海十一师、豫皖苏独立旅和六分区独立团。新生力量的到来，进一步鼓舞了部队完成阻击任务的信心。全纵队指战员纷纷向上级表达决心："人在阵地在"，"决不让敌人前进一步，确保总前委歼灭黄维兵团！"

纵队利用敌人进行补充暂停进攻的机会，于9日调整了部署，加固加修了防御工事，研究了打敌坦克和割裂敌人步兵和坦克协同的对策。

新的部署是：以十八师五十四团主力固守包家集（今鲍集），并以一个营据守施姓庄（今拾姓庄）作为掩护阵地。五十二团位于中间，坚守王庄、易家庄、崔庄和豆腐店。五十三团主力坚守小集以南之牌坊、方庄、马庄；十七师以一个团坚守新集、宋圩子、前王庄、小沟沿，一个团坚守黄庄、钱家圩子和芦圩，另一个团位于包家集以西3.5公里之仁和集、小杨庄、邵圩子地区，作为二梯队并准备随时增援第一梯队团的战斗；十六师位于十七师右翼，在小沟沿、陆家嘴之线构筑侧防阵地；渤海十一师位于包家集西北7公里之陈集，作为总预备队；豫皖苏独立旅，则在小集至新集子及戴庄、前王庄、姚集担任右翼掩护。纵队前指设于包家集以西之孙家园，着重指挥十七师和十八师的战斗。另以六分区独立团和纵直侦察营伸至怀远以北地区，破坏交通，袭扰敌人，配合正面作战。

9日下午，蒋介石次子蒋纬国的战车旅进入战场，在第一线使用20多辆坦克和大量火炮，准备支援步兵对我发动更加疯狂的进攻。蒋纬国还亲至火星庙督战。

11日晨，敌九十九军一部在坦克配合下，向小集连续进攻，我豫皖苏独立旅抗击一天后，于黄昏撤离小集，向施大营转移。该旅其他部队均未遭到攻击。同日，敌三十九军一个团，以坦克为先导，向施姓庄阵地终日攻击，均被五十四团一营击退。

12日，敌三十九军两个团在10余辆坦克支援下向我施姓庄阵地再次发动攻击。我十八师纵深炮火切断敌坦克和步兵的联系，并以火箭筒击毁敌坦克1辆，其余坦克掉头后撤。下午，敌再次进攻，五十四团一营顽强抗击，激战至黄昏，我又组织一个连适时反击，歼敌百余人，俘敌20余人。入夜，主动放弃施姓庄。

13日，敌改变战术，以一个师的兵力，在炮火急袭和坦克支援下，向包家集连续进行4次集团冲击，均被我炮火及五十四团击退。

从14日起，李延年见北援无望，为保存实力，以团以下兵力，向包家集进行零星攻击，全线战斗颇为沉寂。纵队积极组织兵力向零星攻击之敌不断进行小规模的反击，不仅稳固了阵地，而且给敌人以较大的杀伤。

15日黄昏，中野全歼黄维兵团。我纵奉命诱李兵团深入，然后聚而歼之，遂令各部以积极动作，与敌保持接触，边打边退。但李延年见黄维兵团覆没，犹如惊弓之鸟，连夜全线撤退，向淮河南岸逃去。至此，我纵胜利完成阻击任务。在整个防御作战中歼敌 7000 余人，其中俘虏 200 余名。

摘自《中国人民解放军陆军第二十四集团军军史》，1986 年，第 319—324 页

中野二纵参加阻击李延年兵团经过

为缩短歼灭黄敌时间，需增加生力军，为此我纵阵地奉令移交兄弟部队接替，于 4 日 20 时交接完毕后，则进到大营集地区。这时敌李延年兵团已由蚌埠北犯救援黄维，为保障围歼黄维兵团之胜利，我们则东进至何集以东地区布防，协同兄弟纵队阻击敌李延年兵团之北援。

阻击战斗从 6 日晨开始，由于部队才到，对各种情况均不够熟悉，特别是工事尚未作好，故在开始，敌曾一举攻占了我胡家凹、宋家圩之线阵地，入夜我又重新调整了防务后，开始了逐村的移动防御，与我对战之敌为五十四军。15 日黄匪被全歼，16 日上午李匪进至高王集之线后则停止攻击，入夜则分路向淮南逃窜，我各部健儿分路于当夜向敌追击，至 17 日午前。进至韦店子、张店子之线，除缴获弹药一部外，敌已逃过曹老集以南，至此，李匪延年兵团北援前进了半月的路程，在逃窜时只有一个夜间即回到了他原来进攻出发地，17 日黄昏，部队返回，战斗至此即告结束。

（王蕴瑞）

摘自中野二纵政治部《淮海一月》，1948 年 12 月，第 3 页

中野二纵四旅阻敌北援

当我大军围攻黄维兵团时，李延年从 12 月 4 日起以五十四军、三十九军、九十九军等 3 个军越过浍河向北增援，妄图给黄匪解围。为保障兄弟兵团顺利围歼黄维兵团，于 4 日奉命撤出战斗，并立即进至大营地区集结，担任阻击李延年兵团北援的任务。

6 日 7 时，我旅全部进至澥河南的何集以东地区，接替了十七师的防地。十二团受命占领宋大桥、宋大圩、戴家庙、前后宋荒地区，并向前后苏庄、新桥展开侦察。十一团为预备队，配置在宋大桥至小刘庄的无名河西岸构筑阵地。

6 时，敌五十四军已由津浦路的张集出发；其先头部队约两个营，分两路向西推进。8 时许，敌先后与我十二团小部队在新桥，前后苏庄接触，我前哨部队节节抗退，至 11 时许，退至胡家凹。敌继续西犯，占我北宋庄、面朝及后店子等地，

后即被我阻击在小李庄、宋大围阵地前。

12 时，敌左翼一个团与我六纵驻界沟沿的部队接触，经一小时激烈战斗，敌突破。该敌于 16 时，协同其右翼部队，向我前后宋荒、宋大圩、小宋庄发起进攻。我部队因见友邻撤收，意志动摇，未作坚决抵抗即擅自撤出阵地，在宋大桥、宋大围、戴家庙一线阻击敌人进攻。是日夜，我与六旅对调防地，于 22 时转移至侧河北岸移防。此后，我与敌展开了逐村的机动防御，制止了敌人前进，并使敌人每日遭我有力杀伤，这样相持了一星期之久。

14 日，我旅为配合豫皖苏保卫高王集，主动由自己阵地抽出 11 团，向南姚庄侧击敌人。该团经 15 里路急行军，将敌五十四军一九八师五九四团全部击溃，击伤敌坦克 1 辆，毙敌 200 余人，并俘敌一部。

15 日，我主力全歼黄维兵团 125000 余人，活捉了匪首黄维。李延年吓破了胆，当夜敌分数路向淮南逃窜。

经一个多月的激战，战役至此结束。我共毙俘敌 2569 名，缴获大批军用物资。我牺牲十二团副团长刘杰、三营营长宁侠以下等 1128 人。

摘自《千锤百炼——中国人民解放军陆军第二〇五师简史》，1981 年，第 102—103 页

宿怀阻击战

为阻李延年兵团不使靠近双堆集战场，保证中野歼灭黄维兵团，总前委早于 12 月 5 日即增调中野二纵、华野渤海纵队十一师和豫皖苏军区副司令员张国华率 5 个团（内豫皖苏军区 3 个团、豫西军区 2 个团）赶赴宿怀前线参加阻击作战。

张国华受命后，率部于 12 月 5 日由商丘以东地区出发，经 5 天急行军至 9 日 24 时到达包集附近。将 5 个团区分为豫皖苏和豫西两个支队：豫皖苏支队以豫皖苏军区第五军分区司令员王建青为司令员，第三军分区副司令员邢天仁（现名黄作军）为副司令员，指挥五分区七十一团（该团原属华野八纵二十四师）、二分区一团、三分区三十六团 3 个团；豫西支队以豫西军区第四军分区司令员张显扬为司令员，指挥四分区七十四团、五分区七十五团两个团（这两个团原属九纵二十五旅，张显扬为旅长），于 10 日接替了华野六纵十八师和中野二纵包集至高皇集以东一线近 8 公里的防务。豫皖苏支队在右，配置在豆腐店、前崔庄、小沟沿、蒲庄地区；豫西支队在左，配置在龙王庙、大、小乔庄、楼上、固堆眼地区。要求各

支队坚决阻止敌人于包集、高皇集以东一线。军区前指机关由王幼平主任率领也赶到宿怀前线指挥阻击作战，通知全区今后凡指挥阻击徐州突围之敌的事宜，统由军区后司负责。

淮上地区地形开阔平坦，村落小又多竹篱茅舍，一般无险可守。对手准备有飞机、大炮、坦克，步兵火力也强。其进攻方式一般是先以飞机、大炮实施猛烈的火力准备，继以坦克引导步兵实施冲击。针对这些情况，各支队、团以顽强必守的毅志，采取以村落及其附近有利地形为依托，构成大纵深、大预备队（不少于三分之一的兵力）、支撑点式的野战防御体系；以小分队专打坦克，集中主要力量对付步兵，互相支援，人自为战，英勇顽强，壕壕必争，反复拼杀，实施近战及必要的机动防御等手段，坚决进行阻击。

10日，国民党军战车二团投入战斗，上午8时，以两个团的兵力，在飞机、炮火和十多辆坦克掩护下，向七十一团一营准备接防的阵地前崔庄、孙家圩、豆腐店一线进攻，激战2小时，前沿阵地前崔庄失守，孙家圩告急。七十一团二连附重机枪1个排，随即投入战斗，支援友邻。经1小时激战，毙进攻的国民党军百余人，夺回了前崔庄前沿阵地，就这样一营接下了友邻防地。两小时后，国民党军在9辆坦克引导下，又开始了对二连前崔庄阵地的进攻。坦克突入二连阵地，工事被压毁，情况十分危急。二连立即调整部署，专门组成打坦克班对付坦克，用火箭筒、爆破筒、集束手榴弹连续击毁3辆坦克，其他坦克畏歼逃走，打退了国民党军的进攻。

10日19时，一团接替了五十三团小集附近9个村庄的阵地。24时，国民党军即以1个团的兵力向一团阵地进攻。一团沉着应战，打退国民党军5次冲击。11日凌晨，国民党军遗尸数十具退了回去。

11日上午，国民党军展开了全线进攻。在数十辆坦克掩护下，向两个支队的前崔庄、小沟沿、大、小乔庄、园上、楼上等前沿阵地猛烈进攻。在国民党军开始进攻后，豫西支队七十四团守小乔庄的1个连撤守肖、丘庄，园上的1个连撤守大乔庄，楼上阵地突出了。9时20分，国民党军从园上、东、西松林3个方向向据守楼上的七十四团二营进攻，经4小时激战，二营打退了对方多次冲锋后，撤出阵地，楼上遂被占领。至此，大乔庄阵地处于三面受击的情况。国民党军集中3个团之多的兵力向大乔庄进攻，七十四团的一个连连续打退其4次冲锋后，撤出大乔庄。大、小乔庄先后被占，国民党军随即以1个团的兵力，在6辆坦克支援下，向一团阵地攻击。先以坦克轮番导引，后以坦克梯次列阵集中火力破坏一团前沿工事，并以机枪压制一团火力，支援步兵连续冲锋，都被一团以短兵火力击退。一团阵地前筑有宽阔的防坦克壕，设有鹿砦，置有麦秸、汽油，可随时点燃，并组织有打坦克小分队，专门对付坦克，所以国民党军坦克的威力难以发挥。如此激战约3小时，一团阵地岿然未动。下午2时，国民党军步兵增至2个团，调来坦克20余辆，仅以1个营正面钳制一团阵地，而以主力分由两侧翼，并以1个营向一团阵地左侧后迂回，展开猛攻。上有飞机连番低空轰炸、扫射，地面坦克集群突击，步兵一波一波冲锋。下午3时许，一团左翼一营前邱庄阵地被突破，被占领。一营退守张小集。下午4时，以一、二连向前邱庄反击，夺回阵地。后经激烈争夺，伤亡惨重，前邱庄阵地再次被占。与此同时，一团右翼二营阵地李庄，经反复争夺，也被占领，二营退守牌坊。至此，三营据守的小沟沿、王庄阵地，暴露于国民党军3面攻击之下。豫皖苏支队当以三十六团七连向三营增援，但此时三营小沟沿阵地遭燃烧弹射击，已成一片火海，支队改令七连掩护三营撤回一团团部所在地小集。国民党军占领一团一线阵地后，即集中兵力、火力向小集进攻。一团英勇拼杀，打退国民党军多次冲锋，奋战到黄昏以后，奉命撤出小集阵地，一团在一天中毙国民党军390余名。与此同时国民党军向七十一团一营据守的前崔庄的进攻，始终未能得逞。11日，双方主要争夺前沿阵地，除前崔庄外，两个支队的前沿阵地均被占，一团部队伤亡很大，被调往高皇集西北之张庄休整。

11日晚，豫皖苏军区前指根据国民党军的攻击重点指向豫皖苏的豫西两支队接合部，企图实行中间突破的态势，调整了部署：七十一团一营阵地由华野部队接替；七十一团二营至小集以西之老西庄、张庄、余庄占领阵地，封锁一团留下的缺口；三十六团北移张乔庄，保障七十一团右侧后安全；新调来之中野二纵十一团在高皇集构筑第三线阵地，以增大防御的韧性，归豫皖苏支队指挥。豫西支队七十四团加强固堆眼阵地工事，七十五团加强龙王庙工事，准备迎接国民党军次日的进攻。

12日晨6时，国民党军开始向固堆眼阵地进攻，七十四团连续打退其2次进攻，国民党军实施第3次进攻时，阵地被攻占。接着国民党军向肖、丘庄阵前进攻，因该阵地三面受敌，给以杀伤后，主动撤出该阵地；国民党军继续向龙王庙、庙前姚庄阵地进攻。

12日中午，为防国民党军从两支队之间突破阵地，前指决定调整部署：调七十一团二营至崔大郢、蒲庄、沈庄构筑二线阵地，堵住可能在两支队之间出现的缺口，二营阵地由三十六团三营接替。三营开始向前运动时为国民党军发现，即以炮火拦阻，三营冒敌火前进，接替了老西庄、张庄、余庄阵地。但国民党军乘三营立足未稳即行进攻，三营与之反复拼杀，争夺至晚，全营 450 人只剩下 83 人，百分之八十的干战伤亡，弹药打光，撤出阵地。

13 日大雾，国民党军于 8 时半开始向龙王庙、庙前姚庄阵地进攻。9 时发起第一次冲锋，根据 11、12 两日的经验，七十五团已构成集团式工事，在工事两侧还构筑了火力阵地，派干部专门掌握火力（七十四团在小姚庄也构筑了集团工事），主要对付国民党军的集团冲锋。国民党军在每次冲锋后紧接着增加兵力进行又一次进攻，最后增至 4 个团，分 7 路向七十五团阵地进攻。七十五团进行了顽强的防御，4 次以火力打退了国民党军的冲锋，3 次以反冲锋、肉搏战将其击退。战至下午 3 时许，七十一团沈庄阵地失守，国民党军从沈庄以 1 个团侧击庙前姚庄，而七十五团部队弹药已打光，该团团长亲率九连增援，以刺刀杀退迫近庙前姚庄之国民党军，接应部队撤出阵地。

国民党军在进攻七十五团阵地的同时，以 1 个排进到七十一团二营阵地前，被二营以 1 个排的阵前出击所消灭。下午国民党军先以两个营向六连防守的沈庄进攻，因该庄地形不利，该连予以大量杀伤后，主动退入蒲庄，与五连共同防守。13 日晚，七十一团奉命以三营乘夜幕进到庙西姚庄，以一营进到南姚庄，占领第三线阵地，准备迎击国民党军次日的进攻。

14 日 8 时，国民党军攻占小姚庄后，集中力量向七十一团阵地进攻。10 时许，开始进攻，先以 1 个团后增至 3 个团向蒲庄、崔大郢攻击。据守蒲庄之五、六两连，反复与之拼杀 4 个多小时，六连仅剩下干战 11 名，于 14 时左右在营长率领下撤入崔大郢，全营共守该阵地。国民党军继续向崔大郢进攻，于 14 时后突入该村。二营寸步不让，寸土必争，在阵地内以短兵火器、白刃格斗与国民党军拼杀近两个小时，国民党军终于力穷不支，退出崔大郢。二营乘机反击，恢复蒲庄阵地。是役国民党军遗尸 300 多具，二营也伤亡 200 余人，遏止住了国民党军的进攻锋芒。

国民党军进攻二营阵地的同时，以 8 辆坦克、两个多营的兵力向七十一团一营阵地进攻，一营击毁坦克两辆，坚守了阵地。

14 日晚，前指调七十四团二营至高皇集、庙西一线构筑工事，以加大整个阻击阵地之纵深。

15日，国民党军的攻击矛头主要指向庙西姚庄七十一团三营阵地。8时许，出动十多架飞机狂轰滥炸，以18辆坦克支援两个团向庙西姚庄之东北、西北两个方向钳击，突入了三营阵地。三营除集中力量对付其步兵外，各连都组织有专门分队打坦克，一时间形成了步兵围歼坦克的壮观。在不到1小时内击毁敌坦克5辆，打掉了国民党军借坦克耀武扬威的气焰。

下午1时，支队以十一团两个营、七十一团一营三连增援三营，将突入三营阵地之国民党军压了出去。下午4时，支队炮群进行了半个小时的炮火准备，由十一团、七十一团三连及三营分4路实施反击，国民党军仓皇向东南方向撤退，反击部队一举恢复了龙王庙、固堆眼阵地。是役俘国民党军200余名。

15日晚7时，黄维兵团被全歼。宿怀阻击部队决定诱敌深入，争取歼灭李延年兵团一部。16日上午，国民党军的飞机、大炮向阻击阵地狂轰滥炸，步兵也向前推进，阻击部队遂后撤，但国民党军前进不到2公里即掉头南逃。7天阻击战遂告结束。7天战斗豫皖苏、豫西5个团共毙、伤、俘国民党军4000余名，自己也付出了近2000人的伤亡代价，在包集、高皇集一线阻住了李延年兵团，保障了围歼黄维兵团的胜利。

摘自中国人民解放军西藏军区编印《豫皖苏军区战史》，1992年，第155—162页

渤海纵队蚌北阻击战

12月9日，渤海纵队新编第十一师，奉华野第六纵队命令，以十八团配属给第十八师在包家集一带，占领阻击阵地。以第十七团、十九团为第六纵队预备队。11日黄昏，该师（欠十八团）在包家集东南进入阻击阵地，以十七团进入张庄、孙圩子、豆腐店、崔庄地区担任阻击任务。第十九团为预备队，位于孙庄、吕庄、东南园地区。当时正值严冬，天气突变，雨雪交加。这样的恶劣天气，给部队进行作战准备，特别构筑阻击阵地，带来了很大的困难。但是，为了保障围歼黄维兵团作战的胜利，全体指战员都牢记着纵队领导提出的"不怕疲劳、不怕寒冷"、"一分工事一分战斗力"和"工事筑的好，不怕飞机和大炮"的战斗口号，战斗士气旺盛，杀敌心迫切，把构筑好阻击阵地，打好阻击战，确保围歼黄维兵团的胜利，已成为全体指战员坚强的共同战斗决心。

12月12日凌晨4时，敌李延年兵团，先以炮火向我新编第十一师的阻击阵地轰击，紧接着火神庙方向出动坦克13辆，掩护密如蚂蚁的步兵，以我张庄阵地为

突破口，作猛烈的集团冲击，遭到我坚守张庄阵地的第十七团四连坚决抗击，经过一阵激烈的混战拼杀格斗，给敌人以重大杀伤，打退了敌人第一次冲击。紧接着不到 20 分钟，自恃兵力、武器优势的敌人，又疯狂地向我发起了更为凶猛的冲击。在一天内敌人连续向我发起了十几次冲击，均被四连击退。其战斗的艰苦和激烈程度是空前的。当时，阵地上硝烟弥漫，敌尸垒垒，雪地染红。全连指战员意志坚定顽强与敌拼杀中付出了重大伤亡代价，其顽强战斗精神可歌可泣。

第四连连长刘思如同志，在上午 10 时身负重伤，不肯下火线，跪在雪地上坚持指挥全连作战直到牺牲。连指导员郭振武挑起了指挥作战的重担。他把轻伤员组织起来，把刚俘虏过来的蒋军士兵，经过简短动员编入班排内，继续与敌人作战。下午 2 时，一小股敌人突入我张庄阵地内，该连指导员郭振武同志大喊一声：拼呀！接着带领战士扑向敌人，与敌人展开了肉搏战，以极大的勇猛和顽强战斗精神压倒了敌人，吓得敌人魂不附体，掉头逃窜，我阵地完全恢复了。可是连指导员郭振武同志，倒在血泊里再也没有起来。激烈地战斗仍在继续的进行，副连长杨孟州同志，刚刚接替了连指导员郭振武同志指挥又牺牲了。在这种极为危难的战斗情况下，排长李祥同志挺身而出，接替了全连指挥，指挥着全连坚持阵地，坚决阻击敌人。此时四连战士已牺牲大半。活着的又大都负伤。然而，他们怀着有我无敌、人在阵地在的坚强信念，以难以想象的毅力，忍受着伤痛，顽强的战斗。就这样，这个英雄的连队，在一天战斗中，在黄昏前全连只剩下两个人，表现出无比英勇和对党的事业高度的忠贞，这种精神可敬可佩。

该团二营五连、六连在孙圩子阻击战斗中，打得也十分艰苦顽强。全营在 12 日的全天阻击战斗中，共歼敌 1000 余人，守住了阻击阵地，打退了敌人若干次疯狂进攻。但也付出了全营仅剩下 40 人的代价。

12 月 13 日晨 8 时，敌又向第十九团孙庄阵地作试探性进攻被我击退。尔后，敌我在阵地前形成对峙状态。直到 12 月 15 日国民党黄维兵团（十二兵团）在双堆集被我全歼。至此，新编第十一师配合兄弟部队胜利完成了蚌埠西北阻击国民党李延年、刘汝明两个兵团北犯的任务。该师于 12 月 21 日归建，开赴围歼杜聿明集团前线，执行新的作战任务。

摘自《第三十三军建军作战史概述》（1947.10—1949.8）（征求意见稿），1990 年，第 21—23 页

文件选编

华野六纵阻击李延年兵团命令

（12月9日下午5时于张庄本部　淮字第四号）

一、蒋匪黄维兵团被我中野包围后，邱、李、孙兵团图弃徐州南下援黄，被我华野包围于砀山以南永城东北孟集、薛家湖、张大屯地区，现孙元良兵团已全歼，孙俘虏，李弥兵团已大部被歼，邱兵团已歼其一部，黄兵团连日来被我中野歼其大部（约12个团），现在连续围歼中，蒋为挽救黄、邱、李、孙兵团的命运，故命李延年兵团四五、九九、三九军，重返北援，积极侧应黄维作战，三九军昨（8）日已进占张八营、程乔、李板乔、孟家岗、古城、大小新庄之线，九九军昨日进占离小店、小崔家线，五四军除以一部昨（8）日进占陈家油房、十姓庄、罗庄、陈家圩线，主力仍在宋家乔、刘庄一线未动。

二、为有力阻击匪李延年兵团北援，确保中野、华野围歼邱、李、黄兵团侧后安全，奉刘、陈、邓、粟命令以六纵、二纵、渤纵十一师、豫皖苏独立旅及六分区独十一团组成以现阵地（为最后阵地）坚决阻击北援之敌，为此，特将各部任务区分如下：

（1）二纵除一个旅位于澥河北岸以一部控制澥河铁桥外，余以沿河北岸筑工阻击敌过澥河迂回我侧后，该纵主力位于澥河南岸以潘家庄、苏庄、三门崔、肖家、钱家、李家庄、崔瓦房、前乔家、小乔家、邱肖家、崔庄、大沟北崔、许家、王大郑、王圩集地区，筑工阻击具体部署由陈、范、钟决定。

（2）六纵除以纵队侦察营配合六分区独立团进入浍河以南怀远西北地区积极伸到怀远公路两侧活动，肃清该地区土顽打击敌交通，配合正面作战，该纵主力位于何集以南腊条陈、连油房、冯并子、大杨庄、老乔口、王巷子、刘庄、赵家沟、苏家湖、崔家园、苏家庙、包家集、小集、程庄地区配置筑工防御。

（3）豫皖苏独立旅，务于本（9）日晚，进到包家集以北寨前、前罗园、东罗园、圩庄、西庄、沈庄、姚庄、龙王庙、姚王、高王庙、乔口、崔庄、张庄、王庄、后陈家、陈家园、东岳庙、年小圩、大沟集、姚庄、宋家圩地区配置阵地筑工防御。

（4）渤纵十一师务于10号拂晓前进到瓦童集以南，离王庙、陈集以北地区集结，该部进到指定地区后有随时配合二纵阻敌任务并准备在有利情况下配合正面阻击部队出击敌人，具体动作视情况发展另告。

三、各部按以上指定防御地区，应作具体部署并注意以上〔下〕几点：

（1）阵地前沿应组织精干小部队积极活动，保持与敌接触，不打到一定程度不要撤回，尽量阻敌前进时间及消耗敌人精力。

（2）在防御主阵地前面应加强工事和鹿砦，务求坚固，不使敌一攻就破。

（3）各部队防御阵地，应注意互相间联络，特别是相互结合地方，避免有空隙使敌有机可乘。

（4）在指定地区内，除加强主阵地外配备加强工事后注意纵深配置，做到起码有三线阵地。

（5）现已发现敌人敢于拂晓、黄昏攻击，各部应注意在主阵地内组织有力部队，掌握有利时机给敌短促出击，求到在阵地前杀伤敌人，保持原阵地。

（6）各守备部队，自动及重火器应配备在主阵地适当位置求得在敌攻击时以火力杀伤敌人。

四、各部后勤位置规定如下：

（1）二纵后勤以姚集西北赵庄、张庄为中心集结。

（2）六纵后勤以瓦童及西北方店子，东北路大庄、夏大庄为中心集结。

（3）渤海十一纵位于瓦童集以北丁围子为中心集结。

（4）豫皖苏以万店子以西吕沟崔为中心集结。

（5）在华野伤员转运站未到任桥集之前，各部自行抽派一个卫生所或室位于胡沟集以北求其先转伤员转至河北，待通知转华野医院。

（6）各部给养望派人与六纵后勤部何部长接洽解决。

五、通讯联络规定：

（1）口令、信号以华野规定战字第二号自即日起使用之。

（2）本部于张老邓（瓦童集西南约10里）设一总机，各部均向该总机接线联络。

六、我们本（9）日晚移住崔家圩指挥。

此　　令

司　令　王必成

副司令　皮定钧

政　委　江渭清

参谋长　赵　俊

附注：

（1）各部队在执行此任务中，应在全体指战员中作深刻的动员，以坚决动作阻击敌人前进，我们要有与敌庄庄抗击寸土必争精神准备，保障主力歼灭邱、李、黄兵团的安全。

（2）各政治机关应派人与当地群众进行宣传解释，说明我们做工事重要意义，使其群众不起反感，但部队应注意尽量少糟蹋群众庄稼及果木树、农具。

摘自《华野六纵阻击李延年兵团北援的命令》，1948 年 12 月 9 日

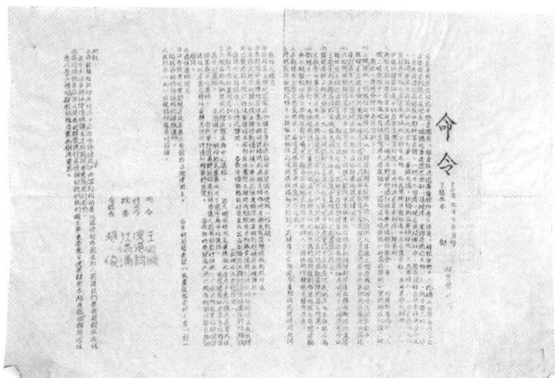

◀ 华野六纵阻击李延年兵团北援的作战命令

▲ 华野六纵十七师副师长陈仁洪在观察敌情

▲ 华野六纵十八师师长饶守坤

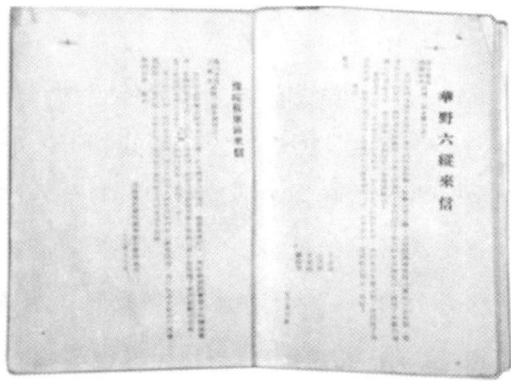

▲ 华野六纵、豫皖苏军区部队给并肩完成阻击任务的中野二纵的信

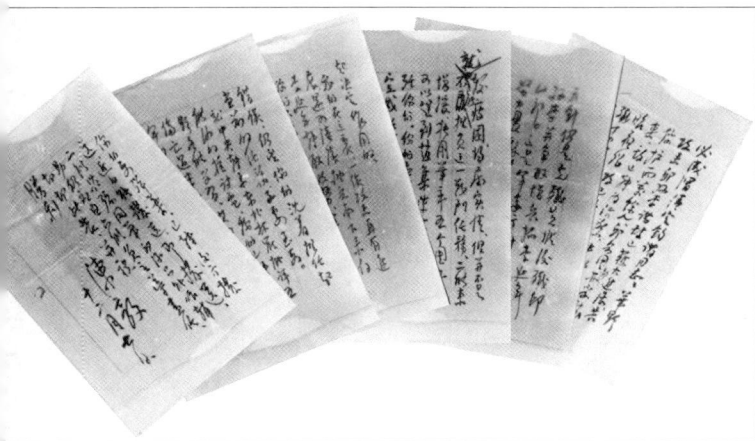

◀陈毅司令员于 1948 年 12 月 7 日写给华野六纵司令员王必成、政治委员江渭清的信。12 月 4 日，蚌埠李、刘兵团集中 8 个步兵师，在蒋纬国战车二团的支援下，向华野六纵阵地发起全线攻击。开始，六纵孤军奋战，战斗打得非常艰苦。陈毅写信鼓励部下沉着、镇定、坚毅、灵活地应付可能发生的一切，要求六纵咬紧牙关，不叫苦、不怕困难，抱着牺牲大部的决心与敌拼斗。六纵将士没有辜负首长的期望，在战斗中以血肉之躯筑起一道钢铁长城，与增援部队结协作，打退国民党军一次又一次的进攻，圆满完成了阻击任务

决心与敌人拼斗！！华野六纵要有党军的英雄气概
陈军长①来信指示：指挥员和干部的沉着、
镇定、坚毅、灵活是起决定作用的！

我纵与各兄弟纵队一致协同之下在南线顽强的阻击了当面的敌人，配合了中野围歼黄维兵团及北线华野主力聚歼杜（聿明）、邱、李、孙匪部的不断胜利，军首长及各线兄弟纵队都对我们寄予极大的企望与关怀。

陈军长12月7日亲笔来信指示：除了深信我纵能够担负起当前的阻击任务外，并鼓励我们要发扬党军的英勇气概，咬紧牙关，不叫苦，不叫困难，以自我牺牲的决心与敌人拼斗，而特别着重指出："指挥员和干部的沉着、镇定、坚毅、灵活是起决定作用的！"

我全纵一切指挥员、战斗员、工作人员，认识了在这个决战性质的战役，在这个长江以北最后的、最为重要的一仗中，要力争全歼当面敌人，达到基本解决中国问题，就应该一致响应与坚决执行陈军长这一个英明的指示。

我纵在一个多月的连续作战以来，固然，部队比较疲劳，骨干较前减少（已在战斗锻炼中出现新的骨干），新成分较前增多，但卅几天的战斗证明，我们仍然有着坚强的战斗能力，我们有能力继续担负起关系全局的重大的阻击任务，虽然各兄弟纵队协同配合增援了阻击力量，但主要艰巨的任务仍然应该由我们来担负才对。只有无畏的共产党党军的英雄气概，才能忍受不是常人所能忍受的艰苦，才能担当不是常人所能担当的责任。

我纵有着如像五〇团九连坚守石桥子7昼夜的顽强范例；有着如像四十七团陈集战斗中5个连击退敌人1个团反复进攻，毙伤敌五六百人的英勇事迹；有着如像五十三团四连指导员吴梦杰率领下的勇士，夺回高老家，收复阵地，转危为安的勇猛精神；以及其他无数尚未表扬到的典型范例。这些范例就是我纵英勇气概的榜样，我们应当大大的发扬与学习。

但是，在我们少数单位和个别指挥员及干部中，却因为疲劳而表现得松懈，伤亡较大而决心犹豫，骨干减少而不必要的过多顾虑，战斗连续和激烈而产生思想上的不稳，开始有些牢骚、叫苦，或对兄弟部队埋怨打得太慢。这些都是不必要的，都是错误的，应立即加以纠正。

---

① 编者注："陈军长"为华野司令员兼政治委员、中野副司令员陈毅。

　　只要我们指挥员和干部能够首先坚毅、坚定，而且反复的向部队进行动员，说明我们的战局一天一天在胜利的进展，北线杜、邱、李、孙匪部和黄维兵团的全部被歼是肯定的、很快的了，我们南线的转守为攻亦即将到来。在最紧张的决定关头，我们要不惜一切，以自我牺牲的精神来服从全局的胜利。只要我们不惜代价，不怕缩编建制（将来一切问题容易解决），组织好现有力量，一个骨干带好几个新的，抓紧溶教新战士，只要我们干部接受经验，改进战法，沉着镇定，坚毅灵活，我们完全有信心可以坚决战斗到底，完成阻击任务，并大量的杀伤敌人！进而转守为攻！

　　全纵一切指挥员和干部振作起来！要有党军的英勇气概！决心与敌人拼斗！！

摘自华野六纵《火线报》第 260 期 1948 年 12 月 13 日

华野六纵写给中野二纵的信

陈司令员、钟副政委[①] 并转二纵全体同志：

　　欣闻你们参加到东线来，与我们并肩作战，阻击北来之敌，以保证围歼黄维兵团的安全作战，而争取全役的胜利，我们是无任欢迎，和无上兴奋的！你们创造了伟大的中原解放区，歼灭了无数的强敌，以常胜之威，前来参战，李刘鼠辈，当遭痛歼也！

　　你们是老大哥，具有丰富的作战经验，和名闻全国的模范纪律，我们是非常向往的！并愿为了向你们学习，特派本部民运部长魏翘南同志前来联络，祈赐予接洽，并请给以指示，为盼！

　　致以

敬礼

王必成
江渭清
皮定钧
谢胜坤
12 月 6 日

摘自中野二纵政治部《淮海一月》，1948 年 12 月，第 8 页

---

　　①　编者注："陈司令员、钟副政委"为中野二纵司令员陈再道，副政治委员钟汉华。

豫皖苏军区写给中野二纵的信

陈司令员、王政委[①] 并转二纵全体同志：

这次奉命阻击援敌李延年兵团，在你们有力的协同，特别是你们十一团在姚庄阻击战中的积极配合，使我们完成了党给我们的光荣任务。这种兄弟部队的伟大阶级友爱不仅鼓舞了我们杀敌的勇气，而且使我们向老大哥学习了优良的战斗作风，提高了一步。

现在为了任务，我们握手告别，深以不能更多机会向你们虚心学习为憾。希以后多多给我们指导与帮助，临风告别，不能往送，谨向你们致阶级友爱的敬礼并祝福

你们健康、胜利！

张国华暨豫皖苏军区全体指战员

12 月 18 日

摘自中野二纵政治部《淮海一月》，1948 年 12 月，第 9 页

▲ 在蚌西北阻击战中，共产党员带头表决心

▲ 华野六纵为贯彻陈毅给阻援部队的指示信发表的社论

▲ 华野六纵直属队政治处主任贺梦先（右起第二）率干部战士修筑工事

▲ 华野六纵四十七团在仁和集至大王庄一线构筑工事

▲ 解放军阻击李延年兵团的工事

---

① 编者注："王政委"为中野二纵政治委员王维纲。

战术研究

华野六纵关于军事指挥战术技术及战斗作风问题

为确保战役中的主攻歼敌方面的侧后安全，我们阻援部队首先应具有服从全局胜利的思想极为重要，这样才有坚强的决心克服一切困难，执行阻击任务，才能奋发全体与敌逐村争夺，不让敌人前进，使主攻方面赢得足够时间歼灭敌人。这次在南面阻击李、刘兵团的 15 天中，我们深深体验到这一无限力量，但另一方面单有服从全局牺牲小我的精神，而无充分的做好各种阻援的准备亦是不成功的，只有预先控制有利地形，构筑坚固阵地，实行重点防御、步炮协同等才能致胜敌人，虽然我预先没有争取先机之利全部控制全部浍河要点，可是我们控制了一部分（如十七师控制了石桥子、王口子，十八师控制铁桥）则大大减少防御兵力，使敌在开始几天中受到极大的限制无法前进，而且毙伤敌人又多。到第二周争取时间构筑第二线坚固阵地（如新集、包家集、刘庄、石楼等），使敌人六七天尚未突破该线，直至守住到中原歼灭黄（维）兵团为止。但要守住阵地，利用有利时机出击敌人又非常重要，开始我们只有小的反击，后来得到兄弟纵队（如豫皖苏及渤海纵队等）生力军增援，组织较大的侧击，结果给敌创伤较大，使敌不敢轻易前进，同时阻击任务关系全局影响极大，应当要很客观将敌我具体情况不断反映给上级，这样才能及时得到上级的指示，以增援新生力量。因此，这次能完成阻击任务，首先应该归功上级英明指挥与兄弟纵队有力的增援。

摘自华野六纵党委会《淮海战役第一、二阶段综合报告》

中野二纵六旅蚌西北阻击战

部队经过 3000 里的长途行军，疲劳没有恢复，又经过七八天对十二兵团的压缩，日夜构筑工事，未得休息，接着又以两天行程转入阻击……

战场特点及敌人特点：

一、津浦路西、浍河以南地区地形特点是村庄稠密而小，普通村庄几十户或十余户，草房不坚固，容易燃烧，住户零散，多半面街（北面），村边水沟多（多在南面），但不成水围子，野外沟渠纵横，有水的很少。

二、敌五十四军作战特点：

（一）主攻方向遇阻后，留一部佯动，集中主力向我侧翼弱点（结合部或不利地形）突击，而后转移兵力，夺取我主要阵地。如绕过潘家庄、苏庄攻我陈围子、三门崔，而夺取何集。避开小庙东、柿树园攻我松林、崔楼子，而后攻占新集。

（二）善于拂晓以前完成兵力、火力部署，天明后，以小部队威力侦察我部署及火力点，以炮火掩护火力队（轻重机枪小炮）运动至我阵地前沿一二百米处，构筑火力阵地，然后步兵以集团队形运动至冲锋出发地，集中优势炮火射击我阵地前沿，压制摧毁我火力点。步兵发起冲锋，冲锋时分数个纵队，亦成集团队形，由督战队往上赶，但攻击精神并不顽强，突击不成，亦不退回，立即增加第二、第三梯队，实行连续突击。

（三）采取稳步前进，攻占我某一阵地后，能及时增加预备队防我反击，并以一部扩张战果，如追击不成，立即改为小部队与我保持接触，查明情况后，再行动作。

（四）常以便衣混入逃难群众中侦察情况，被我发觉立即缩回，有时夜晚小部队到我阵地前沿观察地形拉鹿砦开其进攻道路。

（五）步炮协同火力配合较熟练，步兵能以烟幕弹指示炮兵目标，火力转移亦快。

战役经过概况：

一、11月24日至12月4日，我旅在压缩黄维兵团的战役中未担负主要任务，仅有两次小接触。

二、12月4日，我两个团（十六团归纵队指挥）以两天行程于6日拂晓抵津浦路澥河北岸，沿河阻击敌人。当日10时，与北犯之敌五十四军隔河小接触，当晚十六团归建，我接四旅宋桥、三门代家之线防务。南靠华野六纵，北依澥河（我防交四旅）。次（7）日上午，敌五十四军八师攻我宋桥、代庙、三门代家后，12时，以二十三团三营攻我十八团一营阵地潘庄，被击退。8日，敌人改由陈集向西进攻，图迂回何集，占我陈围子、罗庄、小张庄3村。当夜奉命，主力移至东崔、崔楼、前后桥家一线构筑工事，留一部做移动防御。9、10两日敌人与我留置部队战斗数次，10日夜，豫皖苏部队接我崔楼、松林、崔瓦房一段防务。11日，崔楼、崔瓦房失守，我柿树园、新集、小庙东阵地均受威胁，乃将柿树园、小庙东撤收。当夜奉命坚守新集，我以十六团一、三营守新集、乔代庄，以十八团一营守西崔土楼，保护新集侧翼。因当夜天雨，工事不易构筑，而主要是十八团未按命令执行，

12日早敌占土楼菜园,豫皖苏之谷堆沿亦告失守。敌一九八师三九四团向新集进攻更形加紧,接纵队令,将新集、西崔撤收下来,敌乃占领该地。

三、13日以后,敌主攻目标为高王集、包家集,我石家园、官塘崔正面,仅有敌钳制部队活动,15日,黄维兵团被歼时,我阵地仍突出10余里。16日黄昏,当面敌人全线东逃,我24时出发追击,17日拂晓,进至余店子、崔楼地区,缴弹药一部,战役遂告结束。阻击战斗共历时11日,敌人前进20里,大小战斗20余次,毙敌900余人,俘20余名,我伤亡团参谋长以下570名。

几个具体问题的经验总结:

树立积极防御中的进攻精神

1.阻击战的特点是我以少数的兵力阻止优势敌人于一定地区以内,即以一定的地区的代价换取所需的时间,以保障主力作战的胜利。因此,阻击战本身就带有一种被动性和艰苦性,如果处处分兵把守待敌来攻,必致形成被动挨打,所以,必须树立明确的积极防御思想,强调进攻精神,只有积极动作,消耗和消灭敌人,才能完成任务,保存自己。如以小部队在侧翼钳制敌人,组织阵前反击,夜间袭击敌人,捕捉其小部队及哨兵等积极活动,这样才能迟滞敌人,争取时间完成阻击任务。在执行这些任务上怕消耗、怕伤亡,不设法积极打击敌人,必定是吃亏的,只叫喊困难,而不积极想法克服困难的现象是必须克服的,我们也必须从这个观点上去检讨总结这次战斗的动作。

2.阵地编成应采取重点配备,要有主阵地与钳制阵地的互相配合,主阵地应根据地形选择重点,构筑坚强工事,依托这些要点实行交叉火力,以达到面的控制,保持阵地的巩固完整。有些部队在阻击中把工事做成一线,没有重点的按人数平均划分的防守地段,防止到处做工事分兵把守,以为如果哪个地方不派上部队敌人就会从哪个地方来攻,而不知发扬火力,以火力控制该地同样有效。

3.根据敌炮火向我阵地正面集中射击的特点,在兵力和队形上,布置上应将主要的兵力火器位于阵地两侧,正面留置少数部队,待敌接近时以两侧交叉火力射击敌人,防御部队最少须留三分之一的兵力为预备队,位于阵地的侧后或村庄的背敌面,靠房根的交通沟内,以避免过早的伤亡,两侧注意留出出击道路,准备随时反击敌人。

4.选择阵地除根据任务敌情外,必须注意地形的确实侦察,最好选择正面开阔、后方有依托、两侧又能实行火力配合的阵地,并与友邻密切联系才能巩固自己阵地。例如十八团一营在潘家庄击退敌人进攻主要原因之一，即是得到两侧后严家庄、严围子二、三营的火力的支援配合，使敌人从进攻出发地开始运动时，遭受到我重机枪火力的射击。又如十七团一营在三门代家、刘庄战斗就是阵地孤立，两侧火力不能配合，后路太远（5里路）无法交通，炮火又不能支援，没有注意和友邻（左边代庙十八团部队，右边二门代家华野六纵部队）密切联系，不了解他们的情况，在知道二门代家已失守，后亦派小部队控制侧后要点，以致四面受敌而遭受过大伤亡。

5. 退出战斗时，必须根据情况订出退却计划，有组织的轮番撤退，交换掩护，但主要的关键在于干部勇敢沉着的指挥。经验证明，凡是在紧急情况下不沉着发慌失措，不指挥部队打退敌人，不留部队掩护，而企图大家一下摆脱敌人跑下来的战斗，必致形成放羊而无法掌握，遭受过大伤亡（这种伤亡数占全部伤亡数的三分之二以上）。回来时不是部队而仅是指挥员个人，这种战斗对部队影响最坏，因为部队放羊无人掩护，负伤以后就有丢掉的危险。例如：三门代家、新集、西庄等战斗都有这种例子，凡是沉着勇敢，根据当前情况机动处置，如十七团一营政教、十六团三营政教、二连连长组织部队打退敌人冲锋，有计划、有组织的实行有掩护撤退的战斗，都是伤亡很小，甚至没有伤亡，这种教训我们必须接受。

6. 事实证明，积极的援助友邻也是保障自己阵地安全的一种有力动作。如十七团二营在陈围子、罗庄以火力积极援助华野六纵十六师部队，以火力射击进犯陈集的敌人的侧翼，使友邻都对北面毫无顾虑而专心对付正面之敌。次日下午，敌人攻我小张庄得到华野援助（在一个战场上互相抢救伤员），使我能一直坚持到天黑。又如十八团三营在石家园派出部队援助友邻（豫皖苏部队），用火力袭击进犯龙王庙的敌人，使龙王庙坚持时间延长，也就是巩固了石家园的阵地。这样，代价实际上是小的，如果均从本身怕伤亡、怕消耗出发不援助友邻，友邻丢失阵地，自己就会马上挨打。这是消极被动的，应该克服的。

第六旅：旅　　长　周发田

政　　委　刘华清

参谋长　王树堂

摘自中野二纵六旅《淮海战役总结报告》，1949年1月20日

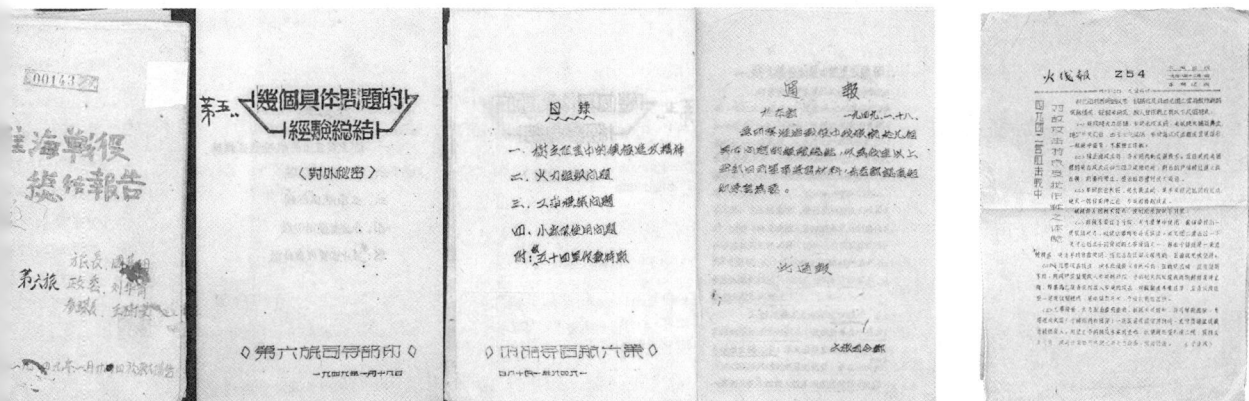

▲ 中野二纵六旅 1949 年 1 月 20 日编印的《淮海战役总结报告》。该报告总结了六旅在淮海战役第二阶段由包围黄维兵团到转为阻击李延年兵团战斗经过和战术检讨。其内容包括：当时部队所处情况；战场特点及敌特点；战役经过概括；战役主要检讨；几个具体问题的经验总结

▲ 华野六纵《火线报》刊载四十九团二营蚌北阻击作战体验

华野六纵四十九团二营阻击战中对敌攻击特点及我作战之体验

蚌北阻援战开始以来，根据近 9 日四九团二营与敌作战的实际情况，经初步研究，敌人在作战上有以下几个特点：

（一）进攻时火力很猛，步兵未攻击前，先以炮火猛烈轰击，掩护步兵前进。由于士气低落，步兵每次攻击都成密集队形，一起硬冲过来，不敢独立作战。

（二）除正面攻击外，并采用两侧迂回战术。5 日，共约两个营的兵力攻击我四九团五连阵地时，侧后的尹塘被迂回之敌占领，前面的陈庄、曹家坂即遭到很大威胁。

（三）步炮配合较好。炮火轰击时，其步兵即开始向前运动，炮火一转移或停止后，步兵即发起攻击。

根据敌人的战术特点，我们应采取以下对策：

（一）部队不要过于分散，火力要集中使用，营指要控制一定机动兵力，以便必要时援策或出击。四九团二营 5 日一下失守 3 个庄子的阵地的主要原因之一，即由于阵地是一条直线撑出，兵力平均分散使用，因而当敌迂回突破两侧，正面就无法坚持。

（二）千万要沉着抗击，决不应被敌火力所吓倒，在敌炮击时，应当隐蔽不动，同时严密监视敌人步兵的动作，当敌炮火向纵深或两侧转移或停止时，即要马上

准备应付敌人步兵的攻击，对敌射击不要过早，应当俟敌进至一定有效射程内，集中猛烈开火，予敌以有效杀伤。

（三）工事设备、火力配备要有重点，根据天然地形，并可插设鹿砦，多带短兵火器（手掷炸药和榴弹），一俟敌靠近鹿砦阵地时，充分发挥短促威力杀伤敌人。地堡工事的构筑亦要有重点，以集群地堡形成二线，发扬交叉火力，同时注意加强两侧工事火力设备，防敌迂回。

（于逢源）

摘自华野六纵《火线报》第 254 期 1948 年 12 月 8 日

华野六纵四十九团淮海战役第二阶段整理组织工作

（一）当时部队状况

由于淮海战役第一阶段中老骨干伤亡消耗较大（全团共计伤亡 648 名），建制大部分打烂，虽然仍保持着 3 个营 9 个步兵连的建制，但实际上 1 个营仅有 1 个步兵连 3 个排，一个连平均仅有一个排两个班的建制。例如：一营的一连、二营的四连、三营的七连均不足两个班。战役第一阶段结束后，补充了大批新解放战士，没有时间进行教育，当时又接受了南线阻击任务，部队的顾虑很大，普遍认为新兵多、老兵少，不能再打，对阻击战更没有信心，认为新兵多，指挥不动，干部伤亡部队就要垮。例如：三连排长陆可如、四连副连长徐家才说："这样多的新兵打阻击可没有把握。"

（二）整理组织经过

根据以上情况，为了便于完成南线阻击任务，同时欲在不妨碍战斗任务的情形下做好溶俘工作，因此领导上对整理组织采用了重点配备加强突击连队与二线溶俘，掌握后备力量及结合动员解释、纠正右倾情绪等方法。

首先根据当时部队情况，将全团 9 个步兵连根据各连新老成分对比及战斗力的强弱划分为一、二、三等连队，三、五、八连为一等连队，二、六、九连为二等连队，一、四、七连为三等连队。有重点的配备一等连队的战斗力，除原有的老战士外，并动员抽调机关及机枪连的老战士补充一等连队，使一等连队老战士占绝大多数（三分之二），新战士仅占少数（三分之一）。例如：五连 86 个战斗员中，老战士占 56 个，新战士仅占 30 个。战斗中有伤亡即予补充，迅速及时的恢复和保持战斗力，使其有足够力量和信心担任主要任务。例如：殷唐、陈庄、王巷子等重要阻击任务均由五连担任，在战斗中伤亡48名，即予补充，使五连始终保持着原有的战斗力。

二等连队是担任次要任务的，仅补充少数老战士，新战士的比数是各半，例如：二、六、九连新老战士都是各占一半。

三等连队，新兵多，老兵少，三分之二的新兵，老兵仅占三分之一，三等连队不担任作战任务。主要以溶俘为主，在团的后方进行诉苦，复仇，教育提高新解放战士阶级觉悟，启发其参战情绪，将三等连队作为团的后备力量，准备随时投入战斗。例如：一、四、七连均摆在团的后方集中搞溶俘工作（后来二连也调在后方搞溶俘）。

除了以上调整配备外，为了纠正当时部队中的右倾情绪，团召开了排以上干部会进行动员解释，说明了当时的情况与任务，并严格的批判了右倾情绪思想偏向（当时干部中的右倾情绪较严重，对完成任务没有信心，顾虑个人的生死问题，例如：八连一排长戴正南、九连一排长王家友阻击战中不愿作工事，认为作工事累死不如打死，等等），各营展开了反对右倾思想的教育，才逐步的纠正过来。

（三）主要收获

①由于重点配备加强了突击连的战斗力，顺利的完成了12月2号至14号12天的南线阻击任务。当淮海战役第一阶段结束，准备接受阻击任务时，当时干部对完成任务的信心是很不高的，大部分认为部队打烂不能再打了。经过重新调整，有重点的配备和加强了一等连队以后，及时的恢复了战斗力，干部的信心也因此提高。例如：三连长叶开文、五连连长魏守玉，都这样说："过去认为部队不能打了，这样一调整还可以干一下。"

②由于担任主要任务的一等连队，新战士仅占三分之一，新战士较多的二、三等连队，担任次要任务和留在团的后方溶俘，这样便避免了和减少了新战士因不了解我们之故，在战场上发生动摇或叛变的机会（在整个阻击阶段中真正叛变投敌的只有九连一个新战士）。

③由于一等连队在前面担任着主要的战斗任务，使三等连队有充裕的时间在二线进行溶俘工作（计有一个多礼拜的时间）。完成了诉苦复仇教育，改造了大批新战士的思想认识，启发了新战士的复仇情绪（当时在后方参加学习的209名新战士，在经过诉苦以后大部分自动要求上前线参战），同时干部、老战士对新战士

存在着的顾虑也打破了。例如：四连副连长徐家才、七连二排副李和彬说："经过这次教育，解放战士思想转变了，再打仗是有足够把握了，不会再发生什么问题了。"

④掌握了雄厚的后备力量，使连续作战有可靠的保证：三等连队在经过诉苦以后，新老战士积极性则大大提高，纷纷要求参加战斗，使团的指挥上掌握了一支机动力量，随时可以投入战斗，减少许多顾虑和困难。同时增强了前线作战部队的信心（因为有后备力量可以随时支援他们）。例如：一营营长余华、三连连长叶开文说："前面再打两天，后面的连队完成诉苦教育就可以接上了。"

⑤由于整理组织与动员解释相结合，及时的说明了当时的情况与任务，并批判了当时的右倾情绪，发扬正气，使大家乐意的完成当时的任务。例如：六连排长陈来宝，在听过排以上干部会上时政委的报告后说："不能讲怪话，要把仗打好。"

摘自《华野六纵四十九团整理组织工作总结》

界沟沿阵地为啥被敌突破

四十六团二营在 12 月 6 日防守界沟沿时，阵地遭受敌人突破，其主要原因为在阵地的编成与兵力使用，预备队位置的设立上，思想上照顾了点，忽视了面。如：在二营南面魏店子为一营阵地，当时估计敌人在南面突的可能性少，而在东北与北面、正东突的可能性较大，因此注意力都集中在这两点。五连一个排的预备队也靠近东北角，在向南的工事构筑没有完成，鹿砦的敷设与兵力配备也很薄弱，同时，敌人开始运动时，也是从东北角来的，指挥上更确信了敌人进攻方向为东北，而忽视了敌进攻的一般特点，即正面牵制，两侧攻击。因此一上来时，在正面敌人即以一个连佯攻东北角，反以一个营主攻正南与东南。当敌人突破正南前沿时，一营火力侧援不到，预备队却远在距正南 200 公尺的东北角，又没有交通壕可以利用。因此迅速抽调预备队进行反击，已是来不及了。根据这一教训，首先必须加强两侧工事与兵力，并要有纵深阵地，多敷设鹿砦与各种障碍物，而预备的位置，应放在可以三面照顾的地方，有重点的随时准备应付情况。所在干部，应根据目前部队减员的具体情况，抽不出机动兵力的话，可充分掌握机枪及其他机动火器，以便使用到情况复杂、紧张的某一点去。

摘自华野六纵《火线报》第 262 期 1948 年 12 月 15 日

华野六纵四十七团陈集阻击战中六连为什么打得好主要原因
1. 所有指战人员都有积极歼敌思想；2. 军政工作深入灵活发挥了顽强性

四七团以 5 个连于本月 7 日的陈集阻击战中，击退敌一个团反复进攻，毙伤敌人五六百人。该团六连配合友邻连队抗击敌十倍于己的兵力，在本连阵地上一天内连续击退敌 3 次冲锋，该连仅以轻伤 3 名，毙伤敌 300 余。创敌我伤亡 1∶100 的范例。他们为什么打得这样好呢？主要原因是所有指战人员都有积极歼敌思想，军政工作深入灵活，发挥了顽强性。兹将该连的具体经验介绍如下：

战前充分准备：

他们在战前进行了反复动员，使干部与新老战士都有了积极歼敌思想，大家表示不仅要坚守阵地，而且要大量的杀伤敌人，因此在各方面都做积极打算，都作充分准备。干部在选择筑阵地形上，经过了周密的考虑，在筑构阵地时，虽经过了 4 次转移，连续 3 昼夜未曾睡觉，而他们不顾泥土怎样结实，不顾在树林里树根怎样多，挖好了四通八达的交通沟。门板和木料缺乏，他们便跑到远处去借，把地堡修得坚固适用。干部的指挥掌握上，事先进行了分工，指导员与二排在东北方向的阵地上，副连长与副政指与一排在东南方向的阵地上。将战士战斗力的强弱及新老成分适当配备，划分战斗组，规定每个战士的射击方向。他们并根据地形估计敌人在攻击前进时，碰上水塘必分向两端的鹿砦攻击，便在鹿砦边埋上炸药，使处处可以杀伤敌人。

灵活的战术指挥：

该连是两个排的建制，只有 4 挺轻机、8 支汤姆、20 余根步枪，他们在火力组织与使用的方法是：1. 当敌人向一排阵地佯攻时，他们集中火力打一点，将敌人击退时，发现敌人主攻方向是二排阵地，就迅速的将一排的两挺轻机移到二排阵地上去，集中火力打快攻，把敌人的攻击队形打散了，这时，他们又把火器分散，回到原阵地监视敌人。这样，在一天之内，他们的机枪在交通沟里分散集中各 4 次，既加强了阵地的火力，又迷惑了敌人不知我们到底有多少火器和兵力。

2. 步兵注意了与炮兵的协同联系，步枪班每班抽出一个战士当观察员，当每门炮发射之后，他们帮助校对弹着点。当敌人第二次冲锋进至水塘前一条横沟里的时候，炮兵们就依据步兵报告的情况，在事先测好的距离上进行射击，由于步炮密切联系，所以百发百中。战士们在战壕里大声的喊着："打得好啊！再来一炮！"

战场新老互助：

他们在战场上，进行新老互助，每个战斗组的新老同志，战前已适当配备好了，他们又提出战场即是课堂，大家学，互助学。二班新解放战士吴敬华，个子很矮，站在交通沟里看不到瞄准，他便伏在交通沟边沿上，班长教他瞄准，并告诉他记住："前进的目标，打他的下部，后退的目标，打他的头部。"吴敬华牢牢的记住班长教他的经验，一天中他打倒了3个敌人。在这样互教互学战场的互助下，新老同志都获得了良好的成绩。六班张仁冒，相继射中了十几个敌人。一班副并提出要节省弹药，他说："同志们！咱们的子弹是用血换来的，一颗也不能浪费。"四班新同志尹吉和，瞄准好了300米远外一个扛机枪架的敌人，一下子就把这个敌人干倒了，接着王玉海打中了十五、六个敌人，张近10枪打倒了4个，李新结3枪打中了两个。

群众性的宣传鼓动：

当敌人每次发动冲锋时，正、副指导员告诉大家："沉着点，不要惊慌，要瞄准打，敌人接近我们就拼榴弹！"张仁昌告诉新战士说："我们有工事又有鹿砦，笃定打，没关系。"当敌人火力打得很猛的时候，担架员鼓动大家说："我们的火力比敌人的还要猛，已经把他压下去了，大家抬起头来啊！"

（于庆礼）

摘自华野六纵《火线报》第 261 期 1948 年 12 月 14 日

简介

华东野战军第六纵队

华东野战军第六纵队辖第十六、第十七、第十八师，约 2.5 万余人。由在南方坚持三年游击战争的部分红军游击队发展而来。1947 年 2 月，华中野战军第六师改称华东野战军第六纵队。曾参加苏中、莱芜、孟良崮、南麻、临朐、沙土集、豫东、济南（担当阻援）等战役。淮海战役时参加追击围歼黄百韬兵团和阻击李延年、刘汝明兵团等作战，共歼灭国民党军约2.9万人。1949年2月，改编为中国人民解放军第二十四军，隶属于第三野战军第八兵团。

▲ 指挥蚌西北阻击作战的华野六纵司令员王必成（后左三）、政治委员江渭清（前中）等师以上部分领导

▲ 中野二纵参加了蚌西北阻击作战。图为该纵司令员陈再道（二排右六）、政治委员王维纲（二排右五）等领导

◀ 参加蚌西北阻击作战的豫皖苏军区司令员张国华（前左一）等领导

中原野战军第二纵队

中原野战军第二纵队辖第四、第六旅，约1.6万人。由成立于1938年的冀南军区部队发展而来。1945年11月，冀南纵队在河北省邯郸市编为晋冀鲁豫军区第二纵队。1947年6月改称晋冀鲁豫野战军第二纵队。1948年5月，改称中原野战军第二纵队。曾参加上党、邯郸、定陶、鄄城、滑县、宛西、宛东等战役。淮海战役时转战桐柏、江汉，牵制黄维、张淦兵团，后参加阻击合围黄维兵团和阻击李延年兵团等作战，共歼灭国民党军4000余人。1949年2月，改编为中国人民解放军第十军，隶属于第二野战军第三兵团。

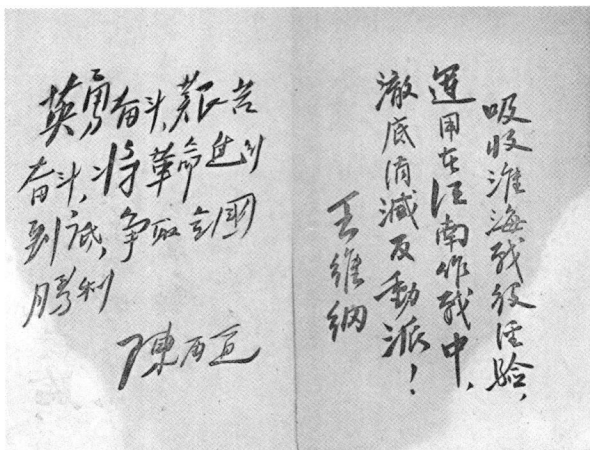

▲ 中野二纵司令员陈再道、政委王维纲为《淮海一月》一书的题词

▲ 中野二纵副司令员范朝利在战役中使用的文件包

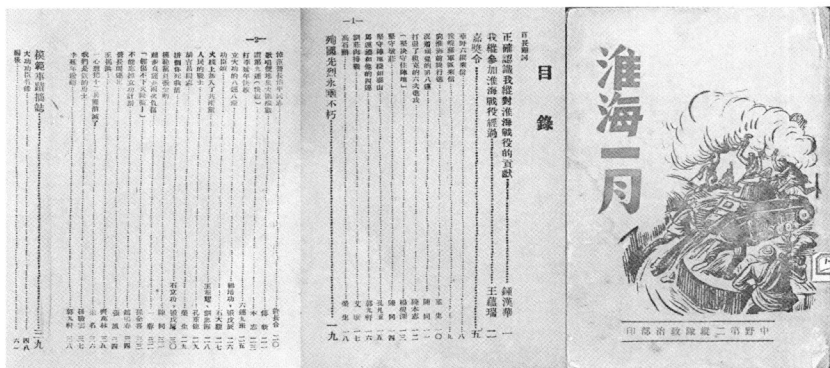

◀ 中野二纵政治部编印的《淮海一月》，记载了中野二纵在淮海战役中的业绩

豫皖苏军区部队

豫皖苏军区部队辖豫皖苏独立旅和几个地方团。1946 年 12 月，以冀鲁豫军区部分武装与淮北军区部分武装合编为豫皖苏军区部队。1948 年 5 月，归中原军区建制。曾参加洛阳、睢杞等战役。淮海战役时配合主力部队参加阻击围歼黄维兵团，阻击李延年兵团、堵截杜聿明集团等作战。1949 年 3 月，独立旅与第一、第二、第三军分区部队合编为中国人民解放军第十八军，隶属于第二野战军第五兵团。

编者整理

国民党第六兵团司令官李延年

李延年，字吉甫，又名益寿，47 岁，山东广饶人。黄埔军校一期及陆大将官班甲级二期毕业，历在第一军充下中级军官，1928 年 5 月 3 日率兵一团，死守济南（有方振武所部一团约七八百人协助），抵抗日寇一个旅团达 3 日，弹尽援绝（此时蒋已退至泰安）乃于夜间突围至泰安，蒋特加奖励，1931 年升任攻城旅旅长，归陈诚指挥，后因与陈不睦，调任第九师副师长，次年升任师长，驻江西参加反人民内战，1933 年冬兼任第二纵队长，辖第三、第九两师，由赣入闽，归蒋鼎文节制，攻击水口，追击蔡廷锴至泉州，次年春进驻龙岩、长汀一带，入秋与我工农红军战于温坊以西之北衣洋岭，惨败，所部三十六师师长宋希濂及第九师旅长谢辅三均受伤，第三师旅长许永相全旅被歼，许被处死刑。

抗日开始，即任第二军军长，辖第三、第九两师北上参战，无甚战绩，至1939 年昆仑关之役，遭受惨败，第九师师长郑作民阵亡，全军溃退，李受降级处分，第九师改为无名师，1942 年李调陕任三十四集团军副总司令并代理总司令，但总司令胡宗南，则藉词延宕，不予交代，后又派李为陕东河防总指挥，临时辖 8 个师，曾于 1944 年春率部参加陕州、灵宝之作战，日降后，调任第十一战区副司令长官，率陈大庆军开山东"受降"，不久其弟李荫堂囤积居奇，紊乱金融，济南人民群起反对。

山东主席何思源亦控李于蒋贼之前，李遂调任第一［九］绥靖区副司令官，以迄于今。

个性倔强，恃上傲下，除蒋贼外目中无人，富作战经验，指挥能力较强，作战身先士卒，勇而兼谋，善于反突击及后退包围，处事果断，驭下苛严，有威无德。且爱听小话，致失众望。为蒋嫡系，为蒋得意之人物，亦黄埔学生中之佼佼者，与陈诚、胡宗南均不睦，日常生活不拘小节，妻妾甚多，嗜嫖赌，抽鸦片，讲求享受，极端挥霍。

摘自华北军区解放军官教导团第一团编印《敌军高级军官初步调查》，1948 年 11月，第 75 页

国民党第八兵团司令官刘汝明

刘汝明，字子亮，57 岁，河北献县人。陆大将官班毕业，历充排、连、营、团、旅、师、军长、总司令、省主席、第四绥区中将司令官等职。现任徐州"剿匪"总司令部副总司令。

个性刚愎自用，有以军为家之特点，指挥稳健，作战亦有经验，但无新的创意，

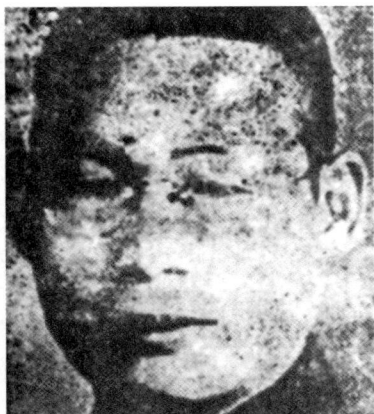

▲ 李延年（1904—1974），字吉甫，山东广饶人，黄埔军校一期毕业。1948 年 6 月，任徐州"剿总"副总司令兼第九绥靖区司令官。淮海战役发起后，由海州撤至蚌埠设立指挥所，任第六兵团司令官，辖 4 个军

▲ 刘汝明（1895—1975），字子亮，河北献县人，1946 年初，任第四绥靖区司令官，1948 年 10 月，绥靖区部队由陇海路撤至蚌埠，改编为第八兵团，辖 2 个军

▲ 蒋纬国（1916—1997），蒋介石次子，时任装甲兵上校参谋长。曾赴德国柏林陆军大学、美国陆军航空战术学校求学，研习装甲兵战术。战役中，亲率战车二团挺进蚌西北，协助蚌埠李延年、刘汝明兵团合力北进，解救黄维兵团

其战术之运用，率多呆板而欠灵活，对士卒虽外表温和，然颇有控制法术，以威服人，好纵兵殃民，且私心颇重，怕受损失，曹福林对其颇表不满。属西北军系，与西北军将领联系密切，与陈诚、何应钦亦常有函电往还，保持一定之关系，对我党政策，极不赞同，为反共坚决分子。家庭富有，无何嗜好，体高胖为其特征。

摘自华北军区解放军官教导团第一团编印《敌军高级军官初步调查》，1948 年 11 月，第 286 页

国民党装甲兵参谋长蒋纬国

蒋纬国，35 岁，浙江奉化人。东吴大学肄业，1933 年考入军校十期，因患盲肠炎退学，1935 年派德国学山地兵升至中士，1940 年又至美国学空军参谋，1941 年返国，1942 年第一师驻防陕西渭南时，随何应钦校阅而派第一师三团二营五连任少尉排长，逾 6 月后升中尉，1943 年升任中尉连长，同年升上尉副营长，1944 年升任上尉营长，未几即调任青年军二〇六师营长，现任装甲兵第二团副团长。

个性骄傲，且带有流氓性之圆滑，为蒋匪次子，精通英、德两国语文，在德

5 年之久，饱受法西斯教育，对上恭谨，对下倨傲，反动阶级观念浓厚，纯粹法西斯作风。其管理教育，主张分层负责，不干涉部属权力，提倡运动，锻炼体格，二〇六师营长任内，操场动作要求严格，渠对军事小动作，尤其近战战斗动作亦相当熟练，尚有指挥能力，惟无作战经验。

渠特别爱钱，一文、两文都抓，而一般无耻之徒，则恒以送钱送礼逢迎来巴结，渠对任何事情，都以蒋匪次子身份加以过问，哪怕是一个军官，因卖放壮丁，而受法律惩处时，只要给其送上一笔礼，渠马上对于这事，就要发表主张，如不随意，渠便设法陷害，前兵役部长陈泽润，被其害得枪决，石祖黄被其免职，其他被陷害人员多不胜举。

渠之生母原为日本人（并未与蒋正式结婚，与戴季陶亦发生过关系），现住苏州之另一母亲，是当年同蒋匪仅有姘识关系的一个中国女人，蒋纬国即以其为生母。渠妻是西安大华沙厂经理（大资产阶级）石凤翔之女儿，石靖宜，曾毕业于某大学，是朵所谓交际花，该俩结合过程，是由跳舞而发生性的关系，后该女伪装受孕，始举行正式结婚。现蒋已视其为唯一灵魂。

渠生活极浪漫，喜跳舞，其徐州寓所里，即住有大批舞女，每晚必到其经营的"装甲之友社"去卖舞。其挥霍之来源，纯靠渠经营生意（与上海四海宝业公司总经理朱家隆（渠之表兄）结合，在徐州亦开有商店，主要为"装甲之友社"，其中包含有百货商店、中西筵席及跳舞厅，昼夜车马水龙，人山人海来跳保险舞，其他舞场均在禁舞，但渠之舞场是例外）。另一经济来源，则靠无耻之徒送钱送礼。及靠其妻子的意外收入。

渠对希特勒极崇拜，为反苏反共之坚决分子。

摘自华北军区解放军官教导团第一团编印《敌军高级军官初步调查》，1948 年 11 月，第 310 页

征程回忆

蒋纬国口述装甲兵参加徐蚌会战

徐蚌会战后，军队到了陈官庄被包围，防卫［黄维］兵团从平汉路过来援救从徐州撤出被包围的陈官庄的部队，邱清泉就在里面。（我们所谓的徐蚌是

靠近津浦路的这一面，从南京出去都是走津浦路，到了宿县，从宿县下车后再到蚌埠）结果防卫〔黄维〕兵团到了双堆集附近又被包围，形成上下被包围的局面。

我们在蚌埠时，新总部长官是刘峙，他是个老好人，直接指挥的则是杜聿明。那天我到前方视察，单枪匹马坐了一部吉普车，看见上面有一架飞机投下一个空投包，后面有两条黄色飘带，我就跟驾驶说："我们去捡那个空投包。"我们将车停在公路旁边，还没等它着地，我就一手把两条飘带接住了，拿起来一看是老先生的笔迹，上面写着：胡长青同志亲启。胡长青是军长，本来我是要去看装甲部队的，接到空投包后我就直接到军部去，一见到胡长青，就跟他说："军长，包子还是热的呢，还没有着地我就接过来了。"他打开一看，信里写着：限时打下包家集。

我回去跟刘总司令报告时说："如果我们绕道而过去打，包家集自然就拿下了，保不住双堆集，共军留着包家集也没有用，自然就会撤兵。"他说："你爸爸的脾气你还不晓得啊，他说要打包家集就是要打包家集的。"我向刘总司令解释是因为我们给父亲的情报是包家集挡住我们的去路，所以要我们限时攻下，结果他还是坚持要打包家集。我就说："好，如果要打包家集，就由我去打，你不要再牺牲这么多团了，你给我一个步兵营，我再加一个战车连，保证半小时之内拿下包家集。"他还是不肯。我就请刘总司令把步兵营交给其他师营，自己带着人员绕到包家集后面。我认为后面一定有地道，我用战车去压地道，把地道压垮，再在地道口点燃干辣椒，用烟把地道里面的人熏出来，轻易地把包家集拿下。但是已经耽误好几天，如果刘总司令愿意照我的方法做，我们老早就把包家集拿下，双堆集也早就突围了。

……

徐蚌会战时，我的装甲部队战车连配属给空降纵队（降落伞纵队），预备做重点攻击。当时前方状况也不大好，结果空降部队司令带着部队撤退到后面，没有告诉我们战车部队。那时候只有空降部队有手提通话器，使用短波，距离只有一公里左右，结果我的无线电频道与他的手提话筒相合，我听到他下命令要把车队撤走，就跳上吉普车，绕到他必经的一条路，他看到我，就叫部队停下，还对我说："蒋参谋长，你在这儿干什么？"我说："我在等你啊！"他很怀疑地问："你怎么知道我要到这里呢？"我说："是你们自己告诉我的，你拿有线电通话器明语通话，我收得到，共军也收得到。"他听了脸都红了，就说："我们指示两个部队位置移动一下。"我说："您尽管换，我的战车始终在前面没有动，我在此地要请示一下司令，我们的战车部队要怎么移动？"他说："你们不准备动就好，我们只是两个团换一换。"就这样阻止了他带部队偷溜。

摘自《蒋纬国口述自传》，中国大百科全书出版社 2008 年，第 113 页

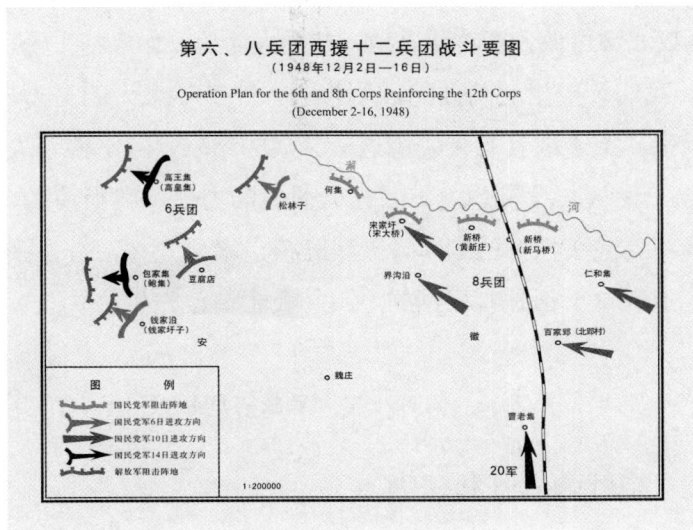

◀国民党第六、八兵团西援十二兵团战斗要图（1948 年 12 月 2 日—16 日）

徐蚌战报

淝水以北国军出击

【中央社蚌埠 3 日电】国军攻克蚌埠以北曹老集及曹老集车站之役，共歼灭陈匪第六纵队两个团，及十三纵队之一部。又浍河南岸陈匪，现尚遗有一个残破不全之第六纵队，担任后卫，作顽强阻抗，掩护其主力北退。北上国军，正逐村攻击，一一予以摧毁。

摘自《中央日报》1948 年 12 月 4 日

刘峙纵谈战局

【中央社蚌埠 9 日电】刘总司令峙，9 日向访问蚌埠之京沪记者纵谈目前战局称：国军继徐州会战之后，宿蚌会战中已获初步胜利。刘氏呼吁大后方人士，应扫除失败心理。刘氏称：徐州会战固为国军将士用命，冲杀奋勇，使陈毅匪部损失

20 万人，知难而退，徐州因此乃告无恙。在徐州时，我曾说过：这一会战并未结束，因为刘伯承、陈赓两股匪，由华中战场转移到苏豫皖边区，徐州会战时，他们即乘隙南窜宿县，截断我徐蚌交通，并图进窥淮河。徐州会战告一段落之后，陈毅残余力量大部分，亦南窜宿县以东地区。国军为集中兵力，消灭匪之主力，乃放弃徐州，以全力与匪搏斗，这就是一般人所谓宿蚌会战。刘氏继称：宿蚌会战，现正在激烈进行中，初步胜利虽然已属诸国军，但尚未到决定阶段，将来如果能得到我们所预期的战果，则不仅江淮可保，即黄河以南，亦无大问题。如果打平手，我们也可固守淮河。当然，我们希望南北两面的国军将士，能够尽最大的努力，奋勇冲杀，能获得最大的战果。至于或者有人疑虑这一会战的结果，国军倘若失败，又将如何？关于这一点，我从来没有想过，因为当面匪的力量，我很清楚，国军的力量，我更清楚，我深信我所指挥的国军，士气旺盛，诸位先生，有在徐州前线看过他们作战的就知道我这个话是有根据的。因此我要诸位先生，共同来扫除这种悲观失败主义。

摘自《中央日报》1948 年 12 月 10 日

宿蚌会战胜利在望

【中央社蚌埠 9 日电】此间剿总发言人章毓金少将，今向随慰劳团来蚌之京沪记者，分析当前宿蚌会战情势，认为国军已奠定胜利初基。章少将称：宿蚌间现有三个战场：第一、杜聿明副总司令率领之南下兵团，已由萧县进至永城宿县间。过去三日因遭匪之阻滞，曾与匪在永城东北进行激战。今晨击溃匪 5 个纵队，毙匪逾 2 万。刻正排除匪之抵抗南进，最近期内当可与黄维兵团会师。第二、黄维兵团坚守宿县西南南坪集、双堆集一带，与周边之匪激战旬余，每日均消灭匪 2000 人以上。今又解决匪两个加强营，并将阵地面积向外扩张。第三、淮北国军，今越蚌埠西北火星庙、何集之线，续向前推进，击溃增援之刘匪第二纵队，迫近澥河南岸，距黄维兵团仅 50 余华里。章少将复称：宿蚌会战，自 11 月 26 日开始，迄今共毙匪近 10 万，俘匪 3000 余人，马 200 余匹，虏获步枪 5000 余支，轻重机枪 400 余挺，各种大小炮 40 余门，国军伤亡仅 3 万余人。

摘自《中央日报》1948 年 12 月 11 日

蒋纬国由京返防

【中央社蚌埠 8 日电】陆军装甲兵司令部参谋长蒋纬国中校，于今（8）日下午 3 时由京乘机飞抵蚌埠，当即转赴前方某地，指挥强大装甲部队作战。

摘自《中央日报》1948 年 12 月 9 日

【中央社蚌埠 10 日下午 9 时电】陆军装甲兵司令部参谋长蒋纬国中校，今（10）日上午 7 时，亲率战车部队，配合国军某部，在固镇以西火星庙，出击陈毅第二、第六纵队，攻克小义家圩、义家圩、崔家、王庄等 7 个村庄。歼灭匪军一团以上，俘匪 1000 余人，虏获甚多。午后我战车部队又配合国军某部，攻击方庄、崔庄、马庄等处，匪果伤亡甚重，战果尚在扩大中。京沪慰劳团闻悉捷报后，不避艰险，赶赴前线慰劳。

摘自《中央日报》1948 年 12 月 11 日

宿蚌大战鸟瞰

【中央社蚌埠 11 日电】刘峙总司令今陪同京沪慰劳团代表方治、邵华、萧若虚、张文伯，乘空军（C51）293 号专机，飞往宿蚌会战中各前线上空劳军，章毓金、胡佛、蒋纬国及中央社记者随行。专机于 10 时 45 分升空，12 时 50 分安返蚌埠，两小时零五分之飞行，已圆满完成京沪慰劳团此行任务。专机初由东南指向西北，掠过淮河两岸膏腴幽静之原野，即进入淮北前线上空，时李延年兵团正配合战车进攻火神庙以西之包家集，开始其与黄维兵团会师之最后一击。包家集附近两村落，烽烟冲天，蒋纬国指告：此为国军攻击得手之信号。10 时 59 分专机跃进双堆集上空地面十余华里四周，对空联络符号，有如星罗棋布者，即黄维兵团牵制胶着刘匪主力逾旬之各战场。刘峙首先与黄司令官通话，继由邵华、方治代表京沪同胞谨致崇高敬意，并投赠慰劳物资、礼单与书信。黄司令官表示：南北两阵地，均有进展，周边刘匪，必被消灭，请大家放心。并称：双堆集国军，闻京沪慰劳团临空慰问，无不欢欣若狂，勇气倍增。

最后，蒋纬国对其战车部队指示：告以北上兵团相距不及 40 华里，并获悉战车配合国军，在双堆集周边，连日均采攻势，每日所消灭之刘匪，达 2000 至 3000 人。专机在双堆集上空盘旋 20 分钟，记者凭窗俯视，以双堆集为核心之数十村落，交通壕纵横，村村相连，实构成一整个坚强战斗体。11 时 10 分，专机续向北飞，穿过匪区，投下京沪慰劳团敬告被共匪胁迫参战的同胞书及共军下级干部难当之图表，对匪实行攻心战。11时35分，专机到达宿县、永城间杜聿明将军率领之南下兵团上空，刘峙、邵华、方治相继与杜副总司令通话，同致殷切慰问，并投下慰劳物资、礼单、书信。杜副总司令回答：蒙京沪慰劳团临空慰劳，三军感奋莫铭，只有努力争取伟大战果，报答后方同胞热情盛意。专机在该处上空亦盘旋20分钟。记者持镜俯视，降落伞临风飘舞，万紫千红，蔚成壮观。地面部队翘首空中，礼物纷纷下降，神态怡然。12时10分，专机沿津浦铁路南返，途遇空军强大机群，在宿县西北濉溪口一带，俯冲轰炸，正为南下兵团与黄维兵团开辟会师桥梁。专机落蚌后，同行诸人均异常兴奋，对宿蚌会战前途，感具胜利信心。

摘自《中央日报》1948年12月12日

外籍记者看皖北大战

【本报特译联合社记者 K·米尔克皖北前线电】外国记者数人，很幸运地乘着津浦路局特备的车子，离开蚌埠，初次在没有军队护卫的情形下，到西北25英里一带的战地去参观。但见沿途村落中，屋残墙破，余烬未熄，足以证明国军曾经由这些地方，将刘匪伯承的主力，逼得步步北退。

我们在曹老集车站改乘汽车，追随着6辆大卡车所印下来的轮迹前进，以便与前进的部队能保持适当的距离。

在这一带平如桌面的原野上，点缀着许多约可居住数百居民的村落。承平时期，这里是安徽平原农产最丰富的地区。如今，这里十室九空，国军与共匪曾两度于此往返冲杀。离开曹老集12英里以后，我们坐在停下来的汽车上可以听到轻重机枪声从前面一条半圆形的火线上传来，在那里，国军正稳扎稳打地追击着匪军。

上自军部下至师部，到处都显示出补给良好，弹药的充足，即令在冬天雨季中，汽车无法运输的时候，也不会感到匮乏。粮食也很充足，但是在第一线作战的中国部队，如同世界其他各国的第一线作战部队一样，除了干粮以外，也缺乏新鲜食品。

在皖北前线作战的大部分国军，都是身经百战的老士兵，他们说他们非常欢喜军中的生活。同时，也有许多士兵颇有政治修养，这是在过去的中国老军队中所没有的。

在某处，有一小部分九十九师的官兵，一面围着一小堆火在吃饭，一面还在谈论着政府戡乱的战争……

当我们离开前线折返蚌埠的时候，一位自诩是重庆中央政治学校毕业的军官用英语向我们招呼："不要忘记了寄语世界的人士，我们正在这里与共产主义作战。"

我们这次到前线参观，一共是 4 位记者——两位美国人，一位英国人，另一位是 M·大卫，他曾代表罗马的《意大利报》参加过多次战地采访工作。

摘自《中央日报》1948 年 12 月 14 日

蚌埠一瞥

【蚌埠通讯】我怀着一个悲怆的心情，来到了蚌埠——这个皖北的重镇。

自济南失守之后，蚌埠的地位越发重要起来，从徐州向南看，它正是徐州的后门；从首都向北看，它却又正是首都的前卫，多少的货物以此做为起卸的堆栈，多少的兵车从这里开出去。战争正像化妆品一样，在涂抹着这个小城。

……

假使你有工夫，愿意把蚌埠的 30 万人口分类的话，那末，他们的比例将是：军人占百分之四十，商人占百分之二十，流亡者占百分之三十，其余占百分之十，那才是地道的蚌埠人。

……

币制改革后，此间曾起一些不太好的现象，除市面缺货，市民抢购，商店已倒闭 30 余家外，更严重的是：蚌埠临近战区，商人已悄悄地和对方做着交易，交易的物品运过去的大都为汽油，而运来的大都为米面。一位小商人说："不这样又怎么办？我总不能不生活，先莫说牟利吧！就是自己吃，买不到米面，也得要到别处去找呀！"

……

（11 月 1 日近记）

摘自《自由与进步》第 12 期 1948 年 11 月 16 日

战地报道

华野六纵五四团指战员顽强阻击援敌　确保兄弟部队全歼黄维兵团

为了保障中野、华野兄弟部队全歼黄维兵团，我五四团指战员于阻击由蚌北援之敌中，表现了顽强战斗的精神。五连于当日进入林巷子阻击阵地后，4 日配合兄弟连队打垮了敌人连续进攻，下午兄弟连队在敌人三面包围下，撤出小李庄时，敌人又以一个营兵力向林巷子攻击，赵连长立即命令大家集中火力，给敌人以重大杀伤。5 日晨，敌人又成密集队形冲击过来，倪教导员从电话里命令着赵连长："我们要寸土不让，坚决把敌人打回去！"这时，全连同志都沉着顽强抗击，四班长朱照许拿着机枪，并对连长说："哪里重要我到哪里去！"在 5 挺轻重机枪集中扫射下，压住了敌人的火力，并把敌人打退下去。敌人便又继续用炮火向庄内轰击，五连指战员在一片烟雾的阵地上，大家仍旧沉着抗击，大量杀伤了敌人，坚决完成任务。二营机连一班长罗姜志和机枪手肖老杨、雷绍蔚 3 人，在林巷子阻击战中，并高度发扬了不怕疲劳顽强战斗的精神，他们守在阵地上两天两夜多，轮流打了 2000 多发子弹，杀伤了敌人约一个连的兵力。5 日，七连在胡井子阻击战中，当兄弟连队奉令转移，七连阵地直接受到威胁时，包政指率领着少数同志，却仍坚决孤守阵地，二班长刘无春当包政指命令他带半个班跑步上来时，刘班长便立即带了半个班，冒着炮火烟雾，奋不顾身的冲上前来，突然一阵炮弹打来，8 个人有 5 个带了花，当时刘班长一身 3 处负伤，包政指对刘班长说："营部没有命令撤退，我们坚决孤守。"刘班长便回说："我不下去，与你一齐坚守，我不能打枪，还可以替你们装子弹。"包政指即又鼓动着说："对！做一个优秀的共产党员，就应该不怕牺牲，坚决战斗到底！"包政指说完，并把身上作战命令、工作日记拿出，刘班长也把发展党员表拿出一齐烧毁，所仅有的 7 个同志，都顽强的抗击着。占绝对优势兵力的敌人，攻击了半小时，始终没有能夺取他们的阵地。

（王纪荣、徐学增）

摘自华野六纵《火线报》第 255 期 1948 年 12 月 9 日

◀ 华野六纵五十四团战斗英雄陈永祥等在蚌西北阻击战结束后相会在一起

纵师首长颁令嘉奖五〇团艰苦顽强作战确保阵地寸土未失

阻击战开始以来，五〇团充分发挥了艰苦顽强作战的精神，在 30 里的防御线上，抗击李延年匪部一个师的进攻，奋战 7 昼夜，确保阵地，寸土未失，尤以该团九连、六连及四连两个排在固守敌主攻方向石桥子、周口子的战斗中表现得更为出色。纵师首长先后特通令全纵嘉奖，号召全体指战员，继续发扬与学习此种顽强作战精神和艰苦战斗作风，坚决阻击援敌，保障兄弟兵团全歼黄维兵团，争取淮海战役全胜。自本月 1 日黄昏起，该团首先固守在西起汲家、石桥子，东迄黄木沟的十几里弧形阵地上。4 日，又向东延伸至周家口，5 日，再向东延伸至常家大郢、常家小郢，全线长达 30 里，作战至 7 日晚止，全体指战员始终英勇抗击着正面蒋匪一个师的猛烈进攻，扼守阵地，寸土不让。该团九连固守石桥子阵地时，7 天 7 夜（1 日—7 日）连续战斗，击退敌十余次进攻，打垮敌两次猛攻，全连仅伤亡 7 人，大量杀伤了敌人，仅 6 日下午，便杀伤敌百余于阵地前沿，使敌未能前进一步（详情已登本报二五六期）。同时固守于周家口之六连及四连一、二排，亦以艰苦顽强作战，坚决守住阵地，保障了兄弟部队的侧翼安全。4 日，六连当进入周家口阵地时，副政指便号召全连坚决阻击敌人，守住周家口，保证兄弟部队胜利歼灭黄维兵团，拿出共产党员的英勇气概，杀敌立功！两个连在战斗中，一天一夜未吃粒饭，两天两夜未喝开水，三天三夜未睡觉，始终与敌顽强作战，击退敌连续进攻。5 日，当敌发起猛攻时，排炮连珠般打来，村内房屋全被打塌，工事也大部被摧毁，六连二班、五班的地堡，先后被敌打塌，全班都压在下面，但先钻出身来的同志，就拼命扒土，全班扒出后，大家去掉枪上的泥土，又立即利用残废的地堡，继续抗击。五班长王元刚耳朵被震聋出血，仍然不顾一切，继续指挥全班作战，后来头部又负伤了，还是坚持作战。战士胡常英第一次负伤，当五班长叫他下去时，他却回说："你的伤比我还重，我不下去。"第二次头部又负伤了，一包扎好后，又继续作战，战斗到天黑，敌人被杀伤八、九十，狼狈溃退。常家大郢、常家小郢阵地上，6 日一天内，连续打垮敌两次进攻，坚守在李家阵地上的二连一排，自 11 时至黄昏顽强抗击，敌终未能前进一步，在全团同志坚决执行命令顽强艰苦抗击下，确保阵地寸土未失，大量杀伤了敌人，完成了艰巨的任务。

（文凡、赵曾、于逢源）

摘自华野六纵《火线报》第 259 期 1948 年 12 月 13 日

华野六纵吴副政指坚决执行命令　完成寸土必争的阻击任务
荣获纵师首长嘉奖　晋升指导员

五三团四连副政指吴梦杰同志，于高老家阻击战中，表现英勇顽强坚决执行命令，夺回既失阵地，使战况转危为安，完成了寸土必争的阻击任务，经营、团呈请嘉奖后，纵队及师首长特颁令嘉奖，并记功一次，晋升为政治指导员。3日，敌以一个团兵力，在山炮掩护下，向我高老家九连正面阵地攻击，因未构筑工事，凭借少数散兵坑，抗击至下午被敌突破。上级命令四连出击，夺回阵地，当时，四连距该地百米远，而敌先头部队占领该庄后，后续部队还未跟上，吴副政指便率领三排，配合谢连长所率领的一排，乘敌立足未稳，分两路从东西猛扑上去，当即将敌驱逐出庄，压缩至空田里，占领了九连原有阵地。当进入庄内，我已有伤亡，且敌仅距离30米远，原有工事又全已被敌炮火摧毁，只剩少数散兵坑，吴副政指在炮火弥漫中沉着指挥着仅有的两挺轻机、两支步枪，利用墙角和散兵坑向敌猛烈射击，又鼓动大家说："我们坚决守住它，不让敌人上来！"并且数次跳出散兵坑观察敌情，勇敢灵活的拿着冲锋枪向敌人扫射。他又想起庄内尚有一条巷子空隙，可能会被敌人突进来，切断一、三排的归路，影响阵地的坚守，于是派出身边仅有的一个通讯员小张去扼守。当五连三排（归四连指挥）于紧急情况下撤下来时，他立即阻止说："谁叫你撤的，赶快打上去。"在他的坚决命令下，该排又冲上，守住阵地。这时敌人又猛烈发起攻击，四连的文书、卫生员都拿起步枪投入战斗。在此紧急情况下，吴副政指又鼓动着大家：没有子弹，就用刺刀、手榴弹拼！结果敌人给打垮下去了。四连保住阵地，一直到第二天上午3时奉命撤退前，吴副政指还安慰伤员，并且设法抢救下去，把牺牲的同志妥善掩埋，最后在全连后面掩护撤退，四连全体同志都称赞说："我们副指导员打仗很漂亮，冲锋在前，退却在后，勇敢顽强，是个呱呱叫的指导员。"吴副政指平时工作积极深入，能很好的爱护和团结全连同志，曾于新兵连工作受团委表扬，于此次战役的历次战斗中，勇敢协助指挥，充分表现了政工人员的高尚品质，身先士卒，及时进行宣鼓工作，保证此次阻援战斗任务的完成。

（夫明）

摘自华野六纵《火线报》第 259 期 1948 年 12 月 13 日

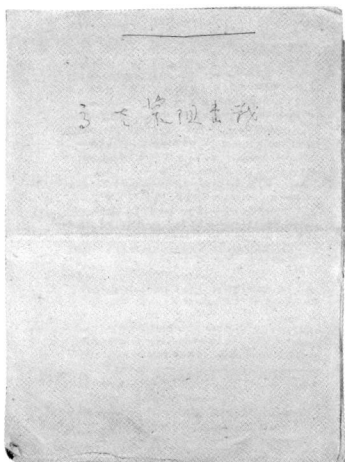

▲ 华野六纵十八师五十三团高老家阵地阻击战术总结

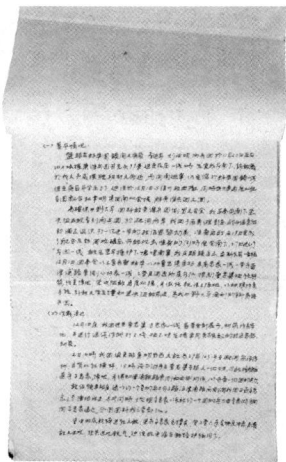

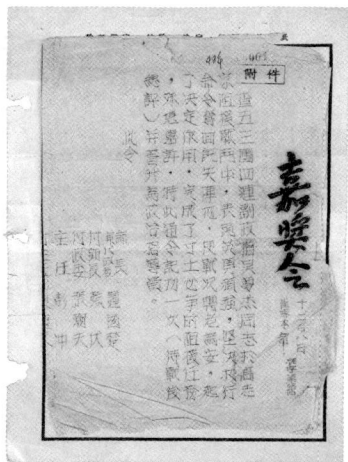

▲ 华野六纵十八师颁发给在高老家守备战中荣立战功的五十三团四连副政治指导员吴梦杰的嘉奖令

中野二纵刘庄肉搏战——澥南阻击战的一幕

刘庄是澥（河）南阻击前线的一个凸出阵地，六旅十七团一连的同志们在这儿扼守。一排细长的坐北朝南的茅屋，便是这个单调的皖北小村的全貌，村南广场上秫秸垛像碉堡似的成群矗立着。

12月7日，蒋匪五十四军的一个多团兵力向这儿发动进攻。战斗从9点半开始的。一阵炮火及轻重机枪的猛烈狂射后，约用一个营兵力的敌人向村东北我二排的阵地蠕动。远在阵地后边的李立成连长立即率两个班兵力对敌人展开长距离反扑，突如其来的机枪扫射和手榴弹爆炸，吓得敌人手足失措，一个端着冲锋机枪哇哇直叫的敌人，被八班长南朝生同志一弹射中脑袋，红花一冒便颓然地倒下了。30多具尸首像风吹枯木一样陆续倒在地下。敌人准备火力报复时，他们已返回阵地。另两股敌人分头从西北和正北向村里前进，虽遭有力射击仍不放弃牺牲其士兵的肉弹攻击的企图，李立成连长迅即收回了自己的队伍集结村西南，高粱垛成了他们的连续反扑的基地，他们不用步枪射击而改用手榴弹和白刃向敌人冲击。活的敌人渗进村里，立刻变成死尸和重伤者，李立成同志在和敌人冲杀中英勇牺牲了，代理人赵拉子立即带领大家向敌人作第3次反扑。四班长张贵杰同志的机枪专向密集的敌人扫射，有一梭子扫倒十几个，指导员也带人冲进去了，混战中，手榴弹连续爆炸中，硝烟中，到处可听见敌人的惨嚎。手榴弹投尽后，大家才撤到核心工事里来。一排长李文堂，在第 4 次反扑时，端着机枪只身冲进敌人人群向四周猛射，许多敌人中弹倒下了。随队负伤的通讯员冯金培同志，他的冲锋式被杨福合同志接走以后，他立即用铁锹、用梭子投击向他靠近的敌人。一幕激烈的肉搏战在 12 点半钟结束。一连〔以〕伤亡 36 个人代价，阻挡了敌人五十四军一个多团的进攻。敌人弃尸累累，死伤 200 人左右。8 日以后敌人再集中兵力进攻一连的阵地时，变得更加懦怯怕死了。

（艾康）

摘自中野二纵政治部《淮海一月》，1948 年 12 月，第 17 页

电话员们勇敢负责保证火线联络畅通

【火线支社讯】在曹老集一线阻击敌三十九军的战斗中，"青岛"八五三大队电话排同志从 2 日到 6 日晚整 4 昼夜中忙着架线，没有睡觉，有时仅靠着墙壁，闭闭眼睛。由于他们要前后往返，又没有一定时间，后方送来的饭菜往往捞不上吃，有时一天只吃一餐干粮，有时一餐干粮还要做两顿吃，开水也捞不到喝，他们忍饥耐渴积极工作，在一个上午，就架设了 13 只电话单机，97 捆线全部拉完（约 3 万米达）。一班 13 个人，架设了 6 个单机。架师指挥所的电机，拆线、架线共 3 次，计算全路程近百里。他们扛着线跑，最多的同志扛了 5 捆（约 60 斤），也迅速的完成了任务。4 日战斗最剧烈，前哨指挥所与大队指挥所的电话线，被炮火打断了 20 余次，周小贵、张伍第两同志冒着猛烈地炮火，精细的接上电线头，朱简修同志跑到 1000 米以外去接线，接好线头，仅花了 3 分钟。在副班长黄光运带花时，张伍第就很快的带了一个新同志到前哨指挥所去掌握电话机。当部队转移方向时，他们又很快的收线，有时与敌人相距仅 20 几米达，该排蔡林弟、关明、何德宣等同志一面拿榴弹和敌人拼，一面拆收电线。在任务多变的情况下，电话线未曾受到损失。由于艰苦工作，该排保证了师、团、营、连电话联络畅通。

（吉凤甫）

摘自华野政治部《人民前线》第 31 期 1948 年 12 月 23 日

某部在石桥子阻击战中发挥了支部核心作用
共产党员表现良好模范行动

【淮海前线 19 日电】解放军某部九连在阻击李延年匪部坚守石桥子的战斗中，

共产党支部和党员以有力的鼓动口号和模范带头作用，领导着全连的指战员，沉着阻击，顽强战斗，坚守阵地 7 昼夜，发挥了解放军中共产党组织的堡垒与核心作用。本月 1 日，该连领受了严守石桥子阵地的任务后，党的支部立即召开了党员大会，号召每一个党员，在坚守阵地时，要吃苦耐劳，带领群众，顽强奋战，坚决完成任务。会后，党的小组长李相钦，即带头筑工事，并鼓动大家说："多流一滴汗，少流一滴血，工事筑得坚固，完成任务更有把握。"在他和他组里党员的模范行动影响下，全班 3 日夜没有睡觉，做好了几个坚固的大地堡。与敌人隔河对阵时，指挥员要派出少数部队向敌阵方家壩、张巷进行袭击，共产党员、一班长曹延朋同志挺身而出，领受并完成了这项任务；部队两次越过清沟河时，曹延朋同志都在最前面，以孤单作战，袭击敌阵。在转移新阵地时，敌人只离开该连阵地 20 多米远，党员李亭高自动请求留在后卫，掩护大家转移，起了共产党员冲锋在前退却在后的模范作用。6 日，敌人向九连石桥子阵地猛攻时，支部委员张乐光头部负伤，他大声的鼓动说："同志们，坚决的打，不让敌人前进一步！"在他的影响下，轻伤的同志没有一个走下火线，敌人连续数次猛攻，全连的子弹快打完了，支部书记就立即提出口号："注意节省弹药，瞄准好再打，一枪打一个！"工事被摧毁了，支部就号召全体党员，要不怕疲劳带头抢修工事。坚守阵地的 7 天中，一直保持了阵地工事的完整，避免了不必要的伤亡。共产党员们并在战斗间隙，争取在火线上进行党的会议活动，一排的每个小组 4 天连开 3 次小组会，迅速的向支部反映了思想情况，支部经研究后，又及时的布置了党员的工作，因此使全连的共产党员，都能团结群众，抗击敌人，完成艰苦的战斗任务。

摘自《大众日报》1948 年 12 月 21 日

阻援筑阵征集器材中　四十六团三连切实维护群纪
做好宣传解释，推出办公人员，手续交待清楚，群众乐意借出门板木料

为了保障全歼黄维兵团，四六团开抵崔庄一线，阻击援敌。在筑阵中征集器材时，三连领导首先在队前反复的强调要照顾群众利益，然后向驻村群众进行宣传解释，找出一个老大爷，说明我军政策和部队作战需要些什么，再请老大爷召集全庄群众开会，宣传了我军半年以来胜利消息，并将借器材做工事打匪军的问题，作了解释，要大伙儿帮助，群众当下都很高兴，并说："应该的。"大家又向庄上人说："有门板木料搬出来，别让同志们麻烦。"庄上没有办公人员，会上便要

▲ 解放军蚌西北阻击阵地

▲ 解放军某部构筑工事，阻击李、刘兵团

大家推出了一个帮助办公的，更有利于有组织的进行筹借，在借器材的同时，三连并做到：（一）借来的门板、木料上，都写好姓名、抹上油，使之不因日久模糊。（二）材料集中后，并请物主看清了哪块门板，按在哪个地堡上，便于群众找到。（三）尽量照顾阶级利益，先借地主富农，后借中农。（四）借好后集中打好收据，这样群众都很乐意，自动的拿出门板、木材，还有的帮助运到工事旁。由于领导上抓得紧，战士们都能切实照顾群众利益。如三班副黄德要用草盖地堡，都不自动乱拿，亲到连部请求批准。

（野马、陆枕亚）

摘自华野六纵《火线报》第 254 期 1948 年 12 月 8 日

中野与我纵并肩作战中主动策应联系互救伤员

为了保障全歼黄维兵团，在阻击由蚌埠向北增援的李延年兵团时，华野六纵四十七团二营的阵地和中原二纵十七团二营的阵地紧靠在一块。二营扼守潘家、陈圩子、小张庄等村，华野部队则扼守陈油房以南地区。12 月 8 号，敌人集中力量向该地攻击，攻华野阵地时，中原部队给敌人侧翼以火力射击，又到敌人攻中原解放军阵地时，华野的炮火便在猬集的敌人人丛中轰炸，敌人反复进攻 5 次，都没有得手，反而伤亡了好几百人。最后一次，敌人放弃了用一股兵力单独攻击一面炮阵地的计划，采取同时用几股兵力会攻一个阵地的办法，但均被我英勇击退。战斗中，中原解放军的同志们挂彩了，华野同志们立刻抢着抬走了，华野同志挂彩了，中原解放军同志也不顾一切的在炮火中抢回来。并且都把彩号同志抬回自己的后方给以很好的安置，一天战斗，大家都始终密切联系和互相鼓励。华野同志给十七团二营的信上说："你们打得很好，沉着勇敢，友谊配合，我们一定向你们学习！"可是，二营的同志们却说："还是华野同志打得好，我们才应该向他们学习哩！"

（中野二纵宣传科）

摘自华野六纵《火线报》第 273 期 1948 年 12 月 27 日

学习中野的艰苦作风

本月 6 日，中野二纵队某部，经过六七十里的行军，夜里到达了潘庄，该村仅十余户人家，已被我纵四十七团政治处住下了，二纵同志到达后推门一看，各户都已住的满满的，他们便轻轻的把门掩上，就在那夜的寒冷天气里，集体在外边宿营。拂晓，四十七团政治处接到要行动的命令，大家都起来了，才发现二纵队的同志都一班一班的守着武器在场上躺着，只是下面铺了很少的一点草，上面露着天，场上老百姓堆有很多秫秸，但他们并没有拉来搭腿，大家看了这种艰苦作风，都很受感动，保卫股苏股长对一位班长说："我都起来了，请你们到房子里歇歇吧！"那位班长回答说："天快亮了，我们也好起来做工事了。"

（于庆礼）

摘自华野六纵《火线报》第 273 期 1948 年 12 月 27 日

纵队文工团面向工农兵结合实际开展火线文艺活动
受到普遍欢迎获得显著成效

综合十六师四十八团团站及十八师 3 个团的通讯员、文工团通讯组的先后报导：纵队文工团在阻击战中深入部队，结合实际开展火线文艺活动，获得显著成效。12 月初，我纵在浍河北岸，阻击向双堆集增援的国民党军李延年兵团时，纵队文工团分成 3 个队（每队十余人）分别到 3 个师的阻击阵地上，开展火线上的文艺活动，因为阵地离敌近者三四里，远者亦仅七八里，敌人不时向我阵地打炮，部队有的在紧张筑阵，有的在持枪待战，分散在战壕和地堡里无法集中，他们便将团员分散到战壕里去，渗入战斗班中，一边帮助挖工事，一边向战士们唱歌、唱小调、说快板，并同时分工指定专人搜集战斗故事，实行即编、即演、即唱，与绘制画片，填上快板词，给战士们观看。他们演唱的时候，战士们情绪兴奋，完全忘记了疲劳，听了之后，高喊着要他们"再来一个"。有的说："听了唱，做工事要加油干。"一个新解放战士说："国民党军队里从来没见过，一边打炮一边还唱戏。"当部队以排为单位集合吃饭的时候，他们便趁着这个战斗的空隙演唱，战士一边端碗吃饭，一边听着他们拉胡琴唱歌，有时部队休息，战斗停歇，他们则举行一小时以内短促的小型晚会，放映幻灯连环画片，演出短剧。演唱的内容，完全结合实际与当前任务，在五十二团曾将纵队所发的阻击战补充动员材料编成歌唱，将团首长告全体指战员书的主要内容编成口号，用幻灯片放映，在筑阵的时候，便编作挖工事的歌曲快板。在五一团及五四团战斗的第二线，对新解放战士又临时编写了"为谁当兵"及"穷人苦"等短剧演出，以激发与提高新战士的阶级觉悟；国民党三十九军解放战士李清林是东北葫芦岛人，他看了戏以后，流着眼泪说："戏里演的苦，就同我的苦一样的。"由于方法方式灵活，形式通俗，内容结合实际，故受到指战员的普遍欢迎，并因而推动了部队中的文艺活动。在五三团阵地上开始工作的时候，听众、观众很少，表演之后，人数越聚越多，许多人都从防空洞里爬出来观看，电话员并把电话线接通到所有的单位，通知有电话的地方拿起听筒听唱歌。在炮兵连阵地表演之后，各营都打电话来要求他们去。四八团的干部们说："这比我们上课的效果好得多。"五三团五连的战士朱怀公听了唱歌之后，自动的拿起胡琴自拉自唱，文化教员也跟着领着战士们唱起快板来。

编者按：根据上面的报道来看，火线上开展文艺活动，完全是可能的而且必要的，这就是"文艺战斗化"、"面向工农兵"口号的具体实践，文工团此次工作的成效，证明着某些同志"打仗的时候连一般政治工作都没法做还能演习唱歌？"的说法，完全是错误的。今后我们应当在部队中普遍的开展群众性的平时的火线上的文艺活动，文工团同志亦应坚持这个方向，提高自己继续努力。

（夫明、刻丁、黎星、宋洁、馥梅、奚志辉、宋根海、启贤、白君、天章、沈新）

摘自华野六纵《火线报》第 273 期 1948 年 12 月 27 日

华野六纵配合兄弟部队 15 天阻击战经过
保障全歼黄维兵团　毙伤敌 13000　击毁坦克 4 辆

我纵配合中原、豫皖苏等兄弟部队在澥河以南地区，15 天中（自 12 月 2 日至12 月 16 日）阻击北援的李延年兵团，粉碎其解救黄维兵团的企图，战斗经过如下：我纵在 11 月末尾追击自固镇地区掉头南逃的李延年、刘汝明两兵团，直逼蚌埠、怀远以北浍河沿线，蒋匪为了解救被围的黄维兵团及策应自徐州南窜的杜匪邱、李、孙3个兵团，又要李延年、刘汝明两兵团在南逃惊魂未定之余，立即两度北援。2日刘汝明部五十五军、六十八军各一个师沿津浦线东西两侧摸索北进与我前哨接触。3日李延年部九十九军、三十九军、五十四军3个军掉换了刘汝明两个军进入了第一线，分3路向北攻击前进。4日发动全线攻击，自临淮关北进的左翼五十四军及右翼三十九军配合中路九十九军以曹老集为攻击重点，我军当即分头迎面阻击。5日至9日的5天中，我军于浍河以南坪原地区，东起津浦东侧之仁和集，西迄浍河北岸之张八营、古城，直径长达70余里之战线上进行重点防御战，抗击展开于宽大正面的李延年3个军8个师（九十九军九十九师、九十二师、二九六师、三十九军之一〇三师、一四七师、五十四军之八师、一九八师、后又增加九十六军之一四一师）的多路进攻。在仁和集、曹老集、周口子、石桥子、陈集、张八营、古城等我军坚守点上，逐一给敌以大量杀伤，阻滞了敌人的前进时间，5天中李延年部每日平均爬行不到5里路（有的5天未进一步），在遭我严重的打击杀伤之后，10日敌以战车12辆配合步兵，分头向我包家集以东之易家圩、孙圩子、豆腐店等主阵地猛烈攻击，我军在"寸土必争！""不让敌人前进！"的口号下，与敌展开激烈的逐村争夺战，10日以后的4天中我军连日逐村坚守防御，以猛烈炮火打击敌密集冲锋之步兵，并截断敌步兵与坦克的联系，先后以战防炮、火箭筒击毁坦克4辆，14日至16日3天中，敌因伤亡惨重，攻势顿挫，经我连日反击，逼敌退守村落筑阵对峙，彷徨于阵地之前寸步难进，李延年每日严令夺取之我包家集阵地，经我坚守7昼夜，屹然未动，至此，直至我西线主力全歼黄维兵团为止，李延年兵团被我歼击，付出了毙伤13000人以上的重大代价，离黄维兵团被歼之双堆集，尚有80里之遥。

摘自华野六纵《火线报》第270期1948年12月24日

阵中日记

华野六纵五十二团副团长的日记
记淮海战役阻援战场的一角——易家圩守备战斗

12月14日

淮海战役打响以来已40天了，我集中优势兵力正处在围歼黄维兵团激烈战斗

◀ 在易家圩阻击战中被华野六纵
五十二团击毁的国民党军坦克

中，杜聿明3个兵团的庞大队伍，也必须用足够的兵力围困他两个礼拜。敌人唯一的一路援兵李延年、刘汝明两个兵团，他们梦想挽救黄维和杜聿明的被消灭，从曹老集浍河之线，猛烈地向北进攻。我军仅用我们1个纵队来挡住敌人6个军的攻击，已整整打了13个昼夜了。

夜幕浓罩着整个淮海战场，当我们守备战斗稍微安静点的时候，就可以听到北面激烈的隆隆的炮声，就可以看到闪闪发红的火光和满天星的照明体。那儿就是正在进行的歼灭黄维兵团的战斗，离这里只有50华里了。敌人与敌人越是靠近，他增援的信心越是加强了，进攻特别来得猛烈。为了保证兄弟部队战斗的安全，阻止敌人北进，我们不得不同敌人一个村庄一个村庄的反复争夺。

乘着黑夜的隐蔽，我们三营撤到易家圩阵地，营长带着2个连长看了一下庄子周围的地形。庄子的东头和南面都是大水塘，只有两个进口，庄子北边是一片密密的树林，这是防守的天然障碍。西头与另一个庄子相隔很近，火力可以相互联系。他们感到很满意，是守备以来的一个较好的阵地。在主要的东头和南面，团部工作人员已给他们做了一些工事。照常理，守住这样一个庄子是没有问题的。可是三营在连续的13个昼夜的搏战中，没有得到补充和休息，他们已减员了百分之八十，全营剩下不到100人，坚守这样大的庄子困难还是很多的。易家圩是整个防线的突出部分，是一个首当其冲的要害。能不能守住它，要影响整个防线的。

营长、教导员再三的研究了守备的部署和打法。最后确定九连长指挥52个人守两个进口，为主的担任守备，还有29个人七连长带着，作为出击的机动力量。

部队刚到易家圩，炊事房就送来热腾腾包子和猪肉粉条汤，打仗时白天捞不上吃热饭，炊事房总是在天亮前和天黑后送上两顿热的。年轻的炊事员都参加战斗了，留下年岁大的炊事员对部队特别关心，他们虽然白天常常挨轰炸，但他们仍然想尽一切办法，总要为部队做点好吃的。

12月15日

战士虽然那么极度的疲劳，可是他们仍然做了一夜的工事，在池塘里也设置了障碍，他们知道在兵力和火力不足的情况下，只好多用障碍物来弥补。天亮前才休息一小时。太阳驱除了早晨的薄雾，天空万里无云，敌人3架轰炸机就来到我阵地上空，比往日要来得特别早些，它不是到我后方去，就在易家圩上空盘旋。教导员看出了敌人的鬼名堂，他对营长说："要小心，敌人昨夜没有跟上我们，今天他要耍新花招了。"营长点点头，急忙的叫部队防空。

敌机向易家圩扔下了重磅炮弹，3架刚走接着又来了3架，还是轰炸易家圩。整个庄子被大火和烟雾吞没，部队防空返回庄子时，到处都是炸得深坑。熊熊大火在噼噼啪啪燃烧，部队顾不上救火，赶快修理被毁了的工事。通讯员小张防空回到庄子时，第一个先跑到营部指挥所，当他看到被炸死的陈排长时，他就像在一棵高树上摔了下来，难过的用自己的头触在排长身上痛哭。小张是14岁入伍的，他在通讯班长大的，陈排长原来是他的班长，营部个个都喜欢小张，可是最关怀和爱护他的那要算陈排长了。小张在一煞晕沉沉后，小心眼里想到不少问题，他想来想去，他责怪道：围歼黄维的兄弟部队，怨他们的动作太慢，要是早一天解决战斗，陈排长也不会牺牲了。小张想，两年多来打援打过十几次，最多也没有打7天的，这次打了两个礼拜，搞什么鬼？教导员看到小张那么伤心，他何尝又不是内心酸痛呢，他把小张拉到指挥所里劝导的说："小张你已16了，应该懂道理，革命嘛，斗争是残酷的！没有流血牺牲，就能取［得］革命的胜利吗？"营长刚好借另一个机会叫小张赶快到七连那里去传达，团部通知敌人又来了坦克，叫七连准备出击打坦克。小张到底还是孩子，眼泪没擦就走了，教导员把他叫回来，帮他擦了眼泪，说："传达命令不要带着哭相。"

敌机轰炸以后，8点钟敌人开始了疯狂的攻击，空中敌战斗机轮番的盘旋扫射，地面炮火密集的向我轰击，12辆美式坦克从东南角摆成一字队形的向我爬来，后面紧跟着1000多名的密集步兵，神气活显地大喊大叫地冲来，这样的战斗场面，营长和部队都没有经历过。但这并没有吓住三营的同志们，他们集精会神的注视敌人的动作，营长再次检查了迎击敌人的准备，关键在于如何打下敌人第一次攻击。规定的计划，紧扣着每一个人的心弦。

敌坦克攻到池塘边被阻止了，它盲目的乱打炮；我们部队一枪未发。当敌人步兵进到池塘边时，我们突然猛烈地开火，机动部队拉响飞石雷跳出隐蔽工事，勇猛从敌人右侧扑过去，向人群投出手榴弹，向坦克投掷炸药包，端着机关枪猛烈向敌人扫射，胆怯的敌人向左一靠，自己乱成一团，只好拼命的向后逃。就这样被我们29个勇士沿池打垮了下去，步兵垮了回去，坦克也向后缩了几百公尺，只有被打坏的两辆坦克呆呆的留在池塘边。

接着不久，敌人的攻击又开始了。还是飞机扫射，炮兵轰击，步兵跟着坦克后面再次冲来，敌人第一次攻击被打怕了，这次就老实多了，离池塘边还有二三百公尺就趴下来做工事，前面用坦克掩护，巩固一步再前进一步，另6辆坦克同时插到庄子北面，想从庄子后面冲进来，营长只好把剩下的18个机动部队人员，调去守庄子北面，好在有树林和许多大炸弹坑，形成了对坦克的障碍。敌人步兵不敢插进来，光坦克就容易对付多了。

敌人步兵一步一步迫近我们，东西和南面都已占领池塘边沿，我们部队只好撤守到庄里面，利用破屋墙壁，作为坚守阵地，在两个窄狭进口处堵上障碍物。

下午，敌人耍新花样，坦克像游行施威似的，围着庄子转圈圈，乱开枪、乱打炮吓唬我们。敌人步兵不断地、轮番的派出一个班一个班的来破坏进口处的障碍，总是被我守备部队打下去和打死在那里。吓唬不成，敌人就把坦克摆在庄子北面和西面，摆成一个包围我们的姿态，威胁我们。

打到下午2点，三营全部仅有四十几个人能作战了，坚守非常困难，七连十几人在北面对付敌人坦克有困难，九连的廿几个人封锁两个进口也非常吃力，敌人仍不断地小型冲锋，东北面上和西边的兄弟部队同敌人也打的很激烈。与团部又失了联系，营长非常着急，他想："要坚守到天黑还有4个小时，4个小时里又要挡住敌人几次攻击呢？只有这么几个人，能不能抵得住呢？"教导员看出了营长的沉重心情，他开玩笑似的逗营长："老叶你看，我们越打越轻松，我们俩一人直接指挥这几个人，就也不用再担心别的，人少，伤亡也少的多了。敌人给我们保了险。给我们炸好了防坦克坑，敌人越是迫近我们，他也不打炮了，飞机也不扫射了……"教导员这么一逗乐，倒把营长提醒了，营长同教导员说："我们无论如何也要守到天黑，叫九连长指挥守住正南的进口，请你去指挥七连守住北面，天黑后设法派人去同团部联络，我指挥守这东南进口，各人保证守到天黑。"

太阳灰暗暗地，离天黑还有两个小时，营长左膀负了轻伤，他那儿只有3个人没有负伤，他们还不会使用机枪。打退了一小股敌人的冲锋，紧接着他又来一个多班，流水不息似的冲来，在这紧急的当儿，营长只好自己忍着伤痛打机枪。教导员组织北面的部队，每两人监视一辆坦克，不让敌乘员出来，多余的 5 个人和两挺机枪，他要七连长带去增援营长，这样才救了营长那里的危急。

天渐渐的黑了下来。敌人停止了攻击，他怕遭到我们的反击，向后收缩了一些，坦克也撤到东南角上去了。教导员忙着同刚来到的担架队收容伤员。营长清查全营人员，能坚持战斗的还有 28 个人，他设想他们再也不会担任任务了，他等待着转移的命令。作战股长带着一些人来到，他喜出望外的认为是来掩护他们转移的。事情恰恰相反，作战股长对他说："团长要你们明天在这里再守一天，不能再向北转移了。兄弟部队今晚总攻黄维兵团，天亮前可以全部歼灭他。不过敌人明天还可能来一个报复性的进攻。今天进攻你们的是蒋纬国小子亲自带来的坦克部队，这样的陆空联合进攻，你们挡住，你们打的真顽强，师部来通令嘉奖你们，说要为你们全营评功。我给你带来了 13 个侦察员，他们都是老战士，还有子弹和手榴弹补充你们。"三营长得到这样的鼓励和安慰，又是欢喜又是着急，不过他从来不在接受任务时讲价钱。他虽然内心里担心明天任务没有把握完成，但他还是积极地同教导员作了详细的守备部署。

12 月 16 日

早晨天不亮，三营长就接团部电话通知，说："黄维兵团全部消灭了，今天敌人再向你们进攻时，你们就边打边向北撤，让敌人向北进来。"营长明白这是守备战的结束。

上午 8 点，敌人照老样子开始攻击，三营边打边走，敌人闹了老半天才敢去占领空空的易家圩，可是他再也不敢向北前进。

正午，敌人在大量的空军掩护下，全部向后撤退。我们纵队和兄弟部队全面展开追击敌人，三营也加入了追击行列，他们首先收复了易家圩。

摘自华野六纵十八师五十二团副团长袁捷的日记

第七章　歼灭黄维兵团于双堆集地区

在杜聿明集团和黄维兵团同时被包围的情况下，总前委决定采取"吃一个、挟一个、看一个"的方针，先歼黄维兵团，围困杜聿明集团，阻击李、刘兵团。在双堆集战场，以中野大部及华野一部组成东、西、南3个突击集团，于12月6日下午向黄维兵团发起总攻。东集团由中野第四、九、十一纵队及豫皖苏军区独立旅、华野特纵炮兵一部组成，由第四纵队统一指挥。西集团由中野第一、三纵队，华野第十三纵队和特纵炮兵一部组成，由第三纵队统一指挥。南集团由中野第六纵队、华野第七纵队和陕南军区第十二旅组成，由第六纵队统一指挥，后又增派华野第三、十三纵队加入南集团作战，由华野参谋长统一指挥。另以鲁中南纵队为战役预备队。各集团经过周密侦察，严密组织，集中优势兵力、火力，对黄维兵团实施有重点多方向连续突击，全体将士发扬英勇顽强连续战斗的作风，不畏强敌，反复争夺，激战至12月15日，全部歼灭黄维兵团。

战史摘要

中野围歼黄维兵团第三阶段作战经过（1948年12月3日至15日）

我们精细的计算了敌人在进攻和突围过程中被我歼灭的兵力后，判断其机动兵力已不大，即决定使用预备队（华野七纵队和十三纵队），对敌进行全线有重点的多方面攻击。以两天时间进行侦察，及近迫作业，补充弹药诸准备工作。5日夜开始全线攻击（后因准备工作未完成至6日16时半始全线攻击），并根据敌人防御态势决以陈赓指挥四纵队、九纵队及十一纵、独立旅为东集团，先歼灭双堆集以东之沈庄、张围子、李围子、4个杨庄之敌。陈锡联指挥一纵队、三纵队及华野十三纵队为西集团，歼击马围子、三官庙、葛庄、许庄、后周庄之敌，王、杜指挥中野六纵队、华野七纵队为南集团，歼击双堆集以南之敌。尔后视情况再总攻双堆集。3个集团以东集团为重点，求得先攻占杨围子、沈庄、杨庄等地，将敌防御体系打破，并使敌兵团部所在地之核心阵地完全暴露于我火力威胁之下。

自6日起我们进行了连续的攻击作战，每天都有进展，或4点攻击2点成功，3点攻击2点成功，2点攻击1点成功。一般发展是顺利的。至13日我东集团攻

双堆集围歼战经过要图
The Course of the Battle at Shuangduiji

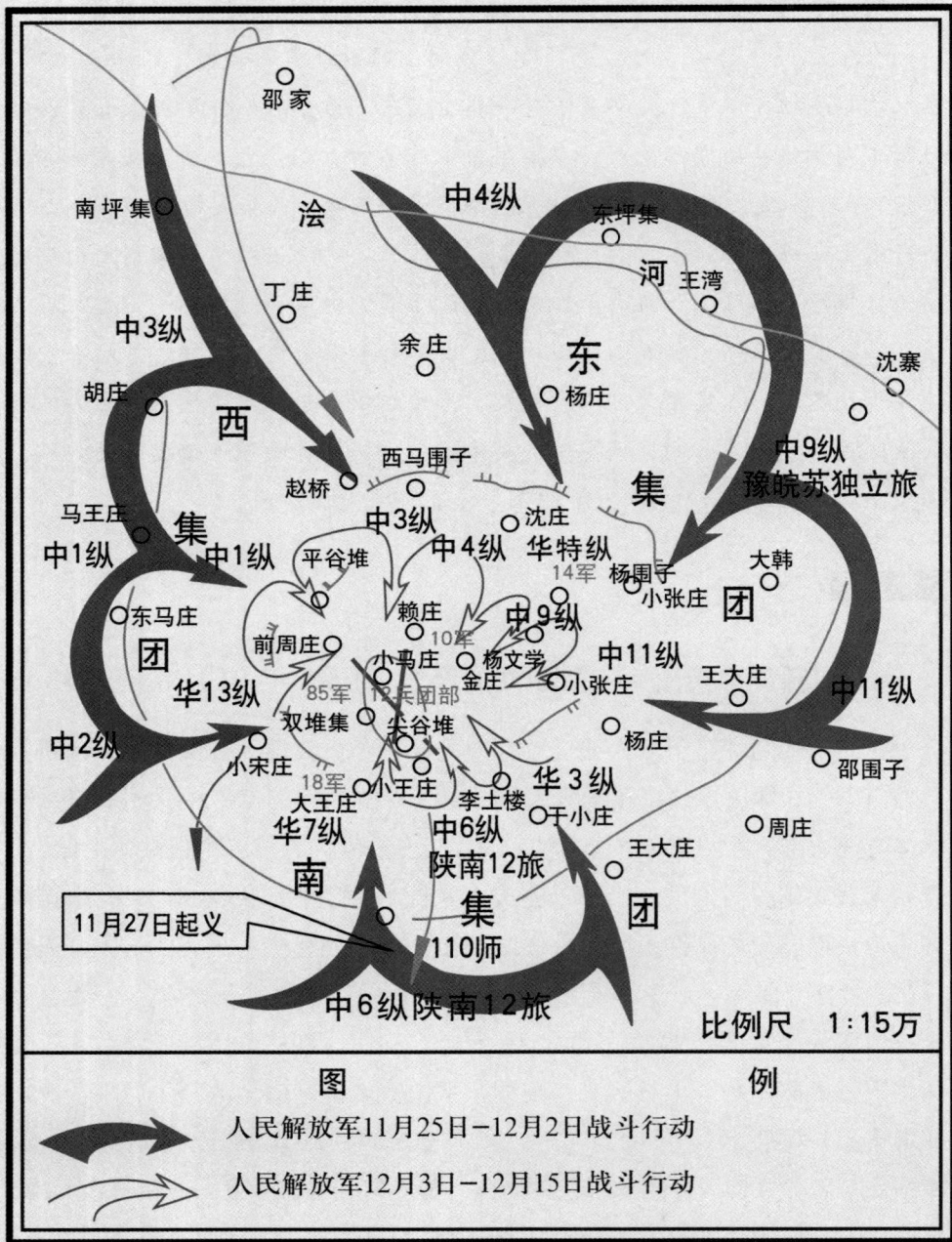

邵家

南坪集

浍

中4纵

东坪集

河 王湾

丁庄

中3纵

余庄

东

沈寨

胡庄

西

杨庄

中9纵
豫皖苏独立旅

赵桥

西马围子

集

马王庄

集

中3纵

沈庄

华特纵

大韩

中1纵

中1纵

中4纵

14军 杨围子

团

平谷堆

小张庄

东马庄

赖庄

中9纵

中11纵

前周庄

10军

小马庄 杨文学

中11纵

团

85军 12兵团部

金庄

王大庄

华13纵

双堆集

尖谷堆

小张庄

中2纵

小宋庄

18军 小王庄

杨庄

邵围子

大王庄

李土楼

华3纵

华7纵

中6纵

于小庄

王大庄

周庄

南

陕南12旅

集

团

11月27日起义

110师

中6纵 陕南12旅

比例尺 1：15万

图 例

人民解放军11月25日—12月2日战斗行动

人民解放军12月3日—12月15日战斗行动

克了张围子、沈庄、杨围子等敌阵，西集团已攻克东西马围子、小马庄、周庄、腰周庄等据点，南集团已攻克李土楼、小周庄、大王庄、小王庄等据点。至此敌十四军全部被歼，八十五军只存二一六师残部，十军尚存约三分之一的兵力，只有十八军两个师较完整。在此情况下，我为争取早日结束歼"黄"作战，保障华野主力对杜、邱、李、孙作战，13 日又决以华野三纵队参加南集团作战，并以陈士榘同志统一指挥华野三纵队、七纵队、十三纵队、中野六纵队等 4 个纵队向双堆集附近敌核心阵地进行总攻，14 日晚中野六纵队、华野三纵队各一部攻占双堆集东北敌空投场南端集团阵地，歼敌十八师五十四团全部及八团九团残部。四、九纵队攻克杨老五庄、杨自全庄，华野七纵队攻克双堆集以南尖谷堆阵地，歼敌三十三团残部，一一八师一个步兵连，一个工兵连。这样就使双堆集及敌兵团部核心阵地全部孤立和暴露，迫使敌于 15 日黄昏向西南突围。但由于我各部队很快发觉了敌之突围企图，部队调动及时，因此突围之敌于当日 24 时左右即被我全歼，即全部结束这一作战。

摘自中国人民解放军第二野战军司令部《淮海战役中双堆集歼灭战初步总结》，1949 年

一、总攻黄维兵团

12 月 5 日，淮海战役总前委常委、中野首长刘伯承、陈毅、邓小平下达了《对黄维作战总攻击的命令》，要求各部不惜最大牺牲，保证完成任务。根据黄维兵团防御态势，将参加总攻的 9 个纵队及豫皖苏军区部队分为东、西、南 3 个集团，总攻前，各纵队进一步加强战斗动员，进行了侦查、近迫作业、补充弹药、组织突击队等攻坚准备。于 12 月 6 日下午 4 时 30 时分，对黄维兵团发起全线总攻。

文件选编

刘伯承、陈毅、邓小平发布总攻黄维兵团的命令（1948 年 12 月 5 日）

各纵首长：

（一）敌黄维兵团经我半月作战已损失总兵力至少三分之一，战斗部队至少损失五分之二，其主力之十八军（包括十八师）亦已残破，这是我各部队英勇作战的重大结果。

（二）根据总的作战要求及当面实际情况，特颁发命令五条如下：

甲、从明（六）日午后四时卅分起开始全线对敌总攻击，不得以任何理由再事推辞。

乙、陈谢集团务歼沈庄、张围子、张庄地区之敌，锡联集团务歼三官庙、马围子、玉王庙、许庄地区之敌，王杜集团务歼双堆集以南玉王庙、赵庄及以西前周庄、周庄、宋庄地区之敌，并各控制上述地区，然后总攻双堆集，全歼敌人。

丙、总攻战斗发起后，应进行连续攻击，直到达成上述任务为止，不得停止或请求推辞。

丁、各部应不惜以最大牺牲保证完成任务，并须及时自动的协助友邻争取胜利。

戊、对临阵动摇、贻误战机的分子，各兵团、各纵队首长有执行严格的战场纪律之权利。

（三）本命令用口头直传达到连队。

刘伯承

陈　毅

邓小平

十二月五日十一时

（本命令发到营用口头向连传达）

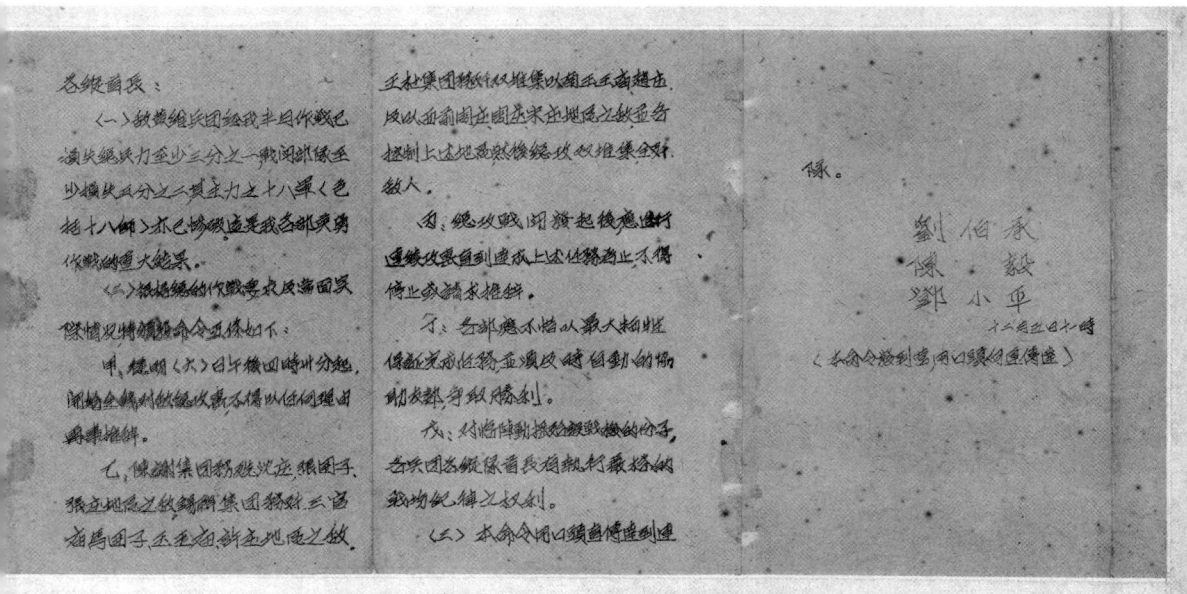

▲ 刘伯承、陈毅、邓小平1948年12月5日下达的《对黄维兵团总攻击的命令》

◀ 为确保各部队及时联络，解放军围绕双堆集设置了长达70公里的环形电话网，指挥员通过电话传达总攻黄维兵团的命令

人民解放军总部对国民党第十二兵团官兵的讲话

国民党十二兵团司令黄维将军和各位军官，士兵们！

现在中国人民解放军总部和你们讲话。你们已经到了最后一步了，你们被我们压缩在纵横不过几里的极狭小地区内，伤亡惨重，饥寒交迫，士无斗志，官兵纷纷要求投降。你们几次突围都已失败，不是被击退，就是被消灭。你们真正是上天无路，入地无门啦。你们几天没有饭吃，只靠抢老百姓的一点红薯和红薯叶。飞机空投下来的一点东西，你们你争我夺，把人都抢得打死啦，还是谁也吃不饱。你们没有房子住，这样的大冷天还露营，死的、活的、伤的、病的、车辆马匹挤在一堆，我们每放一炮都要打死你们的人，你们到了这一步，还抵抗什么呢？我们现在很快就可以把你们完全解决。为了给你们最后一个机会，特告黄维将军及其所属的各军师长立即下令实行投降，你们所有各部分，人人可以自动交枪。只要你们实行交枪，我们保证对你们无论官兵，一个不杀，愿留的加入解放军，不愿留的回家去，你们谁个再不交枪，我们马上就会把他消灭，这是我们给你们的最后警告，你们应当立即决定。

中国人民解放军总部

（以上系陕北新华电台广播的记录，可供战士上政治攻势课用）

摘自中野九纵《战场报》第 27 期 1948 年 12 月 1 日

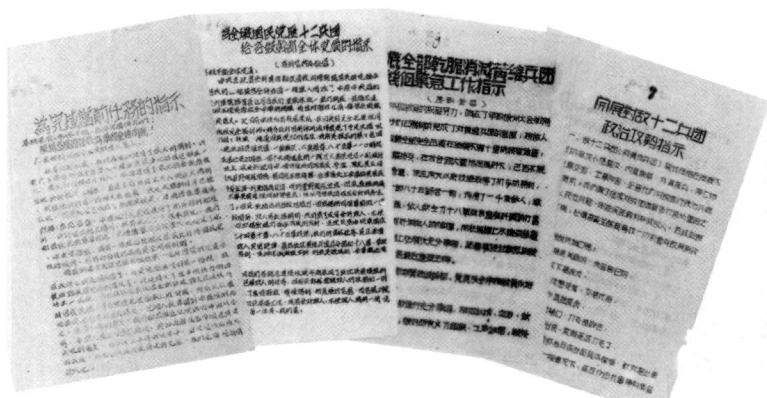

▲ 为歼灭黄维兵团，中野各部颁发的部分政治工作指示

▲ 中野宣传部长陈斐琴与家人于 1949 年初在商丘的合影

中原军区命令（勤字第二号　1948 年 12 月 1 日）

现我大军云集，每日需用粮食其数甚巨。当前之战场，又为新解放区，素无屯粮，目前所需之粮食，须由远方运来，而我运输工具缺乏，实有供不应求之势。又加部队领粮，尚无一定具体数目，确难作出预算。并有个别部队，发生半路劫粮，自设小粮站或打骂村长，不准粮食出村据为己有，或领粮时，不按规定，带回面袋，强将老百姓粮袋抢走，或将民夫大车扣留不放等等无纪律现象，若不严加整顿，倘粮食来源断绝，实有断炊之虑，我们为了保证部队有粮吃，彻底歼灭敌人的大胜利，兹决定下列领粮纪律四条，望即深入传达，彻底执行为要！

一、速将人员、马匹实有数目，列表呈报本部。各粮站即按各部队报告之数目，每人每日面（米）二斤，牲口每匹五斤（驮牲口加一斤）之标准发给。

二、每次领面（米）时，必须自带粮袋，粮站只管发给米面，不管粮袋。凡各部领有带袋之米面者，必须将面袋交还粮站，否则粮站不发给粮食。发什么粮，领什么粮，不准挑选。

三、凡民夫大车载运粮食向各粮站集中时，未经前办许可，任何部队不准半途截留。

四、规定每个纵队，由前办拨给大车 60 至 80 辆（具体数目由前办与各纵按实际情形分配）作为运粮之用，此外不准随便扣留大车，或在民间征发车辆，并爱护民夫大车，节省民力。

以上四项，望各部队首长负责教育检查，如有故违者，必予严办。

此令

司令员　刘伯承

副司令员　陈　毅

政治委员　邓小平

副政委兼主任　张际春

摘自中野九纵《战场报》第 42 期 1948 年 12 月 14 日

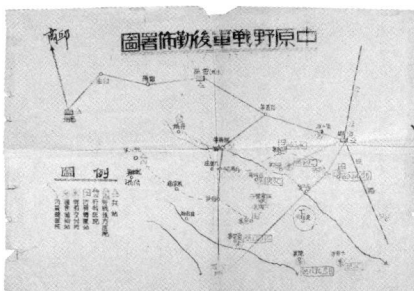

▲ 中野后勤部署图

▲ 总攻黄维兵团前，解放军某部进行战斗动员

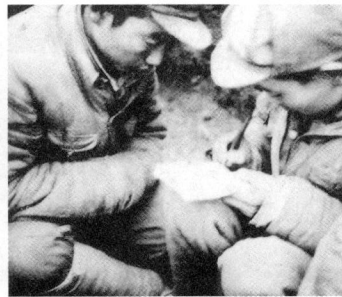

▲ 战士们在写挑战书

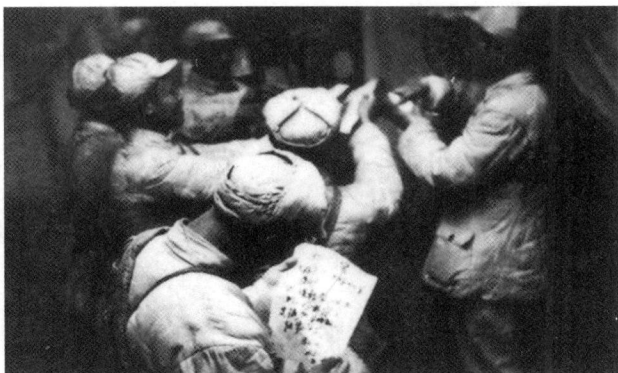

◀ 战士们纷纷上交决心书，决心消灭被围的黄维兵团

二、东集团作战

中野第四、九、十一纵队及豫皖苏军区独立旅、华野特纵炮兵一部组成东集团，由第四纵队司令员陈赓、政治委员谢富治统一指挥，对盘踞在双堆集地区东部的国民党第十四军及第十军七十五师、一一四师发起攻击。四纵首歼李围子第十四军十师师部及两个团，九纵协同十一纵分三路攻击张围子，12 月 8 日晨肃清残部，

歼灭十军主力二二三团。当晚，四纵于沈庄歼灭第八十五师。11日，四纵在九纵协同下总攻杨围子，全歼黄维兵团第十四军军部及第十师、八十五师余部，击毙第十四军军长熊绶春。各部密切协同，连克杨子全、杨老五、杨子秀、杨四麻子等村庄。15日17时再以5个团猛攻杨文学庄，并经数次争夺，将守军七十五师两个团及十师之一个团全部歼灭。

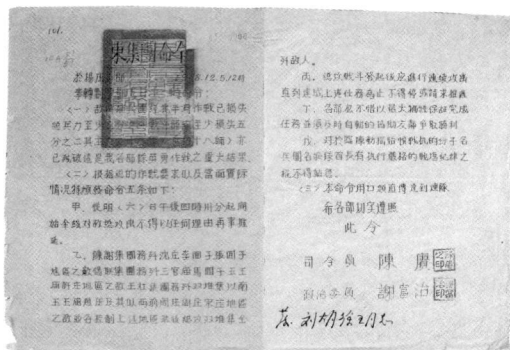

▲ 东集团总攻黄维兵团作战命令

战史摘要

中野四纵11月30日至12月15日攻击战斗

一、敌情：

（一）自我军11月24日夜，举行全线总出击后，至29日，敌十二兵团已被压缩于双堆集、孤山集东西直径约10华里之窄小地区。

（二）我当面之敌十四军，在我出击中遭我击溃，损失较重，但又重新集结补充改编，困守沈庄、李围子、小郭庄之线。

（三）当时我作战地境内，敌分布如下：

1. 十四军军部率军直与八十五师炮兵营一个连及二五五团、二十八团守杨围子。

2. 八十五师师长率二五三团、二五四团守沈庄。

3. 十师之三十团守李围子、小郭庄。

4. 七十五师师部率师直二二五团全部、二二四团约两个营、二二三团约一个营与十师之二十九团守杨文学庄。12月2日，十师师长率二十九团及师直属部队增防李围子。

5. ——四师守备张围子、小张庄及以南之小张庄、小杨庄地区。

二、战斗经过：

（一）11月30日19时，我以十旅之二十八团、三十团附炮三团榴野炮5门，攻击沈庄、李围子、小郭庄据点。部署为：以三十团两个营自西南及西北分两路攻击沈庄，另一个营堵击李围子可能南逃之敌。以二十八团一个营攻击小郭庄，一个营钳制李围子，如小郭庄攻击得手后，该两个营则合击李围子，另一个营为旅预备队。攻击开始后，小郭庄之敌逃跑，该村当为我占领，攻击沈庄部队，突击至鹿砦附近，遭敌火重大杀伤，未能奏效，23 时又组织对李围子攻击，亦因不能压制敌火，未能成功。

（二）12 月 2 日 17 时，我又以十旅之二十八团及二十九团攻击李围子，以二十二旅之六十六团攻击沈庄，因当日十师师长率直属队及二十九团增加于李围子，守备兵力加强，炮火亦集中，攻李围子之部队被敌火拦阻于鹿砦附近，虽有一部突入，亦因后续不继，大部牺牲于敌阵内。六十六团攻击沈庄，至 19 时才开始突击，亦受敌火大量杀伤未能奏效，即令停止对沈庄攻击，转往参加李围子战斗，但二十八团、二十九团两次攻击亦未成功，当时杨围子敌一部附坦克向我小郭庄两侧翼进攻，我即停止攻击李围子。

（三）我自两次攻击沈庄、李围子受挫后，积极检讨经验教训，构筑抵近的攻击阵地，并经慎密的组织与动员后，乃于 6 日，以十旅之二十八团、二十九团及十一旅的三十一团等 3 个团，及该 3 个旅与炮三团一、二、九连全部火器，皆集中对李围子攻击，各攻击部队在准确猛烈的火力准备后，于 17 时，分自西北、正北、正东等多路，先后突入敌阵地，19 时解决战斗，全歼守敌十师之二十九团、三十团及师指挥所与特务营两个连，敌二十九团团长、三十团团长均被击毙，师长张用斌受重伤，守敌大部伤亡，仅俘 600 人。

（四）12 月 8 日，我以十旅之二十九团、三十团，十三旅之三十八团，二十二旅之六十六团及该 3 个旅与炮三团一、二、九连全部火器集中，对沈庄之敌攻击，突击于 17 时开始，17 时 30 分即全部解决战斗，全歼守敌八十五师师直属队及二五三团、二五四团，敌死伤过半，生俘八十五师代师长潘琦以下 1200 余人，敌伤亡倍于我之俘获。

（五）我于攻占沈庄后，决心于 10 日扫清杨围子外围，11 日攻占该村。10 日17 时，我十旅二十八团、三十团，十一旅之三十二团，十三旅之三十八团及九纵二十七旅两个团，先夺取杨围子村东、西、北附近工事，守敌在飞机、坦克掩护下与我反复争夺，至 11 日下午，我二次攻击开始止，当日我于 17 时开始攻击，18 时解决战斗，全歼杨围子守敌，计击毙十四军军长熊绶春，击伤副军长谷炳奎，生俘军参谋长梁岱、二五五团团长、二五四团副团长、二五三团代团长以下 1800

人，毙伤近千。

（六）13日17时，我以十旅之二十八团、三十团，十一旅之三十二团，攻击杨文学庄。攻击前，敌空军及陆上皆施放大量毒气，我攻击部队因初次中毒，精神上受到威胁，特别因数次攻击成功，产生轻敌观念，攻击前侦察疏忽判断错误，估计敌为一个营，攻击准备工作及火力组织均欠严密周到，因此攻击开始后三十二团被敌火拦阻，未能突破前沿，二十八团、三十团虽各突入一部，终因后续部队未跟上，遭敌封锁，亦未成功。当晚我即停止攻击，积极检讨经验，加强工事、调整部署、增加兵力，15日17时，以5个团兵力与炮三团等全部火器参加对杨文学庄战斗，经反复数次搏斗，卒将守敌全歼，除毙伤大部，生俘1800人。

当战斗尚在进行中，黄维全军突围，故战斗甫经结束，即全力向双堆集、金庄、马庄敌心脏出击，结束对黄维兵团之战役。

（七）当我自11月30日至12月15日，逐村向敌攻击时，敌不断采取火力袭击、飞机、坦克掩护步兵攻击等手段，向我攻击阵地反击，企图夺回阵地，破坏我攻击准备，尤以12月3日、4日对小杨庄、小张庄及11日对杨围子西北角我十三旅阵地之攻击，最为惨烈，我守军三个半连，在与坦克肉搏中全部壮烈牺牲，故全阶段主要为攻击战斗，但每日昼间均有防御战斗（攻击中的防御）。

摘自中野四纵司令部《淮海战役第二阶段作战总结》，1949年1月

▲ 中野四纵十三旅副政委南静之给突击排的战士们分析敌情

▲ 中野四纵十三旅副政委南静之在淮海战役中使用的皮图囊

▲ 中野四纵十三旅的领导和他们的家属们，前排右二为旅长陈康，右三为副政委南静之

中野九纵会攻双堆集

总前委于12月6日发出指示：自即日起对敌展开全线突击，打烂敌人的防御

体系，为总攻击创造条件。我纵队奉陈赓司令员命令与左邻第十一纵队协同攻击小张庄西南一公里处的张围子。我以第二十六旅依托小张庄向张围子东北及正东实施主要突击，该旅以原留驻郑州刚归建的第七十八团为第一梯队实施突击，因伤亡过大，突击受挫。纵队秦基伟司令员、李成芳政委和第二十六旅向守志旅长亲临堑壕内观察地形，帮助部队总结经验教训，并明确指出：重组突击队，变更火力阵地，规定步兵指挥员指挥突击队和火力队。还指出：由于敌人依托野外工事，火力较强，我突击队应精悍，要保持持续的突击力量，交通壕应尽量抵近敌之前沿，选择好进攻阵地。要把直接瞄准火炮抵近距敌百米处，专门摧毁敌之低伸火力点，随伴步兵冲击。根据纵队首长指示，该旅迅速调整部署。除仍以第七十八团由张围子村东及东北实施主要突击外；另以第七十六团由张围子村西北实施突击。

7日18时，开始炮火准备。第一次以八二迫击炮以上各种炮28门行15分钟急袭射击，将敌前沿工事全部摧毁。第二次急袭射击后，即发起冲击。第七十六团十一连乘炮火浓烟，勇猛插入敌军阵地，而后顺着交通壕往前发展，七班副班长崔建国胳膊上挎个篮子，装着手榴弹和炸药包，他机智灵活地依堡夺堡，仅他一人就炸毁4个地堡。该团二梯队（第一营）随之沿敌交通壕发展，连续实施爆破，攻占敌集团工事两处，控制了张围子村的西半部。此时，该团红三连只剩下17个人，连长、指导员将17人编成两个班，分头指挥，继续战斗，终于攻克最后一处集团工事，全歼守敌。与此同时，第七十八团突击队（第一、第二营）亦由东北方向突入敌阵地。该团二梯队投入后，歼敌两个营部和一个连部，与敌逐壕逐堡争夺，并与第七十六团突击队汇合。此时，友邻第十一纵队亦由村东南突破，与我协同作战。战斗至8日4时，将敌第十二兵团的主力之一，号称"青年团"的二二三团全部歼灭，由东北方向打开了一个缺口，为向敌纵深发展创造了有利条件。

由于持续战斗，部队伤亡较大，兵员补充不易。我各级党委和政治机关，即组织新解放的战士诉苦，进行两种军队对比的教育。使他们懂得，过去是给"四大家族"卖命，现在是为人民和自己的解放战斗。经过教育补入部队的新解放战士绝大部分表现很好。如第二十七旅在宿县解放的新战士王学智、郑州解放的陈远相和黄金礼3人，在突破浍河时与连队失掉联系。他们依托两个坟包，截住敌人的后尾，捉了6个俘虏，并立即安慰他们说："我们也是才过来的，现在是为自己干！"王学智等3人因为通过诉苦懂得了现在是为自己打仗，就坚决要回到自己部队里来。他们把3个负重伤的俘虏安慰后放走，动员另外3个俘虏架上负伤的同志，3 个新战士扛着缴获的 10 支枪押送。他们一路走，一路问，找了 3 天，终于找到自己的连队。纵队首长听说后十分高兴，立即在指挥所里接见他们，给他们记功、照相，并当即宣布：给王学智等 3 人各提升一级。王学智光荣归队后担任副班长，在小张庄战斗打得机智勇敢，全班在他和班长带领下俘敌 15 名，缴获 2 支汤姆式冲锋枪、4 支步枪、3 个电话机，王学智带的第一组荣立了集体功。王学智杀敌立功的消息传到部队后，部队里立即掀起了：向智勇双全的王学智学习，在淮海大战中立大功的热潮……

12 月 12 日，中野、华野首长发出《促黄维立即投降书》。13 日，黄维拒绝投降，作垂死挣扎。15 日，总前委命令我军东、西、南 3 个集团，同时对残敌发起最后攻击。我纵仍为东集团，连日在陈赓司令员正确指挥下，配合友邻攻克了杨子全、杨老五及三棵树等据点，全歼守敌，并积极作总攻的准备。各级领导和机关干部深入连队，和班、排面对面的做思想发动工作，并解决实际问题。后勤人员把做好的饭菜和弹药送到战士手里。为了弥补在总攻中炮兵火力之不足，指战员们创造了用迫击炮抛射炸药包（每包 8 至 10 公斤），爆破敌工事，杀伤和震撼力很大，敌人称之为"飞雷"。是日 15 时 30 分，开始炮火准备，各种炮弹加"飞雷"轰得敌人抬不起头来。16 时 40 分，我第七十七团突击队（第一营）跳出堑壕，3 分钟突破敌前沿，并连续攻克敌地堡，歼灭了杨四麻子村东北角集团工事之敌。该团二梯队（第二营）投入战斗，他们以小兵群连续冲击，将敌割裂，尔后在左邻十一纵队协同下，至 18 时 30 分，将杨四麻子守敌大部歼灭。此时，各主力兵团均已达成了预定任务。敌第十二兵团的核心阵地——双堆集已完全暴露于我军面前。19 时，在总前委统一号令下，各路大军如排山倒海一般，从四面八方向残敌实施突击。我第二十六旅七十六团猛打猛冲，迅速攻占了敌兵团部所在地——东西马庄，并控制了赖庄敌飞机着陆场。第七十七团及第七十六团一部攻占了双堆集东边敌炮兵阵地。第二十七旅攻占了吴庄、赖庄、金庄。该旅第八十团及第二十六旅之七十七团协同友邻攻占了敌核心阵地双堆集。

摘自《空降第十五军战史简编》，1994 年，第 29—33 页

中野十一纵参加东集团作战

三度攻击张围子

敌地区缩小，各处反击失利，乃固守待援，东兵团决心攻歼张围子、杨围子。

我纵奉命指挥九纵，首先全力攻占了张围子，尔后协同四纵会攻杨围子，部署如下：以十三旅首先攻占张围子南面小张庄、小杨庄。九纵以一部首先攻占张围子东北之小张庄，尔后再合力攻歼张围子守敌。

11月29日、30日各部均进行攻击准备，12月1日黄昏开始对张围子外围发起攻击，十三旅当即顺利攻占了小张庄、小杨庄，九纵因张围子东北之小张庄紧靠张围子，准备与张围子作一次攻击，故当晚未进行战斗。

12月2日17时30分，第一次攻击张围子。十三旅除以一部割裂（由张围子东南）张围子、杨围子联系，主力由张围子正南攻击，九纵除以一部由张围子西北割裂张、杨围子联系并向张围子佯攻外，以一个旅攻击张围子东北之小张庄。得手后即继续向张围子攻击。

战斗发起后，十三旅及三十一旅两次攻击均未奏效，九纵攻占小张庄歼敌一一四师七团1个营。因时间仓促亦未能继续攻击张围子。故第一次攻击张围子未能成功。次日（12月3日）杨围子出动步兵一个团配属坦克8辆向十三旅小张庄、小杨庄阵地猛攻多次，入夜始停，战斗剧烈。小杨庄因部队伤亡较重，为敌占领。当晚十三旅以1个营反击亦未奏效，当晚十三旅奉命归还建制。遗防由豫皖苏独立旅接替后，我重组力量调整阵地，4、5两日继续进行攻击张围子攻击准备。

12月6日黄昏发起对张围子第二次攻击，豫皖苏独立旅同时发起对小杨庄攻击，牵制敌人保证主攻部队翼侧。三十一旅（附三十二旅九十四团）以九十一团、九十二团为主攻，分别由东南、正东，九纵由东北及正北4路攻击，以谋多点突破，一举成功，但又不奏效。当夜因部队伤亡较大，组织零乱，第二次攻击准备至夜间2时尚未完备，后经东集团批准，允于次日再行攻击。部队撤回后立即进行检讨，重新动员，整理组织。将九十一团、九十二团各编为两个营（仍极不充实），九十八团缩编为4个连，准备再攻。

12月7日16时，开始第三次攻击张围子。为锻炼部队之顽强攻击精神，不致遭受顿挫即不能再战，决仍使用三十一旅主攻（并准备如再不奏效即使用三十二旅连续攻击）。九十二团由正东攻击，九十四团为预备队。九十一团由东南攻击，以九十八团为预备队。以纵队特务团担任割裂杨围子与张围子联系。并封小杨庄至张围子间空隙，防敌突围。九纵重新调换攻击部队按原计划攻击，并以有力部队担任张围子、杨围子大路（含）以北之割裂堵截任务。集中一个山炮营，5个迫炮连，2门九二步兵炮，采用集火轰击办法支援步兵突击。战斗发起后，九纵首先顺利突入。九十二团因突击开始为敌山炮排击，将副团长（直接掌握突击部队）、主力营长击毙，攻击部队组织打乱。在火线重整组织后，于18时半才开始突击，在第一道外壕歼敌一个排后，即顺利突入（但已迟九纵队突入时间约1小时），九十一团突入时敌已收缩，未遭抵抗。张围子守敌当我突破后，即收缩于村内固守，尔后经我各部攻击，不支，乃沿张围子通杨围子路沟西进，为我特务团歼俘其先头营后一部即转由路北侧我纵与九纵接合部突走，张围子乃告攻克。尔后即以特务团置于小杨庄加强独立旅阵地守备，防敌反击并准备向杨庄作业。

次日（12月8日），由杨围子及杨庄出动步兵1个团坦克6辆，榴炮轰击和飞机掩护下，曾5次猛犯我小杨庄特务团阵地，坦克几度突入我阵地以内，战斗终日，至黄昏率为我击退，并跟踪追击至杨围子，攻占一组地堡群，歼敌1个排缴火箭筒2，敌始不敢再犯。

三个杨庄的攻击

张围子、杨围子（四、九纵攻克）攻占后，我纵（附九纵一个旅）奉命攻击杨子全及杨老五庄。四纵于同时攻击杨子秀庄，得手后会攻杨四麻子。我乃调三十二旅至刘庄、李家湖阵地，小杨庄阵地交九纵之一个旅接替，准备对杨老五庄之攻击。

12月13日下午，开始对杨子全攻击，三十二旅九十七团由正东面担任主攻，九纵二十七旅八十一团由东北角主攻，九十四团由南面以火力策应，施行伴动（二十六旅之七十七团于同时攻击杨老五，四纵攻击杨子秀）。15时炮击开始，17时发起突击。因该村（杨子全）守敌仅为一个工兵连，兵力薄弱，17时30分即解决战斗。九十七团及八十一团并跟踪追至杨老五，协助七十七团迅速解决守敌，19时即全部结束战斗。

杨子秀因敌放毒，当日未能解决战斗，四纵不克，故我仍以原兵力继续攻击杨四麻子，经14日及15日上午之准备后，15日13时即举行对该村之攻击，仍以九十七团并八十一团担任主攻，九十四团担任杨四麻子西南之阻绝及堵截，17时发起突击，17时30分即结束战斗。

敌突围被歼战役结束

我于攻占杨四麻子后，至20时各方传来全部突围消息，我即以三十二旅沿杨四麻子、金庄、吴庄线追击，并调三十一旅至李家湖准备向大小马庄追击，因动作较迟，三十二旅抵达吴庄后各友邻部队均已超越过去，乃将部队全部收回，至此，战役全部结束。历时 22 日，我纵共进行较大战斗 8 次，计 1 次袭击（白庄）、1 次追击（27 日）、5 次进攻（张围子、3 个杨庄）、2 次防御（冯庄、小杨庄）。

摘自中野十一纵《歼灭黄维兵团战役总结报告》，1949 年 1 月 28 日

▲ 12 月 5 日，李围子战斗前，中野四纵十旅司令部在许家寨召开炮兵干部会议，研究步炮协同作战

▲ 中野四纵某部向李围子发起攻击前，战士们给党支部的决心书

▲ 中野四纵二十八团三连战士纷纷报名参加突击队，准备向李围子攻击

▲ 中野四纵某部突击队捆扎手榴弹，准备向据守李围子的国民党军发起攻击

▲ 中野四纵十三旅三十一团八连接受突击李围子的任务后，正在擦拭武器

中野四纵对黄维兵团的作战

（一）李围子战斗

李围子守敌为十四军十师（欠二十八团），该敌依托村庄构成了三层坚固环形防御体系，在村外以外壕、地雷、鹿砦、铁丝网等障碍物为外围阵地，在村沿筑有梅花形集团工事为主阵地，村内以坚固房屋构成核心阵地。

纵队为突破敌防御体系，决以十、十一旅和炮三团攻歼李围子之敌，二十二旅钳制沈庄之敌。我十旅以二十八团由北、二十九团由西北攻击李围子，三十团为旅预备队。十一旅之三十一团由东向西攻击。

6 日 16 时 30 分我开始炮火准备，并发射"飞雷"9 个，至 17 时将敌工事大部摧毁，乘烟雾弥漫之际，发起冲击。二十九团一举突破西北野战阵地，尔后一个营直插敌西南集团工事，攻占敌炮兵阵地。二十八团之突击队三连，冲到敌鹿砦前，遭敌两个连兵力的反扑，战斗非常激烈，连长牺牲了，指导员继续指挥战斗，战士们在敌密集火力封锁下，前仆后继，勇往直前，经 3 次猛烈冲杀，在伤亡只剩下一个多班兵力的情况下，以压倒敌人的英雄气概突入敌阵地。这时一连机智灵活的从三连左侧加入战斗，乘胜向敌核心阵地攻击，友邻十一旅一部也正向敌纵深发展。敌竭力顽抗，拼命反扑，与我展开逐屋争夺战，激战到 19 时，全歼守敌。此次战斗中，我十旅俘敌 600 余人。李围子战斗的胜利，在敌整个防御阵地中打开了一个缺口，为向纵深发展进攻，创造了有利条件。战后，旅给二十八团三连一排、二十九团十一连一排各记特等功一次；给二十八团一、三连和二十九团十一连分别记大功一次。

▲ 中野四纵二十八团三连为攻击李围子的突击连，图为排以上干部合影

▲ 最先突入李围子的二十八团三连一班勇士们

▲ 解放军电话兵保障通讯无阻。三打李围子攻击前电话员检查线路

▲ 中野四纵二十八团由驻地许家寨向李围子攻击的途中

▲ 中野四纵向李围子攻击，某部六〇炮手们向前运动

▲ 中野四纵攻克李围子后，群众帮助部队构筑工事

（二）沈庄战斗

在攻克李围子后，纵队决心以十旅、十三旅、二十二旅围歼沈庄守敌十四军八十五师（欠二五五团）。十一旅以火力压制杨围子、杨庄之敌，支援沈庄战斗。

为更好地遂行战斗任务，我十旅、十三旅在火线上及时进行了组织调整和"立俘立补"工作，十旅将各团之3个步兵营9个连，编为2个营6个连，以保证连队有充实的战斗力。当受领攻歼沈庄任务后，决以二十九团由正东、三十团由东南、三十八团和二十二旅六十六团由西北攻歼守敌。广大指战员决心发扬英勇顽强，不怕牺牲，连续作战的精神，彻底歼灭敌人。

8日17时，各团同时向敌发起冲击，三十八团突击队与事先潜伏的九连一班紧密配合，一举突破敌前沿；二十九团、三十团仅以10分钟即突入敌阵地，迅速向纵深发展；友邻六十六团亦突破敌前沿。战斗到19时，全歼守敌，生俘敌八十五师代师长潘琦以下1200余人。战斗中，我三十八团二营副营长杨银贵同志和三营副营长冯保具同志光荣牺牲。

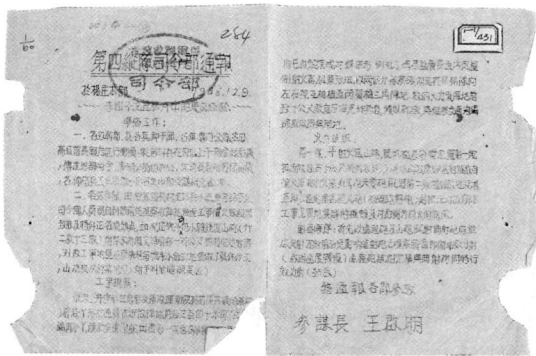

▲ 在沈庄战斗中，中野四纵仅以两小时即俘虏国民党第八十五师官兵 1200 人。这是中野四纵司令部 12 月 9 日于杨庄本部印发的关于沈庄、李围子战斗经验通报

▲ 中野四纵二十二旅首长奖给六十五团八连的嘉奖令。八连"在歼灭黄维兵团战斗中，在沈庄战斗前，工事挖得最积极而且好，超过上级分给任务的四分之一强"

▲ 1948 年 12 月 13 日中野四纵奖给二十二旅六十五团参加徐州大会战完成任务的记功令

（三）杨围子战斗

沈庄战斗后，为乘胜前进，纵队令十旅、十一旅、十三旅和九纵二十七旅共 6 个团的兵力攻歼杨围子之敌。杨围子是敌十四军核心阵地，由军部率十师二十八团、八十五师二五五团及炮兵一个连防守。鉴于杨围子外围阵地前伸，距敌主阵地较远，纵队决定首先扫清外围集团工事，尔后歼灭村内之敌。

根据纵队部署，我十旅以二十八团、三十团分两路由正北，十三旅三十八团由西北，友邻三十二团、八十团在东北和东面攻击杨围子之敌，七十九团预伏于杨围子东南堵击。

10 日 17 时 20 分，对敌外围集团工事发起攻击，二十八团三连一举攻占正北之三角碉堡；三十八团三连和七连攻占敌三号碉堡后，敌向我反击，妄图夺回阵地，三十八团顽强抗击，打退敌多次反扑，坚守了阵地。是日夜，我各部队开展强有力的政治攻势，利用喊话，散发传单，投送粮食，释放俘虏等方法，宣传我党我军的政策，从政治上瓦解敌军，促使敌部分官兵纷纷向我投诚。

11 日拂晓，三十八团以二、九连接替三、七连的阵地。9 时 30 分，敌千余人在 6 辆坦克掩护下向我阵地猛攻，我英勇顽强，浴血奋战，二连在腹背受敌的情况下，决心守住阵地，血战到底，打退了敌人的多次进攻。在激战中，九连指导员张子修同志身负重伤，向上级党委写了"人在阵地在"的血书，并挥臂高喊"共产党员们，同志们，现在是考验我们的关键时刻，要发扬'铁九连'的光荣传统，誓死守住阵地，不惜流尽最后一滴血！"战士们热血沸腾，跃出战壕，怀着对阶级敌人的刻骨仇恨，杀声震天，与数倍于我之敌展开白刃格斗。经反复冲杀，敌死伤累累。我二、九连在伤亡只剩 10 余人的情况下，守住了阵地。

17 时，在我强大炮火掩护下，对杨围子守敌发起总攻。三十八团一连迅速由西北突入，冲在最前面的二班连续攻克敌 8 个碉堡，在全班 8 人有 7 人负伤的情况下，仍继续坚持战斗，保证了该连突破敌主阵地，使团主力直插西南角断敌退路。二十八团五连和三十团三连经 15 分钟激烈战斗突入敌人阵地，迅速向纵深发展。此时，友邻亦先后突破敌之防御。敌在我四面夹击下，恐慌南逃，被预伏之七十九团以猛烈火力杀伤，复向西逃，又遭我三十八团阻击。战斗至 18 时，全歼守敌，毙敌十四军军长熊绶春以下 1000 余人，俘副军长谷炳奎、参谋长梁岱以下 1800 余人。战斗中我三十八团副团长张志武同志、三营副营长赵发金同志和二十八团二营营长兰礼法同志英勇牺牲。

（四）杨文学庄攻坚战斗

为彻底全歼黄维兵团，我十、十三旅受领任务后，再次对部队进行整编，一方面尽可能将旅、团保障分队和勤杂人员充实连队；另一方面加强了"立俘立补"工作，使连队减员得到了及时补充。为歼灭杨文学庄守敌十军七十五师（欠一个团另一个营）及十一师三十一团两个连，我决以二十八团由正北、三十团由西北、十一旅之三十二团由东北和东南攻击。13 日 17 时，在炮火掩护下，各团一举突入杨文学庄内，敌作垂死挣扎，大量施放毒气，我部队中毒者甚多，攻击受挫。各级领导认真总结经验教训，对敌情进一步作了周密侦察，并采取了防毒措施。此时纵队调整部署，决心由十旅、十一旅、十三旅和二十二旅共抽 5 个团的兵力，从三面多路围歼杨文学庄之敌。

15 日 17 时，在纵队炮火掩护下，对杨文学庄之敌发起总攻。我三十七团由村西南仅以 4 分钟突破敌前沿，尔后以疏散的队形相互交替前进，连克敌 16 个地堡，直插敌腹心阵地。二十九团和友邻一举突入敌防御阵地，与敌展开逐堡、逐屋、逐壕反复争夺，激战到 20 时，全歼守敌。此次战斗，除毙伤 1000 余人外，俘敌 1800 余人。

摘自《十三军参加淮海战役简要情况》，1980 年 3 月，第 260—264 页

▲ 中野四纵十旅二十八团三营九连爆破组长许天赐荣获人民英雄称号

▲ 中野四纵十一旅三十一团政治处副主任张元生带领全团后勤人员，日以继夜、废寝忘食地工作，保证部队按时吃饭，伤员及时救护

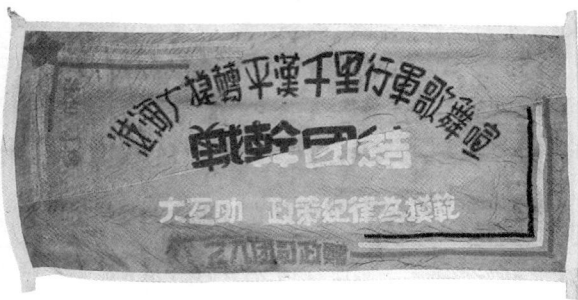

▲ 中野四纵十三旅三十八团一连在淮海战役中，干部战士团结一致，互相帮助，模范执行政策纪律，荣获三十八团司令部、政治处授予的奖旗

▲ 中野四纵十三旅三十七团王安国在攻克曲沃城战斗中成为著名战斗英雄，此为旅首长给王安国颁授奖旗。王安国牺牲于淮海战役第二阶段杨文学庄战斗中

▲ 中野四纵十一旅三十一团九连，在围歼黄维兵团的杨文学庄战斗中打退国民党军数次反扑，与敌展开逐壕逐堡的争夺战，和兄弟部队一起全歼守敌 3 个团，全连荣立特等功。此为十一旅司令部、政治部授予该连的奖旗

简介

中原野战军第九纵队

中原野战军第九纵队辖第二十六、第二十七旅，约 2.1 万人。由太行军区等部队发展而来。1947 年 8 月，以太行军区前方指挥所及两独立旅为基础，在河南省

博爱县组成晋冀鲁豫野战军第九纵队。1948 年 5 月，改称中原野战军第九纵队。曾参加宛西、宛东、豫东、郑州等战役。淮海战役时参加攻克宿县，阻击李延年刘汝明兵团和阻击围歼黄维兵团等作战，歼灭国民党军 9000 余人。1949 年 2 月，改编为中国人民解放军第十五军，隶属于第二野战军第四兵团。

编者整理

▲ 中野四纵政委谢富治到突击队作战斗动员，号召部队只能前进，不能后退

▲ 中野九纵司令员秦基伟在前线指挥作战

▲ 中野十一纵司令员王秉璋（后右一）、政治委员张霖之（后右三）、华野参谋长陈士榘（后左一）、特纵司令员陈锐霆（前左一）、军委后勤部长杨立三（后右二）等领导合影

中原野战军第十一纵队

中原野战军第十一纵队辖第三十一、第三十二旅，约 1.6 万余人。由冀鲁豫军区部分武装发展而来。1947 年 8 月，在河南省鄄城合编为晋冀鲁豫野战军第十一纵队，归华东野战军陈（士榘）唐（亮）兵团指挥，牵制国民党军兵力，掩护刘邓大军千里跃进大别山。1948 年 5 月，改称中原野战军第十一纵队。曾参加平汉、陇海、豫东等战役。淮海战役时参加追歼黄百韬兵团、歼灭一〇七军、围歼黄维兵团等作战。1949 年 3 月，与冀鲁豫军区部队一部合编为中国人民解放军第十七军，隶属于第二野战军第五兵团。

编者整理

国民党第十二兵团第十四军军长熊绶春

熊绶春，44 岁，江西南昌人。军校三期及日本步专毕业，曾任团长、副师长、师长、副军长等职。现任整编第十师师长。

个性沉静寡言，指挥能力较强，亦有作战经验，曾参加滇缅路战役，稍有战绩。统驭领导偏重情感，有失之姑息毛病，虑事尚细心。属蒋嫡系，与何应钦、郑洞国（已投降）历史较深，日常生活优裕，用钱挥霍，脸有少数麻斑为其特征。

摘自华北军区解放军官教导团第一团编印《敌军高级军官初步调查》，1948 年 11 月，第 300 页

战术研究

中野四纵对黄维兵团防御之研究

敌黄维兵团，经我大军全面出击，被我压缩于窄小地区后，彼即放弃突围计划而改为固守待援，严格命令所部坚决死守，不准放弃阵地，等待李延年、刘汝明、杜聿明等部增援解围。敌十四军军长在此坚决固守待援意志下，即竭力构筑其坚强阵地，以全力死守，今将其阵地构筑及防御战斗等分别述说如下：

1. 阵地编成

敌防御阵地之编成，以村落为基点，构成外围阵地、主阵地、核心阵地等三层，每层阵地皆为圆形配备，火器以侧射斜射形成浓密火网，工事群与工事群间能互相掩护，村与村之间可以火力联系，距离远者，中间构筑联络阵地，互为倚角，每一阵地皆能单独作战，三层阵地皆有交通沟贯通。

①外围阵地：在村外 100 米及 150 米处，构筑 12 公尺等边三角形据点阵地，周围有宽 1 米至 2 米壕沟，积土堆于内沿成胸墙，胸墙周围有单人掩体，外围阵地与主阵地间（据点与据点之间，阵地与阵地之间）有交通壕，并组织成火网，据点数目位置，依地形而定，其间隔约为百米至百五十米，据点多在村角与死角处设之，两排据点之中央前方构筑班据点，以为掩护，其阵地被我突破一点，其余并不受影响，且能以火力封锁被突破点。如我十旅二十八团第二次突入沈庄敌阵前沿遭敌侧防火器杀伤，不能立足退出，伤亡甚大。又如我十旅之三十团攻占杨围子敌正北外围阵地后，敌利用纵深火力封锁，我伤亡甚大，阵地得而复失。

②主阵地：在村周围 50 至 100 米处，依托壕沟自然地形，筑多数集团地堡群，构成野战阵地，阵地内有纵横交通沟联系，阵地前约 30 公尺处设鹿砦，鹿砦前设急造爆炸物（炸药迫炮弹、集束手榴弹）。

③核心阵地：多利用坚固房屋及有利地形构筑之。以外壕围墙、地堡工事、地

下室、交通壕等组成坚固之核心阵地，其编成特点：

指挥机关与所属部队间均有良好之通讯设施与交通设备，并在有利位置控制机动部队，以便在我突入时，实行反突击，各工事据点均能独立作战，位置掩蔽且便于支援外围阵地作战，及收容自外围阵地撤退之人员继续作战，达到节省兵力增大阵地伸缩性，构成交叉火网互相支援的目的。

2. 火力配系

其火力配系的原则，一般以三分之二或三分之一强的火器配备于阵地上，其余三分之二或三分之一弱的火器作为机动使用。火器的具体配置为外围班据点配轻机枪 1 至 2 挺，排阵地配重机枪 1 至 2 挺，以便在主阵地前组成浓密火网，行短促交叉射击。在纵深又配置自动火器，一部可行超越射击及间隙射击，主阵地后为炮兵阵地，其火焰喷射器大部配置于主阵地前沿，以行近距离的突然杀伤。

3. 兵力部署

敌人的兵力部署一般区分为守备部队、机动部队两种，机动部队依状况区分为突击队、逆袭队及预备队 3 种，其主力一般的配置于村前沿之主阵地附近或两翼，因惧我炮火射击及突破，故特别注意纵深与接合部的加强（尤其注意对阵地四角的加强）。

4. 防御动作

①以攻击手段，破坏我攻击准备

敌发觉我交通壕抵近或正准备攻击时，常以 5 辆至 10 辆坦克，配合步兵一个营至一个团以上的兵力向我侧翼阵地攻击，破坏我攻击准备及工事构筑，其攻击一般在午前 10 时开始，有时直至下午我攻击开始前始撤退，但在攻击时其步兵不敢接近我阵地，只能以坦克之本身火器给我杀伤与威吓，企图破坏我攻击实施。如 12 月 11 日杨围子攻击前，敌以坦克 5 辆，步兵千人向我攻杨围子西北角之十三旅三十八团反扑整日，我两个连伤亡殆尽，但阵地仍为我坚持，敌不敢进。另如 5 日敌向沈庄北面我二十二旅阵地之反扑，及 3 日对小杨庄十三旅阵地之反扑均如此。

②以火力逆袭妨害我土工作业

敌发现我夜间近迫作业，则以机枪、六〇炮、迫击炮突然袭击，杀伤我作业部队。其空军昼夜不断向我阵地投弹及扫射，但命中极差。我攻击前，敌发现我部队运动时，即以迫击炮及重炮封锁我交通壕，妨害我之动作。我夜间作业伤亡很大，如十一旅对李围子攻击，在突击时伤亡百人，而构筑工事亦伤亡百人以上，十三旅、二十二旅、十旅作业中的伤亡亦均甚大。

③遇我攻击时的动作

当我行火力准备时，敌人火器及部队则进入掩蔽部躲避，待我火力停止或延伸射击时，敌再又进入阵地实行射击，常以数挺机枪封锁我突击路口，当我突击队进至敌鹿砦附近时，各火器一齐开火，用短促交叉的火力逆袭杀伤我突击部队于其阵地前。如沈庄、李围子、两次攻击杨文学庄，第一次攻击受挫，我突击部队均大部伤亡于敌鹿砦附近。其火焰喷射器，亦向我突击队喷火，阻我前进。如李围子之敌最后被歼时，以火焰喷射器烧毙我十旅二十九团及十一旅三十一团达50余人。当阵地被突破时，即以纵深火力配给预备队向我行阵地内之逆袭，如我退出阵地，即以火力追击，敌各级指挥官均控制有机动部队，有反击计划，当我部队突入时，彼即趁我立脚未稳，以机动之自动火器及部队（通常10余人之精干部队）连续向我反击，如我突击队组织不好，队形混乱，即有被反出之可能。其指挥官并率督战队亲自督战（十四军十师师长张用斌在李围子督战为我击伤），往往当场枪杀作战不力之中下级军官，以威胁部队强迫死战。如27日十四军被击溃后，军长熊绶春撤职留任，该军一个营长战败逃至双堆集被枪杀，以及沈庄战斗率残敌400余人逃出之八十五师二五三团团长李剑民，兵团部即令枪毙之（因与熊私人关系好，未遂行，后为我俘），故每次战斗中，敌方军官非死即俘，未有敢能生逃者。

摘自中野四纵司令部《淮海战役第二阶段作战总结》，1949年1月

▲ 中野第四纵队司令部编印的《双堆集战役战术问题汇刊》

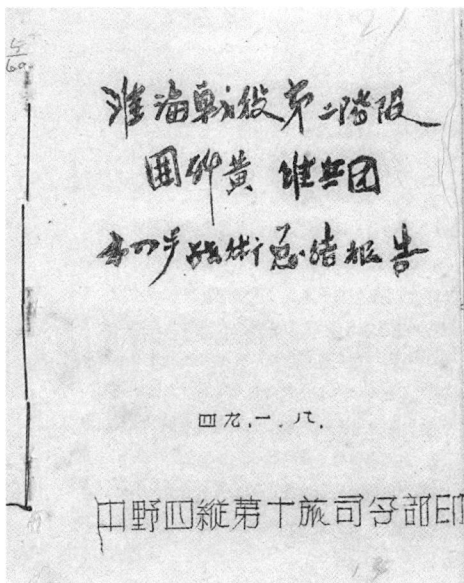

▲ 中野四纵十旅司令部于 1949 年 1 月编印的《淮海战役第二阶段围歼黄维兵团初步战术总结报告》

▲ 中野九纵二十七旅指挥员在战壕里研究围歼黄维兵团作战方案。左起：七十九团团长任应、副旅长唐万成、旅参谋长张蕴钰

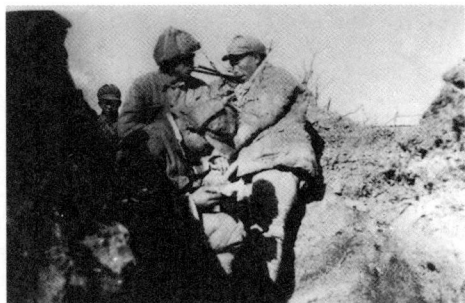

▲ 总攻双堆集之前，中野四纵某部党支部动员各党小组讨论支部计划并写决心书

▲ 中野某部召开干部会研究攻击战术，制定作战计划

中野九纵看国民党军之特点

1. 该敌较为顽强，当被包围后，即构野战工事逐村逐户逐沟逐堡与我争夺，寸土必争，敌毙伤数较大，俘虏甚少（不及三分之一）。

2. 当已发觉被我主力包围后，即迅速缩作一团，形成坚强的大核桃，分区固守防我分割。尔后又积极向我进攻，向外围扩展，以攻代守等援，但初被围时，控制主力（十八军）机动，外围为较弱部队，便于我之小型分割聚歼。末期主力置于前沿，但为时已迟。

3. 工事构筑以村落为依托，一般分三线配备。第一线于据点外围（80 公尺左右）筑临时无交通沟之独立地堡或地堡群（特别是已发觉我之突击方向时）破坏我之近迫作业及突击动作。第二线为不规则之圆形集团工事（由数个地堡连为子母堡，即敌所称子母连环堡，均有交通壕联系），外有鹿砦，为独立支撑点，并与各方取得火力联系。第三线为环城交通沟二道，相距约 10 米左右，两沟之间高地为地堡，此为敌之主要抵抗线（时间短则仅一条交通沟，沟之前沿为地堡，均能火力联系）、交通沟内有掩体、掩避部。据点之核心则为村庄，多为指挥机关，后方人员避弹场所，无射击设备，尚或有些集团工事据点外围设绊脚刺、地雷（用炮弹拉火）等附防御设施，各据点工事，均于间隙中设置且均能成为独立支撑点，火网组成较好。

4. 据点本身无囤兵场所，无强大之后备力量，重火器一般设于前沿与村庄之间，因此，当被突破后，除短促火力反扑，或其他据点之增援兵力反扑外，本据点内无突击反扑力量。当我火力发扬时，敌即隐蔽待我炮火停止。部队突击时，即迅速入工事，发扬突然短兵火器打我突击部队，炮兵则向我二梯队实行截断射击。

5. 当敌已发觉我攻击时间之规律后，其纵深炮火常于我攻击之前实行火力逆袭，破坏我之攻击。

6. 战斗初期敌通常以诈降方法，待我跳出工事迎接即予猛烈火力杀伤。

摘自《中野九纵淮海战役围歼黄维兵团野外攻坚作战初步总结》，1948 年 12 月 20 日

▲ 严阵以待准备总攻

▲ 炮兵在交通壕内向前运动

▲ 中野四纵攻击李围子，炮兵待命轰击

▲ 中野四纵某部教导员给重机枪观察目标

◀ 中野四纵某部突击班进入战地前之英姿

关于突击问题

突破，是攻坚作战中成功或失利的关键，而此次对外强中干之敌的野战阵地攻坚中，突破及其贯通更产生了新的重要价值，我纵一般攻坚经验极不丰富，对此种特殊攻坚战斗，经验更为缺乏，从连续战斗中，逐步明确了以下几个问题：

一、突击队的任务和组织

突击队的任务是：一、突破；二、巩固与扩大突破口。目前情况下应以营为突击单位，当突破后（突击队已有相当伤亡）如无强大后续部队则发展无力，甚至有被敌反扑击退或被切断的危险。但此次战斗之初，一般对敌纵深配备估计较为强大，因此突破口尚未达到一定程度的扩大即迅速投入二梯队，以致拥挤不堪，受敌杀伤颇大，障碍发展。

突击队组成，以短小精干为原则，组织太大，动作不灵，指挥困难，太小又稍遭伤亡即无力完成其使命。突击连之第一、二突击队，以12至15人组成为宜（第三突击队人数可依情况伸缩），每队三四个小组，每组三四人，连、营二级应至少有二至三个突击队（或突击连），否则一次突击受挫即无法挽救。在突击队的人员组成上：以为平时已有准备，怕临时增加骨干打伤了元气，动作不熟等，而图简单省事，只用原班、排建制，是不对的。往往因一人较差，影响整个战斗，而第一次失利，再次攻击，损伤更大（如七八团第一次张围子战斗）。以为平时没准备而用连单位报名大插班，临时仓促组成，动作不熟练，相反会减弱突击力量，也不容易培养更多的骨干（如八一团杨老五战斗）。较好的方法是，以平时已准备好的突击班、排、连为主，而又以自动报名与群众审查的民主方式酌量增加少数经验丰富的精锐，洗刷个别弱者（实在不能跟随完成任务者），突击队员一般是政治质量较优秀且经过战斗考验，具有实战经验，勇敢机智的战士担任，并应配备若干干部与党员，七七团三连杨四麻子战斗的突击队组织较好，突击中无一伤亡。

突击队的大力组织，基本上应是加强短兵火器，即所谓"放下步枪背包，拿起汤姆式手炮（炸药手榴弹）"，要带足够的弹药，但每个突击队员装备又不能过重，不能超过 25 斤，炸药手榴弹不能超过 2 至 3 斤，其配备方法：一种是第一、二组汤姆式各 3（每枪子弹 150 发），无杀伤力之炸药包 6，余全部拿手榴弹及炸药手榴弹，第三组汤姆式 2，余全部手榴弹及炸药手榴弹。第二种是第一、二组各汤姆式 1，第三组汤姆式 2，余全部手榴弹及炸药手榴弹。第三种是第一、二组全部为投弹组，第三组为冲锋枪组。第四种是突击组各 5 人，编为 1 至 5 号，1 号冲锋枪，2、3 号炸药手榴弹，4 号压子弹，5 号送弹药。此四种组织形式，应依各具体情况组织之，除第四种分工过于严格，其中一人伤亡影响突击较大，不宜采用外，第一种似较适宜。

突击连必须组织自己各种自动火器（轻机枪、六〇炮、枪榴筒、营属重机枪）及工兵为连火力队，帮助突击队开辟道路，并迅速跟进掩护突击。

二、突破口的选择与突击队形运用

对已形成核桃阵地之敌的攻击，应组织多路攻击、分散敌人兵力与火力，求得一点两点的成功为有利。目前情况，旅以上一个突击方向，至少应有两个以上的突破口，而团以下除单独攻某一据点外，则一般只能有一个突破口，否则即难于照顾，也不能集中优势火力。突击应是部队要少，火力要强，一个营突击，附以几个营乃至几个团的火力。在一个突击口同时以几个连突击（如八一团小张庄战斗），队形太密集，但如成一路队形（如七九团小张庄战斗），又软弱无力，应该是以三个以上小组（一个突击连的突击队）同时上突，才易一举成功。

敌之突出部、接合部是弱点，但又为其火力加强所在。攻敌之防御配系中之弱点，虽发展较为困难，但易于突破。攻其强点，虽攻击时困难，而当一被突破，即无反扑力量。故突破口的选择，一般应以步兵突其弱点，而火力则同时坚决彻底摧毁其强点，具体说，突破口应选于一个突出部之侧翼，并以强大火力摧毁其突出部，使其无力反扑或侧击，七九、八一团小张庄突破口选择敌两突出部之间，而未曾予两侧突出部之敌阵地以摧毁，七八团二营第一次突入敌之集团工事突出部内，均遭重大伤亡。

三、突击时机与突击队战斗动作

突击之前，除进行严格的突击队的检查（查思想准备、查组织队形、查武器弹药）外，解决突击队员的思想顾虑是保证突击成功的重要环节。不能以为"打保票"就没了问题（七九团打三棵树，突击队员们即表态说"没问题，如突不上去，情愿给二梯队当工事，一个飞脚就上去了"，但一实际突击即发了昏）。一般老战士顾虑是：1. 新解放战士带不上去怎么办？ 2. 火力摧不垮障碍怎么办？ 3. 压不住敌侧射火力怎么办？ 4. 二梯队跟不上去怎么办？解决方法：除反复看地形、演习、摆沙盘外，八一团杨老五战斗时，曾令突击队员详细的看了我之火力射击目标，七七团则于每摧垮敌一个地堡后，叫突击队员们起来看看，均获良好效果。新解放战士则顾虑，我们"不讲战术，用人去拼"，八十团的解决方法是：1. 战壕内进行诉苦复仇，谁抓你当兵？使你不能过日子？要向谁报仇？ 2. 开展军事民主，大家想办法研究战术，由此大大的提高了解放战士的勇气。八连28个人的突击队（内老战士4个），仅伤亡3人就完成了突击任务。

突破应以最短的时间，最快的速度来完成。对突破口之敌，采取坚决歼灭的方针，因此，突破口有三不顾——不缴枪、不捉俘、不顾自己伤亡。凡此均由二梯队处理之，以便争取时间，排除障碍，完成突破，应是勇往直前，挺身跃进。如七七团的突击队战士们的口号说得很好"一气冲到外壕内是好汉，卧倒鹿砦边是软鸡蛋"。当突击发起后不准在敌火下停止前进，因此要求，一则突击之前使突击队得到较充裕的休息时间，保持其健壮的体力与高度的勇气；二则冲锋距离不能过远，一般以四至五十米为宜；三则反复侦察前进道路及应该夺取之目标。

孤胆战法是对敌平原野战阵地攻坚中的战术思想，为达此目的，须于平常训练、演习，打破思想顾虑，养成人自为战的勇气，及战时充分的思想准备，和坚强的组织保证，详细的了解情况和任务，认真开展战前的军事民主，不能因已有若干经验或借口"疲劳"而有任何疏忽，不能顾及说出敌情强大困难重重，怕减低了突击队的胜利信心。真正的胜利信心是从明确任务并具体的了解了敌人守备情况，而又想出了办法后建立起来的。每个突击队员，不仅要明确自己的第一步第二步任务，而且要明确自己友邻和代理人的情况和任务，做到真正的知己知彼，唯此才能达到孤胆奋战不顾一切，而又符合指挥意图。

完全依靠炮火将敌歼灭而后再突击是不行的。炮火只能摧垮部分或突破口的全部敌人前沿建筑物，开辟突击队前进道路，及制压敌人炮火。而真正彻底全歼敌人的任务，仍须由步兵去完成。一般指战员于突击之前，精神异常紧张，缺乏突击经验的年轻部队往往更沉不住气，一看到炮火总发扬即想突击，以致不能很好协同，这实际是不要炮火的思想。

在指挥上必须慎重掌握步炮协同与适时投入突击，单纯凭炮兵打完自己预定基数即发起冲锋（如七八团张围子战斗）是错误的。指挥员应位于突击营，依据前沿摧毁情况，适时掌握炮火射击及突击队之冲锋是主要环节。

当突破前沿之后，突击部队应迅即以小股多路作适当的（有距离、有方向）面的发展，以求迎接二梯队投入向纵深发展。二梯队应随时携带工兵炸药炮等火器以便及时扫除纵深发展中之障碍，七六团张围子战斗中，未能如此，致残敌逃窜。

以沟夺沟，以堡夺堡，是平原野战阵地纵深发展的主要战术手段，脱离工事乱突，必遭无谓伤亡。八一团几次战斗中伤亡较大，原因即在此。但当敌人已知我之战术而对交通沟已有充分准备实行火力封锁，或距敌已近沟道已成发展障碍，在有强大火力掩护下，则应沿交通沟两侧跃进，这就要求我们各级指挥员根据自己所受领任务及当前敌情地形而机动灵活的运用，尤要从发展变化中实现正确的指挥，因此担任突击部队的指挥员应随时注意捕捉询问俘虏，令其带路更佳。

摘自中野九纵司令部《淮海战役第二阶段歼灭黄维兵团战术总结报告》，1949年1月20日

张围子战斗中纵、旅首长亲临阵地
帮助动员想办法讲求战术勇猛顽强取得全胜

7日下午2时，北海①李团长试射过山炮、迫击炮，周政委检查了每挺封锁敌

---

① 编者注："北海"为中野九纵二十六旅七十六团。

人枪眼的重机枪，突击连——三营十一连的同志们绑的绑炸药、擦的擦枪弹。纵队李政委①来了，当李团长报告布置情况时，三营长马振岐同志当场表示完成任务的决心。接着，在离敌人不远的交通壕内，集结突击班及其他积极分子以上同志，李政委亲自讲话：先告诉大家华野歼灭敌邱李孙兵团一部，并完全包围的胜利消息，指出邱李孙兵团和黄维兵团一样，都成了死鳖，很快会全被我们歼灭。并说明歼灭当前敌人的伟大意义。谈到当前敌人的情形时，李政委很清楚的告诉大家我们的打法是：第一，先来一阵迷惑性的炮火，接着轻重机枪开火。这时，敌人以为我们发起冲锋，都抬起头来应付，我们猛然给以一阵毁灭性的炮火，打得敌人头晕眼花。第二，趁炮火未停，步兵很快上去夺取碉堡、占领交通壕。第三，待我突破前沿，站稳定后，后续部队源源投入，再向纵深发展。战士们都在点头称是，这时，李政委明确的指明，十一连同志的任务，这是突破前沿，夺取敌人碉堡占领敌人交通壕。李政委号召大家想尽一切办法，用最大努力，以迅速、机警、顽强勇猛的动作，完成这一光荣任务。最后李政委肯定的说：只要十一连同志能够突破前沿，并站住了脚，就是完成了任务，就打下了歼灭张围子敌人的基础。不管有无缴获和俘虏，纵队立即给你们记功。这时大家精神焕发，情绪高涨，显示出完成任务的决心和信心。同时，秦司令员②亦亲赴南海动员及检查攻击准备，并亲临最前线彻夜指挥。旅首长也分赴阵地帮助想办法，余政委并在攻击前给突击队照相。

（许志奋、辛国良、上官多寿）

摘自中野九纵《战场报》第 34 期 1948 年 12 月 8 日

▲ 中野某部突击队向俘虏了解情况，准备攻击张围子　　▲ 解放军某部指挥员密切注视黄维兵团动向　　▲ 中野某部指挥员在双堆集前沿阵地观察地形

---

① 编者注："李政委"为中野九纵政治委员李成芳。

② 编者注："秦司令员"为中野九纵司令员秦基伟。

接受经验争取胜利　中野十一纵召开
高干会研究战术　号召全军想办法打胜仗

【本报讯】纵队于 12 月 2 日召开各支负责干部会，汇报并研究攻张围子未奏效原因。认为战前对敌人工事阵地调查不够，火力队亦未具体明确的区分射击任务，冲锋队形密集混乱，步炮协同不密切，更重要的是由于对当面敌人估计不足，有了睢杞作战经验，认为可以一打就会解决问题，而对今天敌人高度集中和筑有复杂阵地认识不足，所以事前土工作业不重视，打起仗来屯兵和运动部队不方便，增加我们伤亡，致使攻击未奏效。

会议研究，根据昨天战斗及碾庄圩经验，要加强敌前侦察，研究敌人阵地决定对策。大力进行土工作业，从地下接近敌人，加强火力组织明确区分射击任务，制压或消灭敌火。步炮协同，除使炮兵完成任务外，步兵应善于抓住我炮击时造成之有利战机发起冲锋，小组动作和炮兵爆破配合，各部动作协同一致，逐堡推进，最后歼灭众敌，并根据敌人兵力、阵地情况，仔细的研究了战法。

最后王、张首长[①]特别强调：敌人虽然整个战线动摇，士气极度低落，但敌人兵力集中，还会做困兽之斗的，我们不仅要干部研究战法、指挥，而且应号召组织全军每个同志，根据当面之敌的火力阵地情况，想出办法，克服困难，取得胜利，坚决消灭黄维兵团。

摘自中野十一纵《前卫报》第 144 期 1948 年 12 月 4 日

中野十一纵七中六连一排发扬军事民主讨论突破敌人地堡群办法

七中六连一排，根据他们的任务，讨论如何突破敌人的地堡群和对付敌人的反冲锋。他们讨论的办法：

（一）小组动作，交互前进，以手榴弹作为主要掩护的火器，一个组打出去一排子手榴弹，另一个组乘手榴弹爆炸的烟雾勇猛直冲，占领地堡（班与班也是交互前进）。

（二）用前三角队形向上接近（锥子形），前面这个班往前进一段，后面这个班马上跟上去，不要失掉联系，以防敌人反冲锋时后边好援助。假如敌人是三角

---

① 编者注："王、张首长"为中野十一纵队司令员王秉璋、政治委员张霖之。

形的地堡群，那么前边一个班占领正面的一个地堡后，进行掩护，后面的另一个班马上占领左后侧地堡（或者右后面也可，要看当时的情况），在占领了正面与左后面的地堡后，就可用两挺机枪掩护，侧射右后面的地堡，使后面的另一个班更好上前夺取这个地堡。

（三）敌人进行反击时，敌人多了就用手榴弹打，一个班分成两个组轮替着打，没有空隙，敌人上不来。同时，如果敌人向我们的右面一个班反击，那么正面及左后面的两个班，可以组织火力援助，给敌杀伤。

（王永宏）

摘自中野十一纵《前卫报》第 154 期 1948 年 12 月 13 日

▲ 指挥员在战壕内向突击队员交待战斗任务

▲ 重机枪掩护部队向张围子冲锋

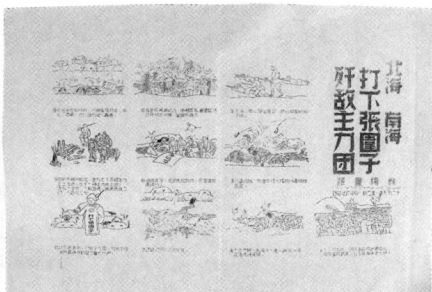

▲ 中野九纵《战场报》画刊载：打下张围子，歼敌主力团

中野十一纵两打张围子

二中第一次打张围子，主攻是二营，伤亡大没成功，主要原因是：

（一）营发起冲锋过早，鹿砦并没有连续爆开，也没有团的冲锋号令，这是错误的。

（二）突击连不猛，半路卧倒是大错。五连三班突到鹿砦即卧倒，突击排卧在后面坟包里，二排半个钟头才上去，仍是卧在坟包后面，三排一出交通沟就卧下，以后的四、六连都是如此卧下，一个营卧了一大半，怎能不遭敌地平面火力杀伤呢？

（三）火力没用好，光挨敌人打，不能打敌人。全营卧在敌鹿砦外，不作工事，也不打枪、打手榴、手掷炸药等，轻重机、小炮都一样卧下不用。

（四）营的指挥不当。营长把 3 个连拥上去自己不出交通沟，这是脱离部队的指挥，是畏缩，所以那夜突击营进攻情况，一夜没有弄清楚。

（五）交通沟太窄，运动不便。打起来转运伤员、子弹，上下送信，指挥员的前后活动，拥挤不动。

第二次是三营主攻，他们胜利的完成了任务，他们是如何打进去的呢？

（一）突击连（七连）和突击班（六班）勇敢，七连接受了二营的教训，徐连长上午自动带六班长和六班 3 个组长去看了地形，并研究了打法，下午罗副政委、房团长动员后，七连信心很高，在冲锋前七连遭到敌人炮击，伤亡十几个人，但士气没受影响，六班首先冲上去，一直打到敌人第一道沟上，占一地堡，俘敌 20 余名，接着是纵深发展，最后得战防炮 1 门、迫炮 3 门、重机 1 挺、轻机 3 挺。六班始终为前锋，但没一伤亡，徐连长亲自带突击队，指挥勇敢机警。

（二）村落战斗发展中，发挥了短兵火器的威力，七连六班打先锋，主要是靠手掷炸药和手榴弹，一营一、二连发展也是这两种武器打退了敌人。

（三）友邻配合好，首先是九纵打进去 4 个营，当七连突上去敌人已经动摇了，右边有一营，左边有一团的配合，所以三营攻击比较顺利。

（四）营的指挥上积极负责，当韩营长、刘副营长牺牲，靳政教负伤后，团即命崔政教、王副政教去指挥三营。他们两个政干很负责，一直指挥三营打到最后。

但是这个战斗仍有很多缺点，如白天团里整理组织太慢，影响下午进攻时间，影响与友邻一起动作，部队仓促进入阵地，火力阵地来不及改选，遭敌炮火封锁很大。通讯联络没搞好，炮火没有很好组织，这些应当很好检讨纠正的。

摘自中野十一纵《前卫报》第 155 期 1948 年 12 月 14 日

中野十一纵七中五连攻杨子全庄前想办法画图研究突击动作

五连接受了主攻杨子全庄任务后，齐连长即带领了突击排长会同营里干部一齐去看了地形，回来后即召集排以上干部进行研究。

连长先将了解的地形情况划出图来，向大家讲明白，大家一面看图，一面讨论。根据初步了解，敌工事构筑情况是：一村子外面只有一道鹿砦，一道交通壕，壕周有地堡。村沿边也做了一些地堡，远看去像是新筑起的土墙，估计又有一道沟，但沟的深浅、有水没有？不知道。两道沟的距离也只有二三十米。

大家研究的办法是，第一步用小组活动进行爆破，占领外壕地堡。接着派出一两个人，携带小包炸药前去侦察，如壕深即用手掷炸药爆破，壕浅即爆壕里面地堡。然后部队再迅速突上去，可顺利成功。战斗动作要迅速沉着。政指王玉珍同志最后又提出：我们主攻连的任务不但是突破，而且要巩固突破口，保证后续部队安全跟进。突破一点一定要巩固一点。假如在突破第一道壕时，损失太大，不可能再有巩固第二道壕的力量时，我们就要全力首先巩固好第一道。同时请求上级决定。大家在突击动作上的意见统一起来以后，再连着一起传达到班内，各班根据具体任务再深入研究，明确规定突击时要迅速又要按照小组三角队形动作，不能混乱。大家看着图讨论，都很高兴，觉得这样很具体，一看就明白了，因此也提高了大家的战斗信心。

（祥森）

摘自中野十一纵《前卫报》第 156 期 1948 年 12 月 15 日

中野九纵八十一团攻克杨老五战斗之经验

一、由于二营全体指战员的思想准备充足，二营在未接独立旅防务以前，都积极的要求上级给他战斗任务，因此他们在接受任务之后，是高兴愉快的积极想办法去完成这个任务。二营五连在攻击那一天只吃了一顿早饭（因下午的饭送的太晚，部队开始突击，饭还未送到），但五连的战斗情绪仍然和吃了饭一样的向敌人冲锋、肉搏。

二、战斗准备工作比较充分，交通沟挖的距敌人 40+ 公尺，因此便于突破。在突击队的组织上比较细密，都经过了军事民主的方式组织了突击队，每一个突击队员都带着 8-10 个炸弹和手提式的组织突击，第一组全部带手提式和手榴弹。在战前，每一个战士都讨论了如何打，怎么样突破，突破了以后怎么办。班以上干部和互助组组长都看了地形。

三、步炮协同动作比较好，炮兵开始摧毁了敌人前沿，用点射的方式，一发一发的来摧毁敌人的工事。如我们山炮第一发打到自己的冲锋部队跟前，立即纠正了偏差，第二发打准了敌人的工事，我们才开始了射击，这样的打法，使我们炮手观察弹着点究竟有偏差没有，因为打齐放灰土太大，炮手不容易观察弹着点，同时也比较慌张，对摧毁敌人的工事效力不很大，在步兵冲锋的时候，我们各种火器一齐向敌人延深射击，一发接一发，向敌人纵深连续射击，由于步炮协同动作适当，胜利的突破了敌前沿阵地。

四、我们二营的干部掌握了战机。当我们炮火向敌延深猛力射击的时候，在一个红信号弹的下面，以勇猛的动作突破了敌前沿，如我们过去掌握战机是不够的，不是过早就是过迟。

五、突破的队形好，迅速疏散。五连在突破敌人鹿砦外壕时仅伤亡 6 人，突破前沿后伤亡 5 人（是炮弹打的），由交通沟向房子冲锋时伤亡十几人。

六、二营向纵深发展比较快，突破前沿以后，即把平射迫击炮和工兵组织攻坚敌人独立地堡，经过了半个钟头的时间，攻歼了两座房子敌人约一个连的兵力。如我们过去打纵深没有经验，光使人拼，不组织火力去摧毁敌人的工事。

七、二营干部在杨老五战斗对部队掌握的紧，使战斗发起到停止没有混乱，因当时部队是多的，我们两个营，七七团一个多营，华野一个营①，在这样个情况下，二营的部队没有混乱，要攻就能攻，要防就能防，都在敌人工事里边趴着，如六连在东北角将敌人工事改成自己的工事，因此我们的伤亡就减少。

八、掌握突击队的干部和突击队的电话通讯没有中断，因此能顺畅的指挥和联络。掌握住了战机。

九、我们突击队突破之后第二梯队能迅速（一营）的将交通沟挖通，使我们来往运动和通讯人员减少伤亡，也就是我们通讯工作没有中断，使指挥员能顺畅的指挥。如交通沟不挖通的话来回伤亡的人太多，同时彩号也无法运下去，弹药也不能及时的供给上去。

摘自《中野九纵八十一团攻克杨老五战斗之经验》，1948 年 12 月 15 日

中野十一纵一中一连讨论具体办法　怎样边打边补进行连续战斗

一中队一连为了做好边打边补，各班讨论具体办法：

第一、注意俘虏政策，不搜俘虏腰包，这样解放战士到我们这里才会安心工作。

第二、要加强审查工作，审查方法：

（1）看手脸，当官手脸常洗和当兵的不一样。（2）看穿的便衣，因为当官的换便衣来不及。（3）从别的俘虏中来调查。（4）说话行动不一样，当官的会说话，表面沉着。（5）看他身上有什么文件没有。

（按：最近发现有些俘虏兵，冒充军官，企图逃避补充部队，审查时亦应注意。）

第三、要加强教育：

才解放时对我们害怕，怕叫他送炸药，在前头冲锋，所以一来先告诉他我们

---

① 编者注："华野一个营"是指中野十一纵队某营，中野十一纵原归华野指挥，归建不久。

的宽大政策，叫他不用害怕，再是把我们的战术、军纪（战场纪律）告诉他一下。有了时间和空隙再和他谈"我们为谁干的"和现在的形势等。除了班长和小组长谈话外，可找老解放战士和他谈话，找他老乡和他谈话，因为他们说话使他更容易接受。

第四、编补和带领问题：

（1）一个小组补一个，如小组超过 5 人，可根据本组具体情况再编一个组（按照两个补一个的原则）。（2）原则上在敌人那里干啥，还叫他干啥，发挥他的技术。如机枪射手，就把他补到机枪班，但爆破班补后不叫他去爆破。（3）两个老同志照顾一个新同志，前边一个带领，后边一个督促。（4）要注意利用俘虏了解情况。（5）立即发给火线入伍证，给他换换帽子，或给他带上战斗识别符号，以免发生误会。

另外应注意两个问题：

（1）关于边打边整工作，除了已宣布代理人以外，并强调明确有两个人还能成一个战斗小组，要是只有一个人了，即自动和其他组或其他班合并，每个干部见了有失联络人员，就主动的把他编到班里去。（2）碰到有了投降的敌人要首先叫他把武器放在一边，然后，叫他们站队编连、排进行动员和工作。

摘自中野十一纵《前卫报》第 147 期 1948 年 12 月 7 日

文件选编

中野九纵战壕里的政治工作

用工事（交通壕）来抵近分割敌人，就要求我们的政治工作适应这种新的环境，采取新的工作方法。南海[①] 此次围攻张围子，在工事里坚持五天五夜，在分散依工事又时刻准备战斗的情况下，是这样来进行工作的：㈠团、营干部分头去传达情况、指示及动员，把指示精神帮助每个政指融会贯通，再召开支委、小组、党员小型会议，然后广泛的展开小组活动。这样一来，避免敌炮火万一的杀伤，二来不影响战士的休息。㈡加强随时动员与文化活动。除及时组织小型读纵、旅报纸外，还读团政出短小精悍的阵地报和小型的传单、快报，主要及时反映战士的英

---

① 编者注："南海"为中野九纵二十六旅七十八团。

勇模范事迹和军事战术动作。组织读报以认字的同志分散去读，二三个人读完再给二三个人读，读完还简短的研究。㈢把一切力量都发挥起来，将纵政、旅政下来帮助工作的同志及团政一切人员组成 3 个政工小组，并具体分工了解帮助连队，这样政治机关直接的掌握了部队的思想情况，能及时作动员与解释及解决所发生的问题。㈣团掌握反复贯彻的精神，一个中心工作在电话上也说，见面也说，随时了解检查，务求贯彻。㈤从政治工作上保证开展军事民主，互相参观工事，进行互相批评学习，并马上修改工事。

（孟维良）

摘自中野九纵《战场报》第 33 期 1948 年 12 月 8 日

▲ 在围困黄维兵团的阵地上，解放军战士在战壕里观看画刊展览

▲ 双堆集前线，中野战士在战壕里阅读战地新闻

▲ 在围歼黄维兵团的解放军战壕里，有的看书有的擦拭武器，准备继续战斗

▲ 中野四纵某部战士在战壕里学习

▲ 在双堆集战场，解放军战士在看画报

▲ 中野四纵十旅政治部在研究攻打杨围子战斗中的政治工作

中野九纵淮海战役及歼灭十二兵团作战纵直工作报告

从 11 月 23 日到 12 月 16 日，特别是其中有 20 日，全部力量、前方后方都在为着全歼黄维兵团而战斗。在这一阶段中，纵直各单位以前所未有的热情艰苦工作热烈支前，完成了光荣的战斗任务，各单位表现如下：深入动员围歼十二兵团的意义。11 月 23 日，在邵寨由纵队首长传达任务动员后，纵直即研究动员，因当时各单位分散不能开排干会，遂分开进行，决定以连支部传达全体讨论，当时所动员的内容为：①黄百韬被歼后之形势，北徐州邱匪不能自如造成南线歼灭李延年、黄维两兵团之良机。②黄维乃蒋之最后主力，全歼之后，解放全中原即今后再无大仗可打的。③一年左右打倒蒋政权首要争取关键是徐州大战的胜利，在我们首要是歼灭黄维。④着重表明上级党决心，不顾代价誓歼此匪，拼命争取胜利。⑤不叫苦、不怕疲劳做好工作，战斗到底。要求用各种会议，使每人都了解大战之意义并要表态，这是几个主要动员内容，有些小单位分头传达的。在动员以后，各单位同志以干部为中心，小组会上都表了态，司、政、供、警等大家都保证要做好工作。司令部干部动员会上，参谋长提出任何人放下一切包袱为争取战争胜利而努力，这是有力的口号，大家不但要做好工作，同时表明组织上哪里需要就到哪里去。警卫营营委会表态：①要完成一切任务不叫苦。②时刻准备参加战斗，任何情况亦必干到底。③放下一切包袱保证团结。④不右倾，不保守，不本位。这些表态以后，大家工作上马上表现了严肃认真思想上的清醒一致。同时动员时也强调提出了纪律是胜利的保证问题。

前后两部分的工作情况：11 月 26 日围歼战开始，纵直分成前后两部，一部是领导机关，一部分直接参加后勤。后勤部门有供给部、文工团、解放大队、随校三队、民运工作队，这一部分同志们的工作此次是空前的好，受到后勤指挥部的表扬（此处不详谈材料）。在前方的司政领导机关和警卫部队，亦空前积极负责，大家上下一致支援前方战士，关心胜利，想尽办法为前线。在群众热情与友爱精神下，所有人员除本身任务外，又开展了支援火线运动，主要是群众由自发到有组织的干，凡非火线上的单位都开展了这一工作，这给了前方战士以很大的鼓舞。如上级起先看到战壕内的同志很辛苦，喝不到水，要我们机关内帮助送开水，布置下去，靠前面的司令部、电中队、警卫营、六七个单位天天去送到战壕的最前面，并且进行慰问。警一连战士亲眼看见战壕内的艰苦，吃不好饭，回来讨论要把自己连内仅有的白面百多斤烙成油饼送前方吃，连首长同意，大家就做好，油大大的送去了，这给前方以很大鼓励。从此展开支前运动，电中队也送饼，司令部天天送汤，政治部送纸烟，大家送慰问信。有的买成烟叶炒好去送，又帮助借木板，借工具，送战壕铺草，后勤部开展募捐鞋袜、手巾、钱、白菜、猪肉慰问等。我们又把干部、战士所有人员组成担架组帮助转运彩号，时刻准备使用。同时又组织一部机关战士，准备投入战斗连队，同黄维战到底。这种关心前线，友爱同志，痛恨敌人的精神在此次战役中高度的发扬起来，这是从所未有的现象，只有我们的部队才能如此。

各自都完成了任务受到锻炼：除各机关及时完成任务不顾一切疲劳，如作战与宣教部门特别忙碌，而直属部队如通讯电话都保证了任务完成，电话队在火线上保证通话，创造在交通沟半腰拉电线沟时刻不放耳机。警二连附八十团参加作战，参加突击杨围子战斗，伤亡小而俘获近 150 多人，动作坚决迅速，挖交通沟分工明确，竟无一伤亡，都得到团的表扬。他们在战斗中学习了军事民主火线工作，情绪很高，为了要参加总会攻不愿下火线到后面，在斗争锻炼中产生了好多有功的同志和模范事迹。

歼灭黄维战役中的思想情况：在这次战役中思想上几个特点：①是对情况任务大家非常明确，没有任何顾虑与动摇。这主要是预先动员的具体，对战役中整个情况清楚，容易发动起大家的积极性，觉得参加这个战役伟大又光荣。②随着战役的发展情绪越往后越高，大家愿意往前面去不愿在后边，觉着后面没事情做，工作少苦闷，如电中队电台因与旅、团部联络都用了电话，所以他们觉着苦闷，要求抬担架去，最后总会攻时大家都有信心，如警卫营要求参加会攻，虽然 20 天的时间，大家情绪一致。③当战役结束后，每个同志都非常兴奋，觉得对我们部队锻炼很大，再不怕什么敌人都能歼灭他，增加了无限的自信心与自尊心，普遍的谈论着我们可以到任何地方打任何敌人。

附纵直各单位慰问火线战士统计：

司令部：送汤 8 担、送开水 16 担。

政治部：送纸烟 8 条并附慰问信。

电中队：送水 2 担、送汤 8 担、油饼 20 斤、白菜百斤。

供给部：共鸡蛋 700、牛肉 16 斤、粉条 10 斤、烟 51 包，毛巾、鞋袜、中州票各一部。

警卫营：送水 16 担、送饭 17 担、饼 130 斤、草 120 斤。

摘自《淮海战役及歼灭十二兵团作战纵直工作报告》，1948 年 12 月 20 日

▲ 双堆集围歼战，中野九纵战士在战壕中自掘的水井里打水

▲ 淮海作战正值寒冬，物资奇缺，中野四纵第十一旅机关人员拿出自己的津贴和省下鞋袜捐赠一线连队

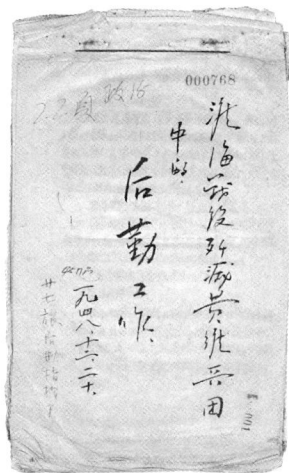

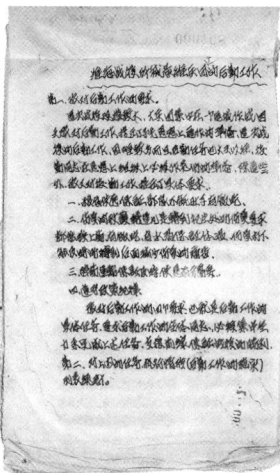

▲ 中野九纵二十七旅 1948 年 12 月 20 日关于歼灭黄维兵团中的后勤工作总结，附 8 份表格

▲ 后勤人员昼夜为前线服务的报道

战地报道

中野十一纵二中队电话排坚决完成架线任务

二中队电话排在张围子战斗中，以英勇顽强不怕牺牲的工作精神，完成了架

线任务，保持了团、营的密切联系。8日下午，团指挥所到突击营的交通沟里来往运输不断，架在沟里的电话线，时常被践踏弄断，通讯参谋王绪贵同志决定电话线不走交通沟，而要通过二三里毫无隐蔽的开阔地直通突击营，这是一个艰巨的任务，当王参谋向电话排的同志讲明情况任务后，他们一致表示："只要对战斗有利，任务再艰巨，剩一个人也得完成。"在敌人炮火机枪封锁下，两根线终于架起来了，但不到1小时，第一根线就被打断了，接着第二根线也断了。二班副徐鹏同志马上带两个同志出去查线。一颗炮弹打来，范有明被埋在土里，徐鹏左手负了伤，曹顺清解下绑腿来给他包扎上，继续向前查，徐鹏一只手不能接线，就用牙齿帮忙，这样坚持着接了四五处，炮火越打越猛烈，线也一次一次地断，电话排同志就一组一组的冒着敌火来回查线。炮火打得抬不起来，就伏下埋杆子，埋好一根跑过去再埋第二根。前面的同志负了伤，后面的马上赶上去继续完成任务。谭义林同志腰部负伤，仍继续爬着工作，陈玉华同志脚打坏了，仍一瘸一拐的工作，张排长要他下去，他说："完不成任务决不下去。"最后英勇牺牲。46岁的电话排长张心才亲自查线，才走出工事被炮弹皮打昏过去，醒过来仍向前摸着查线。二班副徐鹏同志，亲自查线查到突击营，头部又负了伤，王参谋定要他下去休息，他勉强下去换了药，不多时又出现在一架单机旁边。直到战斗结束，团指挥所与突击营的电话始终保持着联系。收线时计算一下，不到3里路的距离，接线用去4拐子线（每拐300公尺），从小岭包到突击营仅仅100公尺的线上，就有接头40余处。

（于岱）

摘自中野十一纵《前卫报》第155期1948年12月14日

中野九纵攻占敌重要据点张围子
守敌七十五师主力二二三团大部就歼

我"北平"部[①]昨（7）日晚对张围子之敌发动总攻。6时开始毁灭性的炮击，15分钟"北海"部即以勇猛神速动作首先突破，以猛烈的手榴弹、炸药包、短兵火器压倒敌人优势，奋勇前进，25分钟"南海"部亦已迅速突入，至30分进入两个营，45分电话线已架通村内，友邻部队亦已突破，会攻该敌。由6时15分至8

---

① 编者注："北平部"为中野九纵二十六旅。

时打垮敌连续 6 次的反扑后，我两个团全部控制村内，将敌完全压缩于村西、西北、西南、敌上级指挥部以电报机命令固守并令其主力增援，敌犹企图顽抗待援，我以猛烈炮火轰击，全体指战员发扬了勇敢与智谋结合，在友邻部队协同之下，于 8 日清晨 4 时 30 分完全解决战斗，攻占了敌重要据点张围子，守敌七十五师二二三团（该团原为十八军十八旅的主力团）就歼，连同友邻部队战果，初步统计如下：俘敌 600 余名、毙伤过半、缴获战防炮 2 门、火箭筒 3 个及其他武器军用品甚多。

按：杨围子为敌兵团部所在地双堆集的东面最重要据点，而张围子又为杨围子的门户，张围子失守即可直接威胁杨围子，如杨围子被占，我军则可直接会攻敌兵团部。故我攻占张围子对压缩最后围歼该敌意义甚大，且歼敌一个主力团，更给敌以重大打击。

摘自中野九纵《战场报》第 34 期 1948 年 12 月 8 日

我克张围子歼敌主力一个团
敌抢饭吃　打死连长多人　士气低落　发"增援"图打气

一、我纵配合友邻于 8 日晨 4 时 30 分完全攻占张围子，敌七十五师二二三团（原系十八军一一八师三五三团改编为七十五师主力）大部就歼。杨围子出援之敌亦被我击溃，歼其一部，仅我二中队即俘敌营长以下 500 余人。

二、我某纵 7 日攻占小马庄，歼敌一个整营，8 日晨 5 时又乘胜歼敌一个工兵营，据不完全统计，我与友纵共缴美式战防炮 2 门、火箭筒 3 门、迫炮 4 门、六〇炮 10 余门、重机 11 挺、轻机 20 挺、冲锋枪 20 余支，详细战果正清查中。

【又讯】据俘获匪七十五师二二三团机炮连中士班长方有雄谈，被围之匪无吃无喝，非常恐慌。他们从到张围子后，三天吃了两顿饭，每顿吃的高粱米还吃不饱。空援之粮食，每连只分到 7 斤大米，两盆罐头，因为争着吃，据他知道者，已被士兵打死了 8 个连长。伤兵们因为不能动，抢不到吃，饿死许多。许多骡马都杀吃了，士气非常低落，蒋匪为维持其士气，发给每个士兵一张"增援图"，但士兵对敌发放的慰问信"增援图"擦了屁股。昨晚被我俘获的，一到就讨馒头吃。

摘自中野十一纵《前卫报》第 149 期 1948 年 12 月 9 日

▲ 华野特纵炮团严阵以待，协助中野打黄维兵团

▲ 中野某部用迫击炮发射炸药

▲ 解放军阵地六〇炮发射之情形

▲ 解放军野炮观察员，在观测炮弹命中情况

▲ 在强大炮火轰击下，双堆集国民党军阵地烟雾弥漫

特纵炮三团在围歼黄维兵团战役中
逐次改进协同动作　发挥炮火强大威力

本纵炮三团在围歼黄百韬兵团三战三捷以后，即南下参与围歼蒋匪黄维兵团战役，又以准确猛烈的火力，积极支援步兵作战，并在连续作战中逐次改进了与步兵的协同动作，发扬了步炮协同的高度威力。该团在12月2日协同步兵攻击李围子未奏效后，即分配各营、连干部及观测员会同攻击部队之突击队长，亲赴最接近目标之处，认清步兵指示的轰击目标及他们所选的冲锋道路和突破口，并加强了与突击各营的单线直接联系，在第二次攻击李围子时，炮兵即按预定计划彻底摧毁了步兵前进路上的鹿砦地堡，待步兵发起冲锋后，炮火立即转向纵深，当步兵向纵深攻击时，炮火即拦阻敌之退路，压制敌方炮火，有力的协助步兵解决了敌人，因此极受步兵指战员的赞誉。

此次连续攻击沈庄、杨围子的战斗，均在炮兵火力准备结束后不足30分钟的时间内解决战斗，尤以杨围子之战，我准确炮火射中蒋匪十四军指挥所，毙敌军长熊绶春，打乱了敌人指挥系统，更有利于战斗的发展。

但是在攻击杨文学庄的战斗中，由于诸突击营与炮兵连都建立联系，反而火力不易集中，摧毁敌方工事不彻底，攻击未能奏效。该团立即在战地检讨，并改进这一缺点，规定各炮兵连只与一个突击营取得联系并负责开辟其突破道路。而将火力组织与指挥之权归于攻击部队的最高首长。15 日攻击中，我第一连仅以 28 发炮弹即完成了任务，彻底摧毁了敌方前沿防御设备，其他各连也均以少于上次的消耗完成了前所未完成的任务。杨文学攻占后，蒋匪十二兵团部四面均暴露于解放军火网之下，黄匪残部于仓皇突围中，遭到彻底歼灭的命运。

炮三团在此次战役中，颇得步兵指战员的赞誉，并获得陈赓、谢富治两将军的传令嘉奖和记功。该团在两次歼灭战中，转战 500 里，参加战斗 14 次。在 50 天的战斗生活中，除了作战挖工事就是行军和运输炮弹。

为胜利而忘记疲劳的炮兵正准备投入新的战斗，把炮弹射到南京去！

（康矛召）

摘自华野特纵《特种兵》第 79 期 1948 年 12 月 20 日

中野九纵某部强攻杨围子

8 日晚，"南昌"即进入了杨围子外围。为了以极少的代价歼灭更多的敌人，攻克杨围子，全团指战员不顾疲劳，在 3 昼夜的努力下，挖筑了 3 条 2 里多长的交通壕，距敌 60 米达，完成抵近敌人前沿工事的任务。

10 日晚，我南昌二连以小集团的动作，用短促火力，机警勇猛的占领了敌前沿工事，夺取了两个地堡，俘敌 13 名，缴获了两挺美式机枪，更大大鼓舞了我攻占杨围子的勇气和信心。

11 日上午，"南昌"部接受了担任突破杨围子一个箭头的任务。4 时 30 分，各种炮火开始发射，友邻部"周庄"[①] 和我"武汉"的飞雷也在敌人的地堡上开花。顿时，杨围子的前沿工事，被我猛烈的炮火摧毁的像水上的小船来回动荡、倒塌，杨围子变成了火海。突击的五、八两大队，个个紧握着手榴弹，等待着

---

① 编者注："周庄"为中野四纵。

突击信号。

"摧毁敌前沿工事！"指挥火力队的丁副团长命令着。段团长亦亲自指挥突击队，指示突破方向。突击的信号发起了，炮兵们打的更准确，博得了大家的叫好。五、八大队和友邻部队的其他三个箭头同时在 5 分钟内突破并巩固了突破口，团委曾在火线上给五、八两大队记集体功一次。战斗不到 1 小时。这座黄维兵团部所在地双堆集的门户杨围子，便被全部攻占，守敌全歼。

（都志成）

摘自中野九纵《战场副刊》第 9 期 1948 年 12 月 16 日

中野九纵配合友邻攻占杨围子的南昌八连

南昌八连是配合友邻"周庄"攻占杨围子的一个突击连，纵队李政委亲临前线动员后，全体同志就积极的准备着，等待命令。

"突破与巩固缺口才是完成任务！"这是大家的决心。

战斗开始了，我猛烈炮火向敌人轰击。地堡、鹿砦、铁丝网直飞上天空。没有打死的敌人也被打的昏头转向，突击队迅速越过七八十米的开阔地，扑向地堡群与交通沟。刘全合端着冲锋枪照着地堡眼打进两梭子弹，王召贤机警的绕到地堡后面缴了一挺机枪又捉了 4 个俘虏。5 分钟后，前沿工事就被我占领。一排的二、三和机枪 3 个班巩固缺口，班长杨童全带领的一班，迅速的向左翼发展，一直越过深宽七八尺的外壕，扑向一个大地堡，里面的重机枪向他打来，杨童全同志扔过一个炸药包，机枪仍在转动、射击。一班长照着枪眼打进了一梭子弹，投进去几颗手榴弹，敌人才缴了枪。一班无一伤亡连夺了 5 个地堡，缴了 30 余支步枪，捉了 10 余个俘虏。残余的敌人在 3 挺重机枪的掩护下向二排反扑过来，机枪班正、副班长黄项均、常柳根俩同志端着两挺转盘机枪沉着的注意敌人，英勇的战士们也在机枪掩护下掷出一排手榴弹，击溃敌人，巩固了阵地。

"配合友邻攻占了杨围子，特给以极少伤亡，胜利完成突破前沿、巩固缺口的八连记集体功一次。"团委会愉快的向勇士们宣读着立功命令。

（刘清凯）

摘自中野九纵《战场副刊》第 9 期 1948 年 12 月 16 日

▲ 中野四纵十旅许家寨前线指挥所（掩蔽部）

▲ 中野四纵十旅雷副政委在攻击杨围子的动员大会上对二十八团突击连号召说：彻底消灭十四军，活捉军长熊绶春

▲ 1948年12月10日，接受攻击杨围子的突击任务后，某部在作战斗动员

▲ 杨围子战斗前，某部突击连从营部领来手榴弹喊着："这一筐子还不够我一个人打！"

▲ 中野四纵某部沿交通壕向前运动，向国民党第十四军军部杨围子发起攻击

▲ 中野某部"洛阳英雄连"参加攻击杨围子突击排的英雄们合影

▲ 中野九纵战场报社1948年12月16日出版的《战场副刊》第九期

▲ 杨围子战斗胜利结束，中野某部举行战地庆功会

敌十四军的覆没——记杨围子战斗

敌十四军军长熊绶春，率领他的军部和十师、八十五师残部困守在杨围子，已经好几天了。敌军上千匹的牲口已经大部被打死在外壕里，士兵们每天用马肉果腹，成百的伤兵躺在工事里没有人管。但熊绶春仍旧固执着，不接受解放军的劝降，凭着复杂的工事，凭着四面镜面一样平的开阔地，他还幻想能支持到"二路大军会师"的一天。但是，在解放军面前，事实证明是无法玩弄"聪明"的，我们的交通沟改造了开阔地，又深又宽的壕沟从东面、北面、西面向敌人的工事伸去，战士们连夜的在飞机轰炸和敌人火力下挖着交通沟，每分钟都向敌人接近着。一面挖掘，一面战斗。等到 11 日中午，杨围子周围已经结成了一片错综曲折的交通沟的网，把敌人围在中间动也动不了。突击队安全的进入了敌人面前 30 公尺的地方，静静的等着出击的开始。

上百门的炮口对着杨围子，榴弹炮、野炮、山炮、迫击炮，从 2 点半钟就开始了试射，敌人惊慌了，就派了十一师一个营和 5 辆坦克来突袭我们的交通沟，但当炮弹一排一排的落在坦克旁边时，坦克马上逃了回去，接着步兵也跑了，丢下一大堆死尸在沟壕里。

4 点半钟，排射开始了。成排的炮弹刮风似的落在敌人前沿和纵深。鹿砦被扫得精光，暗堡飞上了天空，整个杨围子变成了一片烟和火的海。就在这烟雾中，一连串红色信号飞上天空，步兵出击了。以副班长杨传任为首的洛阳英雄连和以排长王泰为首的第三连并排插进了工事前沿。趁着爆破和手炮的浓烟，他们踏过敌人的碉顶，一直向纵深插去。接着东面和西面的突击队也迅速地闪进村内。正在这时，一连串的白色信号又升起来，炮火立即转向了纵深，敌人溃乱了，集团工事大部被我们占领，许多敌人向西南逃去。杂色的信号又升起来，炮兵的火力又伸延到西南，逃跑的敌人大部截了回来，我们的 5 支突击队从三面交叉冲去，在西南角会合了。前后不过 10 分钟，阵地全被我军占领，现在剩下的只是捉俘虏和搜武器了。

炮火的威力和战士们的英勇吓昏了敌人。许多敌人从打塌了的工事里爬出来，扔下枪就跑，一碰见解放军就跪了下来，有的还不住的磕着头，说："饶命啊！我们早就不愿打了！"战士们在野战阵地上俘虏了一群军官。其中一个高个子马上走出来说："报告，我是营长，这是连长，这是副连长。"许多俘虏都是不待收容便自动向我们后方走去。

在最后一个地堡里，有七八个人一出来便跳着喊起来："欢迎解放军！你们不来，我们就困死了，你们救了我们。"从他们的表情上看，这种呼喊似乎是从他们的心底感到被解放的愉快。

敌十四军的军部在村子的西北角上，熊绶春从炮火一开始就躲在一个很深的洞里，一直到炮兵试射时，他还指望着十一师来解围。排炮开始后，第一排炮就落在他的工事上面，工事塌了一角，他跳出来，发疯似地向西南跑去，一颗子弹从他后面穿过他的左肋，连叫也没有叫一声便倒下了。副参谋长詹璧陶刚跑出了洞口，也被一颗炮弹打伤了，他狂喊着"救命！救命！"军部的处长、科长们到处乱窜，但四面早就堵满了解放军，一个个驯顺的作了俘虏。有许多人是有经验的，当解放军刚攻入时，他们便收拾行李，等我们打到门口，他们正赶得上背起行李走。匪参谋长梁岱、二五四团团长何玉林、二五×团团长李剑民，都是事先准备好行李才当俘虏的。7点钟，枪声完全停止了，俘虏群被带了出来，一行行从交通壕走过去。西南面的敌人放着照明弹，正好给成群俘虏和打扫战场的人们照亮了道路。

（冯牧）

摘自《中国人民解放军淮海大捷纪实》，中原新华书店 1949 年，第 92—93 页

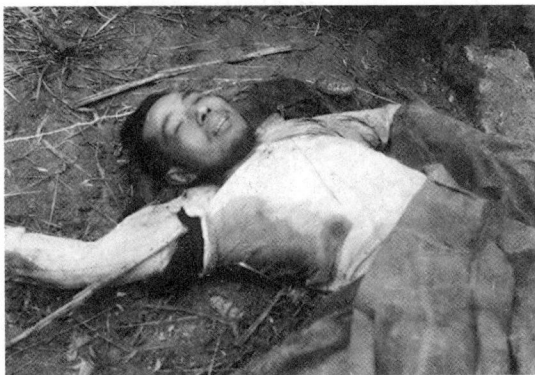

▲ 国民党第十四军军长熊绶春阵亡

◀ 在双堆集战场被俘的国民党第十四军少将参谋长梁岱

◀ 在杨围子战斗中被俘的国民党军尉以上军官

杨围子战斗战绩辉煌

11 日晚杨围子战斗战果如下（我纵和周庄战果合计）：

一、歼敌建制：十四军军部、特务营、炮兵营、运输营。八十五师工兵营、炮兵营、输送营。十师炮兵营、输送营。二五五团及二十八团残部。

二、毙伤敌千余人。据传：敌十四军军长熊绶春亦被我击毙。俘敌十四军参谋长梁岱、八十五师代理师长何玉麟、二五五团团长李建明、副团长张文彬以下2000 余人。

三、缴获：野炮 2 门、山炮 3 门、化学炮 2 门、火药喷射器 3 具、轻重机枪70 余挺及其他军用品甚多。

摘自中野九纵《战场报》第 40 期 1948 年 12 月 13 日

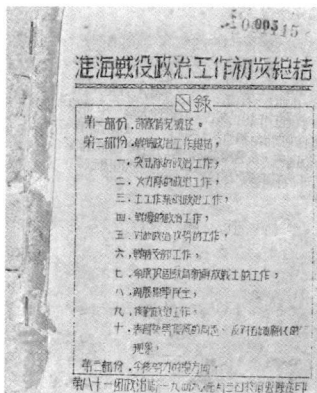

▲ 中野九纵二十七旅八十一团政治处 1949 年 1 月于宿县陈庄编印的《淮海战役政治工作初步总结》

▲ 中野四纵十三旅编辑的《战壕小传单》，册子中的《战旗报》是中野第十三旅旅政小报

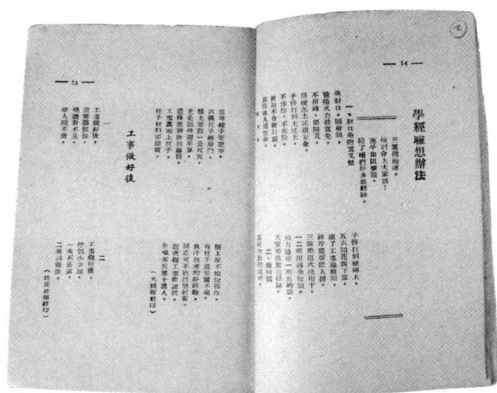

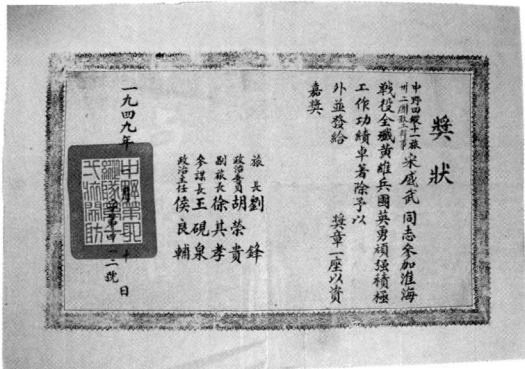

◀ 宋威武淮海战役时任中野四纵第十一旅三十二团敌工干事，此奖状是宋威武在淮海战役中英勇顽强，积极工作，功绩卓著，被记大功所获

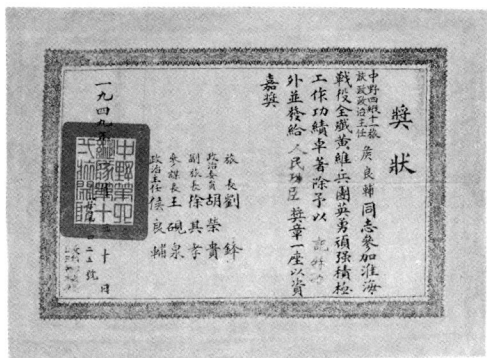

▲ 中野四纵十一旅政治部主任侯良辅在淮海战役歼灭黄维兵团时荣获的奖状

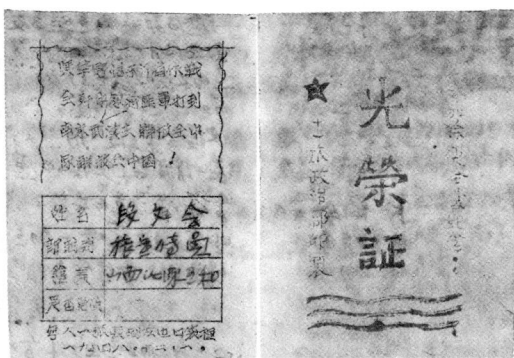

▲ 中野某部颁发给战士们随身携带作为牺牲后的身份凭证——光荣证。战士们将它贴身保存，一旦在战斗中牺牲，这张记录他们姓名、籍贯和部别的光荣证，就是辨明烈士身份的重要凭证。此光荣证是中野四纵十一旅政治部1948年12月1日制发给新华社的随军记者旅宣传员段文会的

◀ 中野四纵十一旅宣传科科长王仁恭在抗日战争中缴获的毛毯，淮海战役时与指导员每人半条共同使用，这是其中的半条

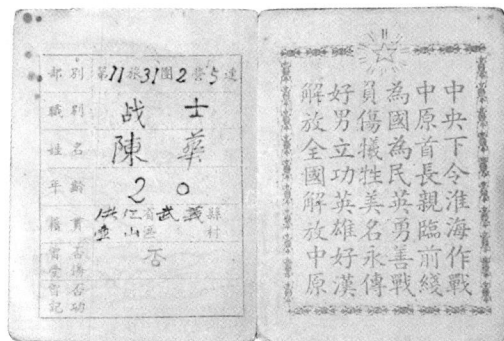

▲ 中野四纵政治部颁发给某部战士陈华的《淮海战役纪念证》。证内红色铅印六行字"中央下令淮海作战，中原首长亲临前线，为国为民英勇善战，负伤牺牲美名永传，好男立功英雄好汉，解放全国解放中原"

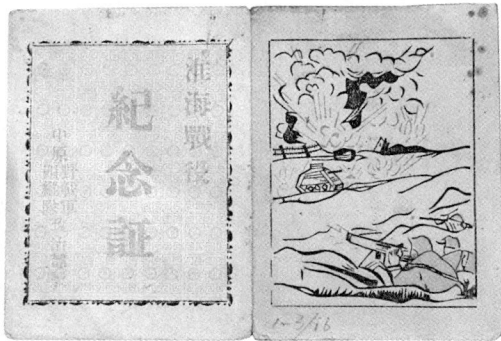

北平颁发光荣证

北平部党委会为纪念参加徐州大会战的光荣，特精制"光荣证"发给全体指战员。该证是彩色面印，长 3 寸宽 2 寸，封面红色，第二页写部别、职别、姓名、籍贯，第三页是题字，写着："歼灭十二兵团，活捉黄维，在决定蒋介石命运的徐州大会战中争取立大功，当英雄，当功臣！"封底画解放军在胜利大旗下英勇前进。全体同志接到光荣证后，都非常兴奋，珍藏起来认为无上光荣。战斗士气更加高涨。

摘自中野九纵《战场报》第 5 期 1948 年 12 月 9 日

配合前方胜利作战　后勤机关日夜辛劳工作

在前线部队英勇作战立功的胜利声中，后勤战线及机关全体工作同志，正以牺牲忘我的精神，为全歼黄维兵团，保证取得胜利，不顾一切疲劳，克服困难，辛苦工作。当总攻消息传到后勤部时，兴奋的比赛挑战传遍了各单位，各部连夜订出表态新计划，有的单位一直研究到深夜 2 点半钟，讨论怎样做好工作。供给部不分昼夜运送粮食、弹药、血衣，保证前方部队有饭吃，伤员吃白面，后勤人员吃高粱。卫生部同志提出 5 天 5 夜不睡也要做好工作，保证彩号同志少受痛苦，早点痊愈。在照顾上，不嫌脏不嫌累，不论白天黑夜，做到随叫随到，甚至不叫也到。为伤员读《战场报》，把前方英勇故事告给伤员，使伤员都很高兴。工作队昼夜不息组织担架。特务团除完成看送俘虏、弹药等各项任务外，并抽副班长、老通讯员等 90 名，准备随时充实前线。文工团及随营学校同志积极参加医院工作，并纷纷自动报名，准备随时奉调增强前方部队。随校三队一次即有 20 多人报名。老饲养员薛相明同志说："我有了年纪，上级不准我上前线，我在后方要一个人喂好 3 个甚至 4 个牲口。"解放大队不靠外援，要完成接受 800 至 1000 俘官的任务，并组织杂务人员担任警戒，司政机关干部，电台、文印等各部门，也都是日以继夜，工作不息。警卫营不仅完成艰苦的警戒任务，并帮助部队挖工事，下河打捞掉在河里的弹药、武器。各单位除了积极完成岗位工作以外，又组织担架，准备到前方帮助运送彩号。还抽出自己菜金做成好菜好饭，写大批慰问信，派代表亲自送到火线，慰劳指战员。

（业奎、建中、树基、润海、增钰、江烈、连江、兰江、朱丹、凤翔、理湖、

森山）

摘自中野九纵《战场报》第 42 期 1948 年 12 月 14 日

保证前方吃热饭

武昌部事务人员，大家觉得前方同志辛劳战斗，不能送热饭给他们吃，心里非常不安，于是大家想办法解决这个问题。当时想出了"卖油茶"的办法：将饭桶外面作一个桶套，套子要大一些，在套子底下和四周均匀的铺上麦秸，把饭桶放在里面，顶上盖上一条棉被。实验结果很成功，送了 20 多里，汤还是热的，而且走过交通沟时还落不进土去，现武昌各支队都纷纷实行，有些炊事员为克服布的困难，都用自己被子作桶套。

摘自中野九纵《战场报》第 38 期 1948 年 12 月 12 日

史志节选

中野九纵二十六旅大事记

12 月 6 日

旅政治部成立了前方指挥所，《战斗报》在火线上坚持了日日刊，做到了及时表扬、宣传、鼓动，提高杀敌勇气。后勤人员发起了热烈支前运动，输训队一夜向战壕里送门板 4000 块，超过任务两倍，供给处节约粮食菜金，给前线部队买肉吃，不少单位组织慰问组，携带大批慰问信、鸡蛋、纸烟到战壕里慰问辛苦作战的部队。所有炊事人员都做到了在弹雨中按时送饭到前线，这个热烈支前运动一直贯彻到战役结束，对战士鼓舞很大。

12 月 7 日

纵队秦司令员、李政委伴同向旅长、余政委、窦主任亲临战壕帮助进行战斗动员。秦司令员亲自检查了攻击准备，余政委并给突击［队］照像，对士气鼓舞极大。当晚，七六团和七八团并肩打下张围子，歼灭了十八［十］军主力二二三团，对缩小包围圈，使敌人失去坚守信心，以及最后歼灭黄维兵团，张围子战斗起了重大作用。

12 月 12 日

旅政治部颁发淮海战役中第一号《记功命令》，旅委特给以勇猛技巧动作，突破缺口，胜利进展的七六团十一、三两个连与 10 分钟突破并扫清前沿工事，巩固阵地的七八团一、五两个连和历次配合步兵作战，技术熟练、弹弹命中的旅直炮兵营及 3 个团的炮兵连等，各记集体功一次。在全战役中共发布了 6 次记功命令，造成了人人争取上记功命令的杀敌立功热潮。

12 月 13 日

七七团打下杨子全，又配合友邻攻克杨老五，歼敌两个连，取得一夜两捷的胜利。

12 月 15 日

七七团配合友邻打下杨四麻子以后，发现敌人有突围象征，旅迅速布置出击，我七六、七七两个团，以迅雷不及掩耳之势，直捣双堆集、高庄，歼敌一个兵团司令部，缴获榴弹炮、野炮、山炮、化学炮、战防炮等 30 余门。

12 月 27 日

旅召开营以上干部会，总结淮海战役丰富经验，采取了军事、政治、后勤分组座谈，典型发言的方法，历时 3 天，收效很大。

1 月 4 日

奉命西移亳县一带进行战地休整，待令参加歼灭杜聿明匪部的作战。

摘自《生长在太行，壮大在中原——九纵二十六旅二届群英会纪念册一分册》，1949 年 2 月，第 43—45 页

三、西集团作战

中野第一、三纵队及华野第十三纵队和特纵炮兵一部组成西集团，由第三纵队司令员陈锡联指挥，歼击双堆集地区西部周庄、小马庄、马围子、三官庙、葛庄、许庄等地黄维兵团第十军十八师、八十五军各一部。第三纵队主攻东、西马围子，歼第十军主力五十二团。第一纵队主攻小马庄，歼第十军十八师一部。华野第十三纵队攻击中周庄、后周庄等地，歼第八十五军一部。

战史摘要

中野三纵阵地歼灭战

总前委于 12 月 5 日下达了《对黄维作战总攻击命令》，要求部队不惜任何代价，坚决完成全歼黄维兵团的任务。决定将围歼黄维兵团的作战分为三大作战集团，以我三纵和一纵及华野十三纵队和特纵炮兵一部为西集团，由陈锡联司令员指挥，向双堆集以西地区进攻。

我纵根据总前委命令，部队进行了大量准备工作，如广泛开展军事民主，研究制定歼敌方案，将重火器统一编了组；各旅都建立了火线"军工厂"，专门捆绑炸药包、迫击炮用炸药杆，大力推广了土造炸药抛射筒（弹）等等；改造工事，使之攻防兼备；同时为保障命令的及时传递和协同动作，还构成了二三十里上下左右畅通的双线电话网。上级指挥员都靠前指挥，直接观察敌情、指挥部队，有些部队还提出了"消灭一个碉堡立一功，炸毁一辆坦克立大功"等具体的杀敌立功条件，部队上下充满了必胜信心。

一攻马围子

12 月 6 日，各集团同时发起了总攻，纵队首以第七旅十九团向东马围子，第八旅二十二团向西马围子同时强攻，以第九旅二十五团向中马围子佯攻。当我炮兵火力向纵深延伸时，第十九团六连迅速突入敌阵地，随后，第五、七连乘胜投入战斗，分别向西、南扩大战果，各连采取小兵群攻击战术，分为若干战斗小组，逐堡搜索逐堡爆破，分路进击，密切协同，经 1 个多小时战斗，歼敌一部，俘敌营长以下百余人。在继续向纵深发展过程中，遭敌炮火和坚固火力点袭击，部队伤亡较大，进展一度迟缓。此时，敌趁我攻击受挫，立足未稳之机，大王庄和西马围子之敌各以一个连的兵力反冲击，我第二营就地转入防御，两小时内连续打退敌人的 3 次反扑，第七连二排排长李家海同志在敌众我寡的情况下，沉着指挥，英勇战斗，坚持负伤不下火线，多次打退敌人的冲击，大量地歼灭敌人，最后全排仅剩两名新战士和 3 名伤员，李家海同志壮烈牺牲，仍然牢牢地守住了阵地。当第十九团一营投入战斗继续向纵深发展时，遭敌火焰喷射器、燃烧弹及炮兵火力袭击。火焰喷射器是我军第一次遇到，无防御准备，造成很大伤亡，遂撤出战斗。向西马围子攻击的第二十二团一、二营，分别占领了西马围子正北和西北侧之突出部，俘敌一部，缴获轻机枪3挺，当向敌主力阵地冲击时，遭敌各种火力射击，前进受阻。这时，团又将二梯队投入战斗，与突击队拥挤在一起，造成了很大伤亡，遂撤出战斗。战后，部队及时进行了火线整编，认真研究了攻击受挫的原因及敌人的守备特点，研究了改进措施和解决问题的方法，做好再次进攻的准备。

二攻马围子

12月9日，纵队决定再攻马围子。部署是：以第七旅十九团再次攻击东马围子；以第二十一团主力配合第八旅二十三团从东北、北侧攻击西马围子；并以第二十二团一个营在第二十三团右侧助攻。战斗发起后，第十九团一营在火力、爆破与突击密切配合下很快从东北角突破，继续向纵深发展，经半小时激战，攻占了东马围子，全歼守敌一个加强连。主攻西马围子的第二十三团二营，突破了敌人前沿，打退敌人3次反冲击，但因错过炮火掩护的有利时机而未能摧毁敌之主要地堡群，遭敌纵深火力袭击，部队伤亡较大，进攻再次受挫。

部队经过连续作战，伤亡较大，但部队士气愈战愈勇，战斗力越战越强。不少连队干部全部伤亡，班长战士就自动代理连长、政指，发扬不怕牺牲、坚韧不拔的顽强精神，继续坚持战斗。各部队纷纷提出："哪怕一个团编成一个连，也要坚决战斗到底。"各旅、团都进行了火线整编，另将纵队、旅、团机关部分人员充实到战斗连队。

在整个作战过程中，纵队陈锡联、阎红彦、郑国仲、刘昌毅等领导同志经常深入到第一线，亲自检查指导各项战斗准备工作，与下级指挥员一起，研究敌人的作战特点和对策，解决具体困难。在火力方面，又得到了华野和第一纵队炮兵部队的加强，从而大大增强了突击力量。

各部队利用作战间隙，继续深入地进行了战斗动员，进一步抢修工事，把冲击出发阵地挖到敌人前沿50米以内。我军还积极开展政治攻势，利用对敌喊话，写劝降信，散发传单，用弓箭射、石头投，把宣传品送到敌方，利用被俘人员带上包子、香烟、馒头等食品回去，以此削弱瓦解敌军斗志，争取了零星敌军至整班成排地投降过来。同时做到随战随补，随补随战，始终保持了部队作战能力。

三攻马围子

12月11日，纵队倾全力对马围子之敌实施一点多面的攻击，部署是：以第七旅十九团一营从正东主攻，第三营从东南助攻，第二十一团为预备队；以第八旅二十二团从西南角主攻，第二十三团从西北角助攻，以第九旅二十六团从东北角主攻，第二十五团配置在杨大庄为预备队；纵直搜索营对三官庙实施警戒。各部队统于 10 日晚隐蔽地进入阵地，并将伸至敌鹿砦外沿的交通壕，加修了横向壕沟作冲击出发阵地，增设了大量的炸药抛射筒和发射坑，准备了近 2000 公斤的大小炸药包（弹）。拂晓前，完成了进攻前的一切准备工作。

16 时 30 分，开始炮火准备。华野支援我纵的榴弹炮、第一纵队支援的炮兵以及全纵队所有的火炮，特别是各式炸药包、发射筒，一齐向敌开火，震撼了敌军整个阵地。第十九团采取声东击西的战术，首以助攻方向的三营在东南角开始攻击，吸引敌人的火力，尔后主力从正东突入村内；第九旅二十六团在东北角突破前沿后，发展也较为顺利，第二梯队乘胜向村北发起攻击。十九、二十六团密切协同，以 4 个箭头，楔入敌之侧背与纵深，使敌陷入被分割包围而无反扑之余地。十九团二连一班以小组为单位，携带炸药、手榴弹等，沿交通壕向敌之侧背攻击，逐堡爆破，逐堡搜索，仅以 5 人之伤亡，连夺敌人 7 个碉堡，炸毁敌重机枪 3 挺，缴获 1 挺，地堡内的敌人大部被炸死。于 19 时已将中马围子之敌全部肃清。二十六团伸向西马围子东南，切断敌之退路；十九团继续向西马围子攻击；八旅二十二、二十三团分别由西南角、西北角突破敌前沿，冲入村内时，遭到敌顽强抵抗和多次反扑，并大量施放毒气，均被八旅击退，歼敌大部。十九团四连在敌施放毒气时，不顾一切，急速向敌阵地猛插，歼灭了敌团指挥所，活捉敌团长。此时十九团十连主动插入马围子敌之侧后，切断了敌与大王庄联系的唯一交通壕，他们在腹背受敌的情况下顽强战斗，最后这个连仅剩两人时，仍顽强地坚守了阵地，保障了主攻方向的顺利发展。西马围子之敌百余人，见突围无望，遂退入房内顽抗，我一面令敌团长喊话，劝其部属放下武器，一面组织工兵进行爆破，迫使敌缴械投降。至此，战斗胜利结束。共俘敌第五十二团团长唐铁冰、副团长曾品超以下官兵 500 余人。

摘自《中国人民解放军晋冀鲁豫军区第三纵队、第十一军第三次国内革命战争战史》附件之一《战例选编》，1988 年，第 73—76 页

▲ 中野三纵七旅旅长赵兰田在阵地前沿指挥部队作战

▲ 解放军某部进行沙盘作业，研究战术

▲ 中野三纵将战壕一直挖向马围子

▲ 解放军某部沿交通沟作接敌运动，向黄维兵团发起攻击

中野一纵集中兵力四攻小马庄

小马庄位于双堆集北 3 公里，是敌之重要据点，由第十军第十八师之三四二团第三营防守；该村北侧之独立家屋附近，为师工兵营防守。敌兵力集中，工事坚固，以村落和集团家屋为基点，利用有利地形构成坚固支撑点，每个支撑点均由若干个子母堡群组成，并有纵深阵地，以堑壕、交通壕纵横贯通，还有外壕和多道鹿砦、地雷、铁丝网等障碍物。我攻击得手后，便于夺取大王庄和攻歼葛庄之敌。为确保攻击成功，纵队配合第二十旅山炮 3 门、发射筒 10 具及第一旅之迫击炮 17 门。第二十旅决定以第五十九团攻击，组织炮兵、迫击炮和发射筒支援，并提前实施近迫作业，尽量抵近敌人，缩短冲击距离。第五十八团位赵桥，为旅二梯队，随时准备进入战斗。第六十二团接替第五十九团许庄阵地，负责对平谷堆之敌的防御，保障攻击小马庄部队的翼侧安全。

6 日拂晓，敌乘第六十二团第三营接防许庄改修阵地之际，以两个连由平谷堆向该营袭击，被我击退。敌继以猛烈炮火轰击第三营阵地，并以步兵 1 个营，在 4 辆坦克支援下，向第八、第九连阵地连续猛攻。我工事几乎全部被摧毁，子弹用完，第八连仅剩一个排，第九连只剩连长、指导员等 3 人。在此危急情况下，战士们以手榴弹、刺刀与敌人拼搏，一直坚持到黄昏，给敌以大量杀伤后奉命撤至黄沟北侧的预设阵地，继续掩护旅主力向小马庄攻击。

第一次攻小马庄。6 日 16 时 30 分开始炮火准备。几分钟后，左邻第三纵队向小马庄北之马围子发起攻击。此时，我第五十九团突击营（第三营）尚未进入冲击出发阵地。团即令该营跑步通过黄沟，提前 20 多分钟发起冲击。由于炮火准备不充分，接敌中又无火力掩护，部队在敌火下通过 200 米开阔地时伤亡较大，攻击未成。

第二次攻小马庄。7 日，第五十九团主力再攻小马庄，第五十八团攻击村北之独立家屋。17 时，第五十九团第一营在敌火下展开近迫作业，20 时，三条交通壕已迫近距敌前沿前障碍约 30 米处。20 时 30 分开始火力准备，以发射筒抛射大量炸药包，将敌前沿地堡大部摧毁。第三连以连续爆破开辟通路，第二连随即发起冲击，攻占村西敌前沿阵地，营二梯队迅速突入村内，沿交通壕向村东北角攻击。与此同时，配合攻击的第三营，攻占了村西南角敌之地堡群。接着，二梯队营在炮火支援下，随第一营进村，以小群多路的攻击，经 3 小时激战，全歼守敌。第五十八团 16 时 30 分开始对独立家屋进行火力准备。因战前准备不充分，步炮协同不好，火力与突击脱节，突击连 22 时才发起冲击，且队形拥挤，攻击未果。当时，友邻未攻占马围子，不利于第五十九团巩固既得阵地，旅即令该团于 8 日晨撤离小马庄。敌第三四二团第一营复占该庄。

第三次攻小马庄。8 日，第二十旅第七团和第五十八团，分别攻击小马庄和独立家屋。第七团在各种火器工事尚未构筑好，交通壕挖的很浅、很窄的情况下即发起冲击。第八连冲到鹿砦附近时遭敌火杀伤，我方火力不能压制敌人，二梯队又未跟上，致攻击受挫。第五十八团对独立家屋的攻击，动作不协调，第九连突入后二梯队没及时跟进，突破口未能巩固，遂撤出战斗。

第四次攻小马庄。根据前三次进攻的经验教训，从 9 日开始，进行了三昼夜的准备。旅、团首长重新详细地侦察了地形，并组织干部和突击班、排的同志，在现地通过认真研究，重新选择了攻击点和运动道路；部队进行了充分的近迫作业，从罗庄到小马庄，赵桥到独立家屋，挖了 4 条交通壕，距敌最近的 50 米；构筑了数层火器阵地，各火力点的工事均加了掩盖。同时，对部队进行了深入的思想动员，旅召开了党委扩大会、干部会及突击班、排长会议，发动群众提问题，解决问题；请8日晚只身突入敌阵地的战斗英雄王喜昌到各连介绍经验，并组织突击队进行了现地演练。12日，首先集中炮火支援第五十八团向独立家屋攻击。16时30分开始火力准备，与此同时，突击分队在敌障碍物中开辟通路。45分钟的火力准备刚结束，第三营从正西，第一营从西北角同时发起冲击，一举突破敌前沿阵地，团二梯队随即进入战斗，打退了敌人的反冲击。18时40分攻占敌阵地，全歼敌师工兵营。23时30分，开始对小马庄进行炮火准备，经我炮火和抛射炸药的猛烈轰击，村内工事、房屋几乎全部被摧毁，守敌大部被炸死或震昏。第七团于13日零时发起冲击，从西北角一举突入村内。第五十八团也自独立家屋既得阵地积极配合，从东北角突入小马庄。战至1时30分，全歼守敌第三四二团第一营。

为巩固既得阵地，防敌反冲击，第二十旅随即调整部署。以第五十八团第二营守小马庄；第五十九团第二营（归第五十八团指挥）守独立家屋；第七团一个连位罗庄、小马庄之间，保障了小马庄的翼侧安全。部队进入阵地后，进行了紧张的动员准备，积极加修工事，准备抗击敌人的反冲击。13日晨，敌以两个营、6辆坦克，自大王庄向小马庄连续实施反冲击。我防守分队在炮火支援下，放过坦克，消灭步兵，然后以破衣服、棉被、柴禾浇上汽油烧敌坦克。部队在伤亡较大的情况下，多次进行战场缩编，仍顽强战斗，接连粉碎敌人3次反冲击，巩固了既得阵地。18时，纵指令第一旅（配属第八团）接替第二十旅阵地，第二十旅除第六十二团归第一旅指挥外，主力撤至任集以西地区整顿。第二旅主力仍在忠阳集以西地区待机。

摘自《中国人民解放军陆军第十六军军战例选编》，1983年，第105—108页

▶ 中野一纵二旅四团十一连，在淮海战役中参加了张公店攻坚战、涡河阻击战、双堆集围歼战等战斗，英勇作战，缴获了大批武器弹药，俘毙国民党军300余名。战后该团党委授予十一连"战绩辉煌"奖旗

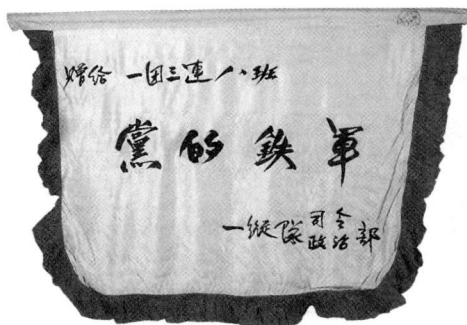

▲ 中野一纵一团三连八班在淮海战役中英勇顽强，进一步发扬了该班的光荣传统，取得了显著战绩。战后纵队司令部、政治部授予"党的铁军"奖旗

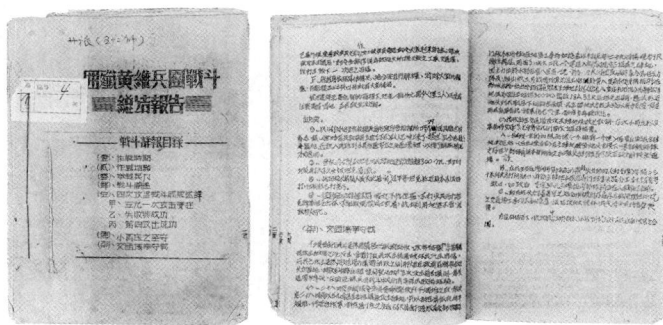

▲ 中野一纵二十旅围歼黄维兵团战斗总结报告

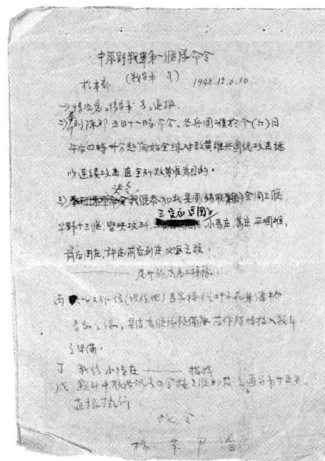

▲ 中野一纵 1948 年 12 月 6 日 10 时发布的命令草稿

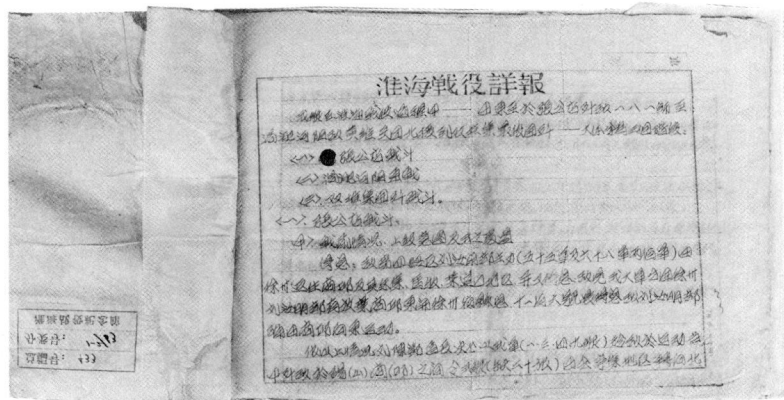

▲ 中野一纵《淮海战役详报》对每一次战斗的作战意图、决心、部署、作战经过、俘虏和经验教训等都有详细记载

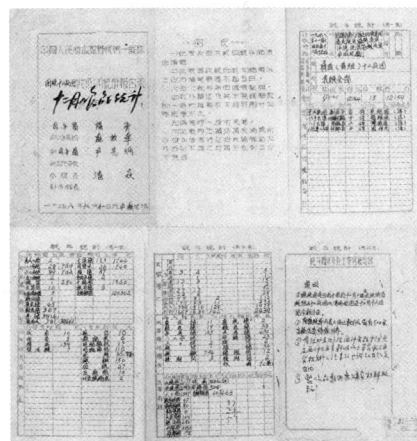

◀ 中野一纵 1948 年 12 月围歼十二兵团战役（斗）统计报告表，上有司令员杨勇、政治委员苏振华等首长的署名

华野十三纵参加围歼黄维兵团

12月4日，纵队奉命归中原野战军指挥，会同兄弟部队围歼黄维兵团。是日黄昏，部队进至双堆集以西杨店（杨家）地区，以第三十九师接替中野第二纵队部分前沿阵地。其部署是：第一一五团位于肖庄地区，第一一七团位于李围子地区，第一一六团位于邹圩子、邹家、顿家地区，对周庄、大宋庄、小宋家之敌警戒。接替防务后，纵队政治部召开了师、团政治部（处）主任会议。纵队首长向全纵广大指战员发出配合兄弟部队全歼黄维兵团的号召，指出：我纵能够在淮海战场上，在中原野战军首长指挥下同中原老大哥部队并肩围歼黄维兵团是非常光荣的，我们一定要打好这一仗。

5日4时，敌第八十五军二十三师六十八团、第一一〇师三二八团，在炮兵、坦克掩护下，向第一一六团三营邹圩子阵地攻击。三营沉着应战，当敌步兵靠近前沿约100余米处，未予还击。敌认为我部队已撤离，就毫无隐蔽地向我阵地蜂拥而上。当敌接近阵地20米左右时，该营发出射击信号，各种火器一齐开火，大量杀伤敌人于阵地前，残敌仓皇回窜。7时，敌以飞机、坦克、炮兵火力再次向三营阵地猛烈轰击，阵地一片火海。7时20分，敌约一个营在坦克掩护下，进至前沿200米处，另一个营进至顿家东南侧。三营集中八二迫击炮、六〇炮对敌先头营进行猛烈射击，见敌后续营龟缩不前，我即转移炮火打击该敌。敌先头营在6辆坦克的掩护下，分三路向该营正面和两侧同时攻击。三营英勇抗击，用火箭筒击伤敌坦克1辆，趁敌其余步兵、坦克畏缩不前时，又集中火力对敌步兵射击，逼敌后撤，形成对峙。13时，敌约一个团的兵力，在空、炮和5辆坦克的掩护下，一部从正面钳制，主力从两侧迂回，向我发起第3次攻击。三营全体同志英勇顽强地给敌以重大杀伤。敌人数次攻击不成，于14时退回大宋庄。15时，敌又在飞机、炮兵和坦克5辆的掩护下，以约两个团的兵力向该团阵地进行第4次攻击。15时30分，敌约一个排，突入七连二排阵地内，副连长许生祖率领二班支援二排，经十余分钟的白刃格斗，全歼突入之敌。第一一六团一、二连在敌遭受重大杀伤开始动摇时，由邹圩子右侧向敌反击，18时30分迫敌溃逃，结束战斗。战后，师首长嘉奖三营指战员沉着应战、英勇反击、坚守阵地、积极歼敌的英雄气概，并号召全体同志向他们学习。

被围困于双堆集地区之黄维兵团，为了挽救其被歼命运，依据村落和自然地形构筑工事进行顽抗。为配合兄弟部队继续缩小包围圈，速歼黄维兵团，5日，纵队奉中野命令攻歼中周庄守敌。

中周庄是双堆集西侧的屏障，守敌为第八十五军一一〇师三二八团、军工兵营、辎重营、特务营各一部，野炮一个连，共2000余人。守敌利用该村房屋西、中、东三段的布局，以水塘、房屋、街口、墙角等为依托，不规律地修筑各式地堡、散兵坑和各种火力发射点，并以堑壕和交通壕相连接，构筑多点独立环形防御阵地。堡群阵地前均设有铁丝网、鹿砦，在鹿砦内侧构筑间隔不等的单个散兵坑，部分地段上敷设地雷和照明弹。较突出的集团堡群，可单独防守。形成以村落为依托，多层多点相互依存，纵深贯通的半野战半村落的防御体系。敌对夜间作战行动控制较严，在我炮火袭击时，则转至阵地侧后隐蔽。当我爆破手接近鹿砦时，隐蔽在鹿砦内侧散兵坑内的冲锋枪手即向我爆破员射击。当我突击部队接近其前沿时，又以各种火器突然向我开火。当我突入其阵地立足未稳时，则以兵力火力从侧翼实施反扑，以求杀伤我有生力量。如在我四面攻击之下，则分兵把口，兵力、火力分散，陷入被动挨打的境地。

纵队决心以第三十八师在第三十九师两个团的配合下，加强纵队山炮团山炮10门，于8日向中周庄守敌发起攻击。第三十八师的部署是：以第一一二团担任主攻，由中周庄西南向庄中段攻击；第一一三团向中周庄东、东南助攻；第一一四团以一个营对阎庙子守敌警戒，主力由中周庄西南向庄西段攻击；第一一五团由中周庄西北攻击；第一一七团在中周庄与后周庄之间进行近迫作业，保障攻击中周庄的翼侧安全；山炮团于大宋庄东北侧占领发射阵地，摧毁敌前沿工事，压制敌纵深机动力量，支援步兵战斗。

各部队根据区分的任务，组织近迫作业，进行战斗动员。各主攻部队轮流至前沿观察地形、敌情，并在战壕内摆沙盘，研究战法，进一步明确任务，坚定信心。

5日19时，第三十八师接替第三十九师部分阵地，第一一四团接替小汪庄、邹圩子、邹家、顿家阵地，第一一二团进至肖大庄，第一一三团进至小黄庄。第三十九师北移杨庄，第一一五团位于肖庄、冯王庄，第一一六团移至大王庄，第一一七团位于朱庄。

6日黄昏，第一一二团二营向小宋家、大宋庄压缩攻击，守敌东窜。7日，第一一二、一一三、一一五团各一部，向前周庄之敌攻击，守敌向中周庄逃窜。

8日16时前，纵队指挥所进至杨家（杨庄），各攻击部队进至指定位置，完成攻击准备。

16 时 50 分，开始火力准备，将敌前沿阵地明显目标大部摧毁，各攻击部队相继发起冲击。

第一一二团从中周庄中段突破。三营九连突破后向东段南突出部攻击时，前进受阻，八连向东段突出部攻击，迅速攻入敌阵地分割包围敌人，保证了九连翼侧安全。同时，一连由三营左侧突破，夺占敌一个地堡。至 17 时 40 分，三营占领敌中段前沿阵地，歼敌一个营。随后，该团一营二、三连从一连右侧，二营从一、三营之间加入纵深战斗。至 18 时 25 分，歼灭中段大部守敌，继续向东段发展进攻。

第一一五团于 17 时 30 分突破敌西段西南、西北侧阵地。二营和一营一部占领敌部分交通壕后前进受阻，一营主力加入战斗，至 18 时 25 分，歼灭西段守敌一部。

第一一四团于 17 时 50 分由中周庄西段西南角突破，一营及五连与敌展开激烈巷战。18 时 25 分，三营尾一营加入战斗，迫敌向东段溃逃，中周庄中段、西段被我占领。残敌退守东段继续顽抗。21 时 30 分，各攻击部队在炮火掩护下，向东段发起攻击。第一一二团九连由东段西侧发起进攻，突破外壕占领 4 个地堡和一座房屋时，受敌约 400 余人的猛烈反击。三排副排长在火力掩护下把约 5 公斤重的炸药包扔于敌群，给敌以杀伤。我与疯狂反扑之敌激烈地争夺，被敌夺回两个地堡。八连迂回至敌侧后，策应九连战斗。同时，二连、四连均突破敌外壕，迫敌向东北角溃逃。四连勇猛地突入敌团部，打乱了敌人的指挥。在我军事打击、政治攻势下，敌团长、副团长率团部 100 余人缴械。21 时 50 分，第一一三团一营由东段东南侧突入，二营以火力积极钳制，策应一营战斗，阻敌东窜。23 时 10 分，五连也突入敌阵地。第一一五团一部、第一一四团三营一部投入战斗。此时，敌乱作一团，我乘胜围歼。23 时 40 分，敌除少数窜至黄沟河东刘庄外，全部被歼，战斗结束。

为迅速肃清黄沟河以南之敌，为总攻双堆集、全歼黄维兵团创造条件，9 日拂晓，纵队令第三十七师进至中周庄地区，第三十八师向阎庙子、第三十九师向后周庄压缩攻击。

后周庄之敌在我军事压力下，惧被围歼，于 9 日 13 时向平谷堆方向逃窜。第三十九师组织炮火拦击，第一一七团于后周庄东北截击，迫敌小股窜至平谷堆，大部缩回后周庄。17 时，第一一七团截歼东窜之敌 300 余人，后周庄为我占领。

10 日，第三十八师奉令向阎庙子之敌攻击，占领黄沟河桥头以西阵地。

阎庙子位于黄沟河西北侧。敌第八十五军一一○师一部企图扼守黄沟河桥，阻我直接攻击双堆集,遂以阎庙子为依托,利用自然地形和窑场构筑了独立的集团堡群;为支撑阎庙子的防御,除有双堆集的炮兵直接支援外,还在阎庙子南侧和桥东各构筑一独立堡群,以相互策应。

第三十八师以第一一三、一一四团各两个营在师炮火力支援下,攻歼阎庙子守敌。

16时30分,开始炮火准备。第一一三团二营从阎庙子西北、三营从正北攻击。17时40分至18时16分,七连三次攻击,均未奏效。18时20分,二营突破敌阵地,全部进入纵深战斗,八连奉命由二营突破口加入战斗,配合该营夺占阎庙子以北大部阵地。18时45分,第一一四团二营从阎庙子西南发起攻击,三营从阎庙子正南攻击,19时夺占窑场。19时10分,双堆集守敌在炮火掩护下,向窑场反扑,窑场为敌重占。21时,该团二营再次组织攻击,经25分钟激战,窑场被我夺回。21时30分,第一一三团占领阎庙子全部阵地,战斗结束,歼敌170余人。

后周庄、阎庙子战斗结束后,纵队奉命调整部署,利用战斗间隙,轮番进行休整。

12日,中野指示,将监视平谷堆、刘庄守敌的任务转交中野第一纵队,我纵准备配合兄弟部队会攻双堆集。

13日晚,兄弟部队向敌发起攻击。至15日,将敌大部压缩于双堆集周围。是日6时,纵队奉命配合兄弟部队总攻双堆集。纵队以第三十七师两个团配合兄弟部队向双堆集之敌攻击,第三十九师在第三十七师一个团配合下攻占小马庄西南阵地,阻敌向西或西北突围。第三十七师的部署是:第一〇九团占领五空桥敌集团堡群,第一一一团攻占黄沟河东集团堡群,第一一〇团越过黄沟河,配合第三十九师向小马庄西南之集团堡群攻击。

15日16时30分发起攻击。第一〇九团二营于18时占领河对岸敌两个地堡,打退敌数次反扑,21时占领五空桥,巩固既得阵地。

第一一一团二、三营向双堆集西南200米之黄沟河东岸集团堡群数次攻击未成。17时18分,该团集中全部炮兵和大部轻重机枪、掷弹筒,用火力支援二营再次从正面突破,三营从二营翼侧攻击,占领敌黄沟河东岸集团堡群。18时20分,敌一部在坦克掩护下,向第三十七师指挥所(中周庄)方向突围,被第一〇九团截歼,三营击毁坦克一辆,俘敌第十八军军长杨伯涛。21时40分,第一一一团二营击溃了向我阵地突围之敌;该团趁敌混乱之际,迅即向双堆集攻击,与第七纵队并肩歼敌。

第三十九师在第一一〇团配合下，向小马庄西南之敌攻击。17时30分，敌一部在坦克掩护下，沿前刘庄、后刘庄、后周庄向北溃逃。第一一六、一一七团向敌正面出击，第一一五团沿湖庄向南坪集方向猛插，第一一〇团沿后周庄、李围子向西北方向出击，配合第三十九师截歼逃敌。18时，第一一五团在肖庄以北歼敌一部。该团政治处苗生新股长与后方留守处人员机智灵活，瓦解敌人，迫敌千余人投降。第一一六团占领平谷堆，迫敌第十一师六三二团投降。第一一七团占领大马庄、小马庄，第一一〇团于李围子一带俘敌800余人。此时，第三十八师也于后周庄、小涧集地区截歼溃逃之敌一部。

战斗至16日拂晓，全歼黄维兵团。我纵毙伤俘敌第十军军长覃道善、第十八军军长杨伯涛以下8800余人。

全歼黄维兵团后，纵队奉命进至安徽省濉溪县西南白沙集地区集结待命。

摘自《中国人民解放军陆军第三十一军军史》，1979年，第117—121页

▲ 华野十三纵三十七师召开大会，强调与中野协同作战

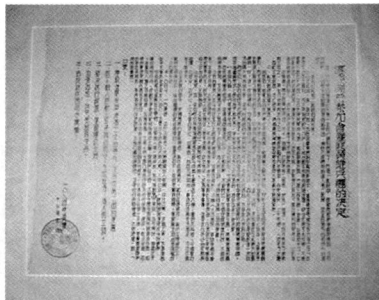

▲ 华野十三纵一〇九团关于参加会歼黄维兵团的决定

▲ 解放军战士背满手榴弹，准备向黄维兵团突击

▲ 向黄维兵团发起总攻，解放军榴弹炮猛烈轰击之情形

◀ 中野三纵七旅十九团一营向马围子攻击

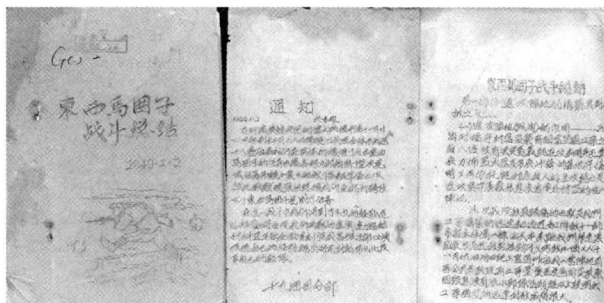

▶ 中野三纵七旅十九团写于 1949 年 1 月 2 日的东西马围子战斗总结

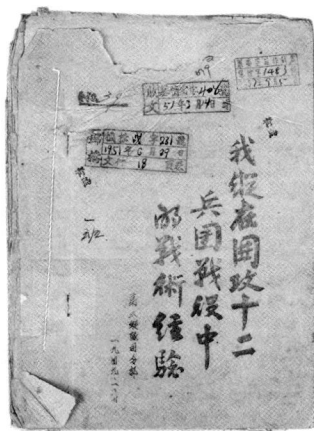

▶ 中野第三纵队司令部 1949 年 1 月 20 日编印的《我纵在围攻十二兵团战役中的战术经验》，详细总结了当时战术中几个重要问题。其主要内容为：作战地区地形情况；对敌人战术的基本认识；我战术总结：甲、进攻阵地（战沟）问题，乙、攻击的火力组织，丙、突击的组织和实施，丁、各兵种协同动作、指挥问题并附图

战术研究

中野三纵对国民党第十二兵团战术的基本认识

我纵在围攻十二兵团战役中，曾有追击、防御、攻击等战斗共 15 次……在整个战役过程中，我们对敌人战术有三点基本认识：

甲、在战役的初期，无论是敌人向东南撤退，或是初被包围乃至战役中期，敌人虽在战役态势上处于极不利的防御地位，但因敌人生力尚未大量消耗，所以还能向我实行大小不同的反击，或企图迟滞我之追击，或企图突围逃走或企图破坏我之攻击，据统计我纵在追击过程中，敌向我攻击 3 次，在包围敌人以后，敌向我攻击 4 次，直到敌人突围以前两天，还在向我阵地反击，因而，这不仅要求我们攻击歼灭敌人，同时又应有效的对付敌人的反击。

乙、敌人的防御，是依托村落，在村落以内至以外 50 公尺的地域内，以子母堡（火力群）为骨干，附之以散兵壕、交通沟、鹿砦、铁丝网、隐蔽部等，构成纵深的面的防御阵地。其主阵地在村沿以外 20 公尺处，地堡密布，主阵地外围系分散的与独立的火力支点，所以由敌人的阵地前沿至其纵深的核心，都是几层地堡和几层鹿砦，至于居民的房屋，因不坚固且目标高大，敌拆其木料构筑阵地使用。

丙、在我军攻击进行火力准备时，敌人大部进入隐蔽部，而又往往乘我发起冲击，火力转移（或中断）的机会，各火力群复活（尤其是侧防火力点），展开火力射杀我之突击部队，即使我一部突入或由一面突入其阵地，占领几座地堡，而对其整个阵地不会发生大的影响，并向我实行反突击。

从敌阵地形势而论，敌各军、师情况大同小异，其所不同点，即在于战术作风之区别。敌五十二团，原为十八军老团之一，部队素质（尤其是初级干部）较高，尤以自卫战争以来，不仅未吃大亏，反而在南麻、土山战役讨了些小便宜，所以自以为是，骄气十足。比如：敌外围阵地残留的火力支点，仍能坚守阵地，各自为战，或每连伤亡仅余十几人仍坚守阵地不退等，这固然是由于其军事统治的因素，但其部队素养亦就此不难想见了。

摘自中野三纵司令部《我纵在围攻十二兵团战役中的战术经验》，1949 年 1 月 20 日

中野三纵九旅在歼黄维兵团作战中关于几个问题的总结

第一、进攻阵地之编成

（一）进攻阵地之作用——对于据守村落并筑有纵横的野战阵地之敌进攻，如不在事先进行充分的准备，而只采取猛扑的办法是不能成功的。我二十五团第一次攻马围子失利后，第二天我二十六团即以杨大庄为依托，向马围子和三官庙构筑进攻阵地，这对以后所以攻克马围子起着决定的作用。由此可以说明，进攻阵地的构筑，是进攻敌人的基础，是攻击前首先要做的准备工作，它最主要的作用是：便于部队的运动、休息和火器的抵近布置。

（二）进攻阵地之着眼——敌人战术特点之一，就是经常不断的向我阵地反扑，以图破坏我之攻击准备工作，因此我们根据敌人这一特点构筑进攻阵地，就必须要从两方面着眼，一方面要便于进攻敌人，一方面要能防敌反扑，从进攻敌人着眼，我阵地愈抵近，攻击亦愈易成功，我二十六团攻中马围子时，交通壕距敌前沿阵地 30+m，山炮距敌前沿阵地 100+m，这是攻击成功的重要因素之一。从防敌反扑着眼，我阵地愈抵近，敌人亦愈想法破坏，并可利用我阵地向我反扑，这时必须注意抵近一段，巩固一段，不是光往前挖沟，而是要构成纵横交错的阵地，

以纵深和两翼的火力阵地，保障抵近的第一线阵地，我二十六团曾一度失掉杨大庄阵地，造成极其严重的局势。其主要原因之一，就是仅仅着眼于进攻敌人，在阵地构筑上，只是交通壕抵近敌人，而未注意到构筑纵深的火力阵地，我二十五团接替二十六团杨大庄阵地后，即接受了这一教训，注意到了稳步前进，并在阵地前沿布置了炸药区，对付坦克的攻击。

（三）阵地构筑之注意

1. 作业前要进行深入动员，使战士和干部了解作业的重要性和作业方法，这对完成任务作用很大。这一点二十五团三营做得很好，干部、战士都解决了做工事的思想，所以三营的工事挖的特别好。

2. 干部要在白天亲自看地形，明了方向和距离，否则易挖错方向。

3. 作业前要预先计算：今夜要挖多长的交通壕？作业兵力有多少？每一战士需要挖多少？然后再根据计算划分作业地段，并提出具体要求（宽和深）。

4. 作业开始要先用石灰或白面标设经始线，然后再指导战士依线掘土，这样可以挖的快，挖的好。

5. 在第一线阵地要少盖暗堡、多挖阵地，因暗堡易暴露，被敌炮火摧毁。

（四）阵地构筑之一般特点——此次构筑阵地一般的缺点是：

1. 战壕积土太高太薄，这样既妨碍第二线的火力射击，又不能抵御敌人火力，坏处很大。

2. 掩蔽部太少，战士均在战壕内自行挖一避弹室隐蔽，这样既不能休息，又妨碍交通。为了隐蔽和休息方便，以班（或组）为单位挖一隐蔽部较好。

3. 厕所太少，因长期在阵地上生活，必须有厕所设备才行，此次作战，战士多在单人掩体内大便，亦有在战壕上面大便时负伤者，为了大小便方便，以班为单位挖一厕所较好。

第二、火力组织

（一）计算弹药之使用——由于我军弹药的缺乏和运输的不便，当进行火力准备时，不能按着各种火器的射击速度进行无限制的射击。为了保障火力的集中和不间断的发射，必须在事前精确的计算弹药之使用，要考虑有多少炮？有多少弹？有多少时间的火力准备？如何发射才能保障火力的继续？此次攻击中马围子时，我旅之火力队，共有山炮 3 门，弹 120 发，迫击炮 9 门，弹 420 发，火力准备时间半小时，根据现有弹药基数和确定之火力准备时间，预定弹药之使用基数如下：

前 20 分钟，山炮每门发射 15 发摧毁暗堡，迫击炮 2 门，每门发射 30 发，射击敌第二线阵地，掩护山炮开火，另两门，每门发射 30 发，专门压制敌人炮兵，其余迫炮不射击。后 10 分钟所有炮火齐放，山炮每门连续发射 15 发，迫击炮 9 门齐放，每门发射 15 发，迫击炮 9 门延伸射击两次，每次每门发射 15 发。共计应使用弹药，山炮 90 发，迫击炮 405 发。战斗结束后，实际消耗弹药是：山炮 84 发，迫击炮 420 发，根据这一经验，如半小时火力准备时，各种火器使用弹药之基数应当是：山炮 30 发，迫击炮 50 发。

（二）确定射击之任务——由于炮火不多和炮兵技术条件的限制，对各种火器射击任务之确定，一般的是：山炮抵近射击摧毁敌阵地前沿之暗堡和开辟突破口，迫击炮射击敌第二线阵地和向敌纵深延伸射击，重机枪抵近封锁敌前沿暗堡之枪眼，根据宿县和中马围子战斗中经验，这样的确定任务是对的，但在给予各种火器射击任务时，应注意如下诸点：

要在阵地上具体指示，并让其复诵，在宿县战斗时，有一山炮干部未有及时摧毁正在向我射击的敌火力点，当步兵干部向其提出质问时，他说不是他的任务。

（三）各种火器射击之顺序和步骤——在攻中马围子时，各种火器射击之顺序与步骤如下：前 20 分钟，山炮摧毁暗堡，迫击炮小炮送炸药，迫击炮与重机枪先开火，掩护山炮射击，这是第一步。后 10 分钟，各种火器齐放，发射筒送炸药，这是第二步。步兵突破敌阵地前沿，迫击炮延伸射击为第三步。射击结果，当进行第一步射击时，由于迫击炮送炸药，敌阵地前沿烟雾弥漫，障碍了山炮的瞄准，故山炮未能摧毁所指定的全部暗堡，影响了第二梯队的前进，为了使山炮准确的射击，迫击炮和小炮送炸药，放在第二步为好。

（四）火力队与突击队之联系——火力队与突击队之联系，最主要的有三个时机：第一是发起冲锋时，第二是突破前沿时，第三是向纵深发展时。在攻中马围子时，关于在这三个时间的联系是：火力队的发射筒，发射炸药后的爆炸声，作为突击队发起冲锋的信号，突击队突破前沿和向纵深发展，均由突击队发射的信号弹作为火力队延伸射击的信号，这一次的联系一般的是密切而及时。

（五）关于火力队的组织——应根据具体情况决定。在宿县战斗时，是根据火力队地区组成火力分队，每一分队包含山炮、迫击炮及重机枪。在攻马围子战斗时，是根据火器的性能，组成火力分队，即山炮分队、迫击炮分队、重机枪分队、发射筒分队，这两种组成方法均可，如采用前一种组织方法时，火力分队长的位置，应在山炮阵地。

（六）宿县和攻马围子两次火力组织的共同缺点：

1. 重机枪发扬威力不大，主要原因是：炮火射击后，敌前沿阵地烟雾弥漫，不易瞄准，今后改进方法，尚待研究。

2. 轻机枪火力未很好组织，两次组织火力，机枪火力均弱。

3. 除火力队的火力外，突击队未注意掌握数挺自动火器进行机动射击。

第三、突破前沿

（一）突破口的选择——敌人战术特点之一，就是当我突破前沿后，乘部队混乱之际，组织纵深力量向我反扑，根据敌人这一特点，当我们选择突破口时，不仅是要选择敌人最弱部分，而且要选择两个以上的突破口，这样既易突破，敌亦不便组织力量反扑。攻击中马围子时，十九团和二十六团齐头并进，使敌自顾不暇，未能组织反扑，如仅一个箭头突击时，即很难成功。

（二）冲锋时机——攻中马围子时，是在发射筒发展后，部队紧随炸药的爆炸声发起冲锋的。这是一个很好的冲锋时机。因为这时，我火力准备已将结束，但炮火尚未中断轰击，敌暗堡大部摧毁，烟雾弥漫，尤其是发射筒送出炸药之后，敌在极短时间内不会恢复火力，我二十六团第七连发起冲锋后，即很快突进敌前沿阵地，且伤亡很小，但九连在七连之后跟进时，即遭到了敌侧翼火力之杀伤。这就是时机的掌握问题，过早过迟均不易奏效。

（三）冲锋队形——由于部队是依托交通壕为冲锋出发地，故发起冲锋后，部队多成一路队形，这样就产生了两个缺点：一个是直径增大，延长前进时间，容易错过突击时机，一个是如先头受阻，整个部队均不能前进。我二十六团攻中马围子时，即是如此。故当九连进到鹿砦时，敌火力点已经恢复，这就是由于队形直径增大延长了前进时间的原因。为了缩短前进时间，在队形方面，最好以班成三个组齐头并进。如一路受阻，其余两路仍可继续前进。这一问题，纵队、旅、团、营均有指示，主要是连队未明确划分，再加之敌火射击，故仍挤在一块成一路队形。

（四）突击队的火器使用——突击队不会使用自己所携带的武器，专靠火力队，当突破前沿以后，炮火延伸射击，这时如突击队遇敌个别暗堡发扬火力时，即停止不能前进，不知道使用自己手中的武器射击敌人。我二十六团攻中马围子时，第七连突击鹿砦后，遇敌正面暗堡射击，只有一挺轻机枪端着向敌射击，其余机枪均不知道射击，突击队所携带的武器，主要是轻机枪、冲锋枪和手榴弹、炸药包等，当突击队突破前沿后，如遇敌暗堡，这时不是占领阵地后再射击敌人，而是端枪射击或猛扑到暗堡跟前，向暗堡内部投掷手榴弹或炸药包，这样才能依靠突击队本身的武器消灭残留暗堡的敌人。

（五）突破前沿后的动作——我二十六团攻中马围子时规定第七连、九连的任务是突破前沿巩固突破口，八连、五连的任务是向纵深发展，结果七连突破前沿后，伤亡很少，即在突破口停止不进，而后续部队因受敌侧翼火力射击，未及时跟上，这样就延长了向纵深发展的时间。关于突击队突破前沿的动作，最好依具体情况决定。如对较大市镇进攻，第一梯队突破前沿后，可向两翼发展扩大突破口巩固之。如对很小的村落进攻，第一梯队突破前沿后，如伤亡不大时，可留一部控制突破口，大部继续前进向纵深发展。

摘自中野三纵九旅司令部《在歼黄维兵团作战中关于几个问题的总结》，1949 年 1月 11 日

▲ 中野三纵九旅 1949 年 1 月 11 日《在歼黄维兵团作战中关于几个问题的总结》内容包括：1. 进攻阵地之编成；2. 火力组织；3. 突破前沿

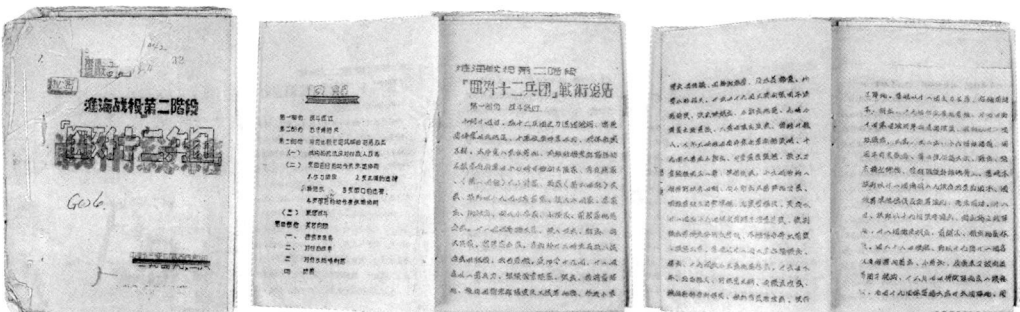

▲ 中野三纵七旅于 1949 年 1 月 8 日作的淮海战役第二阶段围歼十二兵团战术总结。此总结对以后取得各次战斗胜利起了很大的作用。后附形势、战斗图 8 份

中野三纵十九团东西马围子纵深战斗

（一）对敌地堡的破坏与夺取

①敌工事构筑的特点，基本上第一线地堡位于鹿砦里交通沟外（与交通沟连接），每堡 3 至 5 人或轻重机枪一挺。第二线部队系由室内伸出来的独立地堡。其次，即是纵深之隐蔽部，设隐蔽部的构筑又多成三角形，其口形成交叉火力互相支援，使我不易接近。

②此次战役我们使用了的几种办法。

对敌第一线地堡的破坏只要在占领敌交通沟后沿交通沟向前发展，前面走一个人提炸药包，后面一个人用冲锋枪掩护，遇敌在交通沟即用手榴弹驱逐或消灭之。遇地堡即用炸药包由进口处往里投掷一包，稍一隐蔽待爆炸后，继续向前发展，而后再用冲锋枪向地堡内扫射，彻底消灭之。如二营六连二班以丁光义组为基干，在前面沿交通沟发展，用此法在很短时间内连续打下敌 3 挺重机枪地堡，4 挺轻机枪地堡，一直发展到东马围子东南角大水坑处，打坏敌重机枪 3 挺，轻机枪 3 挺，缴完整轻机枪一挺。该班伤亡三四人，敌大部被我炸死、炸伤或震晕而失掉战斗力。因此大家对此 3 种武器，顶欢迎，是破坏地堡之特效武器，所以战后普遍说，现在部队均应每人缝好 4 个口袋，4 条绳子，待作战时捆炸药包用。

对敌第二线地堡的破坏，以一架冲锋枪掩护一个人猛扑过去，到无枪眼处隐蔽，往里塞炸药包或从地堡之翼侧接近至地堡的侧后方，由地堡之进口处往里投掷炸药包消灭之。如我二营七连七班在西马围子战斗中，八班全班因敌放烟雾未观察到侧翼地堡，被该地堡敌人把全班打伤亡。而七班的一个组即从该地堡的侧翼接近，掩护一个人到地堡的进口处，往里投了一个炸药包而消灭了。我无伤亡。

总之，对付敌人的一、二线地堡，唯一经验是动作要快，人愈少愈好。四连八班组长曾庆华说：打地堡，人多混乱，最好一个人打一个地堡即可。

对敌集团工事和隐蔽部的破坏，以一个组进至距敌 10 余米处，向集团地堡或隐蔽部连投 3 个炸药包，我乘爆炸后迅速冲上去，这时候，大部敌被震晕，而消灭之。用工兵连续爆炸，在纵深战斗中，工兵应配属于营部，一营攻东马围子时，旅工兵连长段志高同志与一营营长在一起，四连在西马围子村发展不动时，用工兵连续爆破，两次即将墙壁炸开而解决了敌团部。二营七连在西马围子西端遇敌固守隐蔽部，我用工兵以 5 公斤炸药爆炸见敌隐蔽部中间，将附近隐蔽部敌人约百余人一齐轰出，全部交了械。在工兵爆破时必须组织火力掩护。

③突破前沿后，我部队每发展一地堡必须严密搜索（因每一地堡均有敌人），天黑敌人藏在地堡或隐蔽部里，我叫他也不出来。若不注意，发展过去前面发生敌逆袭时，他就出来封锁后路。如我突击西马围子时，已发展过去一个班，但仍有一个敌人抱着一个六○炮在交通沟里死不缴械，最后被我打死。

在战前连、营应以工兵班捆绑足够之炸药包，旅在营指挥所，在突破前沿后源源不绝供给第一线纵深发展之部队使用，这样在突破前沿后，部队在自己的炸药包掩护下不停地攻击，一直发展。结合严密搜索，攻击则不会受挫。

（二）对付敌人之反扑

东西马围子敌反扑特点——敌经我十数日之围攻，伤亡惨重。尤其是战斗兵伤亡更大，加之敌人处处设防，到处是交通沟隐蔽部。在我炮火射击下都隐蔽在工事里，不便集结，故纵深战斗中控制的机动兵力不大，又没有反击道路，而没有行大力反扑，仅是少数人沿交通沟逼近我，带手榴弹冲锋枪向我射击。若我沉着应战，队形疏散，用手榴弹、炸药包、冲锋枪即可打退。

敌人最大的一次反扑即是在二营攻击东马围子时，七连五班班长杨国喜同志带领该班及轻机枪一挺，发展在东马围子西北角时，由西马围子过来敌一个连向我五班阵地反击，敌连攻3次均被我五班用炸药包、手榴弹、冲锋枪所击溃，该班最后只剩下宿县新兵两名，但却始终坚守了阵地，敌终未突破我五班阵地，究其原因，即是队形疏散，战士、班长存在着不混乱。

其次敌常以少数人沿交通沟或在交通沟外，用手榴弹向我投掷或冲锋枪向我扫射，这时若我不沉着稍加混乱，便会遭到伤亡，[敌]乘机向我出击，如能迅速沉着的向敌还击，投炸药包、炸弹，冲锋枪扫射，敌便会被击退或被我火力消灭之。如我一营营长在攻击西马围子时，带敌五十二团团长唐铁冰到前面去喊话时，敌从地堡内跑出二三人，向我打手榴弹被我还击后就跑进地堡。

从以上诸事实说明了在敌人反扑时，只要大家沉着，干部很好掌握部队，队形疏散不混乱，打退敌之反扑不难奏效。

（三）对付敌人火焰喷射器及防毒

①此次东西马围子攻击战斗敌所使用之火焰喷射器系小型的一人即可使用，喷射范围三五十公尺。喷射手没有自卫能力，并须走出交通沟，至少上半截身要在交通沟外边才能向我喷射。其喷射时机，多在我突破鹿砦以后和纵深战斗中，

故对此种火器只要发现敌喷射时，很好组织火力射杀，喷射手就不会起作用。如我一营四连攻击西马围子时，突击班刚进鹿砦占领敌交通沟，其余部队尚在鹿砦外时，敌即以一具火焰喷射器向我后续部队喷射，该连政指即机动的用冲锋枪向敌喷射手射击，火焰喷射器即再未使用。又如二连一个排在西马围子西南角交通沟内，敌刚一喷火我即投过去一个炸弹，喷火便不见了，相反的我二营五连的五班由排长霍生旺带领并附轻机枪一挺在东马围子，敌施放火焰喷射器向我喷射时，均隐蔽在交通沟内，未向敌喷射手射杀也未躲开喷射地带，结果被火烧死。

从此看来，只要我干部、战士在发现敌喷火时，迅速用手榴弹冲锋枪向敌喷射手射击，即便不能打死其人，只要打中其火焰喷射器之装油员或装氮气桶均可失去作用。在遇敌喷射时，正面受火者即应迅速向两边散开，避其火球，其未受喷射者即以火力射击敌喷手，援助邻兵。另若已被喷射身上着火时，即应迅速抓土一拍即可扑灭。如火球很多，即应迅速脱掉衣服。如我二营副营长孟庆德同志、六连一排长李纯阳同志、一班长张其力同志，被敌火焰喷在身上均以手抓土拍熄火，故此战士一致认为喷火并不厉害，并无重迫击炮之燃烧弹厉害。

此次战役敌曾施放催泪性毒气，其有效时间约10至15分钟，此毒气系以发射筒发射，催泪性毒气弹，发射距离150米左右，我四、六两连，在突击时均中毒，但已过交通沟之四连八班曾庆华组即未中毒（说明此毒气弹范围不大），当我发现毒气时，鹿砦后面之二梯队排或连即迅速用手巾包上湿土或尿掩在脸上停数分钟即失效，故中毒后只要不混乱不着慌，并无多大影响。

（四）此次作战由于我炮火的强大加之我近迫作业，火力充分准备故突破前沿没有多大困难（如几次突破前沿伤亡均很小）但在突破后往往才展开更激烈的战斗。因敌各自为口固守各个地堡或隐蔽部，因此每一地堡必须有一番争夺（甚至有的地堡我们打过去后，有的敌人还藏在里边）。因此纵深战斗应成为我们这次作战中研究的重点。

（五）各级干部交代任务必须清楚方向，必须弄对，才能使发展顺利。如我三营在攻击西马围子时为助攻方向，配合一营攻击，团原令三分队在突破西马围子东南角地堡群后该营与一营取上联系，并肩向西攻击，但十连突破后未与一营联系，一直发展到西马围子正南，而未即时给后面联系，造成孤军深入，受敌四面杀伤（全连进入战斗46人）而伤亡殆尽，仅有4个人回来。这一血的教训必须引起我各级干部今后特别注意。

虽该连伤亡很大，进去后连打下 4 个地堡，打退敌数次反扑，全体干战的英勇顽强战斗作风对攻击西马围子起了不少作用。（因该连对敌后路威胁很大）而吸引了敌兵力火力而使一营发展顺利。

（六）俘虏后解工作

二营第一次攻东马围子时规定突击部队所捉的俘虏及缴获之枪支不得派人后送而保持继续突击力量。故所抓之俘虏只告诉他们沿交通沟到坦克附近，这样有 3 批俘虏，每次均有 20 余人。结果均未到指定地方而跑回敌方去了，据俘供称五十二团第三营营长在这天晚上也被我俘，结果无人解送，而跑回西马围子，今后必须组织专人跟随突击队负责后送。

摘自中野三纵十九团《东西马围子战斗总结》，1949 年 1 月 2 日

▲ 中野三纵歼敌黄维兵团战役统计表。内容有毙伤俘敌、战斗缴获、伤亡统计、弹药消耗等

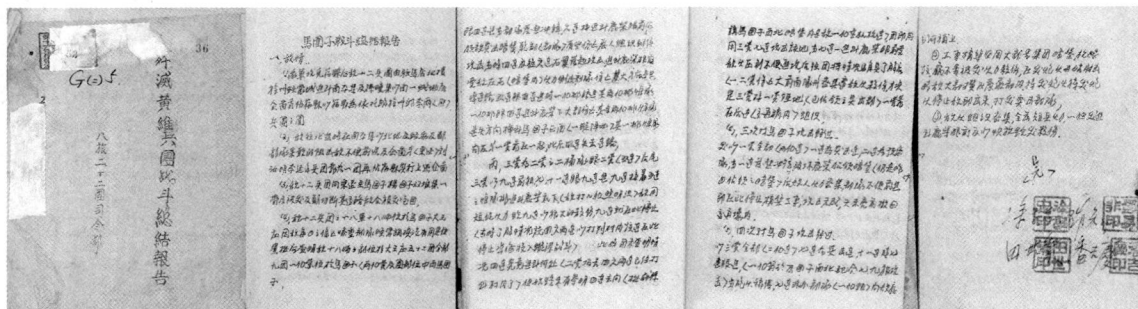

▲ 中野三纵八旅二十二团在淮海战役时总结的马围子战斗经验教训，其中较详细地记载了马围子战斗三攻未克，直到第四次攻击才取得胜利的典型事例。后附战斗图 3 份

华野十三纵"前卫部"① 敌前虚心学习兄弟部队经验
周围子反击战以少胜多

"前卫部"于 5 号坚守周围子村沿阵地的战斗中，曾以两营兵力击溃了黄匪

---

① 编者注："前卫部"为华野十三纵三十九师——一六团。

八十五军 6 辆坦克掩护下的两个团的反击进攻，并予敌以重大杀伤，俘虏、缴获各一部。战后，该团指战员一致认为：战斗获胜的主要原因，是在于战前虚心学习了中野兄弟兵团所介绍的经验，和开展了敌前学习的结果。

4 日夜，该团三营奉命接守兄弟兵团 × 师之周围子、顿庄阵地。在该部队进入阵地前，三营宋营长即主动到兄弟部队某营部学习与接受经验。兄弟部队某营长与宋营长在一番亲热握手交谈中，便将他们的研究认识到的有关敌人反击特点与我消灭敌人反击的经验，一一作了介绍：（一）要利用单人掩体、交通壕，少利用或不利用地堡，以防敌坦克摧毁。（二）要沉着冷静，隐蔽火力，突然开火，杀伤敌人，抢阵地前沿。（三）组织炮火打坦克，步兵主要消灭敌步兵的集团冲锋。最后，为使把阵地工事与布置交代清楚，兄弟部队的某营长又亲自带领宋营长沿着村沿阵地巡视了两周。

拂晓，当我三营各连进入阵地时，兄弟部队每连又留下了一个连的干部，把原来布置的情况具体交代清楚。七连通讯员小宋，也被兄弟部队 × 连的一个小通讯员领到东面的顿庄阵地，介绍着他自己怎样通讯的经验，如高地怎样通过，迷失了方向以什么为目标，每条交通壕都该怎样记住等。小宋本来是个新通讯员，但他这次回来后却向副连长表示决心说："剩我一个人也能完成通讯任务！"

三营布置妥当时天已放明了，宋营长即召集各连长再看一次工事地形，研究兄弟兵团的经验，宋副政教便同各连政指研究政治工作。部队分班分组的展开实地讨论，学习怎样利用工事，怎样防空防炮，怎样打坦克，怎样打敌人的集团冲锋等。领导上就这样有目的地自上而下把兄弟兵团的经验具体贯彻，实地学习，并进一步研究出很多对付敌人的办法，因而更增加了部队守备的信心与反击敌人的勇气。

同时，团、连也在积极进行着一切战斗准备，统一组织了炮火，根据估计敌人反击进攻的道路、队形、地形，做了预见的观察和测量，确定了某些轰击目标，紧紧掌握着步炮协同。

战斗开始，该营就全部利用着交通壕、单人掩体，沉着隐蔽的观察，待坦克跑到我有效射程时，火箭筒、战防炮便一齐对付它，部队毫不惊慌地待敌冲至前沿，即采取突然开火与适时出击，连续击溃敌人 3 次集团冲锋，取得了此次反击战的胜利。

摘自华野十三纵《进军通讯》第 41 期 1948 年 12 月 14 日

华野十三纵"前卫部"击溃黄匪反击的经验介绍

5 号下午，守备在顿庄、小宋庄的"前卫部"，以少于敌三倍之一的兵力击溃黄维匪八十五军三二八、六八两个团的 3 次反击，并予以很大杀伤，俘虏、缴获一部。

战后，经该团参、政机关干部深入调查、研究，发现此股敌人，由被围的内线固守转向外线向我阵地反击的几个特点，及该团此次打反击取胜的几点体会，特整理介绍参考。

敌反击战术特点：

一、炮火的组织使用：重迫击炮、山炮、野炮、六〇炮、迫击炮善于集中轰击我前沿阵地，由点到线，由线到面，排列轰击，据此次观察，敌对一线火力掌握较紧，同时打得比较准确。

二、进攻动作步骤：（此次是开阔地）首以数辆坦克（此次 6 辆），作先头攻击，掩护步兵分散运动，避免我炮火杀伤，运动至我阵地前沿一、二百米，即以坦克停止，发扬炮火，摧毁我前沿地堡，掩护步兵迅速作业。作业完毕，队形步步密集，兵力渐渐集中，仍以坦克掩护前进，达我阵地前沿三、四十公尺，坦克即分开向我阵地两侧迂回猛攻；步兵开始集团冲锋。于占领我阵地后，仍借坦克掩护猛攻。

三、敌指挥与动作几个特点：

①敌指挥采取谨慎小心的原则，动作是稳步前进。

②兵力掌握较紧，动作灵活，能根据发现我之兵力、火力情形，适时采取分散集中、集中分散和再集中的发展动作。

③对我村沿阵地的突破，是采取集中兵力，一点的攻击，多路的牵制诱惑，坦克迂回威胁。因敌指挥官督战严厉，对突破口之兵力是前赴后继，形成强突。

④敌重视和善于作业。

⑤敌各种炮火，兵种协同配合动作较好，特别是一线炮火能对我前沿阵地较准确的轰击，坦克掩护步兵前进、作业、冲锋，并摧毁障碍，给步兵开阔道路。

⑥敌对我炮火的集中轰击恐慌，一打即混乱、畏缩。

⑦怕我侧翼兵力的迂回包围出击。此次见我出击部队冲来，即狼狈溃退。

前卫部取胜的几点体会：

一、4 日夜接换中野各部的防地，工事构筑较坚固、复杂，增加守备信心，打下有力基础。

二、虚心接受了中野部队介绍的敌人反击特点和守备出击经验，开展了敌前学习。从团到连重视了实地研究，特别是团统一组织掌握着炮火，预先观察和测量了反击道路、轰击目标。三营各级干部研究的认真细腻，加强了战前准备工作。

三、战斗中对敌之特点进行了对策：

①在敌攻击开始，我守备与出击部队，均采取沉着隐蔽，保存火力，麻痹松懈敌人。在前沿工事里，每班指定一观察员，镇定隐蔽观察，当敌接近三、四十公尺，班、排、连统一指挥，猛然开火，杀伤敌人于阵地前沿。七连 × 排守顿庄，敌第一次以一个营的兵力集团冲锋，即这样在前沿被杀伤约一个连。第二次敌人又增加一营兵力施行强攻，七连 × 排突然跳出工事与敌肉搏近战，杀退了敌人，坚守了阵地。

②多利用单人掩体、散兵坑隐蔽射击，很少利用地堡，所以敌炮火、坦克摧毁我阵地前沿十多个地堡，而只打毁我一挺轻机枪，我始终能保持优势火力和有生力量杀伤敌人。

③干部决心大，战场鼓动，边打边组织。七连初发现敌坦克冲来，战士有些惊慌，连长即告诉："沉着隐蔽，打敌人步兵，不要管它！"就及时掌握了部队，九连守宋庄，开始两个排伤亡较大，马上就把三个排合并两个排，一排守备，二排出击，始终坚守住阵地。

④干部亲自观察，掌握时机，运用优势兵力出击反敌。当守顿庄的七连 × 排被敌反下来，七连长立刻趁敌未站住脚之时，把 × 排放出去反击，杀退敌人夺取阵地，团也适于此时以两个坚强连队成钳形迅速冲到前沿，把两个团的敌人全部击溃。

⑤专门利用火箭筒、战防枪对付坦克，部队始终都很沉着的打敌人步兵，很快把敌人步兵反下去，因此坦克也失掉作用，只有回头逃掉了。

⑥团统一组织掌握指挥炮火（迫击炮、六〇炮），分两段轰击，并采取集中攻击一点到线，在敌攻击和溃退时，均排列轰击敌中段和延伸轰击敌后路，也由于战前观察和测量了轰击点的准确，给敌杀伤很大。

四、两点检讨：

①阵地设备不周密，未在前沿设反坦克壕和埋炸药等好打坦克，致使坦克钻入了阵地。

②对敌反击时机掌握较好，同时也将敌击溃，但由于 × 连动作犹豫，所以未能迅速干脆的切下敌人一段歼灭之。

（姜庆肇整理）

摘自华野十三纵《进军通讯》第 36 期 1948 年 12 月 9 日

▲ 爆破坦克勇士高佩先

▲ 黄维兵团以坦克配合步兵向华野十三纵阵地进攻，图为被解放军火炮摧毁的坦克

▲ 华野十三纵向后周庄国民党第八十五军二一六师攻击

▲ 华野十三纵一一二团二连在周庄战斗中大胆突击，克服困难，完成任务受到嘉奖，团司令部政治处授予奖旗一面

▲ 华野十三纵三十九师于1948年12月7日颁发给在周围子战斗中立功的一一六团三营、一营的嘉奖令

▲ 华野十三纵攻占的黄维兵团某部炮兵阵地

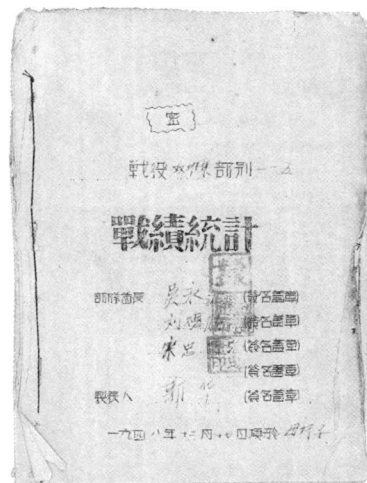

◀ 华野十三纵三十九师一一五团1948年12月8日至15日在中周庄至双堆集战斗中出色完成作战任务，俘敌1242人，缴获各种物资一部，此为战绩统计。此战绩统计表为华东野战军统一格式，并对各部之战绩报告，作如下规定：（一）凡在战斗（役）结束后，团向师6小时，师向纵12小时内，纵向指挥部一天内，应即将初步战果作一简明扼要之报告。（二）本表系在初步战果统计报告后，随同战斗要报，团向师于战斗结束后一天内，师向纵二天内，纵向指挥部三天内呈报之。如路远不能在规定时间内报告时，则一面电报概述，一面仍须将书面统计尽速送来。（三）营、连之报告时限，由各纵自行规定

访谈实录

陈锡联首长谈话记录摘要

陈锡联同志（当时纵队司令员、兵团司令员，访问时任军区司令员）1960年12月18日于沈阳指示：

在双堆集打黄维，二十六团准备晚上攻马围子，敌人以四个团及整十一师所属坦克12辆白天开始进攻。胡琏那个队伍，一个团两千多人，都上来了，打得敌我不分。当时，我命令全部准备参加攻击的炮兵一齐开火，敌人挨了一阵炮，二十六团反了一下，敌人下去了。二十六团那真英勇，是打得最苦的一仗，经受住了很大的考验。那一仗，起了一个好作用，给敌人很大杀伤，以后敌人再未进攻。

摘自《中国人民解放军陆军第三十三师第三次国内革命战争战史》，1961年，第83—84页

▲ 陈锡联，中野第三纵队司令员，湖北黄安人，时年33岁。总攻黄维兵团时，担任西集团总指挥

▲ 被俘的国民党第十二兵团十军十八师五十二团团长唐铁冰

国民党第五二团团长唐铁冰对马围子作战评论摘要

兹将马围子俘敌五二团团长唐铁冰对马围子战斗评论简要述后，其中虽有许多谬论，但也有许多中肯的批评，可为我检查经验教训之参考：

第一次（11月28日3时）攻击：

"11月27日，我（十八师师部、五二团全部及九团两个营）天黑后才进入马围子，当因部署未妥，工事未成，队伍拥挤，又因受十四军溃败的影响，致部队混乱，你们如能提前3小时攻击，则我们很危险。第一次攻击，东面攻击很猛，但我们以一个连逆袭你们即撤退，西面攻击太慢，没有进展。"

第二次（12月6日晚）攻击：

"我们已调整部署，完成工事，你们有十九、二十一、五十八、二十二等4个团攻击，炮火组织很好，对我三营杀伤很大，6挺重机枪被打坏5挺，且步炮协同很密，由东面攻击的十九团二营六连，攻进村子后，因被俘虏牵制，进展不快，我三营以两个班逆袭，你们即退去，但当时在东北角进来一股对我三营之侧背威胁很大，后亦撤退。迎面攻击部队队形拥挤猛扑一下，这对于战斗意志薄弱、立足未稳的敌人可用，对我们是不行的，所以西边伤亡很大，后来攻击精神不旺盛。"

第三次（12月9日晚）攻击：

"你们主要攻击在东面，选择的很对，此处我兵力薄弱。西边攻击部队兵力不大，迟疑不进，动作很慢，经不起我之逆袭。"

第四次（12月11日）攻击：

"你们主攻仍在东面，西边大概有一个连钳制，我已无建制部队，无法抵抗，但你们攻击部队仍然很乱，干部掌握不够，恐惧心很大，每见地堡工事不论有无敌人，必摔药包，否则不敢前进。"

"我五二团刚到达马围子那天（11月27日）是1900人，截至12月11日上午，伤亡1200名。主要原因：1.炮火伤亡大；2.有时打冷枪，伤亡大，即使你们不攻击，每天也起码伤亡十几人到100人；3.你们攻击时，突击部队对我们杀伤不大"。

摘自《中国人民解放军晋冀鲁豫军区第三纵队、第十一军第三次国内革命战争战史》附件之二《资料选编》，1988年，第52—53页

双堆集战斗中俘虏军官对我战术反映及意见

编者按：此稿是经俘敌校尉军官口中采集整理而成的。其中对我所提之意见，虽不一定完全准确，然本向"敌人学习"之精神，特介绍于下，使大家参考：

一、认为我们好的方面

1.匪十八军三五三团作战办主任李清波谈："你们的轻重火器组织很好，能分散布置，集中射击，使我们难于发现，这样很便于防空和防炮。""如在双堆集

西南边，14 号夜，这边炮击那边二连阵地，约一小时将其阵地摧毁，但由于这边炮阵地分散布置的缘故，致使那边的炮兵无法射中这边的炮阵地。"（是十八军三五二团机一连排长张继良谈）。

作战办主任李清波说："你们步炮协同很好，又能一致，炮兵能以准确的射击给步兵开开道路，掩护步兵前进，步兵则能趁机冲锋。"

2. "在指挥上决心强，从你们的高级长官到下面的指挥员都是坚决的，指挥作风上都非常统一，以致每个战斗员英勇奋战的精神都是值得钦佩的。""尤其土工作业方面，又迅速又好，我们虽然也注意，但是士兵累死也不如你们做得快和好，在头一天看见你们阵地距我们还很远，可是第二天早晨一看，你们的工事却在我们阵地前沿出现。中周庄八十五军一一〇师三二八团的被歼灭那样快与你们的土工作业方面有很大关系。"这是被俘后的一些团长和师参谋长的供述。另外十八军十一师三十一团五连排长房志恩和三十二团二营副官赵中西也举了两个例子说："如在小马庄，这边从一千多米外，两夜的功夫即挖到仅距那边阵地二、三十米，使对方手足无措，结果该庄被这边占领。又如这边在中庙庄一夜之间在那边阵地前沿二、三十米处，修了 7 个地堡，那边还未发现，天明被这边火力压的抬不起头来，所以非常害怕。"

3. 俘虏之敌十八军三五二团副团长陆秀山等谈："你们在兵力布置上，运动上都很机动迅速，一夜之间情况大变，使对方不知如何对付才好，比如华野（即我十三纵）一夜的功夫摸了中野的腔，第二天一看方知是你们华野的部队来了。又如看你们攻击之前的兵力布置，对方均不知道，突然一击使对方手足无措。"

4. 步兵撤退掩护沉着有序，如在许庄我们十八军三十二团二营攻击该村时，你们中野九纵等部掩护撤退时，当我们进入阵地立足未稳，你们即将预伏之火力突然集中射击，使我们死伤四、五十。最后你们仍旧有秩序的转移出去（该营副官赵中西谈）。

二、认为我们不够的地方

1. 该副团长陆秀山说："炮的使用上虽然集中，但是还不够集中，仍比较分散，不能够集中起来摧毁一点。""关于炮兵阵地的问题，为了使对方不易找着目标，应当多挖预备阵地，便于机动与隐蔽。"另外关于步兵接近敌人时他说："应多使用六〇炮，向对方死角、散兵射击，以补山炮等重火器射击之偏差（因距离远和掌握情况不及时所致之偏差）与射击间隙之不足，压制敌人，掩护冲锋。"

2. 关于土工作业方面

①敌人对我们的坑道作业是最感头痛的一件事，据被俘之伪副团长陆秀山谈："为了对付你们的坑道作业，那边研究出两个办法：一个是在每连之阵地前沿放3至5个射击小组（每组3至5人），携自动火器，或埋伏或游击，扰乱你们做工。如在玉皇庙阵地，即以阻击小组扰乱解放军做工，结果使你们无法做下去。将工事填死了。另一办法即是这边挖，那边与这边对挖，将两壕挖通，使这边挖的无法用。"他并提出如何来对付这样的破坏办法说："应以小组对小组，派小组于工事前，驱逐对方小组，打破其扰乱与对挖坑道之企图，掩护作业前进。"

②关于地堡的构筑上，伪副团长陆等也反映了一些，比如他们说："你们做的地堡射击孔太大，容易暴露，遭受对方火力杀伤，因之在白天可用草很好的伪装起来。对暂时不用的射孔，可用土堵起来，使对方不易发觉。""你们工事上盖的土不够坚固而土很薄，这可能时间受限制，但是在情况许可下，应增加其强度，特别盖土要厚。"

③十八军三十一团五连排长房志恩说："你们土工作业完成后警戒疏忽。如在中王庙你们做好的工事仅距那边20余米，11日晚由于警戒疏忽，那边一个班从那边小沟摸上来，未见这边有警戒，即捡了点便宜。"他还说："你们做地堡的射击孔均作八形的。这样易减少工事的强度，同时目标大。轻机射孔可做 V 形，既增强工事强度，轻机运用又灵便又不妨碍射击，重机则仍做八形。"

3. 冲锋方面

①伪俘团长说："你们冲锋时队形拥挤，这样伤亡会大，假若对方一反扑即无有办法，所以在冲锋前应给各冲锋部队区分冲锋道路，这样不致拥塞一途，动作还快。"曹八集被俘虏之军官亦是这样说。

②在此次战斗有时战机抓紧不够。陆秀山反映说："攻占要地后，应要抓紧战机连续攻击。如在双堆集东南角有个20多公尺高的制高点，被这边攻占后即未再攻，仅用火力追击溃敌，如果当时再继续追击，不但能大量歼敌，而且还能继续向前发展，抢占更多的阵地。"

③关于炮击、爆破与突击动作，敌人已经摸着我们的规律（一般的是先炮击，再送炸药，然后突击），所以陆秀山他说："你们炮击的时候，那边不管，即将兵力分散隐蔽于阵地后，留自动火器在阵地阻击你们步兵前进，待你炸药响后，步兵突入阵地时，其阵地后之兵力，即投入战斗，做反扑，这是那边在此次作战里使

用的战法，故你们应在炮击时，除大部炮火摧毁其阵地外，应以一部分火力做纵深射击，杀伤隐蔽于阵地后之兵力。"

4. 十八军一一八师三五二团三营长卓文中也说："你们这次的攻击时间太固定了，常常是黄昏开始炮击，入晚即进攻。因之使对方摸到了规律，按时准备。所以，应当可做不定时的疲劳攻击，黄昏也攻，半夜也攻，拂晓也攻，使对方疲劳，时而紧张，时而懈怠，不知怎么防才好。"

5. 最后即是根据俘官反映："你们隐蔽不好，尤其在工事的周围白天集在一起，又易暴露目标，又易遭受杀伤。"另外，副官反映即是敌兵团部在双堆集以北的一个小庄——马庄。双堆集仅有一个师的兵力，而我以为敌兵团部所在地，以强大兵力围攻，伪俘营长卓文中说："这是因为掌握情况不够，今后应及时从俘虏口中了解情况，确定向对方要害打击的方向"。

（纵政联络部）

摘自华野十三纵《进军》第 14 期 1949 年 1 月 5 日

文件选编

华野十三纵对被围黄维残部宣传内容

根据纵政关于开展对敌政治攻势的指示，和近来了解敌人内部的情况，各部队当前在火线对敌宣传，着重应掌握这样几个内容：

一、由于敌人军官的欺骗蒙蔽，敌军中广大下层军官和士兵对形势很糊涂，所以要注意宣传我们目前的胜利形势：

1. 东北和山东全部被我们解放，蒋介石五六十万大军被消灭的干干净净，蒋介石最能打仗的新一军、新六军，也没有逃脱，东北强大的人民解放军不久就要入关。

2. 淮海战役以来（敌称徐蚌会战），当官的完全吹大气，黄百韬兵团 5 个军全被消灭，孙良诚的一〇七军投了降，孙元良最近在徐州西南全被消灭，孙元良本人成了光杆司令了，邱兵团也被歼灭了 2 万多，现在李弥、邱清泉两兵团紧紧被包围不久就要完蛋。

3. 我们现在收复了徐州，陇海路东从东海边、西到洛阳以西全被解放军占领。

4. 我们解放军力量是无比强大，遍地都是解放军，因为解放军是为老百姓打仗，所以老百姓积极帮助解放军，因此，我们是从不缺吃不缺穿的。

5. 蒋介石是卖国贼，他出卖国家，换来美国武器，来打中国人，有良心的人不要替美国和蒋介石送死。

二、宣传敌人处境，打破待援幻想：

1. 敌人现在已完全被围十多天，缺粮食、缺弹药，飞机丢的东西太少，现在杀马吃，马杀完了怎么办？当大官的现在还有吃的，当兵的睡不好吃不饱，突围待援那是空想，我们解放军一定要活捉黄维，全部消灭十二兵团，告诉他："你们多打一天多遭一天罪多死人，不如早投降，免去无谓牺牲。"

2. 求援希望完全没有了，黄百韬、孙元良全军覆没，邱兵团、李弥兵团自己眼看要完蛋，更没有力量增援；李延年、刘汝明想来增援，被我们打的两个团投了降，丢盔弃甲，跑到蚌埠以南去了。蒋介石干急没有办法，黄维是增援徐州的，现在你们不是快完了吗？再没有援兵来了，等援兵是妄想。

三、说明我们的政策，指出他们的活路：

1. 我们的宽大政策永远不变，除了个别的战争罪犯外，我们一律宽大对待。吴化文将军在济南起义，五十九军、七十七军在徐州以北起义，一一〇师在罗集起义，现在都参加了人民解放军，受到人民的拥护，家庭里和人民解放军家属一样受优待。

2. 八十五军二十三师前两天已投降，我们对他们不论官兵都很宽大，我们的宽大政策是不分十八军、第十军、十四军和八十五军，都是一样的，只要缴枪投降一律受宽待。

3. 替蒋介石和当大官的打仗送死太不合算，我们都是穷兄弟，替蒋介石打仗对我们一点好处也没有。只要你们放下武器，愿参加解放军我们欢迎，愿回家者欢送。

以上仅提出主要内容，各部队还可根据随时捉的俘虏及逃出来的人员了解情况，研究具体口号，大力进行火线宣传。

（纵政宣联）

摘自华野十三纵《进军通讯》第 40 期 1948 年 12 月 12 日

▲ 淮海战役中新解放战士用原来使用的武器扭过头射向国民党军

◀ "随打随补"既包括"补人"也包括"补枪"，这是战士们抓紧作战空隙熟练刚缴获国民党军的重机枪

◀ 解放军战士对新解放战士说"还是戴你原来的帽子吧，我们承认你是解放军"

中野一纵敌前学习和军事民主

战壕生活，只从单纯政治动员号召，日久就会厌烦、疲塌，阵地上展开军事民主也成为政治工作很重要部分，各单位其方法和内容不外三种：（一）由群众提出问题大家想办法，一旅和二十旅在开始就发现敌坦克时部队很恐慌，六十二团被坦克压下来，反映"坦克没法治"，经讨论后想出了（1）用柴火烧，但不能远跑，机枪易扫射；（2）解放战士揭发坦克性能和弱点，解决了战士思想顾虑；（3）组织了打坦克组织。一组点柴火，一组打炮弹，一组放炸药，就这样的解决了打坦克问题。再加上打坦克的经验进行教育，就增加了信心。五十八团在小马庄时，试验了炸鹿砦炸地堡，逼近作业实际看地形，班、排划图进行研究打法，互相找毛病、讨论，都得到了解决，消除了顾虑，很重要的具体的提高斗志和斗法，许多问题在群众的智慧下，都想出了办法。（二）由干部（连长在内）提出作战预案，大家研究，在阵地的实际敌情下，由各级指挥员提出，告诉大家修正补充。二十旅一个连在连长提出预案后，发觉一个地堡地形太低，完不成控制河桥任务，班、排自动重看地形，找出缺点即修改了，向前几十公尺可封锁三面敌人，这样就帮助了指挥的信心和提高，一旅很多单位亦是这样做的。（三）研究敌人和自己的动作，实际是学习敌人战术和评自己战术。一旅七团一个连在阵前坚守时，敌人反扑一次，即很顺利完成任务。（四）战后评定伤亡，评战术，评指挥均进行得很熟练，都明确了很多真理和是非，在战术动作上提高了一步。

总之这4种方法，都是从敌我双方的具体情况出发研究战术，发挥群众的天才和智慧，提高战术和战法，求得勇敢和技术的密切结合的良好方法。

摘自中野一纵政治部《淮海战役第二阶段政治工作总结报告》，1949年1月28日

▲ 向被围的黄维兵团官兵喊话，劝其投降

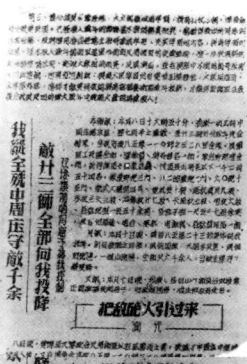

▲ 油印报载华野十三纵12月8日全歼中周庄守敌千余，黄子华率部二十三师向解放军投诚

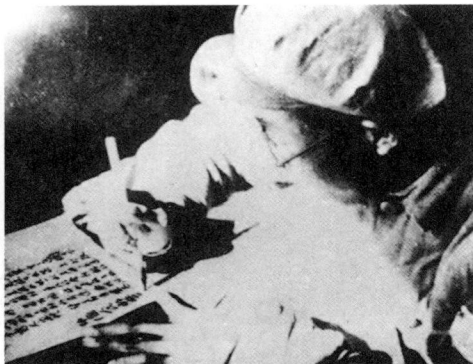

▲ 中野三纵七旅政工人员在写劝降信，敦促马围子国民党军投降

◀ 中野三纵九旅二十六团宣传员在战壕里读战地传单

▲ 解放战士在战壕里高兴地阅读《战友报》

▲ 中野某部战士在看阵地墙报

▲ 解放军战士在寒冷的阵地上
吃着炊事员刚送来的热烙饼

中野一纵战壕中的生活管理方式方法

一、不可缺少的日常食粮——文化生活，用以下几种方式进行的：

（1）出小型报纸及时传达消息，每旅都出了战时小报。二十旅从 11 月 24 日到 12 月 15 日的 20 天中出了 61 期，一旅出了 55 期共 2 万份，分散在战壕中轮流读阅，一两件事都不拘，求得及时。

（2）广播和电话，这适用于本单位英雄模范的表扬方法，一旅普遍设立了喇叭筒，一人一呼即全部听到。二旅在战壕中很多单位群众自己架起自制电话，班班相通，消息畅达。

（3）问答和讲笑话。正因为交通工具已具备了，所以在二十旅借在线话中提出军政问答。一旅一团各班各组写信问答提出：①山海关在哪里你知道吗？②为什么一年左右要胜利？有什么根据等题目。还有在电话上打蒋介石的电话（战友上出品）。

（4）战士捧读家信。

（5）各级宣传员和干部用口头去传播消息。所以，这次得到反映是"战壕文件多，比安阳文化工作好"，情绪就更加活跃，不以为在敌前而疲惫苦一点。

二、日常行政管理，利用早晚黄昏时进行会议点名，坚持制度，生活紧张，并创造一些经验：

（1）"三叉沟口排点名"，二十旅一个排政指在黄昏时集合点名，每个沟里一个班进行了点名，表扬了 7 个同志（其中两个新同志），并讲了我们的打法，动员大家积极参加挖工事。

（2）"地堡里开班务会"，二十旅一个班在下午在地堡中开班务会进行了检讨，并有一个组自动开会作检讨，大家发言很积极，并进行表扬。

（3）有的单位不仅向党汇报并能向行政汇报。

（4）坚持了医疗工作，二十旅在战壕里保证每天看病诊断，重疮号卫生员去分头换药，轻的到隐蔽部来治，病号能得到很好治疗，白医助治好2个疟疾，保证了勇士们健康。

（5）在战壕里并挖了厕所、烧水部等的一些设备。

三、评功找好，这一点各单位都进行了，以班为普遍，较好二十旅，10天都能进行一次评功找好，一旅七团在战斗空隙中评功和小贺功，七团战中记功的三营26人、一营63人，以慰问品和遗物作奖品并通报表扬。

四、物质生活

开始绝大部分是吃凉喝冷的睡不暖，被子不解开，工事修得不好，明确了打法之后，要在战壕里安家，各级都注意了这一问题，即很快得到了解决。铺上厚草，挂上门帘，打开被子，把锅运到前方，洗脚，烧开水喝，后方组织买菜组，并发动后方立功，想出办法送热饭热馍。用被子盖上，使战士吃的舒服，在领导上和后方工作人员努力之下，战壕生活是常吃肉和肉包子，一团一营自己榨油多吃油，生活已超过平时，并没有感到坏和困难，这样生活和物质上的保证，对士气鼓励很大，同时对敌瓦解也起了很大作用，俘虏到我们这里来也觉得生活好。

这些具体事是不可缺少的精神活动和物质保证，在连续战斗中解决了勇士们必要解决的许多日常难题，就使他们不但不觉疲倦反而增加斗志提高信心，是歼灭敌人阵地战中具体生动的政治工作，哪一个单位解决很好，哪个单位情绪就饱满斗志就强，就没有消灭不了的敌人。

摘自中野一纵政治部《淮海战役第二阶段政治工作总结报告》，1949年1月28日

战地报道

华野十三纵首先突破中周庄的一连

我纵配合兄弟兵团围歼黄匪，于首次攻克中周庄，全歼守敌的战斗中，我

"前进部"一连在兄弟部队配合下，以10分钟的神速，首先突破该村西头的村沿阵地。

在攻击的前一日（7号）上午，一连在工事里进行了紧张的战斗动员："响应团委的号召，我们要在歼灭黄匪战斗中打响这头一炮！"接着全连投入了紧张的战斗准备：查组织、查斗志、查器材准备……爆破班（七班）查出4个不保险的炸药管，突击班（八班）的冲锋枪梭子不够用，都当即重新配备好了。

任务每个人都已明确，班以上的干部也都反复的看过地形，于是从各班各组到每个人，就实地的展开了敌前学习，特别是爆破班，在壕沟里作小沙盘，用钢盔当地堡，新老互相研究爆破，运河新解放战士吴廷玉提出"就怕炸着自己"，班长经请示连长让他实验了一个导火索后，吴廷玉就有了决心的说："我可敢送了！"

白副连长反复周密的检查准备，通夜没有眨眼，直到拂晓他又发现一个问题：部队挖了一夜的前沿交通壕，距敌人的前沿还有120多米远，这样长的距离会影响爆破突击动作的，因此他便立刻动员了班以上干部再忍受一点艰苦，他亲自带领十几个人，挥动着镐锹，仅十几分钟的时间就挖出新的交通沟20多米，他又组织了三排到天明时挖出了30多米远。

8号，太阳刚落，轻重炮火在开始试射，发射筒手徐贵祥跑到前面平地上忙把筒子安牢，向东连打了两包炸药，中周庄西头的鹿砦里外立时被烟雾罩住，敌人是无声无息，这时在最前沿观察时机的爆破班长王学臣同志看到这种情况后，马上兴奋的向战士们说："现在敌人一定是在防炮，这时爆破可是好机会啦！"而恰在这时，白副连长在电话上接到刘副政委的命令："快开始！快爆破！快突！"白副连长便一边指挥火力猛打，一边指挥开始爆破。

18岁的小班长王学臣，端着冲锋枪第一个跳出壕沟，就向前边打边跑，班副王永秀、新解放战士吴廷玉、李贞兴像3个小老虎似的抱着炸药并肩的跟着跑上去，班长王学臣当跑到原来决定他用冲锋隐蔽的位置上时，一看距鹿砦还有20多米远，看不见地堡眼，他便一气跑到鹿砦根，开始向着敌人的地堡眼、枪眼里封锁起来了，在他掩护下，爆破员们的炸药包就很快塞进了鹿砦，班副王永秀同志虽然是第一个放好了炸药，但他却马上想到："我是班副、是党员，不要先向后跑……"他一直伏在那里揑着导火索，直到听见左面他俩拉响导火索的声音时，他才放心的拉了手中的弦，向回跑去，但在刚跑出20多步时，后面3包炸药的爆炸声把他一下就震倒在茔盘上了。

排副王兆里同志趁这烟雾时机，随即把突击班（八班）带到茔盘处，和七班长王学臣接上了联系。

震倒在地的七班副王永秀同志，在昏迷中听到排副在说："再去爆破"。他一阵心急便翻身起来，急促的提议道："快突吧，3包炸药就把他震倒啦！"七班长也表示同意，三排副就采纳了这个正确的意见。八班的动作稍有犹豫，七班长便端着冲锋枪，喊了一声："好时机，快突啊！"带领着赤手空拳的全班勇猛的突进了鹿砦，当发现前面一个大地堡敌人在用火力封锁着道路时，就马上指挥胡明发去爆破了。

此刻，全排全连已神速涌进来，跨过了交通沟解决了大地堡的敌人一个整排，接着占领了数座房子，西南角的兄弟部队也英勇的打过来了。

突破口完全巩固后，白副连长又指挥着全连马上投入了纵深战。

（庆肇）

摘自华野十三纵《进军通讯》第42期 1948年12月15日

华野十三纵全歼中周庄守敌千余　双堆集前哨闫庙子为我控制

【本报讯】本月8日16时50分，我纵一部即向中周庄总攻击，整7时半之激战，至23时30分战斗完全结束，全歼守敌八十五军一一〇师之三二八团全部，及军直工兵营全部，运输营、特务营各一部，军直野炮连全部，计俘该团团长姜吉鑫、副团长刘寿星以下1254名。缴获野炮3门、八二迫击炮7门、六〇炮15门、新式火箭筒4只、重机枪10挺、轻机枪39挺、步枪363支、冲锋枪27支、卡宾枪5支、短枪6支，各种炮弹150余发、各种子弹15700余发，及其他骡马、电台、总机、电话机、各种军用品一部。

……

【又讯】本月10日晚，我纵"长白山"部攻占双堆集正面敌据点闫庙子，守敌向里逃窜，我生俘敌百余名。

摘自华野十三纵《进军通讯》第39期 1948年12月11日

▲ 解放军西集团榴弹炮向黄维兵团猛烈轰击

▲ 中野某部突破黄维兵团设置的鹿砦，冲进敌阵

▲ 中野三纵二十一团二连四班长在工事里瞄准来犯之敌

▲ 中野三纵七旅十九团六连突击班合影

▲ 解放军在炮火掩护下，向黄维兵团发起冲锋

▲ 中野三纵二十团三营重机枪连在侧射

◀在西马围子战斗中，中野三纵七旅十九团十连勇猛插入国民党军阵地纵深，遭到其优势兵力两面夹击，连长、指导员相继牺牲，由二排排长阎世华代理指挥，他鼓励大家"宁肯前进一尺，不能后退一寸。誓与阵地共存亡！"子弹打光了就用刺刀与敌人拼杀，终因寡不敌众，在搏斗中壮烈牺牲。此为阎世华（右一）生前与战友们合影

中野三纵某部4英雄坚守4点钟

12月6日下午4点30分，某部六连主攻东马围子，仅10分钟就突破前沿。

30 多个暗堡都在他们的手榴弹和炸药连续爆炸中被摧毁了。冲到村的东南角，只剩下排长李春阳、突击班张其利、许功茂、徐乐山 4 个同志。

敌人从集团工事里反扑过来，排长命令着说："剩下一个人也要坚守，会战中立功最有价值。"徐乐山端起机枪就扫，放下机枪就投手榴弹，排长一个人就投了两箱手榴弹，4 个人打光了 7 箱炸弹和十几个炸药包，把敌人遗弃在工事里的炸药都打光了。

这 4 位英雄战斗了 4 个钟头，打垮敌人 3 次反扑，一直坚持到和后续部队会合。

（冯亚）

摘自中野三纵政治部《会战纪实》第 7 辑，1949 年 1 月 12 日，第 5—6 页

偷上火线的袁克理

某团四连政指袁克理同志冲进马围子鹿砦，但头被枪榴弹炸着了，血流到脖子上，他摸摸伤口又晃晃脑袋，断定"没有完蛋！"他把牙一咬，鼓起劲又冲上去了，不幸又蹦过一块弹片，打中了他的下巴，他踉跄着倒下去，嘴就张不开了。营长劝他下去，他坚持不肯。最后营长用命令强制他："下去！"他才勉强的到了救护所。医生给他包扎完毕，再三叮咛他："要好好休息！"他却偷偷的又上火线了。虽然每天只能很困难的喝一碗鸡蛋汤，他却一直坚持到战士们一同凯旋归来。以后一提起指导员，战士们都是大拇指头一伸："顶呱呱！"

（符稼蕾）

摘自中野三纵政治部《会战纪实》第 7 辑，1949 年 1 月 12 日，第 5 页

火线整编选班长

12 月 11 日，我们第二次攻击的马围子，李团十一连在突破前沿时，干部都负伤了，一班长冯保志同志就代理排长，听十连干部指挥，继续作战。五班长赵庆云、二班长张旺义都自动找到一班，听冯保志指挥。他们占领了敌人前沿所有的暗堡和交通沟。敌人集中炮火摧毁突破口，妄想把十一连的英雄们打出来。十一连牺牲负伤和失掉联络的很多，在突破口只剩下冯保志同志和六班战士秦好礼、九班战士黄霄臣、八班战士汪莱如、五班战士杨于迁等 10 个同志了，他们 10 个人在火线上临时编成一个班，选举秦好礼同志当班长。占领工事继续和敌人厮拼。

这个新组成的英雄班不仅固守住突破口，而且继续往前发展，俘虏了 9 个敌人，

一直等到后续部队上来。

（郑心海）

摘自中野三纵政治部《会战纪实》第 7 辑，1949 年 1 月 12 日，第 4 页

马围子之战

我军某部 11 日子夜全歼蒋匪十八师主力五十二团全部及九团的两个营，活捉五十二团正、副团长唐铁冰、曾品超等 800 余人，完全占领东西马围子，对黄维兵团残部之包围圈又向前压紧一步。蒋匪十八师系原十八军的主力，也是蒋匪黄维兵团的最后一张王牌。其被俘之唐铁冰称："留在武汉的十八军军长胡琏曾于本月 3 日乘飞机降落于其较小的被包围地区内，召集十八军干部训话，送给团级干部每人三炮台烟一条，鼓励大家拼死效命，他曾慨叹的训到十八军、二十军'光荣'的历史，悲伤地敦促其部下'千万不要为共军斗掉。'"但是蒋匪之主力的十八军在人民解放军强大的胜利攻势面前，虽然其深受法西斯毒害的干部还想拼命挣扎，也终逃不出被歼的命运。11 日晚 4 时半，我军向西马围子发起攻击时，仅以 20 分钟的短促突击即冲进村子，敌人在其战斗陷于绝境之际，向我施放催泪性毒气，并以美造手提火焰喷射枪向我扫射，但这一次并没有阻住我军英雄们的道路，我担任突击的某部第四连静卧 10 分钟让毒气消失后，又继起冲入村中，将龟缩在核心工事里的五十二团正、副团长唐铁冰、曾品超及其第三营长金少在俘虏。唐铁冰等被俘后，立即向其分散在各个地堡的士兵喊话劝降。西马围子周围一百余地堡就逐一被我解决。唐铁冰一解到前线某指挥部即写信给他的师长尹俊，说："据我现在所知，全部战斗已陷绝境，固守待援，实际已无援可待，最后希望留一部官兵生命，使伤患官兵早得妥当安置，即刻停止抵抗"。

摘自中野三纵政治部《会战纪实》第 5 辑，1948 年 12 月 30 日，第 3—4 页

◀ 被解放军攻克的遍布暗堡群的双堆集以北重要据点马围子

▲ 解放军把缴获国民党军榴弹炮拖回阵地

▲ 解放军战士骑在缴获的大炮上，显露出胜利的喜悦

▲ 中野三纵七旅十九团六连在淮海战役中屡建功绩，荣获"英雄连"称号。左一为连长李维新

▲ 中野三纵七旅山炮射手荣立淮海战役二等功

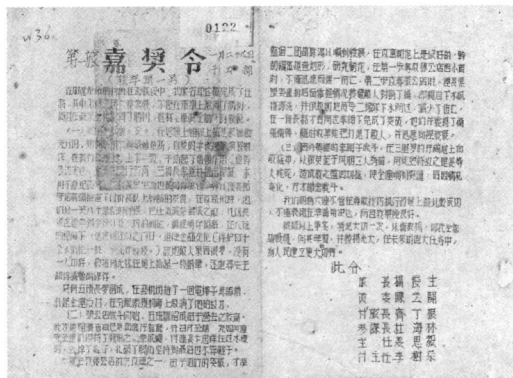

▲ 中野一纵一旅颁发给在张公店和围歼黄维兵团战斗中军政全胜的六连的嘉奖令

▶ 中野三纵七旅十九团党委会授予该团战斗模范连队十一连的"军政两胜"奖旗

◀ 解放军医务工作者将负伤战友抬下火线

功上加功的小盖同志

12 月 8 日夜，卫生员小盖同志，随着杨学林副连长紧接主攻排的后尾，一起突进村沿，在烟雾中，给一排副闫克竹包扎好左肩的穿膛伤后，他俩又一同跟了上去，闫排副忽然若有所失地说："哦！小盖同志，三班长负伤还在后边哩！"小盖抽身转回鹿砦的外边，找到了三班长，一瞧，离三班长不远还有两个，他迅速而从容的一个个包扎妥当，最后说："前面打的很好呵！咱们一起上去吧！我领着你们！"就这样他带领 3 个轻伤员又上了火线。

在村落里打得很急，不知什么时候通讯员小孙失踪了，小盖自动向杨副连长表示："有通讯任务我去！"从这排到那排，从连部到连后勤，他来往如梭，活跃在火线，他虽然担任了临时通讯员，但未忘记救护责任，任管敌人炮火打得多么急，他不肯使伤员因包扎迟了而多受一点痛苦。

敌人手榴弹反击过来，杨副连长对卧倒在地上的战士们说："快爬起来往上突！"小盖也在后边鼓动："还不快突！你看咱连长都上前面去啦！"见到轻伤员他也耐心的动员他们跟上去。

在攻击中周庄最后固守点时，天黑又下雨，敌炮火又从东南角打过来，小盖同志不幸负了轻伤，但他毅然的在炽烈炮火下，排除一切困难坚持完成任务。一排长张敏口腹部和臀部负了重伤，从鹿砦里爬出来，爬在一道稍高的土岗上，再也爬不动了，小盖跑过来，张排长对他说："小盖同志我不行了，你不用……"他亲切的说："不要紧排长，我好好给你包扎！"包扎好了后，小盖想赶快把排长背下危险地带，他才 16 岁，又加上一排长是个大个子，背了好一会也背不动，然而伟大的阶级友爱却给小盖增加了无限力量，在敌炮火猛烈的排击下，他奋不顾身的在开阔地里奔驰着找寻担架。在全歼中周庄守敌八十五军一一〇师三二八团战斗中，小盖同志自始至终勇敢的救护与通讯，全连没漏掉一个没包扎的伤员，他并亲自从营里给突击排送上一个爆破筒，炸破鹿砦，打开当时的僵局，许多同志在他的英勇救护下减少了痛苦，在他的鼓励下负伤不下火线。战后"黄陈团"①九连评功时，同志们个个称赞：卫生员小盖同志人小，战斗可不孬，济南、兖州立过三等功，这次一致认为功上加功！"于是小盖同志荣获为二等功臣了。

（林智鸣）

摘自华野十三纵《进军通讯》第 51 期 1948 年 12 月 31 日

连天炮火中宋保清英勇抢救

在我总攻黄维十二兵团的前一夜，部队在靠近敌人最后固守点双堆集以西的桥头集团工事处进行迫近作业。敌人打过排炮来，五、六连都有一些伤亡，这时抢救员宋保清同志，就冒着敌火来往跑着包扎和抢救。

天亮了，部队撤下来，宋保清向指导员说："前面还有伤员没下来吗？"指导员告诉他说："有几个烈士和一挺机枪压在土里还没来得及抢下来。不过你要稍停停，现在敌人封锁的正紧。"可是宋保清同志并没有停，就冒着敌人封锁正紧的炮火上去了，他从土里扒出机枪拖下来，交给指导员后，又爬了上去，这时敌火封锁的紧，直不起腰来，他就把烈士放在担架上，自己一个人爬到担架底下，用背顶着担架一步一步的爬下了火线。

特别困难的是在抢救机枪连一排长的时候：因为夜里没有把交通沟全挖好，单人通过还要露着一半身子，更加上天亮了，又怎么能把担架带上去呢？宋保清同志终于什么也没带，干脆自己一个人爬过去，把一排长抢了下来。

宋保清同志单独一个人，往返的把负伤和牺牲了的同志们从敌人的火网下全部背回了自己的阵地。

（"济南二团"政治处 彭润津）

摘自华野十三纵《进军通讯》第 50 期 1948 年 12 月 29 日

---

① 编者注："黄陈团"为华野十三纵三十八师一一二团。

中野一纵某部政治攻势争取敌人投降

12月3日晚上，七团敌工干事摸到敌人阵地上，抓了一个俘虏，就在漫地里给他讲说十二兵团困守等着死，学习廖运周师长参加解放军才是光明大道……等道理，并边说边给了他两个蒸馍，还有一块猪肉。作了一个钟头的工作，把宣传品和刘、陈首长给黄维兵团的劝降书交他带回去。

他的排长正饿得不行，想着自己的处境危险，干着急没办法，看了这一个弟兄带去的宣传品，马上带上一个班过来投降了。那个投降的排长在七团政治处边吃边说："你们的政治救了我们的命，个把星期没吃饱饭了"。

12月2日黄昏，九中队一营教导员拿着宣传品从三连阵地上过，连长袁彦堂同志要求亲自去散宣传品，教导员说："不必你去，找个别人也行。"韩金山排长带一个战士，决定把宣传品散到敌人纵深里去。他们又怕平放在地上风吹跑了，霜雪湿了，就想出一个好办法，用高粱秸夹宣传品成个小旗状，摸到李围子和平谷堆敌人两阵地的通路边上，一个个的插起来。3日10点以后，眼看着过路的敌人这个弯下腰拔几个走了，那个弯下腰拿几个走了，不到晌午，三几十个政治炸弹都投到敌人脑子里去了。

（康健）

摘自中原军区、中原野战军政治部《人民战士》第12期特大号1949年1月15日

▲ 在双堆集战场被俘的国民党第十军少将副军长王岳（左）和少将参谋长周穆深（右）

▲ 被俘的黄维兵团第十军第十八师部分官兵

看看黄（维）匪是怎样在被我们消灭中？

黄匪（维）于北上途中被我包围在双堆集时起，他的总共兵力是：4个军（十、十四、十八、八十五）10个师零1个团（因十四军之三〇三师未来，另八十五军之二一六师只发现其有一个团），除去他的机关和直属单位以外，按他的战斗单位计算，合共有31个团，93个营，全兵团一切人员都统计在内，为数约10万人左右。敌人开始占领的大小村庄共计38个，另外有4处庙（闫庙子、尖谷堆、平谷堆〔无庙〕、三官庙）。

自11月23日到本月10日，这18天中（10日以后到现在这5天未计在内）我们包围歼灭了敌人总共是46个营，另外有一一〇师起义的6个营，及上月29日南窜怀远的十八军四十九师9个营，合共敌人被歼和减少了为61个营的兵力。

我们攻克了村庄21个，庙2处（闫庙子、尖谷堆）已占敌人原占领村庄的一大半，敌人现在还占着17个村庄和2处庙（平谷堆、三官庙）。敌人被我歼灭的具体情形，请参看下面这个统计表：

项目 番号 数字	原有兵力 （按战斗营计算）	被歼和减少 的数字	现有兵力 （按营计算）
十军	27（营）	17（营）	10（营）
十四军	18	14	4
十八军	27	12	15
八十五军	21	18	3
总计	93	61个营	32个营
附记	①十八军减少之12个营中，包括南窜之9个营在内。八十五军减少之19个营中，有起义的6个营在内，余均为我歼灭数。 ②该统计数字自本月10日后到现在这5天中歼敌数未计入。		

摘自华野十三纵《进军通讯》第41期 1948年12月14日

阵中日记

中野一纵阵中日记

12月4日

一、黄维兵团已被围困9天，其内部情绪极坏，生活毫无办法，前天可以吃饱一顿红薯，一顿稀饭，今天只能吃一顿稀饭。即是空投些米，不能解决问题，更因抢米而开枪打架，十八军为嫡系，在中间作突击力量，能吃到一点大米。八十五军、十四军、十军在外圈防御，吃不上饭。同时，其公开鼓动打出去后过江，因之北方人极为动摇，南方人更加监视，士兵无战意，昨天由排长率 13 人向我投诚。

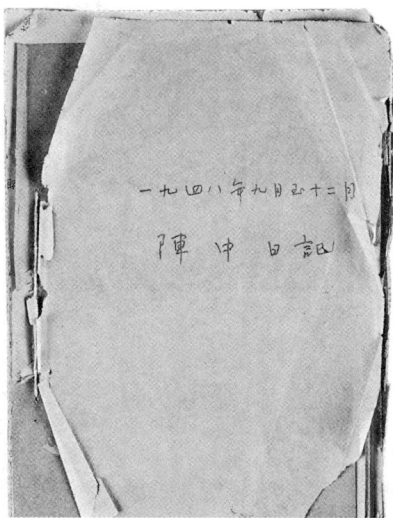

▲ 中野一纵阵中日记

二、黄维作垂死挣扎，蒋介石颓丧无策救应，想出没办法的办法，令李延年、刘汝明到蚌埠向北增援。据息：有小部到。李、刘是被打的不敢出头的，曾缩到蚌埠以南，也不是像蜗牛一样轻不了一碰就只好缩进头去，也挽救不了黄维的命运的。

三、为迅速歼灭黄维，我决调整部署，以华野七〔纵〕接替二纵及我一旅位置，作攻击的准备工作，我二十旅接替三纵一个团的村庄（周围子、罗庄、赵桥）及胡庄，一旅撤下休整准备突击，调整布置见附图。

12 月 5 日

一、14 时，接三纵传达刘、陈、邓命令：令明（6）日午后 4 时 30 分，全线对黄维兵团发动总攻。

二、我决心以二十旅攻歼小马庄之敌。（具体部署如命令）

12 月 6 日

我二十旅于午后 4 时 30 分开始对小马庄炮击，5 时 20 分攻击未能奏效，当即令今晚停止攻击，继续准备挖交通沟，明天再攻。

摘自中野一纵《1948 年 9 月至 12 月阵中日记》

四、南集团作战

中野第六纵队、华野第七纵队和陕南军区第十二旅组成南集团，由第六纵队司令员王近山、政治委员杜义德指挥，向双堆集以南地区进攻。先后攻占李土楼、小周庄、大小王庄等黄维兵团重要据点。至 12 月 13 日，国民党第十四军全部，第八十五军、十军大部，十八军一部已被歼灭，余部据守在东西约 1.5 公里的狭长地域。为迅速全歼该部，华野参谋长陈士榘率第三、十三纵队加入南集团作战，由陈士榘统一指挥，以南集团为主，直击双堆集核心阵地。中野、华野并肩作战，一举攻占军事制高点尖谷堆、平谷堆及野战集团工事，黄维兵团部所在之核心阵地及飞机场完全暴露在解放军攻击之下，眼看大势已去，覆灭在即。

▲ 南集团指挥员华野参谋长陈士榘（左）和中野六纵司令员王近山（右）

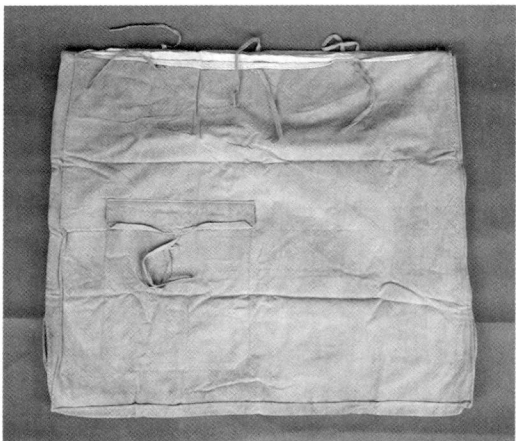

▲ 华野参谋长陈士榘使用的马搭子

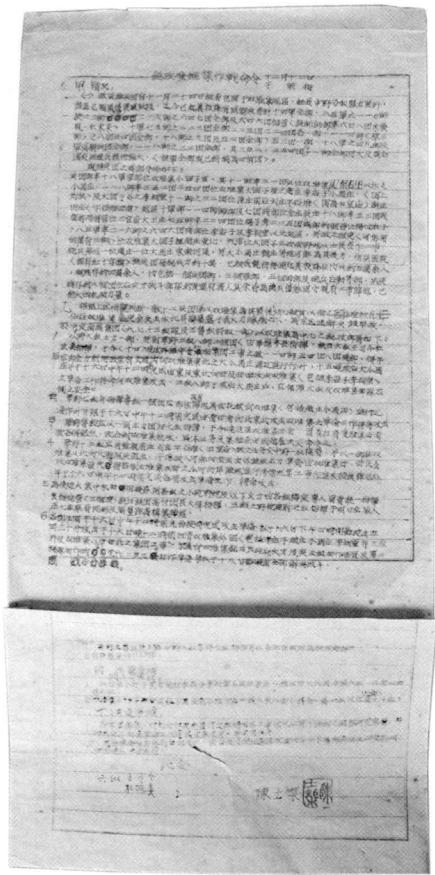

▲ 南集团总攻双堆集作战命令

简介

中原野战军第六纵队

中原野战军第六纵队辖第十六、第十七、第十八旅，约 2.2 万人。由太行军区等部队发展而来。1945 年 11 月太行军区等部队在河北省磁县组建为晋冀鲁豫军区第六纵队。1946 年 7 月，改称晋冀鲁豫野战军第六纵队，1948 年 5 月，改称中原野战军第六纵队。曾参加定陶、巨野、鄄南、滑县、巨金鱼、鲁西南、宛东、襄樊等战役。淮海战役时参加豫西南牵制黄维兵团，合围歼灭黄维兵团等作战，共歼灭国民党军 1.2 万余人。1949 年 2 月，改编为中国人民解放军第十二军，隶属于第二野战军第三兵团。

陕南军区第十二旅

陕南军区第十二旅原为抗日战争时期组建的山西抗日决死队之一部。抗日战争结束后组建为晋冀鲁豫野战军第四纵队第十二旅，多为独立行动。1947 年随太岳兵团渡黄河南下，与三十八军起义部队进入陕南地区独立开辟根据地。因所处位置战略地位重要，深受中央重视，故有"陕南十二旅"之称，曾参加襄阳等战役。淮海战役时参加迟滞围歼黄维兵团等作战。1949 年 5 月改编为第十九军第五十五师，隶属于第二野战军直接指挥。

编者整理

战史摘要

中野六纵攻歼双堆集以南之国民党军

黄维兵团经半月作战，战斗部队至少损失五分之二，其主力第十八军也已残破。总前委决定组织东、南、西三个集团，从 12 月 6 日起发起总攻。命我纵与华野七纵编入南集团，由我纵首长统一指挥，攻歼双堆集以南之敌，从南面直逼双堆集。纵队首长根据总攻命令，决定集中优势兵力，有重点的连续攻击，第一步以华野七纵攻小周庄，我纵攻李土楼，第二步以华野七纵攻大、小王庄，我攻小王庄东北敌野战集团工事，最后再围攻双堆集。

经充分准备后，我第十八旅五十二团和第十二旅三十四团，于 6 日 17 时向李土楼发起攻击。纵队集中全纵火炮 13 门支援战斗。第五十二团依托阵地，在距敌鹿砦前 30 公尺处，突然发起攻击，迅速从村东北角突破。接着，以猛打猛冲的动作，将敌分割。仅一小时战斗，与第三十四团密切协同，全歼守敌第二十三师第六十九团两个营。与此同时，华野七纵也攻占了小周庄。总攻第一天就剥下了敌人第一层外壳。

在我全线攻击之下，敌人虽然惶恐不安，但仍作困兽犹斗，一面拼命死守，一面向我反击，企图破坏我继续攻击的准备，夺回被我攻占的据点。9日晚，华野七纵攻占了距敌双堆集只有2里的大王庄，威胁到敌防御核心的安全。敌第十八军立即组织力量疯狂反扑，友邻英勇抗击，伤亡过大，阵地大部被敌占领。10日10时，我即以第四十六团增援，向敌反击。敌死命向我反扑，第四十六团在被敌坦克分割包围的情况下，与敌逐屋逐沟争夺，在弹药用尽后，以刺刀和圆锹与敌血战。第二连排长张大兴，负伤多次，仍指挥仅有的两名战士，击退了敌人多次冲击。坚守前沿的第九、十连，仅剩下十余人，仍然坚守阵地。激战至黄昏，我终于协同友邻将敌击退，恢复并巩固了阵地。这一场恶仗，震惊了小王庄敌第二十三师，当晚主动派人谈判向我投降。我华野七纵统一代表南线受降，小王庄不战而克。

经我军连日攻击，至13日，已将敌压缩于东西不过2公里的狭长地域内。但黄维仍然拒不投降，并施放毒气，作垂死挣扎。总前委为争取早日全歼黄维兵团，以便集中力量围歼杜聿明集团，完成战役第三阶段的作战任务，遂调整部署，以华野三纵、十三纵参加南集团作战，决心以南集团为主，结合东西两集团直攻敌指挥中心双堆集核心阵地。14日，我纵奉命以第十七旅第四十九团第一营（襄阳登城第一营）与华野三纵第二十三团"洛阳营"协同攻击双堆集东侧敌人核心据点——野战集团工事。

双堆集东侧敌人核心据点，距黄维兵团部只有2里。因其位置极为重要，黄维以其精锐部队第五十四团（号称"威武团"）防守。敌在被围之后，大肆拆毁民房，构成以数尺厚的土墙和无数地堡为骨干的环形防御。墙内配有大量炮兵和坦克，墙外伸出无数触角似的子母堡，火力密布，防御严密。我第四十九团决心发扬襄樊战役中刀劈三关的作风，当好中野代表队。担负突击队的第一营，组织了班以上干部看地形，以排为单位摆沙盘，集体研究了战斗方案。为保证此次作战胜利，南线集中了百门以上火炮支援，为我纵作战以来从未有过的支援火力。14日下午，数千发炮弹和无数"飞雷"（用迫击炮、火药筒等抛射炸药）倾泻在敌人阵地上，顿时烟火连天。敌人苦心经营的集团工事，大部被我摧毁，守敌被我炮火和"飞雷"震死震昏的几乎过半。我四十九团一营和华野"洛阳营"乘势并肩突击，分从南面和东面勇猛突入敌人阵地，部队迅速向敌纵深穿插。此时，黄维以其亲手豢养的警卫团疯狂向我反扑。我突击队英勇抗击，与敌反复冲杀。第一连三排仅剩下战士三人，仍坚持战斗，连续打退敌多次反扑。第三连二排长管成良，左腿打断后，在阵地上来回爬行，为战士们搜集弹药。敌人仍拼命反扑，情况十分危急，我即以四十九团第三营增援，向敌猛扑，激战至深夜，将敌大部歼灭，残敌百余人狼狈逃窜。与此同时，华野七纵和我第十六旅四十七团，乘势攻占了尖谷堆高地和李店子外围敌野战阵地。至此，黄维兵团部和双堆集核心阵地，全部暴露在我步兵火力之下。我纵和各路进逼双堆集的大军，都以迫不及待的心情，积极准备最后全歼黄维兵团。

15 日黄昏，黄维见大势已去，既无法固守，也无援可待，乃组织残存兵力，向西南突围，并以其第一一八师向东佯攻，企图使我发生错觉。由于我及时加强战场观察，提前察觉了敌有掩护突围的企图，纵队即令各部严密监视敌人行动。我第五十二团连日以干部亲自观察，并组织小分队抵近敌前沿侦察，及时抓住了敌人逃跑的时机，立即直扑赵庄、李庄、双堆集，截住敌后尾，当即缴获大口径炮 26 门，俘敌千余人。与此同时，我纵各旅陆续出动，协同各路大军围歼溃敌。至当日 24 时，全歼黄维兵团，淮海战役第二阶段胜利结束。在围歼黄维兵团作战中，我第五十一团团长杨寿山同志、第十七旅训练科副科长铁克同志，光荣牺牲。

摘自《中国人民解放军陆军第十二军军史》，1981 年，第 96—99 页

▲ 南集团指挥所使用的电话机

▲ 南集团指挥部首长用电话指挥作战

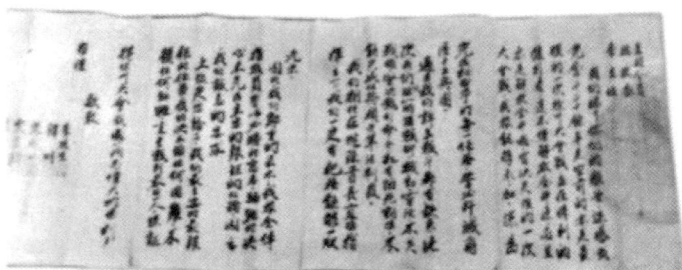

▲ 中野六纵十七旅旅长李德生、政治委员韩明等写给纵队领导的
　决心书

▲ 率部参战的中野六纵十七旅旅长李
　德生，河南新县人，时年 32 岁

▲ 中野六纵后续部队疾进至前沿，准备向李土楼发起攻击

▲ 后勤人员送榴炮弹给中野六纵，准备轰击李土楼

▲ 解放军某部炮兵观测点

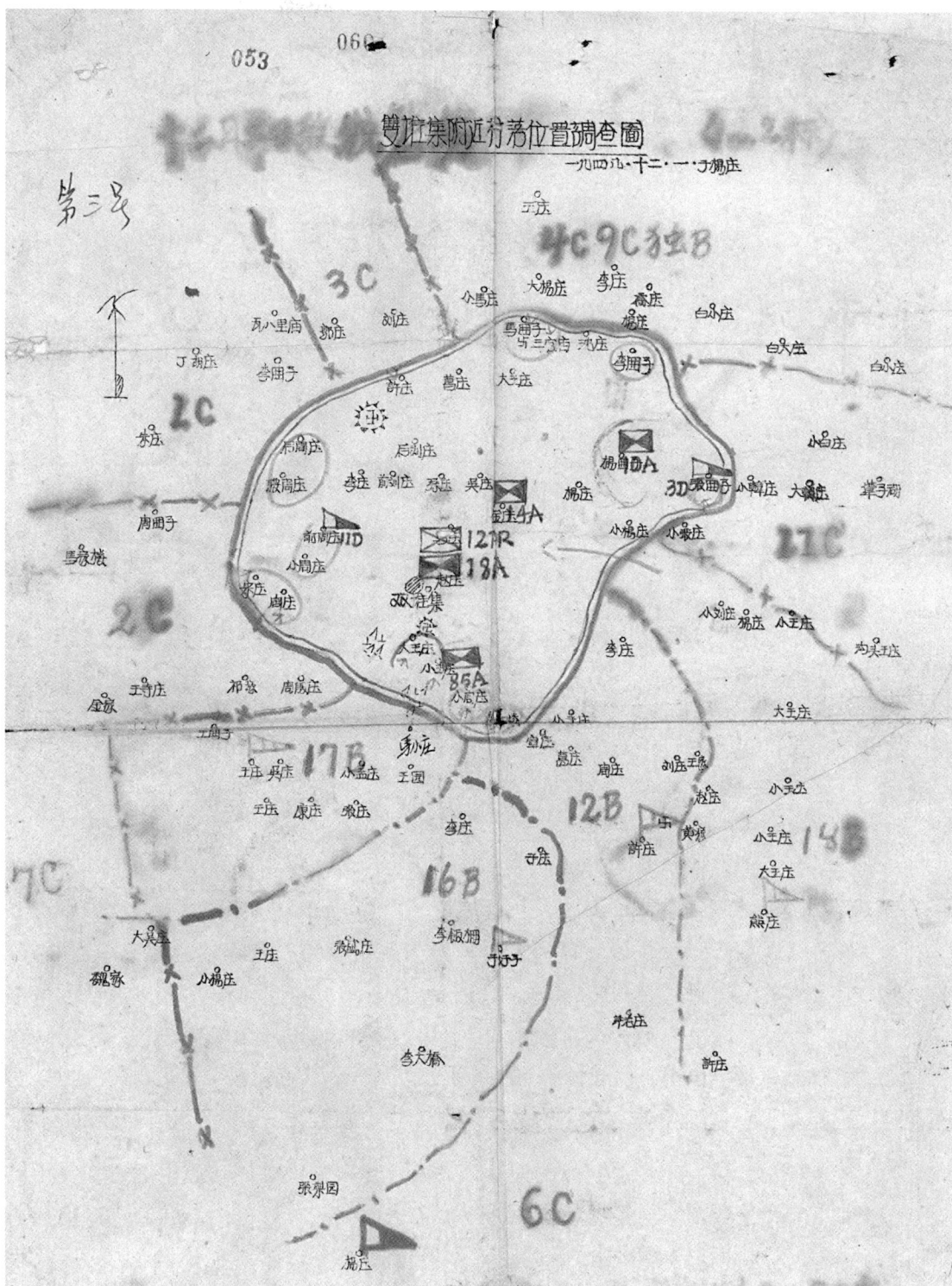

▲ 中野六纵某部于 1948 年 12 月 1 日在杨庄绘制的双堆集附近村落位置调查图

▶ 中野六纵队十八旅五十二团一营，
在李土楼战斗中光荣完成突击任
务，荣获旅立功委员会授予的"发
扬勇猛顽强战斗作风"奖旗

华野七纵参加围歼黄维兵团

本纵于 23 日由大许家南下，于 26 日进至双堆集以东之蕲县集地区集结，为攻歼黄维兵团之预备队。12 月 3 日奉令进入大小王庄以南攻击阵地，参加总攻黄维兵团作战，归中野六纵王司令、杜政委指挥。

本纵进入阵地后，即进行攻击阵地作业。十九师向小周庄、小王庄作业，二十师向大王庄、尖谷堆作业。6 日拂晓已完成攻击作业准备，小周庄之突击阵地逼近敌之工事仅八九十米远。小周庄之敌感到严重威胁，分两路向十九师阵地反击，我以短促火力将敌击退，杀敌百余。大王庄之敌亦向二十师阵地反击，敌一个连突入我阵地以内，我以短促的阵地内反击将突入我阵地之敌一个连歼灭，俘敌 50 余，将敌反击打垮，当晚开始全线总攻，与十九师相含接之六纵攻击李土楼。我首先以十九师攻击小周庄，以配合友邻取得动作上的协同，经 1 小时战斗，全歼守敌二十三师六十九团团部及 5 个步兵连，俘敌千余。我继续全力加强交通壕攻击阵地的作业，每一突击团均构成 2 至 3 条突击沟，直接威逼敌之阵地前沿，在此过程，敌经常以战车掩护步兵向我反击，以破坏我攻击准备，或用猛烈炮火摧毁，特别是战车给我地堡及交通壕损毁颇大。我前沿部队连日反复与敌纠缠争夺，我之攻击准备遭受一定影响。8 日晚，十九师续攻小王庄，攻击未奏效。9 日晚二十师对大王庄，十九师并指挥六十一团对小王庄同时发起攻击，小王庄之敌于我开始炮击向我攻击部队接洽投降，但仍未停止抵抗。炮击后我仍按原定计划，对大小王庄同时发起攻击。二十师于 19 时全部攻占大王庄，全歼守敌十八军三十三团（缺一个营）。十九师攻小王庄，突破前沿后向纵深发展受挫，拂晓前停止攻击，控制前沿堡群与敌对峙。二十师攻占大王庄后敌以强大炮火猛烈袭击，40 分钟内大王庄内落弹数千发，并以一个营反击大王庄遭我击退，影响了我继续攻击尖谷堆之攻击准备，乃停止攻击尖谷堆。

小王庄攻击受挫，尖谷堆当晚未进行攻击。我楔入大王庄，对敌兵团部造成直接威胁。且小王庄、尖谷堆未克，大王庄甚突出，估计敌次日必有严重反击。当晚六纵调四十六团为本纵打敌反击的预备队，拂晓前进至大王庄以南阵地，统归二十师指挥，守备大王庄阵地二十师除五十九团担任外，主力撤至大王庄以南，准备迎击敌之反击。10 日拂晓，敌两个团，附战车 7 辆，猛扑大王庄，大王庄阵地数次被敌突破。均为庄内守备部队以短促反击将敌逐出阵地前沿，恢复了阵地。8 时 20 分，二十师令四十六团两个营进入大王庄，加强大王庄阵地守备，该团尚未进入大王庄，敌增援后再次猛扑大王庄。9 时 40 分，阵地被敌突破，五十九团擅自撤退，通大王庄交通沟为撤退部队所堵塞，增援不及。10 时 20 分，组织六〇团一营，四十六团两个营及五十九团撤下部队由南向北，五十八团指挥四十六团一个营由西向东反击大王庄，经激烈肉搏，南面反击部队恢复大王庄南面阵地；由西向东反击部队亦逼近村沿，至 11 时 40 分我控制大王庄西南半部与敌形成对峙。下午 3 时敌经过组织整理，在战车掩护下再次猛扑，我庄内部队被敌截断，一部退至村沿，再次与敌形成对峙。黄昏我组织村沿部队向庄内反击，敌被迫撤退，乃全部恢复大王庄阵地。

小王庄守敌二十三师，在我两次攻击中，遭我炮火杀伤甚重，守敌鉴于其友邻反击大王庄未逞，并遭致重大伤亡。在我强大军事压力下，10 日下午乃派员向我接洽投降，谈判结果，于下午 8 时全部放下武器，向十九师投降。

大小王庄占领后，调二十一师接替该线十九师、二十师阵地，并向尖谷堆进行攻击阵地作业。13 日该师配属榴炮 8 门，向尖谷堆发起攻击，经 40 分钟战斗全歼守敌三十三团一营残部及一个工兵连，我控制尖谷堆制高点，次日敌以 5 个连配合战车反击尖谷堆，遭我击退，我乃巩固了尖谷堆阵地。

占领尖谷堆后，奉令准备会攻双堆集敌兵团部。二十师由大王庄向双堆集，二十一师由尖谷堆向赵庄进行作业，15 日已完成攻击准备，16 日拂晓部队进入阵地，敌在我各路逐点强攻下，阵地日益缩小。大小王庄、尖谷堆被我攻占后，敌之兵团部直接暴露于我打击下，敌乃动摇。16 日晚向西北突围，为友邻部队全部截歼。胜利结束淮海战役第二阶段对黄维兵团之围歼。

摘自《中国人民解放军第二十五军解放战争战史》，1952 年，第 158—160 页

陕南十二旅参加总攻黄维兵团

第三阶段（从 12 月 6 日至 12 月 15 日）是全面攻击的阶段，在这一阶段中，本旅参加南集团作战（中野六纵与华野七纵、三纵为南集团，先由六纵王近山司令员指挥，后由华野陈士榘参谋长统一指挥）担负南线攻击。6 日我以三十四团协同六纵十八旅之五十二团攻击李土楼，当时部署是三十四团由李土楼西南突破，下午 5 时开始攻击，经 3 小时激战，全歼敌八十五军二十三师六十九团两个营，俘敌 200 余人。此后部队即全力构筑交通沟，动员与组织了前线部队与后方机关人员一齐动手，前后挖了全长约万余公尺的交通沟，及若干支沟。交通沟对敌威胁颇大，敌经常以坦克配合步兵来破坏，用炮火来猛烈摧毁，我三十五团及五十一团在构筑与坚守小周庄交通沟阵地时，遭敌炮火杀伤损失很大，8 日下午旅奉令攻击小周庄以北敌野外阵地，因 7 日夜与 8 日上午构筑与坚守小周庄阵地的三十五团遭敌步兵与坦克的联合突击大量伤亡，加上火器均未进入阵地，致影响攻击不能按时进行，后报告六纵司令员，着部队返至葛庄、宣庄休息，小周庄阵地当日下午交由十六旅接替。12 日下午四纵攻击杨围子，旅以 20（门）迫击炮前去配合作战。14 日，六纵十七旅四十九团及华野三纵二十三团攻击双堆集东北之野战集团工事，旅又以全部山、迫炮前去参加，战斗发起后，经炮火猛轰，两个部队同时攻击，全歼敌十军五十四团，这样敌兵团部左侧全部暴露，华野七纵与六纵十七旅即乘势占领双堆集南之尖谷堆制高点，直向双堆集东北之大小马庄逼近。15 日我闻敌突围逃跑，又见六纵部队急速向双堆集前进，遂令各团直扑双堆集，我因距敌较远，仅缴获大量弹药车辆等物资，至此敌十二兵团残部即为我各路大军最后歼灭。

此战役共俘敌 340 余人，打死打伤 2300 余人，缴获各种弹药物资甚多，我负伤阵亡 1500 人。

摘自中国人民解放军步兵五十五师《淮海战役经过》

▲ 五十五师党委会奖给在淮海战役中立功的一六四团二连"士气高万丈　机智又顽强"的奖旗

▲ 陕南十二旅在淮海战役期间，相信群众，依靠群众，和当地人民群众搞好军民关系，这是当地人民赠给十二旅战士的"为民除暴"奖旗

中野六纵第四十六团大王庄争夺战斗

大王庄位于双堆集南 1 公里，是黄维兵团防御核心的外围重要据点，守敌为十八军三十三团，参加过第二次世界大战，全部美械装备，号称"老虎团"。

12 月 9 日晚，我华野七纵六〇团和五十八团一部攻占了大王庄，威胁到敌防御核心安全。两小时后，敌十八军首以一个营向我反扑，接着又在坦克的掩护下，以一个团的兵力分三路向我疯狂反扑。我华野六〇团一营英勇抗击，与敌反复争夺，但终因伤亡过大，阵地大部被敌占领。

10 日 7 时许，四十六团奉命增援，夺回大王庄。该团受领任务后，根据当面地形开阔，又遭敌炮兵、坦克火力严密封锁等情况决定：一、三营经小马庄由南增援夺回大王庄，二营为预备队，在周殷庄原阵地监视敌人，保证团翼侧安全，随时准备投入战斗。

战斗经过

10 日 8 时许，当我四十六团一营进至大王庄南侧水塘附近时，敌已全部占领大王庄，六〇团一营已退守外围。四十六团一营当机立断，组织火力掩护，以三连顺水沟，二连在其右，向敌反击，在六〇团一营配合下，一举夺占村西南角。由于敌兵力数倍于我，我无力发展。四十六团即令三营从一营右翼水塘处、五十九团一营（归四十六团指挥）从一营左翼加入战斗，向敌发起勇猛反击，一举夺占了村子南部阵地。接着，我与敌展开逐屋反复争夺，直至 10 时左右。当时，我 3 个营的首长在与团联系中断情况下，主动协同，再次向敌反击。正当我反击开始之际，敌也在飞机、坦克支援下向我发起了反扑，于是展开了激烈的争夺战。在此期间，我不断组织小分队出击，并打退敌十余次反扑，部队伤亡增大，有的班甚至全部壮烈牺牲。激战至 15 时许，与敌形成犬牙交错的对峙。团即令各营加紧修改工事，迅速调整组织，补充弹药，继续动员，准备再战。

16 时许，敌以两个营的兵力，在其优势炮火、飞机掩护下，以坦克为先导，分三路连续向我阵地疯狂反扑。敌坦克进至我侧后，一、三营被敌分割，情况十分危急。该团党委紧急号召部队："要发扬我军英勇顽强的战斗作风，要攻如锥、守如钉，与大王庄阵地共存亡！"全体干战以"人在阵地在"的坚强决心回答了党委的号召。

该团在被敌坦克、步兵分割的情况下，不为强敌所吓倒，用炸药包和集束手榴弹与敌展开了顽强搏斗。与敌步兵逐屋逐沟争夺，以大无畏的革命精神，抗击数倍于我的敌人反扑。工事被毁就用敌死尸堆垒；弹药打光了，就用刺刀和圆锹与敌血战；机枪打坏了，射手拿起步枪和手榴弹跟步兵一起冲锋；干部伤亡倒下，战士自动代理；建制打乱了，战士们自动组织起来；连队失去指挥联络，就主动集中合并，接受其他连队指挥。极大地发扬了我军"一不怕苦，二不怕死"的无产阶级革命精神。一连二排 25 名新战士，在副排长张大兴同志率领下，与敌人血战到只剩下两个人，连续打退敌人十余次反扑。副排长多次负重伤，仍坚持指挥，坚守阵地到天黑。卫生员王永生同志，在全连干部和骨干倒下以后，他挺身而出，组织阵地上仅剩的八、九名战士，向敌展开反击，将突入阵地之敌大部歼灭。两个野战军的两个三连，都只剩十余人，就自动结合起来，进行战斗。五十九团三连机枪班只有一个战士了，而我三连的机枪班机枪被打坏了，他们就主动组成一个班坚持战斗，守住了阵地。

20 时，团将二营投入战斗，在一、三营和华野七纵五十九团一营、六〇团一营地配合下，向敌展开全面反击，一举攻占了大王庄，歼灭了大量敌人，残敌逃至双堆集。

大王庄一战，震惊了小王庄敌二十三师，该敌当晚主动派人谈判向我投降，小王庄即不战而克。

11 日 2 时，该团将大王庄阵地移交给华野七纵六〇团，撤出了阵地。

摘自中国人民解放军陆军第十二军司令部《战例选编》，1978 年，第 156—158 页

战术研究

华野七纵攻歼黄维兵团作战经验教训初步总结

（甲）双堆集地区，原为湖沼地带，干涸成平原。地形开阔，村落小，房屋低矮、草顶、不坚固，村庄东西长南北窄，南面多水沟，双堆集东南一里为尖谷堆，高约 15 米，直径 50 米，西北为平谷堆。

（乙）敌守备特点

（一）敌以一个兵团 12 万之众退缩予纵横 10 里左右之地区，兵力集结，以村为据点，每一村落之守备，一般均使用两个营以上之兵力，并于村落与村落之间距离较远之开阔地构筑集团子母堡据点，在整个地区成为一个完整的面的纵深防御体系，据点与据点之间空隙甚少，一般机枪火力均能互相联系。

（二）敌村落工事构筑特点，以村落为依托，于四周构筑有纵深的子母堡阵地，村落前沿 100 至 150 米为第一线阵地，四角以集团子母堡为其第一线之支撑点，支撑点之间有联络堡，并与纵深沟通交通沟，在第一线前沿伸出独立子母堡为警戒阵地，以村落（包括村沿）为其纵深主要阵地，实际上形成一个面的防御。由于材料缺乏，鹿砦稀薄，地堡不甚坚固，敌之兵力全部有工事及避弹区。

（三）敌除守备已有阵地外，以一部机动兵力向四周不断作有重点的反击，以坦克掩护步兵破坏我进攻作业。如判断我可能向某一点攻击，则于黄昏前三四小时以攻势破坏我之攻击部署，夜间如发现我作业，则以炮火杀伤我作业部队，阻碍我作业，后期并派出小部队向我作业区袭扰。

（四）敌之要点如为我攻占，则集中雄厚主力向我拼死反击，并以预先组织之炮火当夜进行毁灭性之火力袭击，如我攻克大王庄 2 小时后，敌以集中之重炮轰击 50 分钟，发弹千余发，拂晓集中十八军 3 个团开始向我大王庄反击，反复争夺至黄昏以后。攻克尖谷堆敌亦向我作数次有力反击。

（丙）经验教训初步体会

（一）对平原开阔地已完成有纵深集团子母堡阵地驻守村落之敌攻击，我所采取之攻击部署及战术手段。

一、由于敌整个防御地区形成面的防御，兵力集结，一般不易楔入而须采取逐点攻击，并须一定攻击准备时间，因此我在整个指导上必须有计划的划分地区，使用部队，纵队及师亦应根据总的意图拟定攻击步骤及使用部队，使部队预知任务，在思想上、组织上有准备，在攻击一点即可进行对第二点攻击之准备，这样既可缩短攻击准备时间，并可减少我之伤亡。

二、在战斗动作上采取单兵爆破小组突击，爆破与突击必须连续结合，在战术手段上则采取有重点的多路并肩突击，在攻击部署上，攻击方向选择东南或西北（包含一至二个角），成为面的攻击部署，并以一部兵力插入敌之侧后，切断敌之退路和对付敌之可能增援，如因地形限制不易楔入，亦应以火力切断敌与另一据点之联系。

三、对敌附防御不强，地形开阔有二线纵深子母堡阵地之敌攻击，在攻击步骤上对敌第一线与纵深采取同时攻击为有利，但对敌第一线堡群必须以足够兵力确实负责解决，以主力同时直插敌之纵深，将敌分割而后从敌之侧后逐个歼灭。其优点：于攻击前我可同时作一次部署兵力、火力，准备充分，动作突然，出敌意外，解决战斗迅速，易于奏效。十九师攻小周庄，二十师攻大王庄，二十一师攻尖谷堆均采取上述手段于一二小时内解决战斗。攻击小王庄、小马庄未奏效，虽有因敌投降拖延时间精神松懈等原因，但主要仍由于在部署上从前沿推向纵深，干部在战术思想上对同时突入纵深顾虑，如第一线不能奏效，突入纵深部队被封锁，因此在部署上形成平推，在突破第一线后拂晓前因立脚困难而被迫撤退，由于村落小，我同时使用多路兵力，为避免突入纵深所引起之混乱，在部署上必须明确区分任务与攻击方向，一般攻击第一线部队于突破后主要向两侧村沿发展，投入纵深部队担任分割歼灭纵深之敌。

四、攻占一点（村落）特别是敌之要害，为防敌炮火袭击，部队不要停留村落内部，应对靠敌方向疏散占领工事地堡，既避免伤亡并控制阵地，我于攻克大王庄后敌以重炮轰击 50 分钟，发弹千余发，而予我之杀伤并不大。

五、对于已完成纵深配备，驻守平原开阔地之敌攻击，必须准备成熟尔后发起攻击。我之攻击阵地愈迫近敌阵地对我攻击愈为有利，其迫近程度以我向纵深突击部队冲锋能一气突入纵深为原则，攻击大王庄我之攻击阵地迫近敌工事仅六七十米。攻击尖谷堆我之攻击阵地迫近敌工事仅三四十米，向纵深攻击之交通沟并已超过敌第一线地堡群。攻击阵地作业每一突击方向除有一二条交通壕干线外，在进至距敌阵地二三百米距离时，每隔百米左右应向两侧分叉，互相沟通，多分支沟，构筑火力阵地成为面的、有纵深的阵地推进，以对付敌白天之可能反击，我交通壕在迫近一定距离如不即行发起攻击，亦不必过于迫近，形成对峙增多伤亡，以攻击前一晚时间能迫近敌阵地为原则。在作业过程中必有伤亡，在干部战术思想上必须克服害怕作业伤亡而不愿作业，但实际上必增大攻击之伤亡，甚至攻击不易奏效。

（二）巩固阵地与打敌反击

对已形成整个纵深防御体系之敌攻击，我突破一点必须巩固一点，特别在突破敌整个防御体系之要害，敌必拼死反扑，因此在攻占一点后必须迅速准备守备，打敌反击。

一、占领一点迅速修改工事，组织火力准备守备，攻击部队担任攻击任务向纵深发展，而以准备守备之部队担任工事改造，为求得迅速争取时间改造工事，熟悉守备阵地，应不待战斗结束，突破一点，守备部队即占领一点，守备部队能使用多少兵力即上去多少兵力，攻击部队逐次发展，守备部队逐次占领。

二、敌之反击一般以阵地为依托，炮空掩护下以坦克为前导掩护步兵向我反击，我守备部队应以主要力量对付敌之步兵，以我短促突然之火力予敌步兵以严重杀伤，选择敌发起冲锋或突破我前沿阵地之时机进行短促反击，以打退敌之反击巩固阵地为基本目的，不要脱离阵地过远，否则会遭致敌火力之杀伤而增加我之伤亡，五十八团周殷庄反击一个连伤亡过半，由于脱离阵地过远，而遭敌阵地火力杀伤。纵深炮火必须作有力之支援，在攻占敌之要点预计敌必有强大之反击，友邻之间炮火必须协同支援该点之守备。

三、在平原地坦克可发挥其相当威力，我对付敌之坦克除组织火箭筒、战防炮、小包炸药等战防火器外，在我阵地构筑上，交通壕应构成电光形多分支沟，多构单人散兵壕，使我步兵在交通壕内与敌坦克得以回旋纠缠，交通沟不致完全暴露于敌坦克火力之下，如敌以坦克掩护步兵向我攻击，必要时放过坦克，我步兵集中火力对付敌之步兵。

（三）火力组织与步炮协同

我攻击时之火力组织除以一部平射炮担任抵近射击，一部重炮及曲射炮担任压制射击外，主要火力第一步应有重点的集中摧毁敌之前沿阵地，及前沿与纵深之间地带（炮送炸药集中使用予敌精神震动之威力甚大），步兵发起冲锋，炮火立即逐步向纵深延伸，炮火准备时间不必过久，主要求得集中、短促、突然，一般以20分钟左右为适宜。步兵应在炮火开始射击即行爆破，炮火未停趁炮火之烟雾发起冲锋最为有利。小周庄、大王庄、尖谷堆战斗之经验，此时敌均注意于防炮，甚至突入纵深尚有敌在避弹壕内防炮。为达到步炮间便于贯彻协同，攻击时机选择于黄昏前半小时较为适当，守备时纵深炮火应预先测量距离，待敌进至我预定地段，以突然之集中火力袭击，予守备部队以有力之支援，敌向我尖谷堆反击，5个连兵力均为我纵深炮火所歼灭，生还者仅一二十人。

以上总结是根据战斗过程中收集之材料及各师负责干部之汇报，经初步研究整理而成，以供各部总结战斗之参考，并希各部将战斗检讨总结报告本部为要。

摘自华野七纵参谋处《攻歼黄维兵团作战经验教训总结》，1948 年 12 月 17 日

▲ 为确保歼灭黄维兵团的胜利，华野一部赶赴双堆集战场，某纵司政机关全体人员在"后方多流汗，前方少流血"的口号下，投入构筑工事热潮

▲ 华野七纵二十师首长在双堆集围歼战指挥所处合影

战地报道

华野七纵打响了参加围歼黄匪的第一炮！熊萧师[①] 攻克小周庄全歼守敌
中原大军攻占李围子、小杨庄、秦土楼等地

【本报讯】我熊萧师之吴储团、雷黄团昨晚攻克双堆集东南之小周庄，全歼守敌，打响了我纵参加围歼匪黄维兵团的第一炮。6 日下午 4 时半该部在猛烈炮火掩护下，仅 10 余分钟即突进小周庄，至晚 11 时即解决战斗。匪八五军二三师六九团 5 个连及二一六师六四七团团直全被歼灭。据 7 日上午初步统计，我俘敌

———————

① 编者注："熊萧师"为华野七纵十九师。

六四七团作战办主任贺鹏以下 280 余人，缴获迫击炮 8 门、重机枪 6 挺、轻机枪 13 挺、冲锋枪 9 支、六〇炮 1 门。

【又讯】中原大军一部 6 日晚攻占双堆集东南之秦土楼歼敌八五军二三师 5 个连。另一部攻占双堆集东北之李围子歼敌十四军千余人。小杨庄歼敌十四军一个营，正北之马围子攻占一部，正西之小宋庄亦为我兄弟纵队占领。

摘自华野七纵《武装》（战地版）1948 年 12 月 8 日

▲ 华野七纵十九师五十六团六连三排在围歼黄维兵团的小周庄战斗中，承担主攻任务，全排指战员英勇顽强，灵活机动，勇猛神速突破敌前沿阵地，为后续部队打开了通路，获得师党委的表彰并授予"英勇神速"锦旗

▲ 1948 年 12 月 6 日在小周庄战斗中牺牲的华野七纵五十五团政治处主任周敦，时年 31 岁

攻克小周庄歼敌八十五军 700 余人

【7 日晚消息】我熊萧师 6 日晚全歼小周庄之敌，共俘敌八十五军二三师六四七团副团长何企以下 502 人（昨日误为 280 余人，特此补正）。毙伤 200 余共歼 700 多人。

【又息】7 日晚，兄弟部队于双堆集东北攻克张围子，该集西之周围子敌人已逃走。

摘自华野七纵《武装》（战地版）1948 年 12 月 8 日

攻克小周庄补充战果

【本报讯】6 日晚熊萧师攻克小周庄战果补充如下（俘虏与毙伤敌军数字

本报已在 8 日晚补正）：缴迫击炮 8 门、六〇炮 6 门、重机枪 6 挺、轻机枪
17 挺、冲锋机 21 支、卡宾枪 1 支、步马枪 148 支、手枪 1 支、战马 9 匹、
电话机 3 部。

摘自华野七纵《武装》（战地版）1948 年 12 月 9 日

72 发，炮炮命中

时针正指着 16 点，攻击双堆集外围据点小周庄的时候到了。三连炮手们早就
测准距离，装好炮弹，挽定拉火索，紧张地等待射击命令，准备把这几堆炮弹，
一个个送给那些不知死活而负隅顽抗的匪徒们。

"西南角前沿，每炮 6 发！"沈连长发布了简短命令。连续 18 发炮弹，雨点
一样在联络堡里开了花，懦怯的敌人，被罩在烟雾中，乱窜的乱窜，哭叫的哭叫；
一部分匪徒，头钻地堡里内，腿伸地堡外，崩塌的工事，横压在他的腰上，一动
也不动。

"打得好！炮兵同志们，再毁他西北角的堡群。"步兵首长给予了第二次任务。

他们又发射了 21 发炮弹，不偏不倚的命中了目标。这西北角敌人，遭受了西
南角同样命运。前沿肃清了，但是西北上小王庄与小马庄之间，敌人的 7 门山野炮，
正向这里侧射，封锁了步兵的冲锋道路。

"坚决消灭它！"勇士们的动作，真够迅速，5 秒钟调转炮口，对准敌炮阵地
轰击了，在响的连续爆炸下面，敌炮兵有的为蒋贼卖了命，4 个炮手受了重伤，7
门山野炮，从此就哑口一声不响。

步兵们乘着烟雾，旋风似的冲入小周庄，这时，12 发炮弹，炮炮又都打在敌
人的纵深。

一批一批的俘虏，向我们阵地走来，小周庄像死一样的沉寂，勇士们笑了。

电话里传来步兵首长的鼓励："你们 72 发，炮炮命中，我们指在哪里，你们就
打在哪里。"

（石年）

摘自华野七纵《武装》（战地版）1948 年 12 月 13 日

▲ 华野七纵十九师五十六团炮兵连在配合该团二营攻打小周庄的战斗中，表现了积极主动、英勇顽强的战斗作风。战后师司令部、政治部授予他们"威震敌胆"奖旗一面

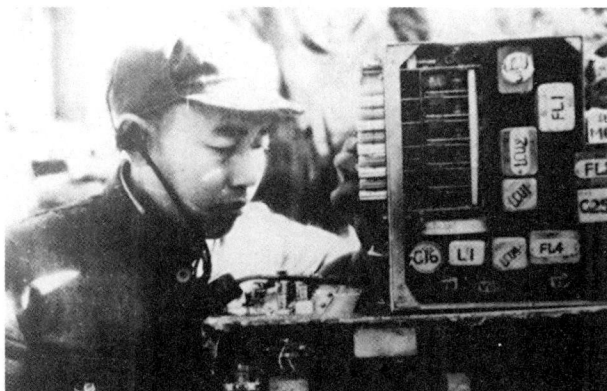

▲ 中野六纵报务员在紧张工作

▲ 突击队沿交通壕向国民党军核心阵地攻击

▲ 中野六纵某部突击队

▲ 解放军某部指挥员亲临一线为突击队员鼓劲

◀ 中野六纵四十七团三营机枪连将国民党军空投的大批枪支弹药加以整理准备战斗

华野七纵张邓师^①攻克大王庄歼敌三三团两个营
匪妄称之"英雄团"已被歼灭殆尽

【本报10日晨9时消息】我张邓师昨晚攻克双堆集正南之重要村落据点大王庄，歼灭匪军主力十八军十一师（现归一一八师指挥）之三三团二、三两个营及团直。9日黄昏5时许，我张邓师肖李团^②、谢谢团^③对大王庄发起攻击，10分钟内两支强大箭头即分由西北、西南突进，当即会师于村内，至7时15分将大王庄全部占领，8时许又将村之东南子母堡群最后肃清。妄称"英雄团"之敌十八军主力三三团二、三两营，当被我全歼（按：该团一营三连已被肖李团在周尹庄、王土庄之反击中将其歼灭，一连已大部被歼，至此，该团事实上已被歼殆尽），我俘敌三营营长以下在千人左右。缴战防炮2门、火焰喷射器2具、其他正在清查中。我占大王庄后，已使敌十二兵团部所在地之双堆集遭到严重威胁，故敌自昨夜迄今晨止已数次向我阵地反扑，均被我张邓师击退，并配合兄弟部队予敌反击。

【又讯】西路我兄弟纵队在前日攻克中周家以后，已于昨日下午收复后周家等地，守敌逃窜。正向双堆集以西附近逼近中。

【又讯】我熊萧师及谢何师^④一部，昨晚在小王庄、小陈庄一线攻击中，曾一度突破敌阵地，并在村外之地堡中缴重机枪一挺，轻机两挺。

摘自华野七纵《武装》（战地版）1948年12月11日

张邓师与兄弟团队坚守大王庄 反复争夺击溃敌主力3个团
谢谢团一营和警卫连坚持庄内顽强不屈

【本报10日晚急讯】我张邓师配合兄弟团队整日坚守大王庄，反复争夺十余次，击溃敌主力十八军3个团的猛烈反击，恢复了原有阵地。9日晚我张邓师攻克双堆集正南重要村落据点大王庄，歼敌三三团两个营后，逼近黄维兵团部所在地，使其遭受严重威胁，敌为拖延其垂死命运，于10日拂晓，集结主力十八军3个团在猛烈炮火、飞机与坦克八九辆掩护下，由尖谷堆、赵庄等地分三路向我阵地进犯，

---

① 编者注："张邓师"为华野七纵二十师。
② 编者注："肖李团"为华野七纵二十师五十八团。
③ 编者注："谢谢团"为华野七纵二十师六十团。
④ 编者注："谢何师"为华野七纵二十一师。

午前敌虽作多次反扑，均经该师各部先后击溃。午后敌组织残部全力来犯，我在兄弟团队有力协助下，仍坚守该村西北阵地。敌人不惜付出巨大伤亡代价，再度向我猛扑，我大部转至庄外坚持，但谢谢团一营和警卫连仍坚守于庄内地堡群中，坦克的轰击，也动摇不了他们的坚强意志，子弹打完了，他们用枪托、洋锹拼打敌人，始终顽强不屈，一直坚持到黄昏后张邓师再度出击时，将敌全部击溃后，才胜利汇合。至晚9时，我全部恢复大王庄阵地。

摘自华野七纵《武装》（战地版）1948年12月11日

▲ 坚守阵地密切协同，与反扑之国民党军激烈鏖战

▲ 华野七纵二十师炮连被授予"大王庄战斗有功之连"

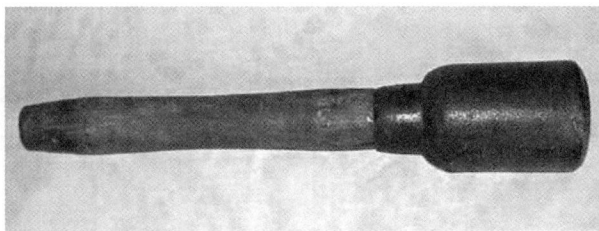

▲ 大王庄争夺战中解放军反击国民党军坦克用的手榴弹

◀ 率领部队突破黄维兵团重要据点大王庄西南前沿阵地的华野七纵五十八团四连连长张沾安

中野六纵六〇一、三营连续击退十八军的9次反扑最后夺回了大王庄村

9日夜晚，我友邻兵团攻占蒋匪十二兵团的重要阵地大王庄，并全部歼灭蒋匪

主力十八军的所谓"英雄"团之后，10日早晨起，蒋匪主力十八军即在八九辆坦克和大炮掩护下，蜂拥攻击大王庄阵地，友邻兵团在顽强抵抗后，撤至村南前沿阵地坚守。在这万分紧急情况下，我六〇部队在"支援友邻夺回大王庄"的口号下，跑步增援上去，一营三连的突击队迅速穿过大王庄村沿的开阔地，首先攻占了村东南的一座房子和敌人的地堡工事。二连一、三排所组成的两个钢铁矛头，顺着交叉构成的交通沟直插大王庄的心脏，占领了村中心被完全打毁了的几座破屋断墙，隔墙与敌人冲杀激战，虽然他们的两边有敌人的八九辆坦克，分别组成了钢铁堡垒群，进行着疯狂的交叉扫射，连续轰响的枪炮声震耳欲聋，浓密的烟尘覆盖全村，在这极困难的条件下，勇士们却毫无动摇，顽强的与敌人冲杀在犬牙交错的战壕里。当成百的十八军的匪徒蜂拥反扑来时，排子手榴弹打过去，就只能看见活着的匪徒们像夹尾巴狗样飞跑回窜。第三次坦克和步兵联合反扑来了，排长吴更堂同志高喊打坦克的声音刚落，步兵已冲来了，随着三排副宁二如"打步兵"的号令，绑着炸药的大炸弹摔过去，狗头和钢盔一齐飞上天空，九班长汪云清同志跳出英姿，挥起刺刀就结束了两条狗命，像蝗虫样的匪群又被打跑了。一班长王凤鸣和他仅剩的一个战友坚守一座破房里，手榴弹打光了，拾着敌人丢下的手榴弹打，敌人投过来的手榴弹赶紧再还给敌人，始终毫无动摇。一连机枪射手魏温合同志不顾一切的向敌人的反扑队形猛烈扫射，第一次被敌人炮火打翻，爬起来换回地方再打，一直三番三起，保持他的机枪向敌人连续扫射。三营九连和十连的突击部队紧跟上来，勇猛的攻进村内，占领了敌人的破房和壕沟工事后，一直坚持和敌人猛烈的连续冲杀，子弹、炸弹打光了，就上起刺刀准备和敌人拼。就这样，钢铁意志的勇士们，并肩的击退了敌人连续的9次反扑。九连的一排和二连一班始终坚持村中心阵地到最后毫无动摇，虽然敌人用刺刀、机枪和坦克赶着他的士兵像蜂一样滚成蛋的冲锋，得到的也只是死尸遍野，头破血流，在天黑以后被迫撤出村子。我六〇部队与并肩作战的兄弟兵团遂全部夺回大王庄。由于大王庄的攻占，和反复争夺的最后胜利，使害怕其必然被歼的八十五军二十三师由师长率领当晚在小王庄缴械投降。至此，蒋匪十二兵团的最后阵地——双堆集已完全暴露在我军阵前。

摘自中野六纵《战防》第 326 期 1948 年 12 月 12 日

中野六纵坚守如山的张顺乾排的勇士们

六〇九连接受了"增援友邻反击反扑大王庄蒋匪"的任务后，从村南迅速的接近村庄，勇敢的楔入敌后，用排子手榴弹打着、掩护着，在爆炸的时间，迅速的向前发展，占领敌人村内的交叉构成的战壕工事后，接到"停止发展坚守阵地"的命令，于是张顺乾排的战士们，就坚守在最前沿的阵地上，以惊人的顽强，击退在飞机坦克和大炮掩护下的蒋军主力十八军的连续的集团冲锋，而他们的阵地却始终稳如泰山。右前方的坦克喳喳喳轰轰轰的冲过来了，在离我30米的地方，勇敢沉着的战士敬给它一排子手榴弹，坦克后退几米，轰隆轰隆的转了个大圈子，插到我阵地后边疯狂的轰击一阵，又转回原地停在那里不敢前进。敌人的手榴弹从屋后扔过来，在我阵前爆炸，有的扔在我工事里冒着烟，机智地人民战士迅速的拾起来又还给敌人。烟尘弥漫了天，炮弹的爆炸声震聋了每个同志的耳鼓。战壕里指导员传着响亮的口号："坚守如山立特功"，聚精会神观察敌人的一排长张顺乾同志从口袋里拿出纸烟来："同志们都吸！"每个同志的干嘴片上吸着烟卷，看着排长头部负伤后的鲜血痕迹，听着他的顽强的召唤："咱们都是好同志，咱们要节约手榴弹，看不着敌人不扔，敌人要出来就和他拼刺刀，咱们死在这里，死在一块，活在这里就坚守阵地如山！"同志们振作精神，拿出亮晶晶的刺刀上在自己的枪上。"刘玉、单才贵、孙万田、高文平四同志监视左前方的敌人，宁水照、吕应聚二同志监视右前方的敌人，张永进、冯子先、王守贵三同志监视正前方。"一排长传达了他的布置命令。敌人在进行连续的反扑，排子手榴弹打得敌人缩回头去，单才贵、张永旺、王守贵等同志每人都打了三四十个手榴弹，自己的扔完了，再拾敌人丢下的打。刘玉的机枪发生了故障，急的满头流汗，擦后站起身来射击，一时又不响了，他挺起身来摔手榴弹，不幸一颗子弹打中了他的上身，牺牲在他的岗位上了。灵活的张永旺同志提出打排子枪，将所有的9支步枪集中起来喊"一二"一齐发射，打退了敌人的反扑。太阳已快西下了，敌人的炮弹向我射击，坦克仍在我周围喳喳喳轰轰轰的转圈。一天内十八军的匪徒反扑数十次，寸地也没有夺走，只有留在阵地前一堆堆的尸具。二营接防上来时，都在留恋着自己的工事，不愿撤出自己浴血作战的岗位，要求参加驱逐敌人的冲锋。

（故诗）

摘自中野六纵《战防》第 328 期 1948 年 12 月 15 日

▲ 华野七纵二十师五十八团四连在歼灭黄维兵团十八军"英雄团"的大王庄战斗中，仅 10 分钟首先突入大王庄国民党军前沿阵地，30 分钟打下两个地堡群，荣获师授予"模范连"光荣称号

▲ 华野七纵六十团一连二排被授予"大王庄战斗英雄排"称号

▲ 中野六纵五十团（战后改编为第十二军一〇四团）淮海战役英模合影

▲ 在围歼黄维兵团的大王庄战斗中，华野七纵二十师五十九团二连荣获师司令部政治部授予的"大王庄战斗模范连"称号

◀ 华野七纵二十师六十团五连五班在围歼黄维兵团的大王庄攻坚战中，以压倒一切敌人的英雄气概，为战斗的胜利起了重大作用，荣获该团党委授予的"大王庄突击模范班"称号

直至最后一人也要将敌人赶出大王庄！

距黄维兵团部正面 400 米远的大王庄，9 日夜被我攻克后，黄匪因感到首脑部受我严重威胁，乃以十八军（整十一师）三个团，配合十几辆坦克和飞机，竟日反扑十余次，企图夺回阵地，掩护兵团部正面的安全，但在我人民英雄坚守之下，敌人虽然伤亡了 3000 多人，占领村之一隅，但当晚就被我全部驱逐，这次的攻占和坚守，对全歼黄维兵团有决定性作用。我邢舒团[①]、谢谢团配合中原 × 部，坚守该庄的英勇顽强与高度的自我牺牲精神，曾获纵队首长嘉奖，其中谢谢团一连二排顽强守备，荣获该团"大王庄英雄排"的光荣称号。

10 日上午 7 时，谢谢团一营及警卫连健儿奉命协同兄弟部队反击："直至最后一人也要将敌人赶出大王庄，保住阵地。"该营一连从南面反击，这时，敌人已钻进了庄子，两辆坦克从东面上来，指导员叫六班手榴弹准备好，等坦克到跟前把它打下去，接着又来了两辆坦克，这时部队有些混乱，六班大耿庄解放战士金光玉说："我们二排人在阵地在，一个人也要干到底。"敌人仅靠着坦克做"挡箭牌"，一次又一次，以致无数次的反复冲锋。我一连二排英雄们奋起反击，一次又一次，以至无数次的将敌人打垮下去，二排长陈金福一面指挥部队，一面打机枪，金光玉把墙壁打了一个窟窿通向交通沟，二排长看到庄里的敌人要反扑，立即命令金光玉和刘信俭迅速的通过敌人火力封锁冲到敌人跟前，但他们与部队失了联系，就两个人在那里坚持了一个多钟头，打退了敌人反扑。回来时他对组长说："你放心，我在，阵地在！"组长当即对他说："你好好打，我给你报功。"

下午，一连撤至庄子边沿的交通沟里，敌人在离他们三四十米远的房子里，东边的坦克与迂回到西边的坦克相距八九十公尺，火力集中向他们打，二排英雄们集中一切力量对付敌人步兵，等坦克到了十余米远的地方站起来打手榴弹，烟打雾了，看不清道路，坦克又退回去。

太阳大偏西了，子弹、手榴弹打得快要完，全排只剩了七八个人，后面又被坦克切断了，进退不能。六班长张成德负伤后吴春友代理，组长张光和自动代理副班长。二排长到中原配合作战的 × 纵部队去要子弹，× 连同志立即送他一麻袋子弹，几十包手榴弹，一瓶擦枪油，二排同志将多余的一挺没人打的机枪送给了

---

① 编者注："邢舒团"为华野七纵二十师五十九团。

中野的同志×连，互相加强了火力，争取了时间，他们在这最危急的情况下，大家表示决心说："要活就活在一起，要死就死在一块，为人民服务，牺牲是光荣的。"

二连二排的四、五两班，打进大王庄与敌人反复冲锋伤亡很大，孙贤良同志一人退至交通沟，将牺牲同志的手榴弹子弹解下来打，敌人的一挺机枪运动到一个小土堆子边，他用冲锋机把敌人打停住，不敢前进，敌人坦克向他打炮，他在交通沟里挖一单人掩体掩避着，坚持到太阳还剩丈把高牺牲了。四班只剩了班长一个人，他就自动到中野兄弟连队一起作战，服从他们的指挥。一班在排的机枪掩护下反扑上去，敌人一个排3挺机枪被打下去，一班进到一个小房子坚持两个多钟头，只剩了肩膀负伤、耳朵震聋的班长刘光义和余贵田、张佳3个人，他们退到一条交通沟里与中野×部九连5个人合起来守在两个地堡里，中野九连的一个班长对刘光义说："我们合起来打，在一块拼！"刘光义坚决的答道："为人民服务就在这时。"

敌人在烧毁了的屋子里，距二、三班的交通沟30余米达远，手榴弹正好打过来打过去。4辆坦克摆在二、三班阵地前面，四五次的爬到离交通沟两三米远，又特迁回到他们后面，二、三班同志排子手榴弹打出后，坦克又退到30几米远打枪打炮。一排长王阳保沉着的指挥，看到哪里敌人运动，就指定机枪射手老丁向哪里打，敌人一个一个的运动，他拿支七九步枪站起来瞄准，一连打倒了两三个敌人，被敌人一枪打牺牲了。二班副魏朝胜，部队一上去腰部就负了伤，包扎好很快的又跟上去，带一个组守一班的阵地。坦克上来，他对班里同志说："咱们坚决守，剩一个人也要坚决守下去。"直起腰打手榴弹，头部又负了伤，班长与班里同志看他负了两次伤，不能再打，再次要他下去，他往下走了一会又走回来，班里同志问他，他说："我不能打，在这里给你们壮壮胆子。"仍然坚持作战。二班长董瑞之不管敌人火力再猛，认真观察敌情，正、副班长牺牲，他自动代替，指挥部队。三班李富有和贾正和一个压子弹、一个打机枪，敌人的一挺机枪运动到前面的小地堡，被李富有一梭火打得再也不敢抬头，敌人两次运动，都叫他压下去了。保健员徐志祥，连长负伤他指挥部队前进，手里拿着两个炸弹说："坚决守住阵地，坦克上来用炸弹打。"自己去联系营部，回来对同志们说："部队到天黑就上来了。"他一面指挥部队，一面急救彩号，后负重伤牺牲了。

一营健儿勇猛、顽强、沉着、大胆、坚决服从命令，与兄弟部队密切联系，同敌人反复冲锋，战斗到天黑，始终坚守在阵地上，一直到后续部队上去，把大王庄敌人赶出了阵地。

（吴争、孙献廷）

摘自华野七纵《武装报》第 633 期 1948 年 12 月 25 日

▲ 战后大王庄（左）及其附近在大王庄战斗牺牲烈士的墓地

▲ 被华野七纵击毁的
黄维兵团坦克

在我军政攻势压力下 敌二十三师全部向我投降

【本报 10 日晚急讯】被围之国民党军黄维兵团所属之嫡系八十五军二十三师，在我强大军事压力与及时的开展政治攻势下，已于 10 日晚全部向我投降。自 6 日起，由于我熊萧师及吴张团①英勇攻击，固守小王庄、小马庄一线之敌八十五军二十三师伤亡惨重，军心动摇，10 日晚，该师直属队及所属之六十七、六十八两个团全部 5000 多人向我投降。当晚 8 时许我军即占领小王庄、小马庄一线阵地，使双堆集东南一带全入我手。（据 11 日晨查明者尚有八十五军二一六师、六四六团三营、六四七团二、三两营，连二十三师投降者，计 9 个营的兵力向我投降）。

摘自华野七纵《武装》（战地版）1948 年 12 月 11 日

◀ 率部投诚的国民党第八十五军二十三师军官，
左二为师长黄子华，右一为参谋长张均铸

① 编者注："吴张团"为华野七纵二十一师六十一团。

▲ 投诚的国民党第二十三师办起了《新生》壁报

▲ 解放军给投诚的国民党第八十五军二十三师校以上军官发路费遣送回家

华野七纵攻克尖谷堆战斗中攻击部队表现五个优点
吴张团主动协助杨姚团 ① 发挥了高度的整体观念

杨姚团一、三营及吴张团七连在 13 号黄昏，攻占双堆集南部唯一的制高点尖谷堆，仅数分钟，即全歼匪三三团残部等一个多营（其中有一辎重连改编者）这次战斗之优点是：①神速勇猛，从爆破两大群地堡到突破前沿，爬上五尺陡的土壁以短兵火器击溃逐步抵抗之敌，到发展至堆顶，仅花 10 分钟时间。②各突破箭头之配合很密切适当，如爆破一响，四支箭头即一齐发起冲锋，直指敌人纵深。后续部队也即能跟踪而上。③步炮协同也很好，当我重炮开始试射时，早逼近敌人鹿砦的爆破组即进行爆破，突击部队冲上时，正是我炮火猛烈轰击敌纵深时。④对来援敌人的反扑企图思想早有准备（战斗任务了解异常明确），全体同志都在占领尖谷堆后，立即改修工事，结果敌人几次来援反扑均被击溃。⑤对敌人之施毒阴谋也同样早有准备，当发现敌人施放毒气时，大家毫不惊慌，把肥皂手巾（早准备的）掩护面孔，继续作战，有的用土将未有燃着的瓦斯弹掩熄。

【又讯】吴张团在杨姚团攻占尖谷堆战斗中，给以很大协助，发挥高度的整体观念，如该团同志并不以为是兄弟团担任任务，自己就无责任，而能主动动员许多同志扛器材木板 ×× 块送到杨姚团阵地附近。该团团长吴怀才同志并亲自至杨姚团指挥所告之帮扛器材的情形，及建议杨姚团在占领尖谷堆后，应立即加强改修工事（因他了解敌人工事甚弱）。该团七连配合杨姚团三营战斗中，占领堆顶后，

---

① 编者注："杨姚团"为华野七纵二十一师六十三团。

因新任务未曾下达，未有部队来接替，他们即自动强修工事，有一个战士说："只要我们七连在这里，敌人是上不山来了。"一直到打垮敌人 9 次反扑杨姚团来接替。

（许平）

摘自华野七纵《武装报》第 633 期 1948 年 12 月 25 日

◀ 华野七纵队二十一师六十一团七连在围歼黄维兵团的尖谷堆战斗中，英勇顽强迅速攻占双堆集东南制高点尖谷堆，歼国民党军"威武团"，被授予"战斗模范连"称号，荣获纵队司令部、政治部颁发的"勇往直前"奖旗

▲ 中野六纵、华野七纵协同作战攻占了尖谷堆，使黄维兵团部核心阵地完全暴露在解放军火力之下

▲ 在尖谷堆战斗中被解放军击毁的国民党第十八军战车营的坦克

攻克尖谷堆战果　匪军放毒反扑尖谷堆均被击退

【本报消息】13 日晚谢何师攻克双堆集以南之制高点尖谷堆，战果如下：

（一）歼灭敌十八军一一八师三三团残部、三五四团第九连、师部工兵第一连。

（二）缴获：重机枪 8 挺、轻机枪 22 挺、六〇炮 10 门、冲锋机 28 支、卡宾 5 支、步枪 25 支。

（三）俘虏敌三三团团副廖明哲以下 120 余人。

【本报消息】我占尖谷堆后，匪军当晚就向我杨姚团反扑，14 日整日，向该地进攻达 6 次以上，均被守堆健儿顽强击退。敌除配以坦克 3 辆配合步兵约一个团的进犯外，竟无耻施放催泪性毒气，但仍未能达其目的。当日另一路亦曾向张余团[①]阵地进攻，亦被击退。15 日下午 2 时 30 分，敌约一个营再向张余团作业部队反扑，经杨姚团配合反击溃退。4 时，敌 5 个连兵力向尖谷堆阵地两次攻击，并附坦克数辆，经杨姚团等部击退，杀伤敌三四百人，遗尸百余具。

摘自华野七纵《武装》（战地版）1948 年 12 月 17 日

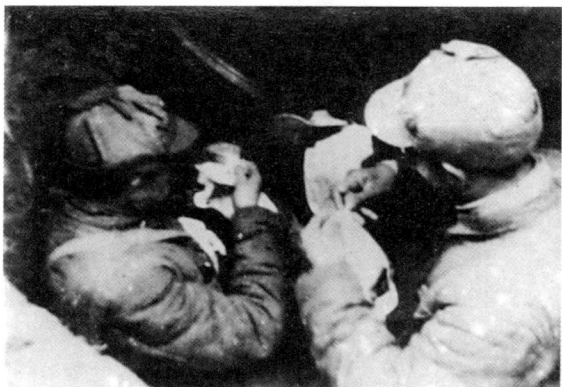

▲ 黄维兵团施放毒气，解放军自制防毒面罩

▲ 解放军战士戴防毒面具继续作战

◄ 黄维兵团在平谷堆前用死尸填充河道，以便坦克通过

华野十三纵夺取平谷堆

为两条小河环抱仅有北面一个敞敞的平谷堆，是双堆集西北三里许的一个高地，居高临下可以控制四面数里外之村庄，蒋黄匪 15 日向西突围逃跑就是以此为

① 编者注："张余团"为华野七纵二十一师六十二团。

其唯一制高点，上面放着一个［加］强团向四外控制着逃窜。

很显然，夺取平谷堆，插乱敌人、截住敌人，加速消灭敌人，就成为当时具有决定性的任务，这一任务就光荣的落在守前沿阵地的"前卫部"一营身上。

在该团二营击溃匪十八军两个团在坦克掩护下的两次反扑，并歼其过半后，一营三连即奋起直插敌心腹，夺取平谷堆脚下敌人河沿阵地。在重机及手雷掩护下，一声喊杀，二排战士涉水冲锋直扑对岸；寒光闪闪的刺刀尖直逼敌头颅，怯怯的敌人吓得不敢应战，便成连成排的爬出工事交枪就俘。接着林连长又带领二排乘胜北插，仅5分钟又解决了平谷堆西北面的集团堡，俘敌两个连，机枪班的同志便挺身端起6挺机枪（内有缴获4挺）朝平谷堆上的敌人猛烈的扫去……

三连控制了河沿阵地和堆下的集团堡后，就进一步孤立了堆上的敌人，据俘供：敌人前歼之两个团的后面一个团还没有上来，堆上的敌人现经孤立打击又极混乱。林副连长得悉这一可靠情况后，便机动的毅然执行团指示的第二步，也是最重要的一项指令，立即命令一排，迅速夺取平谷堆。

于是一排便在后面炮火掩护下，立刻从西南角发起攻击。不料，这个方向正被敌正面火力封锁，难以进展，智勇的二班长隋涛、三班长盖运清便马上转向南面发起并肩冲锋。三班一排手榴弹扔进鹿砦爆炸后，三班长两手将鹿砦扒开一个口第一个钻进去，带着他的战斗小组跨过交通沟，首先抢占了敌人地堡，二班从左侧突进去，正遇上约一个班的敌人，从右面交通沟里反扑过来，迎头一阵手雷就把这股敌人消灭掉。

此刻，枪声四起，堆上的敌人刹时一片混乱。一排就三面包围，猛冲上去，三班长盖运清抃着刚从敌人手中拿来的加拿大轻机枪往上冲，他不知什么时候被打炮震聋了，连自己打枪都听不见，但他却指挥着全班从东南角打到东北角，二班便从西北和三班对头打，后两下便集中火力向堆顶轰击，敌人像一摊海蜇一样熊在那里。

"交枪宽待！"一排战士们从四面喊起来，刹时敌人全部交了枪，平谷堆遂被我完全占领。

雄踞于平谷堆上的"前卫部"的勇士们像抃着逃敌的脖子，截住了小河以南的一团敌人，并配合友邻部队在平谷堆的南北展开了巨大的围歼战。

（姜庆肇）

摘自华野十三纵《进军通讯》第 57 期 1949 年 1 月 10 日

华野三纵的打虎英雄们——记洛阳营突破黄维兵团野外独立据点之战

被包围的黄维兵团，在我强大的中野兄弟部队连续的打击和压缩下，已经仅剩下最后的一道防线，在蒋匪黄维兵团司令部住村马庄东南约 800 公尺的野地里，是匪军临时修筑的一个野外独立据点，这个据点方圆约千余公尺，正面两侧 6 个集团堡垒伸延于土圩以外，土圩内外密布地堡及火力点。构成三重严密的火网。圩内是曲折复杂的交通壕，联系密排着蜂窝似的散兵坑和隐蔽部。敌人的机动兵力可随时沿着壕沟投向任何一处被攻破的缺口。这个据点是黄维兵团司令部东南面的最后屏障，黄维把自己最得力的一个团——一一四师五十四团拿来守这个据点。五十四团原属蒋匪王牌军十一师一一八旅建制，为十一师主力团队之一。素称能战，他们狂妄的自称为"老虎团"。敌人幻想以这样的团队守住这样有利的阵地是可以挡住解放军的攻击的，却想不到"老虎团"今回正碰上了打虎的英雄们！

二十三团洛阳营接受了配合兄弟部队突破这个据点的光荣任务，他们从兄弟部队那里得到了许多有力的帮助和热情的鼓励。这些都直接坚定了每个指战员的胜利信念，大家决心配合老大哥把仗打好，歼灭守敌"老虎团"。在全体干部战士一致的努力下，在很短时间内已经把应该做好的一切战前准备工作完成了。

15 日下午 4 点半钟，我神威炮兵首先以数千发大小炮弹集中向敌人工事作毁灭性的轰击。一连爆破员尹宝勤抱着炸药迅速的飞奔敌人集团工事，当他发现不用爆破即可突击时，就在冲锋道路上沉着的打了两个烟幕弹，迅速的跑回阵地报告情况，突击班长杨大武同志是沙土集解放来的，在班里平时一切表现都很好，可就是一个缺点，就是战斗上有点滑头，班里的同志们都说他怕死，有保命的思想，因此他一直没有入党。当他当了副班长的时候，班里的战士党员时常的出去开小组会，每次都深深刺激着他，心想自己解放到革命部队一年多了，现在革命快胜利了，自己连个新同志都不如，想起来实在难过，就三番两次找排长积极要求入党，排长告诉他："你什么条件都够了，就是一条最重要的是你战斗上不管，支部里已经确定你是发展对象，就看你战斗上的表现了！"因此他在战前下了决心，一定要勇敢完成任务，争取火线入党。现在他一听尹宝勤报告说可以突，立刻跳出工事，带领七班同志们越过百余米的开阔地，勇猛的突进突出圩外的集团工事，刚刚把敌人解决，一回头看见一排同志们已经冲上工事围墙，他恐怕自己突击班落了后，就急忙带着全班沿交通沟和一排并肩突进敌人的圩墙。敌人工事缺口刚刚打开，反冲锋的敌人就喊叫着反扑上来，一连的战士们立即在突破口内与敌人展开激烈的手榴弹战。二班王克占、七班吴子清和三班18岁的朱东先后负伤，但仍坚持不下火线，特别是小朱东，平时在班里是个活宝，在泰安打演习时，他跌伤了脚，小腿肿的像长了麻风，可是连续8天的南下行军，拔泥过水他一步不掉队，同志们心中不忍，要替他扛枪背背包，但是谁也别打算从他肩上把枪夺了去，羊集战斗中他下巴负伤连包扎都不肯，不管谁都佩服他的吃苦性好，班长像自己弟弟一样的爱护他，这回班长在前面领着和敌人拼手榴弹，叫他跟在后头，要他的手榴弹，他拒绝了，自己勇敢的跑在前面和敌人对拼，不幸被敌人炸弹炸伤了左臂，他仍然顽强的用仅有的一只胳膊打手榴弹。表现了惊人的顽强！

当一连的勇士们在突破口和敌人对拼正激烈的时候，二连勇士们也迅速的跟进突破口和一连打退反扑的敌人，迅速的向纵深发展。一排长和一班长负伤了，紧跟在后面的张玉堂紧接着冲上去，他在济南战役中还是敌保二师的人，战斗中他溜出了济南，可巧碰上了一排王广仁出公差勤务，两个人在路上谈起来，一排副和他谈胜利的形势，谈解放军是为谁服务的，他越听越热，就跟着参加干了。在战前他决心很大，他说："再不立功就没机会了！"现在他一看前面地堡挡住道路，就矫捷的扑上去，一把抓住敌人正在冒火的冲锋枪，迫使堡内敌人把两挺轻机、两支汤姆式乖乖的交给了他。当打的最激烈时，九班长谢广安负伤了，他鼓励着战士们："不要看我负伤，我决心不下去！"陈金合班的机枪手曹玉和王金荣，挺起身子向敌人作沉着准确的点发……在英雄们奋勇冲击下，反冲锋的敌人终于垮下去了。

当敌人反冲锋最疯狂的时候，英雄营长张明同志紧紧观察着战斗发展的态势，及时的向团指挥所报告，并提出要求炮火支援的具体意见，一面却紧紧掌握着本营的火力队把猛烈的炮火不间断的打向反冲锋的敌阵，部队前进一步，炮火就往前延伸一步。打乱了敌人企图反冲锋的部署，掩护了部队胜利的发展；一面却机动的指挥三连沿着圩墙内外壕沟向敌人侧后迂回包抄。三连连长谷金玉带着一排一马当先，打退了企图迂回我突破口的敌人3次反扑，沟沿上敌人一挺机枪还在冒火，谷连长已经扑上去抓住敌人射手膀子，把枪缴下来。伸出在右侧圩外的两个集团工事的退路已被切断，政指王仲春带着一个排插过去，二排长领着战士们喊起话来，敌人一个排被争取放下武器。

应该承认，守敌是顽强的，他们不但进行了连续数次的反冲锋，并且已经被包围在地堡中还作垂死挣扎。当一连向前发展时，一班李景坤冲上敌人地堡，跨过冒火的枪眼，堵门夺住敌人的机枪，不知死的敌人还挣扎着扣火，被他一脚踢倒把枪夺过来。另有李佩发同志也堵住一个地堡，喊叫敌人交枪，敌人回答的却是疯狂的射击，惹火了李佩发，他把冲锋机伸进去扫了一梭子，把敌人全部消灭在地堡里！顽强的革命战士以自己压倒一切的勇敢克服了敌人顽强的抵抗！

突破口迅速的扩大，强大的后续部队迅速的跟进，勇敢的兄弟部队也在另一处打开一个缺口冲进来，大家并肩对敌人压缩迂回。蒋匪军这个号称"老虎团"的五十四团，就被我们打虎的英雄们迅速的歼灭在阵地上！

（刘亮）

摘自华野三纵《麓水报》第 426 期 1948 年 12 月 31 日

▲ 解放军对空射击国民党军战机

▲ 华野三纵某部战士扛着缴获的枪支继续向前冲杀

▲ 中野六纵四十九团"襄阳营"和华野三纵二十三团"洛阳营"协同攻击双堆集以东国民党军五十四团据守的野战集团工事。图为被攻破的工事

◀ 在夺取黄维兵团野战集团工事的战斗中，"襄阳营"一连三排大部牺牲，仅剩 3 人，杀敌英雄刘乃江主动站出指挥，打退敌人数次反扑，此为中野六纵某部三排荣获团党委授予的"武松武威"奖旗

▲ 英雄突击营——华野三纵洛阳营

▲ 1949 年 3 月，华野三纵"郭继胜连"的干部们于台儿庄合影

为加强兄弟部队团结　华野三纵二十四团一营提出三项规定

【本报讯】为加强兄弟部队团结，互相配合共同歼敌，二十四团一营在排以上干部会上特别提出三项规定，要求全体干部党员认真做到：

（一）凡和兄弟部队发生不团结现象，完全由我们自己负责。

（二）不争房子。如兄弟部队先住下，我们不挤，不嚷，住在外边，如我们先住下，兄弟部队到了，应主动让房子。

（三）虚心向兄弟部队学习，不夸耀自己，说话和气，互相帮助。

当晚行军该营三连进驻 × 庄时，因有兄弟部队先住下了，全连战干一律提出："住在外边秫秸棚里。"该连干部并亲自去各班检查，又再次提出，无事不准到兄弟部队住处吵闹，做到：吃饭不争碗、不抢锅，让兄弟部队先吃。

（麟）

摘自华野三纵《麓水》（号外）第 130 期 1948 年 12 月 15 日

中野、华野并肩作战充分表现了阶级友爱

【新华社淮海前线 30 日电】中原野战军和华东野战军，在围歼黄维兵团的战斗中，亲密团结，并肩作战，表现着阶级兄弟的崇高友爱。12 月 11 日夜里，华东野战军的一个营冒雨行军到达某村，衣服全都淋湿了。但该村已经被中原野战军一个营住满，该营机枪连就在村边露营。中原野战军同志看到后，立刻就把房子让给他们住，并且把行军锅和粮食借给他们。该连因行军疲乏，没有解开背包就睡下了，中原野战军的同志看到，又把自己的被子给他们盖上。13 号晚上，华东

野战军某部去接中原野战军兄弟部队的防务时，中原野战军部队就将当面的敌情详细地介绍给他们。14 号，歼灭双堆集的敌人时，华东野战军的洛阳登城第一营和中原野战军的襄阳登城第一营，并肩冲锋，把守敌两个团全部消灭了。

摘自华野特纵《特种兵》（电讯版）第 89 期 1949 年 1 月 2 日

▲ 中野、华野在双堆集战场并肩作战，亲如兄弟

▲ 华野七纵在大王庄战斗中送给中野六纵的加拿大式轻机枪

向兄弟部队学习！中野六纵四十六团几项战时工作介绍

【本报讯】为了更切实的向中原兄弟部队学习，纵政特派杜、何二科长前往中野六纵参观学习，兹特介绍六纵四六团有关战时工作数点于下，作为我们部队战时工作的参考：

一、战时伙食非常好

他们从参加包围这一敌人以来，都吃白面，一天两顿，都是馒头，每天每人能吃四两猪肉，从未断过肉。伙食搞好之原因主要是：①集中搞——旅集中向远地搞粮，团集中向远地买菜买肉，团把所有各连之事务干部都集中在后边做饭菜，每天两餐都做好向前送，送到之后再热一热吃。②事务人员事务干部中之立功动员，都要在这次徐州会战中立功。

（编者按：兄弟部队这种改善战时伙食的方法与经验，足为我们很好的学习，使得目前部队生活逐渐改善，但是也要照顾到各个部队自己的人力、财力以及附近战区的群众负担等条件，不能光要求吃好而任性起来，也不能认为兄弟部队吃好，单纯平均的要求吃得一样好。）

二、战地群众工作做得好

有这样一些内容：（一）为群众整理家务，群众之粮食、柴草、家具样样都整理好，住这一家之部队即负责保管这一家之家具，别人借去用要向他借，他也催人用过之后要还给这一家，家家都有人分工负责。（二）保证住地干净卫生，经常扫地，不许随地大便，挖卫生壕。（三）保证不失火，自己小心，敌人打炮来燃烧赶快救火。㈣救济难民，北边几个庄跑出来的难民，部队注意照顾，部队虽然自己挤一点，也让难民有房子住，民运干事替难民去找地方政府来设法救济。有些难民挨饿，部队送一些剩馍给他们。㈤访问群众，群众纷纷诉说蒋军罪行。

三、战壕很活跃

有这样一些活动：（一）读报，传胜利消息。（二）战士自己编小快板或写上一两句口号在工事旁边，或写在鼓动牌上。（三）团、旅之传单、画片、标语口号，用两根小秸棒夹一夹插在沟边。（四）团宣传队之宣传队员给战士去念传单听。（五）晚上开小组会，或开班务会，以排为单位可集合，连干讲讲话。（六）学学识字，开开讨论会等等。他们这个团的最北边前面的战壕，我也去看了，壕边都挂着草门帘，掀开门帘，里面厚厚铺上一层麦秸，睡觉很舒服，战士们说比睡在老百姓家里还暖和干净。壕边挖着小水坑，战士称之为"自来水"，洗手洗完水很清。

此外，他们这次从豫南远道拉过来，途中的有一种小型贺功起很大作用，也值得我们以后战斗间隙中进行：他们这次路走得很远，部队很疲劳，他们抓紧评了功，评功之后，连里开了一个军人大会，介绍了功臣事迹，趁全连杀猪吃肉的机会，多做几个菜，庆贺功臣，连干敬酒，战委委员陪，吃过之后，回班开会，功臣表示要立更大功劳，其他同志表示态度要向他们看齐，结果对部队情绪起很大鼓动作用。我纵过去之大庆功会固然影响大，但他们这样小型的庆功，作用也不小，我们部队以后很可试行。

摘自华野七纵《武装》（战地版）1948年12月8日

◀ 中野六纵某部战士在围歼黄维兵团的战斗间隙阅读画报

◀ 当国民党军的降落伞落到解放军阵地的时候，战士们个个笑逐颜开，忙着收拾降落下来的弹药和粮食

中原大军对我们像兄弟般的热爱　我谢谢团七连也让锅给他们做饭

自从淮海战役第二阶段发起，我们西进此地与中原大军并肩作战，谢谢团五连住桃南庄时，一到庄上，中原部队很快就把房子让出来。该连指导员和中原部队一个后勤同志，谈到粮食困难，当时这个同志即回去把 150 斤麦面给该连吃；季营长有病，上士拿 10 斤麦粮票向中原部队换面给营长做饭，他们随即给上士 50 斤面，不要麦票。二机连有个病号吃菜豆饭，中原部队看到马上拿 10 多块白面饼给这个病号吃。中原大军如此团结友爱的精神，很值得我们学习与敬佩。我谢谢团七连在 28 号住在南荒庄时，炊事房正在做饭，锅里的水快烧开了，中原大军有个事务长很想借这锅煮饭，当时七连长即把锅让给他们。表现了我人民军队阶级友爱的团结精神。

（李龙峰）

摘自华野七纵《武装》（战地版）1948 年 12 月 3 日

兄弟部队真好　咱到人家让房子

【本报讯】12 日，二十二团九连经过一夜的冒雨行军到达 ×庄，与兄弟部队（刘邓四纵十一旅 ×团）住在一起。当我赶到庄，部队早满了，兄弟部队的首长马上叫通讯员传各部门把东西收拾一旁让我们进房子，我部队得以马上做饭和休息。

下午九连带的给养全吃光了，事务长怕马上参加战斗搞不到东西吃，找到四纵 ×团负责首长商议，他们慷慨应允当即换给九连两袋面。经过这次，九连干战都反映："兄弟部队团结太好了，对我们太客气了！"

（雁亮）

摘自华野三纵《麓水》（号外）第 130 期 1948 年 12 月 15 日

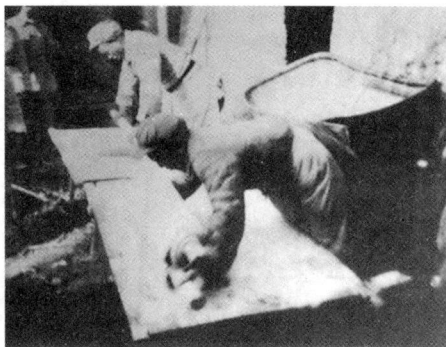

▲ 改善伙食，中野某部炊事员擀面条

▲ 在双堆集战场解放军炊事员火线送饭

▲ 在双堆集战场中野战士野餐

▲ 解放军战士在战壕里用餐

▲ 战斗间隙，华野七纵战士在前沿阵地吃饭

围歼黄匪战役中华野七纵杨姚团后勤
借门板 1000 余块并研究出菜饭茶三热办法

围歼黄匪的战斗中，杨姚团后勤轮、担、卫、供四单位接受了借门板 1000 块的任务后，卫、担两单位在半天内完成 193 块，轮训队在 2 天 1 夜完成 610 块以上，供给处本身完成 205 块，四单位都超过数字，而且去借的同志都表示欢天喜地去干。四单位借到 1000 余块的门板，大部是在三四十里以外拖回来的。财粮股不但派干配合师后勤到远地统一购买蔬菜，又着员带款到土楼一带去买肥猪。

他们提出餐餐要三热（菜、饭、茶），可是送到阵地一样都不热，以后便研究出纠正三不热的办法，现介绍如下：（1）用筐或笆斗装进细麦草，再用手从麦草当中抓空，再用布填放麦草空窝子，然后不论干饭、饺子、馒头，做熟立即装进，再将布盖好，上面再放一层细麦草。这样就送上 10 里路，保管同志们吃上热饭。利用装 3 个六〇炮的废纸筒子、炮弹箱、手榴弹箱都可以。（2）用铁桶、木桶或瓦罐子将菜装进，用布扎口，也用一点细草铺上，再用东西压住草，以免草又被风吹掉。（3）开水挑远冷得快，最近各部都领有大米，可将大米煮成稀饭当茶，又可以解渴，装法同上。上述三项办法都经该团供给处试验成功。

（汪华、米方庭）

摘自华野七纵《武装报》第 634 期 1948 年 12 月 29 日

阵中日记

中野六纵阵中日记

1948 年 12 月 5 日　于杨庄　阴晴

一、刘司令员用电话指示王司令员此次作战要注意的问题：甲、各方面情况；乙、战术运用问题；丙、技术问题。

二、王司令员即向各旅贯彻刘司令员的这个精神。甲、战术上要讲究队形；乙、挖沟一定正、副沟；丙、步炮要很好协同动作，炮要抵近射击；丁、要研究对付坦克的办法。

三、随后又同七纵副司令商讨明日攻击问题，结果同意同时动作，他们打小周庄并积极挖沟。

1948 年 12 月 6 日　于杨庄　阴晴

一、今晚对十二兵团全线发起总攻。

二、我纵及华野七纵经过一小时的激烈战斗，完成了预定的计划，打下了小周庄、李土楼，全歼八十五军二十三师所辖之六十九团，活捉副团长以下千余人，详细战果正清查中。

1948 年 12 月 10 日　于杨庄　天晴

一、今晚我们用火〔力〕积极援助及佯攻，配合七纵向大王庄攻击，于下午 9 时许全部占领大王庄，歼敌十八军十一师三十三团全部。10 日拂晓，敌人用全力反攻大王庄的我军，从早上开始直到下午 5 时许才结束，敌人今天共反扑了十余次，伤亡巨大，我四十六团也拿出增援七纵，打得是最坚决，但伤亡较大，经过了与敌人一天的搏斗，结果下午 5 时许，因敌力量消耗过大，也撤退了大王庄。

二、今天敌人乘飞机也来的特别多，轰炸也特别厉害，这是空前的一次，我十七旅被炸弹打伤不少，铁克训练科副科长也被炸死。

三、今晚本来要攻击敌人，因下午 5 时许敌人八十五军二十三师师长派代表来谈判投降，所以停止攻击，我们应受降一个团及一个炮兵营，因照顾团结，一律由七纵集〔中〕受降。

1948 年 12 月 11 日早 7 时　天晴

王司令员电告各旅：

一、十八旅你们今晚如何打法？首先打四十九团右侧地堡群，或直向双堆集攻，下午同我回报。

二、十七旅李旅长，你正面是敌五十四团，是否能打？沟周围挖沟把敌包围起来，你做一个计划，今晚挖一夜沟，明黄昏攻击，你负责指挥，组织火力阵地，你并计划用若干兵力，哪个部队挖哪条沟，现在箭头主力应以哪里为中心，夜即亲到前沿看地形向我回报，敌人现在基本上无反扑能力。

1948 年 12 月 12 日　于杨庄　天晴

一、上午敌人坦克又向我五十三团及五十四团阵地前面攻击，后面步兵约一个营兵力，但畏缩不前，敌人炮火异常猛烈，五十三团差不多打光了，五十四团一、三营伤亡很大，故不得不向后缩，敌人坦克将今晚控制工事又破坏了一些，后来经反扑又收复了原来阵地。

1948 年 12 月 13 日　于杨庄　天晴

一、华野陈参谋长今早来此，统一指挥最后来围歼敌十二兵团，决定华野三纵八师来两个团配合我十七旅首歼敌五十四团（野外地堡群）。

二、华野十一纵和中野四纵向 4 个杨庄发起攻击，七纵向敌尖谷堆发起攻击，以上两点均于下午 8 时许攻占，战果正清查中。

摘自中国人民解放军档案馆藏《中野六纵淮海战役阵中日记》

副政委的日记

12 月 6 日　于孙牌坊

一、接总部的总攻命令后，我提出的具体要求：

1. 坚决服从命令听指挥，做到只有前进没有后退。前进是勇敢光荣，后退是耻辱。不叫苦，不叫困难。

2. 英勇顽强，做到人自为战，主动歼敌。自动代理干部，带伤作战，争取杀敌立功最光荣。畏缩动摇贻误战机受处分。

3. 忍苦耐劳，不怕寒冷，不怕困难，不怕伤亡，不怕饿，一切为了胜利而奋斗。

4. 互相帮助，团结一致，战中新老立功歼敌人。

二、在动员时着重强调的：

1. 决心根据着重说明当前敌人情况便利我歼之灭之。

2. 思想上要谨慎周密部署，不轻敌，注意战术动作的准备。

3. 具体要求是实现决心的具体表现。

摘自华野七纵二十师五十八团副政委傅奎清的日记

五、黄维兵团的覆灭

黄维兵团在中野及华野一部的连续攻击之下，猬集一团，以家屋为核心，地堡群为骨干，作困兽之斗。刘伯承、陈毅司令员抓住该部粮弹俱缺、伤病交加、伤亡惨重的有利时机，于12月12日发表《促黄维立即投降书》，进一步加强政治攻势，扩大战果。3个集团密切协同，突破了国民党军用大量汽车筑成的防线，直捣黄维兵团指挥中心。黄维及其残部拒绝投降，决定"四面开弓，全线反扑，觅缝钻隙，冲出重围"，在解放军攻击部队的堵击、追击下，于15日夜，全军覆灭。国民党第十二兵团司令官黄维、副司令官兼第八十五军军长吴绍周被俘，副司令官胡琏负伤后逃脱。

文件选编

刘伯承、陈毅两将军命令黄维立即投降

【新华社淮海前线12日电】人民解放军中原野战军司令员刘伯承将军、华东野战军司令员陈毅将军，顷对国民党军十二兵团司令官黄维将军发出命令，令其立即投降。命令如下：

黄维将军：现在你所属的4个军，业已大部被歼。八十五军除军部少数人员外，已全部覆灭。十四军所剩不过2000人，十军业已被歼三分之二以上。就是你所最后依靠的精锐十八军，亦已被歼过半。你的整个兵团全部歼灭，只是几天的事。而你们希望的援兵孙元良兵团业已全歼。邱清泉、李弥两兵团业已陷入重围，损失惨重，自身难保，必遭歼灭。李延年兵团被我军阻击，尚在80里以外，寸步

难移，伤亡惨重。在这种情况下，你本人和你的部属，再作绝望的抵抗，不但没有丝毫出路，只能在人民解放军的强烈炮火下完全毁灭。贵官身为兵团司令，应爱惜部属的生命，立即放下武器，不再让你的官兵作无谓牺牲。如果你接受我们这一最后警告，请即派代表到本部谈判投降条件。时机紧迫，望即决策。

刘伯承、陈毅

1948 年 12 月 12 日

摘自《大众日报》1948 年 12 月 14 日

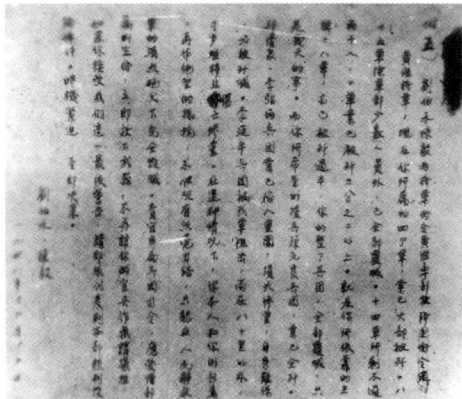

▲ 刘伯承、陈毅司令员 1948 年 12 月 12 日
敦促黄维率部投降的信

▲ 广播喊话，瓦解国民党军

◀ 大幅标语竖在阵地前沿，给黄维兵团造成极大的
心理威慑

战地报道

中野九纵武汉部成立对敌宣传站

在敌人面临动摇总崩溃，纷纷向我投降的目前形势下，武汉政治部为加强政治攻势，特成立对敌宣传站，经常在前方调查俘虏情形，编写传单，已连夜赶印

宣传品，准备每天供给每个团三个宣传弹，带往前沿发射，又组织在阵地前沿竖好多门板，贴上标语对敌宣传，并组织进行对敌喊话。

（唐欣）

摘自中野九纵《战场报》第 40 期 1948 年 12 月 13 日

布置阵前大标语　许昌部^①积极展开政攻

许昌部在李副政委领导下，积极展开对敌政治攻势。用白市布两丈余平扯成横幅，写了两条标语："层层包围，抵抗无用，生命危险；放下武器，投诚起义，生命安全，才是出路。""你们层层被包围，早拿主意投降，徐州大战已歼灭蒋军20 万。"绑在两根大木杆上，利用夜晚插到正对敌之村庄与工事前沿，敌人第二天早晨见到了，虽然竭力用枪射击，但毫无用处。整天里雪白的大标语展扬在敌人前面，每个字都是射在敌人心坎的"定时弹"，时机一成熟，他们就会炸开来起作用的。

（一明）

摘自中野九纵《战场报》第 28 期 1948 年 12 月 2 日

黄维兵团覆没记

此文系蒋匪军闻社及《大刚报》的一个随军记者所作。匪黄维兵团在双堆集被全歼时，该记者获得解放，安抵解放区后方。他是随黄维兵团从豫西唐河附近，越过千里的豫皖边境东调增援的。从该兵团被调东向，直至在双堆集被全歼为止，他全部经历着黄匪覆没的全部过程。虽然作者因限于认识水平及过去对国民党匪军诸多认识上的错觉，因而对许多问题难以做到正确的分析；但从他的全部直述中，已活生生的反映了蒋匪军被围后的惊慌、狼狈、困顿、最后被歼的景象；及人民解放军炮火的猛烈，政治攻势的伟大收效，战士政治素质的提高及坚决执行俘虏政策等。（《新徐日报》编者）

11 月初旬，我到达确山，战局的形势已很严重，徐州酝酿大会战，在豫西唐河附近的十二兵团，奉调往徐州增援，兵团所辖 13 万大军，正经确山向东运动，作横穿豫皖边区的千里行军，去徐州增援。我到确山时，兵团主力已越确山东进，我跟着兵团尾巴第四快速纵队。

---

① 编者注："许昌部"为中野九纵二十七旅八十一团。

第四快速纵队是一个摩托化的组织，有坦克、有汽车，依名义来讲，它应该具有快的速度，走在前面；可是第四快速纵队并没有发扬他特具的机动性，却如一条笨牛样的拖在大部队的后面，给部队的行动增加了许多的麻烦与顾虑。

自确山经正阳、新蔡、阜阳、蒙城这一段七八百里的途程，并无良好的公路，就快速纵队来说，真是一段艰苦的行程。尤其过汝河后至新蔡的一段，路面都变成了泥坑，车辆寸步难移。后来担任掩护的七十五师以全师的人沿途砍树铺路，日夜分段跃进，才算把500辆汽车从泥坑里拖出来了。然而这次快速纵队所经之地，所留下的后果，则是古代的"夜不闭户"的情景！因为门板搬去铺到路上了，百姓之家已无户可闭。

兵团过阜阳后，开始遭到解放军的阻击。兵团前进的路线是沿阜阳、蒙城、宿县的公路。这条公路一连横过颍河、西淝河、黄河、涡河、北淝河、浍河6条河流，兵团前进也就得越过6道河流，解放军就在这6条河上阻击，兵团进展很缓慢，11月23日才达到南坪集，24日渡过浍河后，兵团发觉已进入解放军的袋形包围圈，于25日向浍河南岸撤退，预备向固镇的李延年兵团靠拢。但十八军走到南坪集东南10余里的双堆集时，解放军的包围圈已经合拢。十二兵团的13万人马，就在以双堆集为核心的20余村庄中被层层围住，所占的面积南北约10里，东西约6里。

26日兵团部仍企图突破包围，向铁道依靠，就在那天一一○师向南走了，走后渺无音讯（编者按：一一○师在师长廖运周将军率领下于29日起义）。同时十四军在向南撤退途中，忽遭解放军一个营的袭击，十四军八十五师就在一瞬间被击破，而且溃败下来的部队又把第十军的阵地冲垮。解放军紧跟着追击，那天是混乱极了，至少有两个师垮了。下午3点钟的时候，八十五军军长吴绍周，带着他的参谋长气喘喘地走进双堆集十八军军部，他那矮胖的身体，在走路时有些摇摆不定，大概像受了很大的惊吓，他一进门就取下了军帽，头上冒着热气，很慌张地说："怎么办！？前面不能走了，廖运周又联络不上。"

军部里的空气顿时很紧张，大家议论纷纷，对当前的情况谁都弄不清，讨论许久还是没有一点头绪，大家开始埋怨指挥不行，骂黄维……吴绍周愤恨地说："黄维不把廖运周弄走，也不会成这个样子。"

但是事实已如此，谁也不能扭转这局势。在那天下午八十五军二十三师的攻击没有获得一点进展，到晚上连宿营的村子都没有，吴绍周和他的参谋长则借住十八军军部，那晚上人人都满怀着草木皆兵的感觉。

27日清晨，兵团司令官黄维悄悄地来到军部，也没有人去接他，他的脸色很黑暗，样子也不像过去那样的威风。我认识黄维是这次在前方才认识的，初次会见他是在汝河河边，他坐在河边看13万人马从一座橡皮船搭的桥上过河，他看着那遍地挤不开的人马，很得意的对我说："大兵团运动，真是排山倒海。"

我听着这位兵团司令官的话，一时答不上话来，因为十多万人马挤在这渡口，只听得人喊马嘶，使人头晕目眩，我不知等到何时才能渡完，心里被挤得简直透不过气来。

黄维在十八军军部会议了半天，就决定守住双堆集地区待援；但当时情况的严重，使黄维有些气馁，他感慨的说："我在陆大都没有学得这种态势！"可是刘伯承却摆出了陆大课程中没有的态势让他来学习了。

那时十二兵团所处的态势虽然不利，但主力仍然存在，还有十八军的十一师、一一八师、十军的十八师、七十五师、一一四师，十四军的十师及八十五师的一部，八十五军的二十三师及一一〇师的一个团。另外还有榴炮营、战车营等，总计战斗兵至少有7万人。这个兵团就以双堆集为核心，守着20几个村子，在这核心的外面，是刘伯承部下的约20里纵深的包围圈，十二兵团在层层的包围圈内，天天盼望着北面百里以外的杜聿明所率的3个兵团和南边70里外的李延年兵团来解围。

浍河南岸双堆集的围困战，可以分作两个阶段。第一阶段是从11月25日到12月5日，十二兵团尽力量争取主动，以攻为守，每日藉炮火战车掩护向四周攻击，但所得的效果并不大，有时虽攻下一个村庄，结果因无兵力守，又撤回原阵地，而兵力逐渐地消耗，战斗力也就一天不如一天了。但作战上的困难，却随被围的日子一天一天的加多，这些无法解决的困难，是没有粮吃，没有柴烧，虽然有空投，因飞机怕地面射击，在三千尺高空空投，不少东西是投到解放军的阵地，投准的又损坏十分之一，士兵抢去的有一半，所能收集的也就无几，我所见到的双堆集的空投，那是战场上最惨的景象，士兵们为着饥饿被他们的连、排长派到空投场来抢粮，兵团部枪毙抢粮者的命令三令五申，也禁止不了他们，只要运输机一来，空投场上就有成千的人在奔跑，这时警戒部队的枪声四起，抢粮的人有的被枪弹打死，有的被米袋砸死，死者的血流在地上还未干，第二天又有新来的人踏着血在抢粮。一天警戒部队捉着八十五军一个抢粮的弟兄，送交吴军长要依法枪毙，我为这即将失去生命的兵难过，我觉得这不是他的罪过，我向吴军长求情：

"在打仗要用人的时候，何必减少一个人的力量，同时一个人为着饥饿也是迫不得已。"

他没有回答我，很快地从上衣口袋拔出自来水笔，在报告后面批着："着即压赴空投场……"

我不愿看着他再写下去的字，我将双手拢进袖子，低头伏在桌上，我只听到钢笔唰唰的写字很快就停止了，仿佛我又听到吴的呼吸像很急促样，这时，我心情是异样的纷乱。

双堆集围困战发展到第二阶段，十二兵团的主力已消耗殆尽了，担架兵、运输兵都编补到战斗的序列中去了。那时主动的出击力量已消失，自 12 月 6 日晚起到 15 日晚止，这一阶段是解放军占在主动，缩小包围圈，十二兵团以双堆集为核心的 20 几个村庄，就像雪菩萨见了太阳一样，渐渐的融化了。

在战斗的双堆集，兵团被困，所面临的困难，不仅是在补给上，就是大小便也成了严重的问题。最初鹿砦外边遍地是大便，使人有举足之难，后来不能出鹿砦了。屎便的出路更成了无法解决的问题，从大便问题就可想象得出大兵团紧挤在一个狭小的地区，就会连大便的地方都没有，这种情况，大概陆大的教程里也是没有的。至于伤兵躺在野外无食无医，那更不能用人道的字眼来描述了。

我所见到的双堆集的战斗，虽然十二兵团 10 万人在这里被消灭，但我并未见到集体的大杀斗，所谓"人海战术"我也未看见演出，解放军所采取的战略战术是围困敌人，在包围完成以后，解放军并不积极的攻击，尽量地避免牺牲，施行心理作战。解放军深知在包围圈内的人于绝处求生的心理，争取敌人放下武器，所以在战场隔壕对垒的时候，解放军的喊话为一种不可防御的武器。

假如我不来到战场，是很难想象出解放军的战斗力。一个生活在国民党控制区的人，总以为解放军物资缺乏，是无法维持战场上浩大的供应，就是十二兵团的部队长，也认为解放军的弹药不足，补给一定困难。在双堆集战斗初期，十二兵团的军官还是这样自信，认为自己的炮火可以压倒解放军；可是后来的事实打破了十二兵团军官的这种信念。解放军在攻击前的炮火是非常的猛烈，每攻一个村庄至少落弹千发以上，有很多的部队长将阵地丢了，退下来见上级总是说："敌人（解放军）的炮火太猛烈，打得不能抬头，所有的工事都摧毁了，等到炮停止了，敌人已爬到阵地边。"

十二兵团在双堆集地区挣扎了 3 个星期，本身的力量已消耗了，外面的援兵也绝望了，杜聿明被围于永城东北，李延年被阻于涡河南岸，灭亡的命运业已决定，兵团的残余想死里逃生，于 15 日黄昏开始突围，突围并没有秩序，各部队各逃各的命，战场上是无比的混乱。我记得：那天下午 4 时，副官组陈组长轻轻的告诉我："晚上要突围，时间还没有定，说走就走。"这时掩蔽部里挤了 10 几个人，大家都很紧张，到 4 点半钟，外面的枪炮声大作，一个通讯兵急急忙忙的来拆电话机，陈组长不让他拆，通讯员去了一会又转来，还是要拆机子，他并且说总机已拆了，营长也走了，大家听他这样说更慌起来。这时枪炮声密集，情况不明了，不知是不是已经开始突围。陈组长派了一个人去司令官办公室观动静，去的人回来报告，司令官不见了。于是大家都跑到外面，只见人马乱窜，红色的曳光弹横飞，子弹在耳边嘶叫，我随着人群跑出鹿砦，那时脚好像有千斤重跑也跑不动。我慢慢的走着，看那人群多的地方枪声密集，想一个人落荒而走，我也不辨方向，走进一个阵地，交通沟里坐着很多的人，在月光下我看他们帽子上有党徽，知道是十二兵团的人，我实在是太疲乏了，就靠着他们坐下来。一会，后面又来了 40 几个人，还抬着一挺重机枪，突然壕沟中一个站着的人高声喊："缴枪！缴枪！"

"我们都是中国人，请不要开枪。"对面有人答话。

接着 3 个人跳出了壕沟，走到队伍中去缴枪。顿时壕沟里没有武器的人又多了 40 几个，这时我才知道我身旁的人早已是解放军的俘虏了。

一会，一个人站在壕沟上说话了：

"有短枪的统统交出来，只要放下武器就是我们解放军的朋友，人民解放军的宽大政策，绝对保证各位生命财产的安全，请各位放心，你们的手表、钢笔、金戒指、钱，解放军绝对不没收。"

这时月色正明，远处还有稀落的枪声，战斗似乎告终，十二兵团也就此总溃灭了。只听得解放军的号声，一个村连着一个村，红色白色的照明弹在空中升起，解放军的民夫（按：即民工）正忙着把负伤的俘虏抬到后方去。我随着一个解放军的年轻的小战士走到后方，他的左手挂了彩，头上挂着一块三角巾，右手拿着卡宾枪。他虽然负了伤，但他的神情还是很愉快。我们边走边谈，他问我是什么阶级，我告诉他我是记者。他向我说了许多关于解放军的宽大政策，他要我不必害怕，他那很有条理的谈吐，使我有一种新鲜的感觉。解放军的士兵都是有知识，而且有新的政治认识，我内心里对这年轻的战士起了真诚的敬意，我心里真感动得想喊：

"你是新中国的战士！"

第二天早晨我脱离了战场，随着成万的俘虏行列去解放区的后方，所经过的地方就是一个月前，随十二兵团所走的地方，那时村子里见不到老百姓，现在每个村子里的老百姓都面迎着朝阳，站在村口看着这个俘虏行列。我从他们的笑脸上，我看到了解放军真正的得到了中国广大的人民。

（转载《新徐日报》 美子）

摘自中野政治部《淮海战役通讯集》，1949 年 1 月，第 166—174 页

◀ 被解放军突破的黄维兵团汽车防线

▲ 黄维兵团用汽车联排构成工事，却未能阻挡灭亡的命运

▲ 被解放军突破的黄维兵团汽车防线

▲ 解放军缴获国民党第十二兵团的汽车

▲ 国民党第十二兵团的 300 辆汽车成了解放军的胜利品

▲ 黄维兵团的汽车防线

▲ 黄维兵团用炮车筑成的工事

▲ 战场上堆积着被国民党军毁坏的机枪

▲ 被解放军击毁的国民党军坦克

◀ 国民党第十二兵团司令官黄维乘坐的坦克被缴获

蒋黄匪在我包围连续打击下士气衰落内部混乱　驱部下要作垂死挣扎

【本报特讯】在宿县东南双堆集一带的敌黄维兵团，十余日来随着我军包围圈逐步压缩，其内部混乱，士气颓丧越来越严重了。先前大多数部队还仰顾空投和抢老百姓的粮食来活命，但自从把老百姓的红薯和红薯菜抢光后，几乎什么也吃不到了，所以近几日来他们只好以杀驴马充饥，拆房草烧，据俘供：现在房子上的草已烧光，开始铺在壕沟里的一点可怜铺草也拿来当柴烧了。在此粮缺弹绝的情况下，黄匪欺骗恐吓，驱其士兵作垂死挣扎，曾多次组织集团冲锋，拼命突围，均遭惨败，在我总攻前就损失了三分之一以上的兵力，士气非常低落。不愿等着饿死、打死的蒋军士兵，现即不断三三两两向我军投诚，据投诚的士兵谈：6 日蒋匪曾发生为争夺粮食而发生冲突，互相开枪，事情是这样的：别的部队都早在杀驴马充饥，且越吃越少，而十八军仗着"主力"的优越地位多占空投物资，甚至用粮食喂牲口，饿红眼的八十五军，便派了一个连到十八军驻地去抢粮，当即发生冲突，以至双方开枪，结果伤亡共十余人。在我们的总攻击下，敌人内部的士气低落和混乱绝望的情况，越来越严重了，我们要以连续不断的进攻，结合开展火线政治攻势，争取全歼黄匪的大胜利！

摘自华野十三纵《进军通讯》第 34 期 1948 年 12 月 8 日

黄维兵团十大慌

内无粮草饿的慌，外无救兵干着慌，弹药不足心恐慌，地小人多挤的慌，没有住宿冻的慌，屎尿遍地臭的慌，伤兵无医痛的慌，突不出去急的慌，解放军的大炮怕的慌，枪声四起心发慌，勇猛突击齐总攻，蒋匪主力快灭亡。

（清凯）

摘自中野九纵《战场报》第 35 期 1948 年 12 月 9 日

被围黄匪士气低落　粮柴缺乏　伤兵遍野

被围困在双堆集周围的黄维兵团粮、柴缺乏，伤兵遍野无人照顾，士气低落，不愿作战。据在小周庄解放的八十五军一个班长李金保及文书朱永兵供称："现在他们仅靠飞机投的少数大米苟延残喘，七连三班 7 个人，在六七天内只领到 15 碗米。有一战士金士奇想捡落在指挥所的大米，被军官打了 5 扁担，罚跪半天。所有民房的木料都被拆掉当柴烧完了，现在只好劈坟里棺材烧。在一个小周庄里挤住了两个团，没有门板做工事，士兵都躲在没有遮蔽的洞里，和交通沟内，我们每落一个炮弹都能杀伤好多人，因此对我炮火非常恐惧。连日作战，敌军死伤惨重，伤兵无处可放，躺满了田野，无人照顾，眼看活活饿死、烂死。在这情况下，士兵们都不愿作战，此次有 30 余人，就自己放下武器；副营长强迫他们打仗，他们都说：'我们几天没有睡觉了，饭也吃不饱，打什么仗！'国民党军官妄图作最后绝望的挣扎，便以机枪在后督战，六七团三营溃退时，团长亲自指挥机枪向他们作无情扫射，死伤遍地。因此士兵们普遍的盼望我解放军早日解放他们。"文书朱永兵告记者说："我们都盼望你们早日打开，免得打死；因为多打一天就多死几个人，不知几时轮到自己。"

另据匪十八军逃兵吴延贵称：他被蒋军刚刚捉到半个月，在家里给他捉来拉牛车，到了这里，黄牛被杀吃了，又给他换上了军装，班里大多数是内穿老百姓衣服的新兵。听到八路军的枪炮声，都吓得向洞里直钻。两三天的功夫，老兵被打死，新兵就逃跑。饭更是吃不到，老百姓的山芋都吃光了，飞机丢下的大米，都乱抢，当官的就拿机枪打，这几天把连里四五匹肥马都杀吃掉，只得瞪着眼挨饿。

（直心、王毅夫、孙辑五）

摘自华野七纵《武装》（战地版）1948 年 12 月 14 日

饥饿加速黄维兵团的覆灭

【淮海前线 13 日电】饥饿正在加速着黄维兵团的覆没。据该兵团第十军被俘的官兵说：早在上月 28 号，就已经把所住村庄的牛、猪等都杀掉吃光了。29 号一整天，每人只分到 3 块红薯。该军新三师第八团士兵王清顺说第三师没粮食，吃了 5 天红薯，连红薯根都吃光了。骡马被炮弹打死了，就架起锅盆烧马肉吃。井水、渠水和坑水都喝光了，现在只剩下水坑里的泥糊涂了。俘虏们又说：飞机丢下的大米饭，只准营以上的军官吃，士兵们饿得不行，一看见飞机丢下了东西就抢。兵团部的特务营为了抢大米而开枪，有几袋大米正丢在十八军的阵地上，一个连的士兵一抢就吃光了。因为这件事连长受了处罚还枪毙了 3 个士兵。现在匪军正在杀部队的牲口吃，有些军官哭着说："四面八方都围住了，再过几天就要饿死。"但是包围着敌人的人民解放军，不但粮食丰富，还可以经常吃到猪肉。这对敌人是一种很大的诱惑，一天在小张庄阵地上，解放军工作员向敌人高喊："过来吃肉！"马上就有几个敌人举着双手跑过来。被俘的第十四军作战科长张文斌，一过来就向解放军要饭吃。

摘自华野特纵《特种兵》第 73 期 1948 年 12 月 14 日

▲ 国民党第十二兵团快速纵队官兵在等待处置

▲ 黄维兵团的大批伤兵在饥饿中呻吟

▲ 黄维兵团伤兵遍野

▲ 中野战士给被国民党军遗弃的伤兵送饭送水

黄维的伤兵医院

在双堆集正北一块约有数百亩宽广而平坦的开阔地里，遍挖着一排排一尺多深，两尺宽，四五尺长的长坑，里面塞满着一万多个蒋匪十二兵团的负伤官兵，暴露在凛冽的北风下面，这就是黄维兵团的所谓"伤兵医院"。

在长坑的旁边，零散的放着一些拿来煮饭吃或烧水喝用的钢盔和铜炮弹壳。在钢盔和铜炮弹壳的下面，是一堆烧焦了的当作烧柴用的衣服和棉絮。到处都抛散着一堆堆的骡马尸骨和肠肚，烧焦了的马肉，以及无数的粪便，在北风的呼啸里，发散出来一阵阵令人闻之欲呕的腥臭。再加上这些伤兵们的凄惨号叫，使人见了无不为之心酸。

从阜阳被蒋匪抓来的青年农民张学彬，看见记者后就大声哭诉说："我被打伤送到这里已经十几天了，他们（指蒋匪军官）对伤兵根本不管，谁也不来过问，不给吃喝，不给换药，冻死饿死由你。负伤轻的还可以冒着十八军的厮打抢夺，抢些从飞机上丢下来的饼干、大米和馒头，弄点死骡、死马肉来煮吃；受伤重的就只好活活的等着饿死冻死。兵团司令部都是拿飞机丢下来的饼干和大米去喂马。可是，从来也没有送给伤兵一点。许多轻伤员便爬到兵团司令部去，要点残汤剩饭来充饥。兵团司令部的人抢得多了，都拿到这里来卖，一个馒头20块金元券，一碗米10元，连喝一碗开水也得5块钱，可是伤兵们哪里有这么多的钱去买呢？因此，不是冻死，就是饿死，哪一天都得抬出去两三百个。"

（许光）

摘自中国人民解放军第二野战军第五兵团第十六军政治部《勇士画刊淮海战役专刊（七）》，1949年3月26日

敌黄维兵团被歼时的一个场面
你拥我挤前动后撞压断腰碾破头一片哀号声

【新华社中原16日电】淮海前线记者报道蒋匪黄维兵团最后被全歼时的一个场面称：去年12月15日黄昏敌黄维兵团残部在6辆坦克的掩护下，企图向西北突围。刚一出动就有许多官兵拼命的跟在坦克后面往外跑，你拥我挤乱成一团，坦克顶上也爬满了人。慌乱的敌人刚到浍河南岸的丁庄附近，便遭到解放军炮火的猛烈迎击，最前面一辆坦克慌乱的开入河沟陷进了泥洼。其余的5辆坦克马上便掉转头，从挤满人堆的路上往回逃窜，许多人被压撞倒在地上，有的被坦克碾破了头，有的被坦克拦腰截成两段，压断腰碾破肚的更不计其数，哀号声叫骂声闹成一片。活着的敌人纷纷把枪扔掉，拼命向后面跑，但是后面的人却又拼命的往前挤，我挤你，你挤我，挤成一团。许多人被挤倒在河沟里，来不及重新站起来，就被活活的踏死。侥幸爬过浍河的，有的挤掉了帽子光着头，有的陷去了鞋子赤着脚，有的棉裤上的泥水顺着裤子和大腿一直的往下淌，有的只穿着一条湿单裤冒着刺骨的西北风，咬紧牙关没命的往前跑。此时解放军已从四面八方包围上来，宏亮的喊："缴枪不杀！宽待俘虏！""缴了枪有饭吃。""到处都是解放军，你们跑不了了！"困得无路可走的敌人，听到了这些口号，纷纷交枪投降。他们有的举着帽子，有的挥着手巾，有的双手将枪高举，尽量做他们所能做到的一切表示投降的记号，并且不停的乱喊乱叫说："我们交枪！""我们服从你们的命令！"就这样不到3个钟头，蒋匪的精锐主力之一的黄维兵团，就全部被消灭了。

摘自《江淮日报》1949年1月23日

黄维就擒记

12 月 15 日黄昏，电话机忙的不可开交，"敌人溃退了！""赶快捉俘虏！""赶快捉黄维！"我某部特务营教导员范天枢同志一接到电话，就马上带着 5 个通讯员分头向南坪集东南四里地的周庄一带搜索。

通讯员傻小六、范介明二同志搜索过去，在一道麦田沟里，发现一条黑影，平伸着两手，翘着屁股，头几乎钻到地里去。通讯员开始以为是一只野狗，随便喊叫一声，忽然黑影抬起一个头来，头上的钢盔在月亮光下滚动。傻小六、范介明端着枪跑过，那人马上举起双手乖乖的站起来了，两条腿一直发抖。"干什么的？"通讯员喊了一声，他紧张地说是"十四军军部上尉司书"。通讯员看见许多捉到的敌人过河腿脚都湿了，他却没有湿，问他，他说是骑马出来的，"马呢？"他却一句话也回答不出来了。通讯员就把这位"上尉司书"带回来给范教导员转送到俘房收容所来了。

到了收容所才看清这一位自称"十四军军部上尉司书"，穿着一身军绿细布军装，头上戴着笨重的钢盔，紧压着低低的遮住了眉眼。收容所同志把他的钢盔摘下来扔了，露出了光滑的头发，惨白的圆脸，两眼无精打采的张着，嘴上短短的胡子，右脸上长着一颗小黑痣，这些都接近黄维的特征。

登记簿拿出来，叫他登记，他写上："方正馨，江西弋阳人，十四军军部上尉司书。"左手插在裤袋里，右手握着笔不停地打颤。问他一句话要迟疑好久才回答，显得非常小心。他说是今年 10 月在确山才入伍的。问他入伍以前干什么？他说："我民国 17 年就当小学教员。"问他："还干过什么事？"他一时慌了，他说："我当了 6 年小学教员，一年科员，以后就入伍啦！"问他的同志不禁笑了："你不是说今年 10 月才入伍的吗？还有 14 年你在干什么？"这可把这位自称"方正馨"的"上尉司书"问住了，他打着自己的脑袋说："我糊涂，我糊涂！"问他上尉司书一个月多少饷？他说"70 多元"到底 70 几元，他又答不出来。连声无赖地说："你看我真糊涂，我真糊涂！"问急了他写了一句："如姓名、职别不符，愿受枪毙。"几个字的"保证书"，并且厚着脸皮说："我还能胡说八道吗？我还能卖了姓名吗？"当摄影员来给他照相时，他的面色更加变得惨白了，脸上的肌肉都在颤抖，要躲避又躲避不了。

别的俘房都来证明时，这个民国 17 年当了 6 年小学教员一年科员以后就在今年10月入伍的"糊涂"人，却清楚地说："这些人我一个也不认得，他们也没有一个认得我。"但是一个不久在宿县新解放的战士李永志同志，抗战前就给黄维当过马夫，他去见过以后肯定的说："十成倒有九成是黄维。"

审问开始了，这位"不敢胡说八道"写了"保证书"的"方正馨"，还想当他一个月70几元饷的"上尉司书"，他明知道瞒不过了，却还说："我保证书也写过了，你们不信，我还说什么。"这时收容所的同志才明了他是怕那个扯谎的"保证书"将来成了罪案，于是把职别"十四军军部上尉司书"姓名"方正馨"亲笔所写的"保证书"当面给撕毁了。他苦笑了，嘴巴张了又闭，闭了又张，最后无可奈何地说："那你们说我是谁就是谁吧！"收容所的同志不耐烦了，厉声地呵斥说："你是谁，你自己还不知道吗？装什么糊涂！"这个"不卖姓名"的"方正馨"阴沉的脸上，一阵青一阵白更显得难看，沉静了片刻，才慢悠悠的说："我就是黄维！"

摘自中野三纵政治部《会战纪实》第5辑，1948年12月30日，第9—10页

▲俘虏黄维的中野三纵七旅警卫营教导员范天枢（中）和战士们

◀被俘的国民党第十二兵团中将司令官黄维

▲中野三纵队七旅党委会授予警卫营的"活捉黄维"奖旗

吴绍周被俘经过

淮海前线记者报导蒋匪第十二兵团中将副司令兼八十五军军长吴绍周被俘的情形称：15日晚当蒋匪一再突围不成，我军已对敌全面发起攻击的时候，吴绍周怆惶从掩避部爬了出来，往兵团部跑去，企图和黄维一齐突围逃命，可是当他跑到兵团部时，黄维早已丢下他而跑了。这时蒋匪军已完全混乱成一团，我军从四面八方一齐猛冲上来，吴绍周一看突围不出去了，就蹲在交通壕里等着当俘虏。当时有些敌兵还在他附近盲目的打枪抵抗，他深恐他们的这种抵抗招引来我军的猛烈的炮火，挂误了他，断送了他自己的性命，便马上命令他们停止射击。据吴绍周被俘后对记者谈说他当时的心情是："事情已经到了那样的地步，还打啥枪呢？不打还好，你们冲上来可以安安全全的当俘虏。一打枪就把你们的炮火都吸引过来了，你们的炮火又是那样的猛烈，就像下雨一样，这样以来不用说无存身之处，简直是死无葬身之地了。"于是就蹲在那里等着，一直到我军冲上去，将他捉了过来。他被俘以后，当我军问他是个什么军官时，他还想掩饰的说："我是八十五军的人事科长。"可是当我军继续问他："你既然是人事科长，那么你说吴绍周究竟是什么模样？"这一问吴绍周可慌了，但又不好推说不认识，只好喃喃的说："吴绍周是个矮胖子，圆脸，年纪有40多岁……"他没想到在慌张忙乱中他竟一丝不错的说出来他自己真正的模样。他一看实在再也掩饰不住了，这才低下头来，赫然的承认说："对不起，我刚才说的是假话，我就是吴绍周。"

（按：吴绍周系贵州天柱人，贵州讲武堂及国民党军事高等教育班毕业，曾历任八十九师参谋长、旅长，一一〇师师长及八十五军军长等职。）

（桑寄生）

摘自中国人民解放军第二野战军第五兵团第十六军政治部《勇士画刊淮海战役专刊（七）》，1949年3月26日

◀ 被俘后的国民党第十二兵团司令官黄维（前坐者）及该部军官

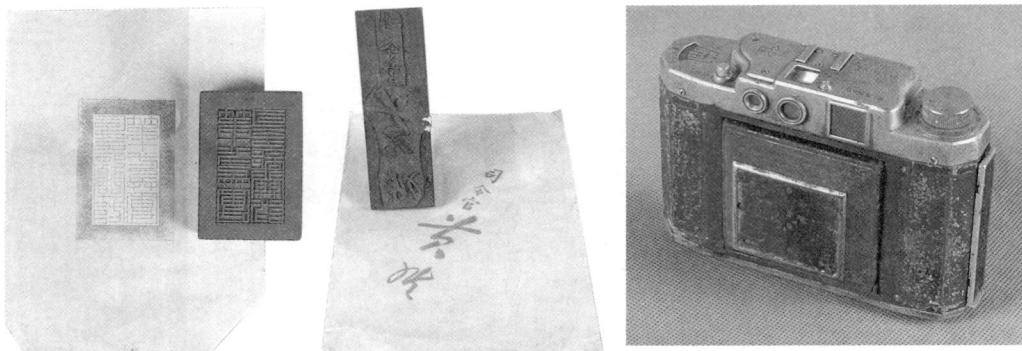

▲ 缴获国民党第十二兵团部的关防、黄维的官印和照相机。中间一方普通的木制官印，印文用胶刻成，粘在木板上，印文为"司令官黄维"。黄维兵团编成于 1948 年 9 月，这方官印前后使用不到 3 个月

▲ 在双堆集战场被俘的国民党第十二兵团中将副司令官兼第八十五军军长吴绍周

▲ 被俘的国民党第十二兵团军官

▲ 被俘的国民党第十二兵团军官集中听命

▲ 解放军将俘虏押送后方

蒋十八军军长杨伯涛被俘记

会攻双堆集的各路解放军堵歼突围敌人胜利结束以后，济南二团三营刘教导员，带领通讯员、司号员等一行 4 个人去搜索残敌，发现在双堆集西门河边呆立着一个人，低着头，弓着腰，好像栽在河畔上的一棵枯树干，通讯班长张文学便高声喊道："干什么的，架起手来！""枯树干"好像没有听见，仍在那里呆立着。张文学见这家伙这么大样，便和通讯员李世合气呼呼端着枪冲上去，"枯树干"立刻惊慌的举起手来，哆嗦着"啊，啊"地吓得说不出话来，半晌才断断续续的吐出这样几个字："枪……枪向旁边些，我……我是十三纵队的呀！"刘教导员走上前去一看，这家伙浑身衣服都湿透了，满脸污泥，分发流在额前滴着水，这显然是躲在水里刚爬出来的将军，而他的呢子军服，脚下一双红皮鞋，插在衣袋里面两支钢笔和露出裤脚袖口外的毛衣毛裤，都证明他的身份不是士兵和下级军官。

"少胡说，你是什么十三纵队，你说你是不是黄维？"

"啊，啊，我不是黄维。"

"你是不是胡琏？"

"我……我不是胡琏，胡琏是个大高个子。"

"那么，你是谁？"

"我是一个书记官。"

"姓什么？"

"姓张。"

这显然是在撒谎，但为了问个明白，就把他带走。过桥时，他跳在河里要赖不走了，但又怕不走要挨揍，又乖乖的被通讯员架着飞快的走了。

到了营部给他烘干衣裳，盥洗、吃饭完毕，又找了一件大衣给他取暖。他连声道谢，脸上惊慌的神色才慢慢消失了。三营营长又向他列举着王耀武等在解放区学习、生活过得很舒适等情形，解释我军宽大政策后又问他道：

"你姓什么？"

"我姓杨。"说罢他连连的摇着头说："惭愧！惭愧！……你们的刘司令员和陈军长在哪里？"

"尽管说吧！我是营长他是教导员，你有什么事保证给你转达上去。"

他低着头沉思了好一会，猛然抬起头来说："我实告诉你们吧，我叫杨伯涛。"

他又装腔作势的声明着："要不是手枪掉在水里灌上泥，不能打了，恐怕现在就不能与诸位会见了。"然而不久他又婉言向记者细声的表示："我自然希望能宽大。"并拿出两支钢笔来分"赠"营长、教导员，然而都被拒绝了。

（建群、荣敏、董敬华）

摘自华野十三纵《进军通讯》第 44 期 1948 年 12 月 21 日

这就是蒋匪的主力师长——记蒋匪十一师师长王元直被俘以后

15 日夜，黄维残部完全溃散了。月光底下，遍地响起了捉俘虏的喊声。住在卢家围子的民工同志们忙了一夜，到 16 日早晨，共捉了 49 个蒋匪官兵，一齐送到沙河政治部。孙干事命令他们站队，并喊："排以上军官站出来！"接着 19 名军官走出队列。可是一个大个子、红脸、高鼻梁很像军官样子的家伙，在啃着一块高粱窝窝，还装着没有什么事的样子。孙干事问他姓名，他说他叫"任时"，死也不承认是军官。当把他们送到收容所去，他又改名叫"张洪海"。在被我工作同志追问得没有话说的时候，才吞吞吐吐说出："我就是十一师师长王元直。"说完后就要死狗，装疯卖傻，东倒西歪，嘴里乱哼哼"我要困！我要困！"又哀求："你们给我点饭吃吧！我三天没吃饭了。"停了一会饭来了，值班的同志喊："开饭了！"一听说饭来了，他懔怔的坐起来，摸住筷子就吃菜。别人说还有馍，他才知道，随手抢过馍来，便朝嘴里塞，恨不得一口吞一个，吃了三个，又拿起一个，但是肚子已经塞满了。他喘了喘气说："你们的菜香，你们的馍香！"刚放下筷子，又哼哼呦呦的躺下去要起死狗来。

这个所谓蒋匪主力的十一师师长王元直，在过了 16 号一天，就变得像绵羊一样的听话了，并公开承认蒋政府一切都完了，甚至竟然骂起蒋介石是"昏君"来。

（杜宏）

摘自中原军区、中原野战军政治部《人民战士》第 12 期特大号 1949 年 1 月 15 日

简介

国民党第十二兵团副司令官胡琏

胡琏，字伯玉，41 岁，陕西华县人。黄埔军校第四期毕业，1927 年任十一师上尉连长，1930 年升任营长，1934 年升团长，1936 年升任六十七师少将旅

长，1938 年回任十一师副师长，1940 年调升预九师师长，1942 年再回任十一师师长，1943 年升十八军副军长，但未到差，而赴渝活动，遂于同年升任十八军军长，1946 年整编为十一师，任师长，11 月又扩编为十八军，胡即任十八军军长并兼十一师师长，迄今该军指挥部队较众，已具有兵团之规模，仅在名义上仍称整编军。

个性强暴，好大喜功，一如陈诚，作战经验丰富，指挥能力并不见强，但有坚决果敢之气魄，其"顽强好战"曾被蒋贼誉为有"大将"风度。抗日时期，在进攻福州与守备石牌之役，获有较好战绩，且领得蒋贼之"青天白日勋章"。统驭部下专横任性，且以权术，尤善运用金钱官职笼络与组织自固小团体，对待下级只要能打仗，其他均可不计，故其用人亦只尚胆识而不重才干。其处事精明强干，处人虚伪圆滑，更善交际词令，但骄矜之气溢于言表，终不免一见令人生厌。

属蒋嫡陈诚派，为"干城社"之中坚，陈诚最为信赖，亦为蒋所倚重，其与方天、郭忏、朱鼎卿、曹振铎等之友谊甚笃厚，而其本人之思想、行动与作风均极反动，堪称法西斯走卒之典型人物。

家庭富有，讲究享受，会用钱，亦善要钱，过去嗜嫖赌，近或因官职渐大，而好谈政治、喜欢读书，但亦仅是表面而无内容。

摘自华北军区解放军官教导团第一团编印《敌军高级军官初步调查》，1948 年 11 月，第 128—129 页

徐蚌战报

淮北前线国军投粮目击记

【本报讯】昨（15）日天气晴和，风力极微，我强大空军供应部队自京蚌基地，纷纷飞往黄兵团上空，投掷干面包、食米、馒头及香烟等，以飨战士。下午 3 时 30 分 C-46 型运输机 5 架，复满载食米自蚌埠 × 基地起飞，本报记者随同乘 096 号机飞往阵地上空观战，至 4 时 55 分方飞返南京空军基地降落。

该机装载食米达 2000 余公斤，每 20 公斤装一麻袋。机中除驾驶员两人报务员一人及记者，复随有联勤 ×× 兵站"投粮兵" 8 人。机群逐一滑出跑道后即升至 2000 公尺之高空，越过淮河向西飞去，过怀远上空，越涡河即转向北；时晴空

如洗，机身在阳光中疾进，非常平稳，从驾驶舱旁下窥淮水平原，田连阡陌，一望无际，涡淮如带，荆涂两山小如土堆。再飞越河汉纵横之沘河，依照地面星罗棋布之陇海联络线所指示，未几即飞抵李兵团上空。此时地面炮火正酣，匪军盘踞之村庄上方浓烟直冒，继而火光熊熊，均为我方榴弹炮所击中。麦田之内交通壕蜿蜒曲折形如蚯蚓，弹坑累累，不少匪军放弃后之村庄，已成一片焦土。3时40分，飞抵黄兵团上空，先起飞之运输机正绕飞阵地上空，二、三战斗机穿梭于其间，忽高忽低，我机亦继之缓缓降至 1000 公尺之高度，8 投粮兵均脱去棉大衣，用麻绳系牢身躯，将粮袋堆至两旁机舱门口。驾驶员看准我军阵地上之联络信号，掀动电铃，投粮兵闻铃将粮袋投下，如是 3 次方将百余袋食米投掷完毕。驾驶员急转机身复往匪军阵地上空飞去，投粮兵一变而为投弹手，将大批纸弹，即国防部及徐州剿匪总部所印就之《告共军被迫同志书》、《告陈毅部队共军弟兄们书》、《告共军弟兄们书》及漫画等数十万份投向地面。一时传单满空乱飞，由机中下望有如千万白鸽翱翔。讵斯时，突闻隆隆之声，继见朵朵白烟形如云片出现于机身左右，几十公尺处机身受气流之影响亦微微震动，其时驾驶员将嘴凑近记者称："这是匪军的高射炮，他们在欢送我们了。"至 4 时差 3 分投粮工作完毕，飞机在匪方上空巡视一周，乃转头向东，阳光从驾驶旁之玻璃窗中射入，一驾驶员乃扭开收音机听评剧，另一则以翻阅杂志自娱。096 运输机任务完毕，5 时整越过长江，绕市区上空一周，然后缓缓降落于 × 空军基地。其时夕阳下落，一轮明月正高悬东方天际。

摘自《中央日报》1948 年 12 月 16 日

▲ 黄维兵团覆灭后，1948 年 12 月 17 日《大刚报》载 "黄李兵团昨会师"

▲ 1948 年 12 月 15 日，国民党第十二兵团覆灭。此为第十二兵团阵地

▲ 国民党军飞机狂轰滥炸，重型炸弹落在战区民房内

▲ 双堆集战场，被国民党军飞机轰炸烧毁后的小村庄

▲ 黄维兵团指挥部所在地小马庄

◀ 胡琏（1907—1977），字伯玉，陕西华县人，黄埔军校四期生，美国陆军参谋大学毕业。1948年9月任国民党第十二兵团副司令官，曾一度称病离队，黄维兵团被围后，12月1日前往双堆集战场协助黄维指挥作战，十二兵团覆灭后，乘坦克逃脱

▲ 黄维兵团指挥部小马庄附近用汽车筑起的工事

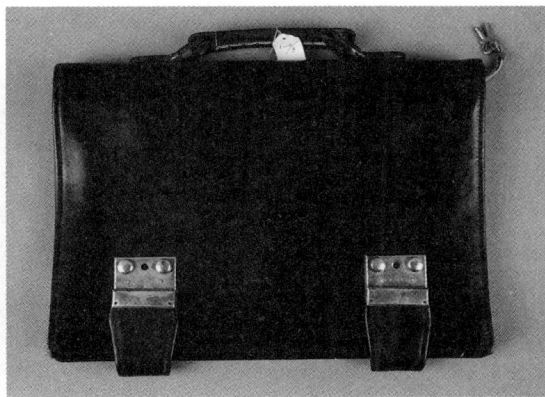

▲ 中野三纵的战利品，缴获时发现皮包内有一个"黄维收"的大信封

▲ 解放军打扫战场，不让一个残留的国民党军漏掉

▲ 解放军参谋们将黄维兵团散失的军用地图、文件等进行集中整理

▲ 解放军缴获国民党第十二兵团的美式山炮

▲ 缴获的美式榴弹炮

▲ 黄维兵团被歼，榴弹炮成了解放军的战利品

▲ 缴获国民党军火炮之一部

▲ 缴获国民党军山炮、迫击炮之一部

▲ 解放军缴获的化学迫击炮之一部

阵中日记

黄维兵团一个政工室主任的日记

去年（1948 年）12 月 11 日在围歼黄维兵团的杨围子战斗中，解放军缴获了敌十四军八十五师二五五团政工室主任洪雨卿的日记，该日记记录了黄维匪部在被围歼时的恐怖、饥困和绝望。现摘录如下：

11 月 27 日

我们在白大庄溃退下来，敌人（指解放军）的追击炮火打得非常密的时候，我就倒在地下，这样由敌人的子弹里逃了出来。他们（指蒋匪军）满田乱奔乱跑地伤亡了许多……逃出活命后，清查人数，我政工室的干事李维沛阵亡了，第三连连指文宪锡及第五连连指陈维基负伤了，团部里的官兵伤的、亡的、被俘的有好多。大家逃到兵团司令部村子前面的田中集合，这时团长也收集些零星队伍来了，他说了几句话，带着部队就走了。这时天又黑了，前面有敌人，后面有村子，兵团部不准我们过去，将我们全军冲散了，没有指挥官的官兵困守在这田野里，求进不得，望归不能，只有死路一条了。兵团部的大炮、坦克对着敌方，敌人的机枪、大炮对着兵团部，我们这六七百没有指挥官的人马就在这两方枪炮口的中央，如果双方要开火，我们夹在这中间会被打成肉酱。有些官兵在这种危险情况下，吓得哭哭啼啼，我这时仰卧在田中，只有听天由命而已。听说我们军部亦被冲散，军长失踪了，师部也弄得溃不成军，第十师也被打得乱七八糟，二五三团团长（指罗孟雄）阵亡，队伍散了。我团第一营营长罗凤阳负伤，第三营孙亘营长负伤逃跑，只有第二营尚有点力量，但所有的机关枪都丢光了，照这看来，十四军是被打垮了。天已黑了，我只穿着一件大衣，身上冻得发抖，这时我心里千头万绪，伤心的流出泪来。

11月28日

我们好容易挨到天明，我带着冲散收容起的官兵找着了部队，田野和沟渠中打死的、烧死的官兵遍地都是。我们就地加强工事，同敌人只相距一亩地而对峙着。昨天早晨吃了点红薯和菜豆等，到今晨才到村子里找了两个烂的生红薯吃。田地里、房子里、坪里到处睡的是人，团部各室的官兵都挤在团长住的一间小屋里，我和连长睡在地上，草都没有一根，夜里脚冻得发痛时，常起来走来走去。

11月29日

我们被围困在这里已经4天了，打得弹尽粮绝，人、马吃的东西都发生了恐慌，官兵们都说："我们的生命是过一刻算一刻，过一时算一时。"两天来都吃的红薯和红萝卜，死了的骡马都剥了皮吃的。再围两天时，我们连红薯根也没吃的了。勤务兵花国负伤哭起来了，我将他送到伤兵住的地方去，几百伤兵都睡在那里呻吟啼哭，没人理会他们。我团的伤兵围着我说："我们两天都没有东西吃，主任替我们想办法啊！"然而各人都是难保自身，我又有什么办法想呢？

11月30日

包围在这田地里要吃没吃要住没住的，一切都感不安。12时我到伤兵处，伤兵哭的哭，叫的叫，满地睡着都是人，有的伤兵一天只吃一碗黄豆和一碗稀饭，有些伤兵竟没有吃什么。傍晚时，敌人进攻，忽然飞来一颗炮弹，将墙炸倒半边，砖头泥土飞了我满头满脸，当时我的脑袋被炸晕了，将我旁边的一个卫兵炸死了，杨副官受了伤。我想在前几天在白大庄没有死，那是第二世为人，今天这是第三世为人。

12月1日

一天只吃了一碗狗肉。

12月2日

下午5时左右，敌向我们这村打来20多发炮弹，炮打得很准确，我们被打伤20余名，我被打了满身的泥土。

12月3日

我们的几个兵死的死伤的伤，敌人炮火很猛烈，大家都挖掩蔽部，我只好自己挖，挖得腰酸手痛。

12月4日

我第十四军军长熊绶春被击毙。

12月5日

昨夜敌又用猛烈炮火向我们进攻，整个一夜都在山摇地动中威胁着生命。

12月6日

围困在这里已快到两个星期了，现在只有靠没有盐和菜的稀饭度生存，这种苦况很难说，官员牢骚百出，大不耐烦……天黑时，敌猛攻我右翼村庄，不幸三十团守地被敌猛攻后，撤下来了，团长（按：为丁尘嵩）被击毙，全团阵地被敌占领去了。三十团垮了后，我们这里会有危急的，敌人昨天打来我们阵地200多发炮弹，我在五连的阵地里被炮弹震得头晕眼花，因为每一炮弹落下来，地都被震起好高，最后一发炮弹在我后边5尺之地爆发，二营部的传令兵炸死一个，我当时被那个炮弹震得人事不知。

12月7日

困守在这里已没有饭吃，烟亦没有吸，动也动不得，一动就有敌人的枪炮打过来，大家都闷闷的坐在战壕里。这样的日子何时会结束呢？

12月8日

天天沉浸在这泥土中，死人尸体的气味中，使我今天发生病患，我的头亦被前天的炮弹震坏了，时常发痛，整日在洞里睡觉，实感骨肉酸痛。深夜9点钟，团长派员来请开会，他说援兵李延年明天就会到这里来"会师"，要我转告各位官兵。对于援兵的消息，我不时地在向官兵宣传，结果很长时期仍不见援兵到来，官兵都不相信我讲的话了。

12月9日

二五四团半夜被敌攻垮了，阵地被敌占领，我们这里越形危险了。

12月10日

敌人昨夜虽没有来进攻我们，但早晨起来一看，他的工事战壕已挖到我们战壕前面来了。只一夜时间，就能达到这样大的工程，不能不使我们每个官兵都有惊奇之意。下午8时起，敌人用猛烈的炮火开始向我们攻击，对我们这里打了无数发炮弹，我这洞里住约10人，一个炮弹打来，炸死特务连的士兵4名，伤2名，书记室的上士和传令兵炸伤了，当时惨痛哭叫之声和炮弹打来山摇地动之声惨不忍睹。这时我将双目闭紧，睡在地下用毯子蒙着头，等候死神到来。

12月11日

昨夜敌来猛攻外围阵地，许多敌人已到了我们的鹿砦外面作工事，看情况我们生死存亡就在今天可以解决，这时我的心是破碎的，不管死伤或被俘，只希望在今天了结这被围困的日子……（按：当日果如日记作者所料，我军攻占杨围子，全歼敌十四军军部及其各师团残余，15日夜整个黄维兵团完全覆灭了。）

摘自《人民日报》1949年1月29日

六、第二阶段的胜利

淮海战役第二阶段是整个战役承前启后的关键，自11月23日开始至12月15日结束，解放军全歼黄维兵团，合围杜聿明集团，歼灭了企图突围的孙元良兵团，给予李延年、刘汝明兵团以沉重打击，共歼灭国民党军2个兵团部、6个军部、16个师（含1个师起义、1个师投诚）、1个快速纵队，计20万余人，解放了战略要地徐州，攻克了灵璧，收复了淮阴、淮安，使淮河以北除杜聿明集团所据河南永城地区小块据点外，均获解放。为夺取战役全胜奠定了坚实的基础。

◀ 报载：中共中央电贺淮海战役第二阶段伟大胜利

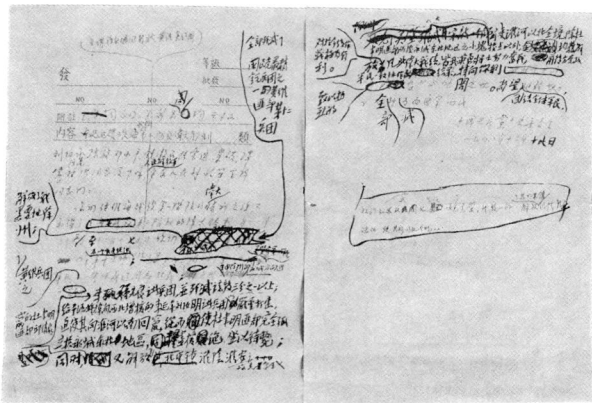

▲ 中共中央贺淮海战役第二阶段胜利电文

◀《开封日报》载新华社12月20日电：淮海前线某将军评论"歼匪黄维兵团意义，加速了整个胜利过程，并使我军对大规模作战获得新的经验与进步"

文件选编

中共中央祝贺淮海战役第二阶段大捷电

刘伯承、陈毅、邓小平、饶漱石、张云逸、粟裕、谭震林、陈赓诸同志及中原人民解放军、华东人民解放军全体同志们：

庆贺你们继淮海战役第一阶段的伟大胜利之后，又取得了第二阶段的伟大胜利。自 11 月 23 日至 12 月 17 日止，你们解放了战略要地徐州；全部歼灭了国民党最精锐兵团之一的黄维匪部第十二兵团 4 个军 10 个师及 1 个快速纵队；生俘该兵团正副司令黄维、吴绍周；争取了黄维兵团之一——〇师廖运周部起义；包围了由徐州向永城方向逃窜的杜聿明匪部邱清泉、李弥、孙元良诸兵团，并歼灭该敌三分之一以上；给从蚌埠向西北增援的李延年、刘汝明诸兵团以严重打击，迫使其向淮河以南回窜，从而使杜聿明匪部完全孤立于永城东北地区，粮尽援绝，坐以待毙；同时，又解放了淮阴、淮安，攻克灵璧，使淮河以北全境除杜聿明匪部所据永城东北地区之小块据点以外，均获解放，对于今后作战极为有利。凡此伟大战绩，皆我英勇将士努力奋战，前后方党政军民一致协作的结果。特向你们致以热烈的庆贺与慰问之忱。尚望团结全体军民，继续努力，为全部歼灭当面匪军而战！

中国共产党中央委员会

1948 年 12 月 18 日

摘自《淮海战役》，解放军出版社 1991 年，第 233 页

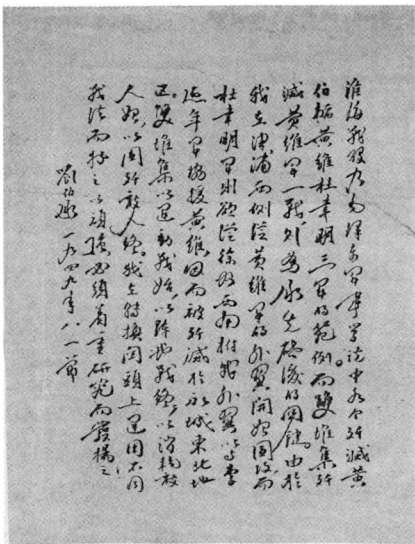

▲ 刘伯承司令员的题词

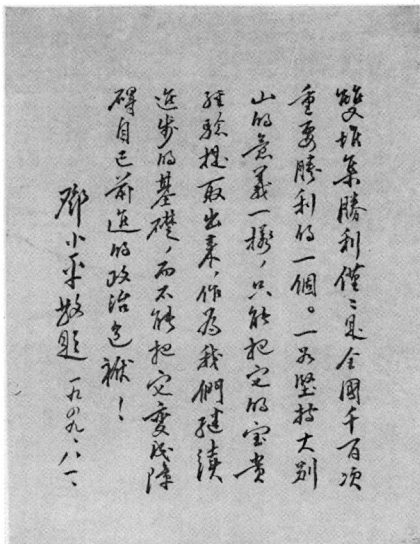

▲ 邓小平政委的题词

刘伯承司令员为双堆集歼灭战题词

淮海战役乃毛泽东军事学说中各个歼灭黄百韬、黄维、杜聿明三军的范例。而双堆集歼灭黄维军一战，则为承先启后的关键。由于我在津浦西侧从黄维军的外翼开始围攻，而杜聿明则欲从徐州西南拊我外翼以与李延年军协援黄维，因而被歼灭于永城东北地区。双堆集以运动战始，以阵地战终；以消耗敌人始，以围歼敌人终。我在转换关头上运用不同战法而持之以顽强，必须着重研究而发扬之！

邓小平政委为双堆集歼灭战题词

双堆集胜利，仅仅是全国千百次重要胜利的一个。一如坚持大别山的意义一样，只能把它的宝贵经验提取出来，作为我们继续进步的基础，而不能把它变成阻碍自己前进的政治包袱！

摘自中国人民解放军第二野战军司令部《淮海战役中双堆集歼灭战初步总结》，1949 年

淮海前线某将军评论歼灭黄维兵团的胜利
给摇摇欲坠的蒋匪统治砍掉一个有力支柱
加速了淮海战役以至整个作战胜利的过程

【新华社淮海前线 12 月 20 日电】（迟到）淮海前线某将军评论歼灭黄维兵团的胜利称：

蒋介石第十二兵团——黄维兵团，经 20 几天来的激烈战斗，终于被我们坚决彻底全部干净地歼灭了。这个胜利，值得我们每一个指战员和每个中国人民庆祝欢呼。黄维兵团的被歼，不仅在于摧毁了蒋匪嫡系主力装备精良的 12 万之众，夺取了敌人兵员武器装备自己，不仅在于我们常年与敌人辛勤战斗的广大指战员直接地向我们的死敌作了痛快的报仇雪恨，同时也给遭到蒋匪这支野兽队伍十二兵团残杀奸淫抢掠等灾难的广大人民作了痛快的报仇雪恨，而且主要的在于我们人民解放军给摇摇欲坠的蒋匪反动统治砍掉一个有力的支柱，在于我们人民解放军在淮海会战中于歼灭黄百韬兵团之后又歼灭了敌人作为江北屏障的这样一个有力兵团，打破了"流氓豪赌"的战法，加速了淮海战役以至整个作战胜利的过程。

歼灭黄维兵团的胜利所以取得，首先是由于中央和毛主席的战略指导与军区首长的正确指挥，由于友邻地区及兄弟兵团各方面有力的密切协助配合，还由于广大群众和地方党政同志的积极的支援，供给粮食，运送弹药，转运伤员，当然也还由于我们所有作战部队广大指战员的坚决、英勇、艰苦、不怕疲劳、奋不顾身的作战。歼灭黄维兵团的经验告诉我们：不管蒋匪军任何所谓"主力"，如像十二兵团及其十八军，不管其武器装备如何精良，其反革命性如何疯狂，在人民解放军坚决的铁拳打击之下一样要遭到歼灭，一样要缴枪和当俘虏的，任何认为敌人的主力不能歼灭的思想，又一次在事实上证明是完全错误的。歼灭黄维兵团的经验也告诉我们，即使敌人的装备怎样精良，守备怎样坚强，其反人民的法西斯教育怎样深刻，只要我们在军事政治工作上注意调查研究缜密计划，不粗心大意，把握运动战与阵地战转换的关节和切合战况的政治工作，如中央所指示我们的"不依靠急袭，而依靠充分的侦察与战术准备、近迫作业与炮兵协同去取得成功"，"对敌人进行猛烈的有实效的政治攻势"，并发挥全体指战员高度的积极性创造性，开展大家想办法的军事民主，一定能够创造出致胜敌人的战术上、技术上、政治工作上的各种方法来的。我们应当总结和发挥这些宝贵的经验，并互相学习，运用到今后胜利的作战中去。歼灭黄维兵团的经验还告诉我们：战争的规模愈大，愈需要全军意志和行动的最高度的集中性、统一性与组织性，密切各部队各兵种协同动作来取得大规模战争的胜利。事实上每一个战斗任务的完全实现，都直接间接有助于整个的胜利。作战中的缴获或伤亡，绝不仅是某一部分的缴获或伤亡，而是构成整个作战不可分离的部分。因此在战斗胜利后，兵员武器弹药车辆装备必须统一调整，以求适应今后作战的需要。在这一方面最近各部队认识个体服从整体，发挥互相作用与提高纪律性曾有大的进步，以后还须发挥。这次我们歼灭黄维兵团在进攻阵地的组成，步炮工诸兵种的协同动作，以及在防空防毒防战车中，使我们战术上有新的进益，而在这些方面的政治工作也有不少的宝贵经验。这些还要我们切实搜集整理作为教材，藉以发挥优点，克服缺点，使我们向正规化大进一步，争取更大更完满的胜利。

摘自《大众日报》1949 年 1 月 8 日

淮海战役第二阶段战绩统计

消灭国民党军兵力	生俘	46699 人	缴获各种武器装备	火炮	870 门
	毙伤	59447 人		枪支	27319 支
	投诚	3293 人		坦克	28 辆
	起义	5500 人		汽车	300 辆
	合计	1 个兵团部、4 个军部、12 个师、1 个快速纵队，共 114939 人，其中高级军官 36 人（孙元良兵团未计在内）。		炮弹	15790 发
				枪弹	3049627 发
				通讯器材	696 部
				马匹	2300 匹

双堆集围歼战解放军各纵队伤亡人数

部　别　　　　　　人　数	负伤（人）	阵亡（人）
中野第一纵队	1665	630
中野第二纵队	594	219
中野第三纵队	3081	772
中野第四纵队	6827	1853
中野第六纵队	2098	597
中野第九纵队	3310	1033
中野第十一纵队	1488	579
豫皖苏军区独立旅	471	113
陕南军区第十二旅	981	475
华野第七纵队	4118	996
华野第十三纵队	1652	252
华野第三纵队	207	35
总　计	26492	7554

编者整理

战地报道

双堆集狂欢之夜

东线兵团某部像一支利剑，迅速的插进敌兵团部所在地双堆集，击破敌人的垂死抵抗，就把蒋匪所谓最后一张王牌从编制上彻彻底底的取消了。双堆集东西马庄成了胜利品展览场，几十门榴弹炮、野炮、山炮都完整的安置在野战炮兵阵地里，炮弹都整整齐齐的堆在一边，几百辆汽车除了少数暂时当了构筑工事的木料半截埋在土里外，大部分成几路纵队摆在临时飞机场上，还有一辆紧靠一辆的在村内排成一字长蛇阵，等候着接收。千百匹和他的主人一样饿瘦了的牲口，驯服的成了人民战士的战友，他也和他原来的主人一样受到同样的待遇——"缴枪不杀，有饱饭吃"。战士们万万千千从四面八方涌来，没有一个空手的，背着数不尽的各色各样武器和其他胜利品又向四方辐射出去。还有汽车、大车、弹药车、炮车的行列，挤满了一切大道。战士们遍地燃烧着度寒的篝火，汽车〔灯〕巨大的光芒，照明弹的银白光辉，加上红绿色的讯号弹不时连续掠空而过，马达声、车辘马啸、人喊、歌唱混成一片。双堆集周围方圆 20 里内，欢声雷动。

摘自中野九纵《战场报》第 46 期 1948 年 12 月 17 日

▲ 战后双堆集

▲ 大批俘虏被押出双堆集战场

双堆集战场巡视

【新华社中原 14 日电】全歼蒋匪黄维兵团之后，记者进入黄维兵团部所在地的双堆集巡视。这个一百户人家的市集已完全被黄匪毁灭了，全集找不着一方二三丈的完整土地，所有住宅都被匪军改作了工事，街前街后也全挖成了交通壕、盖沟、掩体。在集子的东面和南面，敌人用几百辆堆满了泥土的汽车密密地横排着筑成了一条新奇的"汽车防线"，黄匪军兵团司令部就藏在这重重叠叠的工事中间一丈多深的地底下。以善于打洞挖沟著称的蒋匪五大主力之一的十八军以为这样就可以万无一失了。可是在解放军强大的攻坚力量之下，匪军们仅仅苦撑了 19 天，便全军覆没在这些他们自己挖成的坟墓里了。全庄上余烟弥漫，困守双堆集的蒋匪没有饼吃，没有柴火，到最后胶鞋、被套、吃剩的马骨、降落伞早都成了珍贵的燃料，当蒋机空投弹药时，弹药本身已引不起兴趣，倒是大家争着抢弹药箱当柴火，现在这些烧剩的残灰和一张张的驴皮马皮散乱在满地的瓦砾上，告诉着人们这些匪军曾经是怎样的狼狈不堪。

在双堆集和后来作为黄维兵团部所在地的马庄以东，一片 30 多亩的野地里，一个靠一个的排列着无数蒋军士兵的死尸，身上结着一层白霜，这些都是被黄匪遗弃而冻死饿死的蒋匪伤员，只有很少数的人还在辗转呻吟，他们说：除了刚打时仅用急救包包扎了一下以外，就没有受到治疗。当解放军前往抬运的担架刚刚到达时，许多伤兵感激的叫着："官长啊！快来救我啊！我伤好了一定在你们这里干！"有的咬牙切齿大骂："蒋介石该死了！"当解放军把馒头给他们吃时，他们感激涕零地争相要求记下他们名字，喊着"我是十一师的，我叫范营发"，"我是十师的……"。

双堆集南面二三十米外有一个 30 多公尺高的地坼——尖谷堆，这是一片平原中唯一的制高点。敌人由下而上筑成一层层螺旋形的工事，把几百具敌军死尸堆集着做单人掩体的胸墙和地堡顶。黄匪曾任命他的主力号称"英雄团"和"威武团"的各一部扼守这个要地，当解放军将其攻占后，黄匪又使用了飞机、坦克、毒气，进行十几次垂死的反扑，但现在留下的又是许多打毁的坦克和一堆堆集团冲锋时无谓牺牲的集团死尸。黄维兵团全部被歼的翌日清早，蒋匪又以 11 架轰炸机来狂轰这一堆废墟的双堆集，这些匪徒们除了再炸死一些被他们遗弃的伤兵，使双堆集的人民对他们增加更多的仇恨以外，还有什么收获呢？

摘自《江淮日报》1949 年 1 月 17 日